전남대학교 철학연구교육센터 근대호남유학연구 저·역서 2

노사학파 문집해제 1

전남대학교 철학연구교육센터 근대호남유학연구 저·역서 2

노사학파 문집해제 1

인　쇄　2021년　8월 25일
발　행　2021년　8월 31일

편저자　이향준·이형성·조우진
발행인　정성택
발행처　전남대학교출판문화원

등　록　1981. 5. 21. 제53호
주　소　61186 광주광역시 북구 용봉로 77
전　화　(062) 530-0571～2
마케팅　(062) 530-0573
팩　스　(062) 530-0579
홈페이지　http://www.cnup.co.kr
이메일　cnup0571@hanmail.net

값 27,000 원

ISBN　978-89-6849-837-4 (93800)

이 저서는 2019년 대한민국 교육부와 한국연구재단의 지원을 받아 수행된 연구임
(NRF-2019S1A5C2A02082534)

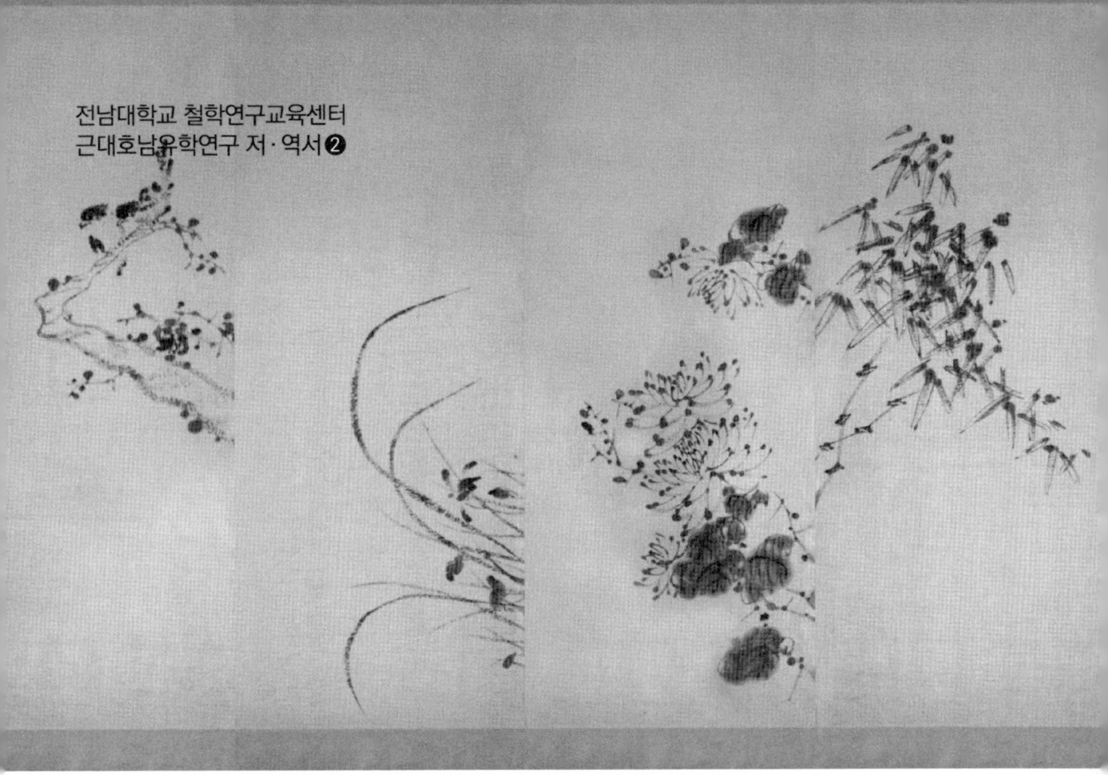

전남대학교 철학연구교육센터
근대호남유학연구 저·역서 ❷

노사학파 문집해제

蘆沙學派

1

근대호남유학 연구단 - 이향준 · 이형성 · 조우진

전남대학교출판문화원

서문

이 책은 전남대학교 철학연구교육센터의 근대호남유학연구단에서 발간하는 근대호남유학 저·역서 시리즈의 두 번째 권이다. 제1권인 『외필논쟁자료집 1』에 뒤이어 발간하는 것으로 노사학파의 주요 문집을 정리하려는 작업의 첫 번째 성과에 해당한다. 구체적으로 노사학파의 주요 문집 50종을 저자 소개, 문집의 구성과 내용, 문집 목차의 순서에 따라 개괄적으로 정리한 것이다. 이 때문에 『노사학파 문집해제 1』이라는 제목을 붙였다.

연구단은 2019년부터 한국연구재단의 인문사회연구소 지원사업에 선정되어 근대호남유학을 대표하는 19세기 성리학자인 노사(蘆沙) 기정진(奇正鎭, 1798~1879)과 그 제자들로 구성된 노사학파에 대한 체계적 탐구를 수행하고 있다. 이 연구는 대략 다음과 같은 세 가지 구체적인 방향성에 따라서 진행되고 있다.

첫째, 유물·유적을 비롯해서 노사학파가 남긴 유·무형의 문화유산들에 대한 광범위한 실태조사

둘째, 노사학파 전체 구성원들의 문집자료에 대한 조사와 정리

셋째, 19세기 노사학파의 사상적 독창성을 보여주는 「외필」·「납량사의」 논쟁에 대한 자료집 편찬과 번역

이 연구의 방향성은 근대호남유학에서 노사학파가 차지하는 중요성에도 불구하고 아직까지 노사학파를 대상으로 체계적이고 종합적인 연구가 진행된 적은 없었다는 반성에서 나온 것이다. 서로 다른 기관과 연구자들에 의해 노사학파에 대한 개별적 연구들이 진행되었음에도 불구하고, 지금껏 근대호남유학사를 전체적으로 설명하는 것이 불가능했고, 당연히 한국의 지성사에서 호남유학이 가지는 독창성에 대한 해명이 불충분할 수밖에 없었다. 이 연구는 바로 이런 선행 연구의 한계를 뛰어넘어 현재의 노사학파에 대한 연구를 한 단계 진전시키기 위한 것이다.

이 연구의 성과물들은 연구논문의 성과를 종합해서 발간하는 「근대호남유학총서」 시리즈와 주제별 단행본으로 발간되는 「근대호남유학저·역서」 시리즈로 양분된다. 전자가 주로 인물과 사상, 지성사적 내용에 대한 탐구를 위주로 한다면, 후자는 보다 기초적인 유물·유적, 전문적인 연구의 토대를 위한 기초자료의 정리와 번역 출판 등을 포함한다. 이 책은 후자에 속하는 것으로서 연구단은 노사학파의 주요 문집 100종에 대한 해제 작업을 우선 과제로 삼았고, 먼저 직전문인의 문집 50종에 대한 성과물을 올해 출판하고, 내년에는 뒤이어 나머지 50종에 대한 성과물을 출판할 예정이다.

이 작업이 완료된다면 독자들은 노사학파에 접근하기 위해서 필요한 기초자료로서 주요 문집들의 내용과 구성, 그리고 그 자체로 노사학파의 주요 구성원에 속하는 저자들의 삶과 사상을 파악하기 위한 탐구의 규모를 어느 정도 파악할 수 있을 것이다. 물론 직전제자군 600여 명에서 사전제자를 포함하는 대략 8,000여 명에 이르는 노사학파의 인물군을 고려할 때 이 100종의 문집을 정리하는 것은 매우 불충분한 작업이다. 따라서 노사학파 문집의 규모와 현재 상황에 대한 종합적 보고가 이뤄지지 않고 있는 현재의 시점을 감안하면 이 문집 해제 작업이 끝이 아니라 하나의 시작이라는 점은 너무 분명하다. 연구단 또한 이러한 점에서 100종의 문집 해제 이후 지속적인 후속 연구를 진행할 예정이다. 다만, 지금으로서는 잠정적으로 100종 가운데 50종의 문집 이해를 위한 기초 자료를 제공하는 수준에 머물러 있을 뿐이다.

2021. 08.

저자 일동

차례

『계남집(溪南集)』

1. 저자 소개

최숙민(崔琡民, 1837~1905)의 자는 원칙(元則)이고 호는 계남(溪南)이며 관향은 전주(全州)이다. 시조는 고려 후기 전주 최씨 문성공파(文成公派) 최아(崔阿)이다. 그의 큰아들 최용생(崔龍生)은 문관에 급제하여 충정왕 2년(1350)에 지평으로 있으면서 경상도안렴사(慶尙道按廉使)에 임명되었는데, 원나라의 총애를 믿고 악행을 저지르는 환관들에 대해 글로서 백성들에게 알리자, 원나라 사신에게 고소를 당하여 사천(泗川)에 거주하면서부터 경상도에 전주 최씨가 살게 되었다. 최숙민의 가계는 임진왜란 때 진주성에서 의병을 일으켰던 8대조 모산공(茅山公) 최기필(崔琦弼, 1562~1593)을 파조로 하여 '모산공파(茅山公派)'라고 한다. 최숙민은 절의를 숭상하던 영남 남인 가문 출신의 학자이면서 한말 강우지역 노사학파의 대표적 선비로 안빈락도(安貧樂道)의 삶을 살았다.

최숙민은 경남 하동 출신으로, 『계남집』에는 가장(家狀), 행장(行狀), 묘비명(墓碑銘), 묘갈명(墓碣銘), 연보(年譜) 등이 수록되어 있지 않으나 기우만(奇宇萬, 1846~1916)이 썼던 「묘지명」과 정재규(鄭載圭, 1843~1911)가 지었던 「행장」을 통해서 그의 행적을 살펴볼 수 있다.[1] 최숙민은 아버지 최중길(崔重吉)과 남명학을 가학으로 이어왔던 하덕망(河德望,

1 奇宇萬, 『松沙集』 권40, 「溪南崔公墓誌銘 幷序」 · 鄭載圭, 『老柏軒集』 권48, 「溪南崔公行狀」 참조.

1664~1743)의 손녀인 진양 하씨(晉陽河氏) 사이에서 1837년 3월 16일에 태어났다. 그는 용모가 비범하고 재주가 뛰어나 어려서부터 가르치지 않아도 스스로 학문에 매진했으며, 젊어서는 경전과 역사서 등 여러 책을 두루 읽어 섭렵하였다.

20세(1856) 때에 과거시험에 응시하여 한양에 갔는데, 선비들의 풍속이 예전 같지 않은 것을 보고서 실망하여 과거를 포기하고 귀향하여 성현(聖賢)의 공부인 위기지학(爲己之學)에 전념하였다. 최숙민이 고향에서 학문에만 뜻을 둘 수 있었던 것은 형 귤하(橘下) 최식민(崔植民, 1831~1891)의 보살핌 때문이었다고 볼 수 있다.

최숙민은 그 후 몇 년 동안 독학하면서 스승을 찾다가 30세(1866) 즈음에 조성가(趙性家, 1824~1904)의 권유로 기정진의 문하에 들어가게 되었다. 노사는 최숙민의 학문적 자질을 높이 평가하고 『논어』를 읽으라는 가르침을 주었는데, 그는 돌아와서 4년 동안 다른 경서를 보지 않고 『논어』를 손에서 놓지 않았다.[2] 노사가 죽기 전(1879)까지 그의 문하생이 되어 정재규·조성가 등과 학문적으로 교유와 사상적 기반을 구축하였다. 기우만은 최숙민에 대해 "가난한 삶 속에서도 오직 학문하는 것을 좋아하였으며, 깨우치기 전까지는 책을 놓지 않는 선비이다"라고 말하였다. 53세(1889) 때에 조식(曺植, 1501~1572)이 강학했던 덕산(德山) 산천재(山天齋)에서 후손들과 강학하였고, 가수(嘉樹)의 뇌룡정(雷龍亭)과 단성(丹城)의 신안서사(新安書社)에서 열렸던 강회에 참여하였다.[3] 이 시기에 허유(許愈, 1833~1904) 곽종석(郭鍾錫, 1846~1919) 등 이진상(李震相, 1818~1886)의 문인과 김평묵(金平默, 1819~1891)·최익현(崔益鉉, 1833~1906) 등 화서학파 학자들과도 사상적으로 교유하였으며, 이중철(李重

2 鄭載圭, 『老柏軒集』 권48, 「溪南崔公行狀」·奇宇萬, 『松沙集』 권41, 「墓誌銘」 참조.

3 崔琡民, 『溪南集』 권24, 「觀善禊修案序」 참조.

轍) 등 퇴계학파 계열의 남인들과 교류하였다.

55세(1891) 때에 정여창(鄭汝昌, 1450~1504)과 남명학파 오건(吳健, 1521~1574) 등의 유적지로부터 율곡학파 유적지, 퇴계학파 근거지인 도산서원, 남명학파 발원지를 답사하였다. 60세(1896) 때에 단발령이 내렸을 때 "부모가 온전히 낳아 준 신체를 훼손하면 자식이 아니다. 선왕이 대대로 지키던 법복을 바꾸면 사람이 아니다"라고 하면서 목숨을 걸고 항거하였다. 말년에 자옥산(紫玉山) 남쪽 골짜기에 서당을 짓고 머물며 강학하다 1905년 11월 28일 69세의 나이로 별세하였다. 뒤에 그의 학문과 덕망을 기리기 위해 후손과 유림들이 하동군 옥종면 두양리에 남계정(溪南亭)을 세웠다.

2. 문집 구성과 내용

『계남집(溪南集)』은 시문집으로 30권 10책의 한적 목판 선장본(線裝本)이다. 표제와 판심제 모두 『계남집』으로 되어 있으며, 책의 크기는 가로 19.6cm, 세로 29.5cm이다. 이 문집은 전남대학교, 경상대학교, 국립중앙도서관, 성균관대학교, 숙명여자대학교, 한국중앙연구원에 소장되어 있다. 서문과 발문 등 부록이 없어 간행의 경위나 편찬에 체제를 정확하게 알 수 없다.

권1~권4에는 시(詩) 510수가 수록되어 있으며, 연대 순서로 정리되어 있다. 권5~권19의 서(書) 268편은 스승을 비롯한 사우, 문인, 친족과 교류한 것들이다. 권20~권22에는 잡저(雜著) 41편, 권23~권25에는 서(序) 16편, 기(記) 18편, 발(跋) 19편, 권26에는 명잠(銘箴) 4편, 사(辭) 5편, 상량문(上梁文) 2편, 축문(祝文)과 제문(祭文) 29편으로 되어 있고, 권27에는 비명(碑銘) 1편, 묘표(墓表) 3편, 권28에는 묘갈명(墓碣銘) 7편, 묘지명(墓誌銘) 9편, 권29에는 행장(行狀) 11편, 권30에는 사장(事狀) 1편,

유사(遺事) 5편으로 구성되어 있다.

시(詩)는 지인들과 주고받은 것 외에 명승고적을 답사하면서 즉흥적으로 쓴 것이 많은데, 그 가운데 절반 이상이 기행시(紀行詩)이다. 최숙민은 자신의 거주지 하동을 중심으로 산청·진주·함양·거창·합천뿐만 아니라, 남해·구례 등을 모두 유람하였다. 심지어 속리산과 천마산을 넘어서 금강산까지 두루 둘러보면서 많은 기행시를 남겼다.

서(書)는 스승을 비롯한 당시 지식인들에 의문난 점을 물었던 문목(問目)이 51편이 있으며, 최익현·김평묵·정재규·양회일(梁會一)과 왕복한 서찰이 많다. 특히 「상노사선생문목(上蘆沙先生問目)」은 이기론(理氣論)과 심성론(心性論)에 대한 내용이다. 「답제태질문목(答濟泰姪問目)」에는 조카인 최제태(崔濟泰, 1850~1907)가 질문했던 리(理)와 기(氣)의 선후의 문제를 다루고 있으며, 「답이경항문목(答李敬恒問目)」에는 리와 기의 불상리(不相離)와 불상잡(不相雜)를 도(道)와 기(器)의 관계로 설명하였다. 「답유종원(答柳鍾源)」에는 유종원이 심(心)을 기(氣)로 보는 견해에 대한 답한 편지로, 경전내용을 인용하여 심을 기 하나로 표현할 수 없다고 설명하였다. 「여정재규(與鄭載圭)」에도 심통성정(心統性情)의 내용이 수록되어 있다. 「여정부윤(與鄭厚允)」에는 인물성동이론(人物性同異論)에 대해 인성과 물성은 결코 다르지 않다는 입장을 표명하였다.

「잡저」의 「운담문답(雲潭問答)」에는 영남의 심설(心說)에 대한 논의가 심즉리(心卽理)·심즉기(心卽氣)·이기합(理氣合) 세 가지가 있는데, 심즉리가 심의 본래 의미에 가깝다고 보았다. 「변전간재우량의기의(辨田艮齋愚凉議記疑)」는 기정진의 「납량사의(納凉私議)」를 비판한, 전우(田愚, 1841~1922)의 「납량사의의목(納凉私議疑目)」을 재비판하는 글이다. 이일분수(理一分殊)에 대해 분수의 차별성이 기(氣)로 인해서 생겨난 것이 아니라 리 가운데 내재해 있다는 스승의 논리로 전우의 비판을 반비판하였다. 「명덕변(明德辨)」에는 '명덕이 바로 심'이라는 설에 대해 논술하였다. 「심설(心說)」에는 왜 심즉리의 관점이 심의 본래 의미에 가까운 이유를 설명하고, 심통성정은 명칭이 다를 뿐 하나라고 보았다. 「답정시경문목(答鄭著卿問目)」에는 정시경이 질문한 인심(人心)과 도심(道心)의 관계에 대해 심은 모두 도심이지만 중절하지 못한 경우에 인심이라고 설명하였다.

최숙민은 노사를 만나기 전에는 남명학파의 실천정신이 각인되어 있던 학자였는데, 기정진을 만나면서 스승의 주리설을 계승하게 되었다. 그의 학문적 성향은 남명학과 노사학을 접하면서 이론적 측면과 실천적 측면의 조화를 이루었다. 그래서 최숙민은 오랑캐와 서양문명을 배척하고 중화문명을 중시하는 시대의 변화에 보수적인 사상을 가지고 있지만, 그 상황에 대한 춘추의 의리정신을 잘 표출하였다.

3. 문집 목차

卷一

詩: 山水吟 讀易偶題 訪並樹宋極源 宋性浩同飮 酬姜文擧 病後吟 朝起有懷為詩上家兄遥以相慰 齋後 醉後與渭濱登高 登前峯望江亭相酬 慕寒齋唱酬 大源菴四首 石甕 宿大浦村塾 還家又賦古風一首 和鄭雙洲韻 慕寒齋相酬 次月村河丈韻 多率寺待友 渡露梁 過笠峴龍門寺 上白蓮菴 上錦山二首 菩提菴 觀日出 龍窟 過忠烈祠遺墟 慕寒齋次諸友詩 春宵偶題 伏次文巖韻上塤案 携友深寂菴微雨旱餘乍下 挽韓桐湖 愚川相送以程明道春日偶成詩二十八字分韻得淡字 水清齋與權海閭朴光彦唱和二首 挽權文九三首 題赤壁 奇友松沙訪余于丹邱艾山乃近地友生數十人皆來會遂登縣學拈韻相酬 別松沙 挽鄭子安 挽權丈周老 挽渭濱子三首 十月十七日到岳陽省親壠宿山下乘月訪李上舍虞卿不在悵然寫兩絶留呈 河江界華山亭元韻月皐趙丈改拈以和 次鄭汝明冬至吟 江樓春日憶權榮汝 次權子厚韻二首 春日陪家兄遊仙遊

洞以武夷櫂歌首絶分韻得夷字 過河東府使趙正顯設酌相邀 過洞庭湖月夜泛舟花開洞口 雙磎洞口石上醉眠 夜坐八詠樓 上石佛菴 登三神峯 午火墨溪李翁家行過十二回 導飮橘下草堂歸山社路中唱和 奉讀璞院唱和詩追次寓感 奇君李逑雪裏見過 過陳橋 明翁臺 遊碧玉潭 竹泉齋次成悔山示學者韻 雪後岸梅初綻一二 過白雲洞 山天齋謁四聖賢遺像 二月二十二日携諸生將遊頭流洞發竹泉齋 送客亭 獐項洞 二十三日窮源至朝開洞以武夷第九曲一絶分韻以備山中故事 過浮雲亭 屠維上巳會德川院遺址習禮聽講因以先生卜居詩一絶分韻賦詩寓感傷之懷得山字 次沈安瑞贈別韻 三月上旨同舜卿作岐陽行舜卿中道訪友江岸遙望遲遲不來 夜至兎洞 岳陽省楸行訪金豐五東梅齋中設講留賓翌日飮餞于訪花隨柳川上分韻賦詩 新安途中作 會稽講席次松坡老人見贈韻 雷龍亭滯雨 贈別文信汝 潢溪棲遲磐分韻得近字 濯纓臺老松同南川分韻 西峽再遊 與曺衡七趙泰克及姪謙子立向岳陽過墨溪遇雨 龜泉鴨川 洪濤巖 挽李聖文二首 謹賡家兄夢丹詩二首 拜南冥先生墓 贈別奇聖初三首 奉別李槐窩翁 山陰送客醉宿箕南趙友書舍三首 山陰歸路箕南子遠將于江之滸趺足踏水 德川 坪村 浮雲亭 獐項洞 遊頭流洞 龍湫 岳楸行溯蟾江積雨初晴江水綠漲 新臺平田 兄弟峯 松峯 紅桃巖橋項 香爐峯 姑蘇城 龜子堂 心潭 梅菊臺 明彜齋 日新齋 蟾津江 鈒巖 岳陽亭 水月溪石 仙遊洞 挽橫溝趙丈 炎霖初開從諸生出遊江郊以氣和天惟澄班坐依遠流分韻得氣字 智齋翁金子元遠訪有詩次韻 新安社有感 同智翁訪仙遊洞 立石路中口呼 贐安國瑞 次岳淵亭韻 龍湫戲贈子元 弄瀑 簡愳溪 登東皐酬南川 挽朴承旨 挽權松皐 齋居偶吟因寄舜卿 八月十四日夜舜卿閒居省愆爲賦二十六韻見贈屬意頗鄭重有不敢率爾拚和者久後念有唱無酬亦非相與之情玆次韻追呈韻窄不成腔反覆兩絶勸永好讀書 和雙秀翁回甲韻 明湖席上 新安精舍偶見故友權文益薤軸感傷有題二首

卷二

詩: 三月生明夕曺參軍子容過余書堂挑以楓嶽之遊 臨發記懷 家兄送至江干久坐望行 換鵝亭謹次吳德溪先生板上韻 山陰路上寄家兄 次韻閔正言見贈 灆溪院讀一蠹先生實紀有感 搜勝臺 某里

葛川書堂留贈讀書諸生 拜重峯趙先生墓過報恩北谷懷大谷成先生淸隱高風仍念先生為南冥先生碣文善形容大賢氣象藹然仁義之言儘出知己之口吟成一絶 華陽洞敬次尤齋先生韻 路上有懷 京館有感 松京吹笛橋 滿月臺 朴淵瀑戱題 過花谷 讀龍溪斥洋錄 龍溪柳基一性存遜志堂洪在龜思伯山木齋李承膺漢儒莛里崔永祚錫胤及玉屛諸李十餘人風乎蒼玉屛浴乎淸泠潭因操文奠拜于朴文忠影閣會講于白鶴臺下拈韻相和 用前韻奉贈永抱諸友 拜重菴有感 龍溪餞至白雲山下贈一絶詩助余楓嶽之遊隱然示以方丈之約厚賜也不敢無和 白雲寺呈遜志仁兄 三釜淵 過褒忠祠 鐵原梧里店遇雨 過淮陽懷古 踰斷髮嶺宿北倉渡橋訪長安寺 踰鐵伊峴坐酒店金剛山便不知在何處 到古木亭亭前石壁認是金剛骨髓少前擧頭金剛內山隱約來迎 入數曲石氣尤奇二首 長安寺 坐泛鍾樓 遊靈源洞 正陽寺歇惺樓對金剛衆峯 題寓瀑洞巖面 宿摩訶衍夢與故山諸友聯句只記一聯曰一二小知全賴友尋常多過每由私覺來依然遂足成一律以表千里相思 十日盪胷可謂雄觀而霖雨之故不得上盧峯為一恨

楡岾寺 三日浦 自三日浦東行十里見七星諸島縹緲海中其外天水無際是所謂大瀛海 過杆城訪所謂淸澗亭久已墟惟石礎列立傍有石臺端方削立海色平遠坐久有寵辱俱忘之趣不知創斯亭者誰氏而想其襟懷曠遠非斗筲之量世降俗汚此等人亦罕有宜乎斯亭久無修者也況吟成詩憇道上松陰 洛山寺寶陀窟 過襄陽南川偶吟 鏡浦臺 烏竹軒留贈臨瀛諸生二首 過江陵府 過丘山書院遺墟謹次退溪先生韻 自插杖嶺歷花折崇慶至道驛嶺二百餘里峽氓生涯極艱菑畬石嶠都掛在懸崖 竹基書屋次李成遠見贈 訪郭鳴遠鶴山遇舍 次韻齋翁姜周卿贈別二首 至上溪宿

退溪先生舊宅仍謁廟 陶山書院次韻李仲圓贈詩二首 次韻李舜善見贈 次韻李承旨見寄 敬次陶山十八絶(陶山書堂) 敬次陶山十八絶(巖棲軒) 敬次陶山十八絶(玩樂齋) 敬次陶山十八絶(幽貞門) 敬次陶山十八絶(淨友塘) 敬次陶山十八絶(節友社) 敬次陶山十八絶(隴雲精舍) 敬次陶山十八絶(觀瀾軒) 敬次陶山十八絶(時習齋) 敬次陶山十八絶(止宿寮) 敬次陶山十八絶(谷口巖) 敬次陶山十八絶(天淵臺) 敬次陶山十八絶(天雲臺) 敬次陶山十八絶(濯纓潭) 敬次陶山十八絶(盤陀石) 敬次陶山十八絶(東翠屛) 敬次陶山十八絶(西翠屛) 敬次陶山十八絶(芙蓉峯) 題河隈柳都事書龕 遠志亭敬次文忠公原韻 海坪江上別族姪叔度船將移岸不勝悵缺口呼留二字去者拈留留者拈去以兩寓兩情 采薇亭 山天齋望見朝來之椒石臺頗奇欣然往登爽曠可悅命名風詠得一絶 奉贐李直閣谿軒二首 岳陽路上有感二首 讀萬東廟碑銘有感聯句 夜坐小吟 偶吟 鳳菴唱酬 雨夜山堂謹次蘆沙集中韻二首 贈陳仲文歸自達營 酬農山 勘準太極講錄聯句 送石友之河南之岳陽 呈秋坡兄 鄭生公直以詩求言步其韻 挽重菴金公二首 喜逢秋坡居士 海山見訪 次韻贈鄭士明二首 雲躍以詩見情不可無酬 六月襟堂荷花初開 雷龍亭夜酌呼韻 自龍亭避暑于川上老樹下人言此是樂飢亭因共賦 酬南黎 壬辰夏從友留三歧鳳棲齋講太極臨歸艾友從之遂携入方丈之大源為避暑計諸生多追躡到寺翌日已十七人用朱夫子詩朝市令人昏山林使人傲誰知昏傲兩俱非分韻得朝字 悼安克中 奉酬鄭允源先達 白雲洞謹次南冥先生韻 送李亨洛之京 灆川送別 過蓀谷 次鄭明仲壁間韻 訪薇山翁 宿大孤臺 展灆溪書院 次鄭普見贈別 安陰林亭 黃石山城 月淵巖逢鄭友一雲 弄月亭 宿黃臺書塾二首 尋源亭次板上韻 聞鄭克善詠詩為聯一絶 次尋源亭主人致文睟日韻 盤松亭 長水寺 龍湫菴觀瀑 霜楓戲聯 隱身菴 踰水望嶺聯句 七日瀑 訪月城草堂聯句 月城草堂用金渼湖板上韻二首 訪四仙臺不果 噴雪潭 耽玩泉石忘午餐 訪某里聯句 降仙臺下石杠間闊諸人皆躍越而艾山與子厚奮躍不得作詩以自解卽次其韻

某里齋謹次桐溪先生題崇禎曆面詩 某里夜吟 葛川書堂 搜勝臺謹次退溪先生韻 謹步鄭洛汝贈別韻兼簡勝臺諸友二首 臨別更酌 四樂亭謹次退陶先生韻 枕流亭 娥林叙別 用前韻奉贈一雲 茂村途中 莒南嶺贈林君敬直 籠巖峴 訪豁然亭 豁然亭留贈成夫 鏡湖途中 洗心亭次板上韻 竹泉精舍考檢南冥先生集 竹泉月夜酬惺溪復菴二首 雷龍亭次柳汝明見贈

卷三

詩: 癸巳三三遊嚴陵灘適當三山二水之間用青蓮鳳凰臺詩分韻得鳳字 栢潭遇雨 過鷲峙感劉都督題名 送客亭有感 二十二日宿松廣寺翌日登松廣山少憩槐亭下酬唱 過光陽府 挽曺東塢 河南養心齋聽諸生小學講是夜江月甚好用蠹老風蒲詩共和二首 竹間吟 乘月遊後川沙上 山石子題詩新安圖寄意甚遠拚和一笑 聞宜春安正言封章事有感即題 基洞述懷 左門塢 右門塢 鎖烟巖 二松亭 讀參議公實紀 德新 南浦 書院廢址 戲題山石翁丹山書事後 甲午暮春留龜坪姊氏家夢攀壁幾墜先兄扶以上對坐口呼當字命余賦之寤言思之不勝鬱陶因成一律識之 慕聖齋朔講禮孔朱兩夫子像講訖用河西金先生贈奇錦江天地中間有二人仲尼元氣紫陽真之詩分韻得天字 宿鄭可仲家溯江向孤山亭遇明沙萬頃如堆雪鋪銀彷徨不能去 訪雲松翁遇雨翁無家時僦住大坪之日新齋 朴君允三雖無面雅聞與士笑復菴諸友相善是為吾元賓今遠惠玉版素地一軸供我孤山之遊兼簡 玄以其軸頭所拈韻五字要余塞白還完其意甚深衰頹愧無以答 鄭君仲賢自號松巒余佳其意作詩相勉 鄭敬術時用兩君贄詩求言感其意成長篇一首以相勗轉呈應善亨櫓冀遍示鄭門諸子弟 次戒懼堂韻 清水鄭應善壁上見圃隱百死歌南冥神明舍圖謹題其後 感事二首 仁川相別 心泉亭二首 遊龍山精舍 相將度陀谷 原泉亭刋所韻 蒙泉齋餞席后山有詩次韻 蒙泉齋石丈 至蒙泉齋欲別不忍還至溪邊班荊坐口呼一笑 題淵孫慕聖齋朔講分韻詩後 聞松堂前梅花初發即去尋玩

二首 龜陰書社 權慶七溪屋 路中口和南黎二首 臯鴈石 琴巖訪秋坡翁秋翁居琴巖宜號琴巖 聞兵隊見縫掖輒扯破 琴巖被酌少留 覆盃令次黎翁韻 滯雨閣山艾兄記行詩田地都被占取步韻效嚬 過鄭虞侯墓 聞黑衣令情不能定信笻走後谷茫然不知所向諸生沽酒追躡至讀書巖挽衣請行講禮講罷拈韻余得一絶曰十數冠童藹藹然善心方至也如川忍見吾人入幽谷臨筵默默仰蒼天遂足成仰蒼天五章無軆製節調真狂歌也嘻噫悲夫題溪石 丹溪月夜用洪學士陽坡細草詩韻相和二首 挽奇校理二首 松下右同李英伯二首 上大德山 點易 山泉 賡和一雲 眠湖雙梅軒見西梅憔悴無菜東梅半枯半生盤桓有感謹用板上韻寄意 哭天放翁二首 海印寺述見二首 噴玉瀑次武夷五曲韻 哭東寮 挽李乃弘 悼占夢之亾寄雲躍

卷四

詩: 嶧洞記事 大舘林 吏隱臺二首 鳴玉齋酬諸生相和韻 避暑到鄰遊烏石遷 訪崔君孟雷餘基村舍 再訪何許巖水漲不能渡 艮窩翁沽酒溪上會者七八為次何許巖原韻 列書巖面又以先生不知何許人分韻得先字 遊竹竹 龍山精舍雜詠(精舍) 龍山精舍雜詠(四好堂) 龍山精舍雜詠(有喜室) 龍山精舍雜詠(泉厨) 龍山精舍雜詠(姜窟) 龍山精舍雜詠(隱屏) 龍山精舍雜詠(燈石) 龍山精舍雜詠(石床) 龍山精舍雜詠(庭松) 龍山精舍雜詠(壁松) 龍山精舍雜詠(懸逕) 龍山精舍雜詠(懸磵) 龍山精舍雜詠(藥圃) 龍山精舍雜詠(農堡) 龍山精舍雜詠(讀書巖) 龍山精舍雜詠(雙明巖) 龍山精舍雜詠(祭雨壇) 龍山精舍雜詠(候望巖) 龍山精舍雜詠(老將巖) 龍山精舍雜詠(别壑朝雲) 龍山精舍雜詠(下界暮烟) 龍山精舍雜詠(梅山出日) 龍山精舍雜詠(雲峯生月) 龍山精舍雜詠(中峯樵笛) 龍山精舍雜詠(一勿亂麓) 龍山精舍雜詠(烏休洞) 龍山精舍雜詠(孝廉峯) 龍山精舍雜詠(黃山) 龍山精舍雜詠(鏡湖) 龍山精舍雜詠(思川) 龍山精舍雜詠(南山) 龍山精舍雜詠(製錦堂) 龍山精舍雜詠(故人亭) 龍山精舍雜詠(龍湖亭) 龍山精舍雜詠(枕碧亭) 龍山

精舍雜詠(望京臺) 龍山精舍雜詠(岡高山) 龍山精舍雜詠(春來臺) 龍山精舍雜詠(嚴川) 龍山精舍雜詠(方丈山) 龍山精舍雜詠(理明山) 龍山精舍雜詠(金鰲山) 龍山精舍雜詠(龍門山) 龍山精舍望理明山述懷寄故園 三呵嶺二首 余孟緝兄弟送我踰三呵嶺口呼贈別 憇樹下 病筇攀龍山金順明口號二絶情致可酬 風雨龍山獨坐 龍舍晴曉壑雲 挽朴瑞章 次橫溪新亭韻 題李都正晩樂亭 岳陽亭小學講罷次蠹翁韻示諸生二首 雙磎寺八詠樓次伯曾考南浦公板上韻 李君文國吾十年久要承實踰年病未能往哭遺稿忽入眼撫卷忉怛數句和淚卷尾以歸之 心潭小會用武夷弟五曲韻 入明彜齋訪鶴山姜文擧不遇 姜斯文亨大人公年八十三與夫人偕老重見昏年人間稀慶文亨亦已年近六十誠切喜懼作韻語示余余感而書二十八字以賀之 山中初出泉送許士益歸湖南 奉呈鄭錦樵壽席拜述歲寒之懷八首 挽西坡閔乃厚 挽柳文寧君二首 挽洪遯志四首 哭宋極源 簡海山二首 德川酬悝溪諸友 新川道中 中山尋真亭奉別同門友日峯斯文李禮伯二首 贈別老谷韓君叙章 普安菴二首 鶴遊山 無眠夏夜同成貫謙 躑躅花 權應韶鄭疇仲見訪有詩次韻 中山龍湫與月皐南川同賦二首 石東精舍 江上亭 德中著卿相將向倉洞坐枯桐下口呼 心泉亭 敬次河西金先生御賜墨竹韻 山陰途中聯句 挽朴于山 挽朴鶴山獐項洞 贈麟上人 贈趙泰玄 次韻兢夫進五鍾元 次三山嘉卉十絶 次李仁和石南幽居詩韻 渭農河翁次沈隱侯詩投寄次韻 示山村讀書羣童 謹次薑川齋板上韻 踰新峴 次韻贈別錦樵 橫川影堂 陪勉菴上頭流山 休呵臺 文昌臺 碧溪菴 天王峯 雙磎寺次勉翁韻 雙磎玩月 青鶴樓夜坐華嚴寺聯句 泉隱寺留別 岳陽歸路追記經歷贈金伯敬 挽李晩求 挽李槐陰 演水寺席上戱效少年體 姜子中贈別 次竹醒子所賦糊其金蘭花樹軸之作二首 次鄭青松悔恨亭韻 次尋真亭重建韻 紫玉書堂雨後 栢翁遠訪瓊章暴富遲鈍不能盡酬次首一絶 河陽歸路遇雨而止洞曰清川齋曰洗心 鼓山訪趙升玄二首 訪鵲島 鵲島謹次退陶潮汐詩韻 蔡昆陽堰簣巖觀海 夜起呼叔允看書 贈別鄭顧卿二首 次龜湖回甲韻 松沙為余

病十舍來問遂扶昇入紫玉留數日有詩示意不敢無報

卷五

書: 上蘆沙先生問目(二篇) 上蘆沙先生(二篇) 上蘆沙先生問目(四篇) 上蘆沙先生(二篇)

卷六

書: 與金重菴 與李龍山 與崔勉菴 答崔勉菴(二篇) 與崔勉菴(二篇) 答崔勉菴 與趙月皐(五篇) 與朴承旨 與河江界 與朴校理 與金知縣 答李直閣 與河致伯 與閔君賢 與朴鵬擧 答鄭雲弼

卷七

書: 答韓熙聖 與韓熙聖 答朴元謙 答崔可一 與鄭子潤 與鄭國賢(三篇) 答鄭允文 答鄭善用 與鄭善用 答柳周一 答沈安瑞 答權章汝 與權章汝 答李而遠 答朴瑞章 答姜文擧 答河子千 答朴光彦 答李致維 答柳可浩(二篇) 答魚漢之 答金乃善 答朴世華 與鄭命新 答宋極源 與權仲英 與權季英 答姜學叟(二篇) 與曺仲昭(二篇) 與愼國幹

卷八

書: 與許退而 別紙 答許退而別紙 與許退而(二篇) 答許退而所示講辨 答許退而 答許退而問目 與許退而 與許舜歌 與郭鳴遠 與李啓道 與李仲圓 答曺道亨 答盧禧一 答李可寅(二篇)

卷九

書: 答李漢儒 與柳性存 答柳性存 別紙 答柳性存 別紙 答柳性存 與俞鳳在 與洪思伯 答洪思伯 答李景三 與李禮伯

卷十

書: 答鄭厚允 與鄭厚允(三篇) 別紙類編剳疑 與鄭厚允(三篇) 別紙 與鄭厚允(二篇) 答鄭厚允(三篇) 與鄭伯彦 答鄭季方(三篇) 與奇會一 答奇會一 與奇會一(二篇) 答奇會一

卷十一

書: 與曺衡七 答曺衡七(二篇) 與曺衡七 答曺衡七 答鄭周允 與鄭周允 答鄭周允 與鄭周允 答成貫謙 答河大一別紙 與權應九 答金豐五(二篇) 與金豐五趙舜九李亨洛 答李亨洛(二篇) 答韓鳴于(二篇) 答蔡般老 答李文國 答李潛夫 答陳仲文 答李泰兼 與奇聖初

卷十二

書: 答權舜卿問目(二篇) 答權舜卿 與權舜卿 答權舜卿(二篇) 與權舜卿 與權子厚 答安舜見 答李聚五 答李應仲 答方國元 答方國元問目 答金文見 答梁處中 答趙泰玄 答姜洛中 答姜文鎰 答曺克卿 答鄭應善問目 與曺景止 與權子強(三篇) 答朴明佳問目 答李光彦 答曺兢夫 答趙升玄 答林聖仲 答李敬中問目 答安克中 答金夕仲 與余孟緝 答余孟緝問目 答權疇叔 答李基一 答李汝直

卷十三

書: 答宋敬夫(四篇) 與宋德中 答宋子敬(二篇) 與宋德中子敬 答宋羽若 答宋聖集問目 答李陽來(二篇) 答李陽來問目 答閔應七 答柳子中 答柳善一

卷十四

書: 答鄭亨櫓(三篇) 與曺仲謹 答朴文伯問目 答金在衡 答金在衡問目 答河仁汝 答柳希汝 答韓希ㄩ別紙 答金致仰 答曺進五 答鄭聖弼

與鄭敬九 答盧慶九 答裴仁擧 答鄭貞見 答鄭公直 答鄭雲躍 答沈建七 與鄭雲叔 答鄭在永 答陳愼明 答金順明

卷十五

書: 答權敬夫 與權敬夫 答曺景源 答曺景源問目 答李士重 答姜汝明 答權武翼 答李敬寬 答李炳夏 答文周尚問目 答鄭顧卿問目 答金伯行問目 答黃景涵 答尹明中 答洪士拯 答柳重燁 答柳重燁問目 答許士益問目 答河道若 答姜華仁 答盧洛卿 答李舜擧問目 答閔應奎 答柳程述 答曺明叔 答李晦卿

卷十六

書: 答權君五問目 答權君五(七篇) 答權子德 答權應韶(二篇) 答南士珩 答南士珩問目 答鄭禮卿 答鄭禮卿問目(三篇) 答李文哉 答柳德彦 答鄭周伯

卷十七

書: 答閔成夫問目 答曺彛卿 與曺彛卿 答李敬恆 答權天若問目 答權浩中問目 答柳顯道 答趙可允 答韓子明 答孫慶陽慶燦 答李瑞仲問目 答鄭士明 答崔忠彦 答崔忠彦問目 答趙景睿問目 與鄭疇仲 答鄭疇仲 答鄭疇仲問目 答鄭疇仲 答鄭疇仲問目 答鄭疇仲(三篇) 答鄭疇仲問目 答鄭疇仲(二篇) 與鄭疇仲 答鄭著卿問目(二篇) 答沈景晦 答沈景晦問目 答沈景晦 答宋瑞中 答宋瑞仲問目 答宋瑞仲 答權中卿(二篇) 答李光善 答李景直問目

卷十八

書: 答盧誠之問目(二篇) 答盧誠之 答張魯約 答河宋運 答李叔允問目(二篇) 答安子居(三篇) 與安夏浩夏錫 答安乃範 答文欽夫 答鄭子正

答金子善問目 答李章瑞 答余萬彊問目 答鄭舜一 答李稺章問目 答李稺章 答朴子揚 答鄭周善 答鄭士恆 答李致善 答趙德卿問目 答金在一問目 答丁敬叔問目 答文點甲 答金汝玉 答鄭鶴一 答洪永均問目

卷十九

書: 上伯兄(二篇) 與濟泰姪 答濟泰姪 答濟泰姪問目 與濟謙姪 答濟謙姪 答濟昷姪問目(二篇) 答子濟立問目(四篇) 與子濟立(二篇) 答子濟立 與子濟立 答濟梶姪問目 與濟梶濟亮兩姪 與濟亮姪 答濟亮姪問目(二篇) 與從孫淵秉 答從孫淵秉問目 與從孫恂秉 與從姪濟亨 與再從孫啓秉 與再從姪濟諄 答族孫永好(二篇) 與族孫永好 答族孫永好 答族孫永好問目 與族孫永好

卷二十

雜著: 湖上語錄 見聞錄 雲潭問答 深菴與權舜卿答問 新安雜錄 問諸生

卷二十一

雜著: 辨田艮齋凉議記疑 明德辨 示香玉齋諸生 范增論 論危素事 蘆山謾錄 記棣床瑣語

卷二十二

雜著: 心說 不己軒小說 療癱說贈林仲賢 養苗說贈安生克有 遊山說贈柳泰回 芣苢觧贈閔成夫 李璧卿字說 曺兟夫字說 姜修之字說 余仲初字說 朱相道改名字說 金善林改名字說 李鳳吉字說 讀書法贈金弘仲 書贈李晦夫 書贈吳順之 書贈洪文寧 奉呈劉明烈 奉甗許士益 書贈奇士誠 書贈李基一 書示香玉齋諸生 送金伯行歸省 題李康根書匣 示李稺章 書贈李君孟源 贈鄭禮卿 書諸郎恆坐之石 書贈盧祚鉉兼

示同榻諸生

卷二十三

序: 送權子厚寓山陰序 德山講約序 觀善禊修案序 贈閔朴洪三秀士序 乃見齋歲一祭儀節序 仁川講約序 送綾州崔君煥甲序 送李泰亨序 困學禊案序 權敬夫家藏書目序 竹坡集序 節度使權公實紀後序 梧村實紀序 天嶺雅禊序 送李君陽來應長遊青城序 石荷小叙

卷二十四

記: 過齋記 明翁臺記 慕聖齋記 照寒齋記 後凋臺記 永思齋記 岳淵亭記 舒嘯亭記 河南書室記 偶然亭記 三如堂記 同趣石記 南山齋記 日新齋記 蒙養齋記 樂山齋記 洗心齋記 叢桂亭記

卷二十五

跋: 跋金生帖 書大浦問答後 書屛銘檢本後 書岳陽亭小學講規後 書山水遺響卷後 題家藏淳化帖後 書竹塘先生手寫喪禮備要後 書瞻慕堂林先生閣板後 書營將崔公追思碑後 跋樂道齋鄭公實紀 書朱子年譜通考後 書后山能所說後 書韓希寗答權君五書後 西山先生柳公實紀跋 大谷遺稿跋 題永好會心卷子後 題金汝玉册衣後 玩梧金公遺稿跋 書晉陽鄭氏族譜顚末後 題晩耘序後

卷二十六

銘箴: 三綱臺銘 反求箴贈再從姪濟諄 宋秉鐸書室箴 畏天箴贈鄭瀚

辭: 李養根而晦字辭 權子厚哀辭

上梁文: 橫川影堂上梁文 道溪精舍上梁文

祝文祭文: 松耳山祈雨文 聖人峯社祭祝文 橫川影堂開基祝文 景賢堂開基祝文 紫玉書堂開基祝文 曲江亭開基祝文 祭家神文 陽泉洞祭

風神文 酹善竹橋文 祭蘆沙先生文 祭金重菴文 祭趙月皐文 祭伯兄橘下公文 祭許后山文 祭權季英文 祭權文益文 祭李舜熙文 祭權文叟文 祭權應九文 祭韓鳴于文 祭柳文贊文 祭權章汝文 祭安克中文 祭朴俊賢文 祭金弘中文 祭長女權室文 祭安舜見文 祭曺衡七文 哭趙敬之文

卷二十七

碑: 先祖判書府君祭壇碑

墓表: 七世祖大明處士府君墓表 渭濱處士權君墓表

卷二十八

墓碣銘: 贈童蒙教官自知堂權公墓碣銘三山處士權君墓碣銘 澗隱鄭公墓碣銘 蓮坡鄭公墓碣銘 通訓大夫行興德縣監贈通政大夫工曹參議崔公墓碣銘

墓誌銘: 韓鳴于墓誌銘 安克中墓謁銘 長女權室壙記 先妣孺人河氏墓誌 生員金公墓誌 愚齋金公墓誌銘 李君聚五墓誌銘 艾廬處士李君墓誌銘 處士姜公墓誌銘

卷二十九

行狀: 贈童蒙教官鄭公行狀 隱湖齋宋公行狀 松谷柳公行狀 通政大夫僉知中樞府事兼五衛將閔公行狀 梅菴李公行狀 杏下權公行狀 穡隱李公行狀 學生黃公行狀 處士柳公行狀 叔父蘭谷公行狀 伯兄橘下公家狀

卷三十

事狀: 烈婦趙氏事狀

遺事: 大匡輔國崇祿大夫議政府右議政兼領經筵事監春秋舘事忠莊公愛日堂鄭先生遺事 癡窩權公遺事 從兄百忍窩公遺事 齊思錄

『계초집(稽樵集)』

1. 저자 소개

민치량(閔致亮, 1844~1932)의 자는 주현(周賢)이고 호는 계초(稽樵)이며 본관(本貫)은 여흥(驪興)이다. 경상남도 산청(山淸) 사람이다. 시조는 공자의 제자 중의 한 사람인 민손(閔損)의 후손으로 민칭도(閔稱道)인데 고려 중엽 사신으로 왔다가 귀화하여 여흥에 정착하게 되었다. 고려 중기 이후 선조들은 높은 벼슬을 올라 기세를 크게 떨쳤는데, 특히 고려 말 공민왕 때 예조판서(禮曹判書)에 올랐던 농은(農隱) 민안부(閔安富)는 이성계(李成桂)가 조선을 개국하자, 불사이군(不事二君)의 정신으로 벼슬을 버리고 은거한 두문동(杜門洞) 72현의 한 분이다. 증조부는 민일(閔鎰)이고, 조부는 민이주(閔以珠)이며, 외조부는 남원(南原) 사람 양천민(梁天民)이고 장인은 의성(義城) 사람 김응준(金應浚)이다.

민치량은 아버지 장사랑(將仕郞) 민재규(閔在圭)과 어머니 남원 양씨(南原梁氏)는 양천민(梁天民)의 딸 사이에서 4남 1녀 중에 둘째 아들로 태어났다. 형은 의금부도사(義禁府都事), 의주부관찰사(義州府觀察使) 등을 역임한 지강(芝岡) 민치완(閔致完, 1838~1911)이다. 민치량은 7세(1850) 때에 아버지의 사촌 형인 민재남(閔在南, 1802~1873)[4]에게 수학하였다.

---

4 민재남(閔在南)은 조선 후기의 학자로 자는 겸오(謙吾)이고 호는 회정(晦亭)·청천(聽天)이고 본관은 여흥으로 경상 함양(咸陽) 사람이다. 어려서부터 외삼촌에게서 글을 배웠으나 과거에 세 번이나 실패하면서 출사를 포기하고 학당을 세워 후진양성에 힘썼다. 1867년(고종 4) 천거로 헌릉참봉(獻陵參奉)에 임명되었

그는 어렸을 때부터 품성이 온화하고 어질며 공손하였다. 민재남은 기정진과 서로 왕래하면서 노사의 학문을 높이 평가하였으며, 15세(1858) 때에 자신의 제자인 김현옥(金顯玉, 1844~1910) 및 종질인 민치완과 민치량을 기정진에게 보내어 수학하게 했다. 민치량은 그 동안 의심을 품었던 것들을 질문하면서 그의 문하에서 리(理) 중심의 새로운 성리학 이론을 배웠다. 27세(1870) 때에 식년시(式年試) 문과(文科)에 장원 급제하였다. 「고종실록(高宗實錄)」에 고종이 "경무대(景武臺)에 나아가 식년 문무과 전시(式年文武科殿試)를 행하였다. 문과에서 민치량 등 33인을 뽑고, 무과에서 오순영(吳順泳) 등 28인을 뽑았다"[5]라고 하였다. 민치량이 장원 급제하였기 때문에 대표로 그의 이름이 실록에 오른 것이다. 그해 8월에 감찰(監察)로 제수되고, 12월에 정언(正言)에 오르고, 그 다음해 지평(持平)에 임명되었다. 29세(1872)에 군대의 법도와 조정의 기강을 강구해야 하므로 속히 처분을 내릴 것을 청하는 차자를 올렸다. 민치량은 외세가 침범해 올 때 국가 신료들이 적극적으로 대처하지 않고 눈치만 보고 있는 것을 분개하면서 당시의 상황을 비상시국으로 간주하고 엄정하게 대처해 한다는 차자[6]를 동료들과 올려 죄인 김응봉(金應鳳)·김준문(金俊文)·김응룡(金應龍)·오윤근(吳潤根)을 죽여 달라는 글을 계속 올렸다.[7] 30세(1873)에 정락원전(掌樂院正)에 제수되었다. 33세(1876) 때 사간원사간(司諫院司諫)이 되었는데, 고종이 사람들을 죄 주는 것에 분개하여 관직을 나아갈지 여부에 대해 점을 쳤다. 그 결과는 점괘(漸卦)가 건괘(蹇卦)로 변해가는 점지건(漸之蹇)으로서 색거(色擧)[8]의 상을 얻

으나 이를 사양했으며, 저서에 『회정집(晦亭集)』이 있다.

5 『고종실록』 7권, 고종 7년 4월 28일.

6 閔致亮, 『稽樵集』 권3, 「箚」, 「請勘隨駕諸臣箚」 참조.

7 민치량, 『계초집』 권3, 「啓」, 「請罪金應龍吳潤根啓」 참조.

8 『논어』 「향당」편에 나오는 색사거의(色斯擧矣)의 준말이다. 사람이 어떤 기미

었다. 이때 계초는 관직을 그만두고 산악과 동해를 유람하였는데, 돌아와서 벼슬에 나아갈 뜻이 없자 계초(稽樵)라고 불렀다.[9] 그 후에 민치량은 노사의 동문이면서 경상도 지역에 사는 조성가·정재규와 호남지역에 사는 정의림(鄭義林, 1845~1910)·김석구(金錫九)·기우만 등과 교류하면서 경전과 성리학 공부에 전념하였으며, 강원도와 서해안을 유람하면서 기행문을 남겼다. 특히 33세(1876) 때 일본 군함에 강화도에 침범하여 조선과 불평등수호조약이 체결되자, 그것에 회의를 느끼고 2월에 한양을 출발하여 금강산을 유람하였다.[10] 45세(1888) 4월에 또 한양을 출발해 운봉(雲峰), 대방성(帶方城), 적성강(赤城江), 담양(潭陽) 등지를 거쳐 부안(扶安) 앞바다에 있는 위도(蝟島)를 유람하면서 직접 겪었던 일들과 아름다운 풍광을 기록했다.[11] 78세(1921) 때 산청향교 명륜당중수기를 지어 지역 사회의 인륜과 풍속을 바로잡고자 했다. 89세(1932)에 죽음을 맞이하였다.[12]

2. 문집 구성과 내용

『계초집(稽樵集)』은 12권 5책 목판본으로 4주쌍변(四周雙邊), 반곽(半郭) 20.0×16.5cm, 유계(有界), 10행19자, 상하향(上下向) 2엽화문어미(二葉花紋魚尾)에 크기는 32.2×21.1cm이다. 문집은 민달호(閔達鎬)가 1934년 편집하고 교정하여 간행했는데, 서문과 발문이 없어 어떻게 만들어졌는지

를 보고서 신속하게 행동을 취해 자신의 안전을 도모하는 것을 의미한다. 「향당」 편에의 "새가 사람의 기색이 좋지 않은 것을 보면 날아올라 빙빙 돌며 살펴보고 나서 내려앉는다."라고 하였다.

9 민치량, 『계초집』 권12, 「行狀」 참조.

10 민치량, 『계초집』 권5, 「關東記行略」 참조.

11 민치량, 『계초집』 권5, 「蝟海紀行」 참조.

12 민치량, 『계초집』 권6, 「山清鄉校明倫堂重建記」 참조.

알 수 없다. 이 문집은 전남대학교, 규장각, 국립중앙도서관에 소장되어 있다.

권1~2는 시(詩) 299수가 수록되어 있고, 권3~4에 차(箚) 1편, 계(啓) 1편, 서(書) 119편이 실려 있다. 권5~6에 잡저(雜著) 4편, 서(序) 24편, 기(記) 22편이 수록되어 있고, 권7~8에는 발(跋) 16편, 명(銘) 1편, 상량문(上梁文) 10편, 제문(祭文) 20편이 실려 있다. 권9~11에는 행장(行狀) 9편, 전(傳) 1편, 비(碑) 5편, 묘갈 29편, 묘표 17편이 수록되어 있고 권12는 부록으로 가장(家狀) 1편, 행장(行狀) 1편, 묘갈명(墓碣銘) 1편으로 구성되어 있다.

시(詩)에는 차운한 것과 애도하는 시가 많다. 「영성차안만기팔경운(寧城次安晩磯八景韻)」 8수, 「여다산월산유한북소사(與茶山月山遊漢北蕭寺)」 5수, 「차강오산척장정곡팔영(次姜鰲山戚丈正谷八咏)」 8수, 「근차어관포십이영(謹次魚灌圃十二詠)」 12수, 「차소송십로시(次小松十老詩)」 10수, 「차택존재팔경운(次澤存齋八景韻)」 8수 등은 문학적으로 우수하며, 민치량이 시문을 짓는 독특한 특징을 알 수 있는 작품들이다.

잡저(雜著) 중에 「관동기행략(關東紀行略)」과 「위해기행(蝟海紀行)」은 민치량이 관직에서 물러나와 당시의 시대상황을 벗어나고자 아름다운 경관이나 오래된 유적지 등을 유람하면서 보고 듣고 느낀 것을 적은 기행문이다. 「관동기행략」은 운요오 사건으로 일본과 강화조약 체결되었을 때 한양에서 출발하여 포천(抱川) → 철원(鐵原) → 김성(金成) → 회양(淮陽) → 단발령(斷髮嶺) → 금강산(金剛山) → 고성(高城) → 통천(通川) → 강릉(江陵) → 서울로 돌아오는 47일 간의 여정을 기록한 것이다. 「위해기행」은 1888년 4월 서울을 출발해 운봉(雲峰) → 대방성(帶方城) → 적성강(赤城江) → 담양(潭陽) → 부안(扶安) → 위도(蝟島)를 유람하면서 육로와 해로에서 경험했던 많은 일들을 기록하고 아름다운 자연 풍경을 묘사한 것이다. 이것들은 우리나라의 유명한 곳을 소개한 기행문으로 현재까지고 매우 가치 있는 것이다.

서(書) 가운데 그의 스승인 기정진에게 평소의 의문점을 질문했는데 「상노사선생서(上蘆沙先生書)」에서는 장사를 지내는 예절에 대해 물었고, 「상노사선생문목(上蘆沙先生問目)」에서는 물러나고 나아가 처세술을 논하였다. 『노사집』에는 민치량에 대한 언급이 없는데, 「계초집」에는 노사가 「상노사선생문목」에 대해 대답한 내용이 실려 있다. 특히 편지에서 기우만과 정재규와 『노사집』 중간에 대해 논의하였다.

그는 스승 노사의 입장에서 성리학을 이해했는데, 이기론(理氣論)에 대하여 "근원 상에 나아가 말하면 리가 먼저이고 기가 뒤이며[理先氣後], 리가 주인이고 기가 종이다[理主氣僕]. 유행의 일변에 나아가 말하면 기가 형체를 이루면 리가 갖추어지며[氣形理具] 기에 나아가 리를 보는 것이다[卽氣觀理]"[13]라고 하였다.

3. 문집 목차

卷一

詩: 高岡幽居 巖栖 胄巖 臥瀑 謹次伯父晦亭韻 景福宮應制 中宮殿端午帖四首 謹次金尙書六十一歲壽韻 別林小梧歸湖衙 臨津上流 寧城次安晩磯八景韻(羽亭飛觴) 寧城次安晩磯八景韻(金藪課農) 寧城次安晩磯八景韻(鷹峯縱獵) 寧城次安晩磯八景韻(景苊鍊武) 寧城次安晩磯八景韻(蘆橋商帆) 寧城次安晩磯八景韻(城隍賽鼓) 寧城次安晩磯八景韻(訟庭春草) 寧城次安晩磯八景韻(滿江霜葉) 松京表節祠有感 許文敬公致祭命下正言志感有韻謹次 謹次宿鷺亭韻 與盧小隱曉發龍城 宿雙樹營 題拱北樓 漢城春夜與梁峯茶山趙山拈聯 與茶山月山遊漢北蕭寺(洗劒亭) 與茶山月山遊漢北蕭寺(僧伽寺) 與茶山月山

13 민치량, 『계초집』 권12, 「행장」 참조.

遊漢北蕭寺(文殊庵) 與茶山月山遊漢北蕭寺(白雲臺) 與茶山月山遊漢北蕭寺(祥雲寺) 祥雲瀑布聯句 和呈權注書 和呈金正言典祀孝陵韻 燈夕與鄭雙洲梁雲溪登木覓口呼 權石梧見訪 謹呈閔守拙窩 和呈閔鰲山 和呈閔悔窩 和崔晩夫冬至韻 謹次三從祖雙松韻 和姜林下爲冠子韻 次姜鰲山戚丈正谷八咏(正谷幽居) 次姜鰲山戚丈正谷八咏(樵亭山棲) 次姜鰲山戚丈正谷八咏(官城暮角) 次姜鰲山戚丈正谷八咏(僧舍曉鍾) 次姜鰲山戚丈正谷八咏(鑑湖漁艇) 次姜鰲山戚丈正谷八咏(筆山歸雲) 次姜鰲山戚丈正谷八咏(鶴洞初月) 次姜鰲山戚丈正谷八咏(雞山夕嵐) 次曺温陽甲宴韻 端陽泥館與鄭石嶠鄭雙洲權醉蓮朴玄皐鄭青聯句 劉竹圃聖七來訪 賀鄭校理大夫人六十一歲晬辰 修契亭唱酬孫篁館見訪 謹次魚灌圃十二詠(製錦種梅) 謹次魚灌圃十二詠(烏石行春) 謹次魚灌圃十二詠(換鵝亭避暑) 謹次魚灌圃十二詠(鏡湖泛月) 謹次魚灌圃十二詠(龍巖濯足) 謹次魚灌圃十二詠(潺灘數渡) 謹次魚灌圃十二詠(拄笏看峯) 謹次魚灌圃十二詠(獨女尋仙) 謹次魚灌圃十二詠(城南觀魚) 謹次魚灌圃十二詠(楡山對雪) 謹次魚灌圃十二詠(王山弔陵) 謹次魚灌圃十二詠(智谷尋碑) 金楚江見過 次文樂泉卜居韻 次深寂菴板上韻 讀忠愍公實紀謹次疎齋李相公韻寄鳳里 壽母生朝 差祭南壇 丙子二月陪外叔作金剛行行至永平之萬歲橋 鐵原豐田 安養庵聽雨 歇惺樓次板上韻 楡岾寺贈懶隱上人 丙子五月入智島飮紅與朴小焦寅卿共賦 挽金東皐二首 和金五豐五壽母韻 謹次外叔梁上舍晬宴韻次閔隱巖幽居韻 與朴琴沙踰蓬嶺 大源庵次尹侯韻 家親回甲志感 挽蘆沙奇先生 挽鄭雙洲四首 送裴月坡士榮二首 挽鄭般山 次族弟壽親韻 贈李直閣奉使香港 挽崔忠瑞 別李小松解配還鄕二首 次小松十老詩(老宰) 次小松十老詩(老將) 次小松十老詩(老儒) 次小松十老詩(老俠) 次小松十老詩(老醫) 次小松十老詩(老僧) 次小松十老詩(老農) 次小松十老詩(老妓) 次小松十老詩(老總角) 次小松十老詩(老處子) 次鄭監役旌閭韻 崔友溪南元則作楓岳行過余幽居忽念丙子春坐正陽

寺樓望萬二千峯宛然如昨信筆一絶聊替遠驢 謹次閔老磵回甲韻 挽趙判官 和鄭省菴壽韻 謹次夢沙從兄回甲韻 挽梁丈聖實 和信天翁鄭德允 次劉老磵竹林齋韻 李寢郎自龍潭來訪癸巳除夕謹次蘆沙先生風字韻 高岡雪夜獨坐懷權三山子厚 挽閔鏡樵三首 次朴德中槐窩韻 次盧渭皐七里亭韻 次金五兼竹潭韻 戊戌九月二十五日卽家兄回甲而先期自碧松山房與緇徒作順天松廣之行家人不得稱慶獨坐無聊小隱盧翁寄惠長篇故卽次其韻自敍幽鬱之懷 更用前韻呈小隱 挽權康翎二首 挽閔西坡三首 挽曺衡七 與鄭玉洲趙月山登矗石樓次板上韻 過院北謹次漁溪先生韻 次四從弟周敬壽親韻 馬浦設港 燕子樓 永嘉臺 上森齋與崔石年有有璟共賦 蔚山訪趙進士鶴素 望華樓 佛國寺次板上韻 宿校村崔叅奉家逢嶺湖諸勝 雞林懷古 挽朴德中 挽趙叅奉景岡 挽裵錦溪 挽安東洲二首 哭權子厚二首 挽河忍齋三首 哭鄭允章三首 碧松庵與趙侯共吟 挽鄭進士 次朴注書碑閣韻 次朴營將友松堂韻 次朴營將回甲韻 挽盧小隱 生朝志感 七佛亞字房 佛日瀑 岳陽亭謹次一蠹先生韻 次澤存齋八景韻(上頭源泉) 次澤存齋八景韻(帽巖朝日) 次澤存齋八景韻(書堂遺墟) 次澤存齋八景韻(鬐巖寒松) 次澤存齋八景韻(馬場歸雲) 次澤存齋八景韻(鍾山曉月) 次澤存齋八景韻(洞口花樹) 次澤存齋八景韻(前坪農歌) 琴臺小話 次裵士榮壽韻 謹次道統祠藏書閣韻 韓梅西見訪携手入深庵 高岡有感 哭朴尚五 挽朴承旨 次李文敬豐山韻 哭金渭文三首 挽鄭老柏軒厚允三首 哭金豐五 庚戌五月二十四日聞渭孫生喜吟一絶 寄題會龍堂 戱和金舜五晦石韻 次趙和一小山幽居韻 挽盧渭皐四首 哭劉舜若 和呈韓梅西四首 和李性習 哭劉舜華 次姜周應煙波臺韻 與再從兄族叔權李權姜讀書花林山房姜友先歸共賦贈別 挽閔老磵三首 次李龍見牧鋤韻 和姜夏卿大人壽席韻 次金應五醉愚韻 挽林聖壽

卷二

詩: 挽趙月皐 挽閔進士 鳳里自堤川來輿母櫬而歸臨別悵然構呈 鄭壺石克善見過 挽河監役 和李晦山亨洛三首 丙辰夏秋交潦霖乖候愁鬱無聊與再從姪武伯避暑于江榭觀漲而吟 秋夕前日登東皐望泳九孤墳悵吟一絶 觀釣魚 挽閔老山 和李元若壽親韻 朴君近故睡軒公冑孫也築小亭於澮對軒傍而松沙命名以覺軒矣十舍重趼過余于稽山之陽一見知其為法家拂士請一言于其軒謹用蘆沙先生韻追後以寄 次趙監役鳴玉亭韻 謹次觀瀾齋韻 追和鄭友大人七十五歲回婚識志感韻 挽鄭議官四首 戊午十二月二十一日德壽宮昇遐越七日聞報與族姪龍鎬偕往山社北望痛哭而不勝憤鬱吟三首 和盧上舍屏潭韻 次鄭啓先洗心臺韻 用前韻贈鄭敬夫 挽權石愚君七 題永思齋 題五宜亭 壬子九月六日與鄭海変聖若作錦山遊武伯亦隨後 懷大連師國珍 訪曹彝卿幽居 有懷鄭春岡贊瑞 渡露梁津 上菩提庵 滯雨信宿 三千浦酬朴夢人 次崔梅吏臨淵亭原韻 宿權道敏書屋 寄裴錦石敬魯 宿山舍有懷挽三從叔松菴二首 次族弟子直雙親回甲韻 搜勝臺謹次退溪先生韻 挽梁竹圃三首 挽權密陽 與盧致極訪傅洞李文擧會話養心齋 和崔友大人壽識韻 挽權梅圃 題遠慕亭 次裴而瑞回甲韻 和金禹三見贈韻 次劉舜膺白華齋韻 次閔應七勝山亭韻 次李允集新居韻 挽閔華允 挽鄭汝七 羅州宗人來訪以一絶見贈卽次 挽盧上舍應九 次朴文五三愚韻 挽裴敬魯 追和朴松菴寄鄭聖若 追和三從叔回甲韻 挽權道敏 次鄭純可回甲韻 宗家移寓京城弼雲洞丘嫂終祥在迫不可無一哭與武伯曉登汽車乘昏得抵 望北苑昌慶昌德兩宮巋然猶存用朱子鴻慶宮詩 成均館有感用前韻 題社稷公園 挽姜文一三首 挽鄭聖若 次許承宣止愼齋韻 寄題李英七琴湖亭 挽河約軒般巨 挽趙監役三首 寄題曹氏挹江亭 次朴監役伴仙臺韻 寄題壁山亭 次裴致五晩樵堂韻 和洪升坤大人壽識韻 李君穉和余晩契也袖示其先大人竹隱亭原韻不可無和 和峭巖臺原韻 題崇陽亭 和呈盧致極回昏宴韻 次應七欺字韻二首 次李龍見酕醄吟四首 和閔聖章松山書室

韻 挽李英七 挽金五兼 金氏花樹亭和沈景晦 次金國賓稽湖齋韻 和李普賢壽親詩 題安國重晦山亭二首 寄題玉洞精舍 謹次同敦寧林公旌閭韻 挽鄭五痴翁四首 挽三從祖雙松公 次族弟壽親韻 和族弟象見回甲韻 次洪煥奎壽親韻 和閔洛卿壽母韻 挽姜德一 挽鄭箕洪

卷三

劄: 請勘隨駕諸臣劄

啓: 請罪金應龍吳潤根啓(二篇)

書: 上蘆沙奇先生(二篇) 上蘆沙奇先生問目 與趙月皐 答鄭雙洲 答李清風 與李侯 與趙忠州 與閔鳳里 與金承旨 與崔進士 答河渭叟 答盧小隱 答閔老山 與閔西坡 與朴承旨 與朴光遠 與趙季豪(二篇) 答趙季豪 與趙季豪(二篇) 與姜林下 與鄭厚允 答鄭厚允 與奇會一(二篇) 答奇會一 與奇會一 與鄭允章 與郭叅贊 答辛進士(二篇) 與趙侯 與鄭致範 答河連山 答韓參領 與韓參領(二篇) 答姜承旨 答鄭周允 與姜德一 答許訥菴(二篇) 與朴承旨(三篇) 與權君七 與盧致極 答盧致極 答盧仁善 與趙舜九 與朴乃敬 答趙鴻山 與許勁能 答許勁能 答鄭季方 答鄭般弼 答金五兼 答許樵隱 答權箕允 答李擎維 答鄭扶安 與權舜卿 答權舜卿(二篇) 答鄭孔厚 答李明賁 答曺衡七

卷四

書: 答李正言(二篇) 答權子厚 與裴敬魯(二篇) 與朴進士 答權進士 與鄭參判 與奇立夫 答鄭議官(三篇) 答李聖習 答崔 與李禮伯 答姜文一 答金國賓(二篇) 答鄭致吉 與姜周應 答崔德應 答朴 答閔 答李陽來 答劉舜若 與李元善 答曺彝卿 與權君五 答鄭子範 與鄭純可 答李舜擧 答權應韶 與劉舜膺 答金而卿 答李 答閔若元 答權浩仲 答朴子克 答姜仲直 答劉舜和 答鄭 答許洛現(二篇) 答閔聖章 與金希文 答沈景晦 答李順遇 與閔汶若 答李致先 與鄭允明 與鄭春若 答姜俊明

答金明善 與鄭元僑 答安乃明 與申淑明 答李周彦 與甲佑遠 答裴而眞 答沈德梧 答林鳴國 答朴士弘 答李泰卿 答姜士強 與灆溪書院僉氏 上從兄夢沙 上從兄老石 答從姪武卿 與三從叔檣山 與從姪武揚 答三從叔達見 與再從弟士元 與再從姪武伯 與再從孫乃洪 與家兒姪兒 答姪兒

卷五

雜著: 關東記行略 愚圃說贈金乃安 書贈金擎汝 蝟海記行 送閔學士赴燕序 盆城裴氏派譜序 錦溪遺稿序 風浴臺契案序 送宋元仲歸蝟海序 述古齋逸稿序 安東權氏兩賢儒契案序 南陽洪氏三賢儒契案序 聽琴臺儒契案序 西河世稿序 醉醒臺詩軸序 送崔敬叔歸元泉序 臥龍亭儒契案序 驪興閔氏派譜序 唐山文集序 申義齋儒契案序 友梅堂回昏宴詩軸序 默軒詩集序 贈林馨國序 灉川齋講契序 陶隱先生文集重刊序 王山誌序 橋梓輯錄序 松窩實記序

卷六

記: 烈婦裴氏旌閭重修記 守拙窩記 孝子贈教官裴公旌閭後記 塞墻洞洞舍重修記 晩樂亭記 雙梅亭重建記 山清鄕校明倫堂重建記 臨淵亭記 錦溪齋重建記 亦樂亭重建記 五思齋記 晋陽鄭氏孝烈旌閭移建記 日休臺記 漁隱精舍重建記 孝子贈通政晩隱李公旌閭記 龜南精舍記 水晶宫移建記 晋陽姜氏孝烈旌閭記 晦山亭事實記 高岡山亭事實記 孝子孔公碑陰記 農窩記

卷七

跋: 勿齋先生遺稿跋 家大人壽瑞詩跋 濂湖遺稿跋 題洪在天慕先實錄後 書瑞軒安君行狀後 書尹氏倡義錄後 書鶴皐詩稿後 書冶城宋氏世稿後 書無名窩東遊錄後 書泣弓臺誌後 書窩峯徐公詩後 書釣隱安

君家狀後 書德齋愼公行狀後 題老磵東遊紀行後 書敬菴朴公行狀後 書學生李公孝行實錄後 書閔龍鎬江北日記後

銘: 杖銘

卷八

上梁文: 松衢齋重建上梁文 家塾上梁文 農隱先祖神道碑閣上梁文 正寢上梁文 崇義齋重建上梁文 聽琴亭上梁文 褒忠祠重建上梁文 西溪書院移建上梁文 永思齋上梁文 自惠齋上梁文

祭文: 祭伯父晦亭府君文 祭劉老磵文 祭外姑星山李氏文 祭姜林下 祭內弟梁文 祭仲舅梁進士文 祭從兄文 祭從姪武卿文 祭從兄[致浚]文 祭從兄[致德]文 祭亾室金氏文 祭伯氏芝岡府君文 祭從姪武揚文 祭亾女許氏婦文 祭次兄文 祭梅圃權公文 祭五癡鄭公文 祭孫兒文 祭閔承旨文 祭舍弟國賢文

卷九

行狀: 暘谷閔公行狀 松谷朴公行狀 華軒徐公行狀 從嫂盧氏烈行錄 敬愼閔公行錄 愁愁子崔公行狀 債軒李公行狀 伯氏芝岡府君家狀 悔齋金公行狀

傳: 東連子傳

卷十

碑: 烈婦吳氏事蹟碑 閔氏望墓壇碑 義齋裴公驪陽陳氏雙孝事蹟碑 學生禹公孝行碑 贈工曹正郎閔公事蹟碑 心遠齋裴公墓碣銘 贈軍資監正劉公墓碣銘 處士洪公墓碣銘 秘書監丞朴君墓碣銘

贈嘉善金公墓碣銘 從孫泳元壙銘 從姪武揚墓碣銘 廉山金公墓碣銘 華下安公墓碣銘 柳菴沈公墓碣銘 雲石崔公墓碣銘 竹潭金公墓碣銘 老隱裴公墓碣銘 烈婦晉陽河氏墓碣銘 農窩裴公墓碣銘 省齋權公墓碣

銘 孝子贈兵曹參判鄭公墓碣銘 魯山鄭公墓碣銘 孺人清州韓氏墓碣銘 晩松朴公墓碣銘 成均生員鄭君墓碣銘 武山姜公墓碣銘 竹圃梁君墓碣銘 會巖林公墓碣銘 梧溪閔公墓碣銘 舍弟國賢墓碣銘處士姜公墓碣銘 月波鄭公墓碣銘 薇隱鄭公墓碣銘

卷十一

墓表: 仲父晦山府君墓表 衣巖姜公墓表 澗翠劉墓表 姪女權氏婦墓表 判決事金公墓表 學生金君墓表 梅圃朴公墓表 琴湖朴公墓表 三默窩宋公墓表 叅奉安公墓表 農窩金公墓表 學山鄭公墓表 南坡李公墓表 蘭史徐君墓表 再從曾祖隱齋府君墓表 悔窩閔公墓表 閔弦窩允執墓表

附錄: 家狀(閔在鎬) 行狀(權在奎) 墓碣銘(鄭承鉉)

『곡은유고(谷隱遺稿)』

1. 저자 소개

이육(李堉, 1827~1898)의 자는 진화(振和)이고 호는 곡은(谷隱)이며 본관은 성주(星州)이다. 이만년(李萬年)의 후손으로, 조부는 이극양(李克陽)이다. 1827년 부호군(副護軍) 이성일(李成一)의 아들로 태어났다. 어머니는 풍천 노씨(豊川盧氏)로 노광석(盧光碩)의 따님이다.

어려서 자질이 남달라 특별히 공부를 가르치지 않았는데도 놀 적에는 반드시 서당 근처에서만 놀고 귀동냥으로 들었을 뿐인데도 학생들이 잘못 읽은 곳이 어느 부분인지 알았다. 5세에 효경을 배웠는데 이미 내용에 통달하여 아침저녁으로 부모님을 보살펴 드리고, 집안 청소 등을 하였다. 집이 가난하여 학문에만 전념할 수 없으므로 아침이 되면 낚시질과 나무하기 등을 하여 부모를 봉양하고, 밤이 깊어지면 공부에 힘쓰는 등 지행(知行)을 겸비하였다.

기정진에 배우다가 용전(龍田) 송래희(宋來熙, 1791~1867)의 문하에서도 학문을 닦았다. 두 스승에게 유가의 심법(心法)을 듣고서 인격을 도모하는 학문을 추구하면서도 태극론(太極論)과 이기론(理氣論), 심설(心說) 등을 깊이 연구하기도 하였다.

이육은 자애(紫厓) 한치조(韓致肇, 1808~1889), 부계(扶溪) 전병순(田秉淳, 1816~1890), 단계(端磎) 김인섭(金麟燮, 1827~1903), 면우(勉宇) 곽종석(郭鍾錫, 1846~1919), 농산(農山) 신득구(申得求, 1850~1900) 등과 교유하면서 후학을 양성하다가, 1898년 향년 72세의 일기로 생을 마감하였

다. 저서로는 『곡은유고(谷隱遺稿)』가 있다.

2. 문집 구성과 내용

『곡은유고(谷隱遺稿)』는 4권 1책의 석판본으로 손자인 이교웅(李敎雄)이 1964년에 간행하였다. 서문은 정도현(鄭道鉉)이 지었고 발문은 이창수(李昌洙)가 지었다.

권1에는 시 75제목에 86수가 수록되고, 권2에는 서(書) 14편, 잡저(雜著) 13편, 서(序) 10편, 기(記) 5편, 잠(箴) 4편, 고축문(告祝文) 5편, 제문(祭文) 11편, 통고문(通告文) 4편이 수록되었으며, 권3에는 묘표(墓表) 1편, 행장 5편, 행록 2편, 전(傳) 1편이 수록되고, 권4에는 부록이 수록되었다.

시는 서재나 누정을 읊은 시, 차운시(次韻詩), 만시(挽詩) 등이 있다. 시 작품 중에는 「우국(憂國)」, 「우도(憂道)」, 「우세(憂世)」 등 어수선한 시대에 대한 그의 감상을 대변하는 듯한 시들이 많이 보인다. 또한 효(孝), 제(悌), 충(忠), 언(言), 예(禮), 의(義), 염(廉), 치(耻), 인(仁), 지(智) 등 유가의 윤리를 마음 깊이 실천하고자 「십잠시(十箴詩)」를 짓기도 하였다.

권2에는 스승 기정진에 학문에 뜻을 두는 방법과 실천을 묻는 서간문이 있고, 동학들과 서로 교류하며 학문을 담론하거나 안부 등을 묻는 서간문 등이 있다. 잡저에는 성리학적 수양과 출처를 기술한 「술지(述志)」·「자경(自警)」·「자강(自强)」·행기(行己)·「출처(出處)」 등이 있고, 또한 태극(太極)과 리(理)와 기(氣), 그리고 심(心) 등을 논설한 「태극설(太極說)」·「이기설(理氣說)」·「심설(心說)」 등이 있다. 세상 살아가는 데 훈계가 되는 입지(立志), 정심(正心), 수신(修身), 제가(齊家) 등에 대한 잠언이 있다. 급변하던 조선 말기 외세에 대한 그의 생각을 가늠해 볼 수 있는 「척화론(斥和論)」·「척양론(斥洋論)」 등이 실려 있다. 서문은 함양과 인근의 누정과 서재에 대한 것이다.

권3은 집안 선조들의 묘표, 행장과 행록이 있고 조모의 열부를 기록한 전이 있다. 권4 부록에는 스승이 남긴 서한문이 있고, 그의 만사(挽詞)와 행장(行狀), 그리고 묘갈명(墓碣銘)과 묘지명(墓誌銘) 등이 실려 있다.

『곡은유고』는 국립중앙도서관, 전북대학교 도서관, 계명대학교 도서관, 경기대학교 도서관 등에 소장되었고, 『한국역대문집총서』(1568)에 『곡은선생문집(谷隱先生文集)』(谷隱遺稿)으로 영인되었다.

3. 문집 목차

序(鄭道鉉)

卷一

詩: 宿四上洞 偶吟(三首) 齋餘卽景 山齋謾吟 動靜 梧桐齋月 輓友人 次俛宇郭公(鍾錫)頭遊韻 次李穡圃(箕兆)韻(二首) 贈宋左溟(面) 次韓候紫厓(致肇)安國寺韻 與紫厓松圃宿梅閣共吟 次紫厓學士樓韻 辛酉四月訪錦山桐巷謁龍田宋先生(來熙)次過六十嶺有吟 贈申農山(得求) 贈田扶溪(秉淳二首) 次進士李小松(志容)花樹韻 景福宮重建獻賀 錦東齋與諸公圍棋(齋是龍田宋先生居齋也) 學士樓 望月 次韓龜川(鎭衡)上京韻 與紫厓共遊安國寺(四首) 次李竹軒(陽魯)原韻 次晩歸亭韻(二首) 次松石亭韻(二首) 松石亭賡吟 遊晩歸亭 次吳止巢(相鳳)壽韻 步盧進士松坡(光懋)韻 次松坡壽韻 和松坡回榜韻 輓松坡 從師去路過夢聖山有感 次山泉齋韻(爲宗人相栢作) 復登夢聖山拜師歸路積石江舟中作(謂蘆沙於下沙) 歲庚寅仲夏余向湖中而適過魯壇里人新以搆書塾顏以學魯要余撰記辭以不學然余亦願學孔子者庶幾觀感忘拙因和其原韻 次白也鄕飮酒禮 登方丈有吟 登悟道峙 敬次孤隱先祖望月亭韻 敬次松溪先祖詠歸亭韻 敬次一蠹先生頭流韻 輓感

慕齋盧公(光斗) 輓梧齋族丈(春遇) 贈郭俛宇(三首) 次閔西坡(致周) 幽居韻 續和西坡二樂亭韻 輓三元堂許公(元式) 谷隱原韻 癸巳除夕吟病有感 自笑 明鑑 遺恨(甲午倭來犯闕) 歎時 避亂 自警 義兵 擧世無倫無法詩以誡兒曹 輓蘆沙先生 輓介隱鄭公(在箕) 憫俗(丙申) 憂道 憂世 覺後 憂國 送客 閱祖妣烈行儒狀有感 送李埈歸琴臺峯 十箴詩 松榭八景(仙亭淸風 渭川明月 鷹峰宿霧 鳳岫歸雲 龜坪牧笛 江亭漁歌 梧峯落照 桃坪暮雨) 敬次蘆沙先生磨石韻 頌豊 好學

卷二

書: 上蘆沙先生 上龍田宋先生(來熙二首) 上宋求同(恪老) 上介隱鄭丈(在箕) 贈龜川韓公(鎭衡) 與申農山(得求) 與田扶溪(秉淳) 與韓候紫厓(致肇) 與金端溪(麟燮) 與郭俛宇(鍾錫) 與宋鍾萬 答或人 呈校中僉員 辭鄕員孝狀

雜著: 述志 自警 自強 行己 出處 解蒙 理氣說 心說 孝說 太極論 斥和論 斥洋論 號論

序: 七夕讌太極樓序 晩歸亭序 松石亭序 介隱序 敬義齋序 李晩悟序 西坡序(爲閔致周作) 玉山齋序(爲李中華作) 星州李氏派譜序 送李峻歸琴臺峰序

記: 松湖書院遺址記 竹軒記(爲李陽魯作) 覽德亭記 二樂亭記 挾仙亭記

箴: 正心箴 修身箴 齊家箴 立志箴

告祝文: 松湖書院轍享時移安祝文(戊辰) 埋安祝文 敬義齋移建時開基祝文 永思堂重修時開基祝文 告蘆沙先生墓文(戊子)

祭文: 祭蘆沙先生文 祭外舅默齋盧公(錫愚)文 祭渭隱李公(寅容)文 代友人作 祭族兄西皐(恒實)文 祭伯兄文 祭仲兄文 祭叔兄文 祭亾室豊川盧氏文 敬義齋上樑文 永思堂重修上樑文

通告文: 告孤隱派宗中文(丙申) 鄭叅奉(直鉉)孝行狀 孤隱先生墓

土增買時通文 書齋重修請助文

卷三

墓表: 先祖縣監公墓表

行狀: 先祖縣監公行狀 西皐李公(恒實)行狀 松齋李公(正根)行狀 醉齋梁公(彦哲)行狀 雷溪李公(東華)行狀

行錄: 高祖考義士公行錄 先考睡庵府君行錄

傳: 祖妣烈婦同福吳氏傳

卷四

附錄: 書(蘆沙病夫·扶溪田秉淳·俛宇郭鍾錫) 序(獻納商山金麟燮) 輓(侍生潘南朴齊三·族姪參奉正容·族姪允容·正言商山金麟燮·司馬晉山河在九·金海金基泰·月城金周鉉·全州李起春·速咸朴奎煥·安東權斗煥·族孫得洙·速咸朴般秀·陜川李龍壽·丹陽禹宅範·族孫敎勳·咸陽吳治鉉·族姪極容·三從姪鑵容·陜川李萬柱·咸陽吳致善·戚侄三陟朴琪秀·族孫廷權·族孫廷蘭·族孫李敎麟·金海金濟·陜川李仁白·陟城朴來秀·族侄鎭容·族侄相容·族孫鍾鶴·族孫鍾必·順興安正宅·族侄悳容·族弟埈) 儒狀(戊寅 幼學李慶全 外 二十三人) 行狀(奇宇萬) 墓碣銘(幷序 金永泰) 墓誌銘(李相達)

跋(李昌洙)

『관산유고(管山遺稿)』

1. 저자 소개

안정회(安貞晦, 1830~1898)의 자는 의경(義敬)이고 호는 관산(管山)이며 본관은 순흥이다. 회헌(晦軒) 안향(安珦)의 후손으로, 1830년 전남 광양(光陽) 삼존리(三尊里)에서 안창형(安昌鎣)의 아들로 태어났다. 어머니는 전주 유씨로 유원팔(柳元八)의 따님이다.

일찍이 가학을 통해 학문에 나아갔다. 그의 부친은 아들의 원대한 포부를 달성하도록 장성에서 강학하던 기정진의 문하에 나아가 수학하도록 주선하였다. 학문의 큰 방법을 알고 독신호학(篤信好學)하여 사서(四書)를 비롯한 여러 경전을 두루 읽었다.

31세 때 전북 남원군 보절면(寶節面) 석곡리(石谷里)로 이사하여 살았다. 부친을 비롯한 숙부 안창덕(安昌德), 그리고 동생들을 대동하였다. 4년 후에는 다시 아들과 함께 부친을 모시고 임실군 지사면(只沙面) 관기리(館基里)로 옮겼다. 안정회는 집안이 한빈하였으나 학문에 매진하면서 스승과 자주 담론을 펼쳤다. 특히 율곡(栗谷) 이이(李珥, 1536~1584)의 기발이승설(氣發理乘說)에 대해 의심나는 점을 물었고, 이이의 이통기국(理通氣局)을 근간으로 하면 리(理)는 하나이지만 기(氣)는 경우에 따라 다르게 발동한다고 지적하고, 음양이 중분(中分)하여 만사(萬事)가 되고 나중에는 하나로 통합한다는 주희(朱熹)의 설을 원용하여 설명하기도 하였다.

부친은 예전 광양 삼존리에 거주할 적에 오산재(梧山齋)에서 해마다 백일장을 열어 학문을 진작시켰다. 임실로 이사한 뒤에도 매년 찾아가 백일장을 치렀으나 서재가 오래되어 사용하기가 불편하였다. 임실로 옮길 것을 아들 형제에게 유언을 남겼다. 안정회 형제는 부친의 유언에 따라 옮길 것을 예정하고 중건기를 기정진에게 부탁하니 스승은 「안씨계당기(安氏溪堂記)」를 지어주었다. 두 형제는 당시 중건하지 못하였다. 자손들에게 유언하니 후손들은 1961년에 준공하여 서재의 이름을 기정진이 명명한 '안씨계당'이라 하였다.

안정회는 기우만, 신득구, 기우승 등과 교류하며 임실에서 후학을 양성하다가, 1898년 향년 69세로 마쳤다. 저서로는 『관산유고(管山遺稿)』가 있다.

2. 문집 구성과 내용

『관산유고』는 4권 2책으로 목활자본으로, 1944년 증손인 이덕수(李德洙)가 편집, 간행하였다. 권두에 오준선(吳駿善, 1851~1931)의 서문이 있고, 권말에 이종현(李琮鉉)·황한규(黃漢奎)·안덕수(安德洙)·안명진(安明鎭)의 발문이 있다.

권1에 시(詩) 57수, 서(書) 15편, 권2에 잡저 19편, 서(序) 5편, 기(記) 18편, 권3에 발 10편, 제문 32편, 유사(遺事) 1편, 권4는 부록으로 만사 76수, 제문 6편, 행록(行錄)·행장·묘갈명·묘표 각 1편이 수록되어 있다.

권1에 수록된 시는 제영시(題詠詩)·차운시(次韻詩)·만시(挽詩) 등으로 일반 문집에서 흔히 볼 수 있는 것이며, 그 중에서 「거가이수(居家二首)」는 한빈한 선비의 생활상을 잘 표현하고 있다. 서한문 가운데 「상노사선생문목(上蘆沙先生問目)」은 성리학에 관한 문목이다. 첫 번째 문목은 "천명의 성은 리인데, 리는 분수이기 때문에 사람과 동물의 성은 비록 다르지만 리는 같은 것입니까?"라고 물었다. 기정진은 리를 주로 할 적에는 분수가 그 가운데 세조리임을 명시하면서 사람과 동물의 차이점을 물에 견주어 설명하였다. 안정회는 기정진에게 "리와 기는 서로 분리되지 않으면서 섞이지도 않아 이미 분리할 수도 없고 섞이지도 않는다면, 주자 경중의 구분을 굳이 논하지 않아도 될 듯합니다[理與氣不離而不雜, 旣不可離不可雜, 則似不必論主資輕重之分矣]"라고 물었다. 이러한 논지는 율곡(栗谷) 이이(李珥)의 기발이승설(氣發理乘說)에 대해 의심나는 점을 물은 것이라 할 수 있을 것이다.

권2에 수록된 「이일분수설(理一分殊說)」은 이이의 이통기국(理通氣局)을 근간으로 리는 하나이지만 기는 경우에 따라 다르게 발동한다고 지적하고, 음양이 중분(中分)하여 만사(萬事)가 되고 나중에는 하나로 통합한다는 주희(朱熹)의 설을 원용, 설명한 것이다. 「태극음양설」은 태극이 음양으로 나누어지고 음양이 사상(四象)으로 나누어진 것을 설명하고, 사상이 곧 인간의 사단(四端)이 되며, 사단이 주(主)가 되고 칠정(七情)이 종(從)이 되어 상호작용을 한다고 주장한 것이다. 「기의(記疑)」는 퇴옹사칠변(退翁四七辨)·사단이발(四端理發)·칠정기발(七情氣發) 등의 8개항으로 엮어졌는데, 주로 사단과 칠정을 모두 기로 본 이이의 견해에 의문을 제기한 것이다. 그밖에 「인자설(忍字說)」은 군자의 도덕과 수양이 인(忍)으로 인해 이루어진다는 것이며, 「재기론(才器論)」은 인간의 기국(器局)의 대소와 재질(才質)의 현우(賢愚)를 논한 것이다. 서문은 향음주례(鄕飮酒禮)를 비롯한 누정, 동학을 전송하는 글이고, 기문은 당(堂)이나 누정, 서재 등에 대한 글이다.

권3에 수록된 발문 「근제답문류편후(謹題答問類編後)」은 기정진이 옛 지기 및 문인들과 서찰로 문답한 학문적 내용을 분류한 것에 대한 것이고, 「심경속초발(心經續抄跋)」은 송나라 진덕수(陳德秀, 1178~1235)가 지은 『심경(心經)』에서 좋은 구절을 붓으로 초록한 것에 대한 글이다. 나머지 발문은 동학들에 대한 것이다. 제문은 기정진을 비롯한 동학 또는 집안의 사람들에 대한 것인데, 「제망아문(祭亡兒文)」은 자식을 잃은 아버지의 슬픈 감정을 표현하고 있다. 「선고부군유사(先考府君遺事)」는 돌아가신 아버지의 일대기를 가감없이 기술하고 있다.

권4에 수록된 것은 안회정에 대한 72편의 만사, 6편의 제문이 있고, 이재순(李在淳)이 지은 행록, 정기(鄭琦, 1878~1950)가 지은 행장, 그리고 권재규(權載奎, 1870~1952)의 묘갈명과 양회갑(梁會甲, 1884~1961)의 묘표(墓表), 이한룡(李漢龍, 1862~1926)의 「관산전(管山傳)」이 있다.

『관산유고』는 국립중앙도서관, 전남대학교 도서관, 연세대학교 중앙도서관, 성균관대학교 존경각, 계명대학교 도서관 등에 소장되었다.

3. 문집 목차

序: 管山遺稿序(吳駿善)

卷一

詩: 送舍弟貞植往拜蘆沙先生 謹次睡隱集中李虞侯(曄)節死時韻 洛館別鄉人金秀士 與客相酬二首 洛館別洪宜伯 除夜 次鄭大有居貧詩 田家二首 代山妻嘲二首 解嘲 過甑峰 白雲山 旅遊蟾湖偶逢徐君棲醑 登山會話 蘆沙先生挽三首 車洞書室與諸族弟唱和 挽閔丈克中(誼行) 挽宗丈錫行 次竹灣柳翁韻 次鄭大有述懷韻 挽金公保克二首 騎牛歌 荷塘 奉和肯農主人朴元甫 次城南諸生韻 贈磊川沈秀才 次換鵝亭韻 宿頭流山僧舍 次東塢亭韻寄曹士弘(毅坤) 次金陵鶯子樓韻 次申正言匪所讀綱目韻三首 次光陽倅會貧唱酬韻 偶吟 居家二首 二友餞我鳳凰臺下以三笑過虎溪之句占韻賦過字相笑而罷 辛卯重陽族人上庠聖心甫與諸友見訪 挽水月李兄 挽木洞許丈(鏶) 贈朴汝集(在濡) 謹次晩塢韻 謹次丁允成草堂韻 挽黃上舍三絶 登南固山城 贈李元實 生朝有感 完城逢鄭鶴山(仁之)相和 挽鄭大有二首 雪夜偶吟 次晩悟堂金益汝韻二首.

書: 上蘆沙先生問目 上李觀察(憲植) 與磊川沈 上安同知 與奇叅奉 與申益哉(得求) 與鄭善甫(鼎錫) 答李擇中(典鼎) 與金錫中 與趙任實(性憙) 與奇宇承 與李敬厚 與安持平護喪所 與吳英陽 與沙谷諸生.

卷二

雜著: 理一分殊說 太極陰陽說 明德道心理氣說辨 記疑 瘦驥說 除草說 石硯說 大學說示兒曹 忍字說 書贈蔡允明 李用明字說 吳正鉉字說 孫兒禧鎭字說 從孫膺鎭字說 書贈吳秀才 才器論 偶識 題匏蔓 題病枕.

序: 行鄕飮酒禮小序 睡雲亭重修序 送崔卿五歸茂山序 送李致見往李寗齋匪所序 送季弟遊覽序.

記: 志上堂記 償月齋記 方山書塾記 勿齋記 錦川記 涵月亭記 勉窩記 小松堂記 素軒記 谷雲記 觀海堂記 石假山記 止素記 六友堂記 烟波亭記 悠然亭記 晩悟堂記 光陽戒石堂記.

卷三

跋: 謹題答問類編後 心經續抄跋 題距墨宋公行狀後 題金公挽軸後 題苟竹序後 題申兄高里詞後 書朴允洪行錄後 書鷄林金公希初行狀後 書蘇成中實蹟後 書烈婦李氏傳後.

祭文: 祭蘆沙先生文 告新齋崔先生文 祭叔父府君文 祭族叔和玉文 祭叅議丁公文 祭月谷閔丈文 告閔公(誼行)墓文 祭伯姑金氏婦文 祭金克中文 祭李季範文 祭徐公(正斗)文 祭族弟文 祭宗丈(錫行)文 祭族祖德庵公文 祭月谷丁公文 祭黃聖與文 祭子婦黃氏文 祭金平仲文 祭亡室李氏文 祭李擇中(典鼎)文 祭黃上舍文 祭宗人國弼文 祭梁上舍(現容)文. 祭宋公文 祭弟婦鄭氏文 遥祭洪烈士(在鶴)文 祭金蒼雲文 祭李東求文 祭鄭公(運龜)文 祭權和叔文 祭亡兒文 祭李叅議文.

遺事: 先考府君遺事

卷四

附錄: 挽(七十五度: 檜原丁尙圭 晉州鄭東燦 昌寧曺秉泓 舍弟貞麟 進士族弟重燮 利川徐志文 晉州蘇釬永 進士長溪黃玹 進士全州李秉春 宗下生泰燮 平康蔡東燮 安東權晉奎 鷄林鄭喆奎 陜川李元坱 晉陽鄭瓚和 叅判崔遇巾 晉陽鄭曙和 陜川李天民 載寧李在玉 宗下生洪燮 長溪黃田 密城朴鎭祥 門下生星州李學容 月城李在淳 鷄林金昌烈 全州李容禧 月城金敎鍠 宗下生秉和 東陽申台永 宗下生英燮 星州李鍾海 陜川李琮玹 礪山宋鎭福 檜山丁克洪 慶州金顯邦 全州崔璟鍾 三從弟周錫 全州崔義俊 興城張喆淳 長川黃憲黙 晉陽鄭東濠 晉陽鄭運昇 南原尹泰柱 草溪崔炯善 族弟斗錫 陜川李漢協 全州崔儀鍾 碧溪黃玩 昌山曹潤承 檜山黃炳中 星山裵景欽 陜溪太平淳 宗下生宗海 陜川李漢龍 全州崔宗烈 鷄林金敎成 長川黃櫕 完山崔致鳳 全州柳伸錫 全州崔相益 坡州廉在賢 晉陽鄭東善 光山鄭啓鉉 長川黃璟黙 全州李斗容 光山鄭洪洛 朔寧崔洪宇 密城朴永浩 全州李油宇 全州崔春翼 陜川李世湖 完山李永儀 密城朴弼在 完山李元石 東陽申貴永) 祭文(六度: 申台永 奇宇萬 權晉奎 韓容肅 李學容 安貞麟) 行錄(李在淳) 行狀(鄭琦) 管山處士安公墓碣銘(並序)(權載奎) 管山處士安公墓表(梁會甲) 管山傳(李漢龍)

跋(李琮鉉·黃漢奎·安德洙·安明鎭)

『귤은재유고(橘隱齋遺稿)』

1. 저자 소개

김류(金瀏, 1814~1884)의 자는 사량(士亮)이고 귤은재(橘隱齋)는 호이며 본관은 경주이다. 거문도 동도 유촌(柚村) 귤동(橘洞: 현 여수시 삼산면 柚村里)에서 1814년(순조 14) 김지관(金志瓘, 1796~1873)의 아들로 태어났다. 모친은 김해 김씨 김양철(金良哲)의 따님이다.

그의 선조가 거문도와의 인연은 7대조 김호은(金湖隱)이 난세를 피하여 거문도의 동도 지역에 입도하면서부터이다. 조부는 김정택(金鼎宅)이다.

김류는 어려서 총명하였는데 말을 할 수 있게 되자 곧바로 스승을 찾아가 배움을 청한 일화가 있다. 당시 스승은 그의 나이가 너무 어려서 배움을 청한 일을 기이하게 생각하였다. 김류에게 학문에 매진할 수 있느냐고 묻자, 그는 서슴없이 할 수 있다고 대답을 하였다. 스승은 그의 서슴없는 답변이 의심되어, 학문에 정진하는 것이 무슨 뜻인지를 거듭 질문하자, 어린 김류는 배워야 할 대상은 책에 있으며, 열심히 하느냐의 여부는 자신에게 달렸다고 하였다. 이렇게 답변한 일화가 전해지고 있다.

조부와 부친도 문장에 능숙하여 김류 역시 가학에 힘입어 학문의 열정도 남달랐다. 거문도의 서도(西島)에 살던 만회(晩悔) 김양록(金陽錄, 1806~1885)과 장흥(長興)의 남파(南坡) 이희석(李僖錫, 1804~1889), 추려(秋旅) 김대원(金大源) 등과 함께 공부하였다.

그는 1843년 30세 때 과거를 보려고 서울로 향하였다. 장성에 이르렀을 때 기정진의 뛰어난 학문을 접하고서 만나려 하였으나, 뜻이 여의치 않아 만나지 못하였다. 1847년 봄 소곡정사(小谷精舍)에서 뵙고 "학문이 아니면 참된 인간이 될 수 없으며, 문장은 남은 시간에 익힐 일이요, 과거 급제는 운명이 정한 일이다"라고 한 다음 출세하려는 벼슬을 그만두었다. 기정진의 문하에 들어가 성리철학의 깊은 이치를 깨우치는데 전념하였다. 전법(典法)과 예의(禮儀)의 강령을 터득하고 사물의 본말을 종합하여 밝히며 문장의 중심을 배웠다. 스승의 리(理) 중시적 철학사상을 수학한 후, 김류는 다시 고향으로 돌아와 은거하며 학문에 매진하였다. 그의 호 '귤은재'란 '귤동에 조용히 은거하는 사람'이란 뜻이다. 그는 「귤은재기(橘隱齋記)」에서, "이곳 남쪽은 귤의 고장이기에 이전 사람들이 마을 이름을 귤동이라 불렀다. 나는 이 동네 이름을 내 집 이름으로 삼았다. 조용히 백이(伯夷)의 행동을 사모하는 한편 버섯 따먹은 상산(商山)에 은거한 네 명의 노인 사호(四皓)의 취미를 배우겠다"라고 하였다. 배우기를 청하는 섬 마을 학동들이 많기에 낙영재(樂英齋)를 짓고 후학을 가르쳤다. 그는 궁벽한 도서의 문물을 고치고 벽촌의 문화를 변화시키는 데에도 남다른 노력을 하니 섬의 유학자라는 칭호를 받기도 한다. 동문인 기우만은 그의 유고 서문에서 "명주와 금귤이 호남의 남단인 거문도의 토산물로서 가장 보물이라고 하는데, 어찌 이것만이 보물이라고 할 것인가. 내가 아는 바로는 위대한 한 인물이 태어나 기이하게 맑고 깨끗한 선비가 되었으니 이분이 김거사(金居士) 귤은(橘隱)이다"라고 하였다.

기정진 문하에서 리 중시적 성리사상을 추구하면서도, 「부선설(鳧船說)」을 통해 과학적이고 실용적인 목판복개(木板覆蓋)의 반철갑(半鐵甲) 전선(戰船)을 만드는 모양을 창안한 것을 보면 실학자의 면모도 가졌다. 자기 성찰과 남해의 아름다운 자연에 대한 관조시를 짓고, 처사적 삶의 시, 스승과 동학의 차운시 등을 지었다.

1854년(철종 5) 러시아의 뿌찌아찐(E.V.Putiatin, 1803~1883) 해군 중장은 함대를 이끌고 거문도를 무단으로 침범하여 통상교섭을 원하였다. 당시 김류는 러시아 측의 요구를 단호하게 거절해 버렸다. 그가 지은 「해상기문(海上記文)」은 조선과 서양이 최초로 맺은 외교문서로 평가되는데 문집에 보이지 않아 아쉬운 점이다.

김류는 말년에는 완도의 땅 청산도의 후한 인심에 고향인 거문도를 떠나 청산도 부흥리에 청산재(靑山齋)를 짓고 후학을 양성하며 학문을 탐구하였다. 청산도에서 1884년 71세로 삶을 마치니, 청산도의 43명의 제자들은 스승을 잊지 못하여 숭모사(崇慕祠)를 세워 매년 제사를 지냈다. 1904년 거문도의 박규석(朴圭錫, 1885~1923) 등 제자들도 유촌마을 뒤 산록에 귤은당(橘隱堂)을 세워 스승의 뜻을 기렸다. 현판은 기정진의 후예 기우몽(奇宇蒙, 1852~?)이 썼고, 기문은 사신이 되어 일본으로 가던 중 풍랑으로 잠시 이곳에 머물렀던 이지용(李址鎔, 1870~1928)이 썼다. 저서로는 『귤은재유고(橘隱齋遺稿)』가 있다.

2. 문집 구성과 내용

『귤은재유고(橘隱齋遺稿)』는 4권 2책의 목활자본으로 1901년 재종제인 김준(金濬) 등이 편집, 간행하였다. 4주쌍변(四周雙邊), 반곽(半郭) 22.2×14.6cm, 유계(有界), 10행22자, 화구(花口), 내향(內向) 2엽화문어미(二葉花紋魚尾)에 크기는 28.8×18.9cm이다. 이 책의 이면표지에는 '유고(遺稿)'라고 되어 있다. 권두에 기우만의 「서문」이 있고 권말에는 김준의 「발문」이 있는데 두 글은 1901년에 저술되었다.

권1에는 시 150수, 권2에는 303수가 수록되어 있다. 권3에는 잡저 20여편, 서(書) 8편, 기(記) 14편, 그리고 발·명·제문 등이 실려 있다. 권4에는 저자가 쓴 「가행록서(家行錄序)」·「양세가행록(兩世家行錄)」 등이 있고, 부록에는 만시(輓詩)와 「동백기(冬柏記)」, 기정진의 「토량가덕후(土亮家德後)」, 기우만의 행장과 발문 등으로 구성되어 있다.

270여 수에 이르는 시는 처사적 삶, 자연에 대한 관조, 섬 생활의 유유자적한 삶, 스승과 동학의 차운시 등이다. 권2에 수록된 「동백화(冬柏花)」는 거문도 동백꽃을 읊은 시이다. 시는 "겨울 텅 빈 나뭇가지 텅 빈 섬에, 묵은 동백나무 봄 지피고서 겨울을 견디네. 이곳 따뜻한 봄볕 여전히 풍족하다면, 추위 속 피는 꽃잎 고운 자태 아름다우리라. 아름답고 긴 대나무 맑은 절개 나누었고, 봄의 선봉으론 기꺼이 매화를 앞세웠으리라. 또한 이 꽃 얼마 지나서 열매를 맺을 텐데, 잉태할 무렵 원기 으뜸으로 받을 걸세"이다.

권3의 잡저 가운데 「노문집지서(蘆門執贄書)」는 기정진에게 나아가 가르침을 청할 때의 글이다. 외세의 압력과 천주교의 설교로 인하여 인간이 올바르지 못한 길로 나아감을 토로하면서 기정진을 40여 년 동안 가르침을 받으며 의심나는 부분을 질의하고 깨닫게 되었음을 기술하고 있다. 「죽설(竹說)」은 대나무와 『주역』의 이괘(離卦)를 비유하여 군자가 갖추어야 할 성품을 기술하였다. 「문음양승강(問陰陽升降)」에서는 『주역』의 음양이 승강하고 소장(消長)하는 이치를 묻고 설명하였으며, 「태극도설(太極圖說)」은 원도(圓圖) 가운데 원(圓) 곧 태극의 문제를 문답식으로 설명한 글이다. 「자경설(自警說)」은 『대학』의 격물(格物)과 치지(致知)의 뜻을 기술하고 궁극적 앎과 실천을 위한 노력을 스스로에게 다짐하고 경계한 글이다. 「소도원기(小桃源記)」에서 도원(桃源)의 실제문제를 논하고 바른 정치가 이루어지면 현세가 바로 도원이라고 주장하였다. 「부선설(鳧船說)」에서는 전투에 사용할 수 있는 반철갑의 배 제조방법을 기술하였다. 기문은 거문도와 완도지방의 건물과 유적의 내력에 관한 글이 많다. 명문에서 「영수장명(靈壽杖銘)」은 영수장이란 영수목(靈壽木)으로 만든 지팡이를 가리키는데 이에 대한 유래와 스승의 존경심을 기록한 것이다. 「경심명(警心銘)」은 성현의 마음 수양 방법을 고찰하여 스스로 수양의 차원에서 서술한 것이다. 제문은 스승과 동학에 관한 것이다. 권4에 수록된 「사량가덕후(士亮家德後)」는 김류의 요청으로 스승 기정진이 그의 부친에 대한 성품을 칭송한 것이다. 부록에는 기우만이 1901년에 지은 행장이 있다.

『귤은재유고』는 전남대학교 도서관, 서울대학교 규장각 등에 소장되었고, 『한국역대문집총서』(2695)에 『귤은선생문집(橘隱先生文集)』(『橘隱齋遺稿』)으로 영인되었으며, 국역본 『귤은재집』(광주일보출판국, 1984)이 있다.

3. 문집 목차

序: 橘隱齋遺稿序(奇宇萬)

卷一

詩: 橘隱齋謾興 (附)蘆沙先生次韻 老梅行孝呈秋旅丈 杏花歎 題磐石三十韻 遣憫奉呈金華族丈 偶題 題家藏老人障 奉呈白磧山翁 奉呈壽洞碧蓮居士 沙上耕叟三十韻 浮羅行贈武玉(並序) 題地球圖 奉呈金華旅丈 林居感興(二首) 伏雞行 感物(二首) 歲晩題蜀葵花(並序) 贈金君文英 題青東新豐里聽溪堂 奉呈南坡李先生 寄月庵居士 奉賀晩悔齋望八壽席 長句奉呈松史老兄 奉呈餘谷經案 贈昭曠兄 柏山丁君照亮 追輓鳳陽朴僉知丈 奉贈玉洞朴兄仲憲 朴生士亨自北而還以詩奉慰 謝青西丁文敬寄椶櫚葉 寄丁君藥農照亮 題歧山精舍 贈金成琡陳橋驛 燭影 名小稷 橘隱齋謾吟 遊白羊山奉次圃隱翁韻 登瑞石山歲暮書懷 奉和林丁兩賢 偶題 輓朴友和允 歲暮即事 自悔 奉和柏山丁友(二首) 答諸賢(二首) 立春 慰林克賢客堂除夕 復和林克賢(二首)早春卽事 題梅花 奉和南坡先生 奉次冠山族丈聾啞堂韻 次李耳享石假山韻 奉次卮園老樵(二首) 奉呈奇公魯喜 奉次蘆沙丈席回甲韻 次

退休庵韻 奉次金兄甫一 奉次學蟾庵韻 鄭生東歡歲暮來訪喜贈 答山陽金雅 奉次聽溪韻 次晚悔韻 追輓白石浦金先生 遊白雲洞 平湖齋與姜君老唱和(三首) 秋露 奉次桐嶠金先生別章韻 再游白雲洞 次錦湖蓮沼齋韻 以詩奉慰金華秋旅丈 追憶李自怡先生 次馬居士八楞亭韻 奉次金君松史 次退休庵諸公韻 題金處士晚悔軒 贈金君聖裕 贈朴友士亨(二首) 和山陽朴生雲坡 奉次秋旅韻 奉和關西金和中 題清溪齋 追憶石浦金先生 偶題 有懷 次雲坡朴生(二首) 次夢湖日新齋韻 樂英齋歲暮吟 閒居謾興 次竹林齋韻 書懷(二首) 次玉蓮房韻 次麗澤亭韻 奉呈南坡李丈 奉呈徐叅判主一軒 題場巖 追憶桐嶠金進士 憶宗人致召 對鏡嘆 答柏山丁友 酒後悔吟 幽居 金谷精舍答李太和 次曺士洪東塢韻 文殊庵奉和月隣居士 春草 南松峴旅次與諸君子唱和 洛中懷鄉 望海 野望 輓車洞金老伯賢氏 遊八影山 冬夜即景 述懷 奉次昇平喚仙亭重修韻 拈喚仙亭韻題徐子述聽碧軒 過金陵梅亭與諸公唱和 過鳩林間竹亭奉和月隣居士 金谷精舍奉和李君昭曠 次輞川齋韻 過錦湖梧柳村書齋和朱兄文彬 南溟齋奉和林克賢(二首) 過天冠山長川齋 拈老杜集中韻與諸君暢和

卷二

詩: 春後望洋峯小酌 奉和梅亭諸賢 過月出山 金陵城南問津(二首) 輓族丈景五氏 和林克賢 贈金雅在亨 閒居詩懷(二首) 自憫 奉呈虎西朴斯文元式 自懷 詠瓠 和周仲一登高韻 歲暮與柏山丁君唱和 責幼孫除夕 清夜 江樓對雨 爐 冬柏花 題橘隱齋平枏(並序) 春夜卽事 答竹林齋寄來韻 謝金乃中枉駕 春日偶題 次諸賢場巖韻 次山陽朴春汝默軒韻 春日小酌 閒居率題 冬夜偶會 秋齋謾興 把酒 燒酒 冬夜酬唱 題周霞山所畫梅竹障子 閒居 輓奇斯文魯喜氏 題奇叅奉沙上精舍 丁丑元月八日偶題 青東湖隱齋述懷(五首) 贈湖隱齋諸益 追輓青東金斯文乃敬氏 麗湖春齋小酌(二首) 奉和仁川李君仁瑞 追憶蓮沼金君伯彦

橘齋春懷 自責 春興 觀海齋 寄竹林齋柳君賢汝 寄餘谷李斯文進士 奉答春坡姜丈 奉呈龍圃居士 奉呈奇校理座下 贈金君敬範足下 奉次李夏卿櫟窩韻 奉次吳公止谷韻(並序) 贈冠山月川齋金君聖和 謝金成琡正朝書問 歲晩詩興 述懷 庚辰秋夕龍江舟中(二首) 橘軒獨坐 題奇司果池塘 偶題 贈李斯文立夫 贈青東藥史金欺文 追輓李公元瑞氏(二首) 寓懷 奉和白石浦玩易翁 奉次巵園黃處士 晩春小酌 奉和雲坡朴友 春夜卽事 登高 贈徐子述 次枕漱亭酬唱韻呈南坡李丈 奉呈金川朴斯文士廣 奉呈晩悔處士 庚午除夕 人日 題德月庵 贈奇斯文景魯漢卿兩賢并照 橘 雨後 早春卽事 春答南坡李丈 奉呈夏卿台叔兩賢并照 哭蘆沙先生 贈別柴通事歸江南 題石屛山亭 詠蘭 橘 歸鴈 硯滴 採玉山泉 水鳥 烏 松濤 贈奇斯文晉錫 贈奇進士會一 乙亥元朝 奉次南氏旌閭韻 奉呈崔兄順七(二首) 病後對酒 贈金友在亨 早梅 海上奇巖 露積巖 兄弟巖 新郎巖 新婦巖 老釋巖 林居書懷 暮春詞 奉呈徐叅判主一軒台座十五首(並序) 重陽對酒(三首) 謝崔聖集惠墨畫三幅: 右三山圖·右野亭讀書圖·右之眉亭圖 贈江西樂英齋諸生三絕 奉次退休庵八景韻 次蘇義亨三可韻 日出 題冬柏花 晩秋卽景 冬青樹 月出 打魚觀魚 風竹 十月望夜 珮刀 梅竹 輓朴生乃亨 造船 書燈 歲暮謾興 贈唐人馮鏡如 奉和南坡李丈 海上見日出 生辰偶得 言仁 春日題花 金陵道中和南坡先生 聽小兒讀字 題落葉 艷詞 江村小雨 松燈績麻 歸鴈 聽濤 眼鏡 暮春山行 謝池仲言送花 會洞春夜聽雨 過紫陽齋訪朱逸人不遇 江村飮酒 贈南雅仲老 詠雪 江樓晩興 詠烏 過豐安浦 題八影山西佛庵 降仙巖 晴景 庚午臘月 辛未元夕 南溟齋和林克賢(二首) 春景吟奉和林克賢 次諸賢登高韻 次諸賢觀海韻 次酒社諸賢酬唱韻 白鷗 海島 題學蟾翁漏窟 次林克賢老石韻 輓奇斯文晉陽五絕(並序) 潮汐 題太極硯 三湖八景: 橘亭秋月·竹林夜雨·鹿門怒潮·龍巒落照·白島歸帆·梨谷明沙·紅國漁火·石廩歸雲 老人巖 追題清海觀音窟五絕 寄圓岡金兄 贈金兄熙瑞 贈德齋李兄 戲呈奇司果聽壽氏 答奇斯文

景道氏 奉賀河南丈人望八壽席 奉呈春坡姜丈 春日寓懷 和諸君磐石韻 竹林齋小酌 奉和松史老兄 次東塢四十餘除夕韻 進士奇會一棣軒并照八絕 觀海齋卽事 木綿 題申昶模不寐軒三絕 贈徐鶴來五絕 贈別湖雲居士五絕 記夢作 贈別靑東李瑞眞 贈山泉齋諸生 奉呈靑鎭李使君五絕 春日偶題 春雨 瀛海島中 題山泉齋 白蓮菴詩會 寒食蓮庵小酌 上巳日白蓮庵詩會 過眞山里訪金友秀一 贈金雅致中

卷三

雜著: 蘆門執贄書 名克性說 竹說 贈莞湖林馨柏 問陰陽升降 進學說贈朴士亨 一栗山房說 太極圈說 名子默說 自警說 厭花說贈藥農小桃源說 鹽說 默溪說 一字說贈小友志一 贈金君聖裕說 寄贈徐秀才說 帆船制 談瀛說 樂英齋上樑文

序: 再山先墓時享契序 送友人歸龍城序 說樂契序 三一契序 義庄契序 贈金成琡小序 西城門生契序 部將金公行狀序

記: 晩悔齋記 聽溪堂記 橘隱齋記 鳳陽齋記 麗湖春齋記 瀛隱齋記自修齋記 觀海齋記 山泉齋記 堂堂堂記 尙書巖記 泛齋實記 追記 雙淸齋記

跋: 題輞川金叅奉文稿後 題雲圃記後

銘: 靈壽杖銘 警心銘

祭文: 祭蘆沙先生文 祭秋旅金公文 祭陽坡朱先生文 悼奇斯文章一文 悼李公耳亨文 悼新村李丈 悼朴君乃亨文 姜氏節行錄

卷四

家行錄序 (附)晩悔金處士輓詩 (附)角枕銘(並序) (附)冬栢記

士亮家德後

附錄: 行狀(奇宇萬)

跋(金濬)

『난와유고(難窩遺稿)』

1 저자 소개

오계수(吳繼洙, 1843~1915)의 자는 중함(重涵)이고 호는 난와(難窩)[14]이며 본관은 나주(羅州)이다. 『나주오씨세보(羅州吳氏世譜)』에 의하면 시조는 고려 중엽에 진사를 지낸 오숙규(吳淑珪)이며, 오숙규 이후 세계가 분명하지 않아서 중랑장(中郎將)을 지낸 오언(吳匽)을 1세조로 하였다. 그 후 오자치(吳自治, 1426~?)는 조선 전기 무신으로 세조(世祖) 때에 이시애(李施愛, ?~1467)가 반란을 꾀하였는데, 조석문(曺錫文, 1413~1477)과 함께 난을 평정하여 나성군(羅城君)에 봉해지자 후손들은 나주를 본관으로 삼았다. 고조부는 정상(正相)이고, 증조부는 영호(榮昊)이고, 조부는 덕기(德基)이다.

오계수는 아버지 오갑선(吳甲善)과 어머니 나주 정씨(羅州鄭氏)로 정시혁(鄭時爀)의 딸 사이에서 1843년 8월 13일 도림리(道林里)에 태어났다. 그는 풍모가 단아하고 수려하였으며, 밥 먹고 말할 수 있을 때부터 원숙한 기량이 있어서 부모에게 걱정을 끼치지 않았다. 8세(1850)에 학문에 나아가 스스로 힘써 독서하였고, 날마다 과정을 정해두고서 묵묵히 탐구하였는데 이때 임리재(臨履齋)[15]에게 수학하였다. 15세(1857)

---

14 난와(難窩)라는 자호는 『논어』「옹야」편의 "어진 사람은 어려운 일을 먼저하고 얻을 것을 뒤로 한다."라는 '선난후획(先難後獲)'을 의미하는데, 최익현·나도규(羅燾圭)·기우만(奇宇萬)이 「난와기(難窩記)」를 지었다.

15 임이재(臨履齋) : 오태규(吳泰圭, 1795~1866)로, 본관은 나주(羅州), 자는 덕

이후에는 문장을 지어 이미 남들을 놀라게 하는 말이 있었다. 17세(1859)에 장전 이씨(長田李氏) 집안의 사위로 들어갔다. 그 여름에 과거공부를 했는데, 석전(石田) 이최선(李最善, 1825~1883)[16]은 그의 용모와 학문을 보고서 "훌륭한 선비라서 그 진전을 측량할 수 없다"라고 칭찬하였다.

오계수는 이후로 그의 선조인 생로당(生老堂)[17]이 은거했던 대명동(大明洞)의 영사재(永思齋)에 들어가 공업에 힘쓰고 침식(寢食)을 잊으면서 집안의 생계를 위해 과거공부를 계속하였다. 원근에서 종유하는 사람이 많았으며, 비록 나이가 어렸지만 이미 사우(士友)들의 기대를 받았다. 이때 아버지는 "학자는 마땅히 실질적인 것에 마음을 써야 한다. 과거공부와 같은 것은 껍데기일 뿐이다. 입신양명하여 부모를 드러냄에 스스로 그 도가 있으니, 모름지기 사문(斯文)에 종사하여 큰 덕망이 나아갈 길을 헤매지 않은 뒤에야 성인(成人)이 될 수 있다"라고 경계하였다.

27세(1869) 때에 아버지의 명(命)을 받들어 기정진을 알현했는데, 선생이 오계수를 한 번 보고 특별히 사랑하였다. 오계수는 가르침과 깨우

현(德現)이다. 증조부는 오수원(吳洙源)이고, 조부는 오정상(吳正相)이며, 부친은 오영효(吳榮孝)인데 모두 문학으로 이름을 드러냈다. 기정진(奇正鎭)·송달수(宋達洙) 등과 교유하였으며 문집으로 『임이재유고(臨履齋遺稿)』가 있다.

16 이최선(李最善)은 자가 낙유(樂裕)이고, 자호가 석전경인(石田耕人)이다. 석전의 가계는 태종의 첫째 아들 양녕대군 이제(李禔)로부터 시작한다. 석전은 아버지 이규형(李奎亨)과 어머니 상산 김씨(商山金氏) 이기문(金文基)의 딸 사이에서 태어났다. 15세(1839) 때에 보성(寶城) 이기대(李基大)의 딸과 결혼을 하고 아버지의 명에 따라 기정진을 스승으로 섬겼다.

17 오효석(吳孝錫, 1620~1697)은 본관은 나주(羅州). 자는 선이(善詒), 호는 생로당(生老堂), 대명처사(大明處士)이다. 우암(尤庵) 송시열(宋時烈)이 호를 대명처사라고 붙였으며 문집으로 『생로당유고(生老堂遺稿)』가 있다.

침을 받고부터 받들어 가슴에 새기고 위기(爲己)의 학문에 전념하였다. 나아가서는 덕(德)을 고찰하고 학업을 묻고, 물러나서는 글로써 질의하여 보고 느끼는 사이에 터득한 것이 깊었다. 노사 선생은 "'성인이 어려움을 먼저하고 얻는 것을 뒤에 하라'고 말하지 않았는가? 얻는 것을 뒤로 했다가 스스로 얻은 연후에야 진실로 얻은 것이다. 주공이 어찌 나를 속이겠는가? 다만 이 한 구절을 가지고 책려한다면 얻은 것이 없을까 걱정하지 않을 것이니 힘쓰고 힘쓰게나"라고 손수 답을 주었다. 오계수는 띠어 적어놓고 가르침으로 삼았으며, 그 뜻을 미루어 넓혀 삼난시(三難詩)를 지어 선생에게 올렸는데 스승이 화답시를 내려주었다.

기우만은 삼난(三難)의 뜻을 미루어 '난와(難窩)'라고 편액을 써주었으며, 기문을 지어서 미덕의 성대함을 칭찬하였다. 최익현 선생이 듣고서 어질게 여겨 기문을 써서 보내어 지극히 존중하였다. 동문인 나도규(羅燾圭, 1826~1885)[18]는 또한 기(幾)자의 뜻으로 밝혔다. 30세가 못되어 김병우(金炳愚)[19]가 향교에서 강학하면서 오계수를 우두머리로 삼아 "이 사람은 온후하고 진중하여 화기(華氣)를 어지럽힘 없어 진실로 학문하는 선비이다"라고 공경하는 예를 표했다. 31세(1873)에 내란을 만나고, 37세(1879)에 부친상을 당하여 곡읍(哭泣)하는 슬픔이 거의 목숨을 잃을 지경에 이르렀는데도 장사 지내는 절차에 유감이 없게 하였다.

52세(1894)에 초토사(招討使) 지담(芝潭) 민종렬(閔種烈)[20]이 동학군의

---

18 1826년(순조 26)~1885년(고종 22). 조선 후기의 학자. 본관은 나주(羅州). 자는 치문(致文), 호는 덕암(德巖).

19 1869년(고종 6)에는 김병우(金炳愚) 목사에 의해 다시 성묘(聖廟)가 중수되었음이 나주 향교지에 수록(「聖廟重修記」, 1869, 金炳愚 記)되어 있다.

20 기우만 『송사집』 권25는 비(碑) 51편이다. 「나주평적비(羅州平賊碑)」는 1895년에 동학란을 평정한 나주(羅州) 목사(牧使) 민종렬(閔種烈)의 공덕을 기려 지은 것이다. 고종 30년 계사(1893)10월 18일(병인) 맑음.

소요가 일어나자, 그 방도와 계책을 물었는데 지리(地理)와 인화(人和)의 설로서 조언했다. 소요가 평정되자 오계수는 "괴수는 섬멸하되 협박에 못 이겨 따른 자들은 다스리지 말라[殲厥渠魁 脅從罔治]"[21]고 말했다. 그래서 대부분 사람들이 귀화하여 억울한 사람이 없었다. 53세(1895) 봄에 용진산(聳珍山) 오른쪽 선영[先隴] 아래에 몇 칸의 초가집을 지어 '누벽(樓碧)'이라고 편액을 하고 기문을 지었는데 시(詩)로써 홀로 즐거워하면서 은연히 속세에서 벗어나려는 생각이 있었다. 그 해 8월 20일에 을미사변(乙未事變)이 일어나 단발령이 내려지자, 기우만이 나주에서 의병을 일으켰다. 그래서 오계수는 나주 의병에 합류했지만 일이 결국 이루어지지 못했다.

63세(1905)에 을사늑약(乙巳勒約)이 체결되자 「의소(擬疏)」를 올려 "을사오적에 대해서는 무도한 주벌을 시행하여 나라의 법도를 바르게 하고, 오랑캐에 대해서는 왕명을 거역한 죄를 토벌하여 왕의 위령을 떨치라"고 했으나 끝내 올리지 못했다. 68세(1910)에 나라가 망하자 두문불출하고 세상살이에 뜻이 없어 은둔하였다. 69세(1911)에 장성 헌병대에 끌려가 10여 일 동안 옥사를 치루면서도 은사금(恩賜金)을 받도록 강요당했지만 끝까지 받지 않고 저항하였다. 이후로부터 더욱 자신을 감추었다. 70세(1912) 봄에 책을 가지고 영사재(永思齋)에 들어가 생애를 마칠 계책이 있었다. 원근의 학자들이 대부분 책을 메고 따랐다. 결국 을묘년(1915) 3월 1일에 돌아가셨는데, 향년 73세이다. 사후에 광산의 도림사(道林寺)[22]에 배향되었다.

---

21 『서경(書經)』「하서(夏書)」 윤정(胤征)에 나오는 말이다.

22 도림사(道林祠)는 1934년 유림들의 발의로 기정진을 비롯한 오계수·오준선의 학덕과 유풍을 추모하기 위해 건립된 사우이다.

2. 문집 구성과 내용

난와유고(難窩遺稿)는 17권 8책의 목활자본으로 4주단변(四周單邊), 반곽(半郭) 23.6×15.7cm, 유계(有界), 10행21자, 내향(內向) 2엽화문어미(二葉花紋魚尾)에 크기는 31.3×19.9cm이다. 문집은 1916년 오준선·오정선(吳禎善)·오재수(吳在洙) 등 그의 문인들에 의해 편집 간행되었다. 서문은 없고, 권말에 오재수의 발문이 있다. 이 문집은 전남대학교, 국립중앙도서관, 전주대학교, 연세대학교, 원광대학교, 계명대학교에 소장되어 있다.

권1에는 시(詩) 130수, 권2에는 시 95수, 권3에는 시 120수, 권4에는 시 160수가 수록되어 모두 505수이다. 권5에는 소(疏) 2편과 서(書) 41편이고, 권6에는 서 74편이 수록되어 편지가 총 115편이 있다. 권7에는 서(序) 59편, 권8에는 기(記) 79편, 권9는 발(跋) 22편, 권10과 권11에는 행장(行狀) 34편, 전(傳) 7편이 있다. 권12에는 묘갈명 18편, 권13에는 묘지명(墓誌銘) 4편, 묘표 27편, 권14에는 비명(碑銘) 17편이 있다. 권15는 잡저(雜著)로 논(論) 2편, 설(說) 7편, 잠(箴) 2편, 명(銘) 1편, 혼서(婚書) 3편, 표전(表箋) 1편, 제문(祭文) 9편, 축문(祝文) 7편이 실려 있다. 16권에는 상량문(上樑文) 23편, 여문(儷文) 3편, 권17에는 부록으로 난와기(難窩記) 3편, 행장(行狀)·묘갈명(墓碣銘)·제문(祭文)·각금실기(却金實記)·발(跋)이 각 1편 수록되어 있다.

시(詩)는 일상생활의 심사나 영물을 읊은 시가가 대부분이다. 특히 난와의 호와 관련된 시가 주목된다. 삼난운(三難韻)은 '난(難)'자를 운자로 사용하여 3가지 어려움을 말하는 시인데, 조심(操心), 극기(克己), 신언(愼言)을 잘해야 한다는 의미이다. 노사를 비롯한 최익현·송병선(宋秉璿, 1836~1905)·민영환 등 여러 인물에 대한 만시가 있는데, 저자의 교유관계를 살펴볼 수 있다. 「호가행(浩歌行)」은 동학운동이 일어난 뒤 시국의 험난함을 읊은 것이고, 「광가행(狂歌行)」은 경술치국(庚戌恥國)을 당해 나라가 망하자 비통한 심정을 읊은 시이다.

소(疏)는 「의소(擬疏)」가 있는데 1905년 을사늑약으로 오적을 죽이고 서양과 일본을 배척할 것을 주장하고, 위기를 극복하기 위해서는 군주의 마음가짐을 바르게 하여 국가를 안정시키는 기반이 중요하다고 보았다.

편지는 기정진을 비롯해서 최익현·송병선·기우만·이병문(李秉文)·문종렬(文鍾烈)·나도규·이승혁(李承赫)·양상형(梁相衡) 등과 주고받았으며, 은사금을 받지 않겠다는 내용이 담겨있는 장성 헌병분대장과 소장에게 보는 편지가 있다.

잡저의 「정명분립기강론(正名分立紀綱論)」에서는 위대한 장인과 훌륭한 의사의 비유를 통해 명분을 바르게 하고 기강을 세우는 근본을 말하고 있다. 명분이라는 것은 상하귀천(上下貴賤)의 구별이기 때문에 군주가 삼가지 않을 수 없고 기강이라는 것은 만사만화(萬事萬化)의 근원이기 때문에 군주가 신중하지 않을 수 없다. 명분을 바르게 하고 기강을 세우기 위한 근본은 『춘추(春秋)』의 대일통(大一統)과 『중용』의 구경(九經)을 바탕으로 한다. 즉 천하의 사사물물(事事物物)로 하여금 그 마땅함을 얻게 하면 명분을 바르게 하지 않아도 저절로 바르게 되고 기강을 세우지 않아도 저절로 세워진다고 보았다.

「제민어인수지역론(躋民於仁壽之域論)」에서는 『논어』 「옹야(雍也)」의 "인을 좋아하는 사람은 장수를 한다.[仁者壽]"라는 구절을 인용하여 군주가 인정을 베풀어야 함을 주장하고 있다. 인은 장수하는 근본이다. 장수는 인의 효과이다. 임금은 어진 생각을 가지고 어진 관리를 선택하면 백성들이 저절로 어질게 된다고 주장하여 인의 중요성을 강조하였다.

「이기심성설(理氣心性說)」에서는 이기설(理氣說)이 생겨난 이유를 설명하고 이기(理氣) 관계를 세 가지 측면으로 이해했다. 첫째, 본원(本源)의 측면으로 말하면 기(氣)에 의해 생겨나지만 리(理)를 근본으로 삼는다. 둘째, 품부(稟賦)로써 말하면 기가 응결하여 모인 것으로 리가 그 가운데 갖추어져 있다. 셋째, 동정에 끝이 없고 음양에 시초가 없으니 이기(理氣)에는 본래 선후가 없다. 특히 이기설의 온축은 불리(不離)와 부잡(不雜) 네 글자를 이해하면 충분하다고 보았다. 그리고 "리(理)는 기(氣)의 주인이고 심(心)은 성(性)을 통솔한다"는 것은 만세에 바꿀 수 없는 것으로 인식하고 기(氣)를 리(理)로 인식하는 사람과 성(性)을 심(心)으로 인식하는 사람을 비판하였다. 천지 사이에 가득 찬 것이 이기(理氣)이고, 마음 가운데 축적된 것은 심성(心性)이므로 이 둘의 관계를 이해하는 것이 중요하다고 보았다.

또한 이기론은 초학자가 쉽게 배울 수 있는 것이 아니며 인생생활이나 수기치인의 방도와 관계없어 보이지만, 이기(理氣)의 변론에 밝지 못하면 심성(心性)의 근원을 알지 못하고 기질(氣質)을 변화시킬 수 없다고 보았다. 인심도심설(人心道心說)은 주자의 이론을 받아들여 천리(天理)와 인욕(人欲)의 관계로 설명하였으며, "위태로움과 은미함을 다스리는 도(道)는 정일(精一)하는 것만 같은 것이 없으니 그 정일한 요체를 구하려면 인욕을 막고 천리를 보존하는 것만 같은 것이 없다."고 하였다.

「심체답심자해설(心體答心字解說)」은 심(心)의 본체에 양의(兩儀)·사상(四象)·오행(五行)·팔괘(八卦)의 이치가 있으며, 사단(四端)과 칠정(七情)이 실질은 똑같으나 명칭은 다른 것이라는 견해를 제시하면서 "인심(人心)과 도심(道心)은 의지(意志)를 겸한 것이고, 사단(四端)과 칠정(七情)은 의지(意志)를 겸하지 않았다. 의지(意志)는 정(情)에서 연유하고 정(情) 또한 성(性)에서 근원하다"고 했다.

잠(箴)에서는 「존심잠(存心箴)」과 「존성잠(存性箴)」이 있으며, 명(銘)에는 「난와명(難窩銘)」이 있다. 제문에는 기정진을 비롯한 최익현 송병선 등의 「제문」이 실렸다. 「행장」은 오준선이 썼고, 「묘갈명」은 기우만이 썼다.

3. 문집 목차

卷一

詩: 太極 窮達 耕讀 感物偶成 客至 處世 春日書懷 夏日卽事 秋齋獨坐(二首) 偶吟(二首) 戒兒讀書 寫字 存心 主敬 誠敬 言誠 酒誠 色誠 祭先 睦宗 養親 事君 交朋 閑居偶題 傷時(二首) 三難韻(小序二首) 幾善惡(二首) 上蘆沙先生 畏省堂敬次尤庵老先生韻(二首) 上勉庵先生(六首) 敬次宋相國近洙保晩齋韻 上淵齋宋先生秉璿(二首) 呈宋心石秉珣(二首) 呈奇松沙宇萬(三首) 次晦翁感興韻呈松沙 次菊圃李承赫寄惠二絶 謝呈松沙 次宋海士(漢宗)韻(二首) 贈柳道有(厚烈二首) 次後石族叔駿善韻贈尹秋塘恒植(二首) 四時吟 四友吟 端陽日到永思齋感題(二首) 翌日拈歸字(二首) 夢見後石族叔 雨懷竹史族弟在洙 憶次孫顯烈 感題 偶成 謝竹史送酒 待族孫振烈殷烈 書懷(二首) 書贈崔生光奎雅啓林 晩菊 見玉秫成實憶亡兒龍甲 永思齋雅會 月岳路中懷鄭生寅岳 淸夜懷故人 父師二訓 客至書懷(二首) 無題(二首) 贈別雲齋崔永祚畏禺二詞伯(二首) 次鄭在弼薇齋韻 澹對軒講會夕感題 次後石韻呈松沙(二首)呈梁栢下相衡(三首) 四梅堂敬次寒水齋權先生韻 謹次雨田金侯炳愚寄居接諸生韻(二首) 聖廟重修後奉賀雨田興學 謹次雨田最高亭韻 謝雨田送節扇 奉別雨田歸楊州 謹次梁校理相器回甲晬宴韻(二首) 謹次莘湖金監役祿休象外亭韻 山齋書懷(二首) 敬次族先祖藏溪公鳴玉軒雜咏 冬夜書懷 咏晩菊 冬至夜 棲碧庵自怡四絶 次三山九曲 次三山樂府嘉卉十韻 三山唱酬 聯句三十韻 玉潭呼韻 又步潭字贈雲齋畏軒 壇享後追賦二絶呈松沙(小序) 謹次族先祖晩圃公韻呈進士族丈鎭龍(三首) 尹侯晦山自錦山莅任本州第三日謁聖廟明設地衣席禮貌甚恭治績有序謹構四絶追呈 晦山生朝奉賀 奉別晦山歸鰲山 謹呈閔侯芝潭種烈(三首) 長篇十五韻仰呈芝潭 謹次芝翁西城志喜韻 奉和芝潭翁夢得褒題韻(小序二首) 又次芝翁咏松菊自況詩(二首)奉別芝潭歸潭州(五首) 過襄平公舊址有感而題(三首) 龍馬巖 觀魚

臺 歸路拈鄕字 呈石田李上舍最善(五首) 和呈李石井允善(五首) 贈李菊圃 謹次箕山倅鄭雲齋基雨韻 謹次奇校理陽衍栢石堂韻 謹次朴承旨昌壽蘭石堂韻 謹次蘭石贈別韻 謹呈蘭石(二首) 族祖夏圭回佳壽宴韻 觀圃隱集敬題一絶 謹呈竹圃朴司諫淇鍾 謹次竹圃山亭卽事韻 次永嘉亭韻 次遊山亭韻 謹次族祖升圭聽一齋韻 家嚴所居室扁以止谷有原韻小子忘僭伏次 伏讀御製贈崔參判益鉉詩敬次志喜 謹次宋公一賢湖隱韻 次鄭國豊習靜齋韻 贈別錦樵族兄光洙歸綿城故庄 謹次志於齋原韻 次朴珍東草廬韻 謹次石泉金公贈職時感題韻 次八烈婦望祭韻 謹次聽一齋回婚禮原韻 林相輔回甲晬席 次林西湖基洪壽宴韻 和栢下六十一晬席韻

卷二

詩: 家嚴回甲生朝志喜 叔父回甲晬席次晦翁壽母生朝韻 敬次叔父晩谷原韻 謹次柳魯岡是漢回甲晬宴韻 謹次奇進士東準大人回甲韻 謹次白進士樂鼎大夫人生朝志感 梅湖蘿英漢晬筵韻 族祖士圭晬席奉和其胤子禎善獻壽韻 族叔致善壽席韻 奇琮鉉壽席韻 六十一晬日志感(小序二首) 賀呈松沙回甲壽席(二首) 追和金進士永喆回甲韻 追次錦樵族兄壽宴韻 追和杏隱族侄根一壽宴韻 和寄李小山承友回甲壽席 羅德巖燾圭搬移後,次後石韻敬呈, 謹呈西湖 謹次李敦亨櫟窩韻 次鄭敏采田荷原韻 次李鐸憲南坡亭韻 和金國衡(以權)鼎溪韻 三山齋與松沙及諸賢同賦 用寄松沙韻呈後石叔(三首) 題羅氏新洞齋 謹次羅進士元錫松石軒韻 追和李愚堂敦晟寄惠韻(三首) 敬次勉菴先生唱和詩 敬次淵齋先生楚山講會韻 吟呈栢下 行年四十吟 自笑 春日偶成 修譜後宗會拈韻同賦 次金龍洙勉强齋韻 奉和金丈琮鉉自號浪子韻 襄平公忌祀病未進參 謹次安氏四賢閣韻 次五柳精舍韻 不換亭醉題 謹次勉庵翁贈文琴軒詩 秋夜山齋次晦翁集中韻 蘆沙先生挽(二首) 淵齋先生挽(二首) 勉菴先生挽(二首) 溪樓逢一二知己 次矗石樓原韻 聞閔桂庭泳煥忠血化竹感題(二首) 聞淵齋翁從容取義感題 錦山從容堂七百義塚碑感題 浩歌行 狂歌行 和栢下歎世吟 次朴純汝韻(小序) 次勉菴先生遺集刊所各言其志韻 挽松坡林公邁鎭 挽西湖林公近鎭 挽長田李公鵬善 挽石田李公 朴侯奎東挽 挽德巖羅公 挽校理梁公(二首) 挽蘭石堂朴公(二首) 挽槐蔭李都事奎亨 挽竹圃朴公(九首) 挽族祖泰基(五首) 挽羅都正相守 挽錦沙族祖恒圭(二首) 挽李樂圃集誠(三首) 挽丹谷柳斗鉉 挽族祖夏圭 挽溪亭羅有煥(三首) 挽梁蕙坡相鉉 挽黑石奇琮鉉(四首) 挽朴草廬珍東 挽李承喆(二首)挽李菊圃承爀 挽族祖士圭 挽李石井允善 挽柳紹巖寅元 挽族祖信圭 挽族祖相英 挽朴農窩鼎鉉(二首) 挽鄭伯仁(碩朝二首) 挽梁子重(相冕) 挽春齋族祖元圭(二首) 挽族祖鉉圭 挽族叔貞善 挽李龍石俊九 挽梁栢下(三首) 挽奇白水宇蒙 挽林小草魯源(九首) 挽竹坡崔羽鉉 棵聖則(周默)哀辭 挽鄭海南錫珍(二首)

卷三

詩: 次寄李晩睡(英植)送惠韻二十四句 次金士洋(瀏)橘隱韻 呈石叔(小序) 追和石叔韻 挽羅士集(相鶴) 挽族叔(尙善) 次臥龍巖韻呈松沙 次龜巖韻 挽族叔(裕善) 挽族祖(爣) 挽金君五(在千) 六言(三首) 書贈族侄亨根(二首) 冬夜偶成 立春日次晦翁韻 三五七言 棲碧庵有會卽題 讀白湖集演五言聲七言 送友 久雨 流頭日同友人登樓聽農謳 謹次傳春齋韻(二首) 三山齋二絶 送梁重吾歸長里(三首) 聞蟬聲懷松沙 次尹滋鳳敬庵韻 次李泰魯大人顧庵韻 次鄭洙賢師竹軒韻 次尹恒植秋塘韻 月岳書室拈寒字示諸生 又步前韻贈鄭昌裕(悔朝) 次松沙韻贈鄭統將(錫珍) 除夕書懷 老病吟 示學徒 次栢下韻呈李石井 淸湖路中 過息營亭 和枕泉齋原韻 和栢下箕山記行十二絶 敬次勉庵先生河南講會韻 四月十七日聞雲齋畏軒二詞伯自長興冠山來留于咸平徐友家翌日與石叔聯笻馳晋則二友已移榻於崇忠洞鄭氏丙舍衣冠之盛文酒

之樂可謂僻鄕稀事遂次其韻示本孫 復用前韻贈雲齋畏軒 次金愚翁(琮鉉)寄惠韻(二首) 栢下以相思一夜梅花發分韻作七絶詩以寄寄意鄭重和韻却寄 謹次曺東塢毅坤四十歲韻 三三與右人步月同賦 看書有感聞鶯蟬戱題 蕩詞 夢見孺人宋氏 檜軒公墓碑改竪時敬題(二首) 元堂丙舍與栢下拈韻相酬 明谷書室與西湖栢下二翁同賦 謹次文孝子(孝叔)蓮愚堂韻 次鄭昌裕回甲晬宴韻 攬古感懷 次三恨堂原韻 次李珪憲滄洲亭韻 謹次金明浩樂山齋韻 次宋海士止齋韻 次李國瑞雙石軒韻 次崔圭鉉夙夜齋原 次崔羽鉉竹坡韻 次梁逸永梧軒韻 謹次李上舍楫文農谷韻 次李恒榮釣隱韻 和金永澤回甲韻 次柳東根回甲韻 次奇周鉉回甲韻 志於齋開硯示族侄頤根 次羅英集回甲韻 參奉公墓碑重竪時感題從弟士涵(纘洙)回甲晬席韻 次筠陰族叔慈闈回甲生朝韻 次林昌瑞回甲韻 次白蓮書室韻 和吳永奎默和堂原韻 次鄭海南蘭波韻 和具有述小梅韻 山齋書懷 梧山歌贈別梁老人 次雙石堂韻 次朴應瑞歲寒亭韻 次柳春伯(寅奭)睡堂韻 贈別鄭貫一(道源) 次盧在奎願豐亭韻 次范善中(瀅植)竹翠亭韻 次朴處仁松塢韻 和呈奇應三(台鉉)云庵韻 和林溪窩魯淵六十一晬宴韻 追和默軒原韻 次洪聖奎(祐珍)筠軒韻 挽林教官炳澤 追和朴琳相大人回甲韻 次栢下述懷韻(二首) 次蘭石丈韻呈林學愚信翁兩案下 月岳書齋同鄭昌裕走筆戱題(二首) 次栢下中字韻(七首) 蘭石堂雅會(六首) 聯句 再聯 登永慕亭(二首) 登伏巖寺 贈李石田炳壽(三首) 和栢下立春吟 謹呈德巖(三首) 筠陰族叔第二胤冠禮日奉賀趙錦史景熙留多寶寺以詩遠寄忘拙次呈 齋居偶吟 庸心字韻呈石叔 更和心字呈春齋族祖 謹次先集韻呈栢下 和呈進士族丈贈別韻 松沙悶余衰頹贈以馬柯木一枝詩以謝之 追和黑石講會聯句二十韻仰呈松沙 聽一族祖遠枉悵暄後成十韻聯句 族叔準善回甲晬宴韻 和李注書鶴相心鮮韻 又和注書所東扁楣韻 次鄭道源東谷韻 月溪林君弼同賦 次鄭道源東谷韻 月溪林君弼同賦

卷四

詩: 孔聖 顏曾夫子 思聖 鄒聖 兩程先生 晦庵先生 張良 望洛城 贈金炳淑(永彩) 贈別趙聖勳(哲鏞二首) 過鳳山敬題一絶 夢拜勉庵先生(小序) 從嫂李氏回甲晬日韻 奉別松抄悵然追題(二首) 病中偶思 大雨 雨後聞明谷楸齋消息浩歎之餘更賡前韻 永思齋見邱木稀疏悵題一絶 觀漲 石門偶題 次黃梅泉玹絶筆詩(四首) 效東岳李先生朝暮吟 長城歸路訪草湖朴汶容 贈金昌文(鳳和二首) 次不換亭原韻 雨後見月落齒 釣翁 四街滯中偶成 又此梅竹成先生題夷齊碑韻(二首) 鰲山滯中偶成(二首) 過卯山亭此松江鄭先生韻 次奇植齋宰寄惠韻 和奇進士東準 和金炳淑(二首) 壬子冬至夜偶吟 除夕 元日 人日客至 穀日 閒居書懷示諸益 春夜偶吟 清和登珍岳 索居窮巷不禁遠遊之思 石門唱酬二首 移題高巖永保齋 自章山到永思齋感題 次栢下年字韻 又步前韻贈林錦愚相熙 不換亭詩會 梁氏章山丙舍雅會 石門滯雨 翌日冒雨到族弟德三家敍懷 次栢下元日韻 林錦愚家雅會 林龜瑞以其祖考蒙溪及蓮塘韻示余求和 與春齋作綿城行到堂村進士家敍話(二首) 臨別呼韻留清湖拈秋字 石門詩會 梁花隱相泰家雅會 臨別呼韻 啞營歸路同尹滋敬書懷 四街途中 與栢下及海岡羅友拈頤齋集韻共賦 永思齋雅集與羅小栢拈韻共賦 別小栢無聊獨吟 挽族祖竗 雲菴李士亨松石李善九聯笻而至呼韻走成 贈金剛上人三雨 次羅英集錦陽齋原韻 族弟竹史家雅會 次丁允卿宛在亭韻 元堂雅會 次里仁亭原韻 奇國賓(東觀)家詩會 菊秋作堂村行偕雲史菊圃書懷 謹次金進士永喆重建其先世永慕堂韻 宋進士佐憲金省庵相琦同賦 又用前韻別宋金二友 二首 次族弟利顯(亨洙)回甲晬宴韻 臘月十九日夜獰風掀白雪滿天强書情(二首) 雙溪樓重修後次圃隱先生韻 茅廬獨坐 志於齋除夜次唐人韻(二首) 元日又次唐律 歎老 上元夕志於齋會話 和秋山主人 次李松石善九回甲韻 次靜梧族丈碩煥回甲韻 和朴華實隱居自樂韻 不換亭雅會 次族叔致遠回甲韻 敬次箕山諸賢祇迎勉菴先生影眞韻 謹次松窩族祖楨圭回甲晬宴韻

次金氏醉歌亭韻 次李重權敦學齋原韻 吳博士復根惠杠拈韻共賦 次范光國(球駿)時隱堂韻 次錦隱齋原韻 次麓室韻追挽鄭正言海健 次栢下述懷韻(六首) 次三和齋七老唱酬韻(二首) 追和永思齋酬唱韻(二首) 次李俊明回甲韻 追和石叔屛枕寄惠遲字(二首) 孀婦吟(三首) 次李學淳五生字 難子韻與林錦愚(二首) 敬次靜庵先生遺集藏板閣原韻(二首) 追次奉彩圭醉亭韻 次金永彩斗南韻 次吳參書翔學歸樂齋韻 和奇應玉(奉鉉)晩悔堂韻 謹次文氏上谷祠壇享韻 敬題蔚山金氏感古齋 次金春甫(在華)淸陰亭韻 次鄭浚源大人梅松堂原韻 謹次姜水使勿欺齋重修原韻 次鄭敬國月潭幽居韻 次永思亭原韻 次後溪韻 次李國瑞回甲晬宴韻 鄭致裕惠杠拈韻相酬 次族弟亮洙回甲韻 襄平公影幀移奉時志感(小序二首) 奉賀後石族叔回甲韻 謹次鄭公老圃堂原韻 次沙軒金公寳碩詩集韻 次金仁愚箕隱原韻 追和尹掌令滋華歸瀨齋韻 次宋處安(在軾)龍庵韻 和石叔除夕韻 次沈仲振(遠杓)晩翠亭韻 和金景儒(珍鉉)書示韻 別尹哲成泰丞歸玉洞故庄(二首) 次李氏忠烈祠雪筍韻 和孫台孝止可堂韻 多寳寺贈智峯僧 登山口號 逢秋感懷(八音體二首) 傷時(十二文) 悼亡兒龍甲 次梅庵原韻 次族弟權洙夕峯韻 次鄭承八釣隱韻 謹次閔侯泳采重修校宮韻 次金剛亭韻(小序八首) 和挹爽亭韻(二首) 次十景 次金得壽湖隱亭韻 贈李生啓林(二首) 題羅氏磻溪亭自笑(二首) 贈鄭生寅岳 追和洪錦川祐敦回甲韻 臨履齋講會日書二絶示諸生 贈別友人 贈李春坡永仲(三首) 挽族祖馥圭氏 次朴廷奎野隱韻 謹次永慕齋原韻 追和敬愼齋鄭斗鉉回甲韻 送族弟榮洙歸後山故庄(二首) 次鄭貫一百花亭韻 挽高鹿川 挽奇省齋 哀金準 寄全垂鏞

卷五

疏: 明谷公請諡疏 擬疏乙巳

書: 上蘆沙先生, 上蘆沙先生 上蘆沙先生 上蘆沙先生 上蘆沙先生別紙 上勉菴崔先生 上勉菴先生 上勉菴崔先生 上勉庵先生 上勉菴先

生 上立齋宋相國近洙 上宋立齋 上宋立齋 上淵齋宋先生 上淵齋先生 上淵齋先生 上淵齋先生 上淵齋先生 謝金侯雨田炳愚 上金雨田 上趙侯秉老 謝尹侯晦山泰元 上尹晦山 上尹晦山 與箕山倅鄭雲齋基雨 上閔侯芝潭種烈 上閔芝潭 謝閔芝潭 上閔芝潭 上閔芝潭 別紙 上觀察使李公秉文 謝觀察使金公世基 謝竹圃朴司諫 謝朴竹圃 謝朴竹圃 與李監役鳳朝 候苹湖金監役祿休 候石田李上舍最善 候李石田 候槐陰李都事奎亨

卷六

書: 候心石宋公秉珣 候宋心石 答羅德巖燾圭 答羅德巖 答羅德巖 與梁栢下相衡 答梁栢下 答梁栢下 與李石井允善 答李石井 與李菊圃承赫 澹對軒護喪所慰狀 與奇松沙宇萬 與奇松沙 與奇松沙 與奇松沙 與奇松沙 與奇松沙 與奇松沙 答奇松沙 與奇松沙 答奇松沙 與奇松沙 答奇松沙 與奇松沙 與奇松沙 與奇松沙 與宋約齋炳華 與閔道士在天 與奇白水右蒙 與鄭艾山載圭 與新安刊所僉賢 答盧進士近壽一 慰尹判書容植別紙 答雲史族丈鎭龍 答錦樵族兄光洙 與金進士永喆 答鄭斯文海翊 與崔雲齋永祚 慰最雲齋 別紙 慰宋進士哲憲 別紙 慰崔上舍永禹 別紙 與趙錦史景熙 與凰山碑役所僉賢 與朴魯源(汶容) 答鄭生寅岳 答崔順明(榮台) 與崔順明 答林國珍(相熙) 答羅正彬(性洙) 答羅正彬 與朴生春求 答鄭經源 答沈鍾大 答家兒根厚(在京時) 與竹史族弟在洙 與筠陰族叔禎善 答林伯元(魯龜) 答金炳淑 與崔生光奎 答崔生光奎 答朴君瑞(舜相) 與崔生潤德 答朴琳相 答范善中 答朴秉相 答趙瀲鏞 答朴秉夏 答范瑗植 與族叔文善 答朴淇禹 答本郡守朴潤東 示長城憲兵分隊長書 示三巨里憲兵所長

卷七

記: 謁蘆沙先生後追記 棲碧庵記 恭友齋記 栢下記 竹圃記 蓮塘記

孝子崔公旌閭記烈婦金氏旌閭追記 崇禎通寶記 聽一齋記 紹巖記 竹史記 筠蔭記 西湖記 小草記 晦窩記 止齋記 玉蓮亭記 石峯記 八賢亭移建記 睡堂記 守愚堂記 筠軒記 素安齋記 石峯記 斗南記 永慕齋記 永補齋記 晚悔堂記 暎荷亭記 咏四亭記 孺人文氏孝烈記 洗心堂記 咏花亭記 愚堂記 澹齋記 甘泉齋記 秋塘齋記 大隱齋記 効庵記 性庵記 醉石後記 琴隱記 晦山記 一心齋記 慕軒金公實記 講魯齋記 守齋後記 思厚齋記 晚翠亭記 敦學齋記 夢心軒記 後溪記 歸樂軒記 野隱記 永貽堂記 希齋記 白蓮書齋記 後松記 息巖記 錦西記 師竹軒記 孝子徐公實記 永慕齋記 蘭會軒記 孝烈婦金氏實記 竹林堂記 遠巖記 學孔齋記 令人李氏烈行實記 孝婦金氏事實記 酉谷翠軒後記 白峯記 溪山齋記 處士金公實記 養性堂記 叔祖學生公設享時實記 蓮庵記 孺人金氏孝烈記

卷八

序: 送尹侯晦山序 上閔侯芝潭序 送芝潭序 三九會序 鄉約序 錦里詩會禊序 觀善禊序 陽山金公遺事序 鼎溪小序 送李錦西歸欝島序 羅州吳氏派譜序 商山金氏派譜序 金海金氏族譜序 順興安氏派譜序 羅州吳氏家牒序 金海金氏派譜序 花雪堂處士柳公三世遺蹟序 碧梧亭酬唱遺蹟序 五宜齋洪公遺稿序 勿軒序 從弟士涵晬席小序 豐山洪氏節義錄序 沙軒金公寶硯詩集序 思軒處士遺稿序 老坡尹公實記序 海史李公詩集序 耻耻菴遺稿序 贈鄭海南序 巖隱集序 金海金氏派譜序 隱愚序 存誠齋遺稿序 習靜齋鄭公遺稿序 慕述齋尹公忘笑錄序 南坡朴公遺稿序 奉賀後石族叔六十二歲壽序 贈鄭敬賓(聳錫)序 贈梅史小序 贈族弟子春(東洙)序 贈安君允行序 贈族弟子正(南洙)序 贈崔生光奎序 送朴斐卿序 春秋禊序 贈金樂三(台鎬)小序 贈鄭道源東谷小序 贈金昌文(鳳和)序 金海金氏派譜序 贈二安生序 贈朴二秀士序 玄風郭氏五孝實蹟序 送羅友起甫序 贈金志學序 海逸李公詩稿序 釣隱序 月

溪序 密城朴氏派譜序 里仁契序 敎信契序

卷九

跋: 謹書菊齋先生遺集後 謹書先王考遺稿後 謹書先考遺稿後 謹書竹陰先生遺集後 盤桓洪先生遺集跋 書蓮江公遺稿後 書羅氏家藏先賢簡帖後 謹書都事公遺稿後 石泉金公遺事跋 遯庵羅公行蹟跋 謹書晩松崔公行錄後 謹書杏亭世稿後 餘力齋張先生遺集跋 書守庵李公遺稿後 莎隱李公遺稿跋 書孺人鄭氏實記後 野隱遺稿跋 羅州吳氏世譜跋 書文孝子傳後 書金孝子行狀後 跋農隱朴公誌狀 利川徐氏新譜跋

卷十

行狀: 通德郎侶魚亭府君家狀 祖考臨履齋公家狀 先考止谷府君家狀 進士七松吳公行狀 司諫竹圃朴公行狀 孝子吳公行狀 養性齋吳公行狀 恭人朴氏行狀 菊軒吳公行狀 羞下堂金公行狀 贈戶判慕菴鄭公行狀 成均生員柳公行狀 通德郎鄭公行狀 孝子柳公行狀 訓導鄭公行錄 遯巖金公行狀 松雲吳公行狀 忍齋處士安公行狀

卷十一

行狀: 敬齋柳公行狀 小栢羅公行狀 菊圃柳公行狀 醉亭奉公行狀 孝子羅公行狀 蓮谷李公行狀 迎月堂羅公行狀 效庵安君狀錄 野隱柳公行狀 菊坡尹先生行狀 贈參判朴公行狀 華南金公行狀 湖隱金公行狀 贈童敎金公行狀 崔公行錄 北隱處士吳公行狀 加池堂陳公行錄

傳: 湖山鄭公忠孝傳 孺人曺氏傳 孝烈婦朴氏傳 孝烈婦金氏傳 孺人鄭氏傳 孝烈婦吳氏傳 烈婦李氏傳

卷十二

墓碣銘: 靈光郡守朴公墓碣銘 逸軒鄭先生碣銘 磻溪李公墓碣銘 最

樂堂金公墓碣銘 心齋牟公墓碣銘 別侍衛文公墓碣銘 學軒奇公墓碣銘 吳上舍墓碣銘 海南郡守鄭公墓銘 草堂鄭公墓碣銘 省堂高公墓碣銘 羅公墓碣銘 鷗亭金公墓碣銘 參奉臨履齋吳公墓碣銘 孝軒兪公墓碣銘 藏閒亭金公墓碣銘 崔參奉墓碣銘 梅竹堂朴公墓碣銘

卷十三

墓誌銘: 監察朴公墓誌銘 學生李公墓誌銘 湖隱宋公墓誌銘 朴孝子墓誌銘

墓表: 察訪朴公墓表 北靑府使吳公墓表 長連縣監吳公墓表 質實齋金公墓表 濟州牧使金公墓表 芝峯吳公墓表 老隱金公墓表 錦溪李公墓表 梅竹堂金公墓表 愼默齋崔公墓表 拙軒金公墓表 隱菴金公墓表 曺司果墓表 孺人鄭氏墓表 海沙尹公墓表 晩悟趙公墓表 善養齋沈公墓表 慕義齋尹公墓表 竹潭金公墓素 蒙窩金公墓表 朴監察墓表 孝子鄭公墓表 農山柳公墓表 李公敦律墓表 金晦隱墓表 贈監察金公墓表 副護軍陳公墓表

卷十四

碑銘: 鰲峯金公墓碑銘 金海金氏三綱碑銘 孺人柳氏墓碑銘 竹齋羅公墓碑銘 學生權公墓碑銘 金松石墓碑銘 判官金公墓碑 迂軒朴公壇亭碑 望軒金公遺墟碑 贈參判朴公墓碑 烈婦林氏實蹟碑 咸平牟氏世葬碑 孺人李氏實蹟碑 坡平尹氏世葬碑 慕軒金公墓碑 車孝子墓碑 竹圃姜公墓碑

卷十五

雜著

論: 正名分立紀綱論 躋民於仁壽之域論

說: 先難說 理氣心性說 人心道心說 心體答心字解說 行年四十說

簡靜審重說 立志說贈崔潤魯

箴: 操心箴 存性箴

銘: 難窩銘

婚書: 家兒婚書 從侄東根婚書 孫兒婚書

表箋: 擬周群臣賀周雖舊邦其命維新 正朝賀箋

祭文: 祭蘆沙先生文 祭勉菴崔先生文 祭淵齋宋先生文 祭叔父晩谷公文 祭石井李公文 祭亡室孺人李氏文 祭亡室孺人宋氏文 悼亡兒根春文 挽栢下梁公文

祝文: 先王考贈職時焚香祝文 襄平公影閣移建時開土祝文 祠堂開基祝文 寶山祠設壇時告由祝文 烈婦吳氏墨坊浦望祭祝文 祈雨祭文 廣山倉底坪堰祝文

卷十六

雜著

上樑文: 中郎將公祭閣上樑文 錦城君祭閣上樑文 參議公祭閣上樑文 襄平公影閣不祧廟合建上樑文 永思齋重修上樑文 體舍重建上樑文 遠慕齋上樑文 慶州李氏祭閣上樑文 惕然齋上樑文 三山齋上樑文 四賢閣上樑文 忠義堂上樑文 棲碧庵上樑文 奇仁伯正寢上樑文 族孫般烈體舍上樑文 蓮庵上樑文(鄭寅植) 伏巖上樑文(吳翔學) 紫荊亭上樑文(金相純) 金海金氏祭閣上樑文 申孝子祭閣上樑文 尹孝子旌閭上樑文 願豐亭上樑文(盧在奎) 永思亭上樑文

儷文: 聖廟重修後奉賀雨田金侯興學文 修譜後宗會文 奉賀奇松沙回甲晬宴文 春祝文

卷十七

附錄: 難窩記(崔益鉉) 又(羅燾圭) 又(奇宇萬) 行狀(吳駿善) 墓碣銘(奇宇萬) 祭文 却金實記(吳根厚) 跋(吳在洙)

『남파집(南坡集)』

1. 저자 소개

이희석(李僖錫, 1804~1889)의 자는 효일(孝一)이고 자호는 남파거사(南坡居士)이며, 본관은 인천(仁川)이다. 전남 장흥군 용산면 접정리 청적(聽笛) 마을에서 태어났다. 어려서 걸출하고 성격이 꼿꼿하여 사람들과 교유할 적에 구차히 영합하지 않았고 평소 불의한 사람과는 애초에 스스로 교분을 맺으려고 하지 않았다. 10세를 전후로 여러 책을 두루 읽었는데, 여러 경전을 자기 말처럼 줄줄 외웠다. 이희석은 기정진의 문하에 나아가 학문을 닦았다. 이희석은 스승보다 여섯 살 적었는데, 기정진은 이희석을 벗으로 대우했고, 그는 스승으로 받들었다. 1851년(철종 2) 홍수로 전토를 잃게 되자, 장흥에서 나주 사호(沙湖: 현 광주광역시 광산구 사호동)로 이거하였다. 스승이 있는 곳과 지근이기에 매달 29일은 숙식을 하며 강학에 열중하였다. 1879년 기정진 사후에 다시 장흥으로 거처를 옮긴 것으로 보인다.

1880년(고종 17) 77세 되던 해에 진사시(進士試)에 응시하여 합격하였다. 또 조정에서 고령이라고 하여 특별히 통정대부(通政大夫)에 가자(加資)하였다. 이에 대해 이희석은 임종 전에 하신 어버이 말씀이 귓가에 뚜렷이 남아 저버릴 수 없어 죽기 전에 과거에 응시했다고 소회를 밝혔다. 고향에 돌아와 어버이 묘소에 가서 고유(告由)만 했을 뿐 당상관(堂上官)의 비단 관복과 옥관자(玉貫子)를 몸에 걸치지 않았다.

1889년(고종 26) 7월 17일에 묵동(墨洞) 우사(寓舍)에서 세상을 떠났다. 장흥 천관산 수정암(水晶菴) 선영에 장사하였다. 부인은 광산 김씨로 김상희(金相禧)의 따님이다. 슬하에 1남 2녀가 있는데 큰딸과 아들은 안타깝게도 이희석보다 먼저 세상을 떠났다. 저서로는 『남파집(南坡集)』이 있다.

2. 문집 구성과 내용

『남파집(南坡集)』은 8권 3책으로 구성되어 있으며, 1898년(광무 2) 전남 장흥군 용산면 어산리에 있는 인천 이씨 재실인 영석재(永錫齋)에서 손자 이선원(李善遠)에 의해 목활자본으로 간행되었다. 4주쌍변(四周雙邊), 반곽(半郭) 23.0×15.5cm, 10행20자, 주는 쌍행(雙行), 내향(內向) 2엽화문어미(二葉花紋魚尾)에 크기는 29.5×19.5cm이다.

책별로 권두에 차례가 있고, 권1과 권2는 시인데, 권1은 140제 247수, 권2는 129제 193수 총 369제 440수이다. 권3에는 서 34편, 권4에 잡저 9편, 권5에 서(序) 9편, 기(記) 12편, 발(跋) 6편이 있다. 권6에는 행장 3편, 묘지명 1편, 제문 7편이 있으며, 권7에는 「원유속록후서(遠遊續錄後序)」와 「원유록(遠遊錄)」이 실려 있다. 권8은 부록으로 남파의 행장과 전, 묘지명, 발문, 후서 등이 수록되어 있다.

권1·2의 시에는 스승 기정진과 그의 문인, 친족이나 친구들과 교류한 시가 있고 더러는 인간적인 고뇌나 번민을 표현한 것이 많으며, 은자(隱者)의 생활을 읊은 것, 이별의 슬픔을 표현한 것 등도 있다. 「자탄(自歎)」·「자회(自悔)」·「자민(自憫)」 등은 자신을 돌아보며 학문에 대한 아쉬움이나 인생의 회한 따위를 표현한 시이며, 「학문(學問)」이나 「감회(感懷)」는 설리적(說理的) 표현의 시이다. 「독좌(獨坐)」·「유회(幽懷)」는 은일생활의 고독을 읊은 것이며, 「애국음(愛菊吟)」·「조일대국(朝日對菊)」은 중국 진나라 때 도잠(陶潛)의 전원취미를 본받아 전습한 것이다. 이밖에 「석별(惜別)」이나 「억추려(憶秋旅)」 등은 옛 친구와의 우정을 생각하며 만나지 못하는 아쉬움을 표현하고 있다. 병인양요 때인 1866

년(고종 3) 10월, 이희석이 장성에 있을 때 출전(出戰)하려고 가는 고제홍(高濟洪)에게 감격하며 써준 시 「고중범부의지행(高仲範赴義之行)」과 서양의 이양선 소식을 듣고 탄식하는 시 「문양선소식발탄(聞洋船消息發嘆)」 등은 그의 현실 인식을 잘 보여준 시이다.

권3에는 서(書) 34편이 실려 있다. 스승인 기정진에게 올린 편지와 자식과 친족 동생에게 보낸 편지, 고향의 벗 김대원(金大源), 사돈 최득수(崔得洙), 영남의 동문 조성가, 이항로의 문인 김평묵 외 장흥 부사로 부임했던 한치조(韓致肇), 이학래(李鶴來), 송기로(宋綺老) 등과 주고받은 편지로 안부를 묻는 내용이 대부분이다. 권4는 잡저(雜著)이다. 「정설증영석재제생(貞說贈永錫齋諸生)」은 이희석이 『주역』의 원형이정(元亨利貞) 중 정(貞)을 가지고 영석재(永錫齋) 여러 학생에게 당부한 글이다. 『주역』 곤괘(坤卦)에서 '정(貞)'의 의미와 영석재가 위치한 풍수지리적 환경을 연관하여 논하면서 '정(貞)'의 자세로 노력해 공부하라는 취지가 담겨있다.

권5에는 서(序) 9편, 기(記) 12편, 발(跋) 6편이 실려 있다. 「애국서(愛菊序)」는 국화를 좋아하는 마음은 도연명 못지않다며 도연명을 경앙(景仰)하는 마음을 드러낸 글이다. 「지운서(止雲序)」는 이희석의 벗 김경현(金擎鉉)의 호인 '지운(止雲)'에 대해 써준 글이다. 기에는 「유관산기(遊冠山記)」·「유사산기(遊獅山記)」 등의 기행문과 열녀에 관한 기록인 「금구열녀정씨정려기(金溝烈女鄭氏旌閭記)」가 있다. 권7의 「원유록」은 1866년(고종 3)의 금강산 기행문으로 날짜별 노정과 견문을 기록하고 중간중간에 서경이나 감회를 읊은 시를 수록하였다. 또한 이 가운데에는 「산림학자변(山林學者辨)」이라는 글을 삽입하고 있는데, 소보(巢父)·허유(許由) 등 은자의 생활에 대해 언급하고 있으며, 「삼신산설(三神山說)」에서는 금강산을 삼신산이라고 하여 예로부터 내려오는 전설을 소개하고 있다. 권8은 이희석의 생애와 문집 출간에 관한 각종 기록이 수록되어 있다.

『남파집』은 국립중앙도서관에 소장되어 있다. 『한국역대문집총서』(506)에 『남파선생문집(南坡先生文集)』, 『한국근대문집총간』(2, 한국학호남진흥원, 2019)에 『남파집』으로 수록, 영인되었다.

3. 문집 목차

日雨 驚蟄 五倫吟示族孫正遠 戲次外孫(任泰黙)觀漲韻 七月六日富春亭觀漲(亭主金益瑢) 古今島 登古今島駕馬峙望漢拏山 江上喜金子中(瑭)晩到 剛反詩 永錫齋會吟 樂英齋酬唱 輓友人 人日省楸(一首) 余以壬申二月初八日離家癸酉五月始還家孫兒以昨秋八月十六日生入門卽覔孫兒孫兒匍匐來入股掌喜可知也 奉和蘆沙先生丈人山韻 奉呈立齋奇丈 聞承旨崔益鉉以眞恩謫濟州 贈大明居士金致容(漢燮) 贈吳處士(相鳳) 月松將歸日贈奇會一(宇萬) 春坡竹床用晦菴七夕韻 復贈士亮 贈別止雲(金擎鉉○三首) 丙子五月病臥莊山士亮訪余臨別贈之 贈朝天舘安行五(二首) 贈茂山崔鍾衡(二首) 崔婿冕植 與勿菴(白會洙)會于墨齋(三首) 與勿菴別章(二首) 贈奇景道(弘衍) 和金橘隱士亮(二首) 和趙進士榮奎 次東塢曺君毅坤四十除夜韻 贈安聲振(時成○二首) 贈宗人錫采(二首) 奉和莘田居士 贈高亨柱 雨中寄聲一字一味自顧老醜何以得此倉卒構呈投珠報礫以備日後獻笑之資(二首) 過道葳齋訪雲珠兄(廉翰琪)不遇 賀申侯韻 贈金敏受(永澤) 高仲範(濟洪)赴義之行奇丈臚行絶句故忘拙次韻 與允性兄同宿鉢山楸下 偶閱論語見後生可畏章有感(二首) 用晦菴七夕韻 次古人長城韻 聞洋船消息發歎 用李牧隱韻 閒居無事得句輒寫不復詮次(三十首) 貧病吟 寒號 守歲 學問 感懷 有感 感吟 次三淵韻(二首) 宿聽笛書塾 道統嘆 感吟(四十首) 感懷 初度吟(三首) 立春(二首) 元朝 三朝 三月晦日(二首) 生辰吟 苦旱 夜吟 朝日對菊 修仁山城 滯雨古今島 謁關王廟 過丹城祠 覽物寓興 自嘆(四首) 自悔 自憫(二首) 自述(四首) 追悔 述懷 戲作(二首) 有感(二首) 偶成(二首) 偶吟(二首) 戲呈河南兩兄(二首) 自嘆(二首) 贈別洪祐成 輓谷城李勳(三首) 輓壺山魏賛寶(河祚) 輓院基趙智淳 輓族侄繼先(世浩) 輓黃居士(裳) 輓崔南山敬弼(周憲)

卷二

詩: 謹步同知族叔慶席韻 奉呈東谷上舍(復淵) 次族叔默菴(重吉)韻 贈湖中宗人子周(源植○二首) 次族叔愚谷(申銓)韻 敬次莊山兄奇上舍(鳳鎭)雙溪樓韻 贈李賛仲 楚山舘贈奇亮衍弟兄 寄金重菴(平黙)贈大明洞全致容 和南郭(任燔)詠柿韻 贈潭陽魏聖憲(成祚弁庭) 贈族孫三遠兼示諸生 敬次老峯先生文集刻板完壁韻 贈大明居士 贈大明處士兼呈止雲 次宋輪巖原韻 訪壺山居士魏兄 贈磻泉廉兄(翰琪) 觀修齋與金止雲因作合并韻 翌日復吟 贈克齋李冕翼 奉和 和克齋瑞石韻和輪巖宋兄 送松史金聖則(義鉉)移鰲山 詠懷以示金大受(命鉉) 贈李泰魯 次宋侯松石(綺老)講會韻 贈月弘趙氏諸益 九日答小谷諸益登嚴山韻 別韓侯(致肇)之綾城 贈族孫大遠 金谷齋懷秋旅西岡(金元龍)二老兼贈德中 贈族侄玟浩 贈東陽申聖心(錫源) 次淸淵堂 和廉磻泉 松石丈移符光山病且老未作餞行近體一首奉呈 送松石丈自光州移瑞興贈金希瑞(爛麒) 贈舟山車君庸汝 贈許少癡 贈金五賢(宋夏)可菴韻贈嶺南郭孝根 贈磻泉 贈金淵天 與蓮菴魏現哉(榮環) 次張上舍(錫愚)聞喜宴韻 鰲山之行與叅奉兄酬唱 再步友人韻 次淸浪亭(金璣鉉)韻和金士亮韻 贈磻泉(三首) 靈光金氏花樹會韻 外孫兄弟崔冠默來訪故感吟 戊戌三月十二日廣州琮洞恭度公墓下敬次先韻 聞任道鎭搬移有感而作 用劉屛山韻 次東塢原韻 贈別 晩悟堂(金在煥) 與內洞諸雅登高 翌日遊修仁山城 小山(金麒鉉)載酒因戱題 贈洪祐成 遊康津舟山永慕齋 臘月九日過金谷精舍閱朱全得吾家從昔號淸門述懷敬次 次晩隱堂韻 永錫齋會吟 永錫齋居接後自歎 月山齋文會(二首) 次樂英齋韻 樂英齋雜吟(十一首) 舍人亭風詠契會(五首) 長川齋酬唱(十三首)進修齋漫興(七首) 遊冠山(三首) 栗林齋夜吟(三首) 新晴 引水 詠懷(二首) 金谷進修齋講席感吟 石臺韻 柿 榴 棗 秋夜逢友人 傷田家 門對鵲巢 自歎 波沱詩 回甲 述懷 自憫 暮抵龍沼雪作 宿大興都浦(二首) 客中酬唱(三首) 族叔默菴翁今年七十有四慈母在堂九十五尙無恙

親製擎衣正朝着身上余見之歎息悲感因呈拙韻 次餘谷齋韻 次南郭逸人嚴子烈(巽黙)原韻 贈南郭嚴君子烈 次嚴君宣(聲敎)韻 贈君宣 金谷書室聯句 除夜吟(二首) 小除夕與村中諸少會吟(二首) 進修齋除夕與勿菴輪巖共題(三首) 贈別槐蔭(魏榮舜) 輓順天從大父 輓族叔梧軒(重晟) 輓磻泉廉公 哭壺山處士魏公 悼金敬杖(繪鉉) 追輓姜春坡 輓何處士潤汝(達弘) 輓盧進士(瓘) 輓安安齋(時成) 悼金聲鉉 輓蓮菴魏公 輓圓岡金錫汝(疇鉉) 輓南皐丁公(孝鉉) 悼崔敬弼周憲 挽潭陽長田李進士樂裕 挽高公靜潭(彦柱) 輓茶巖魏芳瑞(榮馥) 輓竹汀居士文友國賢(宗鉉) 輓宣始慱 輓裴上舍

卷三

書: 上族杖聾齋(重實) 寄家兒書 與族弟昭曠 答族弟昭曠(魯錫○與一答一) 與大邱宗人(稚玉) 上蘆沙先生(二) 與金允性 答金允性 與金允性 與金重菴(平黙) 與崔允甫(得洙) 與崔允甫 與崔允甫 唁崔允甫 答趙直敎(性家) 與高司果仲範(濟洪) 與高鵬擧(濟溟) 與金公同知(瑾) 答韓侯(致肇) 答韓侯 答李侯(鶴來) 與李侯寓公所 答宋侯松石(綺老) 上宋侯松石 答張進士(錫愚) 與宣子沃(墅) 答宋必瑞(璟玉) 壺山士魏公(河祚)會所 與曺南淳 答宗人錫圭(錫釆) 答任尚修(道鎭) 與任尚修 答任泰默

卷四

雜著: 蘧廬說 回甲說 去矜說 貞說贈永錫齋諸生 金敏受(永澤)記實 舌誡 擬惜誓 擬周羣臣賀宮人作關雎詩 先王考府君新阡錄

卷五

序: 沙湖移宅序 愛菊序 止雲序(金擎鉉) 可菴序(金永夏) 默軒序(朴寅煥) 竹史序(周靈之) 默軒金公遺集序 默窩魏公(守澤)遺稿序

永保洞契序(李進士圭浩)

記: 栗亭公碑陰記 淵院重修記(代人作) 德巖齋記 榮英齋記 松石堂記 道谷書室記 崔氏龍湖亭記 金溝烈女鄭氏旌閭記 鹵園記 華峯記 遊冠山記 遊獅山記

跋: 族祖退翁公(績)碑文跋 永慕齋遺集序跋 書養性齋宣孝子言行錄後 書高氏三孝門記後 書慶州崔氏孝烈錄後(代吳判書俊泳) 書靈泉窟結社記後(代高茂山濟煥)

卷六

行狀: 三從大父草堂處士公行狀 素菴處士魏公行狀 磻泉居士廉公行狀

墓誌銘: 先府君墓誌銘

祭文: 祭蘆沙先生墓文 再祭文 祭奇君章一文 祭道谷處士宋公(鍾雲)文 蓉山祈雨文 祭堂山文 逐虎文(代申侯錫裕)

卷七

遠遊續録後序 遠遊録(南樓用金自然堂時瑞韻 星壇吟 書沙谷遺疎後 沙谷枕說 陽川途中 斷髮嶺吟 正陽寺吟 書萬源洞題名後 趙成夏舜韶登毗盧辨 摩訶衍吟 萬瀑洞吟 三神山說 浦夜有懷 贈同行二人 籠巖別路贈景振 狼川途中 洪川途中 横城途中 忠州路中憶林將軍 附景叔韻 無怠別席贈諸宗[附小序] 和別月村居士河君潤汝詩[幷序] 贈別直敎甫 附洞潤汝詩[幷序] 附直敎詩[幷序] 附趙性宅韻 附檜窩河淨叙[浩中]韻[河洛七代孫] 附河載文韻[松亭後有孝行] 滯雨又和直敎韻與月齋聯句 坡月聯句序[河潤汝達弘] 贈別現哉龍漢甫)

卷八

坡先生李公行狀(奇宇萬) 南坡李先生傳(奇參衍) 進士李公墓誌銘

(幷序)(李承旭) 書南坡集後(金平默) 南坡集跋(崔益鉉) 南坡集後叙(宋綺老) 南坡集後叙(趙性家)

跋(李周遠)

『노백헌집(老柏軒集)』

1. 저자 소개

정재규(鄭載圭, 1843~1911)의 자는 영오(英五)·후윤(厚允)이고 호는 노백헌(老柏軒)[23]·애산(艾山)이며 본관은 초계(草溪)이다. 경상도 합천 출신이다. 시조는 고려 시대에 광유후(光儒侯)로 봉해진 정배걸(鄭倍傑)이다. 정배걸의 5세손으로 대사성(大司成)을 지낸 정태화(鄭泰華)가 파조이다. 정태화의 5세손 서정(西亭) 정옥현(鄭玉潤)은 서정공파(西亭公派)의 파조이다. 9대조 정진선(鄭震善)과 정진철(鄭震哲)은 임진왜란 이후 충의(忠義)로 『임란위훈록(壬亂偉勳錄)』에 나란히 이름을 올렸다.[24] 정재규의 가계는 5대조 정광익(鄭光益)이 상암(霜巖) 권준(權濬, 1578~1642)의 5세손인 권회우(權廻羽)의 딸과 혼인함으로써 노론이 되어 합천(陜川)에 세거하였다.[25] 증조부는 정이구(鄭履九, 1769~1790)이고, 조부는 구이헌(懼而軒) 정언민(鄭彦民, 1794~1869)이다. 정재규는 어려서부터 할아버지에게 학문하는 방법과 태도를 배웠으며, 『소학(小學)』과 『사서(四書)』을 중요

23 노백헌의 호는 『논어』 「자한」편에 나오는 "날씨 추어진 뒤에야 소나무와 측백나무가 시들지 않음을 안다[歲寒然後知松栢之不凋]"는 것에 비롯한 것으로 지조와 절개가 뚜렷한 사람은 어려운 상황에 처해야 구별이 된다는 의미이다.

24 김성희, 「柏軒 鄭載圭의 思想的 基底와 詩世界」, 경상대 박사학위논문, 2020, 8쪽.

25 강정화, 「柏軒 鄭載圭의 삶과 학문-강우지역의 노사학 계승 및 확산을 중심으로」, 남명학연구 29집, 2010, 14쪽.

한 스승으로 삼았다.

정재규는 아버지 정방훈(鄭邦勳, 1817~1873)과 노위진(盧緯鎭)의 딸인 어머니 교하 노씨(交河盧氏) 사이에 경상도(慶尙道) 삼가(三嘉) 물계리(勿溪里) 묵동(墨洞)에서 태어났다. 8세(1850)에 처음으로 학문에 나아갔고, 9세(1851)에 『사자서(四子書)』을 읽었다. 21세(1863) 겨울에 동향의 몽관(夢關) 최유윤(崔惟允, 1809~1877)[26]에게 학업을 청했다. 최유윤은 호남의 선비 기정진에 대해 "요즘 세상의 정종(正宗)이다"라고 하면서 스승으로 삼도록 정재규를 설득했다. 22세(1864) 봄에 최유윤과 정언민(鄭彦民)은 논의를 거쳐 정재규에게 장성의 하사(下沙)에서 노사 선생을 배알하도록 했다. 당시 노사(67세)는 "선비에게는 위기지학(爲己之學)과 위인지학(爲人之學)의 구분이 있는데, 어떤 것이 위기지학이고 어떤 것이 위인지학인가? 모름지기 먼저 이것을 살펴서 나아갈 방향을 정해야 한다"는 가르침을 주었고, "뒷면을 살펴보아야지 결코 앞만 탐해서는 안 된다[照顧後面切忌貪前]"[27]라는 독서법 8글자를 써주면서 경계하도록 했다. 이때부터 스승의 가르침을 받고 『소학』과 『사서』 등을 읽으면서 침식(寢食)을 잊을 정도로 학문의 즐거움을 탐구했다. 그래서 기정진은 "내가 늙어서 너의 크게 성취함을 보지 못할 것이 참으로 한스럽구나"[28]라고 하면서 정재규를 학문적으로 인정했다. 24세(1866)에 『논어차록(論語箚錄)』을 짓고, 27세(1869)에 할아버지가 돌아가시고 『가제의(家祭儀)』를 완성하였다. 28세(1870)에 애산(艾山)[29]이라고 자호(自號)하고서 과거시험 포기

26 최유윤(崔惟允): 자는 성진(誠進)이고, 호는 몽관(夢關)이며, 본관은 경주(慶州)이다. 일찍부터 과거를 준비했으나, 30세가 지나면서 이에 뜻을 버리고 10여 년간 성리학을 독학하였다. 그 뒤 송래희(宋來熙)·송달수(宋達洙)·기정진(奇正鎭) 등과 학문을 논의하였다.

27 奇正鎭, 『蘆沙先生文集』 권16, 「書贈鄭厚允」.

28 鄭載圭, 『老柏軒集 · 附錄』 권1, 「年譜」 二十九歲條.

하고 스승 노사의 학문과 사상을 이해하는 데 열중하였으며, 스승이 죽을 때까지 15년 동안 배워 학문적 실력이 정상에 올랐다. 이로 인하여 김석구(金錫龜)·정의림과 더불어 노사삼문(蘆沙三門)이라고 불리였다.

30세(1872) 가을에 남려(南黎) 허유(許愈, 1833~1904)가 찾아와 사단칠정(四端七情)에 대해 논했는데, 사단과 칠정은 모두 리가 발한 것이라고 했다. 31세(1873)에 아버지 상(喪)을 당했다. 33세(1875) 4월에 『사례혹문(四禮或問)』을 완성하였고, 10월에 스승 노사를 찾아뵙고서 「납량사의(納凉私議)」를 처음으로 받아 김석구(金錫龜)·정의림(鄭義林)과 함께 강론하였다. 34세(1876) 4월에 스승 노사를 찾아뵈었는데, 김석구·정의림이 와서 태극도설(太極圖說)과 「납량사의」를 강회하였으며, 35세(1877) 봄에 스승 노사를 찾아뵙고서 기질지성(氣質之性)과 인물지성(人物之性) 및 명덕(明德)에 대해 문답하였다. 37세(1879) 정월에 스승 노사를 찾아뵙고 김석구·정의림과 함께 「외필(猥筆)」을 받아 읽었으며, 10월에 「사상기문(沙上記聞)」을 완성하였다. 38세(1880) 1월에 스승 노사의 죽음을 슬퍼하였고, 여름에 『노사집』을 교정하였다. 39세(1881)에 일본에 수신사로 갔던 김홍집(金弘集, 1842~1896)이 청나라 황준헌(黃遵憲)의 『조선책략(朝鮮策略)』을 가지고 와 왕에게 올려 개화를 주장하자, 사문(斯文)의 큰 변고로 여기고 상소를 올려 창의할 것을 주장하면서 「척사소(斥邪疏)」를 지었으나 올리지 못하였다.

42세(1884) 7월에 「옥조심의이편해(玉藻深衣二篇解)」를 완성하였으며,

---

29 '애산(艾山)'이라는 호는 『맹자』의 "오늘날 왕 노릇 하려는 자는 7년 묵은 병에 3년 묵은 약쑥을 구하려는 것과 같다. 진실로 미리 마련해두지 않는다면 죽을 때까지 얻지 못할 것이다[今之欲王者, 猶七年之病求三年之艾也. 苟爲不畜, 終身不得]"라는 말에서 취한 뜻이다. 평소에 미리 구해놓지 않으면 급하게 구할 수 없다는 의미인데 당시의 암울했던 시대상황을 비유하는 것이다. 애산이라는 호를 사용하다가 54세(병신년) 이후에 이 시구를 취하여 헌(軒)을 이름하여 노백(老柏)라 하였다.

문인 명호(明湖) 권운환(權雲煥, 1853~1918)에게 편지로 귀신(鬼神)에 대해 논하였다. 45세(1887) 1월에 청산(山淸)의 심숙암(深寂庵)에서 김현옥이 만든 『답문류편(答問類編)』 초고를 교감 편찬했다. 8월에는 최숙민·김현옥·권운환과 두류산(頭流山)에 올라 보고서 「두류록(頭流錄)」을 지었다.

49세(1891) 8월에 하동(河東) 악양정(岳陽亭) 강회에서 『소학(小學)』을 강의했고, 정의림과 구례(求禮)의 화엄사(華嚴寺) 강회에서 강론하였는데, 이때부터 본격적인 강회를 시작하였다. 50세(1892) 6월에 정의림에게 편지로 심설(心說)을 논의했고, 겨울에 뇌룡정(雷龍亭)에서 조식(曺植, 1648~1714)의 『남명집(南冥集)』을 교정했다. 53세(1895) 7월에 관찰사(觀察使) 조병호(趙秉鎬)에게 편지를 보내 난신적자(亂臣賊子)인 개화파를 처단하고 의거할 것을 촉구하였다. 56세(1898) 1월에 「묘합설(妙合說)」을 지었고, 3월에 「물죽부불수연저오상변(物則賦不粹然底五常辨)」과 「이심사심변(以心使心辨)」을 지었다.

58세(1900) 7월에 「노사선생언행총록(蘆沙先生言行總錄)」을 찬하였다. 59세(1901) 5월에 기우만·최숙민·조성주(趙性宙)와 신안장사(新安精舍)에서 만나 『노사집』의 중간을 논의했으며, 7월에 『노사집』 간행을 추진하였고, 60세(1902) 4월에 『노사집』의 중간본이 완성되었다. 61세(1903) 여름에 전우(田愚)의 「납량사의의목」와 「외필변(猥筆辨)」에 대해 기정진이 율곡 이이(李珥)를 계승하였다고 재반박하기 위해 「납량사의기의변(納凉私議記疑辨)」과 「외필변변猥筆辨辨」 등을 지어 스승의 성리학적 입장을 옹호하였다. 63세(1905) 10월 21일에 을사조약(乙巳條約)의 체결되었다는 소식을 듣고 영남과 호남의 동지들에게 포고하고, 각국 공사관에 알려 일본과 관계를 파기하길 촉구하였으며, 11월에 정산(定山)으로 가서 최익현과 상의하여 노성(魯城)의 궐리사(闕里祠)에서 거의할 것을 도모하였으나 의견이 일치하지 않아 이루어지지 못했다. 68세

(1910) 1월에 노백서사(老柏書舍)가 완공되었고, 7월에 『주자어류절략(朱子語類節略)』이 완성되었다. 당시에 일본은 '은사금(恩賜金)'이란 돈을 선비와 지역유지들에게 주었는데, 정재규는 그것을 거절하고 "차라리 내 목을 베어가라"고 하면서 강력하게 저항하였다. 69세(1911) 2월 13일에 쌍백 묵동의 노백처사에서 세상을 떠났고, 1925년에 장성의 고산서원(高山書院)에 배향되었다.

2. 문집 구성과 내용

『노백헌집(老柏軒集)』은 원집 49권 25책과 부록 2권 5책으로 구성되어 있다. 먼저 원집은 목활자본으로 4주쌍변(四周雙邊), 반곽(半郭) 21.2×16.0cm, 10행24자, 주는 쌍행(雙行), 내향(內向) 2엽화문어미(二葉花紋魚尾)에 크기는 30.9×20.3cm이다. 그리고 부록은 목활자본으로 4주쌍변(四周雙邊), 반곽(半郭) 21.0×16.8cm, 유계(有界), 10행20자, 주는 쌍행(雙行), 상하향(上下向) 3엽화문어미(三葉花紋魚尾)에 크기는 29.5×20.8cm이다. 문집은 1912년 사림재(士林齋)에서 간행되었고, 부록은 1936년 노백서사(老柏書舍)에서 간행되었다. 이것들은 전남대학교, 국립중앙도서관, 고려대학교, 동아대학교, 부산대학교, 영남대학교, 전주대학교, 조선대학교, 한국학중앙연구원 등에 소장되어 있다.

권1~권3은 시(詩) 398제 525수가 수록되어 있다. 정재규의 시제에 등장하는 인물은 158명인데, 기정진과 같은 스승 연배, 정의림과 같은 동문, 권운환과 같은 제자들이 폭넓게 존재하는데, 그의 인적 관계망뿐만 아니라 학문적 교유관계를 확인할 수 있다. 특히 정재규는 이정(二程) 형제나 주자(朱子)를 비롯한 북송의 성리학자뿐만 아니라 우리나라의 안향(安珦, 1243~1306), 정몽주(鄭夢周, 1337~1392), 서경덕(徐敬德, 1489~1546), 이이(李珥, 1536~1584), 조식(曺植, 1501~1572) 등을 사모하고 존중하는 시를 지었다. 특히 「근차율곡선생정우계이기영일률기

권순경운환(謹次栗谷先生呈牛溪理氣詠一律寄權舜卿雲煥)」에서는 이이(李珥)의 「이기영정우계도형(理氣詠呈牛溪道兄)」을 차운하여 권운환에게 준 것으로 이이의 성리설의 핵심인 기발이승일도설(氣發理乘一途說)을 기반으로 지은 것이다. 「뇌룡정우설(雷龍亭遇雪)」은 조식(曺植)에 대한 학문과 절개를 높이 평가하고, 강우지역에서의 위상과 행실에 대한 존경심을 표출하고 있다. 「도산잡영(闍山雜詠)」 20은 중국의 명말 절의지사를 찬양하는 것으로 청나라에 대항하거나 자결한 사람들을 찬양한 시이다. 또한, 주목할 것은 연작시(連作詩)들인데, 「차회산산거제영(次晦山山居諸詠)」, 「차권군오서산통소계육영(次權君五西山洞小溪六詠)」, 「차조종형산거잡영(次趙宗衡山居雜詠)」, 「산거잡영십칠절(山居雜詠十七絶)」 등이 있으며, 최유윤(崔惟允), 이진상(李震相), 김평묵 등 42명의 만시가 있다.

권4~권26은 서(書) 959편으로 문집에서 가장 많은 분량을 차지하고 있는데, 그의 학파를 넘어서선 다양한 교유관계를 파악하는 중요한 단서가 된다. 권4는 스승인 기정진과 최유윤에게 올리는 것과 김평묵, 이진상, 조성가, 최익현 등과 주고받은 편지이다. 그 내용은 성리설(性理說)에 관 것과 경전의 의미를 고찰 것과 예설(禮說)에 관한 것 등이 있다. 권5~권8은 그의 동학과 교유한 편지로 허유(許愈), 정시림, 최숙민, 민치량, 정의림, 기우만, 곽종석, 이직현과 주고받은 것이다. 권9~권25는 그의 제자인 권운환, 송호환(宋鎬完), 송호곤(宋鎬坤), 권재규(權在奎), 정기(鄭琦), 이교우(李教宇) 등의 편지가 있고, 26권에는 가족과 반궁의 제생들에게 보내는 편지 및 일헌병소(日憲兵所)에 보낸 것이 있다.

권27~권32는 잡저(雜著) 91편이 수록되어 있다. 권27에 수록된 「사상기문(沙上記聞)」은 1864년 처음 스승 노사를 찾아가 수학한 1864년, 1871년, 1877년에 이기설(理氣說)과 사단칠정론(四端七情論) 등에 대해 문답형식으로 서술한 것이다. 그리고 「호상기우록(湖上奇遇錄)」은 1876년 6월에 지었는데, 정의림의 문집에도 「호상기우록」이라는 제목의 글이 있다. 노사는 두 사람이 정씨이며, 나이와 재성이 비슷하고, 거주지 명칭이 같은 것을 우연으로 여기지 않고서 두 사람에게 「호상기우록」을 작성하게 했다. 권28～권29에는 전우(田愚)가 기정진의 「납량사의」와 「외필(猥筆)」을 보고서 1902년에 「납량사의의목」과 「외필변」을 작성하여 조목조목 비판하자, 정재규는 1903년에 「납량사의기의변(納凉私議記疑辨)」과 「외필변변(猥筆辨辨)」을 지어 전우(田愚)의 주장을 다시 재반박하였다. 「추록(追錄)」과 「변무문시제동지(辨誣文示諸同志)」에서는 이이의 이론과 기정진의 이론이 다르지 않으며, 기정진이 이이의 학설을 계승한 것이라고 주장하면서 사문들의 학문적 동요를 막고 스승 기정진 이론의 정당성을 말하고 있다. 즉 스승의 이기심성(理氣心性)에 관한 학설은 율곡의 설을 비판한 것이 아니라 앞 현인들이 미처 발명하지 못한 것을 드러내는 것이라고 보았다. 권30～권40에는 기정진이 태극도설(太極圖說)에 대해 강의한 것을 기록한 「태극도설강록(太極圖說講錄)」와 태극도설에서 음양오행의 묘합(妙合)을 기술한 「묘합설(妙合說)」과 「우기(偶記)」가 있다. 그리고 권운환, 이택환을 비롯한 12명의 자설(字說)이 있으며, 동문이나 제자들에게 써준 글이 대부분을 차지한다. 「두류록(頭流錄)」은 1887년 8월에 김현옥·권운환·이택환 등과 지리산을 올랐던 것을 기록한 것인데, 노사학파의 단합과 결속을 위한 것이다.

권33은 서(序) 30편이 수록되어 있다. 즉 『주자연보통고(朱子年譜通考)』와 같은 저술에 붙은 서(序), 「안악이씨족보서(安岳李氏族譜序)」와 같이 족보에 붙인 서(序)가 있고, 송염재수귀가서(送廉在修歸家序)와 같은 송서(送序) 등이 있다.

권34～권35는 기(記) 73편이 수록되어 있는데, 대부분 건물에 대한 기문이다. 「강습재기(講習齋記)」는 정시림의 강학소에 대해 기문을 쓴 것인데, 『주역(周易)』 태괘(兌卦)의 「상전(象傳)」을 바탕으로 쓴 것이다. 강습이라는 말은 강연하고 익힌다는 뜻으로 태괘의 위와 아래가 서로 기뻐하는 모습을 상징한다. 강습하는 것은 서로에게 좋은 것이지만 태괘의 괘사(卦辭)처럼 기뻐함은 반드시 바름이 전제되어야 이롭다는 것을 강조하였다.

권36~권37은 발(跋) 71편이 수록되어 있는데, 문집(文集), 행장(行狀), 유사(遺事), 행록(行錄) 등이 대부분이다. 36권에는 기정진의 『노사집(蘆沙集)』 중간에 붙인 발문이 있고, 37권에는 『답문류편(答問類編)』에 붙인 발문이 있다.

권38은 잠(箴) 1편, 명(銘) 8편, 찬(贊) 1편, 사(辭) 9편, 상량문(上樑文) 8편이 수록되어 있으며, 권39는 축문(祝文) 6편과 제문(祭文) 45편이 실려 있는데, 제문은 기정진을 비롯한 당대의 저명한 학자들과 노사 문인들이 많다. 권40~권42는 묘지명(墓誌銘) 64편이 수록되어 있고, 권43은 신도비명(神道碑銘) 1편, 비(碑) 4편, 묘표(墓表) 26편이 실려 있다. 권44~권45는 묘갈명(墓碣銘) 50편이 수록되어 있고, 권46~권48은 행장(行狀) 27편이 실려 있다. 행장에는 「노사기선생언행총록(蘆沙奇先生言行總錄)」, 「춘탄이공행장(春灘李公行狀)」, 「계남최공행장(溪南崔公行狀)」 등이 있다. 권49는 유사(遺事) 5편과 전(傳) 3편이 수록되어 있다.

『부록』 권1~권2는 연보가 수록되어 있다. 「노백헌선생연보서(老柏軒先生年譜序)」는 문인 유원중(柳遠重)이 1935년에 지은 것이다. 권3은 1912년에 정면규(鄭冕圭)가 쓴 사장(事狀), 1912년에 기우만이 지은 「묘갈명(墓碣銘)」, 1936년에 남정우(南廷瑀)가 지은 「묘표(墓表)」, 1935년에 권재규(權在奎)가 지은 「묘지명(墓誌銘)」이 수록되어 있다. 권4는 1912년에 기우만이 지은 「노백헌기(老柏軒記)」, 1909년에 권운환이 지은 「노백서사상량문(老柏書舍上樑文)」, 1910년에 권재규(權在奎)가 지은 「노백서사기(老柏書舍記)」, 이교우(李敎宇)가 지은 「고산사배향시고유문(高山祠配享時告由文)」, 권재규가 지은 「노백서사석채시고유문(老柏書舍釋菜時告由文)」과 「상향축문(常享祝文)」과 「묘지성고묘문(墓誌成告廟文)」이 실려 있다. 권5는 문인록(門人錄)으로 정면규(鄭冕圭), 권운환(權雲煥), 이택환(李宅煥), 권기덕(權基德) 등 217명의 자(字), 호(號), 출생년도, 본관, 문집유무, 관직, 거주지가 수록되어 있다. 끝부분 발문(跋文)은 1936년에 남창희(南昌熙), 1934년에 정기(鄭琦), 1935년에 이교우(李敎宇) 지은 것과 아들 정현춘(鄭鉉春)이 지은 것이 있다. 그리고 말미에 부록의 간행 연도를 알 수 있는 '병자모춘노백서사활인(丙子暮春老柏書舍活印)'이라는 간기(刊記)가 있다.

정재규는 기정진의 문인으로 노사의 성리학적 특징인 주리설(主理說)과 위정척사사상을 계승하였으며, 경사우도에까지 노사학파의 외연을 넓힌 대표적인 인물일 뿐만 아니라, 노사삼문 중에 한 사람이다. 특히 정재규는 노사의 성리학적 사유체계를 계승하면서 그것으로 바탕으로 남명(南冥) 조식(曺植)의 신명사도(神命舍圖)와 한주(寒州) 이진상(李震相)의 심즉리설(心卽理說)을 이해했으며, 율곡학을 중심으로 퇴계학과 남명학의 접점을 탐구하고자 했다. 또한, 그는 노사의 「외필」과 「납량사의」를 반박하는 전우와 논쟁을 벌이면서 스승의 이론이 율곡의 이론의 연장선에 있다고 보았으며, 스승의 『노사집(蘆沙集)』과 『답문류편(答問類編)』의 간행에 심혈을 기울였다. 정재규는 호남과 영남뿐만 아니라 호서지역까지 여러 인사들과 교유하면서 학문과 사회문제를 폭넓게 토론하였다. 특히 이러한 지점에서 노사학파와 한주학파와 화서학파의 학문적 사상적 교류와 학문적 연관성을 살피는데 중요한 자료가 될 것이다.

3. 문집 목차

卷一

詩: 示諸生 讀太極圖說 平川別諸友 擬古 雪中對月 山居卽事 大雅齋敬次晚悟陳丈韻 以艾爲號詩以志之 聽澗 歸雲 甲子立春 上蘆沙奇先生 秋坡從兄見寄和呈 自警 寄李紫東聖養 宗姪仲儒生子賀呈 贈

洪樂圃 讀尤菴先生進孝宗大王密札遺疏有感 渡漕倉津 大觀臺敬次退溪先生板上韻 月影臺次惠平公韻 過碧蚌山下見大海漭瀁因誦李聖養海上作步其韻 沙峴江村 神旨道中作 謹次栗谷先生呈牛溪理氣詠一律寄權舜卿 次曺菖窩幽居四首 夢關崔丈六十生朝賀士玉獻壽 李侯賦梅花一篇以示縣學諸友輒用其韻與諸友一笑 醉後吟 奉和聖養見贈 伊淵書院同諸友拈韻 次明德齋韻寄李廷弼 讀奉先弘慶寺碑文 過西原 鐘峴月夜聞鴈 歲戊辰冬余訪李聖養於紫微峯下得其從朴晩醒許南黎遊松京紀行諸作袖歸披玩怳然與三君子聯袂騈武於天摩鵠嶺之間遂忘拙奉和七首 奉寄李秋灘是菴二兄 南汀舟中贈別闊海上人 喜逢崔君五悼亡妻 山行 挽夢關崔公 二鳥詩寄權舜卿 挽寒洲李公 鄭楫汝自楊州客嶠南過我僻寓有詩步韻以謝之 贈別鄭楫汝 奉贈鄭應善 成聖與 躬執鎌鋤猶不廢案業視其色無戚戚意聊賦一律以勖之 鳳里閔翁得於下風久矣今於舜卿所逢其壻金豐五 聞移家入堤川謹次翁之贈舜卿韻以呈二首 澗梅盛開方撫樹盤桓適得豐五舜卿子厚 書與晦父先生方詠梅花詩得元履書因懷元履故事正相類又子厚有韻語不容無和因步其韻以寄子厚兼簡豐五舜卿 權衡重春間挈家入頭流山中其宗黨知己舜卿爲之序子厚爲之詩以送之謂余嘗愛慕衡重轉以示余余曰二子能道得衡重意中事未知衡重果能不負其意否也余以事滯丹丘衡重適來視其色聽其言非復舊日衡重嗟歎之不足輒形於言 鰲山歸路見白鷗在山麓下有感歸來亭次板上韻 龍城道中問梅 將渡池谷津無船回至舟巖梁絶日暮取路臥龍亭天晴氣朗月色一江頓忘攀躋之勞飄然有出塵想夜久投菊溪止宿 客峨嵋李氏家見堂前老松盤鬱以歲寒心事兩相知分韻賦詩得寒字壬辰元朝 聞閔聲遠方讀小學喜賦小詩以寄 挽重菴金公 悼梁聽灘 送晦山李亨洛之京 誠敬齋同主人翁賦懷 敬展藍溪書院 黃石山城 月淵亭逢鄭一雲 尋源亭 月城草堂用金渼湖板上韻 某里齋謹次先生題崇禎曆面詩 某里歌 搜勝臺謹次退溪先生韻 贈別一雲 姜汝明得崇禎通寶一葉以贈作一絶謝辭 次姜參奉大人翁七十壽席韻 挽崔夫人 抱琴臺有

懷夢關崔丈 和權子厚聞蛙有感二首 挽奇校理 和呈敬勝齋二絶 挽朴公處仁二絶 鳳棲齋秋夜同崔溪南元則金山石豐五農弟周允 謹次蘆沙先生韻 用前韻和溪南 聞頭流山竹實盛開 贈朴義瑞 兼勖其弟舜瑞 九月初吉與柳子中姜汝明將上闍崛上峯至田道由龜溪齋止宿翌日上山日暮訪降仙巖少憩至漆谷田堉見卿 家夜已三更以光風霽月分韻得光字 奉和秋坡兄賦梅二首 挽柳晩悔 過金谷上金大谷 墓澹對軒次講會韻 潭陽路中用明道先生韻 瀜川齋對月酌酒 喜逢秋坡 竹村草堂敬次原韻二首 千仞樓同南黎海山柏川諸公唱酬 謝子中送酒 三五七言 次韻嘲南黎翁嗜詩 旣嘲黎翁黎翁作詩分疏續復解之 對酌 與豐五舜卿勘答問類編於深庵賦詩 挽悔愚宋希瑞 送柳季雷 過銛巖感韓錄事題詩 蟾津舟中謹次一蠹先生韻 佛日觀瀑 贈李汝直 柳孟茂以余爲父友也惠然見訪書此以贈 次贈宋子敬 與崔溪南成能博宋德中宿雲谷齋 和金秀才三首 挽權橘坡 挽曺東塢 酬崔梧坡孝仲 贈別河兼洙 次竹林精舍八詠 敬修堂留贈沈孟雷 石荷見訪 燈 次子厚耘田韻 寄呈安校理匪所 東華齋敍別 成能博曁其弟聖與五載同閈友也分離數載每有存活得過之思忽聯翩叩門喜賦一絶以替贈言 溪南山石明湖惠然相訪夜坐小吟 次趙宗衡山居雜詠 乙未元月八日南章憲 士珩 明重 三叔姪以書來辭極悲壯有夭壽不貳修身以俟之意令人增氣賦三絶以謝之

溪南老兄酌酒於所居村後讀書巖賦一絶以敍懷而以仰蒼天三字爲結句因作仰蒼天五闋以寄載圭不嫺歌曲莫奈而後之和謹次讀書巖韻四絶以報之兼寄舜卿 乙未五月二十四日 敬慕亭與諸友唱酬 過一松亭 涵一臺小會 挽趙宗衡 新安社呈崔溪南兼簡宋天放 山齋逐燕 有懷壺石和東山曺性五 二樂齋方塘聯句 枕聲齋聯句 昨秋九月橘下翁 餞余于新安江上畫沙題詩携入酒壚劇飮爲別此別遽成千古今春重來曠然一涕次愚齋韻寄鄭士明 奉謝崔臨夫 贈李性彦

卷二

詩: 閒山謾詠 寄呈崔勉菴 丙申四月同仲文致容登頭流上峯 與子厚宿頭流山中龜兎洞陳仲文種諸所也 綾州詠歸亭 謝安舜見贈衣 見舜見掃除庭穢偶題一絶 步和宋子仁 和贈安景禹 呈九溪鄭敬方 安士仰乞言賦詩以勉之 路逢李光彬日新兄爲道前事感歎賦詩 宿李光彬書室 寄日新 酬日新兼懷松沙 松石亭 次枕漱亭韻 次永思齋韻 訪鄭月波不遇宿江村 可隱堂夜話 贈鄭繼卿 寄章憲士珩兼簡明重 滯雨無有齋 雷龍亭遇雪 記夢 次韻寄沈公玉 次晦山山居諸詠 讀書鷲棲山房亨洛惠然投詩時積雪初晴山月正明次韻以謝 深寂庵觀群梵呪誦訖設講座說法留深寂庵亨洛冒雨而來以思君不見徒離憂分韻得不字 登矗石樓 宿晉州臥龍洞 宿南海三花洞 登錦山 南海途中 題李應章玄和 鳳鳴齋群秀賦詩敍情別賦四言以贈別 過金大谷送客亭有感 海山族祖見訪 訪舜卿過水山橋 挽閔菊坡乃恕 題金氏如事堂 與柳善一山堂夜敍二絶 挽盧性謙 鄭月波來訪 與月波諸友暮過璞院 赤壁舟中戲嘲月波 送別李泰亨 挽聾窩宋國賢 懷雪中梅 與宜春諸友登國師峯 悠然亭夜會 權石愚生朝醉吟 日峯李友見訪 酬李子剛 次權君五西山洞小溪六詠 慰梧坡弔李寧齋 新安精舍以琴書四十年幾作山中客一日茅棟成居然我泉石分韻賦詩得琴字 挽洪德九 贈李善章 寄梧坡崔君 挽遜志堂洪思伯 次希賢齋韻 同奇孝述過璞院用先師集中韻 寄哭南都事應瑞 次贈鄭聖健 贈別鄭景晦 謝文虎溪見訪 挽南進士文贊 瀛洲中國範遠涉重來與諸友共賦 庚子夏留新安精舍與諸友賦詩用靖節集中韻 登陶丘臺 登臺有誦異人神人不羈人三人合作一人身之句感而賦三人字 白雲洞次南冥先生韻 白雲洞戲贈韓希寧 登德山送客亭 壁山亭次原韻 挽鶴山朴光遠 次韻寄題樂英齋 挽雲塢趙聖執 次孝仲耕石吟 挽安護軍 南洲趙季豪月皐翁 之季方也今年七月七日其六十一生朝月翁賦一律以敍其劬勞之感征邁之意友生鄭載圭聞之輒次其韻奉勛 題權君一草堂 悼李希永 次晚悔李公昏宴韻 挽守堂金君七 步贈朴玉汝 勿溪亭次勉菴韻 悠然亭 將

入雙谿聞勉菴與諸友有韻輒次 七佛庵 贈郭允道 次石南韻寄李仁和 七義閣次板上韻 次鄭監役回甲韻 石東精舍次勉菴韻 東塢亭 次尋眞亭韻寄鄭青松雲弼 鄭景晦以其壽母晬辰次朱夫子壽母生朝詩一篇求和韻高難繼別賦短律以替村醪一酌 次寒泉亭原韻 登學稼亭 次韻寄題鷺山書堂 次柳甥子中壽母生朝詩 寄陳仲文 悼亡友蘭谷 追和楊心洲新安留別之作二首 癸卯元朝次先師集中韻 次薑川齋原韻 挽宋仲汝 挽李聖若 挽表弟李允若 挽南克中 聞權石梧靈車過山外悵然有感 挽朴通政日成 金重吉叩山扃三宿臨別有詩不容無和別賦五言以謝之 次姜孝子三世旌閭韻 次龜洞詠懷韻寄金資一 次李台奎王大人壽爵韻 贈別李聖奎李晦夫二君 課程贈殷範和益兼示諸生 滯雨江樓 贈別裵仲汝 贈別李敬恒 次李應律 王大人壽瑞韻 挽戒懼堂朴公二絶 次田說卿大人生朝韻 次文山亭原韻 詠雪聯句 大源庵次滿月臺聯句 次安士賢大人壽爵韻

卷三

詩: 讀山水遺響 庭除荒莽初不知有蕙一日忽見一朶特秀長可尺餘驚見嗟異翌朝視之則已摧折矣遂賦問答 九日與邂溪梧坡諸友登闍山白鶴瀑 龜陽齋階下特竹 挽復菴曺衡七 登清風樓懷聖執 廬山齋 次李禹錫回甲韻 挽惺溪曺仲昭 次朴寢郎白玉亭韻 登韓厚昌山亭 寄呈崔勉菴 挽族叔華卿 韓道均請授擊蒙要訣喜贈一絶 挽姜亮汝 和金聲彦 悼梁仲卿 贈別鶴南老人 悼文殷仲 重陽日海山翁以登高見招病不能從遂次其韻 庭菊爲獰風所傷枝葉憔悴若不復花至十月始開 次田見卿壽親韻 鄭景晦賦雪梅問答以示之愛其介然自守之意方沈吟之際許亨佑適來遂次其韻示景晦仍贈亨佑 寄李安甫 挽鄭參奉 挽沈監役 挽李晩松堂 次姜後山乙酉之作 贈別金翼夫兼示諸生 挽河公千之 晩山李廷弼遊三洞歸示以諸作求和只次其月城草堂韻以寄 滯雨偶愛亭 次柳雙峯南山齋韻 挽閔雙松 贈權乃錫 寄京城儒約所 魯城歸路過淳昌內藏

山 謝康性緝來訪 悼南應珍 次閔松菴晬辰韻 謝吳友使家傭牽牛助耕 鎭南白雲菴次板上韻 拱珠島泛舟 贈別墨正晦 繡谷滯雨贈裵致明 次三修齋韻 次涵月亭韻 次韻寄題景賢堂 乙巳夏與諸同志上闍崛上頂水簾瀑 挽族祖忍齋 敬次海山翁韻以答下問之意二絕 贈別韓瑞一 悼劉舜思二絕 悼鄭樂彦 鄭汝賢被拘抗辭不屈聞而壯之賦一絕 曺公習乘桴越海候勉翁於豺狼之窟足令吾輩增氣感歎之餘自形於言 山陰途中偶吟 聞箕南翁六十生朝在邇人生六十亦云老矣志士之次第盡老爲可惜聊賦一律以寄之 挽南舜聞 聞重彦章憲二友至山下村已二日滯雨不得見 偶成二絕寄權君五以謝前日辱書之意 挽河景淡 次金重卿元朝詩 次鵬山亭韻寄權景孝 往歲一雲兄虛枉留詩爲別今又使令孫奉書來問猥荷勤厚不容無謝送別許亨佑黃子敬 挽崔勉菴五絕 次河氏漁父亭韻 答南士珩寄詩問訊 悼南景三二絕 寄李致善兼簡其伯仲 挽崔松窩而仰 聞遯溪老人抱孫之報喜寄一絕 送別復初李翁 挽文敬叔 金素先不逐時好課歲相從於寂寞之濱意非偶然今來話間言見人作好文章則未免動心爲賦小詩六絕以贈之兼示景晦思叔 次鄭汝賢智島之作次贈金士文三絕 悼宋子三子敬 海山翁有詩求和忘陋構呈又俯和以傚說不似含諷寄意深厚警發多矣然當此華夷人獸之關見得不明說得不切其何以臨事不錯輒復攀和寄李周汝李采汝

次具君丙午除夕韻 挽姜明震 博川金聖惟徒步二千里惠然肯顧守歲山房臨歸不容無一言 李瑞玉得泉於竹間因以自號作詩見志有爲余讀聖賢之句輒次其韻 挽河洛圖 步和芮國彦 送鄭汝賢北遊 示同社諸君五絕 己酉上元翫月 呈西川趙泰文行軒二絕悼鄭永舜 地雷吟寄墨正晦 送別翠澗趙良彦 悼河復源 己酉八月聞新報有感 悼安義士二絕武陵黃子善 檜山甘子楫肯訪深山其意可感臨別出示二絕輒次以謝之 次姜致周 醒圃韻 奉寄省窩河禹範 次贈吳贊叔 次寄金士文二首 和耕谷鄭伯溫 贈朴允敬 敬次晦軒實紀藏板閣韻 悼權極瑞 次止愼亭韻 呈復初堂和呈斗山李聖五 從弟農山回甲隔日兒曹作詩祝嘏輒次其韻亦撥悶之一

事也 山居雜詠十七絶讀王炎午生祭文文山文有感 奉和崔寢郎奉呈是菴六十壽席 贈李致見 朴言可握於積年久別之餘於心有則喜者賦二絶以贈之 次韻 達源齋 應善戚叔見訪 謝文華國見訪 挽李和實 送族生思叔渡鴨綠江三絶 泣大龜 庚戌九月嘆庭菊未開 題書舍

卷四

書: 上蘆沙奇先生 上蘆沙奇先生 上崔夢關 上崔夢關 與金重菴 與李寒洲 答趙月皐 答趙月皐 答趙月皐 與趙月皐 與趙月皐論蘆沙先生行狀別紙 與趙月皐 與柳溪堂 與鄭參判 與河戚叔 與李同樞 與崔勉菴 答崔勉菴 與崔勉菴 答崔勉菴 答崔勉菴 答崔勉菴 與崔勉菴 答崔勉菴 與崔勉菴 答申侯梨山 答申梨山 與鄭忍齋 答河進士 與曺漢瑞 與趙方伯 答權鳳巖

卷五

書: 答許后山 答許后山 答許后山 答許后山 與許后山別紙 答許后山 答鄭伯彥 與鄭伯彥 答鄭伯彥 與鄭海山 答鄭海山 與鄭海山 與洪德九 答金君七 答閔乃恕 與鄭監役 與李元瑞 與李元瑞 答宋德逸 答李潤實 與李致雲 答權雲見 答鄭允文 答柳可浩 答柳可浩 答柳可浩 答柳可浩 答權禹潤 與外舅朴公 與李文玉

卷六

書: 與金景範 與金景範別紙 答金景範答問類編疑義 答崔元則 答崔元則 與崔元則 答崔元則 答崔元則 與崔元則 與洪思伯 答曺仲昭 答曺仲昭問目 答曺仲昭別紙 答趙季豪 答趙季豪 與李仲瑞弼瑞 與李聖若 與朴世華 與權聖岡 答南亨弼南文贊南舜文 與南亨弼 答閔周賢 與閔周賢 答閔周賢 答閔周賢 答趙聖執 答趙聖執 答李舜熙 與李舜熙 與李舜熙 答韓孝益 答郭文克 答田時允 答許勁能 與沈尙弼 答崔士

玉崔惟性 答崔士玉 與崔士玉 答權祈汝 答沈文益 答文景叔 與李仁和

卷七

書: 答鄭季方 答鄭季方 答鄭季方 答鄭季方 答鄭季方 答鄭季方 與鄭季方 與鄭季方 答鄭季方 答鄭季方 答鄭季方 與鄭季方 答奇會一 答奇會一 答奇會一別紙 答奇會一 答奇會一 答奇會一答奇會一 與奇會一 與奇會一 與奇會一 答郭鳴遠 與郭鳴遠 答郭鳴遠 答郭鳴遠 與郭鳴遠 答李聖養 與權文蘊 答金豐五 答金豐五別紙 與李啓道 與李啓道 答趙舜九 答趙舜九 答趙舜九 答趙舜九 答趙舜九 與趙舜九 答姜伯元 答姜伯元 與姜伯元 答田公先 與崔孝仲 答崔孝仲 答崔孝仲 答朴應弼 答蔡般老問目 答李和實 答李敬維

卷八

書: 與柳性存 答柳性存 答柳性存 答柳性存 答河禹範 答河禹範 與河禹範 答李叔瑞 答李叔瑞弼瑞 答李叔瑞弼瑞 答李弼瑞 答李弼瑞 與李弼瑞 答李弼瑞 答趙和一 與趙和一 與趙和一 答河勉之 答河勉之 答權應九 答權應九 答權應九 與權應九 與權應九 與宋華見 答金子元 答吳重涵 答金伯顯 答趙學汝 答朴文見 答安舜仲 與安舜仲 答趙應章 答南文贊 答南文贊 答表弟李允若 答李允若 與曺衡七 答曺衡七 答曺衡七 答李禮伯 答鄭敬方 答崔而仰 與崔而仰 與李聖五 答李聖五 答李聖五 與李聖五 答河致見 答河致見 與李廷瑞廷弼 答權君七 答權君七 與權君七 答權君七 答楊聖允 答田舜道 答田舜道 答柳文彦 與南克中 答金國源 答權仲舒 與權仲舒 答權道潤 答李泰兼 答李泰兼 答李泰兼答田明五 答河應直

卷九

書: 答權舜卿 答權舜卿 答權舜卿別紙 答權舜卿別紙 答權舜卿 答

權舜卿 與權舜卿 答權舜卿別紙 答權舜卿論語問目 答權舜卿中庸問目 答權舜卿問目 答權舜卿 答權舜卿別紙 答權舜卿問目

卷十

書: 與權舜卿 答權舜卿問目 答權舜卿 答權舜卿 答權舜卿太極圖說箚疑 答權舜卿 答權舜卿 答權舜卿 答權舜卿疑問 答權舜卿 與權舜卿 答權舜卿 與權舜卿權子厚 與權舜卿 答權舜卿 答權舜卿別紙 答權舜卿答權舜卿 與權舜卿 答權舜卿 答權舜卿別紙 與權舜卿 與權舜卿

卷十一

書: 與陳仲文 與陳仲文 答陳仲文別紙 答李南吉 答李南吉 答河禮用 答崔君五 答文在冕 答曺性天 答趙泰文 答趙泰文 與權命五 答權衡重 答權子厚 答權子厚 答權子厚 答權子厚 答權子厚 答權子厚問目 答權子厚發問對目 答曺聖五 答李亨洛 答李亨洛別紙 與李亨洛 答李亨洛 答李亨洛 答閔邦瑞 答閔邦瑞 與閔邦瑞 答鄭纘緖 答鄭纘緖 答鄭纘緖 答李光彬 答李洛中 答安汝般 與文應源 答吳致守 與吳致守 答南應瑞 答南應瑞 答河景淡 答曺應書 答金德明 答金德明 與鄭華卿 答鄭華卿答梁致三 答吳敬魯 答裵致明 答黃國瑞 答文善一 答李聖老 與朴義瑞 答河仁汝 答鄭五應 答許翊震 答李聚五 答李聚五 答鄭輔見 答宋貞一 與李鳴震 答李應七

卷十二

書: 答安舜見 答安舜見 答安舜見 答成能博 答奇孝述 答李廷弼 答李廷弼 答李鳳瑞 答梁順集 答朴舜瑞 答朴舜瑞 與朴舜瑞 與朴舜瑞 與李子和 答李應仲 答姜致周 答河子文 與崔錫胤 與崔錫胤 答閔雲擧 答閔雲擧 答權聖班 答曺子浩 與梁文五 答朴大奎 答鄭觀察 與羅

贊謙 答文景午 答權惟執 與鄭聖弼 答鄭聖弼 答吳永之 答金文見 答權箕允 與宋敬夫 宋子敬 答河兼洙 答河兼洙 答權學源 答趙陽彦 答全夏重 答林聖仲 答李仁老 答崔舜一 答崔舜一問目 答李應章 答李應章 答李應章 與李應章李陽來 答權重彦 答權重彦 與權重彦 與權重彦 答權重彦答沈泰元 答李瑞玉 答權致見 答田公執 答鄭敬賢 答朴景立 答李泰永 答李泰永 答洪文玄 與文子輝 答吳敬五 答趙永五 答趙永五 答崔性攸 與崔性攸答權聖道 答李孔遇

卷十三

書: 答宋德中 答宋德中 答宋德中家禮問目 答宋德中問目 答宋德中 答宋德中 答成聖與 答成聖與 答成聖與 答成聖與書傳問目 答成聖與 答成聖與 答南士見 答南士見汝見 答李性厚 答鄭應善 與鄭應善 答鄭應善問目 與鄭應善 答鄭應善 答鄭應善 答鄭應善 答鄭應善 與權舜卿河仁汝講孟子好辯章疑義 答曺公習 答曺公習 答曺公習 答李應奎 與權樞卿 答郭德見 答朴清遠 答權子强 與文禹瑞 答李允一 答李允一 與曺兢夫 答鄭子允 答全季道 答全季道 答閔子直 答姜文一 答李善章 答李善章 答李善章 答河鍾洛 與崔而受 答金道中

卷十四

書: 答柳希輿 答柳希輿問目 與柳希輿 答柳希輿 與柳希輿 答柳希輿 答柳希輿 答鄭敬元 答李陽來 答李陽來 答梁汝正 答梁汝正 與梁汝正 答趙舜韶 答趙舜韶 答廉景甫安處中 與安處中 答文斗一 答田應七 答田應七 答趙升玄 與趙升玄 答文性天 答權趾汝 答權趾汝 答崔純夫 答金時見 答金時見 答尹季仁 答金璡五 答金敬宣金敬允 答梁景賢 答宋羽若 答宋羽若別紙 答宋羽若 答柳子中問目 答李文吉 答李文吉 答文士憲問目 與文士憲 答安公三 答全邦彦問目 答姜舜益 答朴致容 答權道中 答河希賢 答朴禎憲 答劉舜和 答黃誠攸 答林景

三 答林景三 答朴孔玉 答朴孔玉 答朴孔玉

卷十五

書: 答南章憲 答南章憲士珩 答南章憲別紙 答南章憲 答南章憲問目 答南章憲別紙 答南章憲 答南章憲 答南章憲 答南章憲 答南章憲士珩 與南章憲 答南章憲 答南章憲明重四七講目 答朴玉汝 答朴玉汝 與朴玉汝 答朴玉汝問目 答柳善一 答柳善一 答柳善一 答柳善一 答權善裕 與李聖克 答李璟溫 與李璟溫 與李璟溫 答權公立 答權公立 答金尚五 與金尚五 答宋直夫 答宋直夫 答宋直夫 答宋直夫 與鄭汝見 答李舜功 答李舜功 答鄭可誠 答崔孟雷 答崔孟答崔孟雷 答李煥五 答李敬中 答許致敬 答許致敬 答南汝善汝益 答南汝善 答田晉元 答李泰益 答權文興 答洪性浩 答洪性浩 答崔日助 答安周應

卷十六

書: 答梁處中 答梁處中 答梁處中黃景涵 答崔敬晦大學問目 答崔敬晦 答崔敬晦 答崔敬晦 答崔敬晦 與趙遠儒 答趙敬之 答趙敬之答趙敬之西銘問目 答閔聲遠 答李泰舜 答李原禮太極圖說發問對目 答李原禮問目 答李原禮語類問目 答安仲陽 答安仲陽 答安仲陽 答崔淳若 答崔淳若 答李章玉 答李章玉 答沈建七 答沈建七沈公玉 答沈建七 答李允國 答沈致敬 答黃聖仲 答黃聖仲

卷十七

書: 答韓希寧 答韓希寧問目 答南士珩 答南士珩問目 答南士珩 答南士珩論語問目 答南士珩 答南士珩別紙 答南士珩 答南士珩 答南士珩 答南士珩 答李寬汝 答姜汝明 答南明重 答南明重孟子問目 答南明重 答南明重中庸問目 答南明重 答南明重 答南明重 答南明重 答南明重 答南明重 與南明重 答安士賢 答安士賢 答閔聖若 答姜景三

答李汝直 與李汝直 答李學度 答柳重燁 答文周尙 答孫子顧 與孫子顧 答孫子顧詩傳問目 答朴子善 答朴文英 答朴文英

卷十八

書: 答權君五 答權君五 答權君五問目 答權君五 與權君五 答權君五辨李陽來四七疑義 答權君五 答權君五 答權君五 與權君五 答權君五 答權君五 答權君五 與權君五 答權君五 答權君五近思錄首篇箚錄 答權君五 與權君五

卷十九

書: 答田斗泳 答田斗泳 答田斗泳 答李原善 答李原善 答李應奎 答李應奎 答李應奎別紙 答曺彛卿 答曺彛卿 答洪士拯 答洪士拯 答李文哉 答李文哉 答李文哉 答權儒七 答田道允田道由 答田道由 答田道由 答權子德 答權子德 答權子德 答權子德 與河舜七 與南應珍 答南應珍 與南應珍 答南應珍 答洪文寧 答柳季雷 答田見卿 答田見卿 答李舜擧 答鄭敬九 答權應韶 答權應韶 與權應韶 答權應韶 答權應韶 答權應韶 答李晦夫 答李晦夫 答李道惟 答李道惟別紙 答曺仲謹 答李而晦 答李而晦 答崔忠彦 答崔忠彦 答閔子直 答閔子直 與閔子直子潤 答曺可陽 答鄭禮卿 答曺伯據 答申國範 答文子直 答鄭士玉 答陳文郁 答趙思仲 答朴言可 答安子華 答具聖郁 答具聖郁 答姜晉燮 答鄭士明 答洪允深 答崔臨夫 答崔臨夫

卷二十

書: 答李子剛 答李子剛 答李子剛 答李子剛 答河聖洛 答河聖洛 答權極瑞 答沈公玉 答沈公玉 答鄭勉夫 答鄭勉夫 答尹仁夫 與鄭公直 答鄭公直問目答李景元 答趙景七 答李敬度 答鄭聖健 答鄭聖健 答黃新汝 與陳思叔 答李安甫 答李安甫 答鄭疇仲 答鄭疇仲 答沈景晦 答

沈景晦 答李聖淑 答李達善 答李達善 答李達善 答李達善 答安士仰 李景元吳陽路 答權仲厚 答宋載斌 答權景孝 答沈應章 答沈應章 答李性彦 答田元淑 答田元淑 答南景三 答南景三 答郭仰汝文仲絅 答李禹範問目 答南子相 答宋瑞中 答李敬恒問目 答朴仁夫 答朴仁夫 答鄭周京 答金士吉 答梁仲涵 答洪士瑩 答吳汝周 答金和卿 與許德寤 答許德寤

卷二十一

書: 與鄭景晦 答鄭景晦 答鄭景晦 答鄭景晦別紙 答鄭景晦 答鄭景晦論語問目 答鄭景晦問目 答鄭景晦中庸問目 答鄭景晦太極圖說問目 答鄭景晦別紙 答鄭景晦大學發問對目 答鄭景晦通書箚疑

卷二十二

書: 答李致善 答李致善問目 答李致善大學問目 答李致善 答李致善禮疑問目 答李致善 答李致善 答李致善 答李致善別紙 答李致善 答李致善 答李致善 答李致善

卷二十三

書: 答黃景涵 答黃景涵 答黃景涵問目 答黃景涵別紙 答權仁卿 答盧洛卿 與鄭著卿 與奇元用 答李應律 答李應律 答李應律 答李應律 答李應律 答朴聖存別紙 答田說卿 答田說卿問目 答鄭仁擧 答金翼夫 答金翼夫問目 答金翼夫 答金翼夫 答金翼夫 答鄭子正大學問目 與鄭子正 答柳周逸 答李羽一 答吳純之吳景淳 答吳景淳 答安慶伯 答宋子仁 答宋子仁 答權乃錫 答李汝一 答李周汝 答李周汝 答金子尚 答鄭珍華 答許季章 答李乃賢 答權度鎰 答許敬夫 答盧而中

卷二十四

書: 答曺警國 答權養彦 答朴文一 答鄭聖徇 答河洙源 答河洙源 與河洙源 答李舜章 答李舜章 答金子成 答李汝玉 答吳和允 答李剛在 答李剛在 答梁而敬 答金仁可 答裵仲汝 答南季敬 答許亨佑 與許亨佑 答許亨佑 答吳陽路 答柳公懋 與柳公懋 答柳公懋問目 答李采汝 答安聖希 答安聖希 答鄭孔見 與鄭孔見 與河宗汝 答具士文 答金中五問答李化約 答李致見 答鄭思叔 答鄭思叔問目 答黃雲可 答黃雲可 答金元益金成準李泰映 答劉弘遠 答金愼夫

卷二十五

書: 答閔希重 答閔希重 答南汝晦 答吳和益 答吳和益 答南乃中 與南乃中 答南乃中 答南乃中答柳東彦問目 答李晦而 與李晦而 答李晦而 答李晦而 與李晦而 答金素先 答金素先問目 答金士文 答金士文論語問目 答金士文 答金士文 與金士文 答李周彦 答李周彦 答李周彦 答金聖瑞 答金聖答李德夫 與朴允敬 答李孔彦 答南敬震論語問目 答權甥敬規 答李應鄕 答安敬夫 答李重坤 與李明善 答李明善問目 答李孟吾

卷二十六

書: 答從弟周允 答周允 答周允發問對目 答周允 答周允別紙 答周允類編問目 寄弟毅仲 答毅仲 答從弟雲躍問目 答宗子穉貞 答穉貞問目 寄子鉉春 寄子鉉春 答會稽講社諸公講目 答新安精舍諸生講目 與泮宮諸公 與湖南諸公 答盤谷書堂儒生 與南原杻洞僉金氏 答蘆山精舍文氏刊所會稽講社發問 抵日憲兵分遣所 再抵憲兵所

卷二十七

雜著: 沙上記聞 物則賦不粹然底五常辨 以心使心辨 湖上奇遇錄

勿齋節目 學規

卷二十八

雜著: 納涼私議記疑辨 納涼私議記疑追錄辨

卷二十九

雜著: 猥筆辨辨 追錄 辨誣文示諸同志

卷三十

雜著: 太極圖說講錄 妙合說 偶記 人未有自致辨疑 答人問 雷龍亭講席告同約諸生 奉贈崔而受 權樞卿字說 書贈李原禮 呈莘山謹齋二友兼示同講諸君 書贈權乃錫 書贈李應奎 度身說贈洪文寧 餘師說贈鄭公直 書贈姜汝明

卷三十一

雜著: 玉藻深衣二篇解 深衣裁製之度 成聖與字說 致思說贈李而晦 養剛說贈鄭樂彦 書贈朴景立閔自警洪士拯 書陳文郁座右 贈李士敬 書示鄭道源安聖希諸生 昏變說 鄭顧卿字說 書贈李汝直 書贈鄭士玉 書贈李善章 贈安處中 贈李景元 書贈全邦彦 書贈河卓汝趙思仲 書示龜溪齋諸生

贈權文興 書贈沈景晦 朴允敬字說 示宗子穉貞 用力說贈吳陽路 田說卿字說 書贈梁而敬 李履吉字說 告同志諸友文 書贈李舜七 務學說贈曺仲直 贈趙伯淵 贈朴景文 稼說贈鄭子元 許敬夫字說 書贈柳海明

卷三十二

雜著: 頭流錄 偶記 垂拱殿奏箚講義服制疑義 論語箚錄 書贈李惟常 柳公懋字說 書田道由書室 克終說贈朴言可 贈閔希重 信道說送姜

洛中 贈吳景淳 書贈許士益 書贈廉敬安兼示講習齋諸生 書贈孫子顧成文卿字說 書贈李化約 吳和益字說 贈金聖瑞 書贈權和宣 甘子楫字說 贈柳聖欽 書贈閔朱彦裵光旭 贈朴舜瑞 金子尙字說 贈李孫瑞益書贈梁童子應鎬 老柏軒小識 書贈金愼夫 朱子語類節略凡例後小識

卷三十三

序: 朱子年譜通考序 晦軒先生實紀重刊序 忠莊公實紀序 口授要語序 璞院唱和詩序 鵂鶹堂實紀序 家祭儀序 星山李氏家乘序 地乘集略序 旅酬錄序 宗衡趙公田園唱酬詩集序 屛銘檢本序 安岳李氏族譜序澹對軒朔望灑掃案後序 海山翁回巹宴詩軸序 存知錄序 送廉在修歸家序 嶺遊錄序 陜川李氏世蹟錄序 送權趾汝西遊序 平信契序 晩耘序金海許氏家乘序 晴川遺稿序 送鶴南居士序 贈李道行序 金聖瑞字序送具奇彦仲敬二君序 送宋羽一小序 許季章字序

卷三十四

記: 臨淵亭重建事實記 臥龍亭記 叔先祖白棗堂先生旌閭記 岳陽亭會遊記 大雅齋重修記 講習齋記 靜齋記 薑川齋記 敬誠齋記 千仞樓記 文山杏壇記 三宜堂記 龍牙齋記 玉溪精舍記 一松亭記 小魯齋記永慕齋重修記 無有齋記 五宜亭重建記 雙秀亭記 貞山齋記 是菴記玉蓮亭小記 制勝堂同遊記 海山記 石愚記 吾廬記 鷲棲菴記 悠然亭記 兼窩記 壁山亭記 箕山幽居記 金氏三綱旌閭重修記 拙叟記 孝烈婦趙氏旌閭記

卷三十五

記: 浦上齋記 虎溪記 雷天齋記 農雲記 晩山堂記 湖隱記 偶愛亭記後松記 復初堂記 兼山齋後記 止愼亭記 松隱記 敬齋記 硯山齋記 樂軒記 氷玉軒記 農隱記 三坡記 李氏三孝旌閭記 強齋記 石塢記 養正

齋記 敦齋記 尊道齋記 艮巖記 鹿洞書堂記 金孝子兩世旌閭記 南溪齋記屛巖記 烈婦崔氏旌閭小記 竹宇記 二樂齋記 穡翁記 李孝子旌閭記 自警齋記 農巢記 石井菴記 六友亭移建記

卷三十六

跋: 蘆沙先生文集重刊跋 書先祖府使公遺事輯錄後 書耕隱田先生行狀後 判官權公實紀跋 書默翁霜嵒兩賢遺事狀後 謹齋遺集重刊跋 滿月臺聯句跋 書茅廬集後 書梅川宋公行狀後 恥軒遺稿跋 書岳陽亭講規後 書咸安趙氏派譜名行錄後 滄浪亭遺稿跋 跋濂湖許公遺集 書明窩遺稿後 書敬慕齋宋公遺事後 書雲菴田公遺事後 書南壺谷及姜氏贈山翁詩後 書蘭谷遺稿後安東權氏派譜跋 書在阿堂行錄後 交河盧氏藏譜跋 書虛齋權公遺事後 書菊泉許公孝弟忠信四字帖後 題水月堂逸稿 書洪聞叔墓誌銘後 書肯守堂世蹟後 書蓑翁實紀後 松谷遺稿跋 書蘆翁形氣質說後 跋振義錄 書禮笏合編後 題權應九手書小學書後 書謙菴朴公行狀後 琴石壽瑞詩跋 題烈婦金氏從容錄 書金一蟬唱酬諸作後

卷三十七

跋: 書大學補遺辨後 答問類編跋 書止巢吳公行狀後 書孝子宋公行蹟後 書傳神訣後 書晩悔主人自序後 蘭樵李公遺稿跋 跋復菴遺稿 題權應九切偲帖 書河秀士行錄後 書白波金公行狀後 書柳溪宋公行狀後 書權舜卿答金士文心說問目後 書澹對軒三九講案後 書崔孝仲西征記後 書文敬叔系牒敍述後 龜巖集跋 書權重彦西行錄後 書晩棲自序後 書鄭景晦答客說後 書姜汝明服制說後 書烈婦崔氏行蹟後 書訥窩師友書帖後書林景三處變錄後 書柳公懋矢志說後 晩雲馬公遺集跋 書烈婦李氏傳後 書申國範自警文後 講睦契跋 書朴言可贊書後 書金童子行蹟後 書亡女李氏婦壙誌後 題詠歸亭旬講錄 書李晦夫先

人師友簡帖後

卷三十八

箴: 書室箴

銘: 寒泉銘 笏石銘 崔淳若案硯銘 鳳淵亭銘 茅菴銘 則以室銘 吳汝洪書室銘 松柏亭銘

贊: 心學贊

辭: 李仁夫字辭朴希汝字辭 鄭士玉字辭 柳季雷字辭 沈應章字辭 南乃中字辭 金士文字辭 朴允敬字辭 柳海明哀辭

上梁文: 本縣鄕校移建上梁文 勿溪亭上梁文 新安精舍重修上梁文 盤谷書堂上梁文 白雲精舍上梁文 臨淵亭上梁文 孝子河公旌閭上梁文 叢桂亭上梁文

卷三十九

祝文: 雷龍亭釋菜告由文 橫川影堂奉安告由文 告家廟文 告蘆沙先生墓文 擬告先聖先師文 擬告祠堂文

祭文: 從容堂祭重峯趙先生文 祭蘆沙先生文 祭蘆沙先生墓文 祭崔夢關文 祭再從叔景淵亭文 祭李寒洲文 祭外舅陳晩悟文 祭金景範文 祭洪聞叔文 祭閔鳳里文 祭趙月皐文 祭崔勉菴文 祭族祖文 祭秋坡三從兄文 祭許后山文 祭李雙秀文 祭李元瑞文 祭宗姪仲儒文 祭李聖養文 祭崔元則文 祭柳公文 祭權應九文 祭柳性存文 祭陳三山文 祭李舜熙文 祭李聖希文 祭權子厚文 祭奇聖初文 祭安舜見文 祭李應章文 祭奇孝述文 祭三從姪台卿文 祭朴舜瑞文 祭柳文贊文 祭李廷弼文 祭權趾汝文 祭李泰兼文 祭成聖與文 祭朴俊賢文 祭李舜功文 祭崔敬晦文 祭鄭季方文

卷四十

墓誌銘: 梧齋李公墓誌銘 望日齋柳公墓誌銘 竹村權公墓誌銘 再從叔曾祖默齋公墓誌武及第權公墓誌學生田公墓誌銘 崇政大夫文公墓誌銘 副護軍鄭公墓誌銘 幽窩權公墓誌銘 華菴李公墓誌銘 學生南公墓誌銘 處士權公墓誌銘 春灘安公墓誌銘 晩悔李公墓誌銘 孺人朴氏墓誌銘 學生權公墓誌孺人嚴氏墓誌銘 橘下崔公墓誌銘 百下成公墓誌銘 學生權公墓誌銘 孺人陳氏墓誌銘 養閒堂尹公墓誌銘

卷四十一

墓誌銘: 府使權公墓誌銘 副護軍鄭公墓誌銘 蘆洲南公墓誌銘 松菴吳公墓誌銘 監役李公墓誌銘 松圃梁公墓誌銘 遯溪文公墓誌銘 橘坡權公墓誌銘 學生田公墓誌銘 孺人鄭氏墓誌銘 松菴鄭翁墓誌銘 學生權公墓誌銘 敬巖文公墓誌銘 竹塢權公墓誌銘 孺人林氏墓誌銘 杏下權公墓誌銘 孺人權氏墓誌銘 學生南公墓誌銘 竹塢權公墓誌銘

卷四十二

墓誌銘 :大谷處士金君墓誌銘 學生權君墓誌銘 尤山李君墓誌銘 孺人閔氏墓誌銘 愚忍朴君墓誌銘 學生權君墓誌銘 松下安君墓誌銘 明狂權君墓誌銘 壁山李君墓誌銘 錦圃南君墓誌銘 梧溪文君墓誌銘 權君子厚墓誌銘 權君衡重墓誌銘 都事南君墓誌銘 河君兼洙墓誌銘 權君趾汝墓誌銘 趙君敬之墓誌銘 權君乃綏墓誌銘 權君子強墓誌銘 孺人薛氏墓誌銘 權君疇叔墓誌銘 朴君義瑞墓誌銘 林處士墓誌銘

卷四十三

神道碑銘: 高麗門下贊成事封缶溪君芮公神道碑銘

碑: 月蘿谷墓壇碑 晉陽姜氏墓壇碑 鶬鶊堂柳公遺墟碑 北軒默軒二田公遺墟碑

墓表: 三憂堂文先生墓表 先祖西亭先生碑陰記 止齋李公墓表 先祖漁隱公墓表 孝子東川趙公墓表 叔先祖棲巖先生墓表 參奉姜公碑陰記曾祖考妣墓表 護軍李公墓表 西溪金公墓表晩義梁公墓表 孝子都事安公墓表 默齋趙公墓表 栗里鄭公墓表 副護軍權公墓表 典設司別提趙公墓表 龍窩柳公墓表 學生權君墓表 鳳南崔公墓表 三從姪道麟墓表李君聚五墓表 晦窩黄公墓表 孝婦申氏墓表 吏曹正郎金公墓表 副護軍李公墓表 學生崔公墓表

卷四十四

墓碣銘: 陶丘先生李公墓碣銘 兎川李公墓碣銘 龜潭鄭公墓碣銘 通德郎柳公墓碣銘 整襟李公墓碣銘 畜菴李公墓碣銘 竹林李公墓碣銘松溪朴公墓碣銘 參奉曺公墓碣銘 竹軒李公遺墟碑銘 尙菴權公墓碣銘平安齋崔公墓碣銘 修撰裵公墓碣銘 聾窩南公墓碣銘 處士權公墓碣銘無年堂李公墓碣銘 學生權公墓碣銘 秋潭南公墓碣銘 敬慕齋李公墓碣銘 晦軒金公墓碣銘 族祖承宣公墓碣銘 生員權公墓碣銘 樂窩李公墓碣銘 處士李公墓碣銘

卷四十五

墓碣銘: 蘆沙奇先生墓碣銘 忍軒權公墓碣銘 鳳南洪公墓碣銘 彌陽權公墓碣銘 府使鄭公墓碣銘 晩松堂李公墓碣銘 副護軍李公墓碣銘處士柳公墓碣銘 玉巖河公墓碣銘 悔窩李公墓碣銘鳳里閔公墓碣銘 學生柳公墓碣銘 菊坡閔公墓碣銘 宗姪仲儒墓碣銘 柏軒李公墓碣銘 都事李君墓碣銘 河君景淡墓碣銘 李君廷弼墓碣銘 洛浦金公墓碣銘 南君應珍墓碣銘 都正金公墓碣銘 嘉善李君墓碣銘 碧山李公墓碣銘 同中樞鄭公墓碣銘 通政南公墓碣銘 嘉善姜公墓碣銘

卷四十六

行狀: 贈司憲府持平明菴鄭公行狀 生員河公行狀 先祖府使公遺事狀 箕山權公行狀 蘆沙奇先生言行總錄 雲皐李公行狀 晦亭閔公行狀

卷四十七

行狀: 夢關崔公行狀 芝窩鄭公行狀 北軒田公遺事狀 進士河公行狀 晩悔齋柳公行狀 族祖學生公行狀 春灘李公行狀 春湖曺公行狀

卷四十八

行狀: 先考學生府君行錄 溪南崔公行狀 醉溪楊公行狀 小心齋盧公行狀 惺溪曺公行狀 雲塢趙君行狀 先妣盧氏家狀 族叔栗巖行狀 姑李氏夫人行狀 烈婦朴氏實錄 烈婦金氏實錄 菊史黃公行狀

卷四十九

遺事: 嚴灘李公遺事 伯曾祖處士府君遺事 無憂堂李公遺事 王考懼而軒府君遺事 再從叔父景淵亭遺事

傳: 竹林黃公傳 七烈婦傳 節婦姜氏傳

附錄○年譜序

年譜序(柳遠重)

附錄○卷一

年譜

附錄○卷二

年譜

附錄○卷三

事狀(鄭冕圭) 墓碣銘(奇宇萬) 墓表(南廷瑀) 墓誌銘(權載奎)

附錄○卷四

老柏軒記(奇宇萬) 老柏書舍上梁文(權雲煥) 老柏書舍記(權載奎)

高山祠配享時告由文(李教宇) 老柏書舍釋菜時告由文(權載奎) 墓誌成告廟文(權載奎)

附錄○卷五

門人錄

跋: 跋(南昌熙) 跋(鄭琦) 跋(李教宇) 跋(鄭鉉春)

刊記: 丙子暮春老柏書舍活印

『노포유고(老圃遺稿)』

1. 저자 소개

정면규(鄭冕奎, 1804~1868)의 자는 가헌(可軒)이고 호는 노포(老圃) 또는 무남(茂南)이며 본관은 진주(晉州)이다. 전라북도 고창군(高敞郡) 무장(茂長)에서 출생하였다. 진양군(晉陽君) 정황(鄭璜)의 후손으로, 기정진의 문하에 나아가 경사(經史)와 『근사록(近思錄)』 등을 읽어 학행이 뛰어났다. 향시에는 여러 차례 합격하였으나 선균시에는 실패하자 향리에서 학문에 매진하였다. 특히 『논어』 「자로(子路)」편에 공자의 제자 번지(樊遲)가 스승에게 '채마밭' 가꾸는 것을 묻자, 공자는 "오불여노포(吾不如老圃: 나는 경험이 많은 노련한 농사일 하는 사람만 못하다)"고 하였는데, 정면규는 이 논어 구절에서 '노포' 두 글자를 당호로 삼았으니, 출사에 대한 꿈을 포기하고 '채마밭을 가꾼다'라는 처사적 삶을 살겠노라는 겸손의 뜻을 표현한 것이다. 기우만 또한 「노포당속기(老圃堂續記)」를 지어 그의 의로움을 예찬하였다.

흥선대원군이 서울에 대보단(大報壇)을 짓고 1865년 만동묘를 헐어 부수려 하자 1868년 그 부당함을 상소하고, 영조 때 상주의 식산(息山) 이만부(李萬敷, 1664~1732) 등이 만동묘(萬東廟)의 훼철을 주장한 것에 대하여 그 설치의 의의와 과정 그리고 제향(祭享)의 의미를 담은 성토의 상소문을 올렸다. 그는 1868년 세상을 떠나자, 스승 기정진은 만사를 지어 위로하였는데 그 떠나보냄을 "인간 세상 서로 만남 가장 가련하니, 가벼운 잎사귀 바람에 날린 듯하네"라고 하였다. 정면규가 거처한 노포당은 훗날 장수군수(長水郡守)를 지낸 그의 손자 정휴탁(鄭休鐸, 1872~1915)이 고향으로 돌아와 중건하고 지냈다. 저서로는 『노포유고(老圃遺稿)』가 있다.

2. 문집 구성과 내용

『노포유고(老圃遺稿)』는 4권 1책으로 목활자본이다. 4주쌍변(四周雙邊), 반곽(半郭) 23.6×16.0cm, 유계(有界), 10행22자, 주는 단행(單行), 상하향(上下向) 2엽화문어미(二葉花紋魚尾)에 크기는 29.8×20.1cm이다. 1916년에 간행되었으며, 권두에 기우만의 「서문」과 권말에 손자인 정영원(鄭榮源)의 「발문」이 있다.

권1에 시 97수, 권2에 소 3편, 권3에 서(書) 7편, 기 1편, 장(狀) 1편, 잡저 2편, 권4는 부록으로 행장·묘갈명·제문 각 1편, 만장 15수, 기 1편, 시 53수 등이 수록되어 있다.

권2에 수록된 상소 가운데 「만동묘소(萬東廟疏)」는 흥선대원군이 서울에 대보단(大報壇)을 짓고 만동묘를 훼철하자 그 부당함을 상소한 글이다. 「성토소(聲討疏)」는 영조 때 상주에 살았던 이만부(李萬敷) 등이 만동묘의 훼철을 주장한 데 대한 성토의 상소문으로, 그 설치의 의의와 과정 및 제향의 의미를 담은 글이다. 권4 부록은 정면규 사후, 그를 애도하는 만장이 실려있고, 동학들이 그가 지은 노포당 시를 차운한 시들이 수록되었다.

『노포유고』는 전남대학교 도서관, 전북대학교 도서관, 전주대학교 도서관, 성균관대학교 도서관 등에 소장되었고, 『한국역대문집총서』(2690)에 『노포선생문집(老圃先生文集)』(老圃遺稿)으로 영인되었다.

3. 문집 목차

序: 老圃遺稿序(奇宇萬)

卷一

詩: 早春遊圓嶠 遊蘗山 遊社稷洞花月亭 滯雨畱泮時主人待詞有詩 三月晦日上終南山 對酒桃花洞 燈夕 待松石 登北岳 與龍湖居士同坐雨中 崇禮門外與諸君子摻手相別曰自今以往皇廟復響前誓不渡漢江別京居諸益 蕉泉小酌 圓嶠雅集 鶴院偶集 溪上小集 樓下得酒拈韻 辛亥四月與金堤黃友自京下廣州松湖 與金蘭泉會吟而因別 四月晦日發安山口占 五月初吉發大皇橋至平澤 翌日富土里店見鶯子掠房中吟 翌日渡錦江 翌日過草浦 翌日炭峴三街亭相別 翌日獨行到泰仁 翌日與高敝安過興德 翌日還家吟 辛亥下洛時崇禮門外留別 癸丑元月喜梅翁過余拈韻 仲春喜梅翁再訪 雨後清江 是歲十月既望追和眞谷朴雅畱題韻 甲寅二月赴廷試三月上澣滯雨於芹洞其日卽大報壇祭享也主人閔正言拈韻請和 甲寅八月赴擧漢城試南下到完府時則重陽翌日聞坤之山詩會韻因吟 自完城轉到敝早發述懷 敬次奇校理景福宮韻 次博山姜兄愚魯 乙卯七月晦蘭皐見訪相和 是歲八月耳巖洪詞伯見訪因吟一律 是月十一夜與洪吳丁諸詞伯相別 次長城金兄勉休見寄韻 次吳進士僉樞唱榜韻 次謝恩日短律 次堂上肅拜謝恩韻 丙辰早春詠去年移接梅見庭梅花開有感于懷因吟一絕 和興德黃兄來贈 丁巳正月上澣奉和同宗韻 與京申僉君子遊奉元雅賞 下洛日溪巖以一日遊賞見挽而有詩 次陵峙高正言咏其親加資韻 秋八月月朗夜聞杜鵑聲 謹次奇蘆沙丁巳除夕韻 戊午十月會試後見溪巖搬移于結城因吟別章 經歲逢別不可無言 己未二月會試回路過廣亭與金漢圭拈韻 庚申燈夕族弟富洞僑居 次樗坡韻 賀松湖朴寢郎蒙恩 辛酉春三月和黃兄詩 四月下洛後贈歸字四律 壬戌月三日七次新字絕句 追和益和詠懷韻 天然亭 是歲十二月送別讀書諸君 癸亥八月上澣與一二同志往赴廷試路向湖西內浦自貢浦乘船而溯流向南堂浦 甲子三月上京歷發完府勞遣悶而作 乙丑十月發京城

宿果川而曉發偶吟 振威草石街見肆堂强勸酒飲一杯後有感而作 翌日凌晨而發過天安後峴誤踏黃潦水 過日新驛見轎軍相爭而因吟 公州高大道中路逢陵峙高正言班荊敍懷因別 自井川向東谷將歷謁丈席而吟乙丑小春醉歸新門外 次樗坡雨中見梅致意韻 挽月山李善求 彭城訪尹草溪 獨行過恩津懷金文若 丙寅十月十二日自豐沛舘興義所因向錦山東谷丈席路多險阻有感而吟 是月十日夜辭丈席而還過珍山大芚山見羣峰聳出而唫 次湖隱韻 京橋任百璿有贈於洋醜遠遁後聊以奉和 次長城金勉休 無敵瀑沛 橘齋見訪相和 偶然三會有唫 與鄭錦逋遊九音峙 登高山 謹次姜稺叟賀道贊立碑韻 老圃堂原韻.

卷二

疏: 萬東廟疏 道科疏 聲討疏 [附]抵太學章

卷三

書: 上奇蘆沙 寄家兒鍾淑 與族從叔 寄孫兒榮源 與鄭鎭容 答族從 答宗人.

記: 老圃堂記

狀: 先府君家狀

雜著: 黃山日記 內浦日記

卷四

附錄: 行狀(奇宇萬) 墓碣銘(李㦤永) 祭文(鄭鍾翰) 輓狀(奇正鎭) 輓狀(吳鎭徽) 輓狀(李百憲) 輓狀(庾聖烈) 輓狀(金以洙) 輓狀(金以精) 輓狀(金基一) 輓狀(安重燮) 輓狀(金馨豐) 輓狀(鄭仁聲) 輓狀(柳景善) 輓狀(李準儀) 輓狀(洪獻燮) 輓狀(丁純) 老圃堂續記(奇宇萬) 謹次老圃堂原韻兼小序(吳繼洙) 老圃堂次韻(吳鎭龍) 老圃堂次韻(鄭潤源) 老圃堂次韻(朴彬) 老圃堂次韻(鄭學源) 老圃堂次韻(鄭官源)

老圃堂次韻(庾喜晃) 老圃堂次韻(鄭在鎬) 老圃堂次韻(鄭在明) 老圃堂次韻(庾九鉉) 老圃堂次韻(庾一鉉) 老圃堂次韻(鄭根日) 老圃堂次韻(李承完) 老圃堂次韻(庾鍾湜) 老圃堂次韻(金在憲) 老圃堂次韻(李璘厚) 老圃堂次韻(鄭休) 老圃堂次韻(鄭錣洙) 老圃堂次韻(鄭晩源) 老圃堂次韻(鄭鍾烈) 老圃堂次韻(柳濟鎬) 老圃堂次韻(姜天秀) 老圃堂次韻(金商一) 老圃堂次韻(姜熙秀) 老圃堂次韻(沈一澤) 老圃堂次韻(魯炳熹) 老圃堂次韻(沈宜哲) 老圃堂次韻(李元燮) 老圃堂次韻(金在修) 老圃堂次韻(鄭謙洙) 老圃堂次韻(李承鶴) 老圃堂次韻(金容麒) 老圃堂次韻(權重九) 老圃堂次韻(吳翼洙) 老圃堂次韻(金邦喜) 老圃堂次韻(丁大喆) 老圃堂次韻(鄭奎三) 老圃堂次韻(吳駿善) 老圃堂次韻(金烈) 老圃堂次韻(奇宇炳) 老圃堂次韻(蔡洙淵) 老圃堂次韻(李鍾宅) 老圃堂次韻(金忠謨) 老圃堂次韻(庾永信) 老圃堂次韻(金箕晩) 老圃堂次韻(鄭民源) 老圃堂次韻(李康夏) 追附(孫榮源) 追附(鄭休鐸) 追附(鄭休璿) 追附(鄭休德) 追附(鄭休昶) 追附(鄭休轍)

跋: 鄭榮源

『농산집(農山集)』

1. 저자 소개

정면규(鄭冕圭, 1850~1916)의 자는 주윤(周允)이고 호는 농산(農山)이며 본관은 초계(草溪)이다. 초계 정씨의 시조는 고려 전기에 예부상서 중추사 등을 역임한 정배걸(鄭倍傑)이다. 그는 문종(文宗) 때에 사학을 열어 학생들을 가르쳤는데, 시호는 홍문(弘文)이고 세상을 떠난 뒤 광유후(光儒侯)에 추증되었기 때문에 그의 문도들은 홍문공도(弘文公徒) 혹은 웅천도(熊川徒)라고 불렸다. 조선 시대에 들어와 그의 5세손으로 대사성을 지낸 정태화(鄭泰華)는 파조이고, 정태화의 5세손인 정옥현(鄭玉潤)·정옥량(鄭玉良) 형제가 벼슬을 버리고 삼가(三嘉)에 은거하면서 이 지역의 토성이 되었다. 정옥윤은 서정공파(西亭公派)의 파조가 되었다.

고조는 정광익(鄭光益)이고 증조는 정이구(鄭履九)이지만 실제 증조부는 정이헌(鄭履獻)이다. 애초에 정광익에게 네 아들이 있었는데, 막내인 정이헌의 아들 정언민(政彦民)이 출계(出係)해서 셋째인 정이구의 후사가 되었기 때문이다. 조부인 정언민의 다섯 아들 가운데 첫째인 정방훈(鄭邦勳)은 정재규를 낳았고 둘째인 정방찬(鄭邦纘)은 정면규를 낳았다. 이 때문에 정재규과 정면규는 큰집과 작은집의 사촌 형제 사이가 되었다.

어머니는 밀양 박씨(密陽朴氏) 박기수(朴基守)의 따님으로 철종 경술년(1850)년 3월 24일 합천군 쌍백면 묵동(墨洞)에서 정면규를 낳았다. 아버지가 여섯 살 때 세상을 떠났기 때문에 그는 할아버지인 구이공(懼而

公) 정언민에게 글을 배웠다. 이 과정에서 어머니의 영향이 적지 않았다는 것은 정언민이 "너는 어려서 아버지를 잃었지만 다행이 너의 어머니가 있어 가르치는 데 걱정이 없다"라고 한 말에서 짐작할 수 있다.

나이가 들어감에 따라 그는 사촌 형인 정재규를 따라서 학문에 정진하게 되었다. 당시 정재규는 16세에 장인인 만오(晩悟) 진정범(陳正範)을 시작으로 21세에는 몽관(夢關) 최유윤(崔惟允)을 따라서 학문을 익히다가, 최유윤의 추천에 따라 이미 1864년 기정진의 문인이 되어 있었다. 이런 사정으로 인해 정면규는 처음에는 정재규의 문인이 되었다가, 몇 년이 지난 뒤 드디어 정재규의 인도를 따라서 장성의 기정진을 방문해 집지하고 그의 문인이 되었다. 『농산집』에는 기정진에게 보내는 편지 두 통이 실려 있는데, 1876년에 쓴 첫 번째 편지에서 '봄에 납배했다[春間納拜]'고 쓰고 있는 것으로 미루어 보면 그가 정재규와 함께 장성을 방문한 것은 그의 나이 27세인 1876년 봄의 일이었다. 「행장」에서는 이 때의 분위기를 "며칠 동안 (장성에) 머무르면서 계발(啓發)한 것이 많았고, 또한 논저(論著) 한 책을 (정면규에게) 보여주었는데, 모두 천인과 성명의 은미한 학설을 논한 것이었다"라고 전하고 있다.

3년 뒤 기정진은 세상을 떠났다. 정면규는 정재규가 노사의 학맥을 계승했다고 여겨 평생 정재규와 진퇴를 함께 했다. 1895년 11월 단발령이 내리자 그는 정재규와 함께 단발령에 반대하는 행동에 나설 것을 계획했다. 그러나 정재규가 병을 앓고 있는 상황에 단발령 자체가 느슨해지는 바람에 결국 실행에 옮기지는 못했다.

1901년 『노사집』을 목활자본으로 산청의 신안정사에서 중간하는 과정에 영남 노론계와 연재학파의 학자들로부터 「외필(猥筆)」을 둘러싼 논쟁이 발생하자 그는 남창희(南昌熙, 1870~1945)와 권만희(權晩熙) 등에게 편지를 보내 「외필」의 논지를 옹호했다. 남창희에게 보낸 편지에서는 '「외필」의 여섯 단락에서 율곡의 말을 변론한 것이 한 단락이며,

나머지 다섯 단락은 모두 근세 학자들의 폐단을 설파한 것인데, 비난하는 이들이 이것을 모두 율곡을 비난한 것이라고 편파적으로 파악하고 배척한다'라고 했고, 권만희에게 보낸 편지에서는 비난하는 이들이 말하는 것처럼 "정말로 논의할 만한 것이 있더라도, 글을 통해 서로 발명하되 한 번 두 번, 심지어는 세 번 네 번을 했는데도 귀담아 듣지 않는다면 저술을 통해 주장을 세워 후대의 공정한 논의를 기다려야 할 것입니다. 이것이 이치를 밝히는 바른 법도요, 서로를 아끼는 지극한 뜻입니다"라고 했다.

1905년 을사늑약이 맺어지자 "일이 어쩔 수 없게 되었다고 해서 편안히 앉아만 있는 것은 의리에 맞지 않다"라고 하면서 정재규와 함께 동지들을 이끌고 충청도 정산(定山)으로 최익현을 방문해서 처신의 방도를 논했다. 그러나 노성(魯城)의 궐리사(闕里祠)에서 거의하기로 계획한 것은 실패로 돌아갔고, 결국 돌아와 문을 걸어 잠그고 은거해서 자정(自靖)의 삶을 살되 죽을 때까지 도학을 강명하는 것을 평생의 업으로 삼기로 마음먹었다.

그 뒤 그는 늘 『노사집』을 곁에 두고 탐구했으며, 시국의 변화를 알지 않아서는 안 되고 새로운 학문[新學]을 강론하지 않아서는 안 된다는 의론이 나타나자 "온 세상을 이끌어다 우리의 도에 재앙을 끼치는 것은 반드시 이런 의론일 것이다"라고 하면서 탄식했다.

1910년 경술국치를 당했고 이듬해 평생을 따르던 정재규가 세상을 떠나자, 1912년 49권 24책의 『노백헌집』을 간행했다. 1936년 이 책에 정재규의 아들인 정현춘(鄭鉉春)이 간행한 『부록』 5권 2책을 합쳐 54권 27책의 『노백헌집』이 이루어졌다. 1912년 『노백헌집』의 간행 이후 정면규는 1910년 완공된 정재규의 노백서사(老柏書舍)를 비워 둘 수 없다고 여겨 그곳에 머무르기 시작했는데, 이 소식을 들은 정재규의 문인들이 차례로 모여들어서 결국 정면규를 중심으로 노백서사의 규정에 따라 강학을 이어나가게 되었다. 세상을 떠나기 1년 전인 1915년에는 일제가 제정한 묘적법(墓籍法)을 반대했고, 이듬 해인 1916년 9월 13일 세상을 떠났다. 부인은 성산 이씨(星山李氏)와 청송 심씨(靑松沈氏)가 있었으나 딸만 넷을 두었기에 종제(從弟)인 정치규(鄭致圭)의 셋째를 후사로 입양했다.

이진상의 문인이자 같은 고을의 선배인 후산(后山) 허유(公愈) 및 면우 곽종석과는 학파를 뛰어넘어 학문적 교류를 나누었고, 평생을 가장 가까이 지낸 이로는 명호 권운환·기암(起巖) 진박(陳樸)·삼산(三山) 권기덕(權基德) 등이 있었다. 그의 전기 자료는 『농산집』에 실려 있지 않고 각 저자들의 문집에 흩어져 있는데, 「행장」은 남정우가,[30] 「묘갈명」은 권재규가[31], 「묘표」는 남창희가 썼다.[32]

2. 문집 구성과 내용

『농산집』은 전체 15권 8책의 목활자본으로서 1920년 문인인 남정우(南廷瑀) 등이 서문과 발문이 없이 간행했다. 4주단변(四周單邊), 반곽(半郭) 21.0×15.9cm, 10행20자, 주(註)는 쌍행(雙行), 내향(內向) 2엽화문어미(二葉花紋魚尾)로서 책의 크기는 28.8×19.5cm이다.

권1은 시(詩)로서 달밤에 김현옥과 권운환이 독서하는 곳을 찾아서 지은 「달밤에 풍오(豐五)·순경(舜卿)이 평천에서 독서하는 곳을 찾아서[月夜訪豐五舜卿于平川讀書所]」를 비롯한 121수가 실려 있다. 김현옥, 권운환, 최숙민, 김덕원(金德元), 남창희(南昌熙), 안택환(安澤煥) 및 양재경(梁在慶)을 비롯한 교유 인물들과 주고 받은 시들이 다수이며, 권병

30 南廷瑀, 『立巖集』 권20, 「農山鄭先生行狀」 참조.

31 權在奎, 『而堂先生文集』 권39, 「農山先生鄭公墓碣銘(幷序)」 참조.

32 南昌熙, 『夷川集』 권19, 「農山鄭先生墓表」 참조.

수(權秉殊)·이정모(李正模)·권재순(權載純)·김규원(金奎源)·권기덕(權基德) 등 당시 주변 인물들에 대한 만사도 30여 수가 넘는다.

권2~7에는 서(書) 397편이 실려 있다. 권2에는 1876년 처음 기정진에게 집지한 뒤에 보낸 「노사 기선생에게 올림[上蘆沙奇先生]」을 비롯한 48편이 실려 있다. 이 가운데 '올림[上]'이라는 표현은 기정진, 정재규, 최유윤, 최익현 및 외삼촌인 박효영(朴孝英) 등 다섯 명에게 보내는 13편에서 사용되었다. 나머지 35편은 모두 평교를 뜻하는 '보냄[與]', '답함[答]'으로 표현하고 있다. 여기에는 영남 노론계에 속하는 박치복(朴致馥)과 권봉희, 허준(許駿)을 비롯해서, 한주학파의 허유, 영남 노사학파의 최숙민, 호남 노사학파의 김석구·정시림·정의림 및 간재학파의 송치기(宋致沂) 등 다양한 교유 인물들과 주고받은 편지들이 속한다.

권3에는 이항로와 김평묵의 문인인 유기일(柳基一)에게 보내는 「유성존에게 보냄[與柳性存]」을 비롯한 50편이 실려 있다. 여기에는 기정진의 손자인 기우만에게 보내는 다섯 통의 편지와 이진상의 문인인 곽종석에게 보내는 세 통의 편지가 포함되어 있다. 이 외에 각 두 편의 편지를 보낸 인물로는 강봉호(姜俸鎬)·남태원(南泰元)·정창림(鄭昌林) 등이 있으며, 나머지는 모두 한 통의 편지를 주고받은 것들이다.

권4에는 정면규와 마찬가지로 1876년 기정진의 만년 제자로 집지했던 합천 출신의 이직현에게 보내는 「이필서에게 답함[答李弼瑞]」를 비롯한 64편의 편지가 실려 있다. 이 가운데 가장 많은 분량을 차지하는 것은 평생의 벗이었던 권운환에게 보내는 16편으로, 이것은 『농산집』에 실린 교유하는 인물들과의 편지에서 분량 면에서 가장 많은 부분을 차지한다.

권5에는 성재절(聖載哲)에게 보내는 「성성여에게 답함[答成聖輿]」을 비롯한 57편이 실려 있다. 주로 문인의 연배에 해당하는 인물들과 주고받은 편지들인데, 대표적인 사례가 정재규와 정면규 형제의 문인인 의

령 남씨(宜寧南氏) 집안의 두 형제 남정섭(南廷燮)·남정우(南廷瑀)와 그들의 조카 남창희(南昌熙)·남태희(南台熙)에게 보낸 편지들로, 모두 12편으로 제일 많이 실려 있다. 성재절에게 다섯 편, 유원중(柳遠重)에게 네 편을 비롯해서 훗날 1901년 안동 권씨의 일원임과 동시에 연재 송병선의 문인으로서 「외필」에 문제점을 제기했던 권명희(權命熙)에게 보내는 편지도 한 통 실려 있다. 곽종석의 문인인 송호완(宋鎬完)·송호곤(宋鎬坤) 등에게 보낸 편지도 모두 다섯 편이 실려 있다.

권6에는 곽종석의 문인인 심두환(沈斗煥)에게 보내는 「심건칠에게 답함[答沈建七]」을 비롯한 78편이 실려 있다. 제일 많은 분량을 차지하는 것은 남창희에게 보내는 19편이고, 남정우에게 여섯 편, 권재규(權載奎)에게 보낸 네 편도 함께 실려 있다.

권7에는 정재규의 문인이자 정의림의 문인인 황철원(黃澈源)에게 보내는 「황경함에게 답함[答黃景涵]」 네 편을 비롯한 79편의 편지가 실려 있다. 정재규의 문인인 정기(鄭琦)·이교우(李教宇)·정방엽(鄭邦燁) 및 정의림의 손자로서 기우만의 문인인 정헌규(鄭憲圭)에게 보내는 편지 등이 실려 있고, 마지막 네 편은 종자(宗子)와 족질(族姪)들에게 보내는 것이다.

권8에 잡저와 서(序)로 이루어졌다. 잡저는 「산방의 여러 학생에게 보냄[贈山房諸君]」을 비롯한 17편이 실려 있는데 주로 남창희를 비롯한 문인들에게 주는 격려하는 글과 「자설(字說)」로 이루어졌다. 서에는 「『초계정씨파보』의 서문[草溪鄭氏派譜序]」을 비롯한 17편이 실려 있는데, 주로 개인 문집을 비롯한 단행본류 저술의 서문, 떠나는 사람을 전송하는 서문, 계의 서문[契序] 및 자의 서문[字序] 등등으로 이루어졌다.

권9는 기(記)로서 진주 유씨인 유수정(柳秀汀)이 건립한 합천군 가호리 소재 용문정의 기문인 「용문정 기문[龍門亭記]」을 비롯한 28편이 실려 있다. 여기에는 정보견(鄭普見)의 건물에 정재규가 이름을 붙이고 정면규가 기문을 쓴 「당종헌 기문[撞鐘軒記]」, 벗인 남금오(南金吾)가 지은 서실의 기문인 「니산서실의 기문[尼山書室記]」, 민달호(閔達鎬)가 지은 정자의 기문인 「영귀정의 기문[咏歸亭記]」 등이 포함된다.

권10은 발(跋), 명(銘), 사(辭), 찬(贊)으로 이루어졌다. 발문[跋]은 애초에 김현옥이 권운환에게 발문을 지으라고 한 것을 다시 정면규에게 위촉해서 지은 「만동묘 비명을 읽고 지은 연구(聯句)의 발문[讀萬東廟碑銘聯句跋]」을 포함한 25편이 실려 있다. 명문[銘]은 이정언(李廷彦)의 정자를 위해 지은 「임호정 명문[林湖亭銘]」과 김정석(金正奭)을 위해 지은 「정재 명문[正齋銘]」 두 편이 실려 있다. 사는 애사(哀辭)와 자사(字辭) 두 종류가 이루어졌는데, 애사는 권운환의 사촌 동생으로 추정되는 권리환(權履煥)을 위해 지은 「권자수 애사(權子綏哀辭)」를 비롯한 네 편이, 자사는 이자용(李子瑢)을 위해 지은 「이용옥 자사[李容玉字辭]」 한 편이 실려 있다. 찬(贊)은 효행으로 받은 하재원(河載源)의 정려 옆에 있는 건물에 붙인 「도곡정사의 찬문[道谷精舍贊]」 한 편이 실려 있다.

권11은 상량문(上梁文), 축문(祝文), 제문(祭文)으로 이루어졌다. 상량문은 「평천원의 옛 터 비각의 상량문[平川院墟碑閣上梁文]」을 비롯한 다섯 편이, 축문은 자굴산(闍崛山)에서 기우제를 지내면서 지은 「자산 기우제 축문[闍山祈雨祝文]」 한 편이, 제문은 「노사 기선생의 제문[祭蘆沙奇先生文]」을 비롯한 26편이 실려 있는데, 여기에는 최유윤, 허유, 김재구, 정재규, 최숙민, 최익현 등의 제문이 포함된다.

권12는 묘지명, 비, 묘표로 이루어졌다. 묘지명은 모두 19편이 실려 있는데, 정면규의 외조부인 안동 권씨를 비롯해서 문덕수(文德粹), 전만교(田萬郊), 이윤직(李潤稷), 권사영(權思永) 등의 것이다. 비는 정광계(鄭光繼)의 유허비, 금령 김씨(金寧金氏)이 2대의 묘단비 기문, 열부(烈婦) 한씨(韓氏)의 정려비의 음기(陰記) 세 편이 실려 있다. 묘표는 선조인 정명(鄭明)의 묘표를 비롯해서 모두 열 편이 실려 있다.

권13은 묘갈명으로 선조 시대 무과에 급제해서 이조좌랑을 지낸 곽회준(郭懷俊)의 묘갈명인 「이조좌랑 곽공 묘지명(吏曹佐郎郭公墓碣銘)」을 비롯해서 정후인(鄭垕仁), 권사오(權思五), 남두장(南斗章) 등 모두 22편의 글이 실려 있다.

권14는 행장(行狀)으로 정재규, 하천서(河天瑞)와 그의 아들인 하경호(河慶灝), 정동일(鄭東馹)의 「사장(事狀)」 세 편이 실려 있다.

권15는 행장, 유사(遺事), 전으로 이루어졌다. 행장은 박효영(朴孝英)의 「윤산 박공 행장(輪山朴公行狀)」을 비롯한 다섯 편이, 유사는 어머니인 밀양 박씨와 삼종 조카인 정학인(鄭學仁)의 「유사」 두 편이, 전은 전윤성(全允誠)과 권정환(權鼎煥)의 「전」 두 편이 실려 있다.

3. 문집 목차

卷一

詩: 月夜訪豐五舜卿于平川讀書所 自警 同舜卿劇飲于鳳棲齋 訪明湖 秋坡兄席上酬溪南山石 次龍牙 韻 甲申除日抱衾吟病作相思苦三章寄與舜卿論兼一二同志 黃溪道中 黃瀑用崔孤雲紅流洞韻 挽權彌陽二絕 挽李聖養二絕 次南明重寄詩二絕 敬慕亭與諸公唱酬 悼李聖希(四首) 安兄汝般梁兄 君斗一十舍相訪留與相酬二首 寄南章憲(二首) 次梧坡寄詩 次申國範月西書室韻 挽權子強二絕 挽金文見二絕 次遯溪翁寄詩 挽權子厚 巳亥元朝 雪後會飲 挽金守堂三絕 呈溪丈兼簡同志諸公 挽南都事文贊 石鼓巖 薄賦不能耐寒垂老益甚今年寒事忒殆殺了一老漢化兒之操縱六可笑為作嘲詞一絕而又自解之乃撥悶一事也 小山趙和一有亭曰叢桂以詩命次 挽李春灘 新安刊所勉翁有韻謹 朴君舜瑞家貧親老又宿抱貞疾逢場以不能源源嗟戚動于色遂次其勿亭唱酬韻以解之…

權臺石梧丈以言事有黑島之命送詩以贐之三絕 次沈潤吉 挽表兄李

允若(三首) 遙和呈西川恒窩兩公講座 家兄老柏先生甲朝有感 挽曹衡七(二首) 挽趙月皋 挽曹惺溪 鄭敬晦歸自后山袖示俛宇登對初說言足聽聞因次退陶 齋感事十絕以擬寄懷 松柏亭主人梁汝正亂中相訪感不可諭臨別以亭韻求和病餘神思索漠厘步其兩 亭壁 表姪李泰淳舜和獻壽之日無物可助遙寄一絕以備頌詞 次金剛亭韻 雨中與綏石述懷 勉菴先 之日自巖穴枯黃以至里巷婦幼無不欣欣攢祝思得一瞻顏色之為快晃之愚亦與之同情有所慨然於中 絕以發之 古詩二首奉呈剛齋老兄困亨下 次芭山齋韻 和三修齋韻贈李晦夫 挽河景淡三絕 挽李廷 立春會話 田生見卿以壽親甲朝詩投知舊求和余惟介眉祝福軸中之述備矣乃賦古詩一篇用示余期勉之意亦或為頌禱中一事云 登武夷偶愛亭 千仞樓行揖禮仍設詩會 雷龍亭遇雪 乘月會龍亭 滯雨江 敬晦壽母生朝之紫陽詩一篇和者相繼皆可誦也因以一律追附于尾 除夕有懷寄章憲士珩明重三君 竹村草堂成行飲以落之 東華齋滯雨 次章憲獨嘯臺韻 辛丑春楷柳甥子中族弟文擧柳壻應洛鄭生周 山行登何許洞後嶺 登戒懼亭 路中逢宋桂德中挑以高山大洋要聯節北征桂山欣然從之作一絕相和過錦山龍華見高霽峯祠宇已墟共賦一聯以入傷之 登從古容堂祭重峯趙先生因謁壇後義塚賦一律 謁勉翁與門下諸公共賦 謝呈高秀南 奇友孝述見訪先師集中相酬 山居少年有詩輒次 挽南克中 謹次寒泉亭韻閩崛山唱酬(二首) 綏石權君歸自抱川聊賦一篇以呈 敬次朴公戒懼堂韻 挽李晚悔 次洪氏枕漱亭韻 亭韻既次又賦古詩一篇以呈洪士拯 挽鄭一雲 次竹泉原韻 呈西川老兄 與沈景晦過仙遊洞 悼南景三三絕 六友亭贈沈孔玉二絕 次六友韻 挽族祖柏川 挽族祖子敬 挽沈義瑞 次沈建 韻 挽奇孝述二絕 柏舍夜話六人同賦斗山李準九清溪李熙瓊明湖權雲煥正齋金正奭桂山宋在洛其一卽余農山鄭晃圭也 斗山明湖以詩嘲余吟病口號一笑又號以解之 和清溪老人 挽李仲瑞 謝聖郁 賀呈是菴兄生朝(二首) 贈別柳德容 戚君君五戀餘得書思思不能答有宿構一絕聯以替呈此時情景 一二矣 德夫以一詩寄意因誦其得於俛宇者公心二字

蓋救時之宜然耳乃足共餘意以勗之 次呈族叔可諴壽親重甲韻 西川趙兄大觀中州而歸必有當一聞者而秋間得行聲未遇詩以扣之且備壽席一頌云) 挽李洛中 從弟晩松老人生甲重回舊感新悲情景可念不可無慰語一句 次貞山齋韻 南敬真讀誠意 見志和韻以呈 次李進士源泉亭韻 挽趙良彥 西潭壽頌諸公之唱已盛尾附一語以需終曲一奏亦頌辭中變調也西潭若知我者當有能默會矣 次姜敬三先世旌閭韻 宗子稺貞壽母有詩和而寄諷 南生送真 譏魯齋詩所譏似非情實玆次以呈亦窮格中一事也 挽鄭應善 武夷溪上憶尼山兄弟 贈閔希重 次養 居韻 奉和李應律黃花詩 次金氏二樂齋韻 晦而敬真兩生示我以南宋英雄淚各十數篇讀之病腸熱沸以寄

卷二

書: 上蘆沙奇先生 上蘆沙先生問目 上從兄老柏軒先生 上從兄老柏軒先生發問對目 上從兄老柏軒先生(二篇) 上從兄老柏軒先生問目 上崔夢關 上崔勉菴(四篇) 與朴晩醒 與許后山(三篇) 答許后山 上內舅朴輪山 答鄭海山 答崔溪南(三篇) 與崔溪南 與金大谷 答鄭柏川 與鄭月波 答柳敬勝齋 答洪思伯 與權校理 與南亨弼 與鄭季方 答鄭季方(二篇) 與鄭季方 與崔士玉 與宋性浩 與李承旨 與許承旨 答李進士與鄭世安 答權聖弼 答河勉之 答金文見 與金豐五 答崔孝仲 答金國源 答黃國瑞 答田參奉

卷三

書: 與柳性存 答柳性存 與奇會一(四篇) 答奇會一 與奇會一 答奇會一 與郭參贊(二篇) 答郭參贊 與李啟道 與權應九 答權應九 與河禹範 答河禹範 與趙舜九 答姜伯溫(二篇) 與尹忠汝 與李聖 答李聖五墳南文贊 與李泰兼聚五 與崔君五 與成寬謙一陳仲文鄭子允 與成寬謙 與趙和一 與田舜道 答鄭承旨 答金伯見 答柳子玉 答曹應書 答南

應瑞(二篇) 答吳致守 答河景淡 答鄭敬方(二篇) 與與金鎭五 答金士吉 與李聖希 答成能博 與成能博 與許啟五內弟朴張步彥 答南士見 答南士見汝見 答文斗一 與田應七

卷四

書: 答李弼瑞 與李弼瑞 與陳仲文 與曹衡七 與權舜卿 答權舜卿(二篇) 與權舜卿 答權舜卿太極圖講錄劄疑 答權舜卿(二篇) 與權舜卿 答權舜卿權子厚 答權舜卿(五篇) 與權舜卿(二篇) 與權君七 答李南吉 答李南吉李瑞玉 答李南吉 答南克中 與趙泰文 答權子厚 與權子厚 答尹仁夫 與權箕允 答李鳳瑞 答李鳳瑞李德哉 答朴舜瑞(二篇) 與奇立夫 答李廷弼 與李廷弼 與趙良彥 與李聖圭 答曹應源 答文禹瑞 答沈泰元 答李善章 與崔錫亂 答曹公習 與曹公習 答河般贊 與權子綏 答柳甥子中 答李廷彥 答朴佑駿 答朴魯貞 與李應章 答朴孔玉 答吳汝洪 答宋德中(二篇) 與河兼洙 答趙瑛五(二篇) 與權道敏 答權重彥 與權重彥 答黃成甫

卷五

書: 答成聖與 與成聖與 答成聖與(三篇) 與柳希輿 答柳希輿(三篇) 與 權子強 與南章憲 與南章憲士珩 答南章憲 答南章憲士珩明重 答南章憲士珩 與南章憲明重 答南章憲(二篇) 答南章憲士珩明重敬三 與南章憲 答南章憲士珩 答南章憲 與文士憲 答宋羽若(二篇) 答宋羽若直夫 與宋直夫 答宋直夫 答朴玉汝 與許敬在 答許敬在 與李璟溫 答李文吉 答梁汝正 答權善裕(二篇) 與李煥五(二篇) 答柳善一 答權君範 與朴致容 與權汝強 與鄭可誠 答沈致善 答朴景立 答崔孟雷 答金時見 答文啟天 答鄭性天 答盧光鏞 與李永和 答沈致敬 答洪性浩(二篇) 答閔文善 答閔文善梁景賢 答梁景賢 與柳仲晦

卷六 沈斗煥

書: 答沈建七(二篇) 答沈建七問目 答沈建七孔玉 答沈孔玉 答李原禮(二篇) 與南士珩 答南士珩(五篇) 答權君五(四篇) 與曹彛卿 答姜汝明 答李長煥 答李章玉(二篇) 與南明重 答南明重 答南明重問目 與南明重 答南明重(二篇) 答南明重別紙 答南明重(七篇) 與南明重 答南明重(四篇) 答李晦天 答李應奎 答洪士拯士瑩 答南應珍(三篇) 答閔子直 答李而晦 答李子剛 答申國範 答權子德(二篇) 答沈孟雷 答沈應章 答南子相 答李安南 答李達善 答曹可陽(二篇) 答南景三 答朴景受 與朴景受 答鄭疇仲 與田元淑 答李景咸(二篇) 與李景咸 答河順七 與河順七 答姜景三 答金正煥李弘信 答李學度 答具性郁 答具聖郁 答朴仁夫 答鄭周京 與田說卿 答金仁可 答李道惟

卷七

書: 答黃景涵(四篇) 答鄭景晦(二篇) 與鄭景晦 答鄭景晦 答李致善(三篇) 答金翼夫 答金翼夫孟子問目 答金翼夫 答曹宗甫 答鄭萬甫 答權子貞 答閔子敬 答宋晦叔 答許亨佑(二篇) 答鄭士玉 答河宗汝 答南季 周汝 答河克重(二篇) 答河洙源 與河洙源 答河洙源太極圖說劄疑 答鄭晦夫(三篇) 答鄭晦夫河洙 本心講義 答李應律 答南學魯 答柳公懋(二篇) 答李采汝 答文善亨小學問目 與鄭思叔 答鄭思叔 答李文夫(二首) 答鄭道卿 答南乃中(三首) 答李化約 答南汝晦 答黃聲遠 與吳和益 答柳東彦問 載實 答金士文 答金士文別紙 答南汝明 答李德夫(三篇) 答李文郁 答李孔彦 答具士文 答柳善 敬真 答南敬真問目 答南敬真 答柳聖欽(二篇) 答李聖和 答李敬夫中庸問目 答李章夫 答李昌教 答金敬直 答李孟吾 與族姪道源 答宗子穉貞 答宗子穉貞問目 寄從姪鉉丙

卷八

雜著: 贈山房諸君 南明重字說 盲者說呈成能博 書贈全邦憲 河來卿字說 書贈鄭子正仁擧 書贈權子德 贈權漢翼 李子強字說 書贈李晩佳 書贈南明重 書贈沈孟雷 書贈李德夫 書贈鄭司震 書贈黃學範 書贈田子相 金舜衡字說

序: 草溪鄭氏派譜序 東遊錄序 葵塢詩藁序 瑞山鄭氏派譜序 送明湖子萬山陰序 送溪南子遊楓岳序 李秀士遺蹟序 宜宜契序 五宜亭契案序 木山遺稿序 喪禮儀序 碧山齋實紀序 講信契序 權文興字序 慶州金氏派譜序 送西川子入中國序 一醒齋遺稿序

卷九

記: 龍門亭記 撞鐘軒記 孤查文公旌閭移建記 追遠齋記 明德齋重修記 念齋堂記 永思齋記 尼山書室記 有恒軒記 天山臺記 心潭精舍記 石樵堂記 恆齋記 素窩記 桂山精舍記 一林亭記 咏歸亭記 老巖記 竹泉記 止山記 心齋記 挽琴亭記 達源齋記 洛浦精舍遺墟記 灑清亭記 二友堂記 追慕齋記 養正齋記

卷十

跋: 讀萬東廟碑銘聯句跋 題鵂鶹堂實紀後 書龜潭實紀後 書裵司僕壬辰義蹟詠錄後 江陽李氏三賢合稿跋 書病隱遺稿後 書青松沈氏世稿後 書湖上奇遇錄後 泣弓臺歌詠錄跋 書菊坡遺稿後 書道谷實紀後 晩松堂李公遺稿後叙 閔承宣壽親詩軸跋 書烈婦興金氏從客錄後 題月松金公事實記後 題梧坡崔君西征錄後 書六友亭記後 書明湖子某里紀行錄後 書山石子追墓錄後 書桂山子湖征錄後 書烈婦李氏傳後 題韓氏家藏記實後 書南士珩所抄約規後 書林景三處變錄後 讀老栢軒所題答客說後叙

銘: 林湖亭銘 正齋銘

辭: 權子綏哀辭(幷序) 南君承憲哀辭(幷序) 李容玉字辭 權峻明哀辭 南應珍哀辭(幷序)

贊: 道谷精舍贊

卷十一

上梁文: 平川院墟碑閣上梁文 後山齋上梁文 浦上齋上梁文 鳳陽齋移建上梁文 偶愛亭上梁文

祝文: 闍山祈雨祝文

祭文: 祭蘆沙奇先生文 祭崔夢關文 祭許后山文 祭金大谷文 祭李舜熙文 祭從兄老柏軒先生文 再祭文 祭崔溪南文 祭崔勉菴文 祭柳龍溪文 祭內舅輪山朴公文 祭柳公文 祭鄭海山文 祭鄭季方文 祭李遯溪文 祭權子厚文 祭李聖希文 祭權君七文 祭柳克明文 祭陳仲文文 祭河兼洙文 祭姊柳氏婦文 祭南章憲文 祭河順七文 祭許亨佑文 祭姊孫柳東彦文

卷十二

墓誌銘: 尚菴權公墓誌銘(幷序) 孤査文公墓誌銘(幷序) 水月堂田公墓誌銘(幷序) 栗菴李公墓誌銘(幷序) 學生權公墓誌銘(幷序) 學生宋公墓誌銘(幷序) 從曾祖父景淵公墓誌 正村南公墓誌銘(幷序) 學生權公墓誌銘(幷序) 孺人趙氏墓誌銘(幷序) 默堂裴公墓誌銘(幷序) 心潭李公墓誌銘(幷序) 淑人權氏墓誌銘(幷序) 成均進士河公墓誌銘(幷序) 學生權公墓誌銘(幷序) 宜寧南公夫人李氏同原墓誌銘(幷序) 三經堂河公墓誌銘(幷序) 克窩南君墓誌銘(幷序) 朴舜瑞墓誌銘(幷序)

碑: 高麗忠臣門下評理版圖判書鄭公遺墟碑 金寧金氏兩世墓壇碑記 烈婦韓氏旌閭碑陰記

墓表: 先祖參奉公墓表 直提學鄭公碑陰記 先祖臨淵亭府君墓表 僉使朴公碑陰記 孝子吳公墓表 若菴處士趙公墓表 處士河公墓表 宗姪

仲儒君墓表 三山處士權公墓表 具鎮斗大人墓表

卷十三

墓碣銘: 吏曹佐郎郭公墓碣銘(幷序) 晩隱堂鄭公墓碣銘(幷序) 文山權公墓碣銘(幷序) 學生南公墓碣銘 西湖河公墓碣銘(幷序) 居隱郭公墓碣銘(幷序) 夷岑南公墓碣銘(幷序) 默軒鄭公墓碣銘(幷序) 處士權公墓碣銘(幷序) 敬菴南公墓碣銘(幷序) 雙松閔公墓碣銘(幷序) 三從姪默守君墓碣銘 成均進士李公墓碣銘(幷序) 鳳菴李公墓碣銘(幷序) 淑夫人盆城裵氏墓碣銘(幷序) 晩耘李公墓碣銘(幷序) 素窩南君墓碣銘(幷序) 止山成君墓碣銘(幷序) 石巖具公墓碣銘(幷序) 金繪泰王夫人墓碣銘(幷序) 許秀士亨佑墓碣銘(幷序) 孝子金公墓碣銘(幷序)

卷十四

行狀: 從兄老栢軒先生事狀 贈左承旨望楸亭河公贈兵曹參判泣楸軒河公兩世遺事狀 晩圃鄭公事狀

卷十五

行狀: 輪山朴公行狀 晴川姜公行狀 通政大夫松菴閔公行狀 海山鄭公行狀 監役沈君行狀

遺事: 先妣孺人密陽朴氏遺事 三從姪默守君遺事

傳: 悟軒全公傳 明狂子傳

『농암유고(聾巖遺稿)』

1. 저자 소개

노재규(盧在奎, 1836~1920)의 자는 화서(和瑞)이고 호는 농암(聾巖)이며 본관은 광산(光山)이다. 거주지는 광주이다. 시조는 중국 당나라 한림학사(翰林學士)를 지낸 노수(盧穗)가 859년에 아들 9명을 데리고 신라로 이주했는데, 맏아들 노해(盧垓)가 광산백(光山伯)에 봉해지면서 본관을 광산으로 하게 되었다. 그런데 후대의 계보가 실전(失傳)되어 노해의 후손으로 고려 때 정승(政丞)을 역임하고 광주군에 봉해진 노만(盧蔓)을 1세조로 하는 계통과 대호군(大護軍)을 역임한 1세조로 갈라져 계승하였다. 후손들은 고려와 조선조에 많은 중요 관직을 역임했다. 노재규는 만(蔓)의 31세손이며 절효공(節孝公) 준공(俊恭)의 18세손이다. 저명한 학자로는 조선 중기의 문인인 노수신(盧守愼, 1515~1590)[33]이 있다. 증조부 노유광(盧有光)은 사복사정(司僕寺正)을 지냈고, 조부 노원필(盧元弼)은 좌승지(左承旨)를 지냈으며 학행(學行)이 있어 사림들이 추중(推重)하였다.

노재규는 아버지 모당(慕堂) 노진권(盧鎭權)[34]과 어머니 평산 신씨(平

33 노수신(盧守愼)의 자는 과회(寡悔)이고 호는 소재(穌齋)·이재(伊齋)이다. 그는 성리학자로 망명한 이연경(李延慶)의 딸과 결혼하고, 당대의 유학자 이언적(李彦迪)에게 수학하였다. 유배 갔을 때 이황(李滉)·김인후(金麟厚) 등과 편지로 학문을 토론하였다. 저서로는 『소재집(穌齋集)』이 있다.

34 모당(慕堂) 노진권(盧鎭權)은 지행(志行)이 탁월하고 효렴(孝廉)이 수제(修齊)하

山申氏) 처사(處士) 신유곤(申維坤)의 딸 사이에 1836년 11월 6일 광주군(光州郡) 일곡리(日谷里)에서 태어났다. 아버지는 호조참판(戶曹參判)을 지냈으며, 어머니는 정부인(貞夫人)의 칭호를 받았다. 노재규는 태어날 때부터 자질이 일반 사람들과 달리 청순하고, 용모가 단정하였으며, 지조(志操)가 월등하여 성인과 다름이 없어서 어른들이 보고 특이하게 여겼다. 자라서는 근검(勤儉)하고 온량(溫良)하였으며, 아버지와 할아버지의 뜻을 이어 세속의 명리(名利)와 함부로 어울리지 않아 종당(宗黨)과 향린(鄕隣)에서 칭찬하지 않음이 없었다. 또한, 아버지는 인분(人糞)을 맛보고서 약으로 바칠 정도로 효심이 지극하였으며, 21세(1856) 때에 아버지가 상(喪)을 당한 후 6년 동안 한결같이 슬퍼하여 예(禮)를 어기지 않았다. 30세(1866) 때에 어머니가 돌아가셨다. 그는 처음부터 끝까지 조상의 유훈을 따랐고, 충효(忠孝)와 학행(學行)을 근본으로 삼아 「계자잠(戒子箴)」과 「언행록(言行錄)」을 저술하여 자식들을 가르쳤다. 학문할 때에는 진실로 한결같이 주자를 흠모하였다. 당시 대학자들인 최익현·송병선·송병순·기우만 등과 도의로써 교유하였으며, 편지와 시(詩)로서 서로 수답하였다. 시국이 어지러운 때를 만나 두문불출하며 '원풍(願豊)'이라는 한 누정을 지었으니, 이는 주자가 나라를 걱정하면서 항상 풍년이 들기를 기원했던 의미를 담고 있다. 제액(題額)은 담산(覃山) 김경규(金敬圭)가 썼고 상량문(上梁文)은 오계수가 썼다. '농암(聾巖)'이라는 호를 지은 것 또한 세상의 시비(是非)를 원하지 않았기 때문이고, 다만 원하는 것은 애군우국(愛君憂國)의 정성일 뿐이다. 농암은 순독(純篤)과 실행(實行)으로 천거를 받고 도계(道啓)에서 칭찬받아 관직이 삼품(三品)에 이르렀으며, 1920년 12월 17일 85세 나이로 생을 마쳤다.

여 당시의 모범이 되었다. 『농암유고(聾巖遺稿)』 권3, 「가장(家狀)」.

2. 문집 구성과 내용

『농암유고(聾巖遺稿)』는 3권 1책 목활자본으로 4주단변(四周單邊), 반곽(半郭) 22.3×15.7cm, 유계(有界), 10행20자, 상하백구(上下白口), 상하내향(上下內向) 화문어미(花紋魚尾)에 크기는 31.3×20.2cm이다. 문집은 1923년에 간행되었는데, 고광선(高光善, 1855~1934)[35]과 송조헌(宋祖憲, 1870~?)[36]이 서문을 썼고 노석풍(盧錫灃)과 노종용(盧鍾龍)이 각각 「농암유고권후(聾巖遺稿卷後)」와 「선부군가장후(先府君家狀後)」를 작성하였다. 이 문집은 전남대학교, 부산대학교, 계명대학교에 소장되어 있다.

1권에는 시(詩) 40수, 잠(箴) 6편, 신(愼) 2편, 탄(歎) 2편, 명(銘) 3편, 록(錄) 1편, 잡저(雜著) 3편이 수록되어 있다. 권2에는 기(記) 2편, 상량문(上樑文) 1편, 중수기(重修記) 1편, 소(疏), 통문(通文), 서술(敍述), 별록(別錄), 족보서(族譜序)가 있다. 권3에는 서(書) 37편, 제문(祭文) 5편, 만(輓) 5편, 행장(行狀) 등이 있다.

시(詩)는 모두 33제 40수로 오언 칠언 형식이 혼재되어 있다. 당시의 내우외환의 상황을 탄식하고 걱정하는 내용을 담고 있는 시 속에서 작자의 삶의 태도를 알 수 있다. 예를 들어 「감민충정혈죽음(感閔忠貞血竹吟)」, 「탄세음(歎世吟)」, 「갑오원조우제(甲午元朝偶題)」 등이 있다. 특히 「감민충정혈죽음」과 관련하여 민영환이 자결한 후 피 묻은 옷을 보관해 두었는데, 마루에서 대나무가 솟았다는 일화는 잘 알려져 있다.

---

35 고광선(高光善)은 기정진의 문하에서 성리학을 배운 제자로 자는 원여(元汝)이고, 호는 현와(弦窩)이고, 본관은 장택(長澤)이며 복헌(復軒) 고정헌(高廷憲)의 후손이다. 저서로 『현와유고(弦窩遺稿)』가 있는데, 1962년 박하형(朴夏炯) 등의 문인들이 16권 8책으로 편집하고 간행하였다. 송재직(宋在直)의 서문과 박하형의 발문이 있다.

36 송조헌(宋祖憲)은 자는 성술(聖述)이고 호는 화석(華石)이며, 본관은 은진(恩津)이다.

잠(箴) 6편과 신(愼) 2편은 조부와 아버지가 훈계하셨던 말을 정리하였으며, 또한 자식들에게 항상 가르침을 실천하도록 적어놓은 글이다. 조부가 경계하는 말 가운데 "아버지는 아버지답고, 자식은 자식답고, 형은 형답고, 아우는 아우답고, 남편은 남편답고, 부인은 부인다워 각자 그 도를 얻어 그 힘을 다해야 한다. 사람이 비록 어리석고 어두울지라도 남을 책망하는 데는 밝고, 사람이 비록 총명할지라도 자기를 용서하는 데는 어둡다. 남을 책망하는 마음으로 자신을 책망하고, 자신을 용서하는 마음으로 남을 용서하라"고 하였는데, 이것은 범순인(范純仁)의 말을 인용해서 공자의 서(恕)를 실천하라는 가르침이다.

「농암원기(聾巖原記)」에는 김동현(金東鉉)·기우만(奇宇萬)·송병선(宋秉璿)·정봉현(鄭鳳鉉)·이희성(李羲性)·노응규(盧應奎)·송조헌(宋祖憲)이 붙였다. 「원풍정기(願豊亭記)」에는 박진동(朴珍東)·기호영(奇鎬永)이 붙였다. 「상량문」은 오계수(吳繼洙)가 썼으며, 「중수기」는 정봉현(鄭鳳鉉)이 썼다.

특히 「서술(敍述)」에서 당시 교유했던 이름난 학자들이 글을 지어 그의 학문·행실·의리 등을 평가했는데, 송병선은 "정절을 지키고, 뜻을 구하며, 나라를 걱정하고 백성을 사랑하며, 행동을 독실하게 한다"라고 하였고, 최익현은 "의취가 맑고 여유롭고 충의가 바르고 당연하여 한 점의 먼지가 없다"라고 말했다. 송병순은 "충의가 바르고 크며 빛나고 밝은데 광산에 숨어 있으니 돌과 더불어 같고, 그 뜻을 맹세하는 견고함은 의리를 지키고 이로움을 취하지 않는다"라고 하였고, 기우만은 "몸을 깨끗이 하고 집안을 잘 다스리니 다른 말이 출입하지 못하고, 의리를 두루 하고 궁행을 지극히 하여 추천을 받아 관직을 얻었지만 덕을 숨기고 벼슬하지 않았다"라고 평가했다.

서(書)에는 37편으로 보내는 편지에 받았던 편지를 붙여서 편집하였는데, 주로 송변선·송병순·최익현·기우만 등과 교유했던 것들이다. 그리고 송병선과 최익현의 「제문」 등이 실려 있다. 이러한 것을 통해 농암이 당시 교유했던 인물들을 확인할 수 있다. 선행의 가계와 행적의 대략은 정질인 노문규(盧汶奎)의 「가장(家狀)」과 송조헌(宋祖憲)의 「행장(行狀)」을 통해서 살펴볼 수 있다.

농암의 아들 노종용(盧種龍, 1856~1940)은 자가 치운(致雲)이고 호는 소해(蘇海)·면수(勉修)·농아(聾啞)이며, 본관은 광산이다. 일찍이 학문에 뜻을 두고 송병선·최익현·송병순·기우만의 한말 우국지사의 문하에 들어가 수학하였다. 1905년 을사보호조약이 체결되었을 때 최익현이 대마도에서 순결하고 송병선이 자결하자 세상과 인연을 끊고 스스로 농아(聾啞)라고 하고 농암정(聾巖亭) 아래에 소해정(蘇海亭)을 짓고 학문을 논하고 후학을 양성하다가 1940년에 세상을 떠났다. 저서로는 『소해유고(蘇海遺稿)』 4권 4책이 있는데 고광열(高光烈)의 서문과 노철수(盧澈秀)의 발문이 있다. 문집은 1960년에 발간되었는데, 전남대학 도서관과 조선대학교 도서관에 소장되었다. 노재규의 『농암유고』와 그의 아들 노종룡의 『소해유고』는 당대 석학들과의 교유관계를 살펴 구한말 광주의 우국지사의 면모를 살펴볼 수 있는 중요한 자료이다.

3. 문집 목차

序
目錄

卷一

詩(五言): 上元 偶吟 隱居 訪三山奇松沙(宇萬) 山亭吟 與友吟 庭菊 山亭花階 感閔忠貞血竹唫 夢成 春日草堂 清明 歎世吟 甲午元朝偶題 幽居 卽事 雨後 清夜 贈李侯耕山(義性) 贈別李侯耕山(義性) 在旅吟 聾巖絶韻 附宋仁默次韻 夢成 願豊亭八景吟 聾巖原韻 附和詩(十三) 願豊亭原韻附次韻(二十三) 日新齋韻 陞資慶宴韻 附和韻

(九) 次朴石西韻(翰容) 次三止齊韻(朴晦榮) 目警詩 十悔詩

箴: 王考履素軒公戒箴 先府君慕堂公訓箴 自警箴 五戒箴 十當箴 訓箴

愼: 莅官處事 行己

歎: 義士奇三衍高光詢遭變 邦國歎

銘: 交際銘 閔侯泳稷碑銘(己丑) 座右銘

錄: 言行錄

離著: 一亭兩號 感雷

夢謁孔子(己酉三月日)

卷二

記: 聾嚴記 附諸公記(七) 願豊亭記 附記(二) 附願豊亭上樑文 附願豊亭重修記

族譜序

疏(二)

通文

敍述

別錄

卷三

書: 上淵齋宋先生附答書 上淵齋宋先生附答書 上淵齋宋先生附答書 候宋心石(秉珣)附答書 候宋心石(秉珣)附答書 慰宋都事(秉珣)附答書 上勉菴崔先生附答書 上勉菴崔先生 與奇松沙(宇萬)附答書 答奇松沙(宇萬) 與奇松沙(宇萬)附答書 上勉菴崔台丈 上申判書(箕善)附答書 與鄭雲藍(鳳鉉)附答書 上李侯(義性)附答書 上閔侯(璿鎬)附答書 與沈丞旨(九澤)附答書 與閔丞旨(泳晩) 與尹議官(奭榮)附答書 答朴草廬(珠東) 答鄭江山(在舜) 慰崔叅奉(永祚) 慰奇松沙(宇萬) 慰

宋後庵(曾憲) 與鄭雲藍(鳳鉉)附答書 與朴芸蕉(源升) 與奇松沙(宇萬)附答書 答奇有衍 答奇周鉉 答奇東浩 答閔侯(永稷) 附閔侯書 與奇宗燮 答高光述 答高光哲 與吳後石(駿善)附答書 侯李候耕山(義性)附答書 與尹議官(奭榮)附答書

祭文: 祭淵齋宋先生 祭勉庵崔先生 祭竹下居士(鄭漢奎) 祭希庵處士盧公(夢筆) 祭鄭議官(漢宥) 附祭文(二)

輓: 輓族侄周聖 輓吳公難窩(繼洙) 輓心石宋公都事(秉珣) 輓綠公室鄭(海晩) 輓奇復鉉(德五) 附挽(李啓琮·鄭在舜·高漢柱·盧錫澧·高玟鎭·柳晋根·鄭淳黙·李卿範·鄭漢龍·金洪培·宋演在·申鉉常·崔基郁·盧范讓)

行狀: 附贈左承旨履素軒公行狀 附慕堂公墓表 面狀薦 道狀薦 鄕道儒薦狀

家狀(宋祖憲)

行狀(行狀)

聾巖遺稿卷後(盧錫澧)

先府君家狀後(盧鍾龍)

『다암유고(茶嵒遺稿)』

1. 저자 소개

위영복(魏榮馥, 1832~1884)의 자는 방서(芳瑞)이고 호는 다암(茶嵒)이고 본관은 장흥이다. 존재(存齋) 위백규(魏伯珪, 1727~1798)의 족손(族孫)으로, 1832년 장흥군 천관산 자락의 방촌에서 아버지 위도천(魏道天)의 아들로 태어났다. 어머니는 인천 이씨 이재박(李在璞)의 따님이다. 3세 때 어머니를 여의고 계모 광산 김씨의 손에서 자랐다.

조부 해의재(奚疑齋) 위백훈(魏伯勛)은 위백규의 삼종제이자 문인으로 문장과 학행이 뛰어났다. 위영복은 어려서부터 기국이 컸으며 학문을 좋아하여 가학을 계승하는 힘썼고, 효성 또한 지극하여 계모를 친어머니처럼 모셨다.

고산(鼓山) 임헌회(任憲晦, 1811~1876)에게 수학하다가, 뒤에 기정진에게 학문을 닦은 후, 다암초당(茶嵒草堂)에서 학문에 매진하였다.

그는 양이재(怡養齋) 김병린(金柄璘, 1833~1888)과 남파(南坡) 이희석 등과 교류하면서 1876년에 기근이 발생해 구휼하는 등 향촌 활동의 귀감이 되었다. 장흥 위씨 문각(文閣)인 장천재(長川齋)를 工자형으로 11칸을 중건하였다.

위백규는 천문(天文), 성위(星緯), 절서(節序), 운회(運會), 지리(地理) 등에 도설(圖說)을 곁들여 『환영지(寰瀛誌)』를 지었다. 위백규는 1758년에 시작하여 1770년(영조 46)에 완성하고, 이를 보완하여 61세 때인 1787년(정조 1)에 간행하려 하였으나 재정적인 문제로 그 뜻을 이루지 못하였다. 족손 위영복은 이 책이 민멸할까 우려하여 1882년 단권(單卷) 목판본으로 간행하였다. 이러한 노력은 조부의 역사지리적 인식을 계승한 것이다. 1884년 향년 53세의 일기로 삶을 마쳤다. 저서로는 『다암유고(茶嵒遺稿)』가 있다.

2. 문집 구성과 내용

『다암유고(茶嵒遺稿)』는 4권 1책으로 필사본이다. 유고로 전해오다가 증손 위용철(魏容喆)에 의하여 영인, 간행되었다. 권두에는 하성래(河聲來)가 쓴 서문이 있고, 권말에는 위계룡(魏啓龍)·위혁기(魏赫基)·정노수(丁魯壽)·위순식(魏舜植) 등이 쓴 4편의 발문이 있다.

권1에 시 121수, 권2에 서(書) 12편, 잡저 16편, 권3에 서(序) 2편, 기 4편, 발(跋) 2편, 상량문 1편, 축문 3편, 제문 4편, 행장 6편, 권4는 부록으로 시 3편, 서(書) 5편, 서(序) 3편, 발 2편, 만사 1수, 제문 8편, 행장 3편, 묘지명 1편 등이 수록되어 있다.

시는 자연경관을 소재로 한 서경시, 차운시, 기행시 등이다. 자연경관을 읊은 시들은 장흥과 그 주변의 산이나 누정에 관한 것이니, 무등산(無等山)·사인정(舍人亭)·부춘정(富春亭)·용호정(龍湖亭)·학명재(鶴鳴齋)·풍호대(風乎臺) 등이 바로 그것이다. 문각 장천재의 팔경을 읊은 것은 청풍벽(淸風壁)·도화량(桃花梁)·운영기(雲影磯)·세이담(洗耳潭)·명봉암(鳴鳳巖)·추월담(秋月潭)·탁영대(濯纓臺)·와룡홍(臥龍泓) 등이다.

서간문으로는 스승 임헌회와 기정진에게 위백규의 문집간행을 위해 자문을 구하는 것이 있다. 또한 임헌회에게는 예(禮)를 묻는 것도 있다. 최익현과 송병선 등과 교류한 편지도 있다. 잡저에 수록된 「의(疑)」는 애친(愛親)·경형(敬兄)·충군(忠君)·제장(悌長) 등이 사단(四端)과 어떠한 관계를 논하는 것이며, 「변인물오상부동설(辨人物五常不同說)은 사람과 동물의 오상(五常)이 같지 않다는 논지를 변설한 바, 그의 성리학적 관점을 엿볼 수 있다. 「관령견문록(關嶺見聞錄)」은 1877년(고종 14) 9월부터 12월까지 4개월 동안 함흥에 다녀온 여행기로서, 당시 함경도지방의 풍습과 방언을 연구하는 데 좋은 민속학적 자료이다. 특히 분묘(墳墓)에 대한 기록이 주목된다. 「척왜통문(斥倭通文)」은 병자수호조약을 반대하여 각처에 보낸 것이다. 「병자기사(丙子記事)」는 1876년 삼남지방을 휩쓴 한해(旱害)와 전염병으로 피폐된 상황을 기록한 것이다.

권3에 수록된 「환영지발(寰瀛誌跋)」은 위백규의 『환영지』의 발간 내역을 알 수 있는 자료이다. 상량문은 장천계곡을 굽어보고 있는 부계당에 대한 것이고, 축문, 제문, 행장 등은 선조에 대한 것이 대부분이다. 권4 부록에 수록된 것은 위영복과 연관된 글을 모아 수록한 것이고 만사나 제문 등은 학문적으로 교류한 인물들이 지은 것이다.

『다암유고』는 전남대학교 도서관, 조선대학교 도서관 등에 소장되었고, 『한국역대문집총서』(1475)에 『다암선생문집(茶嵒先生文集)』(茶嵒遺稿)으로 영인되었다.

3. 문집 목차

序: 序文(河聲來)

卷一

詩: 登萬歲橋(在咸興○以下五絶) 連川路中聞霜鴈(咸境道) 挽月巖族從知足軒(相基) 挽族姪壺山居士(河祚) 贈林斯文(奭榮) 與光羅二倅登無等山(○以下五言四韵) 自羅州向長城 遊舍人亭 校宮酬唱 挽族兄素庵公(榮禹) 次金友上蓮庵韻 山中幽居 挽金公 秋陽契會日行飮禮吟(省內諸章甫爲鼓山任先生而共結一契名以秋陽也壬午春會于俯溪堂) 自富春亭向龍湖亭(六言) 清風壁(長川齋八景○以下七絶) 桃花梁 雲影磯 洗耳潭 鳴鳳巖 秋月潭 濯纓臺 臥龍泓 祭鼓山任先生

有感(盖此詩朱夫子玉溪韻而存齋祭屛溪歸路次韵者也故余亦次之) 次桂巷萬庵相和韻贈咸興宗中 用前韻贈川進士(字士規居咸興西元坪) 挽族兄蓮庵(榮璟) 雪山途中感吟(存齋先生當宰此縣) 次姜斯文(永直) 崇禎錢韻 蘆沙奇先生大朞後嘆吟 金山途中別姜注書(運馨)李進士(基南) 別金龍德 漁火 觀捧稅(二首) 在京喜逢故鄕人 在京權洞 別泰仁客 挽高公(義鎮) 挽李同知 自康津向淸風院 過靈巖 自靈巖向錦城 次諸臣韻(甲寅五月十五日卽大王大妃誕辰而設耆老科于春塘臺命諸臣賡韵) 過淨水寺 挽榴軒金世翼(元甫) 書燈(二首) 喜主翁送栗 挽金知範 癸未除夕次涒灘韻(○以下七言四韵) 在京偶吟 在京與諸益遣懷 題伴接官和倭詩後 與光羅二倅再遊無等山 追次李進士(僖錫)金剛山韻 次乎也堂(金最運)韻 京城待同約諸人 賀世子誕降 喜晴 蒼鷹 入永興府奉審邑先生案(族六代祖諱廷喆嘗宰此邑) 杜陵月夜贈諸宗人 登觴岑吟 和許小痴(鍊) 與高靜潭(彦柱)金止雲(擎鉉)共和 奉別小坡韓明府(致肇) 與琴陽尹進士(包叔)遊九龍峯 長川卽事(二首) 贈鄭源直(東訥居任實) 過羅州榮山 憶友人 贈朴上舍(履雲) 遊富春亭(三首) 與春川李進士(奎鳳)登天冠山 偶吟 茶山夜和 和許小痴生輓詩 風咏契席待人 挽申記室(錫瑩) 茶山戱吟 杏壇抽葉 自富春亭向龍湖亭 登社壇 登石臺 會陽春齋(二首) 在家憶留齋客 聽寒溪 遊鶴鳴齋 遊舍人亭(九首) 茶山再修風詠契 遊夫山 送遠客 挽丁公南湖(藝弼) 歎明年又至 隱居 圍棋 松濤 雪竹 次客韻 登風乎臺 寓懷 夜吟 夜和 喜晴 又雨遣懷(二首) 述懷 山事 臨別(二首○時在長川) 雪夜吟 立春 贈友(長川齋) 春雪(二首) 詠牛(二首) 笠冒 挽表叔李公 蓮塘 鶯子 移秧 陽春齋會吟(二首) 錦山郡見壬辰義士立節碑感而作歌 訓蒙歌 解蒙歌.

卷二

書: 上皷山任先生(憲晦○丙子) 上任先生禮說問目 上蘆沙奇先生(正鎭) 上奇先生慰狀 與崔勉庵(益鉉) 與宋淵齋(秉璿) 與李判書 與洪知

府(在鼎 ○丙子) 與吳知府(達善) 與鄭薇齋國彦(在弼) 與柳伯明(相俊) 與魏司果(楠)別紙(及其六藝抄報之時爲清之說或傳故有此別紙).

雜著: 問愛親敬兄忠君悌長一句承四端之下愛親當屬仁忠君當屬義敬兄當屬禮而獨無可以屬智處此當如何分看(疑) 辨人物五常不同說 斥倭通文(丙子春倭賊來侵朝議主和故不勝憤慨以此通告于將官鄉校) 代鄉中多士告本官狀 代面儒褒魏衡良孝行狀 俯溪堂重修記事 丙子記事 戒行書 存齋集刋行始末 長川齋行飮禮小引 淵谷院位版埋安笏記(辛未秋以朝令各州書院毁撤位版埋安于遺址告官而製笏與祝) 陽春齋講會笏記 聖廟革弊節目 關嶺見聞錄 書茶嵒子關嶺見聞錄後 [附]次韵(謹次上蘆任山丈靈筵韻 次漣川道中聞鴈聲韻 次咸興萬世橋韻 次贈其咸關宗人韻 次奉審永興府邑先生案韻 次題伴接官和倭韻 次金山道中別姜李兩雅韻 次杜陵月夜韻 次別杜陵諸宗韻)(克復齋 金冕澤) 告諭諸宗族文 婚書(第二子) 又(第三子 [添言(魏赫基)])

卷三

序: 松柏說贈杜陵諸宗序 本面講會名帖序

記: 則休樓記 乎也堂記(金最運) 大明洞記 默軒記(朴寅煥)

跋: 寰瀛誌跋 書籃浦公教旨後

上梁文: 俯溪堂上梁文(癸酉)

祝文: 淵谷院位版埋安祝 存齋先生祧主還安時五代孫啟喆告由祝 宗孫啟信告本祠祝

祭文: 祭鼓山任先生文 祭三悔堂金進士(在桓)文 告四從祖存齋先生墓文 哭族孫農圃學春(松)文

行狀: 族高祖妣孺人白氏行狀 松灘魏公行狀 五代祖考通德郎府君行錄畧 曾王考府君行錄畧 王考奚疑齋府君行錄畧 先考府君行錄畧

卷四

附錄(詩·書·序·記·跋·挽詞·祭文·行狀·誌銘)

詩: 皷山病生書奉魏芳瑞甫(乙亥二月) 錄奉魏芳瑞甫 四一居士為茶嵒斯文意有屬焉(四一居士宋綺老號) 咸興生林奭榮謹次茶嵒魏丈贈韻(幷小序)

書: 任皷山答書(乙亥四月) 皷山答書(乙亥八月) 皷山答書(乙亥) 崔勉庵(益鉉)答書(辛巳十二月) 金吾南(漢燮)與書

序: 奇蘆沙贈序 天冠山長川齋鄉飲禮序(鄭在弼)

記: 又記(金勳)

跋: 茶嵒魏處士同遊錄跋(尹秉) 同遊錄跋(金永根)

輓詞: 李僖錫 玄啟默 金擎鉉 金漢驥 白基虎 韓哲灝 李重暹 李魯錫 魏錫說 玄周默 金魯鉉 丁昌鍾 丁炳序 金永根 白永昇 任善八 金璣烈 魏瓘植 金益銘 文冕行 宣翼欽 魏梁基 魏侯植 金漢基

祭文: 金吾南祭茶嵒處士魏公文(魏榮馥) 金景晦祭文(魏榮馥) 槐廬族姪祭文(魏榮馥) 牙原朴寅煥祭文(魏榮馥) 星山玄在昇祭文(魏榮馥) 族孫瓘植祭文(魏榮馥) 族孫衡良祭文(魏榮馥) 桂洞喪所(宋鍾雲)

行狀: 茶嵒處士魏公行狀(奇宇萬) 行狀(金永根) 茶嵒先生行錄畧(魏啟洋)

誌銘: 茶嵒處士魏公墓誌銘(玄啟默)

跋: 敬書茶嵒遺稿後(魏啟龍) 跋(魏赫基) 跋(丁魯壽) 跋(魏舜植)

『담녕집(澹寧集)』

1. 저자 소개

제갈하백(諸葛夏帛, 1855~1918)의 자는 세량(細凉)이고 호는 담녕(澹寧)이며 관향은 남양(南陽)이다. 시조는 중국 삼국시대 제갈량(諸葛亮, 181~234)의 아버지 제갈규(諸葛珪)이다. 제갈규의 5대손인 제갈충이 신라에 망명하면서 남양 제갈씨의 중시조가 되었다. 고려 현종 때 제갈형(諸葛瀅)과 제갈홍(諸葛泓) 두 형제는 제씨와 갈씨로 나누어져 각각 낭야군(瑯琊君)과 남양군(南陽君)에 봉해져 성씨가 갈라졌는데, 조선 고종 때 성씨 복원운동이 일어나자 다시 제씨와 갈씨의 일부가 합쳐져 복성(復姓)되었다.[37] 제갈하백은 어린 나이에 조선 시대 6대가 중의 한 사람으로 한말 리(理) 중심의 성리학 체계를 새롭게 구성한 노사 기정진의 제자가 되었다.

제갈하백은 철종 6(1855)년에 곡성군 오산면 청단리에서 처사공 병두(秉斗)의 장남으로 태어났다. 영재(寧齋) 이건창(李建昌, 1852~1898)은 「갈사문세량보담녕와명(葛斯文細凉甫澹寧窩銘)」에서 "세량은 일찍이 노사 기선생을 좇아서 배웠고, 또 운람 정선생과 이웃으로서 바른 선비의 복장을 하고 남모르게 스스로 닦는 아름다움이 있었다"라고 기록했는데, 정확한 시기는 알 수 없다. 하지만 제갈하백은 자신과 가까이 살던 곡성의 친구 운람(雲藍) 정봉현(鄭鳳鉉, 1852~1918)과 교유하면서, 어려

37 『澹寧集』 권2의 「族譜跋」과 「世蹟跋」에 자세하게 수록되어 있다.

서부터 노사 기정진에게 성리학을 배웠다.[38]

25세(1879) 때에 스승 노사가 죽자 "모든 명성 높은 선생님의 문하에서 직접 가르침을 받고 칠역(七域)을 주유하던 때에 명산대천과 누대, 정사의 풍경을 관람하였다"[39]라고 했으니 다양한 학문의 접근과 유유자적하는 삶을 시작하는 시기이다. 29세(1883) 때에 연재(淵齋) 송병선 문하에서 수학하였으며, 인산(仁山) 소휘면(蘇輝冕, 1814~1889)과 성리학의 중요 쟁점들을 서신으로 살폈다. 30세(1884) 때에 운창(芸窓) 박성양(朴性陽, 1809~1890)으로부터 담녕(澹寧)이라는 호(號)를 받았다.[40] 이때부터 전국의 선조 유적을 모으기 시작하여 37세(1891)에 선조세적(先祖世蹟) 1권을 완성하였다.[41]

48세(1902) 때에 제갈량의 영정을 분리하여 봉사할 수 있도록 허락해달라는 상소를 올려 예조의 허가를 받고, 49세(1903) 때에 곡성 옥과면 청단리에 무후사(武侯祠)를 짓고 봄과 가을에 제사를 지냈다.[42] 57세(1911) 때에 무후사 남동쪽에 독조대(獨釣臺)라는 초당 지어 놓고 굴원의 「어부사(漁父辭)」와 「백구가(白鷗歌)」를 부르며 혼란한 시대상황을 견디었다.[43] 60세(1914) 때에 「담녕집」 발문을 작성하여 자신이 수집한 왕복 편지와 시, 기문, 서문, 발문 등을 후세에 전하고자 했다. 61세(1915) 8월에 기우만으로부터 취죽(醉竹)이라는 호(號)를 받았다.[44] 마

---

38 『澹寧集』 권2, 「世蹟跋」에 "어려서 머리를 묶을 때[羈貫]부터 노사 선생을 따라 배웠으나 성질이 본래 어리석고 능력이 부족하여 마침내 이룬 바가 없으니 슬퍼할 뿐이다."라고 했다.

39 『澹寧集』 권3, 「澹寧集跋」 참조.

40 『澹寧集』 권2, 「澹寧窩記」 참조.

41 『澹寧集』 권2, 「世蹟跋」 참조.

42 『澹寧集』 권3, 「永玉兩祠事蹟跋」 참조.

43 『澹寧集』 권3, 「獨釣坮記」. "독조대는 신해년(1911) 9월에 시작하여 10월에 일을 끝마쳤다."

침내 64세(1918)에 죽음을 맞이했다.

2. 문집 구성과 내용

『담녕집(澹寧集)』[45]은 4권 2책으로 구성되어 있는데, 따로 목차가 없는 필사본(筆寫本)이다. 1책에 속하는 권1~3은 산문(散文)으로 구성되어 있고, 2책에 해당하는 4권은 시(詩)가 수록되어 있다고 전해지는데, 2책은 망실되어 그 구체적인 내용을 확인할 수 없다. 이 판본은 10행 20자로 되어 있으며, 표지를 제외하고 158면이다. 내용상으로 서문(序文), 행장(行狀), 가장(家狀), 묘갈명(墓碣銘), 묘지명(墓誌銘), 연보(年譜) 등이 없어서 저자의 행적을 자세히 알 수 없고, 권3에 『담녕집』의 간행 경위를 알 수 있는 발문이 있는데 저자가 살아있을 때 쓴 것이다. 그나마 노사의 문인을 기록한 「사상문인록」[46]·「노사선생연원록」[47]과 『곡성군지』의 「무후사」[48]에 간략한 기록이 있을 뿐이다. 그래서 그의 기록은 편지 등의 글이나 발문의 기사를 통해서 헤아릴 수 있을 뿐이다. 전체적인 특징으로 보면 권1은 제갈하백이 받은 서찰들의 내용을 수록했고, 권2와 권3은 본인이 직접 저술한 글을 기록했다.

권1에는 모두 39편으로 구성되어 있는데, 스승을 비롯한 사우들에게 받은 편지 33편, 성리학의 쟁점에 대해 소휘면이 보낸 편지 3편, 담녕와기(澹寧窩記), 담녕와기서(澹寧窩記序), 송서(送序)가 수록되어 있다. 권2에는 총 20편으로 기문(記文) 5편, 서문(序文) 4편, 발문(跋文) 2편, 신

44 『澹寧集』 권3, 「醉竹記」 참조.

45 김현희, 『역주(譯註) 담녕집(澹寧集)』, 전남대학교 석사학위논문, 2016, 참조.

46 諸葛夏帛, 字細凉, 號澹寧, 乙卯生, 南陽人, 居玉果.

47 諸葛夏帛, 字細凉, 號澹寧, 乙卯生, 南陽人, 贈領相成龍后, 居玉果.

48 『곡성군지』, "무후사는 제갈무후의 영정을 모셔둔 사당으로 오산면 청단리에 있으며 그 자손인 제갈하백이 계묘년(1903) 여름에 건립하였다"고 기록되어 있다.

언(贐言) 2편, 소지(小識) 1편, 설(說) 1편, 명(銘) 1편, 척사학문(斥邪學文), 학해(學解)가 수록되어 있다. 권3에는 모두 47편인데, 서(書) 17편 기문(記文) 8편, 제문(祭文) 7편, 서문(序文) 2편, 위장(慰狀) 2편, 발문(跋文) 2편, 설(說) 2편, 고사(告辭) 1편, 봉안문(奉安文) 1편, 백구가(白鷗歌), 계자서(戒子書) 등이 수록되어 있다.

특히 권1에서 인산(仁山) 소휘면(蘇輝冕)의 답장은 성리학의 핵심주제인 명덕(明德)과 이기(理氣)의 관계, 인심도심(人心道心)에서 인(人)과 도(道)의 구분, 사단칠정(四端七情)에 대한 율곡의 관점, 본연지성(本然之性)과 기질지성(氣質之性)의 문제, 인물성동이(人物性同異)의 문제, 태극(太極)과 음양(陰陽)의 관계, 이기(理氣) 선후의 문제, 기질(氣質)과 형질(形質)의 구분 등에 대해 기술하였는데 성리학에서 중요하게 다루어지는 것들이다. 비록 짧은 글이지만 성리학의 핵심 개념들을 서로 담론하였다는 점에서 담녕(澹寧)과 인산(仁山)의 학문적 관계를 더욱 살펴볼 필요가 있다.

권2에서 「학해(學解)」는 율곡(栗谷) 이이(李珥)의 학설을 자세하게 밝혀놓은 것으로, 책을 읽는 것도 실천을 위한 것임을 강조하였다. 이것은 바로 율곡의 실천정신을 그대로 수용한 것이다. 또 「척사학문(斥邪學文)」에서는 당시의 혼란한 시대 상황을 수록한 것이다. 제갈하백은 동학(東學)을 사학(邪學)으로 간주했으며, 유학의 윤리체계인 삼강오륜을 저버리고 국가에 대항하는 것으로 배척해야 함을 주장하였다.

권3에서 「백구가(白鷗歌)」는 『담녕집』에서 유일하게 국한문혼용의 가사로 그 사회의 현실 상황과 그 대응방식을 보여주고 있다. 제갈하백은 한 지식인으로서 현실에 어쩔 수 없는 삶을 살아가면서 천명(天命)이 다시 내려 세상이 바뀌기를 기원하고 있다.

『담녕집』은 19기 말에서 20세기 초 호남의 곡성에서 활동한 저자의 활동을 보여주는 저술이다. 제갈하백은 자신의 집안의 내력을 고증하기 위해서 많은 노력을 했으며, 또한 많은 지식인들과 교유하면서 성리학적 사유방식을 공부하고 위정척사의 사상적 토대를 마련하였다. 특히 만민평등을 외치는 동학·서학과 국권을 침탈한 일본세력이 등장하자, 담녕은 무후사를 건립하여 유교의 가치 질서를 회복하고자 노력했다. 전남대학교 한문고전번역협동과정의 김현희 선생이 석사학위 논문으로 제출하면서 『담녕집』이 실제로 세상에 알려지게 되었는데, 미발굴된 자료를 보충하여 학문적으로 더욱 고찰해볼 필요가 있다.

3. 문집 목차

卷一

葛君奉謝(蘆沙奇先生書) 葛君侍案回納青丹遠溪謝狀(淵齋宋先生書) 細凉侍史回展(松沙奇參奉書) 送葛君細凉序(謄去) 題五條送葛君(立齋宋承相書) 奉呈葛碩士歸橐(芸牕朴先生書) 書贈葛細凉歸青丹(黙養齋蘇持平書) 贐言(心石宋監役書) 葛斯文細凉甫澹寧窩銘(寧齋李承旨書) 澹寧窩記(雲藍鄭先生書) 澹寧窩序(小隱吳僖泳書) 題愼獨二字贐行(小雅趙性憙郡守牧使) 葛斯文侍案 問七節(蘇持平答)[49] 細凉省右回謝謄去(松沙奇參奉書) 省右回納謄去 細凉侍案清拂(府使趙性憙小雅) 侍案回謝 侍案奉謝 青丹省右謝狀謄去(奇參奉書) 澹寧侍湯案右(雲藍先生書) 慰狀 按廉使李道宰書 慰疏 青丹孝廬謝呈謄去(松沙參奉書) 澹寧回上(松沙參奉書) 澹寧道座下(京城棗洞李根湘書) 澹寧道座下(觀察李根澔書) 澹寧省幌下(梧枝安進士重燮書) 諸

49 제목은 「文七節」이지만 실제로는 여덟 개의 조목에 「기질형질변」을 덧붙여서 모두 아홉 개의 조목으로 구성되었다. 구체적은 소제목은 다음과 같다. 1.明德理耶氣耶兼理氣耶 2.人心道心 3.四端七情 4.本然之性氣質之性 5.人物之性同耶異耶 6.太極陰陽混然一物耶抑二物耶 7.理氣先後 8.學者有平生主文當以何書爲主耶 9.氣質形質辨.

葛斯文道座下(李根澔書 二篇) 澹寧省右回上(參奉松沙書) 諸葛澹寧省座下(安在熙書) 澹寧經几回上騰去(參奉松沙書) 澹寧省几回上 送宗賢夏帛世良歸玉果序(宗從慶根小序) 諸葛碩士(心石宋先生答慰狀)

卷二

族譜跋 世蹟跋

平澤林氏六孝旌閭記 澹寧窩記

讀書銘

愛杏花說

久齋序

興學堂記

谷隱序

學解

斥邪學文

安東金氏三節錄小識

贐言李斯文

契案序

贈言林斯文

答洪斯文書 士中

答按廉使疏

玉山子歸越浪序

汾石記 醉竹記

卷三

扶義堂記

忠武侯先祖奉安文

答觀察使書

保民鄕約序

答觀察使書(三篇) 答安進士丈書

錦陽書室記

永玉兩祠事蹟跋

淵齋宋先生祭文

心石宋先生慰狀

贈李君字說

望鸎鵡峯記

崔勉菴先生致祭文

戒子書

林參奉玉隱記

辨古今小大學敎說

戒子書 朴芸牕老先生刊所答書

答安進士慰狀

鄭持平小松公致祭文

獨釣坮家基祭告辭

獨釣坮記

見石侍几淸鑑

獨釣坮記

澹寧集跋

學契條約序

老松記

宋心石先生敬祭文 鄭綠室先生敬祭文 高尼石先生敬祭文

竿竹記

白鷗歌

書蕉軒記後

書宋婿郎

答許大兄炳

書海州吳氏孝行錄後

桂山李先生敬祭文

答嶺南山淸矢川面新川里寵尾洞曺淵鷗洲書 答嶺南山淸矢川面新川里龜尾洞河斯文通逵字相雲書 答忠淸道淸州內德面首谷里尹致弘號海杰書 答忠淸道報恩山外面牙時里崔翼昌號月灘書 答忠淸道淸州米院面雲巖里李兢敏申養雨權寧奭書 答忠北報恩山外面門岩里朴禎浩書 答忠北淸州加德面首谷尹世求書 答忠北淸州琅城面梨亭李惠九書

『대곡유고(大谷遺稿)』

1. 저자 소개

김석구(金錫龜, 1835~1885)의 자는 경범(景範)이고 호는 대곡(大谷)이며 본관은 김해이다. 고려 판도판서(判圖判書) 문정공(文貞公) 김관(金管)의 후손, 1835년 남원군(南原郡) 세산리(細山里: 현 송동면 세전리)에서 김국현(金國賢)의 아들로 태어났다. 어머니는 경주 김씨로 김창운(金昌雲)의 따님이다. 남원과의 인연은 그의 6대조 김재록(金載祿)이 남원으로 입향하면서부터이다. 증조부는 김정삼(金鼎三), 조부는 김재곤(金再坤)이다.

10세 전후 이웃 마을 서당에서 『소학』을 배우며 실천을 지향하였다. 16~7세 무렵 구도(求道)의 뜻이 있어 장성에서 강학하던 기정진에게 나아가 수학하기 시작하였다. 그는 『맹자』를 읽으면서 스스로 맹자가 되기를 기약하며 말끝마다 맹자라고 칭하자 사람들이 웃으며 김맹자(金孟子)로 불렀다. 학문을 연구하기 위해 담양군(潭陽郡) 대전면(大田面) 대곡리(大谷里)로 이사하였다. 이후에도 27년간 기정진의 문하에서 학문에 매진하였는데, 최익현이 쓴 「대곡유고서」에서 김석구를 '노옹(蘆翁)의 적전(嫡傳)'이라고 극찬하였다. 그는 동문 이곤수(李崑壽, 1808~1888), 김한섭(金漢燮, 1838~1894), 정시림, 정재규, 정의림, 기우만 등과 함께 교류하면서, 스승 기정진의 존리(尊理) 정신을 토대로 성리사상을 추구하였다. 기정진이 인물성동이론(人物性同異論)을 논리적으로 설명하기 위해 리일분수설(理一分殊說)로 기초로 「납량사의(納凉私議)」을 지었는데, 이를 읽고 스승에게 질의하여 열 가지 중 아홉은 옳다는 인정을 받기에 이르렀다. 훗날 정재규, 정의림과 함께 노사학파의 3대 제자로 불렸다. 그는 스승과 함께 담론한 성리학 내용들을 「사문문답(師門問答)」으로 정리하고, 동문들과 문답한 성리학 및 예설(禮說) 등을 「지구문답(知舊問答)」으로 정리하였다. 「사상어록(沙上語錄)」은 그 자신이 직접 스승에게 보고 느낀 학문과 사상을 기록한 것이다.

1885년 향년 51세의 나이로 삶을 마쳤다. 스승이 배향된 고산사(高山祠)에 추배되었다. 저서로는 『대곡유고(大谷遺稿)』가 있다.

2. 문집 구성과 내용

『대곡유고』는 6권 3책으로 목활자본이다. 1902년 김석구의 동문 기우만·정재규 등에 의해 편집, 간행되었다. 4주쌍변(四周雙邊), 반곽(半郭) 22.9×15.6cm, 유계(有界), 10행22자, 주는 쌍행(雙行), 내향(內向) 2엽화문어미(二葉花紋魚尾)에 크기는 28.8×18.5cm이다. 권두에 최익현의 「서문」과 권말에 최숙민·김창우(金昌宇)의 「발문」이 있다.

권1과 권2에 시 107수, 서(書) 42편, 서(序) 5편, 기 2편, 발 1편, 제문 4편, 권3과 권4에 잡저 2편, 권5과 권6에 잡저 2편, 부록으로 설(說)·기(記)·서(書)·만사(挽詞)·제문·행장·묘지명·전(傳) 등이 수록되어 있다.

권1의 시는 102제 113수가 수록되어 있는 바, 영물시(詠物詩), 송별시(送別詩), 증시(贈詩), 만시(挽詩) 등 다양하다. 내용을 보면 스승에게 올리는 시, 동료와 함께하면서 읊은 시, 학문을 나태함 없이 추구하려는 시, 자연을 읊조리며 도를 추구하는 도학시(道學詩) 등이 있다.

서는 주로 사우(師友)·지구(知舊)와 서로 학문에 대해 주고받은 편지이다. 특히 정재규에게 보낸 편지에서는 주자서(朱子書)에 관한 토론이 많아 주자의 이학(理學)을 깊이 연구한 것으로 보인다.

권3에 수록된 「자경설(自警說)」은 26세부터 36세까지 약 10년에 걸쳐 307조목으로 기록한 것으로, 저자가 평생 학문에 뜻을 두고 공부한 것을 스스로 깨우치고 반성하려는 목적으로 쓴 것이다. 행동거지의 하학(下學)에서부터 천명이기(天命理氣)의 상학(上學)에 이르기까지를 포괄해 자신이 보고 느낀 것이나 읽고 터득한 것을 조목조목 정리하여 저자의 성리학에 관한 학문을 연구하는 데 좋은 자료이다.

권4에 수록된 「사문문답(師門問答)」은 126조목인데, 스승 기정진과 성리학의 중심 명제인 태극·음양·이기·성정 등에 대해 질문 형식으로 토구(討究: 사물의 이치를 따져 가며 연구함)한 것으로 본격적인 성리학설들이다. 권5에 수록된 「지구문답(知舊問答)」은 37조목인데, 동문 정재규·정시림·정의림 등과 성리학의 골간인 심성이기(心性理氣) 및 예설(禮說)에 대해 문목(問目)으로 문답한 것을 주고받은 것이다. 「사상어록(沙上語錄)」은 46조목인데, 기정진이 살던 사상(沙上)에서 공부하며 자기가 본 대로 느낀 대로 스승의 학문과 사상을 논술한 글로서, 기정진의 학문체계와 사상을 고구(考究)하는 데 도움이 되는 자료이다.

『대곡유고』는 전남대학교 도서관, 전북대학교 도서관, 전주대학교 도서관, 성균관대학교 도서관 등에 소장되었고, 『한국역대문집총서』(2690)에 『노포선생문집(老圃先生文集)』(老圃遺稿)으로 수록, 영인되었다.

3. 문집 목차

序: 大谷遺稿序(崔益鉉)

卷一

詩: 偶吟 占韻得斜字 夜 松風 偶吟 卽事 春行 物生 清夜 無事 偶題 雨後 自顧 砥柱 大河 有感(二首) 自悔(四首) 偶吟 月夕 閒中 少年 悲判錫 悲奎燁 世事 有客 窮達 送友人奇允左 時年三十二見鬢髮白莖自歎吟 次鄭周允贈別 次鄭厚允鄭季方契合詩 聽蟬 隨石澗入洞中 歲晏 次權子厚贈別 送宗人豐五歸堤川(四首) 獨坐 上蘆沙先生 挽

崔上舍 閑吟 上心齋李先生 靜觀 吾生 上蘆沙先生 素志 冬至 脫灑 次何北山王魯齋迷途詩 俯仰 有感 偶吟 敬次荷谷韻 偶吟 謹步奇會一鄭東國聯句 步月松諸友聯句 挽李公穉涵(鎭永) 春閒 夜月 淸夜 慰寂 聽澗 客中逢晬日 霧 寄族兄漢瑞(濟休) 觀太虛 尨髮兒 所業未就氣質先敗故遂吟一絕以自誓 太山吟 懸燈 春行 幽居 夜坐 閒興 困字吟 憂深 惺齋餘話寄漢瑞族兄 閒民 我行 偶吟(四首) 三十書懷 梧村月夜與蕖潭共賦 族生敬善(昌宇)有詩不可無和 題西山精舍 悔字吟 憂深 閒中 梧桐園與諸益共吟 春晩 山居 暮春對雨 次朴景有(準基)五難韻 謹次雙槐李丈(晉秀)壽席韻 微凉 奉和宋友仲平 感興(二首) 無事 下沙春日與諸益共賦 自悟 肅字韻 新元與諸益共賦 贈鄭友厚允歲暮吟 偶得能字.

卷二

書: 上蘆沙先生 附答書(奇正鎭) 上李心齋(崑壽) 上李心齋 上李心齋 上李心齋 上李心齋 答閔鳳谷仲浩(璣容) 與金吾南致容(漢燮) 與鄭月坡伯彥(時林) 與鄭月坡) 與鄭月坡 與鄭艾山厚允(載圭) 與鄭艾山 與鄭艾山 與鄭艾山 答鄭艾山 與鄭艾山 答鄭艾山 與鄭艾山 與鄭日新季方(義林) 與奇松沙會一(宇萬) 答吳止巢(相鳳) 與金樂三(湜麒) 與鄭彥國(鳳鉉) 與吳愚仁 答鄭周允(冕圭) 答鄭周允 答鄭周允 答鄭周允 答權舜卿(雲煥) 答權舜卿 與權舜卿 與權舜卿 答權舜卿 答陳仲文(樸) 答陳仲文 答鄭道麟(學仁) 答鄭道麟 答鄭道麟 與沈致敎(魯綜) 與沈致敎 答沈致敎 答權子厚(基德) 答權衡中 答宗人山石豐五(顯玉) 答族丈觀湖(國澤) 答族兄漢瑞(濟休) 答族兄漢瑞 別紙 答朴景有(準基)

序: 送金秋槎序 送安行五序 送潭西秀才序 送閔丈仲浩氏歸堤川小序 奉別明洞主人序

記: 雙槐堂記 湖狂齋記

跋: 書兩鄭奇遇說後

祭文: 祭先師蘆沙先生文 再祭文 三祭文 祭金章汝(治熙)文

卷三

雜著: 自警說

卷四

雜著: 師門問答

卷五

雜著: 知舊問答 沙上語錄

卷六 附錄

脫灑說(奇正鎭) 大谷記(奇宇萬) 鄭艾山答權舜卿書(鄭艾山) 挽辭(李暎秀·柳道均·金正奎·呂鳳燮·朴準基) 祭文(李鎭明·奇宇萬·鄭冕圭·鄭載圭·趙鏞淵·鄭義林·權基德·金顯玉·陳樸·李鎭萬·柳寅燮·李學淳) 行狀(奇宇萬) 墓誌銘(鄭載圭) 傳(鄭義林)

大谷遺稿跋(崔琡民) [跋](金昌宇)

『덕암만록(德巖漫錄)』

1. 저자 소개

나도규(羅燾圭, 1826~1885)의 자는 치문(致文)이고 호는 덕암(德巖)이며 본관은 나주(羅州)이다. 수약재(守約齋) 나필은(羅弼殷)의 증손이고 나석증(羅錫曾)의 손자이다. 1826년 나주 계촌면(桂村面) 내동리(內洞里, 광산구 대촌)에서 나희집(羅禧集)의 장남으로 태어났다. 어머니는 전주 이씨(全州李氏)로 이현임(李鉉臨)의 따님이다.

어려서 재주가 비범하여 3세 때 부친에게 한문을 익히고, 5세 때 숙조(叔祖)인 나석면(羅錫冕)에게 나아가 학문을 익히면서 자연 가학과 경학(經學)을 전수받았다. 1841년(헌종7) 16세 때에 아버지가 돌아가시자 『주자가례(朱子家禮)』의 예대로 행하였다. 18세에는 광주 하남의 노론가문인 순천 박씨로 박치도(朴治道)의 후손 박영(朴瑛)의 따님과 혼인하였다.

예학의 정수와 궁리의 요체를 터득하였고, 또한 문장에도 뛰어났다. 인근지역에 사는 박정휴(朴鼎休, 1805~1865)와 박이휴(朴頤休, 1806~?) 등 선배 학자들과 질정하고 토론하며 자신의 학문적 견해와 입지를 넓혀가고 끊임없는 저술활동을 통해 문학적 재능을 발휘하였다.

기정진에게 나아가 경전과 제자(諸子)의 글을 널리 토론하면서 성리학을 비롯하여 예학을 탐구하였다. 1855년 30세 때 지은 「심학도설(心學圖說)」은 마음의 주재성, 인심도심, 경(敬)에 대한 수양방법을 논한 것이다. 만년에 스승 기정진을 뵙고 태극음양(太極陰陽)의 이치를 논하는 과정에서 성리설에 대한 견해를 피력하니 스승의 칭찬이 있었다. 1879년 54세 때 성(誠)과 선악(善惡)의 기미, 그리고 격물치지(格物致知) 등을 논하고 「성기잠(誠幾箴)」을 지었다. 1879년(고종 16) 12월에 스승 기정진의 상을 당하여 통유문(通諭文)과 집상제문(執喪諸文)을 몸소 주관하였다. 늦은 나이에 향시에 나아가 장원하였으니, 1881년 56세 때 광주 향시와 1882년 57세 때 전주 향시이다. 58세 때 「자경사(自警辭)」를 지어 명리(名利)보다는 자기 인격을 닦는 학문을 추구하였다.

1885년(고종 22) 3월 고내상(古內廂) 도산촌(道山村)에서 향년 60세의 일기로 삶을 마쳤다. 저서로는 『덕암만록(德巖漫錄)』이 있다.

2. 문집 구성과 내용

『덕암만록』은 8권 2책으로 필사본이다. 아들 나정근(羅楨瑾), 손자 나종우(羅鍾宇) 등이 편집, 간행하였다. 권두에는 고광익(高光益)이 1921년에 지은 서문과 고광선이 1922년에 지은 서문이 있고, 권말에 홍석희(洪錫熹)가 1939년에 지은 발문이 있다.

권1·2에 시 300수, 권3·4에 서(書) 91편, 권5에 설 10편, 문 10편, 서(序) 31편, 해(解) 1편, 계(誡) 8편, 잠 1편, 사(辭) 1편, 명 5편, 비음지(碑陰識) 1편, 서명후(書銘後) 9편, 권6에 유사 3편, 제문 10편, 혼서(婚書) 5편, 기 34편, 권7에 발 1편, 서(敍) 1편, 지(誌) 1편, 전(傳) 1편, 소 2편, 사의(私議) 1편, 축 1편, 유산록(遊山錄) 3편, 책(策) 2편, 표 2편, 서의(書義) 1편, 권8은 부록으로 행장·명(銘)·기·시·제문·만뢰(輓誄)·발(跋) 각 1편이 수록되어 있다.

시는 오언절구(五言絶句), 오언율시(五言律詩), 칠언절구(七言絶句), 칠언율시(七言律詩), 배율시(排律詩), 장편시(長篇詩)로 분류되었는데, 내용은 영물시, 유람시, 차운시, 송별시 등 다양한 양상을 보여주고 있다. 송강(松江) 정철(鄭澈), 기정진, 최익현, 기우만의 차운한 시, 『주역』이나 성리학과 연관된 시가 있는데 시풍은 주로 염락풍(濂洛風)을 띠고 있다. 장편시는 광주와 전주와 향시에서 장원한 것을 그대로 수록하였다.

권3과 권4는 서한문으로, 기정진을 비롯한 동문들과 안부와 학문을 논한 것이 있고, 당시 관직에 있는 위정자, 문인들에게 보낸 서한도 많다.

권5에 수록된 「죽부인전(竹夫人傳)」은 대나무를 의인화한 가전체 작품으로, 대나무의 근원과 별칭, 대나무가 의를 행하는 상징물로 부각되게 된 연원을 밝혔다. 고려시대 이곡(李穀)의 「죽부인전」과 비슷한 체계를 가지고 있다. 권6에 수록된 기문은 누정이나 동학의 호에 대한 기문이다. 권7에 수록된 「삼정책(三政策)」은 당시 국가의 전부(田賦)·군적(軍籍)·환곡(還穀)의 삼정이 문란해 정치가 어지러워진 데 대한 근본 대책을 밝힌 것으로, 출신지를 구별하지 말고 어진 이를 등용할 것과 지방관의 임기를 연장할 것을 주장하였다. 유산록(遊山先錄)으로 「서석록(瑞石錄)과 「서석속록(瑞石續錄)」은 광주 무등산 일대를 유람한 내용이다. 「문장책(文章策)」은 문장을 이기에 비유해 사장학(詞章學)을 버리고 경전을 독실하게 연구할 것을 강조하였다.

부록은 종유한 학자와 문인, 그리고 나도규 사후 동문과 제자들이 그의 학행을 사모해 만든 소의계(昭義契)에 대한 내용과 좌목(座目)이 수록되었고, 윤정복(尹丁鍑)이 지은 「덕암나선생묘갈명(德巖羅先生墓碣銘)」이 있다.

『덕암만록』은 국립중앙도서관, 전남대학교 도서관, 조선대학교 도서관, 성균관대학교 도서관, 전주대학교 도서관 등에 소장되었고, 변시연가(邊時淵家) 선암문고(仙巖文庫)에도 소장되었다. 『덕암만록』은 태양사에서 20076년 영인본으로 간행되었다.

3. 문집 목차

上卷

德巖漫錄序(高光益·高光善)

卷一

詩(五言絶句): 敬次松江鄭先生韻(二首○外山卽河西金先生七月日痛哭之處) 原韻松江 留洛二十五日始還鄕留題大寺洞食主人徐同知壁

(五言律詩): 製錦樓卽事(此篇選於和金侯六律中) 和吳仲涵見寄繼洙(二首) 和吳仲涵次晦翁齋居韻見寄 和東軒韻別柳叅奉(名未詳)

(五言長篇): 輓宋公(在濂) 輓蘆沙奇先生

(七言絶句): 贈林琦瑞(錫奎○三首) 呈朴芚皐(鼎休氏初號晦溪○二首) 與鄭德夫海祿林琦瑞諸友遊月波臺拈濂洛韻用博一粲 雪夜偶唫 詠馬 暮春登小山(二首) 白紙(此當在五言律詩篇) 江行 暮春詠懷 春日與朴正伯(源龍)朴昌叟(源永)會山齋歎壺乾 朴昌叟(源永)以詩見遺越二日修書兼以詩謝之 强齋會話(强齋朴正伯齋號) 待月 炎瘵中有懷 枯櫻葡蔓 喜晴 新竹微風 聽詩歌 岳陽高友彛中逢討於松湖臨別用贈一律 雨晴作馬山之行道中浪詠 春雨 霽月 再從弟(燾玄)病瘡忌醫戲贈短律 翌日又贈 看花唫 育英齋十詠(龍山暮雨 鳳嶽夜月 樂浦孤鴈 藻淵鳴鳧 錦城落照 泉峴寒烟 東隣晨砧 前郊多笛 疎籬竹陰 小池松風) 地主金侯(在獻)移拜星州臨別奉呈 別安禹玄(錫奎) 地主金侯以六律示余索和力疾搆掇用拱一粲(無等山 製錦樓) 雨後登山觀水寓懷 觀高元賓(光國)金剛錄謹步毗盧日出峯韻 又步日出韻 朴萬柱冠禮輓朴勉齋(鏑柱字大淵○丙子七月) 下第戲吟 拜蘆沙先生於月松仍歷入仙湖與朴友道允源國仍作閒齋夜話口占短律 隣友高君明五(光信)有夜訪之約跫音竟寂仍戲寄短律 過迎恩門有感 又 和吳仲涵三難韻(繼洙) 吳德行(駿善)用先師(奇蘆沙)韻示余索和余短於詞有不可塞責亦不當終孤盛意聊供一粲 鳳味潭(覽德亭下小築)種一鯉漸大見不能容

仍成一律 詠不遠亭槐柳 不遠亭睡覺信口成律 金陵移鼎在甲申獰風適又在是年野人言大明稻受灾酷聽之悲憤口占二律 和呈李侯鼎謨居接韻

卷二

(七言律詩): 贈林琦瑞(錫奎) 呈朴芼皐(鼎休氏初以晦溪) 芼皐朴丈以道爲題先吟示余依其韻奉和 與鄭德夫(海祿)林琦瑞(錫奎)諸友遊月波臺拈濂洛韻用博一粲 贈鄭德夫(海祿) 贈梁子平(相衡) 梁子平以詩寄之仍步和 偶唫 與朴道允(源國)數日講討臨別信口呼韻 即事 與朴夏卿朴正伯携酒肴登童子峯 聞聖上謁聖廟諭諸生有感題詠 送安玄菴(志炯氏)歸山陽 臨別拈杜律韻贈朴正伯(源龍) 拈杜律韻贈朴聖中呈朴素山(頤休氏) 贈朴道允(源國) 和呈朴月江(濟休氏) 和呈朴素山贈高元賓(光國) 偶唫 呈鄭校理(氵龜氏) 春夜有懷 過郊山見郊山亭新成有感(郊山卽河西金先生七月日痛哭之處) 朴正伯(源龍)朴昌叟(源永)會廂村有詠以詩奉和 贈朴昌叟 黃龍江上有月波臺以勝地得名余未及見仍成一夢遂爲之題用博一粲 鄰燭 夜詠 石榴 四月初八日見錦城燈火敬次河西金先生觀燈韻 贈林琦瑞朴夏卿諸君索和 贈呈鄭應校(鎏氏) 呈朴月江(濟休氏) 與朴月江朴素山安玄庵諸丈約馬訖山詩會有雨戲遂爲之詠 登馬山 雨後即事 敬覽訥齋朴先生詩拈初鶯韻寄梁子平 敬次花潭徐先生讀易詩 偶吟示諸友索和 柳色樓宴席敬和羅州地主趙侯(然明氏) 敬次河西金先生大殿春帖韻 敬次河西金先生獨樂園韻偶吟 登鳳凰山 登王子岱 讀周易 地主徐侯(經淳)移拜定州臨別要供一律用替宿懷 和柳友(灝根字敬文)竹圃原韻 贈東湖柳友(厚根字敬化)兼示竹圃索和 東湖竹圃既以詩見和繼以書辱存步贈一律索和 贈別南石川(極照)歸漢陽 謹次永慕齋原韻 月小樓詩會金侯在獻以四韻要和敬次 養士齋雅會奉和金侯韻 地主金侯以六律示余索和力疾搆掇用供一粲(七言絶句二首五言律詩一首見上) 吳斯文可煥以八隱名其亭要和於余謹步其韻(農隱 樵隱 釣隱 琴隱 梅隱 菊隱 酒隱) 和任參奉

(吉模) 下第還鄕路中口占 觀黃龍江水漲 與仙湖諸友觀水而歸拈詩詠懷 述懷 即事 呈金侯教性 附金侯和韻 敬步巖溪原韻 奉別金侯(教性) 贈一石金上舍(奎升) 謹次碧軒韻 贈李公三(淵台) 丁丑八月以痢疾苦谷尤沉吟中偶成一律 雨夕與稱陽會於復村之書室口占一律兼示座上諸友索和 用前韻示諸友 即事 拈杜律花字韻用贈高元賓(光國) 用老杜波字贈高元賓 觀物 讀書却被吏索荐遭人譏仍成述事遣懷二首 贈高汝行(駉柱)鄭寶汝(海玟○丁卯十二月) 鄭海淋冠禮 朴萬柱冠禮 贈高元賓(光國) 觀瑞石而歸用搆四韻一疊 敬次雲溪韻 科後有病因又見屈寓懷自警 即事 丙子除夕 苦蚊 丁丑三陽之念從朴花汀道允甫過月坡憎蠅 丙子大旱野皆未移至丁丑春雨事頻仍喜爲之詠 亢旱歲飢民生阽危又於今日至之時彌月告旱憫爲之詠 旱而歲饑餓殍相繼惻然述懷 窮無以爲捿息鄰友憫余出四鏹孔方買小屋子屬余仍感而爲詩 感物寓懷 矮屋僻居遭歲大侵人尠相訪感村秀見顧 閑居即事 西行路上口占 留路再疊前韻 朴花汀訪洪承旨(鐘大)出東大門外潁湄亭滯雨不還仍述懷步前韻 贈南參判(廷龍) 邂逅權詞伯道壽汝會於洛社臨別贈律 謹次韓叅議(致肇)詩會 次白學士(圭洙)端午帖 雨後登月波臺 夜坐偶唫 下第還鄕路中口號 朴花汀訪楚山倅久不還留待藻巖 留宿古阜大橋醫家(此當在七言絶句編) 夏至 隣居李友以詩見寄聊獲贈答而聾字非一韻然原本用之故仍押之竊念古人詩亦如是者有之觀者恕之 李友病中寄韻仍步和 偶唫寄隣友索和 晴後偶詠 和李友 方夜唫病鄰友携燭來慰仍詠一律 丁丑除夕 戊寅立春 人日 穀日會友 新元即事 詠雪 雪後即事 上元 詠植物 過仙巖市偶吟 南侯(鎬元)守是邦四載還朝以一律拜獻五馬將發之夕聊伸素悃 徐巽史(鎭洙)隨南侯舍于新香閣四年臨別聊以一律贊供遠矑 己卯十二月二十四日即庚辰立春立春穰除即俗尙述已意異於今禱聊同春帖題之壁 除夕拈立春韻 覆試見屈浩然還捿時適氷雪路逢李友鎭洙朴友魯泰奇友友燮李友炳秀 暮春從南侯(鎬元)遊澄心寺 謹次止谷韻 謹次崔勉菴(益鉉)大人芝軒恩資韻 謹次崔勉菴指

掌巖韻 謹次櫟窩韻 久旱有雨俞侯(致喜)以詩頌之遂爲之續和 俞侯以詩示余聊獲奉和 題覽悳亭步杜律韻 逍遙覽德亭有感口號 吳致雲(鎭龍)遠訪仍有詩聊獲答之 俞侯遊東門有詩聊獲奉和 贈李珍山(秉益) 贈崔蘭史(鉉九進士) 與宋國仁(廷寶)過潭陽路上口號次杜律 過宿完山 泮村夜會與鄭景一(雲五)同話拈杜韻 終日閉牖甚無聊口占六律和贈鄭景一 雪夜過白羊山 用吳仲涵五言韻贈吳德行 和吳德行 金海士(聲根判書)邊白農(相勳正言)有詩仍續和 題不遠亭 不遠亭用金海士韻述懷 張錫愚而見以詩寄余仍和之(後改而直) 老親晬辰獻壽宴韻(丁巳十月十一日) 朴道允(源國)大夫人壽宴韻(壬子二月日) 鄭和順使君(基陽)大人壽辰韻 敬次松陰朴丈(源應)晬辰韻 鄭參議(鐘鶴)回甲於洛中有詩述懷仍步前韻 次朴友復汝(徠休)回甲韻 步李友稱明回甲韻 敬次俞侯(致喜)晬辰韻 敬次宋侯(綺老)晬辰韻 輓族人(潤采) 輓吳八隱(丌煥) 輓柳墩高丈(濟鎰官校理) 輓安公(淵壽) 輓朴勉齋(龠柱字大淵) 勉齋朴君小朞隔晨病莫進哭聊以詩替慰奉呈於其大人花汀翁冀置靈几之左 次張進士(錫愚喜宴韻)

排律: 會須散作十分春

詩長篇: 天子之光如鏡之至明水之至清(辛巳八月二十日光州試一等壯元) 今皇帝姓名見於圖書漢有再受命之符(壬午四月十八日全州試壯元) 文王之爲世子朝於王季日三 立雪 惟薦二臺官爲無愧

卷三

書: 上芚皐朴丈(鼎休氏初以晦溪○壬子五月) 上芚皐朴丈(甲寅四月十九日) 附答 上芚皐朴丈(乙卯三月十日) 上芚皐朴丈(癸亥二月十二日) 上族叔(明集氏○乙卯三月十三日) 上安玄庵(志炯氏○乙卯五月日) 與林琦瑞(錫奎○乙卯四月日) 與林琦瑞(乙卯九月日) 與李壽瑞(聃龍○乙卯十一月五日) 上芚陽(姓諱未詳○己未八月八日) 上金侯(在獻) 上徐侯(經淳) 上徐侯 上徐侯 上徐完州(經淳氏乙丑四月十

三日) 上金侯(教性○癸亥七月二十二日) 上金侯(甲子七月六日) 附金侯書 上金侯(甲子十二月二十七日) 上金侯(丙寅四月初九日) 上鄭同福丈(允容○甲子十二月二十七日) 與鄭和順(基陽○甲子十二月二十七日) 與鄭和順(乙丑四月六日) 與鄭雲齋(基生○甲子十二月二十七日) 上金承旨(教性○壬申四月 此篇當編入于上金侯篇下) 與金一石(奎升進士○乙丑四月十五日) 與金一石(壬申三月) 答朴敬叔(源大○丙寅正月) 答朴敬叔(丙寅三月) 答朴敬叔(丙寅三月) 與高伊厚(濟尤○丙寅正月晦) 與高伊厚(丙寅二月二日) 與高汝行(駉柱○丙寅二月) 與高汝行(甲申正月二十二日) 答梁季心(憲默○丙寅四月初十日) 答梁季心(丙寅九月二十三日) 與柳敬化(厚根○丙寅九月二十二日○下有四篇當編于此篇下) 與高汝行(此篇當編入于上與高汝行篇下 慰朴監役(齊寬○戊辰三月) 上素山朴丈(頤休參奉○丙寅十月初一日) 上素山朴丈(丁卯三月) 上素山朴丈(武進士月) 上素山朴丈(戊辰八月日) 上素山朴丈(庚午三月二十九日) 上素山朴丈(庚午七月) 上素山朴丈(仝上) 與高元賓(光國○戊辰至望) 與高元賓(戊辰四月) 答高純汝(兢載) 答高純汝(戊辰十月十二日) 與高伊厚(以下四篇當編入于上與高伊厚篇下) 與高伊厚 與高伊厚 與高伊厚 答朴道允(源國) 答朴道允 與三從弟炳龍(字文現嶺南山清典洞○丁卯) 與朴老人(蘭壽○辛未八月) 答申侯(錫游○辛未十二月) 答申侯(壬申三月) 答申侯(壬申八月) 上南侯(鎬元○丙子十二月二十八日) 上南侯(丁丑三月十六日) 上南侯(戊寅) 上南侯 上南侯(戊寅三月) 上南侯 上南侯(乙卯五月二十日) 與南參判(廷龍○己卯五月二十日) 與南參判(己卯) 與徐鎮洙 與梁聖老(教默○丁丑正月五日) 上梅陰安丈(橚○己卯十月四日) 上梅陰安丈(甲子臘月念四日) 答梅陰安丈(丙寅元月四日) 答梅陰安丈(丙寅元月念四日) 答安澈煥(己未復月念五日) 答安澈煥(庚申二月十六日) 與安澈煥(己未七月十九日) 與安澈煥(壬午) 答安澈煥(辛巳三月二十二日) 答安澈煥(辛巳三月念四日)

卷四

書: 上盧沙奇先生(正鎭○己卯) 上盧沙奇先生 上盧沙奇先生 上果軒閔丈(冑顯) 與高斗卿(濟魯) 與奇會一(宇萬) 與奇會一 與奇會一 與奇會一(甲申四月) 與奇會一(壬午) 與奇會一(癸未二月十一日) 與奇會一(癸未十二月二十八日) 與曺士弘(毅坤) 上松陰朴丈(源應○己卯七月十八日) 上松陰朴丈(辛巳正月) 上松陰朴丈 上松陰朴丈 上松陰朴丈 與金監役(祿休字穉敬) 與金監役 與奇校理(陽衍○辛巳) 與奇校理(癸未正月) 與奇孝述(宇承) 與奇孝述(庚申十一月) 與奇孝述(癸未正月) 與奇明叟(益鉉○癸未正月) 答族祖(鼎煥氏○庚辰十二月) 答族祖(鼎煥氏○庚辰十月十八日) 與崔參判(益鉉○庚辰十二月) 答朴道謙(廷奎○庚辰十二月念) 答吳德行(駿善○辛巳正月) 答吳德行 上俞侯(致喜○辛巳) 上俞侯 上俞侯(癸未三月六日) 與白校理(圭洙○辛巳二月) 與吳明老(瓘洙○辛巳三月) 答朴道安(源喆進士○辛巳七月) 與李士亨(圭永○壬午) 與閔判書(泳穆○壬午二月) 與閔判書(泳穆○壬午十一月) 與俞杞南(鼎煥○壬午三月) 與柳別檢(觀洙壬午十一月) 與吳仲涵(壬午十二月) 上金重菴(平默監役○癸未正月) 與高元汝(光善○癸未三月) 與高元汝 與高元汝 與奇梅谷(鼎衍) 答奇國賓(東觀○癸未四月) 與金海士(聲根時完伯○癸未十二月十五日) 與金海士(甲申正月) 與金海士(甲申) 與金海士 與金海士 與邊白農(相勳○癸未十二月十五日) 與邊白農(甲申正月) 與邊白農 與邊白農 答邊白農 與邊白農 與趙直教(性家○癸未十二月) 與鄭泰一(鐘澤○癸未十二月) 與曺元弘(仁煥○癸未十二月) 答鄭季方(義林○甲申正月) 與南廷湜(參判○甲申正月) 與柳君湜(是漢) 與柳君湜 與柳君湜 與金大汝 上宋侯(綺老○甲申九月) 答宋侯 與宋致五(鐘雲) 答宋致五 與宋致五 與宋致五 與鄭景一(雲五號碧棲) 與高道元(濟東號鶴皐) 與高道元(丁巳九月二十四日) 與高道元 答梁子平(相衡) 答梁子平 與金倉山(綺秀) 與奇會一 與奇會一 與奇德叟(亮衍) 寄家兒(壬午二月十

一日) 寄家兒(乙酉二月九日) 寄家兒(乙酉二月十二日) 寄家兒(乙酉仲春十七日) 寄家兒(乙酉二月二十八日○此篇在于初篇爲可以年月爲準) 與再從弟文叔(燾煥) 寄文叔(乙酉二月十七日) 寄文叔 寄文叔 與柳敬化(此下四篇編入于上與仝人下) 與柳敬文 答柳敬文(壬申南至前日) 答柳敬文 與柳敬文(灝根○甲子四月念五) 答柳敬文(庚申九月六日) 答尹聖行(範琦○癸酉二月十二日) 與尹聖行(癸酉二月旣望) 與尹聖行(癸酉三月八日) 與尹聖行(甲戌八月日) 與尹聖行(丁丑十月念九日) 與尹聖行(丙子八月念日) 與尹聖行(甲申流月二十四日) 答尹聖行 答尹聖行(丙子處暑日) 與尹聖行(丙子三月二十一日) 與尹敬緖(承儉○先生女壻○癸酉二月七日) 與尹敬緖 與尹敬緖(丙子十月) 與尹敬緖(甲戌二月十三日) 與崔文國(相奎號菊圃) 與梁子平(庚辰二月○此下四篇당編于上二篇下) 與梁子平(癸未二月) 與梁子平(甲申人日) 與梁子平(甲申元月)

下卷

卷五

說: 德巖說(丙午三月日○先生二十一歲) 德巖說(辛亥七月日○先生二十六歲) 松山說(丁未) 尹恒儉字說(辛亥十二月日) 朴時材字說(壬子二月日) 朴萬柱字說 心學圖說(乙卯七月日) 親墓改葬說 反躬說 道山搬移說(癸未正月) 道山說

文: 大家祠堂移建上梁文(乙卯七月日) 文會亭上梁文(庚戌四月日) 鄭海琳正寢上梁문(辛未二月) 不遠亭上梁文(甲申三月) 老親晬辰獻壽文(丁巳十月十一日) 朴友道允(源國)大夫人晬辰獻賀文(壬子二月日) 坤殿揀擇獻賀箋(壬子月日) 上李參判在鶴文(時爲光州) 答傳注募義廳通文(代人作) 放鯉魚文(壬午八月三十日)

序: 字序 學規序 立春頌(幷)序(辛亥十二月日)

傳: 玉工傳(幷)序(癸丑四月日) 送安玄菴(志炯氏)歸山陽序(壬子十

二月日) 送林栢洲(琦瑞)歸會津序(乙卯七月日) 送南石川(極照)歸漢陽序 永慕齋序(癸亥七月) 社倉別備米太節目序 石亭洞案序 巖溪序(甲子十一月日) 養松契帖序 四禮契帖序(乙丑三月) 李友公三(淵台)從我索遊臨別贈以詩兼作小序(乙丑七月) 送李德行(敏中)入蕙山序(丁卯四月日) 贈詩高汝行(駉柱)鄭寶汝(海玟)幷小序(丁卯十二月) 送高友元賓遊金剛序 蘭史序 松陰朴丈(源應)晬辰序 鄭海琳字序

解: 高子一字解

識: 長子東瑾字識(後改名禎瑾終隨門行禎均○丁卯) 月問講說贈原汝序 止谷序 崔勉菴(益鉉)大人芝軒先生恩資宴序 仲秋遊譽堂序(壬午八月) 李進士(廷遠)聞喜宴序 張進士(錫愚字而直)聞喜宴詩序 與族侄稱賓序

箴: 誡幾箴(幷序○己卯九月日)

辭: 自警辭(癸未十二月)

銘: 龍巖銘(幷序○丁未) 太守金侯(在獻)善政碑銘(幷序) 南侯(鎬元)善政碑銘(幷序) 兪侯(致喜)善政碑銘(幷序○辛巳) 糴糴捄弊碑銘(幷序)

碑陰識: 三庫重剏碑陰識(辛巳)

書銘後: 書崔勉菴指掌巖銘後 書倫以理尺銘後(壬午八月)

卷六

遺事: 從祖日新齋公遺事 伯從祖遺事 先父君遺事

祭文: 祭蘆沙奇先生文 祭鄭睡菴丈(允容)文 祭勉齋朴君(龠柱大淵)文(丙子七月) 祭高友(嵛鎭宗汝)文 祭朴花汀(源國道允)文 祭從祖弟燾玄文 祭南參判(鎬元)文 病中告先大人文(庚午十一月十七日) 哭亡室朴氏(甲子十月十日) 哭亡室朴氏 哭亡室朴氏

婚書: 舍弟燾龍婚書(代從祖作) 季弟燾成婚書(後改燾黙) 長子東瑾婚書(後改禎瑾○丙寅十二月二十日○代從叔作) 季子貞瑾婚書(後改

兌瑾○癸酉十二月) 婚書(代人作)

記: 求福堂記(壬子四月日) 覽德亭記(辛巳四月○五十六歲) 鳳咮潭記 晩悔翁記(己酉九月日) 育英齋記 碧軒記 藏巖記(丁卯五月日) 克齋記 謙齋記(辛未八月) 雲溪記(壬申二月) 魯岡記(壬申二月) 元明亭記(二月) 松陰記 晩翠堂記 鳳陽書室記 龍坡記(己卯九月晦) 敬齋記 槐隱記 小栢記(庚辰十一月) 弦菴記(後以弦窩○庚辰十一月) 東磵記 安素齋記 暮春遊澄心寺記(戊寅) 栢石軒記(辛巳三月) 櫟窩記(辛巳四月) 錦溪記(辛巳四月) 道鷄記(壬午八月) 難窩記(癸未三月) 道山北得山巖記 不遠亭記(甲申) 後石記 碧捿記 與長城章甫(代羅州章甫○己巳五月○此篇編次于上文答全州募義廳通文下恐似可耳) 西行日記

卷七

跋: 學語集跋(癸丑三月日)

叙: 七巖叙

誌: 石亭洞誌

傳: 竹夫人傳

疏: 烈女柳氏請旌閭疏(壬申二月) 烈女高氏請旌閭疏(癸酉)

私議: 道瘞私議

祝: 不遠亭開基祝(甲申三月)

遊山錄: 玉子岱錄 瑞石錄 瑞石續錄

策: 三政策 文章策

表: 擬周羣臣賀國家千萬世無窮之福其基本實在於此

書義: 惟曰欲至于萬年惟子子王孫孫求保民

卷八

行狀: 德巖羅先生行狀

記: 直方記(幷銘) 直齋銘 方軒銘 德巖記 德巖記 德巖記 德巖記

詩: (五言律詩) 謹呈德巖丈經几下 謹次晦翁齋居感興韻仰呈德巖丈經几下(同門生 吳繼洙)

祭文(高光善·羅燾龍·朴源明·朴采柱·羅鼎煥)

輓誄(高光善) 再拜哭德巖靈筵(梁相衡·吳繼洙·吳駿善)

德巖漫錄跋(洪錫熹)

附錄

講問從遊 門人錄 昭義契案(高光善) 敬告(寫)(朴采柱)(外十二人) 昭義契座目 德巖羅先生墓碣銘(幷序)(尹丁鍑) 德巖漫錄複寫本刊行記.

『동오유고(東塢遺稿)』

1. 저자 소개

조의곤(曺毅坤, 1832~1893)의 자는 사홍(士弘)이고 호는 동오(東塢)이며 본관은 창녕이다. 1832년 고창읍 월산에서 조현위(曺炫瑋)의 아들로 태어났다. 어머니는 죽산 안씨(竹山安氏)로 안광영(安光暎)의 따님이다. 고창과 인연한 그의 선조는 조선 전기 무관이었던 조침(曺琛, 1487~?)이다.

타고난 자질이 맑고 총명한 조의곤은 효도하고 우애하는 성품을 갖고 있었다. 10세 때 오천(鰲川) 고제만(高濟萬: ?~1881)에게 수학하였다. 16세 때(1847년) 장성에서 강학하던 기정진에게 나아가 학문을 닦았다. 고창의 영취산이 장성과 경계를 이루고 있어 거리가 멀지 않았다. 특히 스승이 삶을 마감하는 1879년까지 33년 동안 학문을 익히면서 여러 서책의 은미한 뜻을 고구하는데 힘썼다. 16세부터 스승에게 보고 들은 언행과 가르침, 옛 고사에 대한 담론, 그리고 자신이 책을 보며 깨달은 내용을 수시로 기록하며 학문에 매진하였다. 그 기록은 『강상차록(江上箚錄)』으로 총 75조목이다.

조의곤은 광산 김씨 김문순(金文珣)의 따님과 혼인한 이후, 21세 때(1852년) 아들 석휴(錫休)를 보았다. 한 집안의 가장이 된 그는 동쪽 언덕에 초가 몇 칸짜리를 짓고 살면서 "동오(東塢)"라는 편액을 걸었다. 스승 기정진 사후, 그의 벗들 가운데 동문 이희석, 조성가, 기기진(奇麒鎭, 1830~1903), 정재규, 오준선, 지인으로는 오산후학(鰲山後學) 김수익(金秀益), 송은(松隱) 한진석(韓晋錫, 1833~1909), 광산(光山) 이윤응(李崙應)

등과 교류하였다. 그는 동오정사에서 성현의 글을 읽고 지인들과 교류하며 후학을 양성하다가, 1893년 향년 62세의 나이로 삶을 마감하였다. 저서로는 『동오유고(東塢遺稿)』가 있다.

2. 문집 구성과 내용

『동오유고(東塢遺稿)』은 6권 2책으로 목활자본이다. 1899년에 아들 조석휴(曺錫休, 1852~1922)에 의하여 편집, 간행되었다. 4주쌍변(四周雙邊), 반곽(半郭) 22.0×14.3cm, 10행22자, 주는 쌍행(雙行), 화구(花口), 상하향(上下向) 2엽화문어미(二葉花紋魚尾)에 크기는 31.0×19.6cm이다. 권두에 기우만의 「서문」과 권말에 족자(族子) 조석일(曺錫一, 1868~?)의 「발문」이 있다.

권1에 시 87수, 권2에 서(書) 39편, 권3에 제문 5편, 축문 5편, 잠(箴) 1편, 잡저 5편, 서(敍) 1편, 기(記) 3편, 발(跋) 2편, 권4에 강산차록(江山箚錄)과 부록이 수록되어 있다. 부록 권1은 제문 7편, 만 7편, 권2는 가장·행장·묘갈명이다.

권1에 수록된 시는 차운시(次韻詩)·영물시(詠物詩)·기행시(紀行詩)·제영시(題詠詩) 등이다. 동오정(東塢亭) 주변의 아름다움을 읊은 제영시 25수는 반등산 기슭의 생생한 모습을 기리고 있다. 영물시 가운데 국화를 딴다는 「채국(採菊)」, 물고기를 관망하는 「관어(觀魚), 달을 기다리는 「대월(待月), 첫 눈을 보며 읊은 「초설(初雪)」 등은 사물을 통해 마음의 정서적 안정을 도모하고 있다.

권2에 수록된 편지 39편은 스승 기정진을 비롯한 동학들과 교류한 글이 대부분이다. 「답안상사(答安上舍書)」는 1873년 42세 때 같은 향리에 거주하는 안중섭(安重燮, 1808~1883)에게 보내 조양(調養)에 대한 것을 묻는 것이다. 「여담양전씨간소(與潭陽田氏刊所)」는 고려말에 활동한 야은(壄隱) 전녹생(田祿生), 뇌은(耒隱) 전귀생(田貴生), 경은(耕隱) 전조생(田祖生) 삼 형제의 문집을 받아보고 감사의 편지를 보낸 내용이다.

권3은 제문과 축문, 잡저와 기타의 글이 있는데, 잡저 「지도론(止盜論)」·「송족제병삼서행설(送族弟昞三西行說)」·「과눌설봉정기상사우만(寡訥說奉呈奇上舍宇萬)」·「서증족질석일(書贈族姪錫一)」·「기몽설(記夢說)」 5편 가운데 「지도론」은 조의곤 당시 민란 등으로 인한 사회가 혼란하자 위정자들의 잘못된 행위가 많았는데 이를 저지하기 위한 방도에 대해 쓴 작품이다.

권4에 수록된 「강산차록」은 16세부터 기정진에게 수학하면서 보고 들은 언행과 스승의 가르침, 고사(故事)와 고담(古談) 및 문답과 견문 등을 기록한 글이다. 내용상 네 가지 분류로 구성되어 있는데, 앞 17조까지는 기정진의 교훈과 답술(答述), 이후 28조는 문답 기록, 마지막 8조는 인물들의 시비와 득실에 대한 기록이다. 마지막 대목에서 언급된 인물은 기경연(奇慶衍, 1848~1924), 최익현, 홍시형(洪時衡), 홍만섭(洪萬燮), 기우만, 기양연(奇陽衍, 1827~1895), 이희석이다.

부록 권1은 제문과 만사로 구성되어 있는데, 동문과 문인, 아들의 글이 있다. 아들 조석휴가 쓴 「가장(家狀)」과 기우만이 1896년(고종 건양 1)에 쓴 「행장」, 최익현이 쓴 「묘갈명」, 조석일이 1899년(고종 광무 3) 2월에 쓴 「발문」이 실려 있다.

『동오유고』는 국립중앙도서관, 전남대학교 도서관, 성균관대학교 도서관, 고려대학교 도서관 등에 있다. 『한국역대문집총서』(514)에 『동오선생문집(東塢先生文集)』(『東塢遺稿』), 『한국근대문집총간』(2, 한국학호남진흥원, 2019)에 『동오유고』로 수록, 영인되었다.

3. 문집 목차

東塢遺稿序(奇宇萬)

卷一

詩: 新寓東塢以一絕詩寄江上諸友 謹次三淵金先生四絕韻 次睡雲亭重修韻 戊辰冬至陪蘆沙先生留觀庵 題南庵石泉 東塢原韻 春夜宿寒山偶題 讀書南庵奉別觀庵留奇友晉錫(宇蕃) 呈江上奇友晉錫 四十除夕韻 附先師次韻 辛未冬自沙上將歸覲爲雪所魔更留一日以詩贈諸益(三首) 挽奇友章一(宇夔) 次鄉人飮酒韻 寄謝講會諸生 寄閔都事(致完)匪所 次北山朴丈(鍾浩)新居韻 東塢諸景(二十五首: 東塢精舍 西峯新月 梅川疎雨 枕下溪流 竹里暮烟 石澗鳥語 細流小砧 臨空石屏 官城暮角 出外行人 春圃荷鋤 山厖吠人 石泉 蓮池 竹床 叢菊 樵歌 翠屏 石逕 松簷 烟柳 小柏 鶴巖 竹塢 園果) 敬次桃核盃韻(二首○十五代祖清澗公奉使皇明帝賜此盃藏于家今見存) 安君行五(達三)十年久要瀛海送別不能無贐以一絕詩奉呈聊寄紵縞之義 謹次醉山朴丈福林新居 奇晉士會一(宇萬)甫以長篇二十六句見贈步韻以寄 奉次奇司果(亮衍)一鑑亭蓮池韻三絕 次張友榮汝(鉉三)餞春詩 挽(姓名欠攷)○二首) 贈李斯文承鶴 贈別李友日瑞(升煥) 贈姜斯文馨秀 挽柳丈桐庵(志驥) 挽姜丈春坡(寅會) 贈金禹範咸子潤遊山行 追次丁斯文錦齋夜韻 挽奇友晉錫 戲呈族人羽瑞三絕 謹次蘆沙先生回甲除夕韻 贈柳甥(允錫)讀書 步韻答金生峻默 贈讀書諸兒 戲次月皐松沙柳河東八十韻 觀庵奉別李丈(鳳燮) 送李慶運(啓徵)歸耽羅 挽李上舍(最善) 挽蘆沙先生 庚辰五月十夜夢見故友章一相向而哭覺甚悵然舊懷如新成一絕詩記夢 戲贈任致九 挽金君稺奎 庚辰歲除即余五十除夕也孤露之生奄又哭寢比往四十時其感懷復如何用朱文公四十五十無聞韻續吟一絕以寓自警 惺惺翁示以原韻請余賡和忘拙謹步以供一粲 挽金友仲翼(采衡) 辛巳暮春扶寧金君伯存(鍾順)講會于竺山佛宇歸路見訪以二

絕詩示之彈指相別步韻追謝　鄭友國彦(在弼)與同門諸友修契于文殊寺次四十除夕詩寄示而繼聞諸友有韻因其韻賡和奉呈聊發一笑　送崔卿五(宗衡)歸茂山 辛巳十二月二十九日先師二祥奄過與同門諸益守歲于月松臨別奉呈南坡李丈(僖錫) 次琴書齋韻 乙酉冬至宿黃龍奇友(弘衍)家主翁與櫟梅諸翁和杜工部至日韻囑余賡之忘拙走次 悼安達三(行五) 華南老人(趙胤秀)逢環當歸留與信宿臨別贈言 次華南詞宗 丙戌除夕與族人友生守歲于儉巖三從叔(炫五)第(時三從叔以長房奉三吾公祀) 丁亥上元夜諸益來會 挽金丈(孝源) 贈齋中讀書(二首) 次奇上舍(麒鎭)遊太白山黃池韻　三石亭月夜追和李上舍(喬應)城樓題月　追次喜懼堂韻 寄奇上舍(麒鎭)匪所(三首) 次鄭翁八狂詩 追步奇上舍回甲韻 沙上耕叟(奇亮衍)以古琴一與唐人所編譜六弖遺之盖有意也然余素昧音律雖甚愛之奈手踈何(三首) 贈宗人三隱翁　謹次繼春園(朴性弘)韻　戲題雙女　溪隱翁(柳樂淵)以詩見贈步韻賡和　採菊　觀魚　待月初雪 題對月軒 鷺棲彦會 與月皐(趙性家)龍岡(奇弘衍)諸名勝留對月軒 與月皐龍岡留鷺棲旬浹還到東岡 自鷺棲抵東岡信宿還別 挽卞丈(文華)

卷二

書: 上盧沙先生書(庚午) 上盧沙先生書(己卯) 與族弟子厚(載坤○丙戌) 與族弟子厚　與族人羽瑜(尹承○丙戌)　答宗人都事(斗煥○庚寅) 與柳甥(允錫○壬午) 答柳甥(丙戌) 答柳甥(丁亥) 與柳甥(戊子) 與柳甥(壬辰) 答趙月皐(性家○乙酉) 與李南坡(僖錫)書(戊子) 答李太守(東奭)書(癸酉) 上李太守(載哲)書(己丑) 與李太守書(庚寅) 答安上舍(重夔)書(癸酉) 與安上舍書(庚辰) 與金莘湖(祿休○丙戌) 與奇松沙(宇萬○乙亥) 答奇松沙　答奇松沙　與奇松沙　與奇松沙(甲申) 與奇松沙(丙戌) 與奇松沙(辛卯) 與奇松沙 答奇上舍(麒鎭○丙戌) 與奇上舍(己丑) 答奇上舍(庚寅) 與奇上舍(壬辰) 答韓寢郎(晉錫○庚

寅) 與韓寢郎(庚寅) 與韓寢郎(壬辰) 與奇沃溝(亮淵○壬辰) 與奇沃溝 與安敬浩(基舜○丙子) 答奇立夫(宰○丁亥) 答宋致遠(暵○丁亥) 答朴元淑(升陽) 答朴元淑 答朴元淑 答朴元淑別紙 與奇之日(益旹○己丑) 與金文兼(相晙○己丑) 答李慶運(啓徵○壬辰) 答金在璿(基衡○庚寅) 答金在璿(辛卯) 與安行五(達三○庚辰) 與金大壽(命鉉○壬辰) 答羅儀伯(燾宜○己丑) 答李士文(奎魯○庚寅) 與金禹範(在錫○丙戌) 與金仲心(在沃○丙戌) 答李日瑞(升煥○丙戌) 答柳悅卿(志普) 答梁子克(疇黙○丁亥) 與金仲翼(采衡○戊寅) 與潭陽田氏刊所(庚寅) 與鄭正言(奎三)喪側 答校會所 與尹宗檜(壬辰) 答(姓名欠攷)別紙

卷三

祭文: 祭奇友章一(宇夔)文 祭金友致奎(箕說)文 祭蘆沙先生文 祭鰲川高先生(濟萬)文(辛巳) 祭安上舍(重燮)文(癸未)

祝文: 禱雨半登山文(代作) 禱雨城隍壇文 禱雨鷲靈山文 再禱鷲靈山文 禱雨火矢田文

箴: 不足畏箴

雜著: 止盜論 送族弟昞三(豐坤)西行記 寡訥說奉呈奇上舍(宇萬) 書贈族姪錫一 記夢說

敍: 舊柏自敍

記: 三石亭記 東塢記 附先師所賜記文 青舍記

跋: 曹氏派譜跋 題畏隱齋(梁永漢)家訓詩帖後

卷四

江上劄錄

附錄 卷一

祭文(曺錫一) 祭文(二)(奇宇萬) 祭文(曺洪承) 祭文(柳允錫) 祭文

(金畯黙) 祭文(奇陽衍) 挽(三)(林基洛) 挽(柳光熙) 挽(四)(趙性家) 挽(柳志普) 挽(鄭載圭) 挽(李升煥) 挽(崔琡民)

附錄 卷二

家狀(曺錫休) 行狀(奇宇萬) 墓碣銘(幷序)(崔益鉉)

東塢遺稿跋(曺錫一)

『명호집(明湖集)』

1. 저자 소개

권운환(權雲煥, 1853~1918)의 자는 순경(舜卿)이고 호는 명호(明湖)이며 본관은 안동(安東)이다. 월명산(月明山) 아래 신안호(新安湖) 곁에 살았기 때문에 명호(明湖)라고 호를 지었고, 사람들은 명호선생(明湖先生)이라고 불렀다. 『노사선생문인록』에는 직전 제자군에 포함되어 있지만, 정재규의 「문인록」에도 동생인 정면규(鄭冕圭)의 뒤를 이어 두 번째로 이름이 실려 있다. 즉 그는 기정진의 문인이기 이전에 이미 정재규의 주요 문인이었다.

안동 권씨는 조선시대 화원군(花原君)에 봉해진 권금석(權金錫)이 단성(丹城)에 거주하기 시작하면서 경남 산청군 단성면 강루리 일대에 근거지를 가지는 양반 가문으로 정착했다. 한강 정구의 문인이었던 권준(權濬)이 10세조이고, 덕천원장(德川院長)을 지낸 권극유(權克有)가 9세조이다. 증조는 권사균(權思匀, 1771~1819)이고 자는 자극(子極)이다.[50] 할아버지는 권규하(權奎夏, 1786~1812)이고 자는 덕능(德能)인데 27세의 젊은 나이로 세상을 떠났다.[51] 아버지는 권병린(權秉麟, 1813~1871)이고 자는 영서(靈瑞) 호는 인헌(忍軒)이다.[52] 어머니 진양 정씨(晉陽鄭氏)는

---

50 權雲煥, 『明湖文集』 권19(경상대 문천각 소장, 전자자료jpg), 「曾祖考府君遺事略」, 12~14쪽 참조.

51 권운환, 『명호집』 권19, 「祖考府君遺事略」 참조.

52 정재규, 『노백헌집』 권45, 「忍軒權公墓碣銘(幷序)」·권운환, 『명호집』 권17, 「先

정동빈(鄭東贇)의 따님이다.[53] 권병린과 진양 정씨 사이에 2남 3녀가 있었는데, 첫째는 권정환(權鼎煥)이고 둘째가 권운환이다.

권운환은 철종(哲宗) 계축년(1853) 11월 15일 단성(丹城) 내마촌(內麻村)의 자택에서 태어났는데. 내마촌은 오늘날의 단성면 강루리에 해당하는 지역이고 이곳에는 영남 노론계의 중심지라고 할 수 있는 신안정사가 자리잡고 있었다. 신안정사는 처음에는 서당 형태로 운영하다 영조 34년(1758) 권탁우(權卓羽)가 황해도 황주 백록사(白鹿祠)에 봉안된 주희의 영정을 모사해서 이곳에 안치했고, 영조 48년(1772)에 주희의 영정을 안치할 별도의 건물을 마련해서 신안영당(新安影堂)이라고 불렀다. 영조 50년(1774)에 중수(重修)를 거쳐 성담(性潭) 송환기(宋煥箕)로부터 '신안서사(新安書社)'라는 제액을 받았다. 나아가 정조 25년(1801)에 영남 노론계였던 안동 권씨·성주 이씨 등이 중심이 되어 성주 노강서원(老江書院)에 안치된 송시열(宋時烈)의 영정을 모사해서 신안영당에 안치하면서 주희와 송시열을 봉안한 노론계 서원으로서의 모습을 갖추었다. 두 집안은 신안정사를 운영하는데도 주도적으로 참여했다.

이 때문에 권운환은 어려서부터 신안서사에서 학문을 익힐 수 있었다. 당시 신안서사에 머물면서 공부하던 이들은 대부분 거업(擧業), 즉 과거 공부에만 힘을 썼는데, 권운환은 거업과 상관이 없이 옛 사람들의 학문[古人之學]에만 전념하면서 주변 사람들의 비웃음에도 개의치 않았다고 한다. 정재규가 이곳을 지나다가 권운환을 만나보고서 "젊은이가 도에 뜻을 두었음을 이제야 알게 되었다"라고 하고는, 학문하는 길을 일러 주었고, 이로 인해 권운환은 마침내 정재규를 스승으로 모시게 되었다.

考忍軒府君行錄」 참조.

53 권운환, 『명호집』 권19, 「先妣鄭氏遺事」·정재규, 『노백헌집』 권41, 「孺人鄭氏墓誌銘幷序」 참조.

열아홉에 아버지의 상을 당했고, 상을 치른 이후에 그는 경남 하동 출신으로 영남 노사학파의 주요 인물 가운데 한 사람이었던 조성가의 동생 조성우(趙性宇)의 따님과 혼인을 함으로써, 자연스럽게 조성가과 정재규를 통해서 기정진에게 인도되었다.[54] 그가 정재규를 따라서 장성의 기정진을 방문한 것은 그의 나이가 27세였을 때인, 1879년이었다. 즉, 그는 이 해 12월 29일에 세상을 떠나는 기정진의 생애 마지막 해에 기정진을 처음 만났던 것이다.

기정진이 세상을 떠난 2년 뒤인 1881년 그는 최익현을 방문해서 화서학파와도 연을 맺었고, 1883년에는 조용소(趙鏞韶)·이병두(李炳斗)와 함께 오장(吳長, 1565~1617)의 서당이 있었던 옛 터에 강사(講社)를 새로이 짓고 동지들과 보름에 한 번씩 강회를 가지면서 원근의 유학자들을 초빙해서 강설을 듣고, 향음주례(鄕飮酒禮)와 사견례(士見禮) 등을 실행했다. 1890년에는 진주의 고무릉(古武陵)[55]에서도 재실(齋室)를 축조하고 후학들을 가르쳤다. 1891년 그는 고향으로 다시 돌아왔다. 1895년 11월 단발령이 내리자 이듬해 스승인 정재규가 의병을 일으킬 것을 계획한다는 소식을 듣고 참여하려고 했지만 결국 뜻을 이루지는 못했다.

1902년 신안정사에서 『노사집』을 중간하는데 참여했고, 같은 안동 권씨의 일원이었던 권명희·권봉희 등이 「외필」의 내용을 빌미로 통문

54 조성가는 본관이 함안(咸安)이고, 자는 직교(直教), 호는 월고(月皐)다. 1824년 조광식(趙匡植, 1804~1879)과 김석신(金錫信)의 딸인 김해 김씨(金氏) 사이에서 태어났다. 기록에 따라 그를 진주 출신이라고도 하고 하동 출신이라고도 하는데, 그 이유는 그가 태어난 경남 하동군 옥종면 회신리가 그 당시에는 진주에 소속되어 있었기 때문이다. 1906년 옥종면 회신리는 진주에서 하동으로 소속이 바뀌었다.

55 고무릉이 포함된 월횡리는 당시에는 진주 소속이었지만, 1906년 이후에는 하동군 소속으로 바뀌었고, 이곳은 권운환의 처가인 함안 조씨들이 세거하고 있는 지역이었다.

을 날리면서 공격하고 배척하는 주장이 나타나자, 권운환은 '통문을 날리면서 공격하고 배척하는 것이야 본래 더불어 말하기가 힘들다지만 논설을 지어 사람들을 현혹해서는 안 된다'라고 하면서 조목조목 변론하고 밝혔다. 『명호집』에 의하면 그는 이 해에 전남 화순의 정의림, 장성의 기우만, 같은 안동 권씨의 일원이면서 「외필」에 대한 가장 큰 반대의 목소리를 내었던 권봉희 및 집안의 동생에 해당하는 권대환 등에게 편지를 보내 「외필」에 대한 자신의 입장을 밝혔다.

이 해 9월 어머니의 상을 당했고 상복을 벗은 뒤에 목계(牧溪)로 거처를 옮겼다. 1905년에는 을사늑약이 맺어졌고, 권운환은 정재규와 함께 정산(定山)에 이르러 최익현과 함께 충남 노성(魯城)의 궐리사(闕里祠)로 갔다. 최익현은 이 해 12월 유생들을 모아 강회를 개최하고 왜적을 배척하기 위한 7개 조목의 「노성궐리사 강회시 서고조약(魯城闕里祠講會時誓告條約)」을 선포하고 시국들 되돌리려고 했는데, 정재규와 권운환도 이 노력에 참여했지만 결국 성과를 보지 못해 통곡하면서 되돌아왔다.

1911년 정재규가 세상을 떠났다. 그 이후 그에게 모여든 제자들이 신안강(新安江) 주변의 상양촌(上陽村)에 상양재(上陽齋)라는 재실을 지어주었는데, 권운환은 늘 죽은 사람으로 자처하면서 예전에 보던 경서를 읽고 외우며 그 뜻을 음미하는 것으로 여생을 보내려고 마음먹었다. 오직 바라는 것이라고는 후학을 인도해서 이 학문을 익히는 이들이 끊기지 않는 것일 뿐이었다. 그리고 1918년 10월 15일 그는 상양재에서 향년 66세로 세상을 떠났다. 그 다음 달에 신안정사의 동쪽 언덕에 장례를 지냈다가, 1930년 서쪽 언덕으로 이장해서 현재까지 전하고 있다. 그는 부인인 함안 조씨와의 사이에서 딸 하나만을 두었기 때문에 족자(族子)인 권재갑(權載甲)을 맞아들여 후사로 삼았다.

현재 그가 강학했던 상양재는 단성군 강루리에 남아 있으며, 신안정사 부근에 있는 그의 묘소에는 "明湖先生 安東權公之墓"라고 단출하게 쓰인 묘비가 세워져 있다. 그의 생애를 살필 수 있는 전기 자료는 저자들의 문집에 각각 흩어져 있는데, 그의 행장은 권재규(權載奎),[56] 묘지명은 이교우(李敎宇),[57] 묘갈명은 유원중(柳遠重),[58] 묘표는 남정우(南廷瑀)가 썼다.[59]

2. 문집 구성과 내용

『명호집』은 19권 10책으로 조선 후기의 목활자본으로 간행되었다. 4주쌍변(四周雙邊), 반곽(半郭) 20.6×16.4 cm, 10행20자, 주는 쌍행(雙行), 내향(內向) 2엽화문어미(二葉花紋魚尾)로서 책의 크기는 31.2×20.8 cm이다.

권1·2는 「이병헌에게 주는 목우가 3수[牧牛歌三疊贈李善章(炳憲)]」를 비롯한 210수가 실려 있다.

권3~권9의 전반부는 편지로서, 여기에는 「노사 기선생에게 올림[上蘆沙沙奇先生]」 2편을 비롯한 290편이 실려 있다. 그가 편지에서 '올림[上]'이라는 표현을 쓴 사람은 9명인데, 기정진[60], 정재규[61], 조성가[62], 김석

---

56 權載奎, 『而堂先生文集』 권45, 「族父明湖先生行狀」.

57 李敎宇, 『果齋先生文集』 권23, 「明湖權先生墓誌銘(竝序)」.

58 柳遠重, 『西岡先生文集』 권21, 「明湖先生權君墓碣銘(幷序)」.

59 南廷瑀, 『立巖先生文集』 권18, 「明湖先生權公墓表」.

60 기정진에게 보내는 편지는 모두 기정진을 처음 만난 해인 1879년 7월과 10월에 보낸 것이다. 『노사집』에는 기정진이 권운환의 7월 편지에 답하는 답장이 한 편 실려 있다. 奇正鎭, 『蘆沙集』 권14, 「答權舜卿(雲煥, 己卯八月)」, 340~341쪽 참조.

61 권운환이 정재규에게 보낸 편지는 11편이 실려 있을 뿐이지만, 정재규가 권운환에게 보내는 편지는 『노백헌집』 권9~10부분 전체로서 모두 40편에 해당한다.

62 권운환이 조성가에게 보낸 편지는 2편이 실려 있을 뿐이지만, 조성가가 권운환에게 보내는 편지는 『월고집』 권11에 9편이 실려 있다.

구[63]는 노사학파의 인물들이고, 김평묵[64]과 최익현[65]은 화서학파의 인물이며, 송병선은 송시열의 9대손으로서 연재학파의 지도자이다.[66] 정후인(鄭垕仁)에게 보내는 편지도 한 편이 실려 있는데 정후인은 권운환의 외삼촌이다. 이상의 편지들은 모두 「명호집」 권3에 실려 있다. 그리고 나머지 한 편은 권9에 실려 있는데 그의 큰 형인 권정환에게 보내는 「큰 형에게 올림[上伯氏]」이다. 앞의 8편과 나중의 한 편 사이에 간격이 벌어진 이유는 권3~권8은 모두 권운환이 교유한 사람들과의 편지들 싣고 있고, 이와는 별도로 집안 사람들에게 보내는 편지가 권9에 별도로 편집되어 있기 때문이다.

9편을 제외한 281편의 편지에서 주목할 만한 것으로 외필논쟁과 관련된 것이 4편 있다. 이들은 모두 1902년 6월에서 8월 사이에 쓴 것이다. 노사학파의 정의림에게 보내는 편지가 권3에 실려 있고, 기우만에게 보내는 편지가 권4에 실려 있다. 또한 같은 안동 권씨이자 집안의 형님에 해당하고 영남 노론계에서 「외필」을 비판했던 가장 대표적인 인물로서 권봉희(權鳳熙, 1837~1902)에게 보내는 편지가 권3에 1편 실려 있고, 집안 동생으로서 송병선의 문인인 권대환(權大煥)에게 보내는 편지 1편이 권9에 실려 있다.

권9의 후반부부터 권10까지는 「잡저」 부분이다. 권9 후반부에는 세 편의 글이 실려 있는데, 여기에는 1902년 후반기 즈음에 나타난 전우의

---

63 권운환이 김석구에게 보낸 편지는 1편이 실려 있을 뿐이지만, 김석구가 권운환에게 보내는 편지는 『대곡유고』 권2에 5편이 실려 있다.

64 권운환이 김평묵에게 보낸 편지는 2편이 실려 있을 뿐이지만, 『중암집』에는 권운환에게 보내는 편지가 발견되지 않는다.

65 권운환이 최익현에게 보낸 편지는 2편이 실려 있을 뿐이지만, 최익현이 권운환에게 보내는 편지는 『면암집』 권9에 2편이 실려 있다.

66 권운환이 송병선에게 보낸 편지가 1편이 실려 있지만, 『연재집』에는 권운환에게 보내는 편지가 발견되지 않는다.

「납량사의의목」과 「외필변」을 변론하는 「납량사의기의소차(納凉私議記疑小箚)」·「납량사의기의추록소차(納凉私議記疑追錄小箚)」·「외필변소차(猥筆辨小箚)」가 포함된다. 외필논쟁과 관련된 편지들과 함께 권운환의 성리학적 사유의 지향성을 파악할 수 있는 자료들이다.

권10에는 「사상지알록(沙上贄謁錄)」을 비롯한 12편의 글이 실려 있다. 「사상지알록」은 1879년 1월 26일 권운환이 기정진을 처음 만나서 헤어지기까지 보고 들었던 내용과 나누었던 대화를 기록한 것으로 기정진의 만년 동향을 알 수 있는 자료 가운데 하나다. 「좌춘록(坐春錄)」은 권운환이 정재규·박희정(朴熙珵)·이교우(李教宇)·남정우(南廷瑀)·한유(韓愉)·이정수(李正洙) 등과 성리학적 주제를 토론한 내용이다. 「혹인문(或人問)」은 어떤 이가 '부부유별(夫婦有別)'에서 '별(別)'의 의미를 어떻게 보아야 할 것인가라는 질문에 대답하는 글이다. 「독서소차(讀書小箚)」는 귀신과 음양, 『중용』의 비은(費隱), 『맹자』의 호연장(浩然章) 및 부동심(不動心), 우산장(牛山章) 등의 의문점을 변론한 것이다. 「홍가삼자설(洪可三字說)」·「민자직자설(閔子直字說)」·「이화영자설(李和永字說)」은 모두 자설(字說)로 각각 홍종달(洪鍾達)의 '가삼(可三)', 이교수(李教垂)의 '화영(和永)', 민치온(閔致溫)의 '자직(子直)'의 의의를 서술하고 있다. 「독최서비시(讀崔西扉詩)」는 최서비의 시를 읽고 난 뒤의 짧은 감상문이다. 「우옹설(偶翁說)」은 자신을 취용자(醉聳子)라는 가상의 인물에 빗대어 오근오(吳謹五)의 호 '우옹(偶翁)'의 뜻을 논한 글이다. 「증양주정(贈梁柱正)」은 무릉(武陵)의 나뭇꾼인 양주정의 부탁을 받고 『맹자』 「고자 하」 2장의 "服堯之服…是桀而已矣"까지 43자를 써준 내력을 기록한 글이다. 「증박군응재(선재)贈朴君膺哉(善在)」는 박선재(朴善在)에게 독서법을 충고하는 것이고, 「경족질중후(警族姪仲厚)」는 집안의 조카인 권중후(權仲厚)에게 당부하는 짧은 글이다.

권11은 서(序)와 기(記)로 구성되었는데, 서는 「만동묘비명 연구서(萬

東廟碑銘聯句序)」를 비록산 19편이, 기는 「사남실기(士南室記)」를 비롯한 29편이 실려 있다.

권12은 발(跋)·명(銘)·사(辭)·상량문(上梁文)으로 구성되었다. 발문은 김현옥의 『주자연보통고(朱子年譜通考)』에 붙인 『주자연보통고』의 발문 「주자연보통고발(朱子年譜通考跋)」을 비롯한 24편이 실려 있고, 명은 김지경(金志經)의 서실에 붙인 명문(銘文)인 「김자상(지경)의 서실 명문[金子尙(志經)書室銘]」 1편이 실려 있다. 사는 모두 5편인데, 「이채녀자사(李采汝字辭)」·「이여정자사(李汝貞字辭)」·「이공회자사(李公晦字辭)」는 이교백(李敎白)의 채녀(采汝), 이중영(李重榮)의 여정(汝貞), 이충현(李沖鉉)의 공회(公晦)라는 자에 붙인 자사(字辭)이다. 나머지 2편은 애사(哀辭)로서 같은 집안 사람인 권계영(權季英)을 애도하는 「족당위빈옹애사(族黨渭濱翁哀辭)]」 오석표(吳錫杓)를 애도하는 「오화익(석표)애사(吳和益(錫杓)哀辭)」이다. 상량문은 정재규의 강학 공간이었던 「노백서사의 상량문[老柏書舍上梁文]」, 영모재를 중수하면서 지은 「영모재중수상량문(永慕齋重修上梁文)」 및 조용소(趙鏞韶)의 정당(正堂)을 중수하면서 지은 「조기남의 정당 중수 상량문[趙箕南正堂重修上梁文]」 모두 3편이 실려 있다.

권13에는 제2차 진주성 전투에서 순절한 의병장 김천일(金千鎰, 1537~1593)·최경회(崔慶會, 1532~1593)·고종후(高從厚, 1554~1593) 세 사람을 위해서 쓴 「촉석루 세 장사의 제문[矗石樓祭三壯士文]」을 비롯한 62편의 제문이 실려 있다.

권14~16은 각각 비슷한 유형에 해당하는 묘갈명, 묘지명, 묘표로 구성되었는데, 권14는 「대재학 면재 정공 묘갈명[大提學勉齋鄭公墓碣銘]」을 비롯한 묘갈명 7편이, 권15는 「대제학 규오 유공 묘지명[大提學葵塢柳公墓誌銘]」을 비롯한 묘지명 21편이, 권16은 「국파 민공 묘표[菊坡閔公墓表]」를 비롯한 묘표 10편이 실려 있다.

권17~18은 행장류의 글로 「행록」, 「실록」, 「행장」이라는 제목으로 아버지 권병린의 행적을 기록한 「선고 인헌부군 행록[先考忍軒府君行錄]」을 비롯해서 모두 20편이 실려 있다.

권19는 「유사(遺事)」와 「전(傳)」으로 구성되었는데, 이봉흥(李鳳興)의 행적을 담은 「무산재 선생 이공 유사(武山齋先生李公遺事)」를 비롯한 17편이 실려 있다. 여기에는 10세조 권준을 비롯한 집안 선조들의 유사가 많이 포함되어 있는데 할아버지인 권규하의 행적 또한 「조고부군 유사략[祖考府君遺事略]」이란 제목으로 실려 있다. 마지막으로 「이이옹전(而已翁傳)」은 이름이 알려지지 않고 그저 이이옹(而已翁)으로만 불리는 이의 간략한 전기다.

3. 문집 목차

卷一

詩: 牧牛歌三疊贈李善章 登山行 自警二首 雨中奉呈趙敬之三首 呈族叔學源 挽閔菊坡 南征 呈農山周允 故山歎三絶呈三山子厚 有懷壺石 上金重菴崔免菴兩先生四首 寄呈李學汝 餞李正言亨洛之京至瀟川書舍滯雨 溪南崔丈往遊某里臨行賦古詩以呈 過成君聖與感其窮不廢讀 聞西來消息率爾作此呈一二同志 癸未十一月十二日宿松谷函丈家時函丈有事滯留于邑空軒為客甚無聊輾轉成寐得一夢蓋夢中閱盡世變因相克相生一語心自有悟覺來甚異事詩以識之 乘月登暎波臺許南黎丈拈韻以送 子厚有作勸余次韻 挽重菴先生 送李悟潭陪淵齋翁往遊陶山 鳳陽齋行相揖禮與農山山石吾廬諸友共賦 替簡君五 有鳥詩贈趙泰玄 入山數月益不堪窮居之懷作古詩一篇呈應友遠儒兼寄舊遊諸友衡波臺與應友相酬 訪君五於斷俗寓所相攜登我來臺 宋君德中使余記桂山為賦古詩一篇以謝 新安社克善見過 陽來玉汝君五常憂我病酒喪真作詩以謝兼呈農山石愚 新安精舍偶吟 歲丁酉秋夕後二日窮居無聊

有二儒冠為問山陰路經由枉步而至蓬門外觀其舉止不凡心異之即引與之語乃平生勞仰月波鄭丈從之者敬菴李君泰亨亦曾所願識者邂逅有此若神助者然遂賦其事以呈 槐石老友遠寄壺酒一絕奉謝 次寄金五兼竹潭原韻 冠李生周汝士友盛會 陪老柏先生校虛齋詩集于追遠齋日遊涵一臺 挽權海閭 戊戌九月二十九日登白馬山飮菊長少凡十六人倡之者石愚也 挽朴鶴山二首 金氏正養齋值雨 次正齋幽居韻 三修齋有感 涵月亭子雲遠儒拈韻 悼族姪子強三首 涵一臺與章憲飮 鄭竹醒致學來訪次疇叔除夕詩 君五詩以戒酒次韻示意 訪裴錦石敬魯滯雨共賦 次君五斷俗西洞八曲韻—我來臺 次君五斷俗西山洞八曲韻—洗塵潭 次君五斷俗西山洞八曲韻—流雲瀑 次君斷俗西山洞八曲韻—考槃澗 次君五斷俗西山洞八曲韻—方舟潭 次君五斷俗西山洞八曲韻—歔唏 次君五斷俗西山洞八曲韻—鳴玉澗 次君五斷俗西山洞八曲韻—豁然臺 孤山亭與崔松窩而仰共賦 禹言氏惠南靈賦詩以謝 次君五示諸生詩四首 乃警以其壽母詩求和 多率寺 露梁遇韓希甯分江而希甯寄以詩聊次 登錦山 渡大方浦 登矗石樓 遊仙遊洞 病中謝桐坡寄酒 攜河克齋孟汝暮入新安 與全泰瑞遊涵一臺暮入楸齋 河省窩禹範權兼山學揆過余山社應韶致先亦會 和郭君仰汝 挽族叔鳳 次姜氏三世旌閭韻 黃花吟呈石愚過債軒李公植杖嵒謹次公煥章庵韻 誄農山大夫人朴氏 次姜敬壽親韻挽權仁先 元朝乘醉次老柏先生山陰歸路詩呈農山二首 可惜歎贈安甫兼示士文 挽族叔晩四首 某里紀行 春來臺 自濫溪發向某里 花葉樓次板上韻 噴雪潭題石面 月城草堂次板上韻 弄月次原韻 濫溪院酬河君宋運見贈二首 石愚搬移梅谷君五有懷得三絕詩余亦同懷次韻以寄 石愚得約為隣課日互相往來酒一巡看朱子語類幾板為定課變幻斯世依然有先天氣色令人感歎不已君五為之詩余次其韻以呈兼穖約軒 朴鎮五子揚兄弟將獻其大人峴樵翁六十一歲壽要余參賓友之末怕石臺巨未赴構古詩一篇以呈 海山丈人每致意於先師老柏先生遺集刊事以詩見贈謹次韻以呈 嘗夜與海山丈唱酬而得海山秋月照心明之句後因拜床語

及之海山丈足其韻成一律以示之謹次 晩悔李公卺宴次韻以賀 挽河子文 江樓喜遇川后 過晉陽府訪孫莊山晦珍遣懷 挽權善裕 與奇白水聖初朴聖沈景晦鄭士玉飮赤壁

卷二

詩: 癸丑夏余發南原之行諸族餞于江上 戇讀蘆巖 明珠洞訪閔橧山邦瑞 酬閔上舍子直見贈 踰鴈峙 鶉子江與松沙植齋盟濯 龍遊潭 閒居書懷 趙友景七壽其大人南洲翁六一生朝以其伯父月皐先生感懷詩一律寄來命余賡和 遇汝剛於痳山滯雨三宿三首 贈金君鐘元 次斗山回甲韻 次六友亭韻 與宋桂山德中柳西岡希輿江上飮酒 與諸友遊佳湖之龍門 訪可山主人冒雨同發 東山齋途中 訪西岡於龍門又同西岡晩松逶迤諸處入新安社一宿旋歸臨別以止宿寮山水為留行無勞具雞黍十三韻得止字 同梧坡緩石西潭桂山西岡鄭司果諸友會偶愛亭 次鳴玉亭原韻 謝竹醒袖饋 挽閔雙松二首 癸丑復月十五日余降生之一周甲也是月冠從孫海膺述懷以示六首 淸溪李南吉為其先大人心潭公就家傍回奧處鑿潭築亭扁以心潭課其諸子其二哥德夫示以原韻輒次 晦山亨洛以其重甲述懷詩寄示不可無次 訪姜文亨 古來洞贈趙化順 訪南湖姜洛中 晩松亭酬主人允七 過繡林書堂 宿李進士山齋 育英齋酬主人 統營歸路以洗兵館柱刻一國南藩大將軍之句分韻得一字 新安江上與汝賦別 挽鄭海山 同梧坡晦山諸友宿昭泉亭 與鄭純可宿漢翼書屋 次希甯寄君五韻奉簡淸溪老兄 贈別李穉和 湖南任宇卿梁元淑見過相攜入新安精舍 元淑臨別以詩見贈聊次其韻合呈宇卿元淑雙 挽閔松菴二首 次吳汝弘壽兄韻 養英齋李君章見章玉置酒呼韻 武伯自金剛歸過余娓娓以詩奉謝 風浴臺謝稽樵送酒 挽朴剛仲三首 斗南來訪偕入新安精舍 豫石宗人來遊江校數旬一日同宿上陽齋 新安精舍獨坐迎春族姪子德來話 謝和叔雨裏送酒二首 次崔議官回甲述懷詩 諸友盛會陽齋稽黎姜一以諸友未赴其甲會沽酒使飮既醉相和 亨叔景賢允九來訪 與晦山後溪遊水

月亭 赤壁秋夜相酬 山陰諸友恵過山社雨甚樽空頗蕭條應詔以詩送酒步韻即謝 趙子雲歷路見訪 敬五汝剛聯袂見訪 謝隱柳和應攜其壽酒來訪 喜中彦來訪 和應頻以酒來訪來輒忘歸酒盡復活 次贈鄭生敬夫 聽玉臺聯 沈校理丈過余精舍一絕奉謝 李君聖奎回甲日其兄子周汝奉觴有詩為次其韻 致先有同夏之約而夏垂盡尚寂然君五為賦古詩一篇余步其韻並寄之 致先同聚新安社過夏及歸夜吟 省窩甲日次韻以呈 挽許英七 次挹清亭原韻 同晦山訪石樵 寄題閔華岡雲擧來亭 同雲擧敬魯會石東精舍 小山趙和一余留數日崔君淳若有寄呈小山詩輒次其韻納其行軒 挽閔公 次安甫人日詩 與淳若滯雨昭泉亭 牧精舍聯句 新安精舍與晦珍共賦 謝姜文仲遠訪 留于石 川后來宿 夜與斗南相酬 與南川沙村訪恵 植齋遠訪窮齋臨別聊賦以呈 挽李遯溪 亨洛景七遠儒各以兩絕詩寄來聊以一絕合呈 南川梅塢雙至 挽權學揆 干石甲日有詩兼壽酒以寄次韻以謝 挽權天祜 李瑞玉號以竹泉有詩求和 題湖陰李君遺 挽李南川 新安精舍文章善見過 挽河南善 明嵒以重甲述懷詩命次 挽金五兼 挽李善仲四首 訪朴順士英兄弟於嵋山不遇 與清溪竹泉及原善鳴璇飲于周汝之雙松堂 斗山以六十一歲老人為柏舍刊越重江複嶺一歲三顧令人感歎於其歸也賦近體以呈 迂堂曹君隻身越海候勉菴先生於馬島匪所可謂平生義分矣於其還也先生及同留諸子作詩以送之感慨不覺沾襟次其韻 奉酬又新贈韻 西潭遠訪賦以呈 嵋山齋留贈李伯述 贈別鄭士強 戊午初夏鄭竹醒趙西川李芋山金西磵許潁溪過余新安精舍對論懷

卷三

書: 上蘆沙沙奇先生(二篇) 上老柏軒鄭先生 上老柏軒鄭先生別紙 上老柏軒鄭先生(八篇) 上老柏軒鄭生問目 上金重菴(二篇) 上崔勉菴(五篇) 上宋淵齋 上趙月皐(二篇) 上金大谷 上內舅鄭晩隱 與許山 與閔鳳里 答崔溪南 與崔溪南(二篇) 與趙南洲 答趙南洲 與鄭月波 與權

石梧 答權石梧 與李熙(二篇) 與趙孟鳴 與鄭季方 答閔周賢 答金致受

卷四

書: 與奇會一(五篇) 與柳性存 答柳性存(二) 與柳性存(二篇) 答趙舜九(二篇) 與趙舜九(三篇) 答趙舜九(三篇) 與河禹範 答鄭敬老 答李學汝 答金豐五 與李明賚 與李善仲 答鄭致學 與崔而仰 與權洛見 與李泰兼 答李泰兼 與李泰兼 答李兼金豐五 與朴剛仲 答李南吉 與李南吉 答奇立夫 與權仲瑞 與河般巨 答李亨洛(二篇) 與李亨洛 答權周若 答柳和應(二篇) 答李周應 與閔邦瑞 與閔邦瑞閔聲遠 答閔邦瑞(二篇) 答姜洛中 與陳仲文

卷五

書: 與鄭周允(七篇) 答鄭周允 與鄭周允 答鄭周允 與鄭周允 與權子厚(三篇) 答權子厚 答權子問目 與李聖五 答李聖五 答趙舜韶 答裵敬魯 答曹公習(二篇) 與奇孝述 答鄭毅仲 與鄭毅仲 與般仲 答閔聲遠(二篇) 與閔武伯 答閔武伯(二篇) 與閔武伯 與河宗洛 與朴舜瑞 與趙景七子雲 與應章李陽來 與宋直夫 答崔議官 與吳致守 與柳子中 答吳汝弘 與吳汝弘 答李稺和(二篇) 與許士 答趙禹瑞 與權致九權重彦 與權重彦(二篇) 答權重彦 與權箕允 答鄭泰彦 答閔雲擧(三篇) 答允一 與崔錫胤(二篇) 與河孟汝 答鄭應善(三篇) 答鄭應善中庸問目 與洪永弼 與李聖奎 答李允 答李善章 與趙應友(四篇) 答趙敬之西銘問目 答李瑞玉 與李瑞玉 答宋德中 答宋德中柳希輿講 與河仁汝 與河兼汝 答河兼汝 與河兼洙 答金彝若 答姜仲直 與孫晦珍 答閔達見 答權善裕 答崔淳若 答河采五

卷六

書: 與柳希輿 答柳希輿別紙 答柳希輿 與柳希輿 與南章憲士珩 與

南章憲 答南章憲 答趙遠 與趙遠儒(二篇) 答趙遠儒 答韓希甯(二篇) 答南士珩 與南士珩 答南士珩 與南士珩(二篇) 與柳善 答朴致容 答姜周應 答沈應魯 答李致允 與鄭學櫓 與李泰永(二篇) 答權文興 與朴玉汝 答金乃 答金國源 答朴鎮五 答閔文善(三篇) 與李璟溫 答李璟溫 與趙怡在 與鄭疇五 答權敬五 與文士 答許英七 答金尚五 與金尚五(二篇) 與梁景賢(二篇) 答梁景賢 答姜敬贊 答趙升玄 與趙升玄 答升玄 與李汝直 與具聖郁 答文周尚 與閔聖均 答姜敬三 答洪和吉

卷七

書: 與南明重 答南明重 與南明重 答南明重別紙 答李文哉 答李原善 答李晦夫(二篇) 與曹可 答閔子直 與奇元用 答河聖洛 答鄭聖七 答姜汝明 答鄭穉貞(二篇) 答朴允明 答姜子宣 答姜子問目 答鄭元卿 答沈景晦 答黃景涵(二篇) 答李鳴璇(二篇) 與李鳴璇 答郭仰汝 答李安甫問目 答安甫 答李安甫問目 答鄭景晦 答河克重 答田見卿 與閔重汝閔孔彜 答權浩仲 答權益三 答金士 答李仁夫 與洪士拯 答權漢翼 與全聖賓 與余萬彊(二篇) 答閔希重 答河洙源 答鄭晦夫 答金學(二篇) 答河宗汝 答趙可憲

卷八

書: 答李致先李周汝 答李致先(二篇) 別紙 答李致先李周汝 與李致先李周汝 與李致先別紙 答李先 答金翼夫 答權子貞(二篇) 與李周汝 答李周汝問目 答李周汝 答柳公懋(二篇) 答李剛哉 與姜之 答朴膺哉 與金士文 與李贊彧 與鄭文玉 答文善鳴 答柳子遠 與李君可 與李泰旭(二篇) 答李汝 答金永範 答李中彦(二篇) 答洪致可 答鄭夏卿 答金素先 答李德夫(二篇) 答李良彦(三篇) 答聲遠(四篇) 答張子平 答河浩珍 答梁柱正 與李士強 與吳德潤 答吳德潤 答洪可三 答李子應 答琩有 答金明夫 與梁鼎實權聖希 答宋亨度 答金慎夫 與吳允若 答梁

榮大問目 答鄭聲叔 答李教

卷九

書: 上伯氏 答族叔醉蓮 答族兄執中 與族姪君七 與族弟應天 與族弟樞卿 答族弟樞卿 與族姪子 與族弟道明 答從弟乃綏 答族姪疇叔孟子問目 答族姪君五 與族姪君五 答族姪君五 與族姪君五 答族姪君五李致先講目 答族姪極瑞 與族姪極瑞 答族叔乃警(四篇) 答族姪仲厚(二篇) 與族弟克章

雜著: 納凉私議記疑小劄 納凉私議記疑追錄小劄 猥筆辨小劄

卷十

雜著: 沙上贅謁錄 坐春錄 答人問 讀書小劄 洪可三字說 李和永字說 讀崔西扉詩 偶翁說 贈梁柱 贈朴君膺哉 警族姪仲厚 閔子直字說

卷十一

序: 萬東廟碑銘聯句序 三憂堂文先生年譜序 龍門亭唱酬錄序 別契案序 送族弟樞卿赴萬東廟享序 亥卯錄序 送李亨洛之京序 題曾稽講約卷首 驪陽陳氏世譜序 水月堂遺稿後序 闍山詩帖序 安權氏家乘序李周應六十一壽序 送族弟樞卿赴櫟陽墓祭序 送朴舜瑞序 送李中彦歸家序 送朴君仁吉序 洪永弼六十一壽序 齋居恆誦序

記: 士南室記 花溪草堂記 二囂李公旌閭小記 枕江軒記 玉流臺記槐石記 何求軒記 浦西堂記 石泉精舍記 悔窩記 止窩記 願教室記 悟潭記 川后齋記 武陵土窩記 四宜亭記 友松堂記 守齋記 素軒記 養正齋記 不磷巖記 止齋記 送谷精舍記 百軒記 江皐記 小竹堂記 三乎齋記 寒翠亭記 正齋記

卷十二

跋: 朱子年譜通考跋 書或人剃髮辨後 書閔丞宣家藏尤齋先生遺墨帖後 題金在永所得蘆沙先生遺後 書竹塘崔公手書喪禮備要後 題龜潭鄭公遺事狀後 聯芳輯錄後識 題李悟潭大夫人所買小學冊後 書鄭公手墨後 題趙應友所述其先大人行狀後 李南塘居觀錄後 書瀛上講信案後 存知錄跋 書軍李公家狀後 書古山朴君行狀後 題闇山錄後 書壁山李君行錄後 松菴遺稿跋 書瑞軒安君行錄後

書李晩存湖南紀行後 書鄭穉貞壽母詩後 書具鎮斗大人行錄後 書宋氏三世遺事後 書黃湖隱狀錄後

銘: 金子尚書室銘

辭: 李采汝字辭 李汝貞字辭 李公晦字辭 族黨渭濱翁哀辭 吳和益哀辭

上梁文: 老柏書舍上梁文 永慕齋重修上梁文 趙箕南正堂重修上梁文

卷十三

祭文:矗石樓祭三壯士文 祭蘆沙奇先生墓文 祭老柏軒鄭先生文 再祭文 祭金重菴文 祭崔勉菴文 祭金大谷文 祭金大谷墓文 祭趙月皐文 祭閔鳳里文 祭趙橫溝文 祭族兄西洲文 祭族叔醉蓮文 祭叔梅圃文 祭李雙秀文 祭許后山文 祭族兄文 祭崔溪南文 祭內舅鄭晩隱文 祭外舅趙公文 祭河道文 祭河三經堂文 祭鄭季方文 祭奇會一文 祭趙孟鳴文 祭李舜熙文 祭鄭周允文 祭族姪君七文 再祭文 祭李泰兼文 祭陳仲文文 祭崔而仰文 祭權子厚文 祭權子厚墓文 祭金周胥文 祭韓鳴于文 祭李敬仲文 祭權定見文 祭趙應友文 祭李應章文 祭鄭應善文 祭姜洛中文 祭河兼洙文 祭李善章 祭旌姪子強文 祭河仁汝文 祭南章憲文 祭族姪亨直文 祭李舜功文 祭朴允明文 祭李瑞玉文 祭柳中文 祭韓希甯文 祭族姪疇叔文 祭吳汝弘文 祭趙思仲文 祭梁榮大文 祭從弟乃綏文 祭丘嫂朴氏文 祭一姊河氏婦文 祭三姊李氏婦文 祭姪婦鄭氏文

卷十四

墓碣銘: 大提學勉齋鄭公墓碣銘 愁愁子崔公墓碣銘 正郁南公墓碣銘 川上柳公墓碣銘 掌令姜公墓碣銘 菊圃梁翁墓碣銘 松湖余公墓碣銘

卷十五

墓誌銘: 大提學葵塢柳公墓誌銘 景淵亭鄭公墓誌銘 三從祖處士公墓誌銘 贈童蒙教官鄭公墓碣銘 默窩河公墓誌銘 晩山李君墓誌銘 起巖陳君墓誌銘 安峯權公墓誌銘 三從女兄河氏婦墓誌銘 默守鄭君墓誌銘 南湖姜君墓誌銘 二姊李氏婦墓誌銘 孺人朴氏墓誌銘 湖隱柳公墓誌銘 鵜溪閔公墓誌 孺人權氏墓誌銘 孺人鄭氏墓誌銘 恆軒李君墓誌銘 素窩南君墓誌銘 學生權公墓誌銘 鳳軒全公墓誌銘

卷十六

墓表: 菊坡閔公墓表 思菴鄭公墓表 副護軍閔公墓表 荷塘權公墓表 雅谷陳公墓表 學生李公墓表 訥菴裴公墓表 副護軍金公墓表 松皐吳翁墓表 朴嘉善墓表

卷十七

行狀: 先考忍軒府君行錄 二囂堂李公實錄 族祖橘坡公行錄 晩悔李公行狀 學生權公行錄 族兄學公行錄 雙松閔公行狀 松皐權公行狀 學生趙公孺人鄭氏行狀 伯氏明狂居士家狀 雙松李君行狀 峴樵朴君行狀 族姪石愚居士行狀

卷十八

行狀: 三山處士權君行狀 菊菴閔君行狀 三姊李氏婦行錄 孺人趙氏行錄 雲田朴君行狀 趙君敬之行錄 從弟乃綏行錄

卷十九

遺事: 武山齋先生李公遺事 無年堂李公遺事 從先祖默翁先生遺事 十世祖霜嵒先生遺事 七世祖清府君遺事略 族祖學生公遺事 六世祖虛齋府君遺事 族祖琴齋公遺事 高祖府君遺事略 族祖江舍公遺事 曾祖府君遺事略 叔曾祖府君遺事略 祖考府君遺事略 本生祖考府君遺事略 族叔學生公遺事 先妣鄭氏遺事 從兄學生公遺事

傳: 而已翁傳

『백석헌유집(柏石軒遺集)』

1. 저자 소개

기양연(奇陽衍, 1827~1895)의 자는 자민(子敏)이고 호는 백석(柏石)이며 본관은 행주(幸州)이다. 전라남도 장성군 황룡면에서 태어났다. 초명은 행연(行衍)이다. 집 앞에 잣나무 아래에 돌이 있어 호를 스스로 '백석'이라 하였다.

금강(錦江) 기효간(奇孝諫, 1530~1593)이 그의 10대조이고 기정익(奇挺翼, 1627~1690)은 6대조로, 우암(尤庵) 송시열(宋時烈, 1607~1689)의 문인이기에 가문은 서인과 노론계열이다. 아버지는 첨지중추부사 기윤진(奇允鎭), 어머니는 반남 박씨(潘南朴氏)로 생원 박종한(朴宗漢)의 따님이다. 가학을 계승하였으나, 학문적 탐구보다는 척사위정의 정신에 투철한 인물이었다.

어려서 기정진의 문하에서 수학하였다. 1866년 병인년 프랑스함대가 강화도에 침범하자, 서양의 사특함을 배척하는 글을 지었다. 1867년(고종 4) 식년 문과에 급제하여 전적(典籍)·정언(正言)·예조정랑(禮曹正郎) 등을 지냈다. 이듬해에 지평(持平), 1869년 장령(掌令), 1873년 사복시정(司僕侍正)을 지내고, 이듬해 부친상을 당하여 사직하고 집상(執喪)하였다. 1878년 다시 장령을 거쳐 홍문관 부교리(副校理)·부수찬(副修撰)을 역임하였다.

이때 국가의 기강이 해이해지고 일본의 침탈이 본격화되자, 개화정책에 반대하여 내수외양책을 담은 삼정책(三政策)의 상소를 올리고 나서 고향에 은거하였다. 조정으로부터 여러 차례 관직이 내려졌지만 나아가지 않았다. 농소(農巢)와 육일정(六一亭)을 지어 후학을 양성하였는데 현재는 사라지고 없다. 1894년 동학농민운동이 일본군에 의해 좌절되고 일제의 가세가 강성해지자, 집안 식구들과 지리산에 들어갔지만, 갑자기 병을 얻어 1895년 5월 20일 향년 69세의 나이로 삶을 마감하였다. 저서로는 『백석헌유집(柏石軒遺集)』(2권 1책)이 있다.

2. 문집 구성과 내용

『백석헌유집』은 2권 1책으로 석인본이다. 1975년 현손인 기준서(奇駿舒)·기정서(奇正舒)와 안종선(安鍾宣) 등에 의해 편집, 간행되었다. 4주쌍변(四周雙邊), 반곽(半郭) 21.0×14.2cm, 유계(有界), 11행24자, 주는 단행(單行), 화구(花口), 상하향(上下向) 2엽화문어미(二葉花紋魚尾)에 크기는 27.9×18.8cm이다. 권두에 권용현(權龍鉉)의 「서문」과 권말에 안종선의 「발문」이 있다.

권1에 시 21수, 서(書) 54편, 잡저 6편, 권2에 서(序) 5편, 기 3편, 발 1편, 제문 5편, 묘갈명 1편, 행장 4편 등이다. 부록은 기양연과 연관된 여러 편의 글이 있다.

시는 문과에 급제하기 전 서울생활의 고달픔을 느끼게 하는 시, 장성에서 스승 기정진과 동문 민치완(閔致完, 1838~1911)의 부친 회갑을 축하하는 것, 자신의 거처인 백석헌과 농소에 관한 것, 조성가와 조의곤 등과 교유하며 주고받은 것 등이다.

서신 「상친정(上親庭)」은 1853년 4월 17일부터 1874년까지 집에 보낸 편지로, 안부 및 교우와 조정의 사정, 국내외 정세 등에 관한 내용이 기술되어 있다. 서울에서 지인들에게 안부를 묻거나 과거와 관련한 내용이 대부분이다. 1885년 5월 15일부터 8월 28일까지 집안 아이들에게도 올바른 행의를 하도록 편지를 보내기도 하였다.

잡저에 여러 편의 글이 있는데, 첫 번째 「삼정책(三政策)」은 당시 전정(田政)·군정(軍政)·환정(還政)이 문란해 국가의 기강이 무너지고 국내외의 정세가 어지럽게 되자 이에 대한 대책을 역사적 사례와 과거 현인의 논지를 거론하며 꼼꼼하게 밝힌 것이다. 성심(聖心)을 바로 해 정치의 근본을 세울 것, 기강을 바로잡을 것, 수령을 바로 임명할 것, 관리를 다스려 무위도식하는 일이 없도록 해야 할 것을 주장하였다. 다음으로 「효책(孝策)」은 유교에서 인(仁)을 실천하는 근본으로서의 효(孝)를 기술하였다. 효란 부모를 잘 섬기는 것으로, 오교(五教)의 으뜸이자 백행의 근본이라고 간주하면서 효도할 수 있는 여러 방법과 그 예증을 거론하였다. 특히 배움에 뜻이 있는 자는 반드시 그 어버이에게 효도한 뒤에야 학문을 하는 도가 그 차례를 얻는 것인데, 그 어버이에게 효도하고자 하는 자가 배움을 먼저 하지 않으면 그 방법을 알 수 없다고 하여 그 학문도 강조하고 있다. 또한 효를 경(敬)과 충(忠)의 관점에서도 피력하기도 하였다. 「용학서언심언성책(庸學序言心言性策)」에서는 『중용』의 솔성(率性)과 『대학』의 정심(正心)의 관계를 논하였다. 『중용』은 전심(傳心), 『대학』은 복성(復性)의 글로 규정하고 있다. 「척양사론(斥洋邪論)」은 당시 서양 세력이 문호 개방을 요구해오는 데 대한 논설이다. 노불양묵(老佛楊墨)의 이단보다 심한 무리이기 때문에 정학(正學)을 밝혀 척사의 근본을 세울 것을 촉구하였다. 이밖에 「계유일기(癸酉日記)」는 1873년 2월 3일부터 5월 10일까지 회시(會試)의 시관으로 참가했던 전후 사실을 간략히 기록해놓은 것으로, 과거시행의 상황을 파악하는 데 참고 자료가 된다.

권2는 서문과 기문, 제문 등이 있는데, 「답문류편서(答問類編序)」는 기정진의 문인들이 스승의 언어문자를 존모한 나머지 그 언어문자를 여러 제목으로 분류하여 편집한 바, 그 체제가 정밀하고 상세하여 주희(朱熹)의 문하에서 편집한 『주자어류(朱子語類)』와 같음을 피력하였다. 하지만 『답문류편』이 1902년 완성됨에 따라 기양연은 그 간행을 보지 못하고 세상을 떠났다. 기타의 서문과 제문, 묘갈명과 행장 등은 집안과 동문에 대한 글이다.

부록은 승정원에서 기양연의 활약상을 기록한 「승정원일기초록(承政院日記抄錄)」, 기우만이 지은 기양연의 「행장」, 안규용(安圭容, 1873~1959)이 지은 「묘갈명」, 박원재(朴元在)가 지은 「묘표」, 조성가 외 여러 학인들이 지은 「만장」과 「제문」, 나도규가 지은 「백석헌기(栢石軒記)」, 삼종조카 기개(奇宰, 1854~1921)가 지은 「농소기(農巢記)」 등으로 구성되어 있다.

『백석헌유집』은 전주대학교 도서관과 전라남도 장성의 변시연가(邊時淵家) 등에 소장되어 있다.

3. 문집 목차

序: 柏石軒遺集序(權龍鉉)

卷一

詩: 謹次蘆沙老先生六十除夕韻(三首) 次梅塢壁上韻 洛舘會話 輓安進士(重燮) 洛社偶吟 次閔都事(致完)大人回甲韻 洛社會吟(二首) 贈人 京友睟宴 栢石軒 農巢 巢旣成四從弟弘衍遂以四律賦事相贈仍以其詩爲原韻從以和之 次東塢亭韻 別趙月皐(性家○五首)

書: 上親庭(十七) 答許會源(濬○三) 答李聲震(鍾澤○三) 答禮洞友人(姓名缺○五) 答桂陽友人(姓名缺○二) 與鄭友(名缺) 與友人(姓名缺○六) 與許星甫(極○五) 寄家兒(十) 寄次兒(三)

雜著: 三政策 孝策 庸學序言心言性策 斥洋邪論 休暇時自警文 癸酉日記

卷二

序: 答問類編序 朗州崔氏族譜序 奇氏族譜序 春坡遺集序 梁松圃回甲詩軸序

記: 烈婦奇氏旌閭重修記 尙玄庵記 德巖記

跋: 密陽朴氏族譜跋

祭文: 祭蘆沙老先生文 祭洪尙書(鍾序)文 祭徐圭庭(承輔)文 祭東塢處士曺公(毅坤)文 祭邊公(會淵)文

墓碣銘: 嘉善大夫同知中樞府事慕庵裵公(承得)墓碣銘(並序)

行狀: 梅谷朴公(蘭豊)行狀 瑞石金公(漢澤)行狀 成均生員奇公(益鎭)家狀 通政大夫同副承旨松臺奇公(文鉉)家狀

附錄: 承政院日記抄錄 行狀 墓碣銘 墓表 輓章(八) 祭文(十) 柏石軒記 農巢記

『보산선생유고(普山先生遺稿)』

1. 저자 소개

기우승(奇宇承, 1858~1907)의 자는 효술(孝述)이고 호는 보산(普山)이며 본관은 행주이다. 행주 기씨의 선조는 고려 시대에 평장사를 지낸 기순우(奇純祐)이고, 조선 시대 초기의 저명 인물은 기건(奇虔)이다. 그는 세종·문종 시기에 판중추에 올랐고, 시호는 정무(貞武)이다. 기건의 손자 기찬(奇襸)의 다섯 아들 가운데 둘째인 기원(奇遠)이 기묘사화로 인해 호남으로 은거하면서 장성(長城)에 세거하게 되었다.

기우승의 고조부는 기태온(奇泰溫)이고 증조는 기재의(奇在懿), 조부는 기윤진(奇允鎭), 아버지는 기양연이다. 기태온은 기종상(奇宗相)의 첫째 아들이고, 기종상의 둘째 아들인 기태량(奇太良)은 기정진의 조부이다. 즉 행주 기씨의 항렬로 따지면 기정진의 증조부인 기종상(奇宗相)은 21세에 해당하고, 기정진은 24세에 그리고 기우승은 26세에 해당한다. 따라서 기양연에게 기정진은 7촌 숙부에 해당하고, 그의 아들인 기우승은 8촌의 손자 항렬에 해당한다. 기양연과 기우승은 부자 모두 『노사선생연원록』에 기정진의 직전 문인으로 이름이 올라 있다.

기양연의 첫째 부인은 고흥 유씨(高興柳氏)로서 유동식의 따님이고, 둘째 부인은 장택 고씨(長擇高氏)로서 장귀진(長龜鎭)의 따님이다. 기우승은 1858년 정월 7일 기양연과 장택 고씨와의 사이에서 태어나 장성군 황룡면 하남에서 태어나, 1907년 4월 30일 향년 50세로 세상을 떠났다. 부인인 연일 정씨(延日鄭氏)와의 사이에서 2남1녀를 두었다.

기정진과 같은 집안의 일원이자, 직전 문인으로서 기우승은 보산초당(普山草堂)을 짓고 제자들을 기르면서 학문을 닦는 삶을 살았을 뿐, 별다른 행적을 남긴 것이 없다. 다만, 1902년 기정진의 「외필」이 영남과 충청 지역의 기호학계에서 논란의 대상이 되었을 때 그는 「외필문목」을 반박 변론함[駁猥筆問目辨]」이라는 글을 남겼다. 이 글은 당시에 영남 노론계에 떠돌고 있던 「외필문목」이라고 불리는 글을 재반박하는 내용인데, 「외필문목」은 1902년 6월 즈음에 권운환이 정의림에게 보내는 편지에서 그 존재의 흔적을 남기고 있을 뿐 오늘날에는 전해지지 않고 있다. 그런데 공교롭게도 한유와 하우식에게는 각각 「독기노사외필(讀奇蘆沙猥筆)」이라는 같은 제목을 가진 저술이 있을 뿐만 아니라, 내용 자체도 대동소이하다. 나아가 이 두 글의 내용은 「박외필문목변」에서 인용하는 「외필문목」의 내용과도 상당 부분이 겹치고 있다. 이것은 당시 영남 노론계에서 공동의 작업을 통해 「외필」을 비판적으로 독해하려는 움직임이 있었고, 그 결과 「외필문목」이 나타났으며, 다시 이 글에 영향을 받아 한유와 하우식이 비슷한 내용을 담은 같은 제목의 글을 썼을 것이라는 추정을 가능하게 한다. 따라서 기우승의 「박외필문목」은 호남 지역의 노사학파에서 나타난 「외필」 비판의 재반박이라는 의의 이외에도, 지금은 이름만 남겨졌을 뿐 구체적인 내용이 전해지지 않았던 「외필문목」의 내용이 무엇인지를 알려주는 학술적 의의를 가지고 있는 것으로 평가할 수 있다. 유감스럽게도 정확한 저술 연대를 확정할 수 없기에 대략 1902년에서 기우승이 세상을 떠난 1907년 사이에 나타난 것으로 추정할 뿐이다.

2. 문집 구성과 내용

그의 문집인 『보산선생유고』는 1956년 박봉구(朴鳳求)의 교정과 기노백(奇老栢)의 편집에 의해 5권2책으로 간행되었다. 4주단변(四周單邊),

반곽(半郭) 22.5×16.2cm, 유계(有界), 10행22자, 주는 쌍행(雙行), 상하향(上下向) 2엽화문어미(二葉花紋魚尾)에 크기는 30.4×20.2cm이다.

그의 문집은 여타의 문집과는 다른 편집 순서를 보여준다. 먼저 권1에는 시(詩)와 잡저(雜著)가 실려 있고, 권2 또한 잡저류의 저술이 논, 서, 기, 발, 제문의 순서로 실려 있다. 그리고 권3~4에 서(書)가 실려 있고, 권5는 부록으로서 기우승의 「행장」 및 「묘표」가 실려 있다. 권수(卷首)에는 김준식(金俊植, 1888~1969)의 「서문」이 권말에는 배종풍(裵鍾豊)의 「발문」이 실려 있다.

권1의 시는 「송평재를 보내며[送宋平齋]」라는 제목의 오언절구 한 편, 「호산성의 운을 차운하다[敬次湖山亭]」를 비롯한 오언사율(五言四律) 두 편, 「소나무[松]」를 비롯한 칠언절구 7편과 「쌍계루 편액의 운을 차운하다[謹次雙溪樓板上韻]」를 비롯한 칠언사율(七言四律) 8편으로 구성되어 있다. 「잡저」의 첫 부분은 「경의답문(經義答問)」으로 군자의 출처진퇴에 대한 질문에서 사서(四書)의 몇몇 내용 및 성리학적 주제에 대한 다양한 내용들을 묻고 대답하는 형식으로 이루어진 학술적인 글이다. 「박외필문목변」은 지금은 그 제목만 전해지고 있는 영남 노론계에서 작성했다는 「외필문목」의 내용을 발췌 인용한 다음 반박하고 있는 내용이다. 「시전적필(矢全赤筆)」은 1905년 11월 17일 을사늑약의 소식을 듣고 쓴 글로 위정척사론의 관점에서 서양과 일본의 문화에 변화되지 않고, 유학자의 관점에서 조상 전래의 삶의 양식을 고수하겠다는 다짐을 서술한 글이다. 시전(矢全)이란 '온전하기를 맹세한다'는 뜻으로 부모로부터 물려받은 몸을 온전히 유지한 채로 죽는 것[歸全]이 효의 내용이라는 증자의 고사를 인용한 표현이다. 「백석헌규(柏石軒規)」는 규(規), 규절(規節)로 구성되었는데, 백석헌은 기효간 이래로 행주 기씨들이 세거했던 금강종가의 사랑채를 가리킨다. 이 글은 기우승이 이 곳 벽에 침흥(寢興)에서 심의(深衣)에 이르는 16조목의 규를 게시하고, 세부 내용으로서 규절 6조목을 따로 작성한 것이다. 「전성재와 전별하면서[贐田省齋文]」는 송병선의 문인인 전령여(田靈汝)를 전송하는 글이고, 「정익삼에게 권고하다[勸鄭益三文]」는 정순재(鄭淳梓)에게 학문을 권유하는 글이다. 「시전의 남아들을 깨우치다[諭市廛諸男兒]」는 「시전적필」을 지은 이후에 일본에서 들어오는 물품들에 대한 일종의 불매 운동을 펼친 젊은이들을 격려하는 글이다. 「박랑의 사건을 창해군에게 보고하는 편지[博浪事報滄海君書]」는 박랑사(博浪沙)에서 진시황을 암살하려고 했던 장량의 관점에서 자신의 후원자였던 창해군에게 보내는 보고문 형식의 글이다.

권2의 첫 부분은 논(論)으로 모두 4편이 실려 있다. '기질지성은 군자가 성으로 여기지 않는다'라는 『맹자』의 구절을 논한 「기질지성군자유불성론(氣質之性君子有弗性論)」, 『맹자』에서 우(禹)의 행적을 기록하면서 '맛좋은 술을 싫어했다[惡旨酒]'는 구절의 의의를 논한 「오지주론(惡旨酒論)」, 나물 뿌리를 씹어 먹을 수 있다면 무슨 일이든지 해낼 수 있다는 「교득채근백사가주론(咬得菜根百事可做論)」, 도간(陶侃)이 한가할 때 벽돌을 날랐다는 고사를 논한 글인 「도간운벽론(陶侃運甓論)」이 해당한다. 서문[序]은 모두 6편으로 두 편은 강문칠(姜文七)과 조중구(趙中九)를 전송하는 글이고, 두 편은 정휴직(鄭休直)과 정금영(鄭金泳)에게 각각 숙경(叔敬)과 선경(善卿)이란 자를 지어주면서 준 자서(字序)이다. 나머지 두 편은 각각 일차회(一此會)와 강학회(講學會)라는 모임의 서문이다. 기문[記]은 박희원(朴熙元)의 부탁으로 김용(金鏞)의 초가를 위해 써 준 「성암기(醒菴記)」 한 편이, 발문[跋]은 기홍연(奇弘衍)의 문집에 붙인 「용산유고 발문(龍山遺稿跋)」 한 편이 각각 실려 있다. 제문은 정용원(鄭龍源)을 위해 쓴 「정계남의 제문(祭鄭桂南文)」을 비롯한 6편이 실려 있다.

권3에는 편지[書] 105편이 실려 있는데, 정용원과 안성환(安成煥)에게 보내는 편지가 각각 23편으로 모두 46편에 달한다. 또한 정용원에게만

'올림[上]'이라는 표현을 쓰고 있을 뿐 나머지 사람들은 모두 '답하다[答]' 혹은 '보내다[與]'라고 쓰고 있다. 권4 또한 편지로서 모두 85편이 실려 있는데, 안팎의 인척들에게 보내는 편지가 사종형(四從兄)인 기우만에게 보내는 편지 12편을 비롯해서 39편에 달한다. 나머지 편지가 46편인데 이 가운데 가장 많은 분량을 차지하는 것은 허극(許極)에게 보내는 10편이다.

권5는 부록으로서 기재(奇宰, 1854~1921)가 쓴 기우승의 「행장」과 성한수(成漢修)가 쓴 「묘표」가 실려 있다.

3. 문집 목차

普山先生遺稿序(金俊植)

卷一

詩

五言絶句: 送宋平齋

五言四律: 敬次湖山亭 登天王峯

七言絶句: 松 大明梅 薇 奉和鄭艾山 又 送朴鹿門 景賢堂謝修堂贈墨 次金葦南

七言四律: 謹次雙溪樓板上韻 又 賀李員外六十宴 謹次雙石亭 答再從兄 菴居 石水庵示門人 逢梁雅

雜著: 經義答問 駁猥筆問目辨 失全赤筆 柏石軒規 驢田省齋文 勸鄭益三文 諭市廛諸男兒 博浪事報滄海君書

卷二

論: 氣質之性君子有弗性論 惡旨酒論 咬得菜根百事可做論 陶侃運甓論

序: 送姜文七序 一此會序 送趙擇之序 鄭叔敬字序 講學會序 鄭善卿字序

記: 醒菴記

跋: 龍山遺稿跋

祭文: 祭鄭桂南文 祭四從叔梅下處士文 祭趙月皐文 祭金華湖文 祭次子婦安氏文(二篇)

卷三

書: 上鄭桂南書(八篇) 答鄭桂南書(四篇) 上鄭桂南書 答鄭桂南書(三篇) 上鄭桂南書(三篇) 答鄭桂南書 上鄭桂南書(二篇) 答鄭桂南書

答安蘇山書 與安蘇山書(五篇) 答安蘇山書 與安蘇山書(三篇) 答安蘇山書(三篇) 與安蘇山書 答安蘇山書 與安蘇山書 答安蘇山書(四篇) 與安蘇山書 答安蘇山書(二篇)

與柳龍溪書 答李觀察使書(四篇) 答金醒菴書 與宋平齋書 答金興德書 答金慶雲書 答高仰之書 答徐允明書 與徐允明書 與鄭介坪書 答朴監察書 與鄭竹史書 李三山書 答李三山書 與李東白書(二篇) 答柳光東書 答康南坡書 答鄭月岳書 答鄭咸月書 答鄭樂彦書 與金俊華書 答曹伯據書 與曹伯據書 答鄭叔敬書 與鄭叔敬書(二篇) 答鄭叔敬書 與鄭叔敬書 答鄭茂弘書 與鄭茂弘書 答鄭茂弘書 與李肅卿書(二篇) 答李肅卿書 答趙擇之書 答李敬直書 與李敬直書 答李吉甫書(二篇) 與金性哉書

答金士仁書 答鄭孝一書 答鄭公術書 答朴京彦書 與李聖真書 答李聖真 與李聖真書 答李聖真書(六篇) 答吳炳奎書 答裵鍾豊書

卷四

書: 上三從叔書 上再從兄書 上四從兄書(十二篇) 答族叔書(三篇) 答族兄書 與再從姪書(四篇) 答四從姪書

與許南岡書(二篇) 答許南岡書 與許南岡書(二篇) 謝許南崗書(二篇) 與許南崗書(二篇) 謝許南崗書

與鄭進士書(四篇) 答鄭進士書 與鄭進士書(三篇) 與柳東閣書 與外從兄書(四篇) 答外從兄書 與外從兄書 答外從兄書 與姨從兄書(二篇) 與外從弟書 答外從弟書 與外弟書 與外從弟書 答外從弟書

與外從弟書(三篇) 答安進士書 與安進士書(四篇) 答安子受書(三篇) 答許甥書 與鄭景先書 答鄭景先書 與鄭景先書(三篇) 答鄭景嶽書 與安錦蕉書(五篇) 答安楚山書(二篇) 與安楚山書(二篇) 與李樵山書 答安并海書(二篇)

卷五

附錄: 普山處士奇君行狀(奇宰)·墓表(成漢修)·跋(裵鍾豐)

『산석집(山石集)』

1. 저자 소개

김현옥(金顯玉, 1844~1910)은 자는 풍오(豊五)이고 호는 산석(山石)이며 본관은 김해(金海)이다. 경상남도 산청(山淸) 사람이다. 시조는 수로왕(首露王)이며, 중시조는 금녕군(金寧君) 김목경(金牧卿)[67]이다. 고조부는 김목경의 16대손으로 김성조(金聖祖)인데 서울에서 진양(晉陽)의 갈곡(葛谷)[68]에 임시로 거처하였다. 증조부는 김두창(金斗昌)이며, 조부는 김동성(金東成)이다.

김현옥은 효행(孝行)으로 이름난 김칠식(金七植, 1810~1869)과 영월엄씨(寧越嚴氏) 엄성대(嚴聖大, 1816~1884)의 딸인 어머니 사이에 1844년 2월 14일, 5남 3녀 가운데 차남으로 태어났다. 김현옥은 산청의 여흥 민씨 봉리(鳳里) 민기용(閔璣容, 1824~1885)[69]의 딸과 혼인하여 3남 1녀를 낳았다. 어려서부터 제자서(諸子書)와 역사서(歷史書)를 두루 섭렵할 정도로 총명하였다. 10세(1853) 때에 산청의 아촌(鵝村) 봉리(鳳里)로 이사하였는데 여기에서 장인인 민기용을 만나 수학하였다. 13세(1856) 때에 부친상(喪)을 당하자 산청 금서면 대포리(大浦里)로 이사하였다. 그 뒤에 민재

67 고려 충렬왕(忠烈王) 때 문과(文科)에 급제하고, 삼중대광(三重大匡)에 올랐다. 충혜왕(忠惠王) 때 조적(曺頔)의 난 때 공을 세워 김녕군(金寧君)에 봉해졌다.

68 지금의 경남 진주시 문산읍 갈곡이다.

69 기정진의 제자이며, 정재규의 『노백헌집』에 「祭閔鳳里璣容文」과 「鳳里閔公璣植墓碣銘幷序」가 실려 있다.

남의 문하가 되어 10여 년 동안 수학하였으며, 경전에 몰두하면서 과거 공부에 뜻을 두지 않았다. 민재남은 노사(蘆沙) 기정진(奇正鎭, 1798~1876)과 서로 왕래하면서 노사의 학문을 높이 평가하였으며, 15세(1858) 때에 자신의 제자인 산석(山石)과 종질인 민치완(閔致完)과 민치량을 기정진에게 보내어 수학하게 했다. 노사는 김현옥의 뛰어난 재주를 보고 '수지이우(守之以愚)' 네 글자를 써주었으며, 김현옥은 이 글귀를 허리띠에 새겨서 실천에 옮겼다. 34세(1877) 때에 장인 민기용을 포함하여 식구들을 데리고 충북 제천(堤川)으로 이사했다.[70] 김현옥은 얼마 되지 않아 사정상 산청으로 다시 돌아왔다. 노사가 죽은 뒤에 38세(1881) 때에 「답문류편(答問類編)」의 간행을 논의하고 산청 심적암(深寂庵)에서 원고를 교감하기 시작했다. 44세(1887) 때에 「답문류편」을 완성하고 발문을 썼으며, 그해 8월 정재규·최숙민·권운환 등 노사학파 제자들과 두류산(頭流山)을 유람했다. 48세(1891) 때에 악양에서 『소학』을 강연하였으며, 49세(1892) 때에 악양의 매계(梅溪) 마을 입구에 있는 매국대(梅菊臺)에 은거하였다. 51세(1894) 때에 단발령(斷髮令)과 변복령(變服令)이 내려지자 저항하는 행동을 보였으며, 기우만이 호남에서 의병을 일으키자 동조했지만 실패로 돌아가고 7월에 하동 악양(岳陽)으로 피신하였다. 58세(1901) 때에 악양정(岳陽亭)을 중건하였는데, 이곳은 정여창(鄭汝昌, 1450~1504)이 무오사화(戊午士禍)를 피해 지었던 곳이다. 많은 시간이 지나 정자는 없어지고 터만 있었는데, 김현옥은 악양(岳陽)에서 『소학』을 강연하면서 계(契)를 조직하여 다시 정자를 세웠다. 특히 그는 하동과 산청을 왕래하면서 강학활동과 저술활동을 병행하여 후학양성을 위해 힘썼다. 김현옥은 1891년~1892년 사이에 『병명검본(屛銘檢本)』을 완성하였고, 1891년~1893년에 『산수유향(山水遺響)』을 편찬하였다. 또 1892년에 악양의 매국대에서

70 6) 郭鍾錫, 『俛宇集』 권133, 「送金豐五顯玉往湖西序 丁丑」.

『만산통곡편(萬山痛哭編)』을 지었으며, 1898~1900년에 『주자연보통고(朱子年譜通考)』의 초고를 써서 최숙민에게 발문을 부탁하고 하동의 직하정(稷下亭)에서 마무리하였다. 그리고 62세(1905) 때에 통영(統營) 백운암(白雲庵)에서 『학성자민편(學聖子民編)』을 편찬하였다.[71] 67세(1910) 1월 22일에 세상을 떠났으며, 마을 뒷산에 장례하였다. 뒷날 전남 구례군 방광면 개자등(介子嶝) 갑방(甲方) 언덕에 개장(改葬)하였으며, 다시 하동 악양 대촌(大村) 광등(廣嶝) 유좌(酉坐)로 이장하였다.

2. 문집 구성과 내용

『산석집(山石集)』은 7권 3책 목활자본(木活字本)으로 4주쌍변(四周雙邊), 반곽(半郭) 21.6×16.7cm, 유계(有界), 10행20자, 상하내향(上下內向) 2·3엽화문어미(二三葉花紋魚尾)에 30.9×21.3cm이다. 『산석집』은 1922년 산석의 제자인 양재선(梁在善)과 이병욱(李炳郁) 등이 편집하여 강행한 시문집이다. 권말에는 권재규(權載奎)·이병욱(李炳郁)의 발문이 있으며, 전남대학교, 연세대학교, 전주대학교, 계명대학교, 한국학중앙연구원 전라북고 고창 현곡서원에서 소장하고 있다.

권1에 시(詩) 167수, 권2~3에 서(書) 43편, 권4에 기(記) 13편, 서(序) 19편, 발(跋) 15편, 권5에 잡저 16편, 제문(祭文) 9편, 권6에 묘갈명(墓碣銘) 1편, 묘표(墓表) 1편, 행장(行狀) 3편, 권7 부록에 행장(行狀)과 발(跋)이 수록되어 있다.

시(詩)는 「차명옥정잡영(次鳴玉亭雜咏)」, 「차함월정팔영(次涵月亭八詠)」, 「두류정사잡영(頭流精舍雜詠)」 등 차운한 것이 많고, 면암 최익현을 비롯한 여러 동문들과 주고받은 것이 대부분을 차지한다. 서(書)는 당시의

71 산석의 저서 가운데 현존하는 것은 경상대학교 도서관에 보관된 『산수유향』과 계명대학교 도서관에 소장된 『병명검본』이 있다.

지식인들을 비롯한 동문(同門)들과 주고받은 것이 대부분이다. 즉 민기용(閔璣容)·기정진·송병선·최익현·조성가·기우만·정재규 등과 학문이나 당시의 시대상황을 논의하는 내용이 많다. 특히 기정진에게 보낸 것에는 근세의 학자들이 주기(主氣)에 지나치게 가려져 있음이 말하고, 「문목(問目)」에서는 『예기(禮記)』를 비롯한 경전의 의문점을 수록하였다.

「태극단기(太極壇記)」에서는 『주역』의 원리와 『태극도설』의 원리를 바탕으로 "천지는 모든 만물의 시조이고, 태극 또한 천지의 시조이며, 나는 태극으로 우리 제단을 이름한다"고 하였으며, 또한 그것을 주리(主理)의 입장으로 설명하였다. 「주자연보통고후서(朱子年譜通考後序)」와 「재서주자연보통고후서(再書朱子年譜通考後序)」는 모두 『주자연보(朱子年譜)』의 작자에 대한 것인데, 『주자연보』의 원본(原本)과 별본(別本)의 저작에 대한 자신의 견해를 밝히고 있다. 「율곡강회서(栗谷講會序)」에서 "기(氣)라는 것은 인욕(人欲)이 생기는 곳이고, 음(陰)이며 이적(夷狄)이고, 예(禮)라는 것은 천리(天理)가 있는 곳이고, 양(陽)이고 중국(中國)이다"고 하여 천리와 인욕을 구분하였다. 「답문류편발(答問類編跋)」[72]에는 논도체(論道體) 편 머리에 둔 이유와 논학편(論學編) 이하의 구성에 대해 말하고 있다. 「산수유향후서(山水遺響後敍)」에는 우리나라 악부(樂府)에 대해 그 필요성과 내력을 기록하였고, 「제병명검본후(題屛銘檢本後)」는 이황(李滉)이 지은 역대 충현(忠賢)의 계통을 설명하였다. 잡저(雜著)에 속하는 「경와설(警窩說)」은 경계함[警]에 대해 풀이하여 그 중요성에 대해 말하고 있다. 그 외에는 대부분 명설(名說)과 자설(字說)이며, 나머지는 모두 스승 노사를 비롯한 여러 제문들이 수록되어 있다. 「제노사기선생문(祭蘆沙奇先生文)」에서 자신이 애통한 것은 3가지가 있

72 鄭載圭, 『노백헌집(老柏軒集)』 권37, 「跋」, 〈答問類編跋〉도 있다.

는데 스승을 만나고서도 더러움을 씻어내지 못한 어리석음, 스승의 은혜를 보답하지 못한 것, 스승이 길러주었는데 자질이 없다는 것이라고 보았다. 김현옥은 이 세 가지가 자신의 마음을 수고롭게 여기니 스승이 위에서 깨우쳐주고 진작시켜주기를 기원하고 있다.

「만산통곡편제(萬山痛哭編題)」에 "배신(陪臣)이 천자를 위해 죽은 자는 마치 삼학사(三學士)와 같은 자이고, 조신(朝紳)이 국모(國母)를 위해 죽은 자는 박정재(朴定齋)와 같은 자이고, 제자가 스승을 위해 죽은 자는 송석곡(宋石谷)과 같은 자이다"라고 하였다. 이러한 것은 송명(宋明) 시대에도 있지 않은 것이니 조선은 군자의 나라가 되는 까닭이라 하여 그의 묘비명에 서문을 쓴 것이다. 「행행편제(幸幸編題)」는 "주자(朱子)가 남송(南宋) 때 태어나 무이산(武夷山)에 들어간 것은 이 산의 다행이다. 당세에는 불행일지라도 실제로는 천하의 다행이다"라고 녹동(鹿洞)과 운곡(雲谷)을 두 편으로 나누어 쓴 글의 서문이다.

「행장」에는 민기용(閔璣容)과 민재남을 기록한 것이 있다. 부록에는 사간원(司諫院) 정언(正言) 성산(星山) 이택환(李宅煥)이 쓴 「행장」이 실려 있고, 안동(安東)의 권재규(權載奎)와 합천(陜川)의 이병욱(李炳郁)이 쓴 「발문」이 실려 있다.

3. 문집 목차

山石集目錄

卷一

詩: 述懷 自警 登晦亭有感 次鳴玉亭雜咏(鳴玉亭) 次鳴玉亭雜咏(聽玉臺) 次鳴玉亭雜咏(智谷碑) 次鳴玉亭雜咏(楡山雪) 次鳴玉亭雜咏(鷲棲菴) 宿千仞樓 知島與友人相酬 謁李忠武公祠 矗石樓次板上韻 訪錦杏於竹谷鳳棲齋不遇 和艾山澗梅詩二首 挽梅亭先生二首 戊

寅春以晦亭遺稿事在茅山一日登夢嚴臺 上宿鷺亭用元韻 與明湖訪艾山共賞梅明洞是鄭明菴曾遊之地而明洞泉石四字刻在石面 翌日登黃梅山用朱夫子衡岳韻 夏過白也峴禹士英家 過梧月齋劉友恕行以詩求和 偶吟 即事 鳳齋夜話 深寂寺與閔稽樵唱和 與諸友夜話 戲贈石派與諸友叙懷 與稽樵玩籠瀑 謹次月皐趙丈韻 奉酬三山處士 哭洪勵志南嶽精舍雜詠(精舍) 南嶽精舍雜詠(主一堂) 南嶽精舍雜詠(敬齋) 南嶽精舍雜詠(守愚) 明湖以其親癠未得講討至於一月之久今夜來訪與之賦詩 讀蘆沙先生贈李信叔詩謹次呈稽樵 憶蘆坡古事 過岐山 溪南翁湖上友讀書深菴余塵客榻而栗浦又來三宿出山 訪稽樵書社 次李學元自警詩 星田門下送張斯文歸角山 呈愼丈士謙 贈禹士亨 贈金庸吾贈權允七 訪閔鳳翁於雙梅軒歎耕讀無功 送稽樵正言治疏行 秋試途中吟 花林卜居 贈金閔兩秀才 文山書室姜贊瑞業三餘所也即物有感詩以見志 題新安圖 築畫蘭室於文山之中以一絶呈三山 文山冬至 追次訥軒處士路上口號 題亭柱 別岳陽青鶴白雲亭 同三山友人自鵝湖宿特峙峙鳳翁十年所寓遺址也 寄題洗心臺 與三山子讀權石梧疏 謹次退溪先生潮汐韻 過璞院有感 貞洞途中別鄭農山 過向陽村 過送客亭 送艾山過淨水菴 愛日堂鄭忠莊公實紀將入印余以鄉後生不可無一言遂次追復時金相公韻 呈李悟潭二首 敬次大谷宗丈歲暮吟 乙未三月朔朝聞視察官將禁深衣詩以自吊 讀箕聖洪範 乙未五月黑衣關文來到痛哭而作拜呈鄭流石 朱譜通考之役卒於江城文氏之稷下亭即庚子立春前一日也 有感呈普龍山人 靜夜三首 繙閱魯論有感於君子之不貴言而貴行也舉顏曾二事以自勉云爾 大讀神舍銘及敬齋箴有感 杏亭行飲禮前期會話 余在山陰築畫蘭室於文山之中今寓河南又得菊於文氏之塾豈偶然哉詩以識之 樵屋夜 松壇小酌 拱珠島 朱譜之役兩年於此詩以書事二首 有感題蓮花石二首 磨鏡臺講會後用朱夫子白鹿洞詩分韻得年字 讀湖友上月皐丈詩有感追和 次趙氏涵月亭韻 次涵月亭八詠(檻前魚樂) 次涵月亭八詠(簷後鳥語) 次涵月亭八詠(士林白雲) 次涵月亭八詠(月

峯彤霞) 次涵月亭八詠(溪西水碓) 次涵月亭八詠(巷南績燈) 次涵月亭八詠(竹街牧笛)次涵月亭八詠(道坪農歌) 康島酬唱 頭流精舍雜詠(精舍) 頭流精舍雜詠(卧龍潭) 頭流精舍雜詠(伏龍巖) 頭流精舍雜詠(起而臺) 頭流精舍雜詠(日新盤) 頭流精舍雜詠(振鷺瀑) 頭流精舍雜詠(流玉澗) 頭流精舍雜詠(獨寤臺) 頭流精舍雜詠(朝宗巖) 頭流精舍雜詠(我哉室) 頭流精舍雜詠(上藍懷古) 頭流精舍雜詠(法莊石窨) 頭院) 頭流精舍雜詠(山天齋) 頭流精舍雜詠(入德門) 頭流精舍雜詠(晩霞臺) 頭流精舍雜詠(春籭臺) 頭流精舍雜詠(路嶝望海) 頭流精舍雜詠(入頭處) 和新安諸君子 次艾山梅嶽韻 引流方塘有感 崇禎五丁未四月一夜夢得義卧北窓四字覺而足成一絕 家兒廉嘗作自警銘明湖友題數行跋語於其後以勉焉余於除夕前一日讀圃隱先生詩集謹次憶其兩兒詩盖有感也今於元朝之翌日書贈家兒 岳陽梅菊臺 溯蟾江入頭流謹次一蠹濯纓兩先生韻 送朴俊賢入山 岳陽亭遺墟謹次俞濡溪韻 述賢齋贈贊修宗人 謝李晦岡送酒 與李晟長趙瑞一二友賞春 梧山人日雅集余有通考之役宗生致範以詩見贈不可無和 偶吟 謝李文哉鄭尚玉二友遠來 贈宗人允淑 寄黃花謝富居令送酒 送悟潭訪陶山 訪余致年於東山村 贈三修齋諸君子 梅齋中夜聞雞有感 送趙子信往省生庭 贈繼善餞溪南翁用退陶夫子韻 題淨友軒 贈小學童崔高吳三 陪勉菴崔尚書上弄月亭 謝劉贊叔朴俊賢兩斯文 岳陽亭唱酬 朴舜瑞請快哉亭詩書此以贈 陪勉菴丈守歲湖西客館 戲答艾山道友 次三山權子厚摹其先祖默翁霜巖兩賢遺墨韻 送晦山入昆明之鳳溪二首 陪隨勉菴翁入龜洞 山隱朴友訪余於岳陽亭 擴川祠與諸賢共賦 汝坤來宿是夜聞鍾 伏讀蘆沙先生和閔君賢詩有感謹次二首 春日訪明湖往水山 開小學講 次徐將作道溪韻 與南黎艾山溪南過尺旨嶺次朱先生祝融峯韻 登洗心亭 同李晦山入多率寺 次老愚曹公泣弓臺詩 冬至日示齋中諸友 月夜登風化樓 蟾江泛舟用一蠹先生風蒲詩分韻得風字 讀萬東廟碑銘有感聯句 錦北除夜聯句 贈劉見夫二首 贈金愼夫 次李晦山蓮石韻 衡波臺酬唱 贈姜秀才

伏讀蘆沙先師所作箕子誌序忽憶鼓山先生所贈念夢說有感 金正秀讀西銘詩以勉之 俯視鵲島有感 次康節清夜吟 弄月亭贈正秀 喜舍弟文必來 別三山用陶山唱酬韻 栗谷寓舍謾吟 家居志喜 溪南翁帶其子姪而來開講於東梅精舍飮餞於訪花川上即己丑餞春日也用明道先生春日偶成詩分韻得風字 讀石谷己未疏兼吊乙巳丙子諸賢三首 偶題 贈東川趙承玄 岳陽路中贈晩存李兄 山天齋同復菴謹次老先生元韻 贈閔承旨聞松竹堂前梅花初發即去尋玩 寄宗人泰淑 步艾山詩贈李汝直

卷二

書: 上蘆沙奇先生 上蘆沙奇先生問目 上鼓山任先生 上宋淵齋先生(二篇) 上崔勉菴先生(二篇) 上閔鳳里(二篇) 上趙月皐 與金大谷 與權醉蓮 與奇松沙(四篇) 與鄭艾山(二篇) 與曹復菴 答趙監役 答閔正言 與南昆陽 與李泰兼 答金泰淑

卷三

書: 與權舜卿 答權舜卿 與李亨洛 與李聚五李泰永 答余文國 答權子厚(二篇) 答姜洛中 答黃處中 答姜贊瑞 答劉恕行 答朴俊賢 答劉贊叔朴俊賢 答李文哉 與李晦夫 答閔子直盧海卿 答劉見夫 與金養然 與黃秀才 寄子廉廙

卷四

記: 連枝松記 鳳陽齋記 盤陀石記 遠志亭記 永慕齋記 土菴記 松竹堂記 莘溪記 三孝洞記 皇明處士廬記 瀜川齋東西二軒記 太極壇記 玉陽亭山水記實

序: 朱子年譜通考後序 再書朱子年譜通考後序 鵲島講會序 栗谷講會序 金海金氏家乘序 送李悟潭往陶山序 西溪講約序 贈鄭可誠序 贈尹君仁卿序 贈九溪鄭友序 贈李秀才基洪序 逸園老人壽瑞詩軸序 北

關唱酬詩集序 送灜川居士權仲瑞寓白川序 川谷精舍講規序 送李注書赴諫院序 送金俊鉀序 學聖子民編序 吾家日月帖序

跋: 書稽樵子金剛錄後 書吾家日月帖神明舍圖銘後 山水遺響後叙 題屏銘檢本後 讀書籤跋 答問類編跋 書璞院深菴兩詩軸後 書宗衡詩藁後 題西岳書院帖後 巴山趙氏花樹會詩軸跋 書萬死錄後 書崔永好家莊竹塘先生手草喪禮備要後 書達巖傳後 跋鄭道汝家莊文獻公實記 題梅花詩陶山帖及小學家禮增解粧黃匣後

卷五

雜著: 贈明狂 寄呈閔君昌世 劉舜若字說 權儒七字說 愛梅說贈權梁閔三子 劉見夫字說 吳禹拜禹尚字說 李千齡名說 警寓說 贈李秀才康根 四季花說贈同學諸君子 贈趙秀才繼聲 冠子祝辭 萬山痛哭編題 幸幸編題 課忠責孝四字符贈鄭尚明

祭文: 祭皷山任先生文 祭蘆沙奇先生文 祭閔晦亭先生文 祭金重菴先生文 祭權西洲文 祭閔菊坡文 祭趙應友文 祭趙敬之文 祭朴俊賢文

卷六

墓碣銘: 明狂居士權君墓碣銘

墓表: 處士余公阡表

行狀: 閔鳳里先生行狀 雙秀軒李公行狀 閔晦亭先生行錄

卷七

附錄: 行狀(李宅煥) 跋(權在奎) 跋(李炳郁)

『상고헌유고(上古軒遺稿)』

1. 저자 소개

박로면(朴魯冕, 1860~1913)의 자는 순여(純汝)이고 호는 상고헌(上古軒)이며 본관은 평양(平陽: 순천)이다. 진원(珍原)의 상고리(上古里)에 살았기 때문에 상고산인(上古山人)으로 자호했다. 그는 석음(石陰) 박로술(朴魯述, 1851~1917)의 삼종제(三從弟)에 해당한다. 즉 그의 고조는 수헌(睡軒) 박성렬(朴聖洌)인데, 그의 3남 2녀 가운데 첫째인 박의현이 박로술의 증조부이고, 셋째인 박윤현(朴允鉉)이 박로면의 증조부이다. 그리고 기정진의 넷째 누이가 바로 박윤현의 부인이었다. 이 때문에 기정진은 박로면에게 진외종조(陳外從祖)에 해당했다. 할아버지는 박제문(朴濟文)이고 아버지는 순여(純汝) 박회동(朴繪東)이고 어머니는 신평 송씨(新平宋氏) 송영수(宋永洙)의 따님이다.

그의 선대는 고려의 개국공신이었던 박영규(朴英規)이고, 집안의 저명 인물로는 조선 태종 때 익대좌명공신에 봉해진 박석명(朴錫命), 중종반정을 이끌었던 박원종(朴元宗) 등이 있다. 박원종이 반정공신으로서 권세와 부귀가 지나치자 그의 숙부인 박숙선(朴叔善)이 이를 경계하여 호남의 금성(錦城: 나주)으로 낙향했다. 박숙선의 다섯 아들 가운데 셋째인 박이공(朴而恭)이 광주로 이사를 한 다음부터 박로면의 집안은 광주에서 세거하게 되었다.

박로면은 1860년 7월 21일 광주 도랑리(道浪里: 도촌마을)에서 태어났다. 그는 성품과 도량이 관평(寬平)하고 단아하며 공손하고 절약하였다.

기정진은 어린 누이의 손자인 박희동과 증손자인 박로면을 각별히 아꼈다고 한다. 박로면은 처음에는 박로술의 아버지인 박양동(朴陽東)에게 학문을 익히기 시작했다. 아버지가 독자인 박로면의 학업을 위해 기정진이 머무르는 장성 진원면의 선산 아래로 이사하면서 본격적으로 기정진에게 학업을 익히기 시작했다. 기정진은 "이 아이는 나의 매부 박공의 손자인데 질박하고 성실해서 가르칠 만하다"고 언급하곤 했다. 심지(心地)의 독실(篤實)함, 언론(言論)의 정대(正大)함, 경의(經義)의 구심(究審), 의리(義理)의 명변(明辯) 등은 모두 노사의 가르침에 의한 것이다. 그러나 박로술이 지은 「행장」에 의하면 박로면이 기정진의 문하에 들어갔을 때는 이미 기정진은 나이 80을 넘긴 상태였다. 그 얼마 안 되어 노사 선생이 갑자기 후학을 버리고 세상을 떠나는 바람에 박로면은 역량을 다 채우지 못했다. 이 때문에 박로술은 당시의 상황을 이렇게 묘사했다.

> 그때 노사 선생이 담대헌(澹對軒)에 계시면서, 연세가 80이 넘었는데도 원근의 서소(書疏)나 제자들의 문목(問目)을 모두 손수 써서 답하였는데, 붓을 잡고 글을 쓰는 것이 매우 어려웠다. 군은 이 때문에 미안하여 비록 의문점이 있어도 감히 여쭈어보지 못하고 물러나와 선각자(先覺者)들과 더불어 질문하였다. 그 뒤에 노사 선생이 돌아가시자 군은 항상 한스러워하며 사람들에게 말하기를 "말학(末學)의 소생(小生)이 천년에 두 번 만나기 어려운 기회를 만났으나 선생의 수필(手筆) 한 마디 말씀을 얻어 의혹을 풀지 못하였으니, 이것이 매우 애석한 일이다"고 하였다.[73]

73 박로면 저, 『국역 상고헌유고』, 진원종중 역(순천박씨 진원종중, 2016), 「행장」, 223쪽.

이 때문에 박로면은 기정진이 세상을 떠난 뒤에 기우만을 스승으로 섬겼으며, 담대헌(澹對軒)을 지키면서 노사의 학맥을 이었다. 기우만은 그의 문장을 "남방의 으뜸가는 문장이다"고 칭찬하였고, 김석구(金錫龜)는 "속에서 표출된 것이 얼굴에 나타나고 등에 넘쳐난다"고 칭찬하였다. 23세(1882)에 어머니 상을 당하였고, 32세(1891)에 아버지가 60세도 채 되지 안 되어 세상을 떠났다. 박로면의 조부와 증조부 또한 일찍 세상을 떠나는 바람에 가문이 진작되지 못하여 더욱 통탄하게 생각했으며, 3년 상을 치르면서 정성을 다하자 주위에서 칭송하고 감탄하였다. 박로면은 외아들로 항상 형제가 없는 것을 서글퍼하여 종형(從兄)을 친형처럼 섬겼고, 부모가 빨리 돌아가시자 외숙(外叔)을 정성과 공경으로 섬겼다. 37세(1896)에 명성황후 시해 사건과 동학농민혁명의 영향으로 기우만이 의병을 일으켰다. 이때 박로면은 송사가 산중으로 들어가 은거하면서 시(詩)를 지어 고뇌한다는 말을 듣고서 시대를 분개하고 불평하는 시를 지었다.

박로면은 평소 사람을 가르칠 때 자상하게 개도하고 비유로써 깨우쳐 주었는데 "남아의 사업은 농사짓고 글 읽는 것뿐이다. 농사를 지으면 위로 부모를 봉양하고 아래로 자녀를 양육할 수 있으며, 글을 읽으면 경전(經傳)에 통달하여 옛날을 배울 수 있다. 작게는 자가의 몸을 잘 가다듬고 풍속을 좋게 할 수 있으며, 크게는 천하를 평화롭게 다스릴 수 있다. 이와 반대로 하면 반드시 패망할 것이니, 매우 경계해야 할 것이다"라고 하였는데, 여기에서 그 삶과 학문 정신을 확인할 수 있다. 그는 평소에 재물을 사용할 때에 반드시 한도가 있었는데, 한 되의 쌀이나 한 말의 곡식도 남에게 빌려준 적이 없었고, 의리에서 벗어나면 남에게 털끝만큼이라도 취하지 않았다.

박로면은 50이 가까워도 항상 일과를 정하여 『중용』을 읽었으니 그의 기약한 바가 치밀하고 원대하였다는 것을 알 수 있다. 그가 1913년

3월 24일에 54세로 세상을 떠나자 주위의 식자들이 모두 탄식하고 한스러워하였다. 부인인 평택 임씨(平澤林氏)는 통정대부 임로관(林魯觀)의 따님인데, 자녀를 가르칠 때 법도가 있었다. 슬하에 1남 2녀를 두었는데 아들 홍규(興奎)는 집안의 법도를 잘 계승하였으며, 딸 둘은 함안(咸安) 윤영백(尹泳百), 장흥(長興) 고광원(高光元)에게 시집갔다.

2. 문집 구성과 내용

『상고헌유고(上古軒遺稿)』[74]는 아들 박홍규(朴興圭)가 유고를 수집하고 정리했으며, 문인 이희경(李喜敬)·김현규(金顯奎)·이굉규(李宏奎)·이종원(李鍾遠) 등의 발문을 받아 간행하려고 했지만 뜻을 이루지 못했다. 필사본 1책으로 전해오다가 1989년 장성군에서 영인 간행되었으며, 변시연(邊時淵)의 서문이 있다. 2016년 송수경의 번역으로 진원종중에 의해 국역본이 출판되었고, 전남대학교 도서관에 소장되어 있다.

시(詩)는 총 82수가 수록되어 있다. 시를 주고받은 사람들은 주로 노사학파의 문인들인 조의곤·기우만·안달삼·이직현·오계수·오준선 등이었다. 기정진 사후에 스승으로 섬겼던 기우만과 담대헌(澹對軒)·삼산재(三山齋)에 관한 시가 많이 실려 있다. 그리고 쌍석정(雙石亭)·요월정(邀月亭) 등 정자시(亭子詩)가 많으며, 최익현과 안달삼 등을 위한 만시(挽詩)도 있다.

서(書)는 모두 40편이 수록되어 있다. 기우만·정재규·박로술·박로후 등에게 올린 편지가 있는데 대부분 안부를 묻거나 시국의 상황을 말하고 있으며, 기우만에게 올리는 편지에는 경상도 신안정사에서 『노사집』을 간행한 것에 대해 노고(勞苦)와 경사(慶事)를 쓰고 있다. 그 외의 편지는 동문이나 지인들과 안부와 일상사를 이야기하고 있다.

---

74 박로면 저, 진원종중 역, 『(國譯) 上古軒遺稿』, 順天朴氏 珍原宗中, 2017 번역본 참조.

잡저(雜著)는 11편이 수록되어 있다. 「도랑설(道浪說)」[75]에서는 "험한 환경에 놓이면 반드시 험한 환경에 대처하는 방도가 있으니, 도랑이라는 것은 '방도가 있게 험한 환경에 대처한다'는 의미와 같고 또 '허한 환경 속에 방도를 얻는다'는 의미가 있으니 이는 공경을 지켜서 잃지 않고 험한 환경에 처했을 때 한결같이 하기 위한 것이다"라고 하였는데, 도랑의 의미를 통해 험난한 환경에 대처하는 방도를 말하고 있다. 「벽이단(闢異端)」은 이단이 무엇이며 어떻게 배척해야 하는지 대해 서술했다. 박로술은 이단은 유도(儒道)와 다른 노자(老子)·석가(釋家)·양주(楊朱)·묵적(墨翟)과 같은 것이며, 우매한 사람은 빠져들고 고명한 사람도 현혹되기 때문에 성인이 이단을 경계한 것이라고 하였다. 또한, 이단을 배척하는 방법은 이단의 종지(宗旨)가 무엇인지 심술(心術)이 어떠한지 살펴보는 것이다. 이단을 배척하기 위해서는 맹자처럼 먼저 진리를 밝혀 마음에 터득한 다음에 사설(邪說)의 그릇됨을 분별하여 바로잡고 배척해야 한다고 말하고 있다. 「혈구설(絜矩說)」에서는 구(矩)를 맹자의 인의(仁義)의 마음으로 보고서 요순의 "인심은 위태롭고 도심은 은미하니 순일함으로 중도를 지켜야 할 것이다"라는 말로 인해 구(矩)를 견지해야 한다는 것을 알았고, 공자의 "마음에 하고 싶은 대로 따라해도 법도에 벗어나지 않는다"라는 말로 인해 구(矩)를 따라야 한다는 것을 알았다고 하였다. 그래서 대학의 격물치지(格物致知)는 구(矩)를 밝히는 공부이고, 성의정심(誠意正心)은 구(矩)를 간직하는 공부이며, 나라와 천하는 구(矩)를 확대하는 것이라고 하였다. 『만무문답(萬無問答)』은 말을 해야 한다는 만언자(萬言子)와 침묵해야 한다는 무언자(無言子)가 서로 자기주장을 변론한 내용인데, 두 사람의 주장이 결론나지 않자

75 상고헌(上古軒)이 스스로 부르는 별호를 도랑자(道浪子)라고 한다. 도랑은 마을 이름이다.

묵와자(默窩子)에게 찾아가 물어보니 "말해야 할 때 말하고 침묵해야 할 때 침묵하는 것은 말과 침묵이 때가 있는 것이다"라고 하여 시중(時中)의 중요성을 강조했다. 「학이시습설(學而時習說)」은 공자의 효제(孝悌)와 맹자의 인의(仁義)를 본성과 연관시켜 "배우지 않고도 효제(孝悌)를 알기 때문에 이를 배워서 처음에 타고난 본성을 회복하려고 하는 것이고, 익히지 않고도 인의(仁義)을 잘 행하기 때문에 이를 익혀서 본성을 돌아가려고 한 것이다"라고 하고, 인심(人心)과 인성(人性)과 연관시켜 "인심에 효제가 있는 것은 바로 물고기가 헤엄치는 것과 같고, 인성에 인의가 구비된 것은 바로 새가 비상하는 것과 같다"라고 하였다. 즉 성(性)은 본래 선하므로 배우면 회복할 수 있고, 심(心)에 그 덕이 있으므로 익히면 밝힐 수 있는 것이니 물고기와 새가 헤엄치는 것과 비상하는 것을 배우고 익히는 것처럼 인간도 배우고 익혀야 함을 강조하였다.

서(序)는 10편 수록되어 있다. 「가문록서(可聞錄序)」에서는 부모가 돌아가셔서 봉양과 공양을 할 수 없기 때문에 부모를 대신해서 정성을 드려야 할 분을 송사 기우만 선생이라고 기록했다. 조상을 숭상하고 씨족과 화목을 위해 의계(義契)를 중수하는 서(序)가 있고, 김봉거(金鳳擧) 형이 새로 만든 학계(學契)에 대한 서(序)가 있는데, 이 계를 설치하는 것은 노사 선생을 추모하고 본받기 위한 것이라고 여겼다. 나머지는 천관산(天冠山)으로 돌아가는 위치운(魏致雲)과 서석산(瑞石山)으로 돌아가는 안처인(安處仁)과 산정(山亭)으로 가는 박동갑 등에게 보내는 서(序)가 있다.

기(記)는 7편, 발(跋) 1편, 문(文) 5편이 수록되어 있다. 「장성 의병의 격문에 답하다[答長城義檄文]」는 1895년 명성황후가 시해되고 단발령이 반포되자 다음 해 기우만이 장성에서 의병을 일으키면서 발송한 의격(義檄)에 대해 답하는 글이다. 나머지 4편은 모두 제문(祭文)이다.

논(論)은 5편이 수록되어 있다. 「소중화론(小中華論)」에서는 중화의 명나라가 멸망하자, 마침내 우리 조선이 중화이며, 중화라고 부르는 이유는 사람 때문이지 지역 때문이 아니라고 보았다. 그리고 백이·숙제가 수양산에서 고사리를 캐먹은 일에 대해 논한 것이 있고, 백성들을 『논어』에서 말하는 "인자수(仁者壽)"의 단계로 끌어올리는 것에 대해 논한 것이 있고, 『중용』에서 자사가 말한 비은(費隱)에 대해 논한 것이 있다.

부록에는 박로술의 「행장」, 기우만의 「묘지(墓誌)」, 김영한(金甯漢)의 「묘표(墓表)」, 정기(鄭琦)의 「묘갈명」이 있다. 「제문(祭文)」에는 박기도(朴基東), 박로술, 박로춘(朴魯春), 이일상(李一相)·이준호(李峻鎬)·기동준, 안종기(安鍾基), 기동철(奇東哲), 이굉규(李宏奎)가 쓴 것이 있다. 상고헌유고(上古軒遺稿)의 발(跋)은 이희경(李喜敬), 김현규(金顯圭), 이굉규(李宏奎), 이종원(李鍾遠)이 쓴 것이 있다. 마지막 부분의 「문인록(門人錄)」에는 48명의 문인이 수록되어 있다.

박로면은 스승 노사의 강학소인 담대헌(澹對軒)을 지키면서 노사의 학맥을 계승하는데 중대한 역할을 수행하였으며, 성리학적 사유보다는 경전의 이해를 통해 후학양성에 힘썼다. 그리고 그는 송사 기우만을 스승으로 모시면서 오계수·오준선·박로술 등의 위정척사 문인들과 친분관계를 가지면서 자신의 삶과 학문정신을 함양했다.

3. 문집 목차

上古軒遺稿目錄

詩: 謹呈曺東塢先生(毅坤) 謹次松沙先生齋居諸詠(并序十三附先生韻) 附松沙先生次韻 再從叔父觀魚先生回婚日獻壽 挽安小柏(達三) 澹對軒灑掃日贈諸生 庚寅春余在澹對軒從學者頗多 挽李公愚(直鉉) 偶吟(二) 松沙先生三山齋武夷櫂歌次呈 次呈三山齋嘉卉十絶 挽

勉菴崔先生(益鉉) 哭觀魚先生靈筵(二) 敬次雙石亭韻 拜武侯廟用板上韻 送別崔雲齋(永祚) 謹次徐漢南(疇)客堂生朝韻(二) 賦梅呈乃洪春心允明諸友 三山齋見南極老人星寒江翁有韻松沙先生和之余輒敬次(二)

寄呈孝友洞僉座 謹次鄭李菴韻(二) 三月二十五日會飮于澹對軒 恠石歌 默窩主人(李錫奎)不肯吟詩戲呈一則 邀月亭 寄題遊藝亭 同崔雲齋畏軒吳難窩後石及石 陰湖陰三從兄入雙石堂時安 浮海(東宅)亦在 挽安卿雲(龍燦) 挽安瑞軒圭容(二) 奉次彼海原韻(宋廷默) 次林南有見贈(誦周) 李于衡(承雨)來訪與諸君唱(二) 朴君文彬(奎緖)雪裡來訪 送文彬 贈諸生四絶 次贈敬仲(李宏奎)仁和(李鐘遠)(二) 菊花 松遊龍興寺 次贈范生 次農隱亭韻 澹軒卽事 贈李敬仲 東寓處士求和其山居原韻輒次奉呈(二) 次贈諸生 謹次宋永吾回甲韻 夏日偶成 次呈床明吾(廷默) 雨後謾吟 贈別朋樂亭諸君子 贈別西齋書童 謾吟 夢見先師與李南坡出遊詩山頹已四載矣覺來不禁悵然遂成一絶 題小兒軸次金蕉軒(泳鐘)壁上韻 題玉洞幽居(尹喜) 送別雲齋 松沙先生回甲日與朋友唱酬 戊戌三月 紡家 次贈奇性車(載燮) 沙浦 敬次石下原韻(李在國) 敬次梅谷族叔回甲韻(三) 次徐漢南玉潭韻 沙工講席先生有韻竊欲仰和而意緖猥長有非短求耶能盡故別賦一篇以呈但筆萎詞俚恐溷清鑑而聖人旣曰各言爾志則不爲大過耶乞賜斧斥指示方向 贈奇善夫(東哲) 默窩見和又次 法聖浦 朋樂亭別魏致雲 謹次谷隱齋韻 敬次再從叔松叟晬辰韻 共浮海會于澹軒 遊下清寺 興圭灌溉旱田乘暇題詩 奉次南有 次呈宋明吾 幽居 謾吟三首 客裡書懷 謹次四從祖壽筵韻 謹次晩悟亭原韻 次竹翠亭韻

書: 上松沙奇先生(三) 上鄭艾山(載圭) 上三從兄(魯述) 上三從兄上從兄(魯厚) 答李進士(在國) 與高海耕(泳柱二) 與尹仁瑞(錫耉) 答金道儒(榜煥) 與李國瑞(熙容) 與李乃洪(錫奎) 答李致悅(鐘旭) 答宋明吾(廷默) 與安公三(圭容) 答奇平仲(東準) 與奇平仲 與林南有(誦

周) 答高永一(寅柱) 答林炯叔(鎬顯) 答族叔觀吾(憲東) 答林君弼(鎬應) 與三從姪致仁(丈圭) 與尹子千(泳百) 答尹子千 與安仲述(鍾基) 答朴天汝(箕浩) 答高善長(光元) 寄子興圭 與中興齋諸君 答金蘭契僉彦 上從兄 答高海耕 答金道儒 答林南有 與林炯叔 答林君弼 答金蘭契僉彦 答宋明善

雜著: 道浪說 闢異端 絜矩說 麒麟狗說 贈金炯釆 萬無問答 玉山記聞 記聞 毛生對求 放心說 學而時習說

序: 可聞錄序 送仲七諸朋友遊山城序 送魏致雲歸天冠序 重修義契序 學契序 送安處仁歸瑞石序 送朴甲童讀書山亭序 送盧度植歸家序 贈李敬仲李仁和序 同庚會序

記: 觀魚軒記 默窩記 守愚堂記 悔齋記 醉閒記 晩啞續記 小山記

跋: 題默窩自敍後

文: 答長城義檄文 祭學生林公文 祭再從叔觀魚軒文 祭外舅種德齋林公文 哭三從姪文圭文

論: 功不在禹下論 小中華論 採薇論 躋民乎仁壽之域論 費隱論

附錄

行狀(朴魯述)

墓誌(奇宇萬)

墓表(金甯漢)

墓碣名(鄭琦)

祭文(朴基東·朴魯述·朴魯春·李一相·李埈鎬·奇東準·安鍾基·奇東哲·李宏奎)

上古軒遺稿跋(李喜敬·金顯奎·李宏奎·李鍾遠·不肖男興圭)

門人錄

『석음유고(石陰遺稿)』

1. 저자 소개

박로술(朴魯述, 1851~1917)의 자는 공선(公善)이고 호는 석음(石陰)이며 본관은 평양(平陽: 순천)이다. 1851년 9월 13일 광주(光州) 안청리(安淸里)에서 관어헌(觀魚軒) 박양동(朴陽東)과 장흥 고씨(長興高氏) 사이에서 태어나, 1917년 6월 23일에 향년 67세로 세상을 떠났다.

그의 할아버지는 박제방(朴濟邦, 1808~1886)인데, 자는 순문(舜聞) 호는 안호(安湖)이고, 증조는 박의현(朴懿鉉)으로 자는 덕미(德美)다. 송병선의 「학생 박공(의현) 묘표(學生朴公(懿鉉)墓表)」에 의하면 박의현은 2남 1녀를 두었는데, 두 아들의 이름은 제방(濟邦)·제효(濟孝)이다.[76] 기우만이 지은 「안호처사 박공 행장(安湖處士朴公行狀)」에 의하면 박제방은 아들인 박양동을 비롯해서 4녀를 두었고, 박양동은 4남을 두었는데 각각 노준(魯準)·노술(魯述)·노춘(魯春)·노홍(魯洪)이다.[77] 어머니 장흥 고씨는 제봉 고경명의 후손으로 고제유(高濟儒)의 따님이다.

『노사선생연원록』에는 박제방에서 박로술에 이르기까지, 할아버지부터 손자 3대가 모두 문인으로 수록되어 있다. 3대가 이럴 수 있었던 인연 가운데 하나는 박로술의 집안과 기정진의 집안이 혼맥으로 연결

---

76 송병선, 『연재집』 권42(표점영인 한국문집총간 vol.330), 「學生朴公(懿鉉)墓表」, 298쪽 참조.

77 기우만, 『송사집』 권46(표점영인 한국문집총간 vol.346), 「安湖處士朴公行狀」, 498쪽 참조.

되어 있던 것이 한 이유이기도 했다. 박로술의 고조는 박성렬(朴聖洌)이고, 그는 3남2녀를 두었는데, 첫째가 박의현, 둘째가 박옥현(朴玉鉉), 셋째가 박윤현(朴允鉉)이었다. 그리고 기정진의 넷째 누이가 바로 박윤현의 부인이었다.[78] 박로술이 가학과 혼맥의 영향을 받아 할아버지와 아버지의 손에 이끌려 기정진의 문하에서 수학했음을 짐작할 수 있다. 박로술의 생애를 살펴볼 수 있는 「행장(行狀)」은 박로열(朴魯烈)이, 「묘표」는 정윤식(鄭潤植)[79]이, 그리고 「묘갈명」은 윤정복(尹丁鍑, 1917~2002)[80]이 지었다.

그의 선대는 고려의 개국공신이었던 박영규(朴英規)이고, 집안의 저명 인물로는 조선 태종 때 익대좌명공신에 봉해진 박석명(朴錫命), 중종반정을 이끌었던 박원종(朴元宗) 등이 있다. 박원종이 반정공신으로서 권세와 부귀가 지나치자 그의 숙부인 박숙선(朴叔善)이 이를 경계하여 호남의 금성(錦城: 나주)으로 낙향했다. 박숙선의 다섯 아들 가운데 셋째인 박이공(朴而恭)이 광주로 이사를 한 다음부터 박로술의 집안은 광주에서 세거하게 되었다.

그의 학문 이력은 어려서부터 시작되었다. 「행장」에는 그의 6세 시절의 일화를 다음과 같이 전하고 있다.

> 여섯 살에 큰형이 글을 배우는 것을 보고서 자기도 글을 배우기를 청했다. 관어공이 선생의 나약함을 걱정하자 선생이 말했다. "형은 나이가 많으니 일과로 많은 것을 배우는 것이 당연합니다. 저는 나이가 어리니 제 분수에 따라 조금씩이라고 알아간다면 좋지 않겠습니까?"

78 기정진, 『노사집』 권28, 「睡軒處士朴公行狀」, 601~602쪽 참조.

79 박로술의 외손자이다.

80 효당(曉堂) 김문옥(金文鈺, 1901~1960)의 문인이다. 기정진·정재규·정기·김문옥·윤정복으로 이어지는 학맥을 고려하면 노사학파의 4전 문인에 해당한다.

부친이 그 말을 기특하게 여겨 형과 함께 배우도록 했다.[81]

조금 자라자 부모님의 명에 의해 옥천(玉川: 순창)에 있는 김인후가 강학했던 초당인 훈몽재(訓蒙齋)에서 2년 여 동안 학문을 익혔고, 그 뒤 기정진의 문하에 나아가 문인이 되었다. 그가 언제 기정진의 문인이 되었는지를 그 시기를 정확하게 결정할 수 없지만, 어림잡을 수 있는 두 가지 단서가 있다. 하나는 『노사집』과 『석음유고』에 기정진과 박로술이 서로 주고받은 편지가 실려 있지 않다는 점이다. 반면에 『송사집』에는 기우만이 보낸 다섯 통의 편지가 실려 있고,[82] 『석음유고』에는 기우만에게 보내는 여섯 통의 편지가 실려 있다.[83] 연관된 또 다른 단서는 박로술이 1851년생이라는 점이다. 박로술이 20대 중반 무렵에 기정진에게 나아갔다 하더라도 이 때는 이미 기정진이 70대 후반에 접어든 시기이다. 즉, 문헌증거들은 박로술이 노사학파 내부에서 가장 가까이 교류한 인물이 그보다 다섯 살 연상이 기우만이라는 점을 보여주는데, 이와 함께 박로술이 1851년생이라는 정황증거를 고려하면 박로술이 기정진에게 나아간 시기는 기정진의 만년 무렵이라고 추정하는 것이 설득력이 있다.

기정진이 세상을 떠난 4년 뒤인 1893년 박로술은 현량과에 천거가 되었지만, 전시(殿試)에서 탈락했고, 이 뒤로는 다시는 벼슬길에 뜻을 두지 않고 고향에서 후학 양성에 전념했다. 1985년 을미사변이 발생했고, 이듬해 기우만은 의병을 일으켰다. 박로술은 광주향교 장의(掌儀)의 신분으로 이에 호응해서 격서(檄書)를 지어 돌리는 한편, 같은 장의

81 "六歲, 見伯兄就學, 請亦受讀. 觀魚公悶其淸弱. 先生曰, 兄年長, 當課日受多. 小子年弱, 當隨分一知反解, 不亦善乎? 公奇其語, 使同學."

82 기우만, 『송사집』 권5.

83 박로술, 『석음유고』, 권2.

였던 박원응(朴源應)과 함께 향리들이 빼돌린 환곡을 색출해서 의병의 군량미로 사용하려다, 향리들의 농간에 의해 박원응은 살해당했고, 의병을 해산하라는 왕명을 받고 기우만은 의병 활동을 중지하고 말았다.

1902년에서 1904년 사이 「외필」과 「납량사의」 등을 둘러싸고 기정진의 성리학에 대한 논란이 가장 격렬했을 때 호남지역의 노사학파 직전 문인으로서 이와 관련한 저술은 남긴 사람은 기우만, 정의림, 박로술 정도였다. 그 가운데 정의림과 박로술 만이 이 논쟁의 주요 텍스트에 대한 독립적인 글을 남겼다. 그는 1903년 후반기, 혹은 1904년 초반기 무렵 전우의 「외필변」과 「납량사의의목」에 대해 「변전간재외필변(辨田艮齋猥筆辨)」 「변전간재납량사의의목(辨田艮齋納凉私議疑目)」이라는 별도의 변론을 남겼다.

기정진의 사후 박로술은 송병선과 최익현 등 당대 유림의 지도자들과 종유하면서 강학을 이어갔다. 그러나 1905년 을사늑약 이후 국권을 상실하고, 송병선과 최익현 등이 잇달아 순절하자, 그는 "천명이 다한 것이다. 나는 어디로 가야할 것인가?"라고 하고는 손수 뜰에 소나무, 국화, 버드나무를 심고 서재를 '율리전사(栗里田舍)'라고 명명하고서 은거의 삶을 택했다.

1910년 경술국치 당시 박로술은 이미 60세였는데, 당시 총독부에서는 반족유생(班族儒生)과 효자절부(孝子節婦)에게 은사금을 지급한다는 구실로 매국 세력을 회유하려고 했다. 박로술 또한 명단에 올랐으나 이를 거절했고, 이로 인해 비아헌병대와 장성헌병대에 압송되어 회유와 협박에 시달렸지만 그는 끝내 이를 거절했다. 헌병대에 압송되었을 때 그의 심정은 「장성분대소공사(長城分隊所拱辭)」에 실려 있는데 그는 이렇게 말했다.

> 나는 미치광이처럼 또한 병든 몸으로 곤궁하여 돌아갈 곳이 없다. 이

에 나의 힘을 헤아리지 않고 의리를 나의 책임으로 삼아 산림에 은둔하여 본심을 지키면서 죽는 날만을 기다리며, 본국의 신하며 백성으로서 지하에 계신 조상을 찾아가 뵈려고 한다. 이것이 나의 생사와 몸에 사무친 염원이었는데, 나의 이름을 끝까지 감추지 못해 잘못 기로(耆老)의 명단에 들어감으로써 은사금을 받들라는 명령으로 매우 나를 다그쳐왔다. 나는 만 번 죽어 백골이 가루가 된다 할지라도 나의 본심을 잃을 수 없으며, 나의 대의를 빼앗길 수 없다.[84]

이미 1905년부터 은거의 삶을 택하고, 1910년 은사금을 거절했던 그의 삶은 1917년까지 계속되었는데, 세상을 떠나기 1년 전에는 기우만의 상을 당해서 집례(執禮)를 맡기도 했다. 1917년이 되자 죽산 안씨 안명화(安命和)의 따님이었던 부인이 향년 68세로 6월 2일에 먼저 세상을 떠났는데, 이 때는 이미 일제의 공동묘지령에 의해 상례를 제대로 치를 수 없었다. 박로술은 「공동묘공척문(共同墓攻斥文)」 2편을 써서 공동묘지제를 반대했고, 같은 달 광주경찰에 구인되어갔다가, 사흘 만에 의식을 잃은 몸으로 돌아와 23일 자택에서 세상을 떠났다. 그의 묘소는 장성군 서삼면(西三面) 대덕리(大德里) 뒷기슭 선친의 묘소 아랫쪽 건좌(乾坐)에 있고, 부인과 합장되어 있다. 슬하에는 박일규(朴日圭)를 비롯한 1남 4녀를 두었다.

세상을 떠나기 한 달 전 그는 아들인 박일규에게 마을 앞 비룡대(飛龍臺)라고 불리는 곳에 조선삼천리(朝鮮三千里)를 의미하는 삼층 석대를 쌓고 싶다는 뜻을 전달했지만, 결국 뜻을 이루지 못하고 세상을 떠났다. 1920년 박일규는 선친의 뜻을 이어 문인 및 뜻을 함께하는 유림들과 함께 삼층 석대를 쌓고 망국의 한을 노래한 『시경』의 「풍천(風泉)」

84 박로술, 『석음유고』 권6.

편에서 이름을 따와 풍천대(風泉臺)라고 명명했다. 그 뒤로 매년 음력 3월 11일이면 박로술을 기리는 제례(祭禮)가 행해져 왔으나, 주변 일대가 하남공단으로 편입되는 바람에 풍천대는 1993년 하남공단 안청공원 경내로 옮겨져서 현재까지 전하고 있다.

2. 문집 구성과 내용

박로술은 6권으로 이루어진 『석음유고(石陰遺稿)』 필사본을 남겼는데, 변시연(邊時淵)의 서문과 함께 1989년 전라남도 및 장성군에 의해 향토문화자료 제39집 영인본 6권 1책으로 출판되었다. 『국역 석음유고』는 박소동(朴小東)에 의해 번역되어 전통족보문화사에서 2017년 간행되었다.

권1은 「과독음(課讀吟)」을 필두로 125제목에 모두 231수의 시가 실려 있다. 기정진의 사후에 그가 종유했던 송병선·최익현과 주고받은 시를 비롯해서, 기우만을 비롯한 교유 관계에 있는 사람들과의 시, 쌍석정(雙石亭)·만오정(晩悟亭)·호은정(湖隱亭)·만취정(晩翠亭) 등 노사학파에서 일반적이었던 정자를 제재로 삼은 차운시(次韻詩)도 다수 실려 있다. 특히 원세개(袁世凱)가 최익현을 위해 지은 만시(輓詩)에 차운한 시는 차운의 형식을 빌려 국권을 상실한 아픔을 노래한 시라는 점에서 두드러진다.

권2에는 31명에게 보내는 편지 40편이 실려 있다. 송근수(宋近洙) 및 송병선·송병순 형제에게 보내는 편지 다음에 기우만에게 보내는 편지가 배치되어 있어서, 박로술의 교유 관계에서 중요한 인물들이 누구였는지를 알 수 있다. 반면에 스승인 기정진에게 보내는 편지는 한 통도 실려 있지 않아서, 기정진의 말년에 문하에 나아간 것을 짐작하게 한다. 기우만 이외의 노사 문인으로는 최영조(崔永祚)·오준선·기동준·박병은(朴炳殷)·고광선·이중권(李重權)·최기모(崔基模)·기세직(奇世稷) 등의 이름이 발견되며, 나머지는 집안 사람들과 지방 관원 및 문집 간행소에 보내는 것들이다.

권3에는 길성돈(吉聖敦)의 행실을 기록한 『시은행록(市隱行錄)』의 서문인 「시은행록서(市隱行錄序)」를 비롯한 11편의 서문이 실려 있다. 그 가운데 「용학문목서(庸學問目序)」는 동문인 이중권(李重權)의 부탁을 받고 지은 것으로, 이중권의 형인 이중혁(李重奕)이 지은 『용학문목』의 서문이다.

권4는 기(記)·설(說)·발(跋)·전(傳)으로 구성되었다. 기는 「정이암중수기(鄭李庵重修記)」를 비롯한 19편이 실려 있고, 설은 「역려설(逆旅說)」을 비롯한 4편이 실려 있는데 이 가운데 「석음설(石陰說)」은 자신의 호인 '석음(石陰)'의 내력을 담고 있다. 즉 애초에는 시간을 아껴야 한다는 뜻은 '석음(惜陰)'이었다가, 석(惜)과 석(夕)이 음과 뜻이 비슷하다는 의미에서 '저녁 무렵까지 후회한다'는 뜻의 '석음(夕陰)'으로 바뀌었으며, 최종적으로 서석산(瑞石山)의 북쪽이라는 뜻을 따서 '석음(石陰)'으로 바뀌었다는 것이다.

발은 「율수재해상일기발(聿修齋海上日記跋)」을 비롯한 7편이 실려 있다. 특히 「율수재해상일기발」은 집안의 어른이었던 박해량(朴海量, 1850~1886))이 1873~1876년 사이에 제주도와 흑산도에 유배를 당한 최익현을 방문해서 보고들은 내용을 기록한 「해상일기」의 발문이다.

전은 3편이 실려 있는데, 오명갑과 며느리 남평 문씨, 오명갑의 종질인 오정휴 세 사람의 효행을 기록한 「오씨삼효전(吳氏三孝傳)」, 김준(金準)의 의병 활동을 후원했던 나종태(羅鍾泰)의 전기인 「죽재거사나공종태전(竹齋居士羅公鍾泰傳)」, 그리고 홍기언(洪基彦)의 따님으로, 조병윤(趙炳允)의 부인이었던 남양 홍씨(南陽洪氏)가 19세의 나이로 남편을 잃고 순절한 사실을 기록한 「열부유인홍씨전(烈夫孺人洪氏傳)」이 있다.

권5는 「정언 정재건의 제문[祭鄭正言在健文]」을 비롯한 제문(祭文) 7편,

「윤씨재실상량문(尹氏齋室上樑文)」을 비롯한 상량문 3편, 「학생이공행장(學生李公行狀)」을 비롯한 행장 5편, 할아버지인 박제방의 묘갈명인 「선조고창신교위부군 묘갈명(先祖考 彰信校尉府君 墓碣銘)」을 비롯한 묘문(墓文) 4편이 실려 있다. 이 가운데 「관어헌부군가장(觀魚軒府君家狀)」은 그의 아버지 박양동의 가장이다.

권6은 「잡저」로서 여기에는 「동오상설(同五常說)」을 비롯한 8편, 그리고 「부록」이 실려 있다. 「동오상설」은 기정진의 「납량사의」에 나타난 오상(五常)의 편전(偏全) 문제를 동문인 부해(浮海) 안병택(安秉宅, 1861~1936)과 토론하는 형식으로 자신의 견해를 밝히는 글이다. 「변전간재외필변」과 「변전간재납량사의의목」은 1902년 신안정사에서 『노사집』의 중간이 이루어진 것을 전후해서 발생한 기정진의 성리학을 둘러싼 논란 과정에서 나타난 전우의 「외필변」과 「납량사의의목」을 각각 변론한 글이다.

「변전간재납량사의의목」의 성격은 정확하게 이해할 필요가 있다. 원래 전우가 쓴 「납량사의의목」은 같은 제목의 글이 두 편 『간재집·전편』 권14에 실려 있다. 첫 번째 글에는 '임인년(壬寅, 1902)'이라는 추가 설명이 붙어 있고, 두 번째 글에는 '초본에 있던 6조목을 뒤따라 기록한다[初本六條, 追錄.]'라는 내용이 덧붙여져 있다. 이에 따르면 전우는 원래 「납량사의」를 변론하는 초고를 작성한 다음, 거기에서 6조목을 뺀 글을 「납량사의의목」으로 편집한 뒤에, 다시 나머지 6조목을 따로 묶으면서 같은 제목을 사용했음을 알 수 있다. 이 때문에 박로술의 「변전간재납양사의의목」이 어떤 글을 재반박하는 것인지 분명히 이해할 필요가 있는 것이다. 이 글은 전자가 아닌 후자의 6조목을 다루고 있다.

「의의조변(疑義條辨)」은 성리학적으로 의심스러운 견해들을 조목별로 변론한 글이다. 태극와, 성, 사단칠정과 명덕을 비롯한 전통적인 성리학적 주제들이 단편적으로 다뤄지고 있는데, 그 사이에 「외필」의 저술의의를 이이 성리학의 주리적 이해와 연결시켜 서술하는 대목이 포함되어 있다. 이상 네 편의 글은 노사학파에 속하는 성리학자로서 박로술의 입장과 견해를 파악할 수 있는 자료들이다.

「속진학해시기우희문(續進學解奇友希文)」은 동문인 기세직이 학문에 나아가는 길을 충고해 달라는 부탁을 받고 지은 글로, 한유(韓愈)의 「진학해(進學解)」를 잇는 「속진학해(續進學解)」라는 글의 형태로 자신의 학문관을 서술하고 있다. 「장성분대소공사(長城分隊所拱辭)」는 1910년 은사금을 거절했다는 이유로 장성헌병대에 압송되었을 때, 은사금을 거절하는 자신의 입장을 서술한 글이고, 「공동묘공척문」 2편은 일제가 제정한 공동묘지 제도에 반대하는 글로 이 두 편의 글은 1917년 6월 3일 아내의 상을 당한 뒤에 이 제도에 고속을 받아 옛 전례대로 상을 치를 수 없는 상황에서 쓴 것이다. 마지막으로 「격서(檄書)」는 1894년의 을미사변 이후 1895년 기우만의 의병 궐기 소식을 듣고, 이를 격려 고무하면서 의병에 나설 것을 권하는 글이다.

마지막에는 『부록』이 실려 있는데 여기에는 박로열(朴魯烈)이 지은 박로술의 「행장(行狀)」, 정윤식(鄭潤植)이 지은 「묘표」 그리고 「박석음노술문인(朴石陰魯述門人)」이란 제목으로 이중권(李重權)을 비롯한 17인의 명단이 실려 있는데 자(字)와 호(號), 태어난 해와 선대와의 관계 및 본관과 거주지가 기록되어 있다.

3. 문집 목차

卷一

詩: 課讀吟 藥城逢立春 旅枕吟病得句 丁亥臘月壽毋初度生朝 旅舘卽事 壬子七月二十五日 客中送族弟景仁 和淸將輓勉菴先生詩 戊戌臘月壽毋生朝 拜淵齋先生 遠溪與諸生會講 楊江之行止不容無謝 次三山樂府嘉卉十絕 次三山九曲韵 和松沙八絕詩 八絕終更以四韻詩

尾之 見春間講會韵復次 聿修齊遺稿登梓將訖 輓鵝山朴周玉 三山齋次青皐李子和 畏省堂敬次老先生韻 輓安義士重根用滄江韻 輓鄭正言在健用綠座韻 輓奇松沙 陪淵齋先生遊古內藏 上勉菴生鮮配行中 次愚累齋原韻 次族叔韋堂韻 贈別韋堂 次清隱尹詞伯韻 清洞茅亭諸宗盃酒送別 謹次考巖書堂鄉飮禮席韻 贈族弟肯翠景仁 謝浮海安兄處仁見浮海詩隨韻輒步 蓉湖詩會次隣家壽席韻 詠網巾(二首) 宗會日謹次會帝韻 次默軒韻 次琹書齋韻 次追遠齋韻 客中與韋堂撥悶 唐柳 牧丹 蝶 蜂 黃鳥 玄鳥 兒鷄 蓉湖野行 編譜成次諸宗 送族任愚石歸陶山 戲贈婚會少年 辛丑十月夜 鄭友(友源)三子百日宴 次雙石亭韻 次族祖平雲 次寒江六十除夕韻 次知愧堂原韻 次懷明軒鄉飮禮席韻 次晩啞原韻 擬否坡書堂重修韻 次隣齋講會韻 上觀察使松泉李公(根澔) 甲辰元日 謹次尹伯仁壽席韻 敬次晩悟亭原韻 次文斯文大人壽席韻 謹次栢石軒原韻 和李子國道鳳 從叔忍翁晬日以詩求和 湛對軒講會韻和寗齋李承旨建昌謫 所韻 行鄉飮禮於黃山先師墓 下歸而有感 仙巖途中和雲樵小石

奇上舍 甲午冬挈家寓梧山宋 丈(仁默)以詩求和 草廬族叔晬日作詩謝 次三同契韻 次梅谷韻 田中逢韻士以詩求和 夏夜述懷 夜奉族叔秀一 翌夜更會 和高翼齋允擧(在鵬) 三庚會鄰齊 贈晩湖(秀一) 又 秋七月既望日 野行 初秋上古三從見訪 送上古 清夜有感 和讀書諸生 謝諸卽冒寒相會 自警 閑居偶吟 客至 示讀書生 丙申臘月晩湖掇研將歸書齋會話 齋居卽事 丁酉丑月次草廬族叔元 日除夕韻 孝友老大六十壽席韻 三山齋雪中與青皐諸兄 三宵聯枕 敬次鄭李庵同遊錄韻 謹賀梅谷叔主初度生朝 沃州宋上舍(佐憲)來訪 族祖聿修齋遺稿登梓 謹次羊巖亭韻 謹次秋山原韻 次梅松堂原韻 次樗庵回甲韻 次百忍齋韻 次草廬原韻 次上古三從 贈族弟國明 次東溪草堂重修韻 次姜斯文鳳巖韻 謹次奇校理(陽行)農巢韻 更次農巢三農韻 辛丑八月四從祖壽席韻次奇君而英耕讀韻 上古軒口呼求和 次農隱韻(東喆字德行) 次止齋原

韻 鄭友道景以松隱求和 次孝山老人壽席席韻 過錦山從容堂 謹次松叟從叔回甲韻 次遯菴原韻 孔氏新設夫子廟有韻 次雙石回甲韻 謹次晩圃翁清陰亭韻 更次十詠詩 次族弟士壽晬宴韻 石湖山齋和江山翁次松溪原韻 次朴敬齋(景重)韻 雪夜奉敬齋 次勿軒原韻 次湖隱亭韻次三山亭韻 高君聖彩讀中庸以詩 寄示忘拙薄次 聞石庵有韻忘拙薄次族弟俊華讀書見先儒 多以水喻性之論作詩示 之追次以答其意 次友石原韻 次晩翠亭韻 次心山原韻 卯君甲日呼韻述懷 次蕉軒原韻 晬日宴罷李君權淳以詩 寄賀 次晩翠亭韻 客中聯句十六韻 客中謝洪兄應時

卷二

書: 上立齋宋相公近洙 上淵齋宋先生(秉璿)(三) 上心石宋都事(秉珣) 與奇松沙字萬(六) 與宋進士(哲憲) 與雲齋崔進士(永柞) 答趙監司(鐘弼) 答李監司(根澔) 答李監司(根教) 答金監司(世基) 答本倅(金天洙) 上本倅(權重殷) 答族祖青坡丈(海祜) 上草廬族叔(珍東) 與族叔韋堂(儀東) 答族叔(釆東) 答奇上舍春潭(東準) 答朴奎和 答族弟琴雲(魯學)(二) 答族弟滄菴(魯重)(二) 與鄭江山(在舜) 答尊華錄刊所多士答性潭集刊所多士 與吳後石德行(駿善) 答朴允元(炳殷) 與金瀕濱(斗三) 高弦窩(光善) 答李進士(在國) 答李重權 答崔基楧 答奇

卷三

序: 市隱行錄序 甥館會序 送景仁序 玉山洞約序 送姜文七序 贈寒梅主人序 送野隱序 庸學問目序 送朴敬齋遊嶺外序 贈李仁壽序 贈(瀨)濱居士序

卷四

記: 鄭李庵重修記 琴書齋記 盍齋記 韋堂記 養性堂記 晩啞記 汾石小記 三湖亭重建記 心汕記 伏龍齋孝烈碑閣記 錦樵堂記 雲月庵記

竹坡記 孺人金氏實記 松隱記 時隱堂記 遯菴記 孔孝子旌閭後記 烈婦青松沈氏實記

說: 逆旅説贈晩庵子 耕讀說贈奇君而英 農隱說(奇東喆) 石陰說

跋: 聿修齋海上日記跋 春秋會序後跋 題石湖記後 僉中樞朴孝子實蹟叙 題晩覺吳公行蹟後 題瑞軒守校宫事實後 孺人李氏烈行實蹟

傳: 吳氏三孝傳 竹齋羅公(鍾泰傳) 烈婦孺人洪氏傳

卷五

祭文: 祭鄭正言(在健)文 祭松沙文 祭三從弟永瑞(魯厚)文 祭三從弟純汝(魯冕)文 祭從子文圭 再祭從子文 祭鄭氏婦文

上樑文: 尹氏齋室上樑文 三山齋室重建上樑文 雙翠亭重修上樑文

行狀: 學生李公行狀 贈童蒙教官濂(濂)齋朴公行狀 芝亭朴公行狀 觀魚軒府君家狀 上古軒行狀

墓文: 先祖考彰信校尉府君墓碣銘 清深安公墓誌銘 孝子金公墓表 月溪文公墓表

卷六

雜著: 同五常說 辨田艮齋猥筆辨 辨田艮齋納凉私議疑目 疑義條辨 續進學解示奇友希文 長城分隊所拱辭 共同墓攻斤文 檄書

附錄: 行狀 門人錄 墓表

『석전집(石田集)』

1. 저자 소개

이최선(李最善, 1825~1883)의 자는 낙유(樂裕)이고 자호는 석전경인(石田耕人)[85]이며 본관은 전주(全州)이다. 석전(石田)의 가계는 태종의 첫째 아들 양녕대군 이제(李禔)로부터 시작한다. 3대의 이서는 성종의 아들 견성군(甄城君) 돈(惇)을 추대하려고 한다는 노영손(盧永孫)의 역모에 휘말려 결국 호남의 창평(昌平)으로 유배되어 나중에 담양 대곡에 머물렀다.

고조 이동근(李東根)은 성리학에 관한 책을 중요하게 여겼으며, 증조 이정조(李定魯)는 일찍부터 과거 공부를 열중했으나 40세 이후에는 과거에 응시하지 않고 오직 경사(經史)를 공부했다. 석전은 노사를 만나기 전에 조부 이세용(李世容)과 아버지 이규형(李奎亨)의 학문 정신을 이어 받았다. 특히 아버지 이규형은 젊어서부터 기정진과 친분이 깊은 동학(同學)이다. 두 사람이 서로 어떻게 만났는지에 대한 기록은 찾을 수 없지만, 노사는 이규형을 '이씨(李氏) 중에 처음으로 만난 벗'이라고 말하였다. 이러한 인연으로 인하여 석전은 노사의 가르침을 받았으며, 그

---

85 석전재(石田齋)에 대한 시(詩)가 있는데, 석전(石田)의 의미를 잘 표현하고 있다. "재주 없으니 열심히 밭이나 갈아야 하는데, 어찌 내 밭은 돌밭인가? 돌밭에서는 가을걷이 없음을 일찍이 알았으니 배움에서 물러나 마음의 밭을 일구는 것이 낫겠네.[無才端合力耕出, 其奈吾田是石田, 磽确早知秋不獲, 不如退學墾心田.]" 李最善, 『石田集』 上 권1, 「詩」, 〈石田齋〉, 22a. 난와(難窩) 오계수(吳繼洙)는 위로하는 글에서 "의(義)로써 쟁기질하고 인(仁)으로써 밭을 가니 돌밭이 곧 마음의 밭이다.[義耒仁以義, 石田卽心田.]"라고 했다.

의 아들 이승학(李承鶴, 1857~1928) 또한 어린 나이에 석전과 함께 노사의 제자가 되었고, 석전의 손자 이광수(李光秀, 1873~1953)도 노사의 손자이자 제자인 기우만의 문하에 들어가 삼대(三代)에 걸쳐 노사학파의 맥을 이었다.

이최선은 아버지 이규형(李奎亨)과 어머니 상산 김씨(商山金氏) 김문기(金文基)의 딸 사이에서 태어났다. 3세(1827) 때에 글자를 알았고, 5세 때에 문장을 지었다. 어른들이 운자(韻字)를 부르면 대답하여 즉시 화답하였다. 그는 어려서부터 영특하였으며, 도량이 너그럽고 커서 장자의 풍모가 있었다. 그래서 조부인 효효당(囂囂堂)은 '우리 집안을 크게 빛낼 사람은 반드시 이 아이일 것이다'라고 여겼다. 12~13세(1837) 때에 경사에 통달했고, 아울러 시문을 익혀 과거 시험장에 들어가 물 흐르듯 답안을 작성할 정도였다. 이때부터 석전은 출사에 관심을 가지고 과거시험을 준비했다. 15세(1839) 때에 보성(寶城)의 이기대(李基大)의 따님과 결혼하고 아버지의 명에 따라 기정진을 스승으로 섬겼는데, 노사는 그 마음에 품은 뜻을 물어보시고 크게 기대했다. 석전의 아버지 이규형은 젊어서부터 노사 선생과 친분이 매우 두터웠으며, 아들에게 노사 선생을 아버지처럼 섬기도록 강조하였다. 이 당시 노사의 나이가 42세로 본격적인 강학을 시작하는 때이며, 석전은 일찍부터 입문하여 수학하였다. 하지만 그의 문집에서는 구체적인 수학 과정에 대한 기록을 찾아볼 수 없다. 17세(1841) 때에 모친상을 당했고 27(1851)세 때에 부친상을 만났는데, 노사의 가르침을 따라 상례를 다했다. 이후로 석전은 노사를 30년 동안 아버지처럼 모시면서 의지하였다.

30세(1854) 때에 진사시 초시에 합격했으며, 35세(1859) 때에 증광 진사시에 합격했는데, 그 영광이 부모에게 미치지 못한다고 여겨 단지 필마로 돌아와 사당에 절하고 성묘하였다. 37세(1861)에 마을 입구에 문일정(聞一亭)을 지어 종친들과 회합하는 구심점으로 삼았다. 노사는 기문을 지어주면서 '문일(聞一)'의 의미를 '하나를 듣고서 여기에 멈추지 말고 계속 노력하라'는 가르침을 주었으며, 문일정에서 강회를 열기도 했다. 38세(1862)에 농민항쟁이 일어나자, 삼정책(三政策)을 지어 올렸지만, 담양부사 정순조(鄭順朝)가 거절하여 조정에 전달되지 못했다. 40세(1864)에 고종이 등극하자 증광시 문과 초시에 합격했으나 시대적 상황에 맞지 않는다고 여겨 복시에 참여하지 않았다. 41세(1865) 때에 전라도 관찰사 조재응(趙在應, 1803~?)이 조정에 천거했으나 받아들여지지 않았다. 42세(1866)에 병인양요(丙寅洋擾)가 발생하자 종친들과 군자금을 모아 도성으로 올라가 그 명성을 사방에 알렸다. 그 결과 43세(1867) 때에 북부도사(北部都事)에 추천되었고, 46세(1870)에 참봉(參奉)에 추천되었으며, 근정전에서 개최하는 국가 대종회에 참석하였다. 47세(1871)에 대종회에 참석하여 고종의 시제(詩題)에 응하여 당나라 두보(杜甫)와 송나라 육유(陸游)의 시를 뽑아 엮은 두륙천선(杜陸千選) 4권을 하사받았다. 48세(1872) 때에 전주 경기전에서 태조대왕의 어진(御眞)을 받들어 살피고 점검하였다.

50세(1874) 때에 세자 탄생으로 증광시가 열려 문과 초시에 합격했으나 과거시험의 부정부패 현장을 보고서 출사를 포기하였다. 석전은 지천명(知天命)에 이르러서야 정계 진출의 뜻을 단념하고 "몇 년을 이유 없이 공명만 추구하다가 둔괘(遯卦)를 점쳐 옛집으로 돌아올 줄 몰랐네"라고 하면서 은둔의 삶을 시작하였다. 51세(1875)에 최익현이 흑산도로 귀향 갔다 돌아갈 때 노사 선생과의 만남을 주선했는데, 면암은 "노사 선생의 덕행과 학문에 흥미진진하여 마음으로 기뻐하고 정성으로 추대하니 거의 70 제자가 공자를 공경히 받드는 것 같았습니다"라고 하여 노사와 석전을 공자와 제자의 관계로 비유하였다. 52세 때에 심한 기근이 들자 논밭을 팔아 빈궁한 사람들을 도와주었다. 55세(1879)에 스승이 별세하자 그의 가르침대로 예법에 따라 상을 치렀다. 석전은 스승의

「제문」에 "(스승께서는) 천하가 분열되어 리(理)를 기(氣)로 인식하는 누적된 폐단을 뽑아버렸습니다. 「납량사의(納凉私議)」와 「외필(猥筆)」은 이전에 말하지 않은 뜻을 드러내니, 일심(一心)이 텅 빈 거울처럼 비추고, 모든 이치가 얼음 녹듯 풀렸습니다"라고 하여 스승의 학문을 신뢰하였다. 58세 때에 임오군란(壬午軍亂)이 일어나자 족형 준선에게 어려운 시국에 행동거지를 삼가라고 편지를 보내었다. 59세(1883)에 『노사집』 초간본(1883)을 완성하고, 그 해 장전마을 집에서 별세하였다. 기양연은 석전의 「제문」에서 "스승의 문집을 발간하는데, 죽기 전까지 그 일을 도맡았다. 경비를 모으고 일을 감독하는데 마음과 힘을 다 쏟았다"라고 당시를 회상하였다.

2. 문집 구성과 내용

『석전집(石田集)』은 4권 2책 신연활자본(新鉛活字本)으로 유묵(遺墨), 4주쌍변(四周雙邊), 반곽(半郭) 18.7×12.7cm, 유계(有界), 10행20자, 상하향(上下向) 2엽화문어미(二葉花紋魚尾)에 크기는 27.3×17.9cm이다. 이최선 사후에 『석전집』을 간행하려고 노력했지만 이루지 못했고, 증손자 이혁(李爀, 1898~1977) 1963년에 비로소 간행하였으며, 전남대학교, 국립중앙도서관, 연세대학교, 고려대학교, 성균관대학교, 한국학중앙연구원, 중앙대학교, 동국대학교에 소장되어 있다.

서문(序文)은 1931년에 송산(松山) 권재규(權載奎, 1870~1952)가 썼는데 "은미한 성리(性理)와 경례(經禮)의 오묘함, 드러난 세도(世道)의 변화와 일상의 떳떳함을 더욱 탐구하고 힘써 행하여 스승의 가르침을 따르지 않음이 없었다"라고 하여 스승의 성리설을 비롯한 예법을 힘써 탐구하고 따랐다고 평가하였다.

권1은 시(詩) 123수가 수록되어 있다. 기정진과 최익현에게 올리는 시와 친분이 깊은 조성가, 이희석 등과 교유하면서 쓴 수창시가 많다.

특히 병인양요 때 프랑스군을 함락하기 위해 서울로 올라가면서 스승과 시를 주고받았다. 스승 노사가 석전에게 종성이기 때문에 마땅히 앞장서서 창의할 것을 주문하면서 무사히 돌아오길 기원하는 시를 보내주자, 석전 프랑스 함대를 격파하고 오겠다는 강한 의지의 답시(答詩)[86]를 보내었다. 또 삼정문란의 현실을 그대로 보여주는 「청촌파(聽村婆)」와 「위촌파(慰村婆)」의 시가 있다. 이 시는 당시 담양 농민들의 절박한 상황을 잘 묘사하고 있다. 이러한 상황에 눈앞에서 격은 석전은 담양의 삼정에 대한 사정을 조정에 올리고자 한 것인데, 결국 조정에 올리지 못하고 담양부사에 의해 파기되었다.

권2는 책(策) 1편, 서(書) 13편, 잡저(雜著) 1편, 논(論) 1편, 서(序) 3편, 발(跋) 1편이 수록되어 있다. 「삼정책(三政策)」은 1862년 삼남 지방에서 농민항쟁이 일어나자, 정부에서는 6월 12일 사대부와 유생들에게 책문을 내려 삼정폐단에 대한 구제책 보고하도록 요구하였는데 이때 석전은 6천여 자로 쓴 「삼정책(三政策)」을 직설적이고 완강한 표현으로 제시하였다. 전체적인 내용은 맹자의 왕도정치(王道政治)를 기반으로 한다. 「상노사기선생(上蘆沙奇先生)」에서 「상례차의(喪禮箚疑)」의 26조목으로 문답한 내용이 있다. 그 외에 편지는 대부분 종친이나 노사학파 문인들과 안부를 묻은 것이 대부분이다. 잡저의 「독외필(讀猥筆)」은 스승이 「외필」을 지었던 이유를 처음으로 밝힌 저술이다. 이것은 논쟁하는 글이 아니라, 「외필」을 읽고 스승의 의도를 규명한 최초의 글이다. 그 주요 내용은 '기자이비유사지(機自爾非有使之)'와 '주리주기(主理主氣)'를 중심으로 구성되어 있으며, 율곡과 노사의 이론을 옹호하면서 노사가 앞사람들의 이론을 넘어선 새로운 이론체계를 만들었다는 것이다. 「사호론(四皓論)」은 출사와 은거의 의미를 밝힌 것으로 출사할 때는 근본

86 『석전집』 권1 「시(詩)」, 〈謹步蘆沙先生二首〉.

을 바로 세워 천하를 선하게 하고, 은거할 때는 홀로 그 몸을 선하게 한다는 것이다. 「제남당거관록후(題南塘居官錄後)」은 이재호(李在浩, 1775~1838)가 쓴 『주역(周易)』에 대해 쓴 글로 주목할 만하다.

권3은 격(檄) 2편, 제문(祭文) 8편, 천표(阡表) 1편이 수록되어 있다. 병인양요 때 조정에서는 도성에 계엄령을 내렸고, 종친부에서는 의병을 모집하자, 석전은 호남의 여러 읍에 「통고린읍제종문(通告隣邑諸宗文)」과 「격본도오십삼주제종문(檄本道五十三州諸宗文)」을 보냈다. 석전은 국가적 위기상황을 극복할 수 있는 세력이 전주 이씨의 종성(宗姓)이며, 바로 리(理)를 실현하는 주체라고 인식하였다. 제문에는 병인양요 때 순국한 이시원(李是遠)을 위한 제문, 기정진을 위한 제문, 죽은 아내를 위한 제문 등이 있다.

권4에 실려 있는 서(序) 1편은 관불암에서 노사가 이최선에게 주었던 것이다. 수묵(手墨) 1편은 병인양요 때에 노사가 쓴 것이다. 만(挽) 12편에는 이희석, 조성가, 오계수, 상동(上仝: 오계수), 조의곤, 양상형(梁相衡), 오준선, 오병선(吳丙善), 김유(金濡), 이유철(李儒哲), 이종대(李鐘大), 김교성(金教性)의 위로하는 글이 있다. 제문 12편에는 조성가(趙性家), 이양현(李陽衍), 이량연(李亮衍), 기우만(奇宇萬), 정봉현(鄭鳳鉉), 이규영(李奎永), 위성작(魏成作), 이윤선(李允善), 이지용(李志容), 이승혁(李承赫), 김유(金濡), 김희창(金喜昌)의 글이 있다. 「행장」 1편은 기우만이 작성한 것이고, 「묘갈명」 1편은 이건창(李建昌)이 지었으며, 「서장갈후」 1편은 이교우(李教宇)가 썼고, 「묘지명」 1편은 조성가가 지었으며, 「묘표」 1편은 이극선(李克善)이 썼고, 「전」 1편은 신기선(申箕善)이 작성하였다. 그리고 「독노사선생송석전진사부의운(讀蘆沙先生送石田進士赴義韻)」에는 윤희구(尹喜求), 민형식(閔衡植), 유흥소(柳興韶), 고광주(高光洙), 김광우(金光祐), 김문옥(金文玉) 지은 것이 있다. 의왕(義王)의 「창의록서(倡義錄序)」, 윤희구(尹喜求)의 「창의록찬(倡義傳贊)」, 김용순(金容珣)

의 「창의록후서(倡義錄後敍)」, 이범규(李範圭) 「독창의록(讀倡義錄)」와 고광선, 안규용(安圭容)이 쓴 것이 있다.

송태회(宋泰會)의 제석전시고후(題石田詩稿後)가 있고, 통문에 「고산서원배향시광주유림통문(高山書院配享時光州儒林通文)」, 「남원유림통문(南原儒林通文)」, 「필암서원통문(筆巖書院通文)」, 「무성서원통문(武城書院通文)」, 「고산서원배양시고유문(高山書院配享時告由文)」이 있다. 말미에 정기(鄭琦)의 석전집발(石田集跋)이 있다.

이최선은 19세기에 활동한 호남 담양의 성리학자이다. 세도정치와 고종 집정기인 당시는 사회적으로 내우외환의 위기상황이었고, 사상적으로 성리학이 동학과 서학의 도전을 받았으며, 학문적으로 「외필」 논쟁의 출발점에 서 있는 때이다. 석전은 이러한 위기 상황을 극복하기 위해 자신의 학문을 구체화하여 실천의식을 보여주었다.

이최선은 주로 종친이나 벼슬에 있는 사람들과 교유하였으며, 학문적으로는 조성가와 남다른 친분을 맺었다. 말년에 그는 조성가를 비롯한 주요 문인들과 함께 『노사집』 간행을 주도하였으며, 그 과정에서 탄생한 「독외필」은 노사학파 안팎을 통틀어 「외필」에 대한 최초의 저술이다. 이최선은 노사가 「외필」의 저술 동기를 권신원(權信元)과의 성리 논쟁에서 비롯된 것으로 보았다. 그는 노사의 이론을 "(기에) 올라탄 뒤에야 그것을 리라고 하는 것은 아마도 주자의 본뜻이 아닐 것이요, 사람이 넓혀주기를 기다린 뒤에야 그것을 도라고 말하는 것도 공자의 본뜻은 아닐 것이다. 그러한 즉 노사가 말한 '리(理)에는 능히 그렇게 하는 힘이 없지만, 반드시 그렇게 하는 묘용(妙用)이 있다[理無能然之力而有必然之妙]'라는 열두 글자는 명백하고 정확하여 넘어져도 깨지지 않는 말이며, 실제로 앞사람들이 미처 말하지 못한 것을 말한 것이니 성문에 커다란 공이 있다."라고 하여 '리(理)에는 능히 그렇게 하는 힘이 없지만, 반드시 그렇게 하는 묘용이 있다'라고 결론 내렸다. 그 핵심 내용은 세상의 모든 변화는 기(氣)가 스스로 작용하는 것처럼 보이지만, 그 변화의 이면에는 리(理)가 주재하고 있다는 것이다. 그는 새로운 학문체계를 정립한 것이라기보다는 「독외필」을 통해 스승의 주리설을 옹호하면서 노사의 학맥을 계승하는 데 중요한 역할을 하였다.

3. 문집 목차

奎永 雲拙吳然大 文岡李友善 藍崖李連華 紫雲李承默 海居李源淵 錦溪李思傷 黃午朴膺浩 蕙圃申振永 乙丑正月後寄錦霞 答沈別檢 附原韻 答人 村居書事 新正憶京中舊遊 江村留約會飮 贈人三首 詠桐江 天中節 夏日登俛仰亭 十月既望 丙子九月十四日迎介婦且傳家業於鶴兒 戚賦一絕 附李小松志容次韻 同錦霞令臨津舟中作 南喜亭 冬夜分社相酬二首 暮春即事 次佳山壽宴韻 寒食後 首夏遊元曉寺 聞一亭復題 謾吟 逢三川諸盆遊亭上 夏日登亭 蘆沙先生歌詞翻貞 送族姪承赫赴完山

卷二

策: 三政策

書: 上蘆沙奇先生 上蘆沙奇先生喪禮劄疑 上三從兄駿善 答趙直教性家 與金穉敬(祿休) 上宋參判宗洙 答奇德叟(亮衍) 答任致和(昱) 答崔參判盆鉉 附原書 答奇會一(宇萬)別紙 與李校理(建昌)

雜著: 讀猥筆

論: 四皓論

序: 送石山李尙書赴燕序 送歸霞李學士赴定州序

跋: 題南塘居觀錄後

卷三

檄: 通告鄰邑諸宗文 檄本道五十三州諸宗文

祭文: 祭文祭李尙書(是遠)文 祭蘆沙先生文 祭晦沙高公(彥鎭)文 祭外舅可隱李公(箕大)文 祭亡室文 祭奇魯喜(晚衍)文 祭南侯(廷顯)文

阡表: 智音阡記

卷四

附錄

觀佛菴贈李樂裕序(蘆沙先生) 蘆沙先生手墨丙寅倡義時(上李進士行𢡯)

挽: 李僖錫(南坡) 趙性家(月皐) 吳繼洙(難窩) 上仝 曺毅坤(東塢) 吳駿善(後石) 吳丙善 金濡 李儒哲 李鐘大 金敎性

祭文: 趙性家 李陽衍(栢石) 李亮衍(耕叟) 奇宇萬(松沙) 鄭鳳鉉(雲藍) 族從奎永(槐陰) 魏成作(槐山) 從弟允善 李志容(小松) 三從姪承赫(菊圃) 金濡 金喜昌

行狀(奇宇萬松沙)

墓碣銘(李建昌寧齋)

書狀碣後(李敎宇)

墓誌銘(幷序趙性家)

墓表(族弟克善直庵)

傳(申箕善陽園)

讀蘆沙先生送石田進士赴義韻(尹喜求于堂 閔衡植又荷 柳興韶惠山 高光洙 金光祐 金文玉)

倡義錄序(義王殿下)

倡義傳贊(尹喜求)

倡義錄後敍(金容珣)

讀倡義錄(李範圭·高光善·安圭容)

題石田詩稿後(宋泰會)

高山書院配享時光州儒林通文

南原儒林通文

筆巖書院通文

武城書院通文

高山書院配享時告由文

石田集跋(李建昌)

石田集跋(鄭琦)

『석천유고(石泉遺稿)』

1. 저자 소개

이도정(李道禎, 1830~1880)의 자는 문거(文擧)이고 호는 석천(石泉)이며 본관은 성산이다. 이조년(李兆年)의 후손으로, 조부는 이우장(李佑章)이다. 1830년 이의범(李儀範)의 아들로 태어났다. 어머니는 포은(圃隱) 정몽주(鄭夢周, 1337~1392)의 후손인 연일 정씨(延日鄭氏)로 정환구(鄭煥龜)의 따님이다.

어려서 영특하여 시문(詩文)에도 재주가 있었고 글씨도 필법이 있어 칭찬이 자자하였다. 노사(蘆沙) 기정진(奇正鎭, 1798~1879)의 문하에 나아가 학문을 익혔다. 학문에 매진하자, 스승이 손수 석천서소(石泉書巢) 네 글자를 써서 주니 연학(研學)에 더욱 전념하였다. 효성과 우애가 독실하여 "자식이 어버이 섬기는 것은 양지양체(養志養體)에서 벗어나지 않는데 세상에서 효를 담론하는 자들은 움직일 적마다 빙리(氷鯉)와 설순(雪筍)을 칭송하나 이것이 어찌 떳떳한 일이겠는가? 오직 직분을 다할 따름이다. 형제와 담락(湛樂)하면서 서로 꾀하는 것이 없고 재산은 피차로 나눈 것도 없으며 편애사감(偏愛私藏)으로 마음을 삼지 않는다"고 하였다.

중년에는 진주 대무동(大舞洞)에 거처하며 동문들과 교류하고 집안의 크고 작은 일을 도모하다가 갑자기 병을 얻어 1880년 향년 51세의 나이로 생을 마쳤다. 저서로는 『석천유고(石泉遺稿)』가 있다.

2. 문집 구성과 내용

『석천유고』는 3권 1책으로 목활자본이다. 1944년 증손인 이덕수(李德洙)가 간행했다. 4주쌍변(四周雙邊), 반곽(半郭) 18.8×16.0cm, 유계(有界), 10행18자, 주는 쌍행(雙行), 2엽화문어미(二葉花紋魚尾)에 크기는 29.8×20.4cm이다. 권두에 오준선의 「서문」이 있고, 권말에 박헌수(朴憲脩)·박태곤(朴泰坤)·이호상(李昊相)의 「발문」이 있다.

권1에는 시 23제목 31수가 있고, 권2와 권3은 부록이다. 시는 절기(節氣)에 지은 시가 있고, 기행시(紀行詩)나 차운시(次韻詩)가 있으며 한양에 있을 때 지은 시도 수록되었다. 산청군 만암(晩巖)으로 돌아와 팔경(八景)을 읊은 시가 있으니, 그 제목이 황매신월(黃梅新月)·효렴귀운(孝廉歸雲)·용추어가(龍湫漁歌)·탁교현포(琢橋懸瀑)·첨암암숙(簷巖宿霧)·성지반조(聖智返照)·백운소우(白雲疎雨)·취봉목적(鷲峯牧笛)이다. 권1 마지막에는 이도정이 팔경의 제목을 쓴 유묵(遺墨)이 있어 그의 단아한 필법을 엿볼 수 있다. 권2는 스승이 직접 써준 석천서소(石泉書巢)가 있고, 동학들이 보내준 서신들이 수록되었다. 그리고 만사와 제문들도 있다. 권3은 이도정에 대한 일대기를 기록한 글인데, 행장(行狀)은 김진문(金鎭文)이 지었고, 묘지명(墓誌銘)은 이정수(李定洙), 묘갈명(墓碣銘)은 이교우(李教宇)가 지었다.

『석천유고』는 국립중앙도서관, 전남대학교 도서관, 전주대학교 도서관 등에 소장되었고, 『한국역대문집총서』(1599)에 『석천선생문집(石泉先生文集)』(石泉遺稿)으로 영인되었다.

3. 문집 목차

序: 石泉遺稿序(權載奎)

卷一

詩: 立春與友人共吟 玉洞月夜與宗人會吟 雪中籠梅 與諸友共吟 主人入直時吟 雪中獨坐 月下聽砧 醉作 同友人自玉洞出向栗里 留栗里 次玉洞主人入直過歲吟三首 上元三首 偶吟 水雲境界 雲間微月 湖上扁舟 竹裏孤村 松間高閣 偶吟二首 自京還故與友人共吟(以上在京時作) 晩巖八景(黃梅新月 孝廉歸雲 龍湫漁歌 琢橋懸瀑 簷巖宿霧 聖智返照 白雲疎雨 鷲峯牧笛) 挽三從兄晩窩公(道允) 遺墨

卷二

附錄: 遺墨/蘆沙奇先生所書贈 蘆沙奇先生(正鎭)書贈 書石泉書巢四字後(權昌鉉)

書: 李教寅 閔致萬 金炳雲 鄭在箕 李璟淵 閔星鎬 李亨夏 黃義鳳

挽詞: 具恆祖 白樂儉 李庭奎 鄭碩周 張錫兆 張翼成 河瓚源 河啓一 河啓周 李膺範 李道相 鄭泰周 徐聖淳 姜景煥 白樂鍾 河學曾 白南哲 河啓天

祭文: 白南哲 具鶴祖 李道必 李道夔 李道銓 李道瓚

卷三

附錄: 家狀(李昊相) 行錄(李道源) 行狀(金鎭文) 墓誌銘(李定洙) 墓碣銘(並序)(李教宇) 墓表(權宜鉉)

跋(朴泰坤·李昊相)

『소두집(小蠹集)』

1. 저자 소개

정하원(鄭河源, 1827～1902)의 자는 희청(希淸)이고 호는 소두(小蠹)이며 본관은 진양(晉陽)이다. 진양군(晋陽君) 정황(鄭璜)의 후손으로, 증조는 계당(溪堂) 정회찬(鄭悔燦, 1759～1831), 조부는 정인규(鄭麟奎)이다. 1827년 고창군 성송에서 정종은(鄭鍾殷)의 아들로 태어났다. 어머니는 평산 신씨(平山申氏)로 신종팔(申宗八)의 따님이다. 정하원은 학와(學窩) 정종하(鄭鍾夏)의 양자로 출계(出系)하니, 양모는 연안 이씨(延安李氏)로 이광배(李光培)의 따님이다. 양부는 우암(尤庵) 송시열(宋時烈, 1607～1689)의 6대손이자 성리학자 강재(剛齋) 송치규(宋穉圭, 1759～1838)의 문하에서 수학하였다.

어려서 영리하고 글재주도 남달라 글자를 배우면서 시구를 만들었다. 의심스러운 뜻을 질문하면 서당 훈장님도 가끔 답변하지 못하였다 한다. 가학으로 이어지는 정회찬의 학문을 익히다가 노사(蘆沙) 기정진(奇正鎭, 1798～1879)의 문하에서 수학하며 성리학에 진력하였다. 기정진이 정하원에게 보낸 서한에 의하면, 사단칠정(四端七情)과 리기(理氣)에 대해 언급하면서 사단과 칠정이 서로 다른 것이 아니고 리(理)와 기(氣)는 호발(互發)하는 것이 아니라는 것을 알아야 하며, 그러한 사실을 마음으로 체험하고 그 실체를 보고 난 뒤에라야 참된 지식이 될 수 있다고 설파하고 있다. 정하원은 일두(一蠹) 정여창(鄭汝昌, 1804～1899)이 지은 시에서 "고주우하대강류(孤舟又下大江流: 외로운 배 큰 강물 따라

흘러가네)"를 사모하여 호를 소두(小蠹)라 하였다. 정하원은 선후배 학자와 서로 교유하며 학문적 기반을 다지면서, 성리학 주요 명제인 리기(理氣)·명덕(明德)·형상형하(形上形下) 등에 대해 변론하기도 하였다.

1880년(고종 17) 54세 때 문과에 급제한 이후 문한직(文翰職)을 역임하다가, 다음해 홍문관(弘文館)에서 벼슬을 시작하였다. 그 이듬해 11월 동지사(冬至使) 심이택(沈履澤, 1832~?)이 중국 청나라에 파견될 당시 서장관(書狀官)이 되어 임무를 수행하고, 1883년 규장각의 직각(直閣), 1884년 통리군국사무아문(統理軍國事務衙門)의 참의(參議)에 임명되었다. 이어 1885년 봄 성균관의 대사성(大司成)과 이조참의(吏曹參議), 내무부(內務府) 참의(參議)를 거쳐 세자시강원의 보덕(輔德)을 겸하였다. 이조참판(吏曹參判)이 된 이후, 1887년에는 육영공원(育英公院)의 당상(堂上)에 임명되었다. 1889년에 규장각의 직제학(直提學)에 임명되고 형조참판(刑曹參判)을 역임하였다. 1902년 향년 76세로 세상을 떠났다. 저서로는 『소두집(小蠹集)』이 있다.

2. 문집 구성과 내용

『소두집』은 10권 4책으로 목활자본으로 1910년에 간행되었다. 4주쌍변(四周雙邊), 반곽(半郭) 22.6×16.0cm, 10행21자, 주는 쌍행(雙行), 내향(內向) 2엽화문어미(二葉花紋魚尾)에 크기는 30.8×30.4cm이다.

권1과 권2에는 시 210수, 권3에는 소(疏) 2편, 권4에서 권6까지는 잡저 36편, 권7에는 서(序) 22편, 권8에는 기(記) 19편, 권9에는 발(跋) 12편, 행장 5편, 묘지명 2편, 제문 9편, 권10에는 일기(日記) 2편, 부록으로 행장 등이 수록되어 있다.

시 가운데 첫 번째 「추차증왕고계당팔영(追次曾王考溪堂八詠)」은 증조부인 정회찬의 시를 차운한 것이다. 일찍이 정회찬은 계당(溪堂)을 마련하고 후학을 양성하면서 그 주변을 구황귀운(九皇歸雲)·삼태낙조(三台

落照)·용계제월(龍溪霽月)·와암쇄연(蛙巖鎖烟)·우전농가(雨田農家)·연교목적(烟郊牧笛)·청천반석(晴川盤石)·현애폭포(懸崖瀑布) 등 팔영(八詠)으로 읊었는데 정하원은 증조부를 그리며 그 시에 차운하였다. 조선말기 국운(國運)이 기우는 것을 탄식하여 지은 「석호리(石壕吏)」·「장탄식(長嘆息)」·「감시(感時)」·「탄세(歎世)」 등이 돋보인다. 시는 대부분 차운시(次韻詩), 송별시(送別詩), 증시(贈詩) 등이 많은데, 대개 병서(幷序)가 많이 붙어 있어 시를 이해하는 데 큰 도움이 된다.

권3에 수록된 「임오의소(壬午擬疏)」와 「부임오의책(附壬午擬策)」은 조선말기 신식군대와 구식군대를 양성하던 중 차별대우를 받던 구식군대가 1882년(임오년) 난을 일으키자, 그 임오군란에 대한 소회를 적은 것이다. 「임오의소」의 내용은 대원군을 모셔 올 것, 궁중을 호위한다는 미명 아래 들어와 있는 외국 군대의 철수, 그리고 병기 개발 등을 건의하고 있다. 「부임오의책」에서는 당시 논밭의 결(結), 군인의 수, 환곡(還穀)의 양 등을 숫자로써 제시하면서 전보다 줄어든 현상에 깊은 각성을 촉구하고 있다.

권4에 수록된 편지글은 스승 기정진 선생에게 올리는 편지가 9편이 실려 있다. 그 외로 정하원은 구암(苟菴) 신응조(申應朝, 1804~1899)·종수재(宗守齋) 송달수(宋達洙, 1808~1858)·임헌회 등의 선배 학자, 기양연·정의림·기우만 등 동문, 그리고 최익현·송병선 등과 서로 교유하며 학문적 기반을 다지면서, 성리학 주요 명제인 리기(理氣)·명덕(明德)·형상형하(形上形下) 등에 대해 변론하기도 하였다.

잡저 가운데 「봉질(奉質)」에서는 『대학』이 심학(心學)의 근원이라는 견해를 피력하고 있어 특이하다. 그밖에 유려한 수필식 문장으로 변화해 가는 문물의 변혁을 다룬 「흑죽립설(黑竹笠說)」·「방산자고별설(方山子告別說)」, 일상에서 보고 느낀 것을 적은 「청농가(聽農歌)」·「구상유설(狗相乳說)」·「초전문답(草田問答)」 등이 있으며, 역사에 대한 담론을 전개한 「독사(讀史)」·「의주장각서(擬誅張角書)」·「서범증논후(書范增論後)」 등이 있고, 당시 천주교에 대한 일반적인 인식을 엿볼 수 있는 「일득우전(一得愚傳)」도 있다.

권7은 진주 정씨의 족보 서문인 「정씨족보서(鄭氏族譜序)를 비롯해서 스승의 『노사집』 서문을 의작(擬作)한 「의작(擬作蘆沙集序)」, 무장현(현 고창 무장면)의 패관(稗官)의 글에 대한 「송사풍요서(松沙風謠錄序) 등 총 22편의 서문이 수록되어 있다. 권8에 수록된 19편의 기문은 고창과 그 인근의 누정이나 서재에 대한 내용이다. 권9에는 12편의 발문, 생부 정종은(鄭鍾殷)을 비롯한 지인의 행장과 묘지명, 그리고 스승 기정진을 비롯한 지인들의 9편의 제문이 있다.

권10에 수록된 「관불암기의(觀佛庵記意)」는 정하원 나이 42세 때 스승 기정진을 관불암에서 약 2개월 정도 모시며 성명이기(性命理氣)와 고금사변(古今事變)에 대해 논한 것을 기록한 글이다. 「부태극동정문답(附太極動靜問答)」과 「태극동정론(太極動靜論)」은 기정진의 태극과 동정의 관점을 비교적 자세하게 기술하고 있어 노사학파의 본체론을 탐구하는데 큰 보탬이 된다. 마지막으로 수록된 부록 「소두선생정공행(小蠹先生鄭公行狀)은 동문 기우만이 그의 아들 정휴명(鄭休明)의 부탁으로 지은 것이다.

국립중앙도서관, 한국학중앙연구원 도서관, 조선대학교 도서관, 경상대학교 도서관, 원광대학교 도서관 등에 소장되었다.

3. 문집 목차

序: 小蠹集序(奇宇萬)

卷一

詩: 追次曾王考(諱晦燦)溪堂八詠(九皇歸雲 三台落照 龍溪霽月 蛙

巖鎖烟 雨田農家 烟郊牧笛 晴川盤石 懸崖瀑布) 南菴招提배선생(蘆沙奇先生諱正鎭後泛稱先生者故也) 沙上上先生詩 先生月松新寓與瑞石相對有詩謹伏次 沙上題懷時異樣船來泊 蘆沙集見答河潤汝詩有感追次 蘆沙集竊有感於醜婦學艶粧隨韻輒寫 蘆沙集追步其唱和韵亦各言其志 上先生詩 相思苦呈堂叔 再用前韻呈堂叔 次家仲希章漢源韻 自嘲答家仲 答家仲 答家仲江字韻 咏貧答家仲 答家季海韻(幷序) 留京時 保家季疏𪊨韻一絶兼呈僉君子座下 相思苦寄家季 答族弟子仲明源 漢城觀先歸路答趙直敎性家 宿清道院店答徐公玉相圭 沙上答趙直敎 答放叟李遇仁(三首) 答小蕉族祖奎(二首) 答族叔種台(二首) 答免叔種愚 答族叔種澤 答閔仲浩 答李樓山會主 次閔南湖致純 次族弟龍源 答鄭晩悔頤源 答安蓮上上舍重燮 答柳春莊景善 別金敬受 答李道三 和打垂吟答李道三 咏無月 次諸生詠松 詠樗 詠初月 次三芝齋韻(綾州月谷) 上甲閤丈膺祚座下 過皇華亭 追和梁松川林石川韻 挽鄭船隱寬汝 次瀛洲雨日面洞閣韻 謹題崔昌三晬宴席 歎歲 答溪堂書齋別章韻(幷序) 秋峯公墓祀後投宿洛陽答庚喜晃 南平宗孫雪中來訪水砧 石壕吏(時檢督星火切不勝猛於虎之歎借石壕吏感吟) 漁父 新月雪梅 聽琴 遊水勉諸生 謹步石翁李文龍花字韻(二首) 花字韵更呈石翁(二首) 答高竹史玉汝 步贈文章華滯雪吟 答青龍姜秀才國彦 答幻海 步海佛菴韻板上韵 聞鵑 臥松 葉笛 鷺問答 答柳東錫兄弟別章 題懷 步高士吟 小奚 答漢陽溫洞諸友 過兜率答諸友 上月明菴追次板上韻 挽金繼鎭 挽族從欄 步答梁主煥 長嘆息 贈吳秀才正模 感時(五首) 答全性愚(五首) 贈庚秀才煜求兼寄會讀諸君 答李秀才昌世 答諸生會禊韻 有懷答鄭興巖(在宣少字) 書族侄進士休豐簡草書尾以示勸勉之意 答族姪休寬 答金浩玄(箕昔少字) 答陳生 答洪在新 答庚聖求 答金箕聲 贈別全龜容 答徐白卿 送別曺國彬 看山勉諸生 外言甚熾見相會讀書詠以爲一笑之發 送成德龍 答族孫寬燾 答族叔鍾韶 贈權錫圭義仲 答族姪伯賢 贈魯在煥 贈安行純 贈申期淵因以勗勵 答洪鍾歡因警

學者 有感贈諸生 寓居有感 贈別族叔鍾誒 答再從弟潤源 課孫 贈別李南坡信錫 歎歲(時東學大作) 答魯在煥爲親契韻

卷二

詩: 謹次三山齋畏友奇松沙宇萬武九曲韻 答沈宜恒 謹步老石韻(幷序) 謹步次後松李炳容韻(幷序) 問紅桃 紅桃答 挽沈東峯能祥 觀谿谷集仍次雪字 姜健秀慈親朴氏輓挽 仍夢中作繼成四律 步答諸君 次咸平月岳望享八烈望享韵(幷序) 白丘鳥 觀魚 有感 答吳起源 答丁聖擧 詠天 答船隱鄭寬汝 送別趙侯者求詩(幷序) 答知藏齋金子元緣字韻(幷序) 過龍潭程子川得明道年字 過全州丹巖寺 謹步巡相金聲根海士韻(幷序) 次燕申堂韻 次寒碧堂韵 再上海士相公詩(幷序) 答海士七夕韵 答金行瑞浩潭韻(幷序) 贈金泰玉 送任南洲詩(幷序) 回甲韵 奉答洪侯鍾觀詩(幷序) 奉答洪侯惜別韻 謹步侯敬堂李悳翼仙橋韵(幷序) 步石蘭雲寺韵 登翠白堂賀李侯慶會宴詩(幷序) 上李侯詩(幷序) 講筵答李侯詩 又呈 謹步澄字韵送李仁學歸鄉(幷序) 宿司馬齋 次李斯文仁學 送忘年友李君膺圭仁學歸鄉 和申侯慶均詩(幷序) 上申侯睟宴詩(幷序) 呈申侯祈雨行幰下 答李命求詩(幷序)公州坪基人 答李申兩友 呈金溝倅敬堂韵(幷序) 贈別答敬堂韵 謹書舊侯敬堂所惠飢字韵後(幷序) 次家弟功字韵兼呈敬堂(幷序) 送別尹侯濟翼 寄和諸君讀書所 步答陽臺梁相衡韵 謹步陽臺韵兼呈招討使閔種烈牙門(幷序) 謹步錦城韻西門祭後宴席韵(幷序) 謹步四悔亭韻 留別吳君在洙(幷序) 詠蘭勉諸生 鄉飲酒席罷謹呈李侯重翼詩(幷序) 答呈民聽堂韵(幷序) 謹步南壺南山詩奉寄訥庵(卽日省錄主人金序)詩(幷序) 贈別韓參奉 答西都主人 答三從弟一源 松鶴 贈盤亭書齋川獵韻 詠楓 詠竹 答再從弟赫源 答族弟孟源 上申侯佐熙詩 贈族弟承源兄弟 贈族弟寧源 贈族弟達源 觀碁 聞鴈

卷三

疏: 壬午擬疏 附壬戌擬策

卷四

書: 上先生書 上先生書 上先生書 上先生書 上先生書 上先生書 上先生書 上先生書 上先生書 與奇晩衍書 與奇晩衍書 答奇校理陽衍書 與奇參奉宇萬書 與奇宇萬書 與奇宇萬書 與奇宇萬書 上城南山丈宋達壽書 上全齋丈任憲晦書 與崔勉菴益鉉書 擬崔勉菴書 與宋淵齋秉璿書 與宋淵齋書 與宋淵齋書 上申相國膺祚書 答李膺圭 答李膺圭 與朴萬東書 答高校理時勉書 答外從申碩均 答梁暾默書 答梁相衡書 與成大永書 答南靈光廷龍書 答金溝李熹翼書 答李輔翼書 與閔羅州鍾烈書 閔判書鍾默朞服座前 鄭俊汝孝廬 鄭護軍仲淑朞服座前 鄭承旨護喪所 鄭義林大孝筶前 鄭正言圭三孝廬 鄭孔麟筶前 奇進士麒鎭大孝筶前 錦西羅碩士護喪所 蓴村護喪所 倉村護喪所 梁晩默制座 上石翁李文龍書 答姜進士俊永書 答李遇春書 答庚煜求書 答鄭在宣書

卷五

雜著: 述懷賦 奉質 沙上漫錄 漫語 權氏墓閣上梁文 治本說答客難 聽農歌 天人流通銘 克己復禮銘 生聖世頌 言拒揚墨論 陰陽消長論 正名分紀綱論 禹湯水旱論 一得愚傳 上招討使閔種烈 先外庚公設享時祝文

卷六

雜著: 沙上奇會說 獎屐子傳 書范增論後 方圓說 客談 狗相乳說 喩角鬣說 上巡相李秉文書 擬誅張角書 添瘤說戒 答諸生咏偸春 書丁君鍾濴瑞麥頌後 送別李侯熹翼移守寶歌城 上本倅金繼鎭書 鷄雛說 讀史 墨竹笠說 方山子告別說 草田問答

卷七

序: 鄭氏族譜序 大明通寶序 擬作蘆沙集序(歲丁亥卽余回甲年南至日有感而述) 慰家弟客懷序 送晉錫書 送小友稚倫序 疏稧序 送放浪子序 送洪秀才在新序 再送洪秀才序 送柳士彦兄弟序 講罷後送諸生序 窮字說送金浩玄序 醫說送沈郎序 送安郎序 送諸生序 會輔稧序 外先祖秋峯公歲一祭稧序 送金秀才基學序 松沙風謠錄序 送金侯藝軒歸洛序 送別尹侯濟翼移守完城序

卷八

記: 夢雲菴記 壽松堂記 湖隱堂記主人金序 順寧齋記代作 四悔亭記 餘力齋記 藥圃堂記主人柳仁化 力養齋記 守信堂記 櫟齋記 翠白堂記 明倫堂記 誠齋記 止愚齋記 敬悅齋記 東岡亭記 小蠹記 沙南記盤亭記

卷九

跋: 謹書爰斯柏後 題氷玉臺後 跋菊圃記 謹書船隱子鄭寬汝裕後詩集卷後 書日省錄後 書忠賢世家後代作 送趙公子琅田序後代作 强題小札後 書東海翁說後 題南征錄後 題池君學文菴記後 題興學案後

行狀: 本生府君小樵齋行錄 從祖祖父臨淵齋公行錄 誠齋處士申公行狀 平岡鄭公行錄 慕隱鄭公行錄

墓誌: 松窩崔公墓碣銘 水村崔君墓誌

祭文: 祭先生文 祭奇晩衍文 祭朴萬東文 祭季舅申宅烈文 祭家季文悲慰章一歌 弔奇宇萬文 哭鄭參判誠一文 淑人延安李氏哀辭

卷十

日記: 觀佛菴記意 附太極動靜問答 太極動靜論

附錄: 小蠹先生鄭公行狀(奇宇萬)

『소암유고(紹巖遺稿)』

1. 저자 소개

유인규(柳寅奎, 1830~1899)의 자는 경화(景和)이고 호는 소암(紹巖)이며 본관은 문화(文化)이다. 유차달(柳車達)의 후손으로, 조부는 유흥택(柳興宅)이다. 1830년 나주 봉황면 와우리(臥牛里)에서 유근영(柳根永)의 아들로 태어났다. 어머니는 경주 이씨로 이경권(李慶權)의 따님이다. 외조부는 경주(慶州) 이경권(李慶權)이다.

타고난 기국(器局)이 남달라 서너 살 때에 이미 글자를 알았는데 기억력이 비상하였고 몸집이 장대하였다. 약관이 되기 전에 경사자집(經史子集)을 두루 섭렵하였으며 문장에는 고문의 풍치가 있었다. 30세 때에는 성리학에 전념하여 처음에는 노사(蘆沙) 기정진(奇正鎭, 1798~1879)에게 나아가 수학하였고 나중에 수종재(守宗齋) 송달수(宋達洙, 1808~1858)에게도 나아가 이기론(理氣論)을 익혔다. 그의 성리학적 태도는 전체적으로 조선 말기의 리(理) 중시적 계열의 사상적 흐름에 속한다.

문장과 절의로 칭송되었고 박학으로 널리 알려졌다. 몇몇 지기(知己)들과 발월(發越)의 뜻이 있으면 마을 앞 시냇가에서 소요할 적에는 왕왕 기상춘풍(沂上春風)의 기상이 있었다. 특히 제현들과 풍경 좋은 곳을 유람하며 수창하다가, 1899년 70세의 일기로 생을 마쳤다. 저서로는 『소암유고(紹巖遺稿)』가 있다.

2. 문집 구성과 내용

『소암유고(紹巖遺稿)』는 3권 1책으로 석인본이다. 1955년 손자 유재학(柳在鶴)과 오쌍근(吳雙根) 등이 편집, 간행하였다. 4주쌍변(四周雙邊), 반곽(半郭) 20.2×15.3cm, 유계(有界), 10행21자, 화구(花口), 상하향(上下向) 2엽화문어미(二葉花紋魚尾)에 크기는 27.8×18.2cm이다. 권두에 송재성(宋在晟)과 유인원(柳寅瑗)의 「서문」이 있고, 권말에 유상렬(柳庠烈)의 「발문」이 있다.

권1은 사(辭) 2편, 부(賦) 1편, 시 111수, 잠(箴) 4편, 명(銘) 2편이 수록되었고, 권2는 서(書) 5편, 제문 2편, 서(序) 1편, 기(記) 3편, 행장·묘갈명·가장 각 1편이 수록되었다. 권3은 부록이다.

사와 부는 봄과 가을을 소재로 시절의 감회를 노래한 것이다. 시는 제영시(題詠詩), 절기(節氣)를 읊은 시, 차운시(次韻詩), 만시(挽詩) 등이다. 특히 시에는 진시황(秦始皇)·한고조(漢高祖)·소하(蕭何)·진량(陳良)·한신(韓信)·항우(項羽)·범증(范增) 등 중국 역사상 유명한 인물들에 대한 평론시가 많아 특히 눈길을 끈다. 이밖의 「구방심잠(求放心箴)」·「경서자경잠(敬恕自警箴)」, 「좌우명(座右銘)」 등은 학문하는 마음가짐과 함께 여유 있고 담담하게 세사를 헤쳐나간다는 일생 동안의 생활신조를 담고 있다.

권2의 서간문은 두 스승 기정진·송달수과 주고받은 성리학에 관계된 여러 문제들에 대한 토론이 주된 내용을 이루며, 인성(人性)과 물성(物性)의 같고 다름을 논란한 호락논쟁(湖洛論爭)에 대해 비판적 자세를 견지, 양측의 폐단을 분석하려는 노력을 읽을 수 있다. 그리고 서재와 재실에 대한 기문이 있고, 9세조 선조에 대한 행장과 부친의 가장이 수록되었다.

권3은 유인규를 상징하는 백우선(白羽扇)을 읊은 동료들의 시가 수록되었고 제자들과 주고받은 화답시, 그리고 행장·제문·묘갈명 등이 수록되었다.

『소암유고』는 연세대학교 도서관 대구카톨릭대학교 도서관에 소장되었고, 『한국역대문집총서』(1795)에 『소암선생문집(紹巖先生文集)』(紹巖遺稿)으로 영인되었다.

3. 문집 목차

紹巖先生遺稿序(宋在晟·柳寅瑗)

卷一

辭: 迎春辭 悲秋辭

賦: 感春賦

詩: 山中 山齋偶題 精舍示諸生 憫旱 賞菊 無題 高巖幽居 遊頭流山 白羊雙溪樓用鄭圃隱先生韻 扶餘白馬江懷古 松京懷古 山齋靜坐幽居 燈下看書 立春 冬至吟 客中秋雨 豐沛途中 春日登山(二首) 秋山獨行(二首) 月下與友同酌 感春吟 六十至夜書懷 謹次西山先生詩追慕先祖西山先生(幷謾錄) 追慕先祖高巖先生 紹巖韻(幷序) 勸子讀書 四時讀書之樂用朱夫子韻(春 夏 秋 冬) 克己 次李守菴先生韻(壂永慶州人) 白羽扇(三首○幷序) 新月 送別 偶題 思友 草堂少會 寓懷續次 與嵰山酬次(二首) 至日 雪中訪龍溪(二首) 訪金益明(二首) 謝送酒 雪景 贈嵰山(二首) 詠冰 詠硯 詠爐 詠笠子 偶題 次廣寒樓韻 過沛府 登寒碧堂 過扶風 登赤壁勿染亭 雲山歸路戲贈鄭居士 龍門留別情友 南平楸松洞省行感吟(十二世祖妣淑人房氏墓所) 羅州寶賢洞省行感吟(十一世祖參議公墓所) 九龍省行感吟(九世祖弄圃公墓所) 親山省行感吟 輓李樂圃 與梁柏下(相衡) 與吳難窩(繼洙) 與吳後石(駿善) 挽從兄(寅權) 挽從兄(寅坪) 挽族兄(寅憲) 挽舍弟(寅和) 挽趙致根(玉川人) 詠史 秦始皇 漢高祖 張良 蕭何 韓信 曺叅 王陵 陳平周勃

項羽 范增 陳勝 祝舍伯愼菴(寅豐)六十一壽韻(幷序) 除夜感吟 元朝 上元夕永補齋雅會 挽先伯愼菴 寒食登七峰山 客裏餞春 九月九日龍城客舘憶故人 端陽日偶題(二首) 六言(三首) 示讀書諸生(二首) 冬日雪中偶題 立春日感吟 春日登山三五七言 夏夜偶題 三月三日偶題 南溪春日雅會 燈夕

箴: 讀朱夫子敬齋箴而有感欲爲次韻未能效嚬而固陋莫甚鑽仰沒身而已 求放心箴 調息箴 敬恕自警箴

銘: 座右銘 四勿齋銘 輓舍弟寅采(補遺) 與李判書裕承同題

卷二

書: 上守宗齋宋先生(達洙)書 上守宗齋宋先生書 上守宗齋宋先生書 上蘆沙奇先生(正鎭)書 上蘆沙奇先生書

祭文: 祭蘆沙奇先生文 祭舍兄愼菴(寅燮)文

序: 高巖序

記: 寶賢齋記 敬慕齋記 永補齋記

行狀: 九世祖侍講院習讀錦西先生行狀

墓碣銘: 溪隱公墓碣銘(幷序)

家狀: 先考學生府君家狀

卷三

附錄: 謹次紹巖公白刁扇韻(三首)(梁相衡·吳致運·李敏璿) 追和紹巖柳先生白羽扇韻(三首)(奇宇米·吳弼善) 題柳紹巖先生白羽扇詩後(幷說)(邊東曄) 追和紹巖柳先生白羽扇韻(安鍾烈·吳鏞洙·鄭應休·柳昌烈·尹堯重·羅承萬) 祝紹巖先生壽宴(幷序)(柳厚烈) 輓柳紹巖(梁相衡·柳士永·柳寅燁·吳繼洙·(二首)李善九·吳駿善·吳在洙·(二首)柳寅玉·柳碩永·(二首)柳稷永·沈遠杓·柳寅奭) 謹輓族叔紹巖先生(柳厚烈·柳寅默·柳寅柱·李啟浩·鄭來休) 謹次紹巖先生韻(幷小序)(高永

文) 追和紹巖先生原韻(柳寅仲) 祭族叔紹巖先生文(柳厚烈) 紹巖記(吳繼洙) 家狀(柳在鶴) 紹巖柳先生行狀(柳寅瑗) 紹巖柳先生墓碣銘(幷序)(吳憲洙) 紹巖柳先生墓表(奇老章)

紹巖先生遺稿跋(柳庠烈)

『송사집(松沙集)』

1. 저자 소개

기우만(奇宇萬, 1846~1916)의 자는 회일(會一)이고 호는 송사(松沙)이며 본관은 행주(幸州)이다. 전남 장성 출신이다. 시조는 고려시대 평장사(平章事)를 지낸 기순우(奇純祐)이다. 조선시대 기준(奇遵, 1492~1521)은 조광조(趙光祖, 1482~1519)와 더불어 기묘사화에 연루되자, 기준의 둘째 형인 기원(奇遠, 1481~1522)은 그 충격으로 호남 장성에서 은둔하였다. 기준의 넷째 형인 기진(奇進, 1487~1555) 또한 동생이 화를 당하자 세상의 뜻을 접고 광주로 내려와 살게 되었다. 기진의 아들이 바로 기대승이다. 기원의 손자인 기효간(奇孝諫, 1530~1593)은 기묘사화로 화순 동복에 유배 왔던 최산두(崔山斗, 1483~1536)에게 수학하였던 김인후(金麟厚, 1510~1560)의 제자이다. 기우만의 7대조 기정익(奇挺翼, 1627~1690)은 송시열의 문인이 되면서 노론의 중심 가문과의 연결고리 역할을 하였다. 증조부는 이조판서(吏曹判書)를 지낸 기재우(奇在祐, 1769~1815)이고, 조부는 노사(蘆沙) 기정진(奇正鎭, 1798~1879)으로 호남유학의 꽃을 피웠다. 기정진은 40여 번 벼슬을 제수 받았지만 나가지 않았고, 평생 학문을 통해 후학양성에 힘썼다. 그는 특별한 사승관계가 있거나 어느 학파에 연원을 두지 않았기 때문에 직접 정주학(程朱學)을 스승으로 삼아 자신만의 철학 체계를 개척하였다. 기우만은 이러한 기정진의 가르침을 받으면서 자신의 학문정신과 실천의식의 기반을 마련하였다.

기우만은 아버지 오서(鰲西) 기만연(奇晩衍)과 어머니 연안 이씨(延安李氏) 이시성(李蓍成)의 딸 사이에 장성(長城) 탁곡(卓谷)에서 태어났다. 그는 5세(1850)에 글을 지었고, 8세(1853)에 여름에 고문을 읽었다. 그해 12월에 조부 기정진을 모시고 하사(下沙)로 이사했고, 기정진이 죽을 때 옆에서 모셨다. 10세(1855)에 『사자서(四子書)』을 읽었으며, 13세(1858)에 『자치통감(資治通鑑)』과 『주자강목(朱子綱目)』을 보았다. 14세(1859)에 『심경(心經)』을 읽었으며, 16세(1861)에 『주역(周易)』·『예기(禮記)』·『춘추(春秋)』 등의 경전을 읽었다.

17세(1862)에 삭령 최씨(朔寧崔氏) 인석(麟錫)의 따님과 결혼하였고, 18세(1863) 여름에 기정진의 권유에 따라 처조(妻朝) 최정익(崔珽翼)이 운영하던 남원(南原)의 제암서숙(濟巖書塾)으로 가서 과문(科文)을 익혔으며, 25세(1870)에 사마시(司馬試)에 합격했다. 29세(1874) 봄에 경기 고양의 선영(先塋)을 성묘하였으며, 제주 유배에서 풀려난 최익현이 기정진을 방문하자 충청도의 유적지를 돌아보면서 교유의 폭을 넓혔다. 31세(1876)에 아버지 오서공(鰲西公)의 상을 당했으며, 33세(1878) 봄에 기정진의 명에 따라 월송리에 〈담대헌(澹對軒)〉을 세웠다. 송사(松沙)라는 호는 예전에 살던 하사(下沙)와 새로 이사한 월송(月松)에서 한 글자씩 따서 지은 것이다. 34세(1879) 정월에 김석구·정재규·정의림과 「납량사의」와 「외필」을 강론했다. 그해 12월에 노사 선생이 담대헌에서 작고했다. 36세(1881) 여름에 노사 선생의 『문집』을 편집하였다. 37세(1882)에 임오군란이 일어나자, "중국이 망하자 한 가닥 중화의 맥이 우리나라에 붙어 동화(東華)가 된 지 삼백 년이 되었다. 이제 또 우리나라가 멸망으로 치달으니 춘추존양(春秋存養)의 대의는 사군자(士君子)의 마음에 있을 뿐이다"라고 탄식했다. 38세(1883) 11월에 나주의 초지리로 이사하여 『문집』을 간행했다. 39세(1884)에 조정이 외교를 개통하면서 의제(衣制)를 개편하여 소매 옷을 금하자, "임금의 명이라도 따르지 않을 것이 있다"라고 하고 거부했다. 41세(1886) 7월에 어머니 이씨(李氏)가 상을 당했다. 43세(1888)에 「구유설(狗乳說)」을 짓고, 45세(1890)에 노사의 『답문류편(答問類編)』을 완성하였다. 46세(1891)에 정암(靜庵) 조광조(趙光祖)의 『문집』을 교정하고, 미암(眉巖) 유희춘(柳希春, 1513~1577) 선생의 묘비 「음기(陰氣)」를 지었다.

49세(1894) 봄에 동학란이 일어나자, 교리 기양연(奇陽衍)·군수 기양연(奇亮衍)·교리 김진호(金鎭祜) 등과 동학군을 소탕할 것에 대해 논의하였다. 50세(1895) 을미년 8월에 명성황후가 시해되고, 12월에 단발령이 내려지자, 친일파를 몰아내고 단발령을 철회하여 옛 제도를 회복하라는 내용의 「을미소(乙未疏)」를 올렸다. 51세(1896) 아관 파천(俄館播遷)이 일어나자, 2월에 의병을 이끌고 나주로 갔다가 광산관(光山館)으로 주둔지를 옮겼는데, 조정에서 선유사(宣諭使)를 파견하여 해산을 권유하자 통곡하며 의병을 해산했다. 그래서 3월에 상소를 올려 진정하였고 5월에 이전의 상소문을 계속 올렸다. 그의 뜻대로 되지 않자, 9월에 삼성산(三聖山)으로 들어가 삼산재(三山齋)를 짓고 후학의 강학에 힘썼다. 53세(1898) 10월에 노사 선생의 『문집』을 다시 간행했다. 55세(1900)에 참정(參政) 신기선(申箕善)의 추천으로 중추원의관(中樞院議官)에 제수되었지만 부임하지 않았다. 56세(1901)에 노사 선생의 문집을 목판본으로 간행하기 위해서 단성(丹城)의 신안정사(新安精舍)에다 문집간행소를 설치하였고, 11월에 최익현에게 기정진의 「신도비명(神道碑銘)」을 청했다. 57세(1902)에 영남의 최동민(崔棟珉)과 권봉희(權鳳熙) 등이 「외필」 가운데 주기(主氣)를 비판한 말을 가지고 율곡을 배척한 것으로 여겨 목판을 불사르기를 성토했다. 전우가 「납량사의의목(納凉私議疑目)」과 「외필변(猥筆辨)」을 지어 사방에 전파시켜 물의를 일으켰는데, 노백헌 정재규가 지은 양변과 변무문을 보고서 "이 글이 이미 완벽하게 변론했다"라고 하고서 따로 변론하지 않았다.

60세(1905) 10월에 을사조약이 체결되었다는 소식을 듣고 상소를 올려 5적을 죽이고 군민이 단결하여 싸울 것을 요청했으며, 이때 강습소를 헐어버렸다. 이 당시 최익현과 정재규가 노성(魯城)의 궐리사(闕里祠)에서 회합하여 의거할 계책을 세웠고 정재규는 기우만에게 동참할 것을 권유하였다. 그래서 최익현은 제자인 정시해(鄭時海, 1874~1906)를 보내어 회합에 참석하게 했으나 회합이 결렬되었다. 61세(1906)에 곡성(谷城) 도동사(道東祠)에서 정재규·최익현 등과 함께 거의(擧義)하기 위해 여러 고을에 고유문(告諭文)을 돌리려 하였으나 뜻을 이루지 못했다. 이어서 중국으로 가려고 서해안으로 갔다가 여의치 않아 되돌아와 얼마 후 10월에 광주경무서에 수감되어 심문을 받았다. 62세(1907) 3월에 영광 경무서에서 광주 경무서로 압송되고 다시 목포 경무서를 거쳐 경성감옥에 이감되었다가 4월 20일에 석방되었다. 64세(1909)에 「호남의사열전(湖南義士烈傳)」을 지었으며, 65세(1910) 7월에 나라가 망했다는 소식을 듣고 패랭이를 쓰고 천인(賤人)으로 자처하면서 죽림 속에 칩거하였다. 66세(1911)에 일본이 주는 은사금(恩賜金)을 받지 않기 위해서 남원(南原) 사촌(沙村)으로 이사했다. 68세(1913)에 부인 최씨가 세상을 떠났고, 71세가 되던 해(1916) 10월 28일에 사촌에서 별세하였다. 1928년에 고산서원에 배양되었으며, 1930년에 『문집』 총 52권이 완성되었다.

2. 문집 구성과 내용

『송사집(松沙集)』은 본집 50권 25책 및 속집 2권 1책 석판본으로 52권으로 4주쌍변(四周雙邊), 반곽(半郭) 22.6×17.1cm, 유계(有界), 11행24자, 주는 쌍행(雙行), 내향(內向) 2엽화문어미(二葉花紋魚尾)로서 크기는 30.9×21.0cm이다. 그리고 부록은 2권 1책 목활자본으로 4주쌍변(四周雙邊), 반곽(半郭) 22.5×16.2cm, 유계(有界), 10행21자, 주는 쌍행(雙行), 내향(內向) 3엽화문어미(三葉花紋魚尾)로서 책의 크기는 29.6×19.6cm이다. 문집은

1931년 담양(潭陽) 장화리(長華里)에서 간행되었고, 부록은 1947년 담대헌(澹對軒)에서 간행되었다. 전남대학교, 이화대학교, 고려대학교, 경희대학교, 국립중앙도서관, 경기대학교, 대구가톨릭대학교, 동아대학교, 서울대규장각, 원광대학교, 조선대학교, 전주대학교, 한국학중앙연구원에 소장되어 있다.

문집(文集) 1권에는 시(詩) 192제가 수록되어 있다. 시의 내용은 수연시(壽宴詩), 차운시(次韻詩), 화답시(和答詩), 이별시(離別詩), 만시(挽詩) 등이 있는데, 개인적인 감회만을 읊은 시는 적다. 조의곤, 안달삼, 오계수, 이희석, 이승학, 오준선, 노재규 등 노사학파 동학뿐만 아니라 지인들과 주고받은 것이다.

권2에는 소(疏) 5편이 수록되어 있는데 「을미소(乙未疏)」 1편, 「병신소(丙申疏)」 3편, 「을사소(乙巳疏)」 1편이다. 「을미소」는 명성황후를 시해한 원수를 갚는 일, 단발령을 거둬들이는 일, 전장(典章)을 옛날로 복구하는 일, '개화(開化)'라는 두 글자로 임금을 속이고 나라를 그르치는 일에 대한 내용이다. 「병신소」 1편은 2월 아관파천 사건이 일어나자 의병을 일으키고자 하면서 올린 것으로 일본 오랑캐를 물리치고 개화당을 섬멸하여 옛 제도와 문물을 회복할 것을 주장하는 내용이다. 「병신소」 2편은 3월에 올린 것으로 고종이 궁으로 돌아오지 않는 이유와 개화당을 제거하지 않은 이유와 외적을 물리치지 않은 이유를 묻는 내용이다. 「병신소」 3편은 앞에서 올렸던 상소가 임금에게 전달되지 않아서 다시 올린 것으로 환궁하여 옛 제도를 회복하고, 신식(新式)을 혁파하고, 언로(言路)를 열고, 일본 오랑캐를 물리치길 바라는 내용이다. 「을사소」는 을사조약이 체결되자 올린 상소로 "나라를 팔아먹은 적신들이 일제의 앞잡이가 되고 사사로이 토지와 인민뿐만 아니라 정권까지 모두 내어주었다"라고 하여 그 책임을 임금에게 돌리고, 매국노를 처단할 것을 주장한 내용이다.

권3～권10에는 서(書) 1025편이 실려 있다. 편지 가운데 이희석과 조성가에게 올리[上]는 편지를 제외하고는 대부분은 답하는 편지이다. 편지를 주고받았던 인물은 이최선, 나도규, 조의곤, 정의림, 이건창, 민종렬, 오준선, 최숙민, 정재규, 이교문, 오계수, 민치완, 이직현 등 노사학파의 인물들과 많은 교유하였다.

권11～권12에는 잡저(雜著) 176편이 실려 있다. 대부분이 제자들에게 호(號)나 자(字)를 지어주면서 쓴 글이다. 호와 자의 풀이가 대부분 경전의 내용을 바탕으로 이루어졌다는 점에서 그의 학문 수준을 이해할 수 있다. 「취몽설(醉夢說)」에서는 "온 세상이 모두 술에 취하고 꿈꾸고 있다면 누가 술 깨어 있고 누가 잠 깨어 있겠는가"라고 현실을 제대로 인식하지 못하는 시대상황을 비유하고 있다. 「농아설(聾啞說)」에서는 "지금 전하는 사람이 금수가 되고 문명국이 오랑캐가 되었으니 들어도 들을 만한 것이 없고, 말해도 말할 만한 것이 없다"라고 하여 당시의 급변한 시국을 보거나 듣고 싶지 않은 심정을 표현하고 있다. 「구유설(狗乳說)」에서는 어미 개가 새끼들에게 젖을 먹이는 것을 보고서 부자간에나 친함이 없고 형제간에 우애가 없는 당시의 상황을 비유하고 있다. 의병을 일으킬 때 지은 것으로 「윤고열읍문(輪告列邑文)」, 「재고열읍문(再告列邑文)」, 「삼고열읍문(三告列邑文)」, 「영시연해육읍(令示沿海六邑)」 등이 있고, 경찰서에서 경찰들과 담판한 내용을 대화체로 기록한 것으로 「광주담판(光州談辦)」, 「영광담판(靈光談辦)」, 「경부담판(京部談辦)」이 있다.

권13～권16에는 서(序) 285편이 수록되어 있다. 노사학파의 인물들과 관련된 문집(文集), 족보(族譜), 증서(贈序), 송서(送序) 등이 많다.

권17～권21에는 기(記) 420편이 수록되어 있다. 주로 정자(亭子), 서재(書齋), 사우(祠宇), 정려(旌閭)에 대한 기문이 많다. 노사학맥에 대한 기문으로 「일신재기(日新齋記)」(정의림), 「농암기(聾巖記)」(노재규), 「석전기(石田記)」(이최선), 「대곡기(大谷記)」(김석구), 「노백헌기(老柏軒記)」(정재규), 「난와기(難窩記)」(오계수) 등이 있다.

권22에는 발(跋) 116편이 수록되어 있다. 주로 문집(文集), 행장(行狀), 족보(族譜), 효열전(孝烈傳), 천장(薦狀), 실기(實記), 유사(遺事) 등이 있다.

권23에는 명(銘) 4편, 잠(箴) 1편, 찬(贊) 1편, 사(辭) 33편, 상량문(上樑文) 12편, 축문(祝文) 9편, 제문(祭文) 44편이 수록되었다. 특히 제문에 노사학파의 인물들이 많은데, 「제이석전문(祭李石田文)」(이최선), 「제이남파선생문(祭李南坡先生文)」(이희석), 「제조동오문(祭曺東塢文)」(조의곤), 「제김치용문(祭金致容文)」(김한섭), 「제김신호문(祭金莘湖文)」(김록휴), 「제조월고선생문(祭趙月皐先生文)」(조성가), 「제정계방문(祭鄭季方文)」(정의림), 「제정후윤문(祭鄭厚允文)」(정재규), 「제정백언문(祭鄭伯彦文)」(정시림), 「제오중함문(祭吳重涵文)」(오계수) 등이 있다.

권24에서는 신도비명(神道碑銘) 16편이 수록되어 있고, 권 25에는 비(碑) 51편이 실려 있다. 권26~권38에는 묘갈명(墓碣銘) 584편이 수록되어 있고, 권39~권40에는 묘지명(墓誌銘) 67편이 실려 있다. 권41~권43에는 묘표(墓表) 162편이 수록되어 있고, 권44~권48에는 행장(行狀) 104편이 실려 있다. 권49에는 유사(遺事) 34편이 수록되어 있고, 권50에는 전(傳) 36편이 실려 있다.

속집(續集) 권1에는 시(詩) 16편, 서(書) 10편, 잡저(雜著) 12편, 서(序) 4편, 기(記) 27편, 발(跋) 7편, 사(辭) 1편이 수록되어 있고, 권2에는 신도비명(神道碑銘) 3편, 비(碑) 4편, 묘갈명(墓碣銘) 17편, 묘지명(墓誌銘) 3편, 묘표(墓表) 7편, 행장(行狀) 2편, 유사(遺事) 2편이 실려 있다.

본서의 저본인 초간본에는 부록이 전혀 실려 있지 않은데, 저자의 연보와 행장은 문집이 간행된 후 1933년경 양회갑(梁會甲, 1884~1961)에 의해 지어졌으나, 일제의 감시로 간행되지 못하다가 1947년에 비로소 담대헌(澹對軒)에서 「송사선생문집부록(松沙先生文集附錄)」으로 간행되었다. 부록은 2권 1책의 고활자본(古活字本)으로서, 권1에는 연보(年譜), 권2에는 사장(事狀)이 수록되어 있다. 그리고 1980년 변시연(邊時淵) 등 호남지역의 문인들이 「송사선생문집습유(松沙先生文集拾遺)」 3권 1책을 석판으로 간행하였다. 권1은 시(詩) 3제, 서(書) 21편, 잡저(雜著) 1편, 기(記) 2편, 축문(祝文) 1편, 신도비명(神道碑銘) 1편, 묘갈명(墓碣銘) 2편, 행적(行蹟) 1편, 전(傳) 1편이 수록되어 있고, 권2는 양회갑(梁會甲)이 편찬한 연보가 실려 있으며, 권3은 양회갑이 지은 행장(行狀), 이광수(李光秀)가 지은 묘갈명(墓碣銘), 홍석희(洪錫憙)가 지은 묘표(墓表), 여창현(呂昌鉉)이 지은 묘지명(墓誌銘) 등이 수록되어 있다. 권수(卷首)에는 홍석희가 1975년에 지은 서(序), 권말(卷末)에는 1979년에 변시연이 지은 연보발(年譜跋)이 있다.

기우만은 조부인 기정진의 학문과 사상을 철저하게 계승하였다. 즉 노사의 리 중심의 성리학 이론을 바탕으로 의리정신과 실천정신을 보여주었다. 기우만은 성리설과 관련된 글이 없으며, 노사의 「외필」과 「납량사의」에 대한 논란에서 자신의 입장을 표명하지 않았다. 하지만 그의 성리설은 문인들과 문답을 통해 드러나는데 "근세에 動靜과 體用을 리와 기로 나누는 것은 매우 그럴듯하지 않은 것은 아닙니다. (하지만) 리에 動이 없으면 기에 어떻게 동이 있겠으며, 리에 用이 없으면 기에 어떻게 用이 있겠습니까? 리에는 부족함이 없으니 동정과 체용은 모두 리가 주인이 되고 기는 명령을 들을 뿐입니다."[87]라고 하여 리이 동정과 체용에 대해 밝혔다. 기우만에 따르면, 동정과 체용을 이기로 나누는 것을 반대하면서 리에는 그 자체로 움직임과 작용이 내재해 있다. 즉 리가 주인이 되고 기가 명령을 따르기 때문에 리의 움직임과 작

87 『松沙先生文集』 卷7, 26b, 「答李泰亨」, "近世以動靜體用分理氣者, 非不酷似矣. 理無動, 氣何以有動, 理無用, 氣何以有用? 理無欠闕, 動靜體用, 皆理爲之主而氣聽命焉而已."

용에 의해 기의 움직임과 작용이 생기는 것이다. 이러한 성리학적 사유방식은 5번의 상소를 올리고, 2번의 의병을 일으키는 그의 의리정신과 실천정신으로 드러났다. 즉 기우만은 조선을 리(理)로 일본을 기(氣)로 간주하여 리(理)의 힘을 강화하여 기(氣)에 대항하고, 일본의 기(氣)가 조선의 리(理)에 도전하는 것을 용납할 수 없다고 보았다. 더 나아가 그는 을사조약이 체결 될때 왕인 리(理)가 힘을 가하여 신하인 기(氣)를 처벌해야 하며, 신하인 기(氣)가 왕의 리(理)를 함부로 하는 것을 용납해서는 안 된다고 보았다.

3. 문집 목차

松沙集目錄

正誤

卷一

詩: 山居二絶 呈李南坡先生 謹次柏下梁丈(寄示十一絶) 柏下丈以七絶詩見寄不可無和 柏下丈又用前寄七絶韻以來輒次以呈 呈族叔草廬 呈東塢處士 呈李岐山 敬次畏省堂韻 謹次趙月皐先生用柳柳州八十韻 謹次百花亭韻 小松李翁壽席 謹步草廬寄示韻 送客偶題 謹次族大父晩悔堂韻 挽小蠹鄭公二絶 次東塢精舍十八詠 追謝觀魚軒朴公見寄韻 菊花詩呈東塢丈 悼柯亭丈人 贈別安小柏 挽槐陰李公三絶 用柏下見贈韻呈族叔春潭 向以七絶詩寄春潭春潭和來又惠十二絶遂步呈 寒江子訪余錦城寓舍見贈口呼以謝 三山新築家距千八百步每二百步作一回凡九回每回賦一絶略倣武夷櫂歌云 三山嘉卉十絶 偶題二絶 次吳難窩重涵寄贈三絶 漫題 後石吳德行以其叔祖東岡公志於齋原韻寄示因命追和 次李青皐子和三山歌 丁酉正月劇寒青皐愁寒作歌默寓傷時之意顧無可以爲答一轉而作頌禱之辭亦哀痛之至情也 重涵德行二兄

幷寄詩來皆先子諱辰前幾日也託意鄭重不可無答四絶 趙君和一誦其展拜凰山墓有作因步其韻 偶吟三絶 挹翠亭重建梧山李雲五有韻求和詩未就而梧山已古人悵然追賦 後石子其大人壽席有韻追步以賀 靑皐效黃山谷二十八宿歌寄示責和倉卒賡呈祇露不平之氣蓋靑皐吾同志甘酸與同撥吾憫亦所以撥靑皐之憫也 靑皐料我不能詩長篇責和如今催科俚巴强副頗似刻畫無鹽唐突西施可愧 和靑皐六言五首 送客 亡友道謙遺居 奉和子和待我之作 矗石樓有感 挽李雲五三絶 次海翁見贈韻 奉和靑皐寄贈三絶 族叔仁夫以萬曆古錢見遺賦以志感 南坡李兄不鄙見訪舊制衣冠又令人一倍拭靑話次及南坡別業因次原韻 奉贈靑皐 瀛洲老壽席寄和 挽金夢蕉三絶 挽趙靑耕三絶 奉贐李晩存 次贈李道觀 聾菴主人結亭於屋後小山名曰願豐有原韻胤子鍾龍求和 贈別姜琴山 奉呈尹公三二絶 次呈海雲 謹步非字韻呈丁湖雲兼簡檢岡 和朴晩隱留別之作 挽鵶山朴君三絶 靑皐以負上元約作詩寄意依韻謝之 奉呈丁湖雲過平岡不遇主人而歸以排律二十韻寄意 寄呈趙舜韶 次野隱堂韻 草坊聯句 挽李應章 辛丑十一月余往定山之藏龜洞時嶺湖士友多會將歸出宿於菱巖店咸以爲不可無記遊各疏姓名居住名之曰嶺湖萍水錄又用晦翁嚇曦臺韻以賦之 秋夕前日呈尹老石 難窩文兄周甲有詩二首寫出蓼莪情境仰認孺慕不可無和適因南極星放彩之夕熏香以寫聊伸祝遐之私 和崔榴軒壽韻 和湖雲 和寄魏玉隱生朝韻 哭丁湖雲三絶 悼魏瑞圭 次趙大山六十一壽韻 奉和李南川致維見贈韻二絶 宋二友海狂先生後承過余有詩遂拚和 和姜菊村 李夢巖回甲韻追和 次姜成五贈韻 尹友秋塘居近紫陽院墟晨夕寓慕夢得秋月照方塘之句詩以記之輒次其韻 呈李致伯壽席 次歸潁齋韻 贈別金鳳岡 三山齋聯句 奉贈尹居士而見 贈別趙升玄 田斯文伯謙千里再訪以先集一部爲贐蓋欲藏諸金剛之意也因呈一絶 悼文繼元 齋居愁寂朴君純汝以南州詞宗不鄙酬唱隨輒拚和八絶 安公三六詠寄意和呈 安處仁將歸以二絶詩爲贐 次姜茂如見贈韻 寄安處仁 徐君胤明寄詩來怳如變雅中景色遂慨然以和 安君處仁寄詩四絶

百朋不足爲珍忘拙拚和 次傳春齋見贈韻 和權子厚 次竹坡書屋韻 和梁處中見過贈詩 送趙敬文之定山 和金秋山見寄韻 悼徐胤明三絶 和寄潁陽堂 趙敬文貺以四絶諷詠數匝煩襟頓滌病不能盡賡僅步一絶 贈徐大雲 贈具中立 崔淳若將行近體示意依韻走次 冠山魏君雲汝從嘉莚還再訪於三山之广以一律示志因步其韻 畏友美中見過示以撥悶之作輒拚和二絶 朴君致仁世好佳士詩以見志輒次 贈李美中 梁君元淑挾書過余歲暮將歸留詩三絶次其首絶以謝兼示諸君 李君致先以十韻贐行乃感與餘意依韻以和 次鄭穉貞(見贈韻) 謝朴君聖存(長篇見贈) 日新之役黃君景涵最秀紆顧病广示志一律不可無和 和鄭子元 哀李陽元四絶 金景儒病愈來見識喜 康君性緝同余守歲於三山齋望見老人星默禱其親壽有述因次其韻 安慶伯慈幃於余爲族姑慶伯有壽母詩輒和 崔聖彦三山同苦聞秋將歸贈一律 答韻贈廉仁和 謝宋允甫 贈金聖韶歸頭流送金子復歸海上 李君敬恒雲水佳士妙齡文華閒架不草草紆顧入山以一絶求益步韻以謝 贈瀛洲李慶運 李君寬汝過余于錦北寓舍以涵養爲問因以一絶寄意 送別金德興 挽金基廈 次金君晦叔見贈韻 三山齋贈梁君俊汝 贈姜恂民 姜君建五相訪於三山一宿臨別書此爲贐 次贈朴孝卿 悼具中立二絶 許君德仁歲暮將歸以一絶示意 贈別二廉君敬汝敬安 哀尹定夫 贈冠山金君 贈魏子栗 悼南國洪二絶 悼金公叔二絶 洪應九贈詩有三山卽一山之句寄意深遠輒拚和 奉和箕山金煥汝 尹生國贇來讀山齋見老人星輒祝其親齡至發於詞嘉其意口號以贈 奉贐金汝中行憶 贈宋壽兼 次贈朴景有五難韻 贈崔伯儒 贈別朴紫溪世華 趙君士勇紆顧入山贈以五言近體託意過重不敢率爾仰答而亦不可無和 次范善中大人晬席韻 和寄沈景晦 和鄭樂彦爲余撥悶之作 廉君廷叔早歲幹蠱不能專心於經子年三十始發憤讀書其志可尚而頗以晚時自咎以詩解之 趙熙輯將赴定山紆路過余其行不可無贐 崔君敬汝矢心讀書以詩見志遂步其韻 次寄權道中 次贈李而晦 酬鄭大卿 李泓錫過余空山一絶以勉 鄭周京聖獻文若顧余山广詩以替贐 李敬寬甫千里相過一宿告別二

絶爲贈 贈許遇石 黃君聲遠過臨別贈此 寄題竹溪堂 贈別朴潤彦 贈鄭治運 贐李國彦 金君秉寬哲寬挾書從余涉夏告歸詩以相勉 挽魏致儉二絶 贈沈景晦 崔君明善以其大人忍菴韻求和 廉氏齋副正公墓顔用永思孝享之餘因作肄業之所有原韻秀士在業宅洙求和 贈別押海丁君 奉贈李泰亨 哭安景景慶雲三絶 有懷鄭君蘭坡 三山齋寄贈曺一賢 挽金仁贊 送別姜公敏歸槐山 金景儒上元夕觀火一絶見志爲步其韻庸寓勸勉贈崔贊明　秋山子過余寒泉示以詩稿讀之涵蓄淵永格調淸遠將還瓻一絶附後琳琅叢裏頑石可憎 范善中以竹翠亭詩示余拈首尾韻和之

卷二

疏: 乙未疏 丙申疏一 丙申疏二 丙申疏三 乙巳疏

卷三

書: 上李南坡先生 上趙月皐先生 上趙月皐先生 上趙月皐先生 上趙月皐先生 上趙月皐先生 上趙月皐先生 上趙月皐先生 上趙月皐先生 上趙月皐先生 答鄭渠史 與李槐陰 答李槐陰 與李槐陰 答李石田 答羅德巖 答羅德巖 答羅德巖 答鄭小蠹 答李農窩 答曺東塢 與曺東塢 與曺東塢 答梁柏下 與李小松 答趙橫溝 答李岐山 與崔勉菴 與崔勉菴 與崔勉菴 答崔勉菴 答崔勉菴 答宋淵齋 答鄭伯彦 答鄭伯彦 答鄭伯彦 答柳汝聖 答李參判 答閔招討使 與閔招討使 答李判書 答李判書 答李判書別紙 答李繡衣 答李繡衣 答閔府使 答梁都事 答金參判 答金參判 答宋聖賴 答宋聖賴 答李道淑 答李道淑 答安義卿 與朴草廬 答呂石泉 答朴圃翁 答金性然 答朴英瑞 與許益新 與木洞許氏護喪所 答金大受 答金大受 答趙泰瑞 與金春甫 答朴明淑 答鄭瓊玉 答梁重慶 答白五衛將 答安順和 答金孔範 答吳道有 答朴魯源 答羅贊白 答丁英瑞 答文雲甫 答文雲甫 答朴道兼 答李成實 答趙元奎 答朴孝集

卷四

書: 答金景範 答金景範 與崔元則 答崔元則 答崔元則 與崔元則 與崔元則 答崔元則 答鄭厚允 與鄭厚允 答鄭厚允 答鄭厚允 答鄭厚允 答鄭季方 與鄭季方 答鄭季方 答鄭季方 答鄭季方 答鄭季方 答鄭季方 答鄭季方 答鄭季方 答李禮伯 答李禮伯 答李禮伯 答李禮伯 答李禮伯 答吳重涵 與吳重涵 答吳重涵 答金公實 答金公實 答金公實 答金性圭 答金性圭 與金性圭 與趙季豪 答趙季豪 與趙季豪 答閔君賢 答閔君賢 與金中立 答金中立 答李雲五 答李雲五 答楊聖允 答楊聖允 與陳仲文 答陳仲文 答陳仲文鄭周允 答鄭周允 與鄭周允 答李弼瑞 答李弼瑞 答李弼瑞 答洪孝範 答鄭敬方 答鄭敬方 答鄭敬方 答安汝恩 答安汝恩 答閔周賢 答閔周賢 答閔周賢答金豐五 與金豐五 答趙和一 與趙和一 答趙舜九 答趙舜九 答趙平汝 答趙平汝 答盧公瑞 答李春景 答姜伯元 答奇祿汝 答金稺玉 與曺衡七 與權舜卿 答權舜卿 答權舜卿 答權學源 答奇致和 答梁致三 答梁致三 答李亨淑 答鄭毅仲 答李明老 與鄭戚叔 答魏瑞圭 答魏瑞圭 答魏瑞圭 答尹瑞輝 答文武一 答安益顯 答金明恩 答李東賢 答洪致萬 答趙聖魯 答盧和瑞 答鄭德涵 答李英一 答李允白 答李允白 答白乃範 答尹權仲 與裵敬魯 答李致悅 答李致悅 答吳正中 答洪文吾 答尹公三 答尹公三 答崔佳賢佳賢可現 答李駿實 答文泰敬 答金平執 答金德彬 答安慶雲 答林國珍 答朴學仲 答魯龍起 答鄭貫一 與金致範 答金致範

卷五

書: 答吳德行 答吳德行 與吳德行 與吳德行 答吳德行 與道林吳氏護喪所 答朴公善 答朴公善 答朴公善 答朴公善 答朴公善 答高元汝 答高元汝 答高元汝 答梁子亨 答梁子亨 答梁子亨 答李子和 答李子和 答李子和 與李子和 與李子和 答朴道謙 答朴道謙 答朴道謙 答奇進士 答奇進士 答柳啓翼 答柳啓翼 答柳啓翼 答柳啓翼 答權君七 答

權君七 與趙孟鳴 與崔錫胤 與崔錫胤 答尹亨三 答梁文五 答李亨洛 答李亨洛 答李再可 與李再可 答安舜見 答安舜見 答曺而敬 與曺而敬 答曺而敬 與曺而敬 答權子厚 答權子厚 答權子厚 答梁德一 答金衡一 答閔雲擧 答梁順集 答梁順集 與崔而仰 答河禹範 答閔邦瑞 答李明淑 答李明淑答李南吉 答黃允範 答鄭達洙 答李應章 答奇教官 答韓進士 答鄭聖河 答鄭聖河 答朴元仲 答李道觀 答李道觀 答安聖深 答安聖深 答安聖深 答文德卿 答文德卿 答梁汝正 答梁汝正 答梁汝正 答鄭耕之 答柳益三 答柳益三 與新基柳氏護喪所 答李泰燁 與李舜熙 答李舜熙 答文善一 答文善一 答卞士洪 答南章憲 答梁處中 答梁處中 答梁處中 答趙成汝 與奇伯行 答金汝香 答鄭學元 答李國瑞 答李國瑞 答李國瑞別紙 與鄭大敍 答鄭大敍 答鄭大敍 答金玉鉉 答李德三 答李君行 與李君行 答崔春和 答閔承旨 答鄭致弘 答李福一 答李福一 答奇敬仲 答金致溫 答曺良瑞 答李方仲 答李方仲 答沈汝光 答李泰兼 答李泰兼 答李泰兼 答李虞賢 答李子瑜 答李子瑜 答李善章 答李善章 答鄭參奉 答趙映五 與崔贊瑞 答鄭子喜 答魯君和 答朴春性 與文相甫 答李鳳瑞 答安聖瑞 答諸葛細凉 答盧應三 答李仁叟 答尹雲汝 答李厚敬

卷六

書: 答朴純汝 答朴純汝 答朴純汝 答趙遠儒 答趙遠儒 答趙遠儒 答安公三 答安公三 答安公三 答安公三 答安公三 與鳳谷安氏護喪所 答李亨仲 答李亨仲 答李聲震 答曺學敬 答曺學敬 答曺學敬 答南士珩 答閔大一 答李武吉 答李武吉 答魏致周 答魏致周 答魏致周 答李聖疇 答李聖道 答李聖道 答尹而見 答尹而見 答尹而見 答鄭可誠 答李俊敬 答李俊敬 答鄭德弘 答鄭德弘 答金佑卿 答金佑卿 答金純夫 答金純夫 答具瞻汝 答具瞻汝 答具瞻汝 答吳泰仲 答盧致雲 答盧致雲 答文汝舟 答文汝舟 答文汝舟 答文汝舟 答文汝舟 答林南有 答宋

明五 答宋明五 答宋明五 答文國元漢元 答朴孺玉 答朴孺玉 答吳永之 答吳永之 答吳永之 答朴敬魯 答廉敬安 答金伯顯 答徐士賢 答朴敬立 答朴敬立 答宋而興 答魏致咸 答李聚五 答范德重 答安理卿 答柳道裕 答李仲賢 答李仲賢 答趙振浩 答安舜在 答徐景千 答陳允謙 與趙權伯 答裵聚五 答金允吉 答文子一 答魏岐文 答朴桂洪 答李觀五 答朴達元 答文翊仲 答吳汝周 答文世源 答鄭而見 答鄭而見 答朴成淑 答鄭敏八 答金景三 答徐士弘 答呂相五 答鄭好敬 答趙明厚 答洪彜元 答李喜道 答閔應七 答金華益 答李春京 答文達三 答朴俊璜 答文禹海 答金公直 答朴華實 答金德禹 答柳文休 答柳文休 與姜道有 答孫子翼 答金箕洪 答申德仲 答曺德瑞 答金洛彦 答郭大有 答金善華 答宋永範 答朴執中 答邊致圖 答宋伯春 答鄭泰賢 答宋致允 答崔進愚 答朴見中 答金宗汝 答吳敬叔 答金允明 答曺光修 答朴伯汝 答李大淵 答金亨七 答洪文衡 答姜洛中 答曺性實 答洪文玄 答李瑞玉 答柳子中 答柳觀夫 答朴大圭 答金伯俊 答趙性薰 答鄭大見 答金度中 答鄭德源 答許社執 答許社執 答朴致敬 答宋希俊 答宋子善 與李悳涵 答黃國瑞 答黃國瑞 答梁德賢

卷七

書: 答安處仁 答安處仁 答安處仁 答安處仁 答趙敬文 答許直叟 答許直叟 答許直叟 答安周伯 答李廣初 答李益汝 答金德文 答梁清一 答梁清一 答梁清一 與梁清一 與吳厚卿 答康和胤 答康和胤 答康和胤 答康和胤 答奇國賓 答安處中 答安處中 答梁景賢 答李慶運 答林公直 答林公直 答張泰汝 答閔彦京 答奇聖一 答奇聖一 答柳泰之 答孫文叔 答范德三 與鄭子仰 答柳聖淑 答柳聖淑 答朴良休 答金宗汝 答金玉汝 答奇性五 答尹四兼 答劉舜擧 答范而鉉 答吳瓚仲 答李璟溫 答廉敬甫 答宋子仁 答尹季仁 答文錫甫 答孫泰重 答洪文寧 答薛重明 答文集中 答許雲翼 答申參奉 答金子星 答李敬禧 答丁乃三 答

裵禹敬 答文致敬 答柳善一 答盧明吾 答文永化 答尹致和 答崔德贊 曹光善 答羅明淑 答朴允三 答安正賢 答文般中 答朴文煥 答文斗一 答文一 答安吉甫 答曺彝卿 答韓禹瓚 答李敬淑 答李泰亨 答李泰亨 答柳春伯 答柳春伯 答柳春伯 答奇心夫 答安俊明 答崔永好 答金量中 答廉敬儒 答文德熙 答金一瑞 答魏禹贊 答金子和 答白元範 答文舜衡 答丁大英 答丁大英 答鄭國一 答金英瑞 答金仁贊 答金仁贊 答文仁仲 答金景賢 答李聖三 答金邦珍 答李德潤 答具德允 答李舜弼 答金聖遇 答李光善 答洪文行 答全聖彬 與全聖彬 答全聖彬 答朴觀吾 答金汝晦 答魏致儉 答魏致儉 答崔華楫 與崔華楫 答李武賢 答朴德一 與劉贊叔 答韓乃警 答鄭和益 答鄭疇仲 答魯明淑 答范良善 答致慶 答朴寬甫 答朴寬甫 答申周卿 答金聖淑 答羅聖敎 答崔善七 答林士平 答朴元長 答吳誠一 答李安甫 答魏致明 答朴子善 答崔士默 答范善中 答范善中 答白子行 答白子行 答鄭士遵 答閔子敬 答金學卿 答金學卿 答韓君恒 與韓君恒 答洪士拯 答洪士拯 答李子謙 答吳景純 答范永三 答范永三 答安樂贊 答趙士勇 答申君玉 答金元汝 答金贊永 答白學卿 答閔文善 答閔文善 與金明述 與宋致承 答宋致承 答金聲表 答安聖贊 答李景道 答韓良賢 答魏稚瑩 答崔贊明 答崔贊明 答文周尙 答張致善 答金貞亮 答崔日助 答李泰永文哉 答崔淳若 答崔淳若 答趙舜詔 答李晦夫

卷八

書: 答權君五 與權君五 答金允範 答金允範 答李美中 答李美中 答李美中 答李美中 答金允德 答魏雲汝 答魏雲汝 與魏雲汝 答奇國老 答曺伯據 答南明重 答南明重 答鄭世卿 答梁士衡 答閔敬構 答權子德 答權子德 答孔道卿 答孔道卿 答孔道卿 答李道行 答權應韶 答權應韶 答沈公玉 答鄭道源 答洪允七 答崔景洪 答金君翼 答李敬純 答李敬純 答閔成夫 答卞晦叔 答閔子直 答閔子直 答申國範 答申國範

答金聖道 答金公燮 答閔洛卿 答鄭仲敬 答姜成五 答姜成五 答朴士一 答鄭贊巨 答鄭贊巨 答鄭樂彦 答鄭子警 答曺明有 答金允明 答金允明 答丁瑩汝 答柳公七 答柳公七 答柳公七 答朴致仁 答沈景晦 答李鳴璇 答李鳴璇 答黃景涵 答黃景涵 答黃景涵 答鄭景晦 答鄭景晦 與金景儒 答金景儒別紙 答金景儒 答金景儒 答李致先 答李致先 與鄭元卿 答安慶伯 答安慶伯 答魏殷弼 答魏殷弼 答曺仲直 答許理卿 答鄭穉貞 答朴孝卿 答金普明 答鄭子元 答魯士遠 答曺景類 答許士益 答許士益 答曺一賢 答曺一賢 答奇士誠 答閔周輔 答廉敬汝 答趙聖國 答魏士悅 答魏士悅子栗景元 答尹仁夫 答閔子潤 答文仁涵 答裵士遠 答南國洪 答李泰卿 答朴景文 答李士吉 答李士吉 答朴季淵 答金聖述 答金聖述 答黃新汝 答金京華 答梁仲涵 答李敬稷 答李敬稷 答李陽元 答柳致一 答安仲述 答安仲述 答金伯卿 答金伯應 答金伯應 答沈正五 答沈正五 答沈正五 答李肅卿 答徐子明 答徐子明 答許巖卿 答許巖卿 答康性緝 答康性緝 答朴聖存 答朴聖存別紙 答尹國贇 答權漢翼 答申景一 答李子聲 答李子聲 答許晦彦 答許晦彦 答許晦彦 答許晦彦 答趙雲卿 答奇子術 答鄭士玉 答曺士一 答許恂明 答許恂明 答許恂明 答許恂明 答安子用 答安子用 與洪和益 答安子精 答李元一 答李元一 答李周汝 答朴子中 答朴樂卿 答田悅卿 答洪德韶 答金有一 答金有一 答金有一 答朴子彦 答魏致均 答魏致均 答李元明 答金士吉 答朴士恒 答朴士一 答魏碩彦 答韓景賓 答崔汝重 答吳善長 答朴伯愼 答金德繪 答文道遠 答高聲余 答吳陽路 答吳陽路 答洪士瑩 答宋允甫 答朴文華 答尹俊伯 答裵純文 答金在賢 答柳光淑 答張禹範 答安南一安信五李致慶金明均 答安信五 答崔致瑞 與鳳谷安氏護喪所 答柳洛範 答丁永叔 答曺殷瑞 答徐德聞

卷九

書: 答梁元淑 答梁元淑 答梁元淑問目 答梁元淑亨範 答任宇卿 答

任宇卿 答鄭萬甫 答曺文用 答魏洛範 答李光述 答奇允九 答河士亨 答朴仁修 答朴聖澤 答金準明 與李敬仲 答柳公懋 答金汝槃 答鄭晦夫 答朴仲豪 答李敬烈 答宋樂三 答南季敬 答文士一 答金仲吉 答金仲吉別紙 答金乃執 答金乃執 答申晟善 答申晟善 答李景儒 答朴斐卿 答吳和益 答安景禹 答具士珍 答金明集 答金鳴梧 答晉普汝 答郭德用 答李友見 答李愚暻 答李允明 答李允明 答郭陽來 答金仲一 答安允行 與安允行 答具琮書 答魏果卿 答范達三 答金明中 答尹仁玉 答尹仁玉 答奇光國 答奇光國 答柳忠五 答安士仰 答河洙源 答魏亨信 答韓景安 答閔希重 答魏亨裕 答李淑度 答許善敬 答許善敬別紙 答梁亨範 答金亨述 答金亨述平夫 答李斗卿 答梁直叟 答梁直叟 答柳文用 答李仲植 答李仲植伯來 答呂文強 答呂文強 答安文哉 答金泰先 答梁應文 答宋輔卿 答許致弘 答具士文 答黃公直 答宋晟元 答李白善 答黃聲遠 答孟士元 答李性化 答金致萬 答李士極 答柳東彦 答房道卿 答崔方鈺 答魏元伯 答趙泰瑞 答尹性心 答鄭聲叔 答朴保卿 答宋己仲 答范處仁 答鄭道卿 答鄭道卿 答范而鈺 答鄭子仲 答廉元德 答魏允愼 答宣燦明 答宋仲範 答朴允元 答尹士垣 答李鳴九 答金永彩 答李致善 答李行有 答李長白 答林英瑞 答丁再華君濟君瑞君明君清 答曺善日善中

卷十

書: 上三從叔柏石 上三從叔柏石 上三從叔耕叟 上三從叔耕叟 上三從叔耕叟 與族叔梅下 答族弟立夫 與族弟立夫 答族弟孝述 答族弟孝述 答族弟孝述 答族姪松友 寄從子駿度 答晦溪僉金氏 答晦溪僉金氏 答尊華錄刊所 答尊華錄刊所 答道內儒會所 答頭流壇諸公 與諸同志 與本鄉儒林 告列邑諸章甫 寄從遊諸君

卷十一

雜著: 舊柏說 醉夢說 寒江問答 青皐說 煮丹說贈朴純汝 海史說 聾啞說 養苗說贈安公三 止酒說寄李尤山舜熙 芝西說 後潛說 忍翁說 狗乳說 贈閔敬構 奉騰李丈 書贈李美中 曺伯據字說 餘力說贈吳子春 書寄梁俊賢 金景儒字說 鄭鵬擧字說 李肅卿字說 書贈曺學敬 金伯應字說 許理卿字說 書贈綾城二秀士 書贈黃景涵 書贈柳季雷 書贈鄭景晦 書贈閔周輔 書贈金士奉 贈李義卿 安子用字說 贈許晦彦 書類編面紙寄金公立 書贈鄭萬甫 柳觀夫字說 康性緝字說 病藥說贈朴聖存 安仲述字說 節翁解 贈朴觀吾 書贈權天若 蘆月解 安子精字說 鄭樂彦字說 書贈范善中 金中立字說 贈閔成夫 贈安慶伯 曺景類字說 李敬恒字說 晩悔解 魏致儉字說 朴敬立字說 小玉解 聾叟說 狂叟說 贈金允明 贈金晦叔 操舟說贈文汝舟 書贈文桂泰 朴斐卿字說 金愼叔字說 朴仲豪字說 贈金彦卿 贈崔臨夫 贈李景禹 贈李文玉 書贈崔二秀士孟雷敬晦 梁亨範字說 金平夫字說 李仲植字說 安公善字說 疑思問說贈柳忠汝 柳仰汝字說 贈安文哉 讀書方贈奇泰燮 奇允九字說 金百兼字說 贈田道由 贈劉贊叔 贈魏洛範 書贈金仲擧 贈具瞻汝 書贈薛而脩 贈文仁仲 書贈柳陽中 書贈魏士悅 贈梁應文 趙雲卿字說 書贈魯明淑魏致均邊致圖 書贈朴允元 吳一止字說 書贈曺明有士賢二秀士 李公執字說 書贈梁子善 晩翠說 朴保卿字說 贈金鳴梧 崔性彦字說 贈曺仲賢 贈金公直 柳子強字說 贈陽叔 鄭雲躍字說 書贈金子復 李伯述字說 贈宣燦明 田見卿字說 洪栽允字說

卷十二

雜著: 輪告列邑文

檄文: 別告各邑公兄所 揭示京營兵 曉諭完營兵 再告列邑文 三告列邑文 輪示光山諸壯士 令示沿海六邑 光州談辨 靈光談辨 光州談辨 京部談辨 贈康性緝 贈李景起 贈崔性彦 贈孔銀澤 金仁會字說 李仲

植字說 辛自和字說 書贈李白善 贈廉敬安 韓乃警字說 金樂三字說 文仲百字說 宋福來字說 書贈金文用 任士直字說 贈朴孝卿 浮海說 李士賢字說 贈朴俊賢 贈鄭芝卿 贈趙敬之 贈李允國 書贈鄭德會 贈馬文範 餘力說贈李瞻汝 朴中玉字說 許致弘字說 書贈高允輔 朴伯順字說 金致萬字說 贈宋子仁 書頭流詩軸後(贈羅聖敎) 書贈朴仁吉 贈鄭士興 書贈李斗卿 書贈安衡仲 金汝堂字說 書贈魏致均丁大英 書贈廉極洙 書贈吳善長 書贈廉敬汝 書贈鄭茂洪 贈曺敬煥 魏殷弼字說 書贈魏洛範亨有文彬元伯金明中孝文諸君 書贈李鳴九 李士極字說 書贈朴聖信 贈朴二秀 安警心字說 顧姓說贈孔南烈 書贈李允明

卷十三

序: 三憂堂實紀序 棄隱遺稿序 錦湖遺稿重刊序 西山詩稿序 藥圃文集重刊序 道峯實紀序 韜菴文集序 長吟亭文集重刊序 李忠剛公實紀序 節窩遺稿序 新齋遺集序 啞齋遺稿序 雪江遺稿序 醉隱文集序 鄭李菴事蹟序 杏村遺稿序 松溪遺稿序 龜潭實紀序 虛齋遺稿序 烏城世稿序 晚德遺稿序 野隱詩稿序 晚雲集序 溪陰集序 永思齋遺稿序 懈菴文集重刊序 忠孝齋遺集重刊序 石泉實紀序 圓山遺稿序 東溪遺稿序 最樂堂遺蹟序 默隱遺稿序 朴氏五忠實紀重刊序 藥圃遺稿序 敬菴詩稿序 六化遺稿序 湖山實紀序 圃翁集序 蓮江集序 晉州鄭氏三世五孝實錄序 慶州李氏金石錄序 湖隱遺稿序 光州鄭氏世稿序 畏齋遺稿序 壺山世蹟序 晚義集序 默軒遺稿序 慕隱遺稿序 鳳南遺稿序 道谷遺稿序 菊潭詩稿序 安東金氏三綱錄序 蓮坡集序 杏亭世稿序 莎隱遺稿序 晚悔遺集序 晚守齋遺稿序 默軒遺稿序 靜齋遺集序 明岡遺稿序 晉山姜氏世稿續編序 咸陽朴氏五孝烈傳序 竹齋遺稿序 宣氏五賢行蹟重刊序 遊山亭詩會序

卷十四

序：至德誌新刊序 南康院誌序 奇氏家乘序 德洞集序 夢漢零稿序 玄岡遺集序 朗海集序 東溪遺稿序 安東金氏派譜序 魏氏世稿序 河東鄭氏派譜序 平澤林氏派譜序 信川康氏派譜序 治平心策序 竹圃集序 霞山遺稿序 慶州金氏派譜序 坡平尹氏派譜序 高興柳氏派譜序 密陽朴氏派譜序 晉州鄭氏派譜序 河東鄭氏派譜序 羅州鄭氏派譜序 淸州金氏派譜序 耽津崔氏追遠契序 錦城羅氏派譜序 瀛洲尊聖契案序 永玉雨祠誌序 順興安氏派譜序 文化柳氏派譜序 蔚山金氏家乘序 星山李氏家乘序 玉川趙氏族譜序 淸州韓氏派譜序 全州李氏派譜序 昌寧曺氏族譜序 安定羅氏世譜序 隋城崔氏世譜序 密陽朴氏世譜序 慶州金氏族譜序 昌寧曺氏派譜序 漢陽趙氏派譜序 瑞山柳氏派譜序 務安朴氏派譜序 平山申氏家乘序 小蠹集序 澗齋遺稿序 河陰奉氏世蹟序 梁山陳氏世譜序 南原梁氏家乘序 咸平魯氏派譜序 靈光丁氏派譜序 昌原朴氏世譜序 金海金氏派譜序 海上磬音序 六一會序 坡州廉氏派譜序 贈崔溪南序 慵睡齋農書序 送族弟立夫遠遊序 贈權舜卿序 贈安舜見小序 密陽朴氏族譜序 慶州金氏派譜序 長淵邊氏族譜序 江華奉氏族譜序 送徐胤明歸金山序 同山契小序 淸州韓氏世譜序 密陽朴氏族譜序 咸陽朴氏家藏序 金海金氏家乘序

卷十五

序：南坡遺稿序 老圃堂遺稿序 東塢遺稿序 聿修齋遺稿序 橘隱齋遺稿序 幽窩集序 東湖遺稿序 澹對軒小會序 詠歸會序 新安精舍講錄小序 禮笏合編序 玩梧遺稿序 晩翠翁壽席詩軸序 實山集序 松菴遺稿序 菊塢翁壽序 送李梧山入福峽小序 送趙升玄小序 送金豐五歸堤川序 廣州李氏花樹契序 贈宋君昆季序 農汕文稿序 南坡遺稿序 覺齋家訓小序 送李亨洛序 送安處仁南歸序 贈李亨重小序 送芙蓉山人東歸序 送尹季仁歸九峯山中小序 送崔卿五北歸序 豐壤趙氏派譜序 卑忍

齋遺稿序 隆師契序 松下蒙訓序 春坡居士回甲詩軸序 愚忍堂遺稿序 送洪文行序 碧窩遺稿序 晉州鄭氏家乘序 密陽孫氏族譜序 慕孝齋遺稿序 贈孫君歸黃鶴序 竹山朴氏派譜序 寶城宣氏族譜序 竹山安氏族譜序 利川徐氏族譜序 咸安趙氏派譜序 金海金氏派譜序 長城徐氏族譜序 白波遺稿序 松圃遺稿序 光州金氏家乘序 林泉行蹟序 達城裵氏派譜序 金寧金氏派譜序 青田遺集序 鶴西遺集序 南平文氏族譜序 宜寧余氏族譜序 長興任氏派譜序 水原金氏世譜序 清州韓氏派譜序 石室春秋序 固城金氏族譜序 光山金氏派譜序 景淵亭遺稿序 全州李氏派譜序 晚覺遺稿序

卷十六

序: 月波集序 濟州梁氏誌狀錄序 冠山誌序 羊猿臥薪錄序 晦亭遺稿序 性菴家藏序 贈梁氏三秀士序 三同契序 蘭坡遺稿序 禮解要選小序 秋山詩集序 墨坊浦望祭壇詩軸序 慶州金氏派譜序 裵氏永慕錄序 錦城丁氏派譜序 藥圃遺稿序 金海金氏家乘序 興陽李氏派譜序 南平文氏派譜序 興城張氏派譜序 耽津崔氏三綱錄序 贈李敬烈序 商山金氏世譜序 歸隱集序 江陵劉氏派譜序 平澤林氏家史序 天安全氏派譜序 華谷遺稿序 春秋會案序 珍原朴氏世稿序 潭陽田氏世蹟序 梅軒集序 星州李氏派譜序 濟州高氏族譜序 艮霞散稿序 密陽朴氏世譜序 仁同張氏派譜序 善山金氏族譜序 光山金氏派譜序 許晦彥壽母詩軸序 咸陽吳氏族譜序 南原梁氏家乘序 海逸遺稿序 竹山安氏兩世詩稿序 廣胖窩遺稿序 送朴明叔南歸序 白雲契序 槐陰散稿小序 梁孺人回甲詩軸小序 新昌表氏族譜序 延州玄氏族譜序 三恨朴公日錄序 二同契序 慶州偰氏族譜序 安德窩行蹟序 許士益大人回甲詩軸小序 清安李氏家乘序 聽櫂契案序 贈朴仁修小序 贈盧洛卿 小序 潁陽千氏族譜序 奇聖一大人公 壽序 雙秀李公六十壽序 送曺仲直序 慶州崔氏家乘序 一鑑契序 贈金準明序 贈李德哉序 贈李士重 序 送金塘三君小序 慶

州金氏派譜序 金海金氏家乘序 咸安趙氏家乘小序 湛樂亭壽瑞詩軸小序 溪西遺稿序 同講契序 送夫士健歸海序 則以堂遺稿序 顧菴家訓序 道東齋講案序

卷十七

記: 雲峯鄕校重修記 泗山夫子廟記 雲谷講堂記 蘆山精舍記 三印臺碑閣重修記 勿染亭重修記 漣溪亭重建記 風詠亭重修記 潁波亭遺墟碑閣記 翼元公祠宇移 建記 四勿齋移建記 臥松堂記 畏省堂記 湛樂齋重修記 望北亭記 永慕齋記 俯溪堂追記 永錫齋重修記 學求堂重修記 申氏草堂續記 永慕堂重建記 孝子贈教官文公旌閭記 永思齋重修後記 陶山齋重建記 松石亭記 池亭重修記 永慕齋重修記 不換亭重修記 錦隱孫公旌閭重修記 詠歸堂重建記 柳川齋重修記 履露齋記 敬慕齋重修記 五鼓亭重建記 孝子丁公旌閭記 道長齋重建記 孝子贈持平姜公旌閭記 觀瀾齋續記 孝子金公旌閭記 永言齋記 孝子贈參判尹公旌閭記 慕遠齋記 孝子贈監察李公旌閭記 朴氏三綱旌閭記 盧孝子旌閭記 金氏三孝旌閭記 孝子蔡公旌閭記 八一亭記 鄭氏雙孝旌閭記 南岡齋重修記 烈婦宋氏旌閭追記 金氏孝烈旌閭記 孝子郭公旌閭重修記 紫荊亭記 守善堂記 雙槐亭記 稼亭記 烈婦裵氏旌閭重修記 羅氏墓齋重修記 城山祠遺墟碑閣記 道能齋重建記 感泉齋記 永慕齋續記 金氏義庄碑閣記 牛山藏書室記 觀音殿刱建記 徐孝子旌閭記 秋桂軒後記 金氏旌閭續記 東岡齋續記 孝子李公旌閭記 壺中別業小記 八友齋記 烈婦金氏旌閭記 孝烈婦申氏旌閭記 柏樹軒記 聿修齋記

卷十八

記: 老圃堂續記 石愚堂記 柏下續記 四松堂記 竹下記 石下記 淸陰亭記 蘆西精舍小記 雲溪記 三湖亭記 德巖齋記 憂憂堂移建記 德川齋記 究述齋小記 蓮菴續記 方壺小記 追遠齋記 鏡湖亭記 無極亭記

陟西亭小記 雲溪齋續記 羊巖亭記 雙壺亭記 古今亭記 三賢亭記 鶴山亭記 宋氏孝烈旌閭記 永慕齋記 德新齋小記 聽琴亭記 觴山齋記 溪隱亭小記 則以齋小記 誠一齋小記 東泉精舍記 雙梅亭記 夙夜齋記 石泉記 野菴記 五柳精舍記 顧菴記 存心齋記 竹東精舍記 右文齋記 柏菴記 松潭記 醉石記 梅谷記 九溪記 寒後亭小記 介軒小記 柏軒小記 夕醒小記 默軒記 日新齋記 守分齋記 謹窩記 友石小記 月圃記 鰲山書室小記 睡軒小記 筠山小記 晩悔堂記 樂吾齋小記 省齋記 竹史記 石田記 聾巖記 高山書室小記 瑞隱精舍記 晩松齋記 心乎齋小記 永華齋記 容齋記 東岡小記 覽德齋記 養竹軒記 睡農小記 龜巖祠設壇續記 修菴小記 竹翠書室小記 永思齋記 柏菴記 海州崔氏三世影堂記 見石精舍小記 敦學齋記 竹軒小記 蘭谷小記

卷十九

記: 大谷記 老柏軒記 老圃軒記 存窩記 學靜堂記 槐陰齋記 南洲記 德巖記 石東精舍記 梧山書室小記 師石記 竹林齋小記 弦窩記 叢桂精舍記 難窩記 盤巖追記 石南記 心洲精舍記 雲溪堂記 五槐亭重建記 二旣軒記 萬谷齋記 李氏兩世旌閭記 宋氏兩世旌閭重建記 謙軒梁公旌閭移建記 忠靖馬公影堂記 孝子金公旌閭記 菊軒林公旌閭重修記 孝子金公旌閭記 道藏齋記 三畏堂小記 金氏二世四孝旌閭記 南溪堂小記 梧月堂記 司僕內乘贈兵曹參議李公旌閭記 觀瀾軒記 趙氏雙孝旌閭記 月松齋小記 孝子贈監察鄭公旌閭記 雲林亭記 麗澤齋記 三孝齋記 養心堂記 止善齋記 聾巖小記 贈監察申公旌閭重修記 孝烈婦文氏旌閭移建記 烈婦尹氏旌閭記 見陽齋記 穩棲齋小記 遠慕亭記 錦溪亭記 晩悔堂記 裵氏兩世孝烈旌閭記 竹林齋小記 金華齋記 鄭氏孝烈旌閭記 靖山齋小記 永慕齋記 三悔續記 葛叟記 松隱記 蘭汀小記 烈婦蘇氏旌閭記 朴氏孝烈旌閭記 孝烈婦金氏旌閭記 平湖亭記 三吾堂記 愛蓮堂記 孝子李公旌閭記 龍湖齋記 志學齋小記 孝子鄭公旌閭記

養心堂記 修以齋續記

卷二十

記: 頭流壇碑記 李忠烈祠堂記 臨淵亭記 韓原君影堂重建記 遯窩辛公旌閭記 愼默齋記 崇義齋記 竹林堂重修續記 永思軒記 姜氏三綱旌閭重修記 贈兵使黃公旌閭移建記 枕漱亭重建記 觀善亭重建記 德陽齋記 趙氏孝烈旌閭重修記 慶州李氏三綱旌閭重建記 日新齋記 倚斗臺記永慕齋記 終慕齋鄭公旌閭記 丹溪堂記 晩翠亭記 梧岡記 三山亭記 勿軒記 菊圃記 希菴小記 東溪記 永補齋記 晩稼亭記 淸深堂記 箕隱記 洗心堂記 春坡小記 湖隱記 龍岡小記 聾窩小記 湖雲記 睡菴小記 松林記 止齋記 心齋小記 華山記 鶴山小記 彝齋記 石汀追記 農軒記 默窩記 耕隱小記 芝隱小記 成齋記 石溪書室小記 菊史小記 雲軒小記 圃上記 蓮史記 蒙窩小記 湖隱記 玉隱小記 一石小記 松窩續記 丈山書室記 巖農小記 蕉軒小記 玉圃小記 覺齋小記 椽笛亭記 秋山小記 復齋記 忍齋小記 孝亭記 性菴記 竹軒記 小竹小記 老圃記 三湖堂記 宋氏五孝一烈旌閭記 二旣齋後記 錦石小記 晉陽鄭氏三孝旌閭記 金孝子旌閭記

卷二十一

記: 晩睡堂記 雲齋記 觀水齋記 聽流堂記 鶴山記 何人亭記 淸風樓記 小溪亭記 尼山齋記 德隱齋記 同余亭記 柳菴記 經野記 晦溪記 花樹亭記 艾軒記 果菴小記 二至臺記 華亭小記 梧軒小記 樵溪小記 聽溪小記 靜齋小記 敏齋記 野隱小記 勤菴記 四友堂記 修窩小記 默菴追記 晩洲記 石汀小記 春軒小記 九溪記 湖隱記 薇齋記 崔孝子旌閭記 學習軒小記 石松記 槐陽亭記 悟潭小記 華東續記 梧田小記 醒軒記 柏川小記 竹塢小記 玉潭記 竹圃記 修堂記 隱求齋記 止愚小記 默菴小記 梧谷齋小記 翠軒小記 湖隱記 烈婦金氏旌閭記 船齋小記 果

軒小記 直齋小記 月峯小記 聾叟小記 學隱小記 晩悟記 咸平牟氏三綱旌閭記 實菴小記 廣業齋記 咸平李氏孝烈旌閭記 魯孝子旌閭記 愛橘齋追記 良溪講堂重修記 二樂堂小記 暎湖亭重修記 程川精舍記 拙菴記 書耕堂追記 德新齋記 杏齋記 菊圃記 兆陽林氏烈孝旌閭記 對月亭小記 孝子金公旌閭記 歲一齋記 橘隱堂記 參奉曺公旌閭重修記 三隱洞記 無忝齋記 慕遠齋小記 永春亭後記 孝子贈童蒙敎官崔公旌閭記 夢軒記 雙巖齋記 春史記 五秀齋記 先明齋記 永慕堂記 心柏記 三隱齋記 菊窩小記 華隱記 農村記

卷二十二

跋: 書健齋金先生年譜後 雲壑文集跋 書翠谷遺稿後 石川詩集跋 西山實紀跋 竹谷文集重刊跋 樂菴遺稿跋 一査集跋 題石溪遺事後 淸査遺稿跋 勿欺齋集跋 書聾齋血書詩後 永思齋遺稿跋 野隱遺稿跋 書五君實蹟後 岐峯集跋 題金雲江皇朝賜像事實後 書秋溪遺蹟後 忠節錄重刊跋 書梁氏寶藏後 書義士姜公兩世薦狀後 書錦江五賢契案後 書睡軒朴公行狀後 書晩羲梁公行狀後 重菴別集跋 萬死錄跋 書寒江子家藏師門口授後 題朴道謙箚疑後 書講習契後 海史遺集跋 書慶州崔氏派譜後 書懶拙翁自贊後 書忍齋家訓後 書月軒曺公遺事後 書藥圃自序後 題晩翁行錄後 書安德窩日記後 題默菴李公誌狀後 題洛社蓮屛後 書晩松崔公行蹟後 書晩悔翁傳後 書范孝子薦狀後 書觀豊齋鄭公家狀後 書孝子羅公狀後 題講習齋石刻後 書自笑軒李公行狀後 書梅軒世稿後 書曺孝子行錄後 題竹溪曺公遺事後 書甑山金公傳後 書幽軒張公狀後 書拙齋自警箴後 題五感李上庠戒子書後 書愼菴金公行錄後 書金氏五孝狀後 題華陽山水屛後 書宋錄精要後 書忠壯公實紀後 書花隱處士行錄後 書密陽朴氏家乘後 書處士房公行錄後 書養性齋鄭公事實後 書聾世亭李公行錄後 書孝烈婦張孺人行蹟後 書默齋孔公家狀後 書菊田鄭公狀後 書孝子安公狀後 松下遺稿跋 書竹山安

氏世孝薦狀後 書李居士薦狀後 書孝烈婦全氏實蹟後 書愼菴遺稿後 書金孺人傳後 書巽菴朴公自警文後 書姜孺人薦狀後 書梧隱孔公家狀後 書尹氏三世孝狀後 書藍田遺稿後 書成氏三世四孝烈狀後 書聾叟行蹟後 書高氏孝烈薦狀後 書朴氏孝烈傳後 羅州鄭氏族譜跋 書聽軒孔公行狀後 書春松齋金公行錄後 書金公行錄後 書房公薦狀後 書金蘭坡事實後 題鄭竹沙詩卷 題南斗峯詩帖 書孝子曺公行錄後 書義士張公行狀後 書北巖居士壽詩軸後 書金督郵薦狀後 書姜孝子永玉薦狀後 書東遊錄後 書梁俊賢讀禮箚疑後 書許恂明文稿後 題金仲擧狀後 書崔贊明家藏禮輯後 書金在永家藏帖後 書默軒金公行錄後 書學生金公家狀後 書忍避齋金公行蹟後 書李氏家藏三綱錄後 書曺將軍傳後 南冠事蹟跋 書愼菴張公行蹟後 書萬山痛哭編後 書安浮海蝦婆壇記後 書陽洞遺稿後 書執義金公行蹟後 海州金氏派譜跋 題朗州朴公狀後 書金孝婦實行後 守心齋遺稿跋

卷二十三

銘: 六友亭銘 徐子明大人寢屛銘 愚軒銘 好德齋銘

箴: 三山書室課程箴

贊: 躑躅花贊

辭: 林公直字辭 姜仲民字辭 吳公述字辭 卞晦叔字辭 朴文用字辭 朴致仁字辭 李陽元字辭 安永吾字辭 鄭子警字辭 許士益字辭 奇穉述字辭 曺文用字辭 遠遊辭贈魏致儉 許晦彦字辭 奇淵淵字辭 安伯明字辭 奇子術字辭 李敬仲字辭 鄭致行字辭 朴達元字辭 魏洛範字辭 金鳴梧字辭 郭德用字辭 金仲吉字辭 李雨卿字辭 李光述字辭 朴季淵字辭 文士一字辭 張春用字辭 金有一字辭 安士仰字辭 朴性源字辭 文飛卿字辭

上梁文: 靜菴先生謫廬遺墟碑閣上梁文 冰月堂重修上梁文 壺巖草堂移建上梁文 詠歸亭上梁文 雲谷齋重修上梁文 講修齋上梁文 岳隱

祠上梁文 滄南精舍重修上梁文 清溪書堂重修上梁文 潁陽齋上梁文 梅澗堂重修上梁文 三希齋上梁文

祝文: 岳陽亭釋菜朱先生告由文 道東廟奉安朱夫子告由文 道東廟奉安晦軒安先生文 雲谷壇享祝文 鼎山祠壇享清澗曺先生祝文 上谷壇享道菴先生文公告由文 泰山祠崔勉菴先生影幀奉安告由文 清溪影堂梅軒廉公常享祝文 寒泉齋開基祝文

祭文: 駐陣錦城祭健齋金先生文 祭錦城山文 祭李石田文 祭朴農窩文 祭金景範文 祭安行五文 祭李南坡先生文 祭曺東塢文 祭金致容文 祭金文賢文 祭李岐山文 祭枕泉奇公文 祭丁都事文 祭朴周玉文 祭朴休齋文 祭奇○○文 祭族叔龍岡公文 祭權子厚文 祭安益顯文 祭安舜現文 祭閔招討使文 祭朴觀魚文 祭安南管文 祭文汝舟文 祭金夢蕉文 祭金莘湖文 祭李槐陰文 祭趙月皐先生文 祭崔元則文 祭鄭樂彦文 祭族弟恒之文 祭梁台正文 祭鄭持平文 祭安公三文 祭鄭季方文 祭鄭厚允文 祭金性奎文 祭梁子亨文 祭李仁化文 祭鄭伯彦文 祭吳重文 祭李再可文 祭金中立文 祭奇致和文

卷二十四

神道碑銘: 高麗禮儀判書農隱閔先生神道碑銘 資憲大夫戶曹判書贈大匡輔國崇祿大夫議政府領議政謚文肅四佳先生黃公神道碑銘 高麗殿中判寺事巾川先生程公神道碑銘 彰善大夫秋城守李公神道碑銘 嘉善大夫吏曹參判贈正憲大夫吏曹判書華門先生李公神道碑銘 弘文館副提學尙德齋先生崔公神道碑銘 大匡輔國崇祿大夫領敦寧府事晩池堂金公神道碑銘 皇明欽差北路總節使內衛鎭撫太清殿守衛使兼總督五軍帥中司馬摠督將調兵運糧使朝鮮封花山君思菴千公神道碑銘 皇明欽差左僉議都御使景公神道碑銘 効忠宣武功臣司憲府掌令兼經筵侍講官知製敎弘文館典翰槐亭崔公神道碑銘 司憲府持平贈資憲大夫禮曹判書三畏齋金先生神道碑銘 通政大夫承政院右副承旨兼經筵

參贊官笠巖孫公神道碑銘 鎭海縣監贈戶曹參判兼同知義禁府事五衛都摠府副摠管趙公神道碑銘 嘉義大夫同知中樞府事李公神道碑銘 正憲大夫龍驤衛大護軍晩隱白公神道碑銘 嘉善大夫戶曹參判李公神道碑銘

卷二十五

碑: 羅州平賊碑 長興府使朴公祭壇碑 龍岡祠遺墟碑 月井書院遺墟碑 二友軒先生禹公院宇遺墟碑 松湖書院遺墟碑 火谷先生金公遺墟碑 岐川祠遺墟碑 松菴先生愼公遺墟碑 潘南朴氏三世忠義碑 洗馬洑碑 仁川先生卞公歲一祭壇碑 草洞武烈祠遺墟碑 松村祠遺墟碑 草堂鄭公遺蹟碑 遯巖金公遺墟碑 晉州鄭氏三孝廬墓遺墟碑 雲菴朴公首義碑 平澤林氏三綱遺墟碑 養正南公遺墟碑 石溪宋公衣履藏碑 宣氏五忠祠遺墟碑 三奇亭遺墟碑 高麗門下侍郞平章事孤山孔公墓碑 追遠堂李公遺墟碑 節齋金公衣履藏碑 康津縣監趙公衣履藏碑 大護軍柳公壇碑 景烈祠遺墟碑 孝烈婦李氏事蹟碑 淸州金氏世庄碑 同中樞朴公義庄碑 驪興閔氏望墓壇碑 三道統虞候黃公記實碑 五柳洞烈孝碑 務安朴氏三綱碑 陽亭朴公碑 豐壤趙公碑 孝子金公遺墟碑 烈婦金氏遺蹟碑 大匡輔國崇祿大夫議政府右議政忠莊公愛日堂鄭先生遺墟碑 南原晉氏玉井碑 慶州偰氏三節四賢遺墟碑 孤松堂遺墟碑 朴氏五忠記實碑 蓮洞忠孝壇碑 濟州高氏三孝四忠碑後記 府尹金公歲一祭壇碑 熊川縣監贈刑曹參議許公祭壇碑 參判金公碑 晉陽鄭氏忠婢之碑

卷二十六

墓碣銘: 高麗文淑公謙齋安先生墓碣銘 高麗翰林學士淸安伯謚忠李公墓碣銘 遯菴先生金公墓碣銘 葦南先生朴公墓碣銘 長水縣監李公墓碣銘 徵士漁隱先生金公墓碣銘 羅州牧使李公墓碣銘 兵馬節度使贈兵曹判書李公墓碣銘 司正趙公墓碣銘 徵士李公墓碣銘 竹沙先生鄭公

墓碣銘 司憲府持平許公墓碣銘 寧寓齋李公墓碣銘 殿中御史張公墓碣銘 司直羅公墓碣銘 長水縣監安公墓碣銘 任實縣監崔公墓碣銘 兵曹叅判金公墓碣銘 進士朴公墓碣銘 梧隱宋公墓碣銘 淸澗裵公墓碣銘 復齋先生吳公墓碣銘 明川府使文公墓碣銘 習讀魏公墓碣銘 道村盧公墓碣銘 生員金公墓碣銘 雪齋安公墓碣銘 後隱柳公墓碣銘 通德郞高公墓碣銘 七頭亭李公墓碣銘 龍岡柳公墓碣銘 洗馬金公墓碣銘 萬頃縣令鄭公墓碣銘 藝文館奉敎趙公墓碣銘 定州牧使裵公墓碣銘 贈通訓大夫掌樂院正鍾山孫公墓碣銘 訓鍊判官申公墓碣銘 都摠府經歷金公墓碣銘 進士高公墓碣銘 宣傳官贈兵曹叅判金公墓碣銘 惺齋姜公墓碣銘 叅奉柳公墓碣銘 楚隱孫公墓碣銘 節菴朴公墓碣銘 松菴張公墓碣銘 義菴閔公墓碣銘 漢城左尹宋公墓碣銘 訓鍊判官金公墓碣銘 進士曺公墓碣銘 柏谷黃公墓碣銘 孝子叅奉裵公墓碣銘 成均館大司成勉齋李公墓碣銘 副正贈叅議鄭公墓碣銘

卷二十七

墓碣銘壺巖先生卞公墓碣銘 寒碧堂先生郭公墓碣銘 貞陵叅奉贈承政院左承旨兼經筵叅贊官春秋館修撰官雨蹇堂黃公墓碣銘 麥老先生金公墓碣銘 淨陰先生羅公墓碣銘 翠谷先生曺公墓碣銘 蒙齋吳公墓碣銘 一査李公墓碣銘 承政院左承旨兼經筵叅贊官花洞任公墓碣銘 處士宋公墓碣銘 司宰監正尹公墓碣銘 泣楸軒河公墓碣銘 同知中樞府事羅公墓碣銘 金海府使沈公墓碣銘 慕古軒吳公墓碣銘 義士曺公墓碣銘 秋齋朴公墓碣銘 孝陵叅奉金公墓碣銘 訓鍊主簿金公墓碣銘 淡齋柳公墓碣銘 贈執義安公墓碣銘 潭陽府使崔公墓碣銘 恥峊黃公墓碣銘 贈軍資監正張公墓碣銘 主簿贈戶曹叅判柳公墓碣銘 翰林李公墓碣銘 叅奉贈左贊成朴公墓碣銘 訓鍊判官崔公墓碣銘 敬菴朴公墓碣銘 陽城縣監金公墓碣銘 贊成金公墓碣銘 柏潭崔公墓碣銘 直長尹公墓碣銘 軍資監判事任公墓碣銘 遯菴高公墓碣銘 水使宋公墓碣銘 贈司憲府持平

吳公墓碣銘 進士申公墓碣銘 訓鍊判官邊公墓碣銘 梧軒申公墓碣銘 通德郎洪公墓碣銘 華南處士吳公墓碣銘 義軒姜公墓碣銘 梅溪梁公墓碣銘 同福縣監宋公墓碣銘 秉節校尉贈戶曹參議康公墓碣銘 獅山樵老劉公墓碣銘 迪順副尉韓公墓碣銘 訓鍊奉事贈判官文公墓碣銘 僉知中樞府事黃公墓碣銘 梅軒李公墓碣銘 贈戶曹參判丁公墓碣銘

卷二十八

墓碣銘: 棄隱先生奇公墓碣銘 浦村黃公墓碣銘 侍講院弼善郭公墓碣銘 樂菴先生奇公墓碣銘 生員趙公墓碣銘 通德郎安公墓碣銘 四友堂李公墓碣銘 兵馬節度使贈兵曹參判謚良昭朴公墓碣銘 雪軒李公墓碣銘 孝子李公墓碣銘 處士李公墓碣銘 玉林處士林公墓碣銘 怡樓金公墓碣銘 贈工曹參議宋公墓碣銘 雪岡吳公墓碣銘 永春菴李公墓碣銘 麥村朴公墓碣銘 同知中樞府事李公墓碣銘 小心齋李公墓碣銘 上庠金公墓碣銘 撫松金公墓碣銘 軍資監正李公墓碣銘 竹齋朴公墓碣銘 從仕郎曺公墓碣銘 竹塘張公墓碣銘 蒿峯田公墓碣銘 郭山郡守宋公墓碣銘 贈掌樂院正朴公墓碣銘 掌樂院正吳公墓碣銘 水軍節度使贈兵曹判書金公墓碣銘 鹿島萬戶贈掌樂院正柳公墓碣銘 雲浦黃公墓碣銘 松坡吳公墓碣銘 贈兵曹參議曺公墓碣銘 同知中樞府事鄭公墓碣銘 黃海都事贈司僕寺正李公墓碣銘 葆軒魏公墓碣銘 贈左承旨劉公墓碣銘 仁川處士康公墓碣銘 月南文公墓碣銘 愼默齋鄭公墓碣銘 海隱尹公墓碣銘

卷二十九

墓碣銘: 圃翁朴公墓碣銘 同知中樞府事鄭公墓碣銘 柏軒先生金公墓碣銘 司諫院司諫安公墓碣銘 源谷李公墓碣銘 聽溪堂崔公墓碣銘 處士權公墓碣銘 草堂朴公墓碣銘 處士金公墓碣銘 孝子吳公墓碣銘 松齋朴公墓碣銘 通德郎李公墓碣銘 成均館司成崔公墓碣銘 竹堂柳公

墓碣銘 景晦權公墓碣銘 幸窩魏公墓碣銘 草堂申公墓碣銘 二憂堂宋公墓碣銘 孝子贈戶曹佐郎羅公墓碣銘 富寧府使白公墓碣銘 月塘南公墓碣銘 主簿宋公墓碣銘 僉知中樞府事朴公墓碣銘 工曹參判翠亭朴公墓碣銘 梅竹軒金公墓碣銘 海隱金公墓碣銘 梅軒處士柳公墓碣銘 竹溪宋公墓碣銘 同知中樞府事朴公墓碣銘 星山金公墓碣銘 松巖安公墓碣銘 僉知中樞府事宋公墓碣銘 贈承宣姜公墓碣銘 訓鍊院判官殷公墓碣銘 箕陽全公墓碣銘 僉知中樞府事朴公墓碣銘 智齋宋公墓碣銘 鶴峯朴公墓碣銘 贈掌樂院正余公墓碣銘 老圃徐公墓碣銘 槽溪裵公墓碣銘 霧隱朴公墓碣銘 禮曹佐郎崔公墓碣銘

卷三十

墓碣銘: 月軒處士梁公墓碣銘 司憲府執義盧公墓碣銘 瀚灘李公墓碣銘 同知中樞府事洪公墓碣銘 晦窩安公墓碣銘 華菴李公墓碣銘 宣傳官宋公墓碣銘 默軒金公墓碣銘 思愼堂金公墓碣銘 壽春菴文公墓碣銘 成均典籍裵公墓碣銘 養眞堂張公墓碣銘 敬齋高公墓碣銘 學生權公墓碣銘 處士宋公墓碣銘 竹窩洪公墓碣銘 孝子金公墓碣銘 愚齋丁公墓碣銘 處士宋公墓碣銘 隱亭金公墓碣銘 贈兵曹參判裵公墓碣銘 通德郎鄭公墓碣銘 菊軒宋公墓碣銘 儒洞鄭公墓碣銘 棲碧亭朴公墓碣銘 湖亭金公墓碣銘 龜龍齋宋公墓碣銘 學生具公墓碣銘 贈承政院左承旨金公墓碣銘 生員孫公墓碣銘 鸞軒宋公墓碣銘 拙菴柳公墓碣銘 陽洞朴公墓碣銘 孤山李公墓碣銘 松溪處士柳公墓碣銘 敬堂金公墓碣銘 通德郎李公墓碣銘 蘆峯金公墓碣銘 石松趙公墓碣銘 贈承政院右副承旨柳公墓碣銘 晩悔處士安公墓碣銘 同知中樞府事崔公墓碣銘 東山處士魏公墓碣銘 莘湖韓公墓碣銘 松菴李公墓碣銘 桐谷魏公墓碣銘 求心齋鄭公墓碣銘

卷三十一

墓碣銘: 囂囂處士李公墓碣銘 通德郞奇公墓碣銘 孝子贈司憲府監察閔公墓碣銘 默窩金公墓碣銘 農隱李公墓碣銘 農隱安公墓碣銘 處士宋公墓碣銘 勿欺齋姜公墓碣銘 心齋黃公墓碣銘 竹塢魏公墓碣銘 逸士宋公墓碣銘 宣傳官崔公墓碣銘 贈戶曹參議閔公墓碣銘 三愧軒李公墓碣銘 通政宋公墓碣銘 龍塘處士梁公墓碣銘 晩晦堂宋公墓碣銘 德峯房公墓碣銘 處士梁公墓碣銘 也村吳公墓碣銘 溪西白公墓碣銘 懷尤堂李公墓碣銘 菊軒吳公墓碣銘 玉窩魏公墓碣銘 莘齋鄭公墓碣銘 處士宋公墓碣銘 尙齋魯公墓碣銘 處士宋公墓碣銘 竹南白公墓碣銘 處士李公墓碣銘 南岡韓公墓碣銘 處士李公墓碣銘 槐亭金公墓碣銘 隱窩金公墓碣銘 處士魏公墓碣銘 月屛齋陳公墓碣銘 南圃韓公墓碣銘 書隱朴公墓碣銘 石溪辛公墓碣銘 道村朴公墓碣銘 贈承政院左承旨鄭公墓碣銘 孝子林公墓碣銘 陋窩金公墓碣銘

卷三十二

墓碣銘: 承政院同副承旨兼經筵參贊官洪公墓碣銘 梅谷朴公墓碣銘 槐軒朴公墓碣銘 處士崔公墓碣銘 溪居吳公墓碣銘 醉溪楊公墓碣銘 晩圃鄭公墓碣銘 處士愼公墓碣銘 玉巖魏公墓碣銘 寶山韓公墓碣銘 四感軒鄭公墓碣銘 贈吏曹參判奇公墓碣銘 同知中樞府事南公墓碣銘 贈工曹參議丁公墓碣銘 迎月堂羅公墓碣銘 惺齋高公墓碣銘 贈童蒙敎官池公墓碣銘 蘭社崔公墓碣銘 惺菴尹公墓碣銘 无悶韓公墓碣銘 睡菴李公墓碣銘 通德郞文公墓碣銘 司憲府監察李公墓碣銘 默軒宋公墓碣銘 鳩菴朴公墓碣銘 則性李公墓碣銘 追聖齋金公墓碣銘 僉知中樞府事鄭公墓碣銘 學生柳公墓碣銘 永慕齋金公墓碣銘 孝子贈童蒙敎官朴公墓碣銘 副護軍金公墓碣銘 薇山金公墓碣銘 無號李公墓碣銘 松窩孫公墓碣銘 止軒金公墓碣銘 遠齋朴公墓碣銘 海隱丁公墓碣銘 碧潭朴公墓碣銘純齋李公墓碣銘 耕隱朴公墓碣銘 成均博士晉公墓碣銘

孺人嚴氏墓碣銘 竹隱李公墓碣銘 慕軒魏公墓碣銘 藥圃李公墓碣銘

卷三十三

墓碣銘: 睡鶴許公墓碣銘 夢關處士崔公墓碣銘 東湖尹公墓碣銘 贈童蒙教官趙公墓碣銘 農窩李公墓碣銘 晩圃金公墓碣銘 枕泉齋奇公墓碣銘 松圃梁公墓碣銘 司憲府持平鄭公墓碣銘 道谷河公墓碣銘 藥圃朴公墓碣銘 德窩崔公墓碣銘 司憲府掌令姜公墓碣銘 生員趙公墓碣銘 琴西韓公墓碣銘 蘆洲南公墓碣銘 孝友堂羅公墓碣銘 孝子贈童蒙教官崔公墓碣銘 湛軒趙公墓碣銘 烈婦梁氏墓碣銘 學生金公墓碣銘 柏軒朱公墓碣銘 和菴陳公墓碣銘 愼窩姜公墓碣銘 默窩孔公墓碣銘 贈戶曹參判殷公墓碣銘 醉亭奉公墓碣銘 贈戶曹參判申公墓銘 瑞感齋宣公墓碣銘 箕菴金公墓碣銘 贈教官金公墓碣銘 同中樞金公墓碣銘 晩晦齋柳公墓碣銘 忠翊衛都事申公墓碣銘 漢城主簿文公墓碣銘 梅谷李公墓碣銘 釣周梁公墓碣銘 海史李公墓碣銘贈童蒙教官張公墓碣銘 贈童蒙教官金公墓碣銘

卷三十四

墓碣銘: 響山李公墓碣銘 晩睡堂金公墓碣銘 海山處士鄭公墓碣銘 咸平縣監尹公墓碣銘 思復齋宋公墓碣銘 芝岡逸人閔公墓碣銘 龍湖呂公墓碣銘 懷仁縣監金公墓碣銘 德齋安公墓碣銘 素齋奇公墓碣銘 贈掌禮姜公墓碣銘 雲菴羅公墓碣銘 玉隱魏公墓碣銘 雲齋奇公墓碣銘 橘下崔公墓碣銘 小潭崔公墓碣銘 晩悟金公墓碣銘 種德齋林公墓碣銘 高齋李公墓碣銘 贈童蒙教官李公墓碣銘 桂山李公墓碣銘 默齋李公墓碣銘 碧嵐鄭公墓碣銘 副護軍金公墓碣銘 農山柳公墓碣銘 樂窩安公墓碣銘 鵝溪閔公墓碣銘 横溝趙公墓碣銘 性菴羅公墓碣銘 雙秀李公墓碣銘 訥軒愼公墓碣銘 延日縣監奇公墓碣銘 贈戶曹參判金公墓碣銘 百忍齋裵公墓碣銘 竹圃金公墓碣銘 農窩鄭公墓碣銘 田隱任公墓碣銘

卷三十五

墓碣銘：徵士老柏軒鄭公墓碣銘 難窩吳公墓碣銘 松菴鄭公墓碣銘 小柏羅公墓碣銘 松菴閔公墓碣銘 壁山李公墓碣銘 誠齋申公墓碣銘遜菴魏公墓碣銘 桐江處士金公墓碣銘 敬齋尹公墓碣銘 養默齋文公墓碣銘 監役崔公墓碣銘 靜軒孫公墓碣銘 農窩梁公墓碣銘 餘谷李公墓碣銘 鈍齋崔公墓碣銘 行源堂李公墓碣銘 無心齋金公墓碣銘 玉圃金公墓碣銘 老湖處士趙公墓碣銘 默齋黃公墓碣銘 梓隱文公墓碣銘 贈戶曹參判李公墓碣銘 司憲府持平白公墓碣銘 龍湖徐公墓碣銘 默養齋尹公墓碣銘 贈童蒙敎官梁公墓碣銘 藍田崔公墓碣銘 孝子李公墓碣銘 通政大夫曺公墓碣銘 同中樞鄭公墓碣銘 管菴趙公墓碣銘 孝子李公墓碣銘 愛山金公墓碣銘 玩梧金公墓碣銘 元溪文公墓碣銘 愼慕齋林公墓碣銘 伊叟金公墓碣銘

卷三十六

墓碣銘：青耕趙公墓碣銘 濟州判官白公墓碣銘 頤醉堂魏公墓碣銘 六有齋白公墓碣銘 義齋柳公墓碣銘 松坡魏公墓碣銘 東里柳公墓碣銘 龜溪趙公墓碣銘 溪隱吳公墓碣銘 漁隱金公墓碣銘 榴軒金公墓碣銘 愼晦鄭公墓碣銘 孺人文氏墓碣銘 拙窩金公墓碣銘 通政李公墓碣銘 春灘具公墓碣銘 聾窩裵公墓碣銘 錦沙張公墓碣銘 綾州郡守孫公墓碣銘 蓼隱梁公墓碣銘 柳谷金公墓碣銘 五翠金公墓碣銘 孝子贈敎官金公墓碣銘 橘巖李公墓碣銘 雲江金公墓碣銘 處士李公墓碣銘 敬菴李公墓碣銘 贈參判金公墓碣銘 通政金公墓碣銘 晩成齋金公墓碣銘 進士李公墓碣銘 晩樂齋蘇公墓碣銘 慕軒林公墓碣銘 守心齋柳公墓碣銘 松亭處士蔡公墓碣銘 同中樞高公墓碣銘 竹圃姜公墓碣銘 顧軒宣公墓碣銘 素史申公墓碣銘 學生高公墓碣銘 孝子車公墓碣銘 學生梁公墓碣銘 剛軒金公墓碣銘 學生崔公墓碣銘 西山申公墓碣銘 潛叟丁公墓碣銘 學生魏公墓碣銘

卷三十七

墓碣銘：梧山李公墓碣銘 芝南李公墓碣銘 槐軒閔公墓碣銘 遺安堂洪公墓碣銘 五峯朴公墓碣銘 寢郎宋公墓碣銘 筠山文公墓碣銘 同知中樞府事黃公墓碣銘 愚忍堂朴公墓碣銘 北巖朴公墓碣銘 竹圃趙公墓碣銘 淑人林氏墓碣銘 秘書監丞姜公墓碣銘 對峯申公墓碣銘 南隱黃公墓碣銘 孝子曺公墓碣銘 松坡李公墓碣銘 橘圃丁公墓碣銘 靜齋朴公墓碣銘 敦寧府都正尹公墓碣銘 青岡梁公墓碣銘 烈婦崔氏墓碣銘 耕山朴公墓碣銘 月巖李公墓碣銘 柏谷李公墓碣銘 小谷李公墓碣銘 南坡高公墓碣銘 悅齋金公墓碣銘 醉湖李公墓碣銘 學生金公墓碣銘 竹圃金公墓碣銘 素菴金公墓碣銘 愚齋許公墓碣銘 學生余公墓碣銘 義禁府都事愼公墓碣銘 敦寧都正具公墓碣銘 台菴金公墓碣銘 小溪朱公墓碣銘 忍齋池公墓碣銘 石溪孫公墓碣銘 玉燈齋鄭公墓碣銘 莘溪金公墓碣銘 新菴崔公墓碣銘 巖隱崔公墓碣銘 松亭韓公墓碣銘 贈嘉善蔡公墓碣銘 濟州通判高公墓碣銘 愚齋宋公墓碣銘

卷三十八

墓碣銘：石愚居士權公墓碣銘 竹坡崔公墓碣銘 松下居士安公墓碣銘 石農韓公墓碣銘 三樂堂沈公墓碣銘 梧汀申公墓碣銘 巖窩姜公墓碣銘 趙君敬之墓碣銘 安秀士墓碣銘 梅軒權君墓碣銘 縣監李公墓碣銘 贈參議金公墓碣銘 竹圃梁公墓碣銘 水山李公墓碣銘 竹谷李君墓碣銘 石松李公墓碣銘 耘谷金公墓碣銘 松谷李君墓碣銘 司憲府監察金公墓碣銘 成均生員金公墓碣銘 兵曹參判金公墓碣銘 學生金公墓碣銘 洛村金公墓碣銘 霽窩張公墓碣銘 愼菴具君墓碣銘 松亭羅公墓碣銘 清溪崔公墓碣銘 孺人沈氏墓碣銘 竹圃梁公墓碣銘 清齋蔡公墓碣銘 靜峯白公墓碣銘 樂齋姜公墓碣銘 京畿中軍全公墓碣銘 菊菴閔公墓碣銘 莘菴李君墓碣銘 存心堂愼君墓碣銘 琴谷李公墓碣銘 湖蓮鄭公墓碣銘 梁君台正墓碣銘 謙窩魏君墓碣銘 義士鄭君墓碣銘 鶴溪張

君墓碣銘 農山鄭君墓碣銘 強齋崔君墓碣銘 竹坡魏君墓碣銘 靜齋朴君墓碣銘 崔孝子墓碣銘

卷三十九

墓誌銘: 學圃梁先生墓誌銘 察訪趙公墓誌銘 愚泉安公墓誌銘 西浦先生郭公墓誌銘 雪巖先生許公墓誌銘 拙菴李公墓誌銘 三灘趙公墓誌銘 誠齋吳公墓誌銘 漆原縣監安公墓誌銘 南溪處士李公墓誌銘 通德郎奇公墓誌銘 蓮汀李公墓誌銘 仁堂朴公墓誌銘 百忍齋奇公墓誌銘 學生鄭公墓誌銘 贈戶曹參判朴公墓誌銘 默軒奇公墓誌銘 三山齋金公墓誌銘 敏默軒文公墓誌銘 止止齋李公墓誌銘 敬默齋文公墓誌銘 進士安公墓誌銘 懼窩李公墓誌銘 敬菴南公墓誌銘 僉知中樞府事閔公墓誌銘 學生安公墓誌銘 菊圃梁公墓誌銘 德林齋安公墓誌銘 聾菴洪公墓誌銘 學生奇公墓誌銘 學生鄭公墓誌銘農隱吳公墓誌銘 學生金公墓誌銘 三湖堂朴公墓誌銘 默軒李公墓誌銘 學生廉公墓誌銘

卷四十

墓誌銘: 嘉義大夫兵曹參判兼經筵特進官沙厓先生閔公墓誌銘 學生鄭公墓誌銘 成均生員奇公墓誌銘 止谷吳公墓誌銘 溪南崔公墓誌銘 學生奇公墓誌銘 忍軒處士權公墓誌銘 夢翠處士李公墓誌銘 吏曹正郎黃公墓誌銘 栗里奇公墓誌銘 顧菴李公墓誌銘 南溪李公墓誌銘 鳳南崔公墓誌銘 將作郎朴公墓誌銘 同知敦寧府事曺公墓誌銘 孺人李氏墓誌銘 愛蓮堂金公墓誌銘 學生朴公墓誌銘 孺人安氏墓誌銘 農菴鄭公墓誌銘 蕖潭吳公墓誌銘 山南金公墓誌銘 北山朴公墓誌銘 宣傳官白公墓誌銘 晚耘李公墓誌銘 觀海金公墓誌銘 守靜齋金公墓誌銘 漁樵子金公墓誌銘 孺人趙氏墓誌銘 孺人文氏墓誌銘 古山朴君墓誌

卷四十一

墓表: 盤谷羅公墓表 主簿申公墓表 參奉柳公墓表 奉事文公墓表 判事金公墓表 進士贈司饔院正丁公墓表 同中樞吳公墓表 眉巖柳先生碑陰記 高麗禮部尙書諡正肅朱公墓表 宋海狂先生阡表後識 和順縣監盧公墓表 壬辰義士韓公碑陰追記 參奉宋公墓表 六峯鄭公墓表 楓谷鄭公墓表 贈承政院左承旨林公墓表 通德郎金公墓表 吏曹參議金公墓表 贈淑夫人梁氏墓表 訓鍊院正金公墓表 宣傳官文公墓表 通政裵公墓表 進士朴公墓表 同中樞牟公墓表 順陵參奉朴公墓表 訓鍊正金公墓表 掌樂院僉正黃公墓表 學生金公墓表 勿翁李公墓表 司饔院主簿朴公墓表 松隱奇公墓表 笛山李公墓表 月山鄭公墓表 止齋姜公墓表 敬菴吳公墓表 守拙軒吳公墓表 學生權公墓表 龍虎處士金公墓表 渾然子奇公墓表 守拙李公墓表 參奉朴公墓表 月隱金公墓表 德齋房公墓表 雲菴朴公墓表 奉事金公墓表 野溪李公墓表 望先齋金公墓表 白洞文公墓表 虎山魏公墓表 龜巖文公墓表 野隱奇公墓表 晩喜洪公墓表 雲菴朴公墓表 悔窩金公墓表 同福縣監金公墓表 桐岡黃公墓表 著存堂金公墓表 溪雲宣公墓表 栗菴李公墓表 學生朴公墓表 處士宋公墓表 贈戶曹參判朴公墓表 處士宋公墓表

卷四十二

墓表: 玩易堂朴公墓表 默隱奇公墓表 西皐許公墓表 通德郎安公墓表 支灘朴公墓表 學生宋公墓表 守分堂曺公墓表 贈承旨金公墓表 學生朴公墓表 學生奇公墓表 學生趙公墓表 烈婦李氏墓表 學生奇公墓表 南隱魏公墓表 醒齋朴公墓表 菊圃李公墓表 希菴趙公墓表 拙軒鄭公墓表 月岡處士李公墓表 拙齋李公墓表 孺人安氏墓表 孝軒金公墓表 梁山陳公墓表 贈參議房公墓表 枕溪梁公墓表 僉知中樞府事徐公墓表 盤谷奇公墓表 梧圃鄭公墓表 學生洪公墓表 松圃朴公墓表 進菴姜公墓表 處士魯公墓表 樂春軒任公墓表 孺人宋氏墓表 通政金公墓

表 學生徐公墓表 贈承旨河公墓表 聽溪李公墓表 處士柳公墓表 倫堂朴公墓表 學生金公及烈婦朴氏墓表 學生魏公墓表 孺人車氏墓表 同敦寧范公墓表 田隱申公墓表 月松朴公墓表 孺人韓氏墓表 贈童蒙敎官金公墓表 孝子林公墓表 鳳丘徐公墓表 歲寒亭朴公墓表 贈監察河公墓表

卷四十三

墓表: 先府君碑陰記 野隱朴公墓表 雙松閔公墓表 月巖卞公墓表 安齋朴公墓表 孺人徐氏墓表 慕堂盧公墓表 主忍堂崔公墓表 孺人李氏墓表 慕拙李公墓表 石蓮金公墓表 月菴李公墓表 清溪柳公墓表 養閒堂尹公墓表 處士曺公墓表 察訪李公墓表 淑夫人李氏墓表 松窩奇公墓表 寢郎孔公墓表 將作郎李公墓表 贈戶曹佐郎黃公墓表 寢郎崔公墓表 鶴溪宋公墓表 竹菴朴公墓表 溪菴金公墓表 忍窩奇公墓表 鰲巖金公墓表 貞夫人徐氏墓表 學生奇公墓表 孝子金公墓表 明水安公墓表 贈童蒙敎官鄭公墓表 孺人林氏墓表 江隱宋公墓表 月溪文公墓表 孺人崔氏墓表 農隱朴公墓表 晦松奇公墓表 玉菴宋公墓表 贈童蒙敎官廉公墓表 孺人宋氏墓表 孺人金氏墓表 痴菴申君墓表 孝子金公墓表 金虞候墓表 小竹崔君墓表 孺人權氏墓表

卷四十四

行狀: 高麗寶文提學謚文良郭公行狀 學齋李公行狀 公州牧使贈吏曹參議許公行狀 通政大夫司諫院大司諫吳公行錄 司憲府監察贈承政院左承旨朴公行狀 龍湖金公行狀 梧軒李公行狀 二松朴公行狀 觀水亭曺公行狀 主簿金公行狀 訥菴姜公行狀 德洞陳公行狀 石室朴公行狀 節窩朴公行狀 圓山丁公行狀 獨醒齋許公行狀 處士柳公行狀 敬齋李公行狀 梧月齋金公行狀 晩悔鄭公行狀 筍塢趙公行狀 慵睡齋康公行狀 貞齋安公行狀 學圃孔公行狀 終慕亭尹公行狀 處士李公行狀 司

憲府掌令李公行狀

卷四十五

行狀: 資憲大夫工曹判書謚靖簡懶窩奇公行狀 啞齋柳公行狀 默軒金公行狀 臨履齋李公行狀 學生李公行狀 臨履齋吳公行狀 德菴安公行狀 丹巖柳公行狀 處士吳公行狀 龍淵李公行狀 贈司憲府監察柳公行狀 後齋曺公行狀 柏村金公行狀 守拙處士柳公行狀 成均生員李公行狀 松隱柳公行狀 小松李公行狀 槐陰李公行狀 江圃趙公行狀

卷四十六

行狀: 南坡先生李公行狀 小蠹先生鄭公行狀 春坡姜公行狀 安湖處士朴公行狀 進士金公行狀 止巢吳公行狀 南湖韓公行狀 秋南李公行狀 晩醒齋朴公行狀 稼隱宋公行狀 秋溪李公行狀 進士金公行狀 直方齋文公行狀 竹泉李公行狀 思孝堂金公行狀 監役張公行狀 瑞樵李公行狀 忍軒金公行狀 德溪崔公行狀 谷隱李公行狀 忍菴朴公行狀 修誠齋曺公行狀

卷四十七

行狀: 柏石學士奇公行狀 石田居士李公行狀 茂南鄭公行狀 東塢處士曺公行狀 龍山奇公行狀 岐山李公行狀 橘隱金公行狀 梧村安公行狀 翠晩李公行狀 愚叟金公行狀 壺山魏公行狀 晩悟尹公行狀 春山白公行狀 理隱金公行狀 司憲府掌令李公行狀 茶嵒魏公行狀 德隱文公行狀 謙山魏公行狀

卷四十八

行狀: 大谷處士金公行狀 日新齋鄭公行狀 寒江金公行狀 嘯巖梁公行狀 兼山金公行狀 日峯李公行狀 睡菴沈公行狀 愚峯安公行狀 南雲

宋公行狀 海史安公行狀 進士閔公行狀 西巖鄭公行狀 學生權公行狀 清深堂安君行狀 松窩崔公行狀 瑞軒安君行狀 桐菴李公行狀 訥軒任君行狀

卷四十九

遺事: 滄洲先生羅公遺事 長吟亭先生羅公遺事 海隱文公遺事 延日縣監金公遺事 湖隱鄭公遺事 池亭申公遺事 生員蔡公遺事 繼晩崔公遺事 養心堂李公遺事 免菴朴公遺事 海隱安公遺事 耕隱金公遺事 隱亭李公遺事 杏岡文公遺事 蒙養金公遺事 處士徐公遺事 拙愚軒李公遺事 湖隱金公遺事

孺人金氏遺事 清山朴公遺事 竹隱李公遺事 養心齋薛公遺事 希菴金公遺事 澹翁宋公遺事 松湖宋公遺事 愚谷李公遺事 都事金公遺事 藥圃吳公遺事 守軒金公遺事 孺人金氏遺事 覺齋金公遺事 處士李公遺事 竹溪申公遺事 溫齋李公遺事

卷五十

傳: 四聾先生徐公傳 西湖先生許公傳 西坡柳公傳 許雪坡隨翁二孝子傳 孝烈婦朴氏傳 孺人陳氏傳 烈婦鄭氏傳 烈婦李氏傳 鄭將軍傳 孝烈婦金氏傳 烈婦李氏傳 曺司果傳 孺人李氏傳 孝婦金氏傳 石湖李公傳 孝烈婦崔氏傳 孝烈婦文氏傳 徐孝子傳 烈婦崔氏傳 孝烈婦金氏傳 申孝子傳 栗齋鄭公傳 梧齋全公傳 蒼泉全公傳 孺人張氏傳 孺人鄭氏傳 南岡金公傳 河孝子傳 烈婦金孺人傳 礪山宋氏四孝傳 金月圃慕齋兩世合傳 無號李公傳 孝子竹汀文公傳 忠孝齋柳公傳 宋圭沙傳 孝子文公傳

『松沙先生文集續』

卷一

詩: 三山齋偶吟三首 遊仙遊洞 泉隱寺(別崔勉菴) 寄題講習齋 和安海史(見贈) 和青皋子八音歌 丹城赤壁(與諸賢共和) 柳季霤將行不可無贐 贈別河魯益 三恨翁暮春遠訪(贈以一絶詩) 次郭居士見贈韻 次贈安慶伯 三山齋(和諸生韻) 謝故人乘月來訪 登三山齋路中作 口呼示諸生二絶

書: 答羅致九 答金鳳汝 答盧德老 答李達知 答盧德洪 答宣學泰 答金敬善(仲直) 答沈景晦 答呂聖魯 答隆親契僉章甫

雜著: 崔永好字說 書贈洪文行 贈朴孺玉書贈魏君雲汝致儉金君有一 桂南說 尹國斌字說 書贈李致慶 金剛說 贈文成汝書贈呂聖魯 書贈金煥汝 金忠汝字說

序: 寒碧堂遺稿序 送族叔之京序 海州吳氏族譜序 盧氏門契小序

記: 日休堂先生崔公旌閭移建記 崔氏烈孝旌閭記 白巖山物外菴記 靈松齋記 六宜亭記 漁樵堂記 持敬堂記 講義齋記 春溪亭記 白隱記 三愚堂記 睡軒記 蓮溪齋小記 濯錦齋記 愚亭記 梅軒書室小記 竹下記 晩悟亭記 莘溪續記 磻溪堂記 德隱記 翠軒記 同圃堂記 時警齋記 希菴小記 止山齋小記 餘谷續記

跋: 書光山金氏三綱編錄後 福川吳氏世譜跋 書梅雲朴公行錄後 書金寧金氏三綱實蹟後 書河氏孝行狀後 書黃溪李君行錄後 書烈婦金氏薦狀後

辭: 金聖淑字辭

卷二

神道碑銘: 通政大夫吏曹參議贈正憲大夫禮曹判書淸心堂先生李公神道碑銘 密直都憲灐溪先生劉公神道碑銘 嘉善大夫吏曹參判履素齋

先生李公神道碑銘

碑: 咸平李氏孝烈旌閭碑 崔孝子旌閭碑 松湖成公施惠碑銘 立石洑碑

墓碣銘: 嘉善大夫戶曹參判贈資憲大夫戶曹判書崔公墓碣銘 司憲府持平輪江吳公墓碣銘 松坡羅公墓碣銘 隱湖宋公墓碣銘 贈司僕寺正安止堂金公墓碣銘 松齋魏公墓碣銘 敦寧府都正崔公墓碣銘 宗簿寺正敬堂朴公墓碣銘 戶曹參議白公墓碣銘 溪雲朴公墓碣銘 贈參判崔公墓碣銘 贈參議朴公墓碣銘 養心齋金公墓碣銘 贈左承旨金公墓碣銘 然好齋林公墓碣銘 漁樵堂魏公墓碣銘 遯齋羅公墓碣銘

墓誌銘: 南溪金公墓誌銘 清軒趙公墓誌銘 瀛軒曺公墓誌銘

墓表: 樂吾齋金公墓表 贈司僕正朴公墓表 石溪朴公墓表 主簿金公墓表 贈貞夫人崔氏墓表 竹軒朴公墓表 孺人趙氏墓表

行狀: 道菴先生文公行狀 通德郎趙公行狀

遺事: 思巖先生徐公遺事 竹下鄭公遺事

『松沙先生文集附錄』

卷一

年譜

卷二

事狀

『松沙先生文集拾遺』

松沙先生文集拾遺序(洪錫憙)

松沙先生文集拾遺目錄

卷一

詩: 謁先子蘆沙先生墓 失題 又

書: 答高校理 答柳啓翼 答柳 答柳公七 答柳華一

雜著: 族叔字受之說

記: 濯染亭記 菊圃記

祝文: 三山壇享祝文

神道碑銘: 按察使贈禮曹判書平村安公(起)神道碑銘

墓碣銘: 竹沙鄭公(球)墓碣銘 守分堂朴公(熙吉)墓碣銘

行蹟: 軍器寺正愚谷鄭公(義鳴)行蹟

傳: 湖南義士列傳

卷二

年譜(梁會甲)

卷三

行狀(梁會甲) 墓碣銘(李光秀) 墓表(洪錫憙) 墓誌銘(呂昌鉉) 正終日記(柳昌秀) 執○錄 墓碑建立事論告文(呂昌鉉) 竪碣告由文(邊時淵)

『송와집(松窩集)』

1. 저자 소개

최제태(崔濟泰, 1850~1907)의 자는 이앙(而仰)이고 호는 송와(松窩)이며, 본관은 완산(完山)이다. 고려 평장사(平章事) 완산군(完山君) 문성공(文成公) 최아(崔阿)가 선조이다. 최용생(崔龍生)이 사천(泗川)으로 옮겼고, 최득경(崔得涇)이 다시 진주(晉州)로 옮겼다. 최기필(崔琦弼)은 임진왜란 때에 진주성에서 순절해서 장렬사(彰烈祠)에 배향되었다. 증조는 최운섭(崔運燮), 조부는 최중길(崔重吉)이다. 아버지는 최식민(崔植民)인데 호는 귤하(橘下)이고 그의 동생이 최숙민이다. 즉 최제태는 최숙민의 조카이다. 어머니는 진양 하씨(晉陽河氏)로서 하형범(河瀅範)의 따님이다. 최식민은 진양 하씨와 성산 이씨(星山李氏) 사이에서 아들 일곱을 낳았는데, 최제태는 그 가운데 제일 큰 형이었다.

최제태는 철종 경술년(1850) 7월 신해일에 진주의 남포(南浦)에서 태어났다. 어려서 『소학』을 배우면서 동학에게 "배움이란 훗날 실천하려는 것이니, 배우고서 실천하지 않는다면 배우지 않는 것과 똑같다. 내가 배운 것을 실천하는 데 마땅치 않은 점이 있다면 다행히 선으로 서로 꾸짖어 함께 좋은 결과를 만들자"라고 했다. 스무 살인 1869년 어머니가 세상을 떠났고, 42세인 1891년에는 아버지의 상을 당했다. 상복을 벗은 뒤에는 삭참(朔參)과 시제(時祭)를 예법에 맞춰 시행했고, 또한 매달 초하루가 되면 공자와 주자의 상(像)에 예를 갖추고 강의(講儀)를 실행했는데, 돌아가신 아버지가 남긴 가르침을 따른 것이었다. 계모(繼母)

인 이씨(李氏)와 나이가 같았음에도 아들의 도리를 공손히 실천했고, 집안일을 전단하는 법이 없었다.

숙부인 최숙민을 따라서 기정진을 배알했고, 경서를 가지고 난문을 질문해서 발명한 것이 많았다. 『송와집』 권2에 첫 번째로 실려 있는 「노사 기선생에게 올림」은 계유년(1876)에 쓴 것인데, 여기에서 '문하에서 물러나 일 년 사이에 집안 일이 앞과 같습니다.[自門下告退, 周年之間, 家故如右]'라고 말하고 있는 것으로 미루어 보면 그가 기정진을 만난 것은 1875년으로 추정된다. 기정진은 '가법이 있는 집안의 자제로서 보고 느낀 것'을 칭찬했다. 기정진을 만난 뒤에 돌아가서 학문에 전력하려고 마음을 먹었지만, 노쇠한 아버지를 대신해서 가사를 처리하게 되었고 게다가 집안이 가난하지 않았기에 온갖 일에 시달리게 되어 늘 자신의 뜻대로 학문에 진력할 수 없는 것을 한스럽게 여겼다. 집안의 어른들이 학문을 강론하느라 문도가 모여들면 최제태는 자신이 그들을 응대하는 일을 맡아 예의를 잃는 법이 없었고, 서로 학문을 연찬하는 것을 즐거워하면서 '어려서부터 내가 뜻했던 일이다'라고 말하곤 했다.

형제가 일곱이었는데, 늙어서까지 형제들이 재산을 따로 나누지 않았고, 같은 방에서 잠을 자면서 강론하고 질정하는 등 화기가 넘쳤기에 주변의 사람들은 '아무개 형제들은 한 몸이지 다른 몸이 있지 않다'라고 했다. 누이 한 사람이 일찍 홀로 되어 의지할 곳이 없게 되자 집안으로 되돌아오게 했고, 친척들 가운데 고아로서 가난한 이가 있으면, 재물을 주어 기르면서 성인으로 자립할 수 있도록 도왔다. 어쩌다 등지는 이라도 나와서 사람들이 언급하게 되면 '내가 도모한 것이 극진하지 못해서이니 이 또한 내가 반성할 점이다'라고 했다.

이해하지 못한 글이나 의심난 뜻에서부터 시대의 풍속을 한탄하는 것까지 표현하지 않는 것이 없었다. 재야에 행적을 감추고서 세상에 뜻을 두지 않는 것 같았지만, 나라와 백성을 위한 근심과 계책은 마음속에서 잊은 적이 없었다. 갑오년과 을미년의 변란을 당하고서는 사람과 금수를 변론하고, 중화와 오랑캐를 구분하는 것으로 스스로와 남을 책려했다. 명성황후가 시해를 당하고, 이어서 재앙이 지척에 닥치자 뜻을 같이하는 이들과 약속을 맺어 시기를 보아 움직이자고 했으나, 재앙이 느슨해지는 바람에 결실을 보지 못했다.

기우만과 종유하면서 기정진의 유문(遺文)을 언급하며 “백세 뒤라도 사라지지 않을 문장이니 판각해서 간행하지 않으면 안 된다”라고 했고, 신축년(1901)이 되자 정재규 등과 함께 계획을 세워 큰 사업을 일으켜 결국 완성하는데 힘을 보탰다. 1907년 9월 5일 58세의 나이로 세상을 떠났다. 다음 달 18일 대야치(大也峙) 선영 남쪽 곤좌(坤坐) 언덕에 장사를 지냈다.

그의 부인은 안동 권씨(安東權氏)와 진양 정씨(晉陽鄭氏) 두 사람이었는데, 안동 권씨가 최상병(崔相秉)을 낳았고, 나머지 최원병(崔元秉)을 비롯한 3남3녀는 진양 정씨의 소생이다.

2. 문집 구성과 내용

그의 문집인 『송와집』은 4권 2책의 목활자본이다. 아들인 최상병이 편집했고, 손자 최승훈(崔承訓) 등에 의해 1934년에 간행되었다. 4주단변(四周單邊), 반곽(半郭) 21.3×16.7cm, 유계(有界), 10행20자, 주는 단행(單行), 내향(內向) 2엽화문어미(二葉花紋魚尾)에 크기는 30.0×20.6cm이다.

「서문」이 두 편인데 먼저 1933년 권재규(權載奎)가 쓴 서문이 「송와집 서문[松窩集序]」이라는 제목으로 실려 있고 그 다음에 1918년 노보현(盧普鉉)이 쓴 서문이 「송와유고 서문[松窩遺稿序]」라는 제목으로 실려 있다. 노보현의 서문이 앞서지만 1934년 간행을 하면서 순서를 바꾼 것으로 보인다.

권1은 시(詩)이다. 신안강 반타석을 유람하고서 주희의 무이구곡가 가운데 제5곡의 운을 이용해서 지은 「신안강 반타암을 유람하고 무이구곡가의 제5곡의 운을 쓰다[遊新安江盤陀石用武夷第五曲韻]」을 비롯한 29편이 실려 있는데, 여기에는 권기덕(權基德)·조성가를 비롯한 7인의 만시(挽詩)도 포함되어 있다.

권2는 서(書)로서 기정진에게 보내는 「노사 기선생에게 올림[上蘆沙奇先生]」을 비롯한 45편의 편지가 실려 있다. 그 가운데 '올림[上]'이라는 표현은 기정진에게 보내는 두 편, 최숙민에게 보내는 두 편, 최익현에게 보내는 한 편에서만 사용되고 있다. 나머지 편지 가운데 가장 많은 분량을 차지하는 것은 기우만과 권운환에게 보내는 것이 각각 여섯 편으로 제일 많다. 또한 순서상으로 보면 기정진과 최숙민에 뒤이어 정재규·기우만·정의림 순으로 이어지고 있어서 당시 그가 교유하던 노사학파의 인물들의 비중을 짐작할 수 있다. 이 외에도 이항로의 문인인 유기일(柳基一)에게 보내는 편지가 네 편이 실려 있는 것이 이색적이다.

권3은 잡저, 제문, 발(跋), 묘지명, 행장으로 이루어졌다. 잡저는 세 편인데 「악성록」은 1900년 3월 숙부를 따라서 악양에 있는 할머니의 묘소를 성묘한 일을 기록한 것이다. 「모성재삭강록」은 모성재에서 진행된 삭강(朔講)에서 숙부와 『상서』「요전」의 첫 단락을 문답한 내용을 개록한 것이다. 『대학서문답』은 주희의 『대학장구』의 서문의 내용과 심·성 등의 성리학적 개념들을 문답한 내용이다. 제문은 허유(許愈), 최익현을 비롯한 일곱 명을 추모하는 7편이 실려 있다. 발문[跋]은 아버지인 최식민의 문집에 붙인 「선고 귤하부군 문집 발문[先考橘下府君文集跋]」 한 편이 실려 있다. 묘지명과 행장은 각각 한 편이 실려 있는데, 강두황(姜斗璜)을 위해 지은 「회양처사 강공 묘지명(晦養處士姜公墓誌銘)」과 강영홍(姜永洪)을 위해 지은 [비서감공 강공 행장(秘書監丞姜公行狀)]이다.

권4는 부록과 발문이다. 부록에는 최제태의 전기 자료들이 수록되어 있는 데 최제효(崔濟斅)가 쓴 「가장(家狀)」, 기우만이 쓴 「행장」, 조긍섭(曹兢燮)이 쓴 「묘갈명」, 권도용이 쓴 「묘지명」이 여기에 해당한다. 발문은 권상연(權相淵)과 정찬규(鄭贊圭)가 쓴 것이다.

3. 문집 목차

序: 松窩集序 松窩遺稿序

卷一

詩: 遊新安江盤陀石用武夷第五曲韻 泝江向孤山亭 訪鄭國衡於大坪日新齋 挽權子厚 雙溪八詠樓謹 祖蘭浦公板上韻 挽宋丈極源 仁川道上與李孟源諸君唱酬 宿横川李應和山房 山村飮酒 與鄭國衡夜次新安社夜話 挽月皐趙丈 慕聖齋朔講禮孔朱像用河西先生詩天地中間有二人仲尼元氣紫陽真之句分韻得中字 武陵山中訪權明湖 與閔上舍應三過露梁 上錦山 菩提菴 石虹門 釜谷雜詠四首 剡中懷 川李致維過籠巖峴聯句 挽朴瑞章二首 挽河監役 景贒堂聯句 挽三從弟卓老二首 二杖巖聯句 次西江月(二首) 挽閔進士應三 換鵝亭謹次德溪先生板上韻

卷二

書: 上蘆沙奇先生 上蘆沙先生 上溪南叔父 上溪南叔父問目 與鄭厚兄 與鄭厚兄改葬條問目 與鄭厚兄祔廟節問目 與奇會一(二篇) 答奇會一(二篇) 與奇會一(二篇) 與鄭季方 上崔勉菴 答柳性存(三篇) 與柳性存 與李而遠 與曹衡七 答成貫兼 與成貫兼 答權舜卿 與權舜卿 答權舜卿 與權舜卿(三篇) 與河殷巨 答李子和 與李亨洛 與權慶七 與姜洛中 與鄭亨櫓 答鄭亨櫓 與曹仲謹 答鄭雲叔 與鄭雲 雲叔 與鄭著

卿 與姜修之 答趙德卿 與李穉章 答族姪應佑 答三從弟卓老 答舍弟而受 與再從姪熙 弟濟亮(二篇) 與五弟濟亮 寄相秉兒(四篇) 寄次兒樂秉

卷三

雜著: 岳省錄 慕聖齋朔講錄 大學序問答

祭文: 祭南黎許公文 祭勉菴崔公文 祭杏下權公文 祭權應九文 祭曹衡七文 祭趙泰玄文 祭烈婦 文

跋: 先考橘下府君文集跋

墓誌銘: 晦養處士姜公墓誌銘

行狀: 秘書監丞姜公行狀

卷四

附錄: 家狀(崔濟斆) 行狀(奇宇萬) 墓碣銘(曹兢燮) 墓誌銘(權道溶)

跋: 跋(權相淵) 跋(鄭贇圭)

『수학집(睡鶴集)』

1. 저자 소개

허섭(許鍱, 1834~1900)의 자는 여진(汝珍)이고 호는 수학(睡鶴)이며 본관은 양천(陽川)이다. 서호(西湖) 허증(許憕)의 후손으로, 1834년 임실군(任實郡) 삼계면(三溪面) 목동(木洞)에서 허상(許瑺)의 아들로 태어났다. 어머니는 전주 이씨 이술환(李述煥)의 따님이다.

어려서 부친에게 글을 배우기 시작하였다. 그의 부친은 가학을 계승하여 진사가 되었으나, 과거에 급제자가 없는 가문을 안타깝게 여겼다. 아들이 과거에 급제하여 벼슬하도록 교육시켰는데, 허섭은 배움에 싫증을 내지 아니하였다. 문장이 일취월장하여 7~8세 때에는 글 짓는 재주가 탁월하여 새에 관한 글을 지었는데, "굶주려도 울고, 배불러도 우니, 우는 것은 새의 성향이다(饑亦啼, 飽亦啼, 啼也者, 鳥之性也)"라고 하여 많은 사람을 놀라게 하였다. 약관의 나이에 기정진의 문하에서 수학하였다. 기정진은 천성이 아름다움을 지극히 말하고 제자의 서신을 받으면 서신내용은 그 사람답다고 탄미하였다. 허섭은 스승을 공자의 제자들이 공자를 사모하듯 일생을 두고 흠모하였다.

1858년 향시에 합격하고, 1868년 과거에 응시하여 장원급제의 글을 올렸으나 절차의 하자를 이유로 낙방되었다. 허섭은 두 형과 화기애애하게 지냈다. 맏형의 집에 상체화와 영산홍이 한 그루씩 있었다. 봄이 되어 그 꽃이 만발할 때 세 형제는 모여 술잔을 나누며 시를 읊었다. 두 형이 세상을 뜨고 나자, 상체화는 말라죽고 영산홍도 3년 동안 꽃이

피지 않았다. 허섭은 그 이상함을 보고 "상체나무는 먼저 말라죽고, 영산홍도 봄이 들지 않는구나! 모란 너는 무슨 뜻이 있기에 옛 주인을 생각하지 않느냐?"라고 읊으니, 이 시를 보는 이마다 모두 눈물을 흘렸다 한다.

임술년 삼남의 민요로 나라가 어지러울 때 삼정교구지방(三政矯捄之方)의 대책을 지었으나 부친의 상을 당하여 올리지는 못하였다. 부친 사후에는 후생들을 교도하였고, 한가한 날에는 향음강사지례(鄕飮講射之禮)를 행하였다. 1889년 겨울 죽을 것을 암시하고 수학운(睡鶴韻)과 입춘시(立春詩)를 지어 친구인 이종봉(李鍾鳳)에게 보이면서 이것이 나의 운명시라고 하였다. 그 다음해 병으로 누어 1900년 12월 향년 68세의 일기로 삶을 마감하였다. 학행으로 이름이 났고, 저서로는 『수학집(睡鶴集)』이 있다.

2. 문집 구성과 내용

『수학집(睡鶴集)』는 7권 2책으로 연활자이다. 홍진표(洪震杓)의 「서문」과 김교성(金敎成)의 「후기(後記)」를 붙여 1974년에 간행되었다. 표제는 수학집(睡鶴集)이다.

책의 앞뒤로 서와 후기가 붙어 있다. 문집의 내용은 권1에서 권3까지는 부(賦) 1편, 시(詩)이다. 권4는 책문 1편, 서간문 70통이 수록되었고, 권5는 서(序)·기(記)·발(跋)·상량문(上樑文)·제문(祭文)·묘표(墓表)·잡저(雜著)·통문(通文)이 수록되었다. 권6과 권7은 부록으로, 권6은 행록(行錄)·행장(行狀)·묘갈명(墓碣銘)·발문이 수록되었고, 권7은 제문과 만장의 글이 수록되었다.

권1에 수록된 「개천자지효야(蓋天子之孝也)」는 향시에 합격한 글로, 효는 모든 행실의 근원이 되고 교화에 부족함이 없기에 천자의 덕으로서 효모다 더 큰 것이 없다는 것이다. 인자하신 하늘이 태양을 효도로 삼아 드넓은 대지를 훈훈한 온정으로 덮어주는 것이니, 효제는 모든 것이 다 성취되는 것으로 여긴 글이다. 시는 오언절구(五言絶句), 칠언절구(七言絶句), 칠언율시(七言律詩), 칠언배율(七言排律), 오언연구(五言聯句), 칠언연구(七言聯句) 등으로 분류하고 있는데, 영물시(詠物詩), 차운시(次韻詩)를 비롯한 벗들과 모여 수창한 시, 만시(挽詩) 등이 주를 이룬다.

권4에 수록된 서간문은 스승 기정진에 보낸 것을 비롯하여 동학, 현감, 진사들과 학문과 일상의 교류 내용 등이 대부분이다. 권5에 수록된 글 가운데 서문은 양천 허씨와 김해 허씨의 파보(派譜)에 대한 내용, 종중(宗中)에 관한 것, 사(社)와 계(契)에 관한 것, 호남과 영남에서 일어난 율(律)에 대한 글 등이 있고, 기문은 누정에 대한 것이다. 3편의 상량문, 그리고 9편의 제문 가운데 5편은 가족에 관한 것이고 4편은 성산(聖山)에 기원하는 글과 기우제 등에 관한 것이다. 묘표는 부친에 관한 것이다. 14편의 잡저 가운데 「여인문답(與人問答)」은 성리학적 수양방법을 논한 것, 「독맹자지구방심장감위령대문답(讀孟子至求放心章感爲靈臺問答)」은 『맹자』에서 구방심(求放心)의 방법을 논한 것이다.

권6에 부록으로 수록된 「행록(行錄)」은 아들 허업(許業)이 부친의 집안에서의 행의를 후손들에게 남기고자 지은 교육지침서인데, 맨 앞에 서론이 있고 마지막에는 결론이 있다. 내용은 총 9장이다. 제1장은 가문전통과 어린 시절의 행의, 제2장은 학문 강론과 과거에 관한 일, 제3장은 지조와 아량, 제4장은 효우자애(孝友慈愛)와 제가(齊家), 제5장은 친구 사귐과 대인관계, 제6장은 경제와 의리, 제7장은 용모와 위의, 제8장은 노년 시절, 제9장은 자손관계 등이다. 그 다음에는 허간(許榦)의 「가장」, 기재의 「행장」, 기우만의 「묘갈명(墓碣銘)」 등이 있다. 권7은 허섭에 대한 제문과 만장이 수록되었다.

『수학집』은 전북대학교 도서관에 소장되었고, 『한국역대문집총서』

(1584)에 『수학선생문집(睡鶴先生文集)』(睡鶴集)로 영인되었다. 국역본 『수학선생문집』(양홍열 번역, 중앙교육진흥연구소, 2007)이 있다.

3. 문집 목차

序: 睡鶴集序(洪震杓)

卷一

賦: 蓋天子之孝也(人日應製入格).

詩: 詩五言절구: 觀海 入山吟 下山吟 月頂 過海谷留別齋中少年 月夜別故人 贈友人 雨意 禱神 卽景 待友 白鷺 山齋詠雪竹 登山絕句 挽白坡安都正(缺缺) 代挽外從兄李四瞻(缺缺一首見七言四韻) 輓楊養汝(缺缺) 代挽族兄士允(銃) 傷歎花樹園 寄重嚴研壁下 贈別三峰崔雅 挽從兄士玄(銀) 代輓金升汝(敬熙〇三首) 輓黃丈四成(三首) 詠雙芭蕉(又見下七言絕句) 無月夜 輓安聖佐(宗爽〇三言) 訪斗郈李進士不遇(丁卯三月在雲城時) 戲題笫(三首)

五言律詩: 贈洪友海兼(大淵)歸山清 述懷 睡鶴元韻 次松灘溺缸韻 挽(姓名缺) 和趙菊史(炳湜)種菜韻 丁酉七月一日病中吟 歸來吟

七言絕句: 讀書 讀孟子有感 咏佛 拜辭茂長丈(蘆沙奇先生正鎭也 庚申春謁見于長城下沙)歸吟 革罷清錢 題海月菴韻 碁局 初月 待友(二首一首見五言絕句) 流泉 舍人洞十二景(右米山落照 右德溪清流 右蘆峰晚霞 右楓岳微雨 右雪裏孤松 右風外寒竹 右西山暮雲 右東嶺遲月 右孤村山烟 右遠浦口砧 右一雙白鷺 右數聲青尨) 無月夜 山齋聽水砧 詠雪 松風 和友 詠竹 挽(姓名缺) 過華山下 登萬綠亭見船游美娥 望見秋月山城 題七星菴 入邊山路遇村翁 道中口呼 詠赤壁 彩石吟 餞春曲 觀海歸路 漫吟 次廣寒樓重修韻 挽城陽金老人 山齋詠雪竹(同韻一首見五言絕句) 無月夜逢友 春夜偶吟 送諸益往遊山海間

(三首) 詠山村績火 謹次西湖先祖四詠詩(右冷松 右雪竹 右臘梅 右初月) 贈金堂寺湖隱上人 次獒驛八景詩(右北亭朝暉 右東山秋月 右金嚴暮烟 右海庵晨鍾 右方丈疊翠 右長坪農歌 右蘿溪浣紗 右柳岸馳馬) 詠鷄 蟼屋 挽李承旨(友舍三首又一首見七言律詩) 詠雙芭蕉(五言變作七言又見五言) 挽鄭好仁(缺缺) 哀柳景淸(煥○二首) 詠美人草 次李拙軒(鍾鳳)兄弟堂鳳仙花韻 九月六日自谷城歸宿 詠梅(種梅 養梅 覲梅 夢梅 惜梅) 和李一亭(百榮)韻 三月晦日(二首) 寄重巖硏壁下 三吉 鳴泉 小暑雨移種詩 挽吳丈(鎭常) 重陽吟 聽孫兒誦書傳 題黃友公執(缺缺)悠然亭 次亭上韻 菊花見折歎 哭韓梅史(圭七言首) 哭金潤汝(正海三首) 挽朴上舍(奎文又一首見七言律詩) 代挽族兄士允 哭三從侄孟粲(彪四首) 代挽金同知(漢弼二首一首見下律詩) 白鷺登山 怪木瓢 無月夜 代挽再從叔父栗圃公(翅○四首) 讀二典 秋興 溫泉 海菴贈別玉雅士(洙轍) 挽崔同知(東翼) 贈別友人 代挽金草堂(呈龍三首五六言幷附)

七言律詩: 重修明倫堂韻 聖殿重修落成韻 次鄕飮禮韻 辛卯三月二日葛梅山齋閣回甲謹次前韻(四首) 海月菴雅會 次玉果雪亭韻 牟氏三綱閣韻 寄茂朱宗人壽汝 戊寅新歲吟 打稻詩贈鏡湖趙菊史(炳湜二首) 戱贈趙菊史(談數學故云云) 贈別趙菊史 燈槃 七星 玉梅 花會 挽李致和 次獒樹金同知慶筵韻 贈朴子衡(商鉉) 挽鄭雲瑞(昌龍) 贈金成大(濟德) 和金成大 挽盧丈(錫龍) 代挽盧丈 挽朴上舍(奎文二首一首見七言絶句) 代挽朴上舍(二首) 海月庵詩會 挽黃營將(喆) 次任監役(喆常)回甲韻 挽沈汝寬(鎭華) 挽李致受(基榮) 代挽李致受 哭靈溪李化溢 輓金參奉 輓族兄士允(鋺) 代輓族兄士允 次韓松澗(箕錫)韻(二首) 上元日贈吉州宗人 和韓松澗(箕錫)吟 贈別許簫士 挽金汝七 挽繡石權丈(敎憲) 代挽繡石權 挽鄭趣志(亨滿) 贈任晴笠(遯其名跡自托於狂) 代挽安丈(宗河) 次挽柳丈大寬(煥春) 追次李聖規(昌會)回甲韻 造梅 哭族任義帆(涉) 哭族姪致淑(沍) 輓從兄重之(銖二首) 挽洪丈

(在泰) 代挽洪丈 挽張乃直 獒樹鄕射禮韻 輓黃上舍元龍 次李敏瑞墓閣韻 敦誼九成契韻 哭金都事敬運 哭金五衛將益汝 代挽禹潤汝 舍人洞十二景終吟 冬至夜吟 偶吟 觀鷹 雨中卽景 冬夜聽大風 挽(姓名缺) 贈別友人(二首) 宿楊氏茅亭 訪李友聽梁琴 登開巖 扶風道中 題月明板上 過彩石 觀海 登披香亭次板上韻 次吳友(炳鏶)槐陰韻 春夜偶吟 戲贈遊京故人更赴京 喜題暎山花 次文德山德隱翁原韻(蘇老人夢遇道士呼以德隱翁故因爲號焉且居文德山下德字相爭此亦奇事也時人多次韻者) 夜月聽春歌 春夜逢故人 次金友(轍遠)晩悔韻 春雨 戲贈西床少年 聽鵑 代咏沽村松床韻 又次松床小會韻 從李侯(渠重)燕廣寒樓聯吟 奉和李侯晬宴韻 呼峙柳氏齋讀書有吟 謹次金丈(星龍)草堂韻 碧溪雲齋罷研吟 挽再從叔秉圃(翹)公 立春 次沈氏焚黃韻 挽金國賢 題東山亭 戲贈遊方丈諸名勝 贈洪州金雅 謹次寧城李氏世德韻(右寧川先生 右翰林公 右默翁 右通禮公 右松崖公 右晩悔堂 右草廬公 右養正齋) 元泉金氏齋罷研吟 丙子十月一日柳溪琴嫻寓留吟 是月逢鏡湖趙菊史(二首) 用前韻排列 宿井村書舍贈李德贊 贈安城宗人壽汝(璹) 丙子除夕吟

卷二

詩: 七言律詩: 丁丑上元夜月出 元曉 次白察訪(瑢行)玉史韻 仲春咏雪 歉年歎 戲梅雜詩(詩中二梅三樹三花二君六主人巧相敵所謂一樹梅花一放翁耶其日二十四日花信風) 借金學植世慕齋韻 次拙軒春日遣懷 次歉年詩 次畫竹韻 次石鏡韻 偶吟 入年蟄屋無山破孤悶遂吟自見琴翁吾却律不逢筑士孰同歌所餘者麥水而已生也性不獨酌因入德裕山多麥鄕訪此山下嗜麥友友誰有勸飮者歟伊日楊枝水浴佛朝先向圓通寺 翌日訪飮七淵巖 歸路 贈許小痴(連)遊金剛 次小痴自挽詩 光霽亭和全友 贈河晴峰致敬(元淳) 和晴峯寒食詩 上巳遊海菴 挽崔丈季心 詠懷贈河晴峯 暮春會于蘆山少長咸集 丙子初夏與盧南老(極禱)韓

潤卿(容黙)安甫冏(宗鐸)及諸名勝三十二人會于海菴(二首) 是日南老兄仍為宿唱和餘興 重陽日講鄉飮禮 春日和諸少 挽族侄士清(洙) 代挽外從兄李四瞻 卽景 遊山(二首) 書樓逢故人 破爐 破突 述懷 次書塾韻 挽李承旨慎汝(友會三首見七言絶句) 代挽李承旨(二首) 次吳珍山(榮錫)甲筵韻 挽韓蓮坡允敬(容黙) 七月晦日謾吟 仲秋遣悶 次嶺南蚊韻 挽安正言(秉鐸) 挽朴上舍(奎直) 挽李丈永中(鳳基) 挽李順之秋日過雲水鄉與拙軒留吟於韓雅周卿家塾(琴洞) 與崔一石(炳夏)黃叅奉(瑚)等等觴詠於新基雅德行書室 代挽李丈永中 至日和漣川族人(弦)與河柳二君吟 次書齋韻 立春 挽崔監役(濟九) 與申南沙(兌永)金梅史(缺)同宿蓼溪盧東隱(東壽)家 清和節與諸老羣賢遊於光霽用上 觀相揖禮 健雞初鳴 端陽日拙軒草堂白頭會 次李拙軒(鍾鳳)東山草堂韻 光山小齋詩會 塔田書齋伏日會話 次塔齋團扇韻 卦坪書齋末伏會和洪雲坡病中吟 磊川書樓清秋會話 次黃(允文現)晦養齋韻 舟山書齋夜話 翌日雪江魚獵 歸宿東山夜吟 仲秋月夜 仲秋與金雲圃(敎成)崔一石(炳夏)崔梧下(成九)李拙軒(鍾鳳)李南坡(潤儀)李耕人(在玉)趙小山(泳萬)楊心洲(相一)會話 翌日移會于塔齋 越翌日卦塾戲譏苦吟諸人 訪谷城梧枝安海史性深(重燮)不遇 永守亭韻兼別章 挽金兄元一(復熙二首) 退思菴李公(潤)錦山殉節之五壬辰士林上言廟堂啟論特贈以銓卿之亞於其焚黃也其遠孫鍾鳳賦四韻而示之余亦在先外之列追感則同謹次以呈 敬步李德瑞(鍾鳳)兄拙軒韻尾 次丁氏三世焚黃韻(丁遯士悅相爲都事時追贈三代) 甲日感懷 無題 與洪雲坡李雲溪兄和吟 追次山城蘭菊社韻 甲午鄉約時與同約諸友敬和地府尹侯(重寬)韻(二首) [附]尹侯元韻(二首) 與林琴史陸桐村共吟 甲戌冬至 仲春遊海月菴 偶吟 次雲水宰鄭(俊和)陞資韻 次雲城太守(缺缺)韻(二首) 無題 無題 挽黃丈成伯(鍾黙) 挽安甫冏(宗泰) 代挽安甫冏 獒驛與嚴順天(世永) 甲午東亂時有吟 次人平乱詩 挽盧上舍南老(極壽) 挽崔故俊明(錫謨) 次挽崔俊 挽韓聖澤(容希) 挽金德淳(龍秀) 挽金升汝(敬熙) 挽金蒼雲兩

已(弼均) 閑居 題山房 次張斗杓歸田韻 次瑞石山圭菴韻 雞卯 鶯 墨竹 梧桐 虎 病後出遊灘局 花煎 春夢 老松 川獵 次松隱韻 四月八日朝暉 石硯 卽景 上巳 吟句 次詩社韻 卽景 偶吟 卽事 和晴峰 次蓮潭(致煥)詩 秋興(八首) 次東軒重修落成韻 挽沈桐窩孟久(鎭恒) 代挽沈桐窩 與逸臺靈瑞兄吟 與諸益吟 次李拙軒德瑞回甲韻 謹用前韻獻賀德瑞春府都正丈 丙申正月從孫福壽加冠 再申三月長孫孟業加冠 丁酉三月從孫雙童加冠 挽李都正慶和(圭學) 代挽李都正(二首) 丙子春訪後洞書生歸作 丙申七月詩友約會海菴留宿本齋 海菴七夕會 次金叅奉重珍(永連)甲韻 次族侄敬範楂床韻 次申南汾德三黑蝶詩 聞米山臺巖詩會遣興 挽金孝則(正) 挽李監役敬直(秉儀) 挽丁都事國卿(悅相) 挽韓應文(箕弼) 挽柳君佐(漢奎) 挽金丈敬立(禮遠二首) 挽族兄士允(錠)丁酉七月二十三日雨後 挽金汝伯 次金泗川(正燁)迎本倅韻 次黃公執悠然亭上追慕詩 戊戌元日 立春 賛再從叔蛟西公(玨) 海菴會話 次趙國老(燾民)甲韻 挽金同知丈(大遠) 挽金乃升(熙) 挽盧茂卿(榮燾) 挽高義卿(濟善) 暮秋偶吟 挽從兄士玄(銀) 詠懷 和拙軒 謹次光霽亭板上韻 和拙軒至後詩 睡鶴元韻 庚子立春 庚子人日 挽柳學源(道淵) 代挽丁叅議(昌爽) 連尾詩(三首) 回頭詩(上下韻) 回頭詩(上下對) 藏頭詩 詠花 與雲坡漫吟 與雲坡遺懷 南山夕烽 長安大雪 漢舘旅夜 碁 紙鳶 雲城寓居雪夜偶吟 書樓養鷄 挽金丈聖章 次禹老人蟻窩韻 代挽戚兄李龍銓 代挽琴樂窩盧丈聖楫(光沙) 贈別韓梅史(圭七) 贈鏡湖趙菊史 與諸名勝遊遊仙巖 重陽翌日與拙軒菊史聯吟 松里寓居時雲城衙中留吟 代挽韓梅史(圭七) 借詠林成洞雅會韻 代金公挽金叅奉穆汝 借挽朴乃範(箕鉉) 三月三日海庵雅會(二首) 復宿海庵 鴻谷會話 和梁友 代輓李上舍致鵬 輓李上舍涑宇 鰲驛吟(二首) 三月五日訪斗峀李進士不遇 和鄭察訪(元時)韻 與鄭察訪朮和(三首下一首回頭詩)

卷三

詩: 七言排律: 寒食東風御柳斜 五月江深草閣寒 題缺 亭西新秋(雲坡洪宜燮義伯共拔三十五韻) 七夕聯句 端正月聯句

七言聯句: 凌寒閣重陽聯句(安使君膺壽席上共會長老名勝三十五人) 重陽翌日聯句 登山聯句(拔三十韻與吳炳鏶李鍾鳳一觴一詠) 杏齋聯句(槐陰吳炳鏶永遯金秉瑚〈玉果〉睡鶴許鍱拙軒李鍾鳳陶隱許涉愚湖金尚秀〈月浪〉杏圃許淑) 清和節米山會話聯句

卷四

策: 壬戌擬策

書: 與奇蘆沙(正鎭大家親作) 答奇蘆沙(大家親作) 與奇蘆沙(大家親作) 答奇蘆沙(大家親作) 與奇蘆沙(大家親作) 與奇蘆沙(大家親作) 與奇蘆沙(大家親作) 與奇蘆沙(大家親作) 與奇晩衍與奇蘆沙(大舍伯作) 與奇上舍鳳鎭(大家親作) 與奇上舍(大家親作) 與奇上舍 答牙山族坐淳卿(濮) 與順天宗中 與金浩叔(弘述) 答安甫冏(宗泰) 與眉川僉會所(眉叟先生藏板閣在羅州眉川癸巳年重修故往復) 答芝齋僉會所(靜庵先生文集刊所在綾州三芝齋乙未春分帙故以書修答) 與松江亭刊所(鄭松江先生文集重刊時差送以訂訛有司之名故往復) 答地府尹侯(秉寬) 與丁都事國卿(說相) 答丁都事 與宗人玉圃(瑞) 與朴慶山 與金監役(正燁) 與金泗川(正燁) 答金泗川 與金縣監 答金縣監 與朴進士(奎文) 與李敬心(承宇) 與安上舍(重燮) 與李承旨信汝(友會) 與尹主政泰卿 與申南沙德三(兌永) 與吳珍山(榮錫) 上巳日與釜洞諸友 上巳日遇雨罷約與諸友 與逸臺靈瑞兄 與女壻任景行(百善) 答女壻任景行 答李拙軒(鍾鳳) 書行軍所 與林琴史 與元上人 與李致文(東雨) 與趙菊史(炳湜) 與姜雲峰 與任監役(喆常) 答任監役 與任監役 答任監役 降仙亭會筵謝未叅 吳氏焚黃時戲贈仁伯 與金溪山(敬熙) 答金溪山 答金溪山 答金溪山 與梁正言(善謨)別告(此則易簀時遺墨午時良親筆

製寫戌時初下世) 答釜洞 答逸臺楊靈瑞 與逸臺 與鄭察訪(元時) 與鄭察訪 答鄭察訪 與(姓名未詳) 與金同知(大遠) 答金同知 與女婿金允七(秉植) 與女婿金允七 與女婿金允七

卷五

序: 陽川許氏派譜序 代金海許氏派譜序 宗案新增序 宋里社契序 東律序 舍人洞十二景序

記: 溪山亭小記 代行源堂記 石谷記 蟻窩記 東山草堂拙軒記畧 詠林圖記 懶軒記 代雞君祠堂重修記

跋: 敦誼九成契小跋

上樑文: 明倫堂重建上樑文 龍湖祠講堂上樑文 正寢新建上樑文

祭文: 先祖妣崔氏墓祭文 祭伯兄文 祭仲兄文 代祭季父烟浦公文 告亡室丁氏文 禱聖山文 祭竈王文 祈除牛疫文 祈雨祭文(丁酉六月五日)

墓表: 先府君周軒公墓表

雜著: 以用材說問策于吳士元 題海月菴壁上 代金灘局謝趙史家 與人問答 捕兩頭蛇說 立春詞(一聯春字三八) 讀孟子至求放心章感爲靈臺問答 題小癡夢緣實錄 遊觀山海錄(書頭數行疑有脫落) 李侯(容準)願留狀 芭蕉說 天帝奉命將軍逐鬼文 雲城寓所贈二友說 錄先府君周軒記 李侯容準願留通文 士人金光義妻薛氏烈行通文 聖塘漕倉仍舊通文

卷六

附錄

行錄(序論 第一章家世及幼少時事 第二章講學及擧業 第三章志操與雅量〈與上章参看〉 第四章孝友慈愛與齊家 第五章交遊與接人〈姻戚之碩德皆不入錄〉 第六章經濟義理 第七章容貌威儀 第八章晚暮時代 第九章子孫錄 第十章結論)(許業) 家狀(許榦) 行狀(奇宰) 墓碣銘(奇宇萬) 書睡鶴集後(金教成)

卷七

附錄

祭文(李鍾鳳 安秉和等 李在淳 許幹)

輓章(許珏 李會善 丁尚圭 李承宇 李元泓 李昌會 李泰宇 韓容駿 洪宜燮 金教鍠 金教成 崔炳亮 吳榮錫 李涃宇 李鍾鳳 韓圭泰 韓圭燁 申兌永 許泳 李斗儀 金正涍 金正淑 金碩在 金性秀 金仁基 金教鍊 金教燮 金教瑀 崔炳在 李廷浩 金濩基 金俸基 安思章 金思國 盧東壽 金教式 金在經 沈鎭哲 鄭載鎬 鄭昌錫 李樫儀 鄭昌燮 鄭昌元 吳憲泳 吳時永 韓容周 韓圭瑞 鄭昌龜 鄭圭錫 沈啟淳 河鎭斗 李瓚溶 張基澈 楊相一 金教德 韓秉洙 安貞麟 高鐵柱 洪鍾澤 卜順錫 洪在玉 韓永錫 韓光鎬 韓容肅 河鍾禹 黃乃淵 金濟連 韓敬錫 柳其淵 朴準龍 韓肯錫 金騏述 朴碩鎭 張奎鎭 盧栢壽 盧秉壽 張榮鎭 韓學教 林南洙 金思憲 韓泓錫 李涑儀 陳泰淵 李起甲 李秉周 李潤儀 李昇儀 河元淳 柳道馹 韓禹鉉 丁大錫 李灃鎬 金泳述 丁五鍾 許極 許根 金教臣 朴海龍 朴周鉉 李圭現 李康柱 鄭寅龜 李鴻儀 尹永懋 洪在奎 全厚宅 許鎭 安宗海 張喆淳 安泰燮 安英燮 安秉和 金教元 金喆熙 金在廷 金卓熙 郭正奎 金洛鎭 金鍾述 李學容 李漢龍 李元亮 李元燮 李東鎬 權晉奎 申弼秀 張豊奎 崔鴻烈 黃璨 姜植馨 李在玉 李仁宇 金鍾默 金正鉉 崔遇昇 房煥馴 房容圭 黃瑩 金濟德 李鍾元 黃埴 黃龍顯 許杓)

述懷三絶仰呈于睡鶴公靈筵(河在九 房煥昌 安重燮 趙泳萬 崔成九 趙炳寔 李起晦 崔炳斗 金正燁 權鳳鎭)

『수헌집(睡軒集)』

1. 저자 소개

기경연(奇慶衍, 1848~1924)의 자는 수지(受之)이고 호는 수헌(睡軒)이며 본관은 행주(幸州)이다. 행주 기씨의 선조는 고려 시대에 평장사를 지낸 기순우(奇純祐)이고, 조선 시대 초기의 저명 인물은 기건(奇虔)이다. 그는 세종·문종 시기에 판중추에 올랐고, 시호는 정무(貞武)이다. 기건의 손자 기찬(奇襸)의 다섯 아들 가운데 둘째인 기원(奇遠)이 기묘사화로 인해 호남으로 은거하면서 장성(長城)에 세거하게 되었다. 기대승(奇大升)을 낳았던 기진(奇進)은 기찬의 넷째 아들이었고, 기묘명현인 기준(奇遵)은 다섯째로 막내였다. 기경연의 가계는 기원으로부터 기대이(奇大頤), 기효상(奇孝祥), 기유헌(奇猷獻)으로 이어졌다. 기유헌은 후사가 없었기에 사촌인 기민헌(奇民獻)의 아들인 기계선(奇繼善)을 후사로 삼아 기탁(奇濯)에 이르렀는데, 그가 바로 기경연의 5대조였다.

고조는 기성시(奇聖時)인데 사촌 형인 기성필(奇聖弼)의 아들 기태응(奇泰應)을 후사로 삼았다. 할아버지는 기영곤(奇永坤)이고, 아버지는 기일진(奇一鎭), 어머니는 영광 정씨(靈光丁氏)로서 정덕화(丁德和)의 따님이었다. 행주 기씨의 항렬로 계산해보면 13세에 해당하는 기원(奇遠)의 세 아들 가운데 둘째인 기대유(奇大有)의 가계에서 24세에 해당하는 기정진이 태어났고, 셋째인 기대이(奇大頤)의 가계에서 25세에 해당하는 기경연이 태어났다. 따라서 기경연은 기정진의 23촌 조카에 해당한다.

기경연은 1848년 3월 16일 장성 율리(栗里)의 자택에서 태어났다. 두 살 때 아버지가 세상을 떠났고 일곱 살에 학숙에 들어가 공부하기 시작했다. 그는 22세(1869)에 기정진의 문하에 들어가 기우만과 함께 같은 방에서 지내면서 성리학을 익혔다. 3년 뒤인 임신년(1872)에 어머니인 영광 정씨가 세상을 떠났다. 30세가 되었을 때인 대략 1877년 무렵 그는 자신의 호를 '수헌(睡軒)'이라고 짓고 그 의미를 다음과 같이 서술했다.

> 사람들이 '잠잔다[睡]'라고 하는 것은 잠이 와서 잠을 자는 것이다. 그러나 내가 '잠잔다'라고 하는 것은 잠이 오지 않아도 잠을 자는 것이다. 나를 아는 것은 잠이요, 잠을 아는 것은 나이다. 내 나이 30에 세도(世道)가 날마다 변해서 날마다 보고 싶지 않은 것을 보게 되었고, 날마다 듣고 싶지 않은 것을 듣게 되었다. 눈을 감지 않는다면 틀림없이 보게 되고, 귀를 닫지 않는다면 틀림없이 듣게 될 것이다. 하물며 지금 보고 듣는 것이 더욱 옛날과 다르니 더 말할 나위가 있겠는가? 잠이여! 잠이여! 실로 나를 저버리지 않았구나.[88]

이 무렵 즈음 이미 기경연은 세상에서 벼슬할 생각을 버렸고, 세도를 근심하면서 이기심성의 논의를 잠심 탐구하기로 마음을 먹었다. 이 때문에 나중에 기정진이 세상을 떠나자 그는 강학을 통해 후학들을 양성했는데, 이로 인해 『수헌집』 권7 「부록」에 실린 「수헌선생문인록(睡軒先生門人錄)」에는 울산 김씨 김요선(金堯璿)을 비롯한 94명의 명단이 이름, 자, 본관, 간략한 가계와 함께 실려 있다. 또한 1902년 무렵 외필논쟁이 본격적으로 발생했을 때, 그는 「외필」을 비난하는 이들에게 조목

88 奇慶衍, 『睡軒集』 권3(한국역대문집총서 vol.2769), 「睡軒自序」, 134쪽.

별로 변론을 써서 대응할 수도 있었다. 그러나 그 자신이 “왕년에 영남과 호남에서 효상(爻象)이 있었을 때, 분연히 붓을 들었지만 나중에 불태워버렸다”[89]라고 술회한 것에 따르면 이 원고들은 그 자신의 손에 의해 불태워졌고, 대신에 그는 「외필」이 문제 삼았던 ‘기자이 비유사지’라는 이이(李珥)의 진술을 어떻게 이해해야 할 것인지를 「사의(私議)」라는 짤막한 글을 통해 보여주었다. 이 글은 두 가지 점에서 다른 사람들의 논의와 색다른 모습을 보여주었다. 첫째 다른 논변들이 주희 - 이이 - 기정진의 이기론적 연속성을 주장하는 것과 달리 기정진의 이기론을 ‘리가 기를 그렇게 시킨다[理使氣]’라는 것으로 요약하고 이것을 『주역』 「계사 상」 5장 및 『주자어류』 권74에 실린 주희의 말과 연결시켜, 공자 - 주희 - 기정진의 이론적 연속성을 주장하고 있다. 그 다음 이이의 ‘기자이 비유사지’가 이러한 계보에 담긴 일관성과 어긋난다는 점을 지적함으로써 이 구절이 이이의 발언이 아니거나, 기록자의 오기일 가능성을 제기하고 있다. 기경연에 의하면 이 구절을 ‘기틀이 저절로 그런 것이 아니라 그렇게 시키는 것이 있다[非機自爾, 其有使之.]’[90]라고 수정해야 나머지 세 사람의 이기론과 일관된다는 것이다.

1910년 경술국치를 당한 이후 기경연은 고향에 은거한 채로 계속 후학을 양성하면서, 나라를 잃은 울분을 벗들과의 서신을 통해서 토로하거나, 시를 지어 소회를 표현하는 등으로 노년을 보냈다. 그러나 그러한 와중에도 자문자답(自問自答)의 형태로 지은 「치란책(治亂策)」과 같은 저술을 통해 사회와 국가의 현실을 잊지 않는 모습을 보여주었다.

그는 1924년 4월 12일 86세의 나이로 세상을 떠났다. 부인은 파평 윤씨(坡平尹氏)로 윤상찬(尹相纘)의 따님이었고, 후배(後配)는 영성 정씨(靈

89 “往年嶺湖之有爻象也, 奮然抽筆, 後來付丙矣.” 기경연, 『수헌집』 권4, 「私議」, 194쪽.

90 같은 책, 같은 글, 196쪽.

城丁氏)로 정기로(丁基老)의 따님이었다. 파평 윤씨와의 사이에 기우홍(奇宇洪)을 비롯한 일남일녀를 두었고, 영성 정씨와의 사이에서는 일남을 두었는데, 이름은 기우덕(奇宇德)이다.

2. 문집 구성과 내용

기경연의 문집인 『수헌집(睡軒集)』은 7권 상·하 2책으로 그의 사후에 사라지고 남은 글을 모아 1974년 대전에서 석판본(石版本)으로 편찬되었다. 4주쌍변(四周雙邊), 반곽(半郭) 22.0×14.4cm, 유계(有界), 12행24자, 주는 단행(單行), 상하향(上下向) 2엽화문어미(二葉花紋魚尾)에 크기는 29.1×18.8cm이다. 「서문」은 홍석희(洪錫憙)가, 「발문」은 손자인 기홍도(奇鴻度)가 각각 썼다. 전남대 도서관 및 국립중앙 도서관, 한국학중앙연구원 도서관 등에 소장되어 있고, 영인본으로는 경인문화사에서 역대한국문집총서 vol.2769로 출판되었다.

권1은 시(詩)로서 모두 40편으로 이루어졌다. 오언절구는 친구인 김중직(金仲直)에 주는 「벗인 김경선에게 주다[奉贈金友敬善]」를 비롯한 4편이, 오언율시는 조카인 기우만 및 정재규·정의림과 주고받은 「족질인 송사·정애산·정일신과 사문에서 서로 주고 받다[與族姪松沙鄭艾山鄭日新在師門相和]」 한 편이 실려 있다. 칠언절구로는 「사물에 느낌이 있어 읊조림[感物吟]」을 비롯한 13편이 실려 있고, 칠언율시는 제일 많은 분량을 차지하는데 손자 항렬에 해당하는 기백도(奇柏度)의 시를 차운해서 지은 「족손 백도의 한재시를 차운하다[次族孫柏度寒齋韻]」를 비롯한 22편이 실려 있다. 마지막으로 오언고시는 기정진의 만시인 「만노사선생[輓蘆沙先生]」 한 편이 실려 있다.

권2는 서(書)로서 족형(族兄)인 기관연(奇觀衍)에게 보내는 「족형 진사에게 올림[上族兄進士]」을 비롯한 94편이 실려 있다. 1869년부터 10여 년에 걸친 수학 기간이 있었음에도 스승인 기정진에게 보내는 편지가 하나도 없는 것은 같은 집안 사람일뿐만 아니라, 함께 장성에 거주하고 있었기 때문에 편지를 이용할 필요가 없었기 때문으로 추정된다. 그가 '올림[上]'이라는 표현을 쓴 것은 기관연 외에는 찾아볼 수 없다. 기관연, 기우만, 기우승(奇宇承)에게 보내는 편지가 각각 4편씩 실려 있고, 나머지는 대부분 교유하는 벗들과 문인들에게 보내는 것이다. 예외적으로 제일 마지막에 아들인 기우덕의 혼서(婚書)가 실려 있다.

권3은 잡저(雜著)로서, 설(說)·서(序)·기(記)·답문(答問)으로 구성되었다. 설은 친구인 김현(金鉉)의 호인 하옹(荷翁)의 의의를 서술한 「하옹설(荷翁說)」을 비롯한 10편이 실려 있다. 서문[序]에는 광산(光山) 경산리(鯨山里)에서 만들어진 경산학계(鯨山學稧)를 위해 쓴 서문인 「경산학계 서문[鯨山學稧序]」을 비롯한 4편이 실려 있는데, 자신의 호인 수헌(睡軒)의 의미를 서술한 「수헌자서(睡軒自序)」도 포함되어 있다. 기는 송강 정철의 후손으로서 본문에서 '저암 정공(樗庵鄭公)'으로만 부르고 있의 친구의 호 저암(樗庵)의 의미를 서술한 「저암기」와 그의 당(堂)에 붙인 기문인 「매송당기(梅松堂記)」 두 편이 실려 있다. 경의는 「경의답문(經義答問)」 한 편이 실려 있는데, 문인인 기로강(奇老康)·양재수(梁在壽)·기로준(奇老準)·고홍주(高弘柱)·김영채(金永彩)·김세영(金世永)·조병숙(曺秉淑)·이규학(李圭鶴)·이상국(李相國)·고광규(高光奎)·이상한(李相漢) 등의 경서에 대한 질문에 대답하는 글이다.

권4도 잡저로서, 3편의 변론(辯論), 강론(講論), 「사의(私議)」와 자경문[自警] 각 한 편, 그리고 다른 사람에게는 주는 두 편의 글과 「치란책」 이렇게 9편의 글로 구성되었다. 변론은 김성중(金聲中)과 『중용』의 내용을 토론한 「김도사와 변론하다[與金都事辨論]」, 충청 지역에서 온 손님을 만나 주기(主氣)와 주리(主理)를 토론한 「충청의 이씨와 변론하다[與湖中李氏辨論]」, 김성중과 태극(太極)을 토론한 「김하남과 변론하다[與金河南辨論]」이다. 강론은 조병숙에게 성리(性理)를 논한 「조병숙에게 강론하다[與書秉淑講論]」이고, 「사의(私議)」는 이이의 진술인 "기자이 비유사지"와 기정진의 「외필」에 나타난 성리학적 입장에 대한 자신의 견해를 서술한 것이다. 「자경문」은 사마광, 정이, 주희 등의 고사에서 8조목을 인용하고 기록해서 스스로를 경계하는 글이다. 「홍만섭에게 주다[贈洪晩燮]」는 '지사는 곤궁함으로 인해 그 지조를 바꾸지 않는다'는 뜻으로 홍만섭을 격려하는 글이고, 「「유람해」를 정학산에게 주다[遊覽解贈鄭鶴山]」는 정학산에게 유람의 의미를 풀이해 주는 글이다. 「치란책」은 스스로 자문자답하는 형태로 유가적인 경세론을 서술한 것이다.

권5는 제문(祭文)·묘갈명(墓碣銘)·명(銘)·상량문(上樑文)·통문(通文)·축문(祝文)·행장(行狀)으로 이루어졌다. 제문은 기정진·김록휴(金祿休)·기우만·기동준·기우석(奇宇奭)을 위한 5편이 실려 있다. 묘갈명은 김석호(金錫顥)·유경석(柳敬錫)·정동윤(鄭東潤)·이인복(李仁福)을 위한 4편이 실려 있고, 명문으로는 「학정당 명문[學靜堂銘]」 한 편이 실려 있다. 상량문은 남도재(南道齋), 종손(從孫)인 기관도(奇觀度)의 집 안채, 영모재(永慕齋)를 위해 지은 3편이 실려 있고, 통문으로는 태인의 무성서원에 답하는 통문이 한 편 실려 있다. 축문에는 율리사(栗里社)에서 올리는 제사의 축문과 광덕산에서 기우제를 올리면서 쓴 축문 두 편이 실려 있다. 행장에는 할아버지와 할머니의 행록(行錄)인 「선조고행록(先祖考行錄)」과 「선조비행록(先祖妣行錄)」 및 아버지와 어머니의 행장인 「선부군행장(先府君行狀)」과 「선비유인정씨행장(先妣孺人丁氏行狀)」을 비롯해서 할머니의 행장 모두 13편이 실려 있다.

권6은 표(表)·논(論)·의(疑)로 구성되었다. 표에는 의표(擬表) 형식으로 「신하들에게 연회를 베풀어 선비들이 연경을 가려고 다투는 것에 하례하는 표문[擬燕群臣賀士爭趍燕]」을 비롯한 9편이 실려 있다. 논은 백이와 숙제가 주나라의 곡식을 먹지 않은 것이 어째서 의로운 행위였는가를 논한 「의불식주속론(義不食周粟論)」 한 편이 실려 있다. 의는 경서의 내용을 질의하는 것으로 '맹자가 양혜왕에게 "왕께서는 어째서 이로움을 말하십니까? 또한 인의가 있을 뿐입니다"라고 했는데, 사람에게 다섯 가지 성이 있는데 왜 맹자는 인의 두 가지만을 말한 것인가?'라는 질문을 논한 것과, '공자가 태산을 올라서 천하를 작다고 했는데, 태산이 정말로 높고, 천하는 정말로 작은 것인가?'라는 질문을 논한 두 편이 있다.

권7은 부록(附錄)으로서 기우만, 정재규, 정의림, 기동준이 기경연에게 준 글들이 6편 실려 있고, 이진형(李鎭炯)·이전우(李銓雨)·기영명(奇靈命)이 지은 기경연의 제문이 3편 실려 있다. 또한 기홍도가 지은 「가장(家狀)」, 홍석희가 지은 「수헌선생 기공 묘갈명(睡軒先生奇公墓碣銘)」, 기영항(奇永桓)이 지은 「수헌선생 묘표(睡軒先生墓表)」 및 기로장이 지은 「수헌 기선생 행장」이 실려 있다. 마지막으로 「수헌선생 문인록(睡軒先生 門人錄)」에 94명의 문인 명단이 실려 있고, 기홍도의 「『수헌집』 발문(睡軒集跋)」이 실려 있다.

3. 문집 목차

睡軒集序(洪錫熹)

卷一

五言絶句: 奉贈金友敬善 贈別宋平齋 送鄭鶴山歸鄕 寄族弟進士

五言律詩: 與族姪松沙鄭艾山鄭日新在師門相和

七言絶句: 感物吟 歎世 和三山齋九曲韻 偶吟 贈崔雲齋 松 蠅 閒吟 買冠 出處 明德 贈金友敬善 次慶州李氏池亭韻

七言律詩: 次族孫柏度寒齋韻 聞孔氏作泗山齋移安夫子遺像有感 賀鄭樗菴回甲 次鄭俊源梅溪吟 與梅溪及寒齋從相和 與李繡衣李承旨 次李熙容雙石書室韻 次節翁韻 次咸陽朴氏追惟齋韻 慶州李氏陶山齋

落成宴謹次遯菴先生原韻 東吾齋韻 從李氏登陶山齋 與育英齋諸友賀李夢巖晬宴 次時隱韻 谷城映波亭 次鄭敬菴韻 與李熙采 次宋後海次竹坡韻 次李相鳳慈親回甲韻 次陽巖齋韻 次申雅鉉大韻

五言古詩: 輓蘆沙先生

卷二

書: 上族兄進士 答族兄進士(二篇) 上族兄進士 答族叔 答族弟 與族姪叅奉(四篇) 與族姪(四篇) 與金参奉 答金参奉 答金都事(二篇) 與尹景愚 與尹氏門中 與安進士 答金進士 答宋後海(二篇) 答李俊卿答李圭聃 與李圭聃 與朴晦卿(三篇) 與李夢巖 答李愚齋 與李致咸 答李進士 答族孫松友(二篇) 與金而宗 答金而宗 答金大洙 答金昌奎(二篇) 與金(用中) 答黃應遠(二篇) 答高弘柱 答金(堯鵬) 與邊(東信) 與金(德文) 答金(文贇) 與林小草 答鄭(燦權) 與金衡玉 答金衡玉(二篇) 答金純衡 答金贇輔(二篇) 與金贇輔 答金斗七 答金義中(三篇) 與金参奉 答黃魯烋(二篇) 與黃魯烋 與孔道熺 答金學心 答金光國(二篇) 答鄭元實 答鄭敏五 答李相洙 答李德敏 答金伯卿 答李子擧 答曺秉淑(三篇) 與曺秉淑(三篇) 答曺秉淑(三篇) 答李錫允 答玉監察 答李順洪 答鄭炯基 答李(益瑞) 答孔(名不知) 答朴(麟德) 與李致悅 與文德隱 次兒宇德昏書

卷三

雜著

說: 荷翁說 鄭梅溪觧夢說 農湖說 後海說 福川說 愚軒說 節翁說志齋說 醉隱說 菊隱說

序: 鯨山學稧序 遯齋鄭先生文集重刋序 睡軒自序 答李銓雨別章序

記: 樗庵記 梅松堂記

答問: 經義答問

卷四

雜著: 與金都事辨論 與湖中李氏辨論 與金河南辨論 與曺秉淑講論 私議 自警 贈洪晩燮 遊覽觧贈鄭鶴山 治亂策

卷五

祭文: 祭蘆沙先生文 祭莘湖金公文 祭族姪松沙文 祭族弟春潭文 祭亡姪文

墓碣銘: 學生金公墓碣銘 養性堂柳公墓碣銘 學靜堂銘 三斗齋鄭公墓碣銘 牧使李公墓碣銘

稼軒曺公墓碣銘

上樑文: 道南齋上樑文 從孫燕寢上樑文 永慕齋上樑文 泰仁武城書院答通文

祝文: 栗里杜祝文 廣德山析雨祭祝文

行狀: 先祖考行錄 先祖妣行錄 先府君行狀 先妣孺人丁氏行狀 前室尹氏行狀 後室丁氏行狀 烈婦李氏行狀 警齋金公行狀 清山居士朴松行狀 孝婦呂氏行狀 三斗齋鄭公行狀 學訥齋鄭公行狀 敬窩處士申公行狀

卷六

表: 擬燕群臣賀士爭趍燕 擬周群臣賀文王孫子本支百世 擬漢群臣賀張良吹簫散楚兵 擬漢群臣賀詔却千里馬 擬漢有司請蚤建太子 漢長安世以為父子封侯在位太盛乃辭祿 唐張公藝進百忍字 皇帝陛下 漢老人等謝於歲首使人存問賜來肉帛絮 漢疏廣乞骸骨歸

論: 義不食周粟論

疑: 問孟子曰王何必曰利亦有仁義而已矣人有五性而獨擧仁義何歟 問孔子登泰山而小天下泰山高歟天下小歟

卷七 附錄

酬睡軒翁見贈(奇宇萬) 酬睡軒翁見贈(鄭載圭) 酬睡軒翁見贈(鄭義林) 族兄睡軒丈先覺於詩術示八絶儘是覺後覺之盛意而其於鎖聾詩竇終然不覺何謹貢充耳愚言仰資噴(奇東準) 贈別睡軒族叔(奇宇萬) 族叔字受之說(奇宇萬) 祭睡軒奇先生文(李鎭炯) 祭睡軒奇先生文(李銓雨) 祭睡軒先生文(奇靈命) 家狀(奇鴻度) 睡軒先生奇公墓碣銘(洪錫熹) 睡軒先生墓表(奇永桓) 睡軒奇先生行狀(奇老章)

睡軒先生門人錄

睡軒集跋(奇鴻度)

『시암집(是庵集)』

1. 저자 소개

이직현(李直鉉, 1850~1928)의 자는 필서(弼瑞)이고 호는 시암(是庵)이며 본관은 강양(江陽: 합천)이다. 강양 이씨, 즉 합천 이씨는 경주(慶州) 이씨에서 나뉘어진 성씨로서 그들의 공통 선조는 신라 시대의 좌명공신 표암공 이알평(李謁平)이다. 합천 이씨의 시조가 되는 이는 신라말에 상서령(尙書令)을 지낸 이개(李開)였는데, 그는 고려에 종사하지 않으려고 합천으로 거주지를 옮겼고 이로 인해 합천을 본관으로 사용하게 되었다고 한다.[91]

이직현의 6대조인 이지영(李之英, 1680~1756)[92]은 이인좌(李麟佐)의 난(1728)에 창의해서 공은 세운 인물로 알려졌다.[93] 그는 1남 3녀를 두

---

91 "其系始出慶州, 有尙書令開, 當羅季, 罔僕於麗, 避徙江陽, 而仍貫焉." 宋秉璿, 『淵齋集』 권40(표점영인 한국문집총간 vol.330), 「進士 贈參議李公(東喬)墓表」, 273쪽.

92 자는 군실(君實), 호는 원곡(源谷)이다. 그의 「묘갈명」은 기우만이 지었다. 기우만, 『송사집』 권29(표점영인 한국문집총간 vol.346), 「源谷李公墓碣銘」, 84~85쪽 참조.

93 합천 이씨들 가운데 이인좌의 난에 공을 세운 이들이 다수 있는데, 『합천이씨대동보문헌록』에 실린 「공신」 항목을 살펴보면 두 가지 표현을 통해 구별하고 있는 것을 알 수 있다. 하나는 이지영(李之永)의 기록처럼 "양무원종공신에 기록되었다[錄揚武原從功臣]"라는 표현이고 다른 하나는 이태경(李台卿)의 경우처럼 "양무원종공신 1등에 녹훈되었다[錄揚武原從勳一等]"라는 표현이다. 1728년 간행된 『양무원종공신녹권(揚武原從功臣錄券)』에는 후자의 인물들은 이름이

었는데, 외아들인 이동교(李東喬, 1712~1767)는 이직현의 5대조로서 1741년 진사시에 급제했고, 이재(李縡, 1680~1746)와 윤봉구(尹鳳九, 1683~1767)의 문인이었다.[94] 이재는 김창협의 문인이고 윤봉구는 권상하 문하의 강문팔학사 가운데 한 사람이라는 것을 고려하면, 이직현은 대체적으로 영남지역 노론 가문의 일원이라는 점을 알 수 있다. 이직현의 가계는 이동교를 이어서 이호(李浩) - 이달근(李達根) - 이방희(李邦熙)를 거쳐 아버지인 요와(樂窩) 이규문(李奎文, 1806~1866)에 이른다.

이규문은 어유효(魚有孝)의 따님인 함종 어씨(咸從魚氏)와 1녀를 낳았고, 안석능(安碩能)의 따님인 강진 안씨(康津安氏)와 4남 1녀를 낳았는데, 이직현은 강진 안씨가 낳은 4남 가운데 막내였다. 4형제 가운데 첫째는 이태현(李泰鉉, 1838~1904)이고[95], 둘째는 이우현(李禹鉉, 1841~1911)이다.[96] 셋째인 이정현(李廷鉉, 1845~1894)은 출계해서 종숙(從叔) 이규인(李奎仁)의 후사가 되었다.[97] 이직현은 철종 1년(1850) 2월 12일 경상도 초계군(草溪郡) 양동면(良洞面) 상대촌(上臺村: 경상남도 합천군 초계면(草溪面) 무릉(武陵)에서 태어나, 1928년 세상을 떠났다.

그의 부인은 광주 노씨(光州盧氏)로서 고금당(古今堂) 노덕규(盧德奎, 1803~1869)의 둘째 따님이다. 1849년 8월 3일에 태어나 1912년 5월

수록되어 있지만, 전자의 인물들의 이름은 없다. 즉, 전자는 당시에 이인좌의 난에 공을 세운 것으로 인정을 받았지만 녹권에는 이름이 오르지 않은 인물들을 묘사하는 것이다. 陜川李氏大宗花樹會 編, 『陜川李氏大同譜文獻錄』(中洞書院, 2008), 181~191쪽 참조.

94 "公嘗遊於李陶菴·尹屛溪兩先生門, 得蒙奬許, 斯可以不朽." 宋秉璿, 『淵齋集』 권40(표점영인 한국문집총간 vol.330), 「進士贈參議李公墓表」, 273쪽.

95 『시암집』 권16, 「伯兄春灘公墓誌銘」, 25후면~27후면 참조.

96 『시암집』 권16, 「仲兄退愚公墓誌銘」, 30전~31후면 참조.

97 『시암집』 권15, 「祭叔兄秋灘公文」, 7전~10전면·권20, 「先妣贈貞夫人康津安氏行錄」, 15전면 참조.

24일에 세상을 떠났다. 노씨와의 사이에는 딸이 하나 있었지만, 일찍 세상을 떠나고 다른 자식이 없었기에 이직현은 큰 형인 이태현의 둘째 이원칠(李源七)을 후사로 삼았다. 그러나 이원칠 또한 아들이 없었기 때문에 셋째 형인 이정현의 손자 이정상(李靖相)을 후사로 삼았다.[98]

그는 1876년 4월 장성 진안의 기정진을 찾아가서 집지의 예를 행하고, 스승으로 모셨다. 이 때 그의 나이는 27세였고, 기정진의 나이는 79세였다. 따라서 그는 기정진의 직전제자들 가운데 가장 늦은 시기에 문인이 된 셈이었다.[99] 이직현이 기정진을 직접 만난 것은 이달 12일부터 14일까지의 2박3일 뿐이었다.[100]

3년 뒤인 1879년 기정진은 세상을 떠났고 이직현은 고향에서 강학 활동에 종사했다. 『노사선생연원록』(1961)만을 토대로 헤아려보아도 그가 배출한 노사학파의 재전문인들은 초계와 합천 지역을 중심으로 모두 52명에 이른다.[101] 김봉곤은 그의 강학 활동을 이렇게 요약했다.

> 이직현은 기정진이 죽기 3년 전 배알하여 제자가 된 인물로서 가장 늦게 강학활동에 참여하게 되었다. 그의 문인들을 주로 초계와 합천 일대에 걸쳐 있는데, 1880년대 후반 무렵부터 1890년대 후반 무렵에 태어난 인물이 대부분이기 때문에 대체로 1910년대 무렵에 이직현의

98 "以伯公子源七爲嗣, 源七又無男, 以叔公孫靖相繼之." 金寗漢, 『及愚齋集』 권18, 「日中處士李公墓碣銘」, 32전면.

99 현재까지 알려져 있는 자료에 의하면 경상지역 제자군에 한정한다면 이직현의 기정진의 가장 마지막 제자일 것으로 추정된다.

100 이 여정은 뒤에서 자세히 살펴볼 「호행일기(湖行日記)」에 담겨 있다.

101 김봉곤, 「蘆沙學派의 形成과 活動」(한국학 중앙연구원 박사학위논문, 2007), 144쪽 〈3~11〉 참조.

문인집단이 형성된 것으로 보인다.[102]

이런 강학 활동과 함께 그는 1902년 4월 산청의 신안정사에서 『노사집』이 세 번째로 간행된 시기를 즈음해서 「외필」을 둘러싼 논쟁이 발생했을 때 이와 연관된 세 편의 글을 썼다. 하나는 1903년 「상송연재선생(上宋淵齋先生)」이고[103], 이와 비슷한 시기에 쓰인 것으로 추정되는 「식당론시제동지(息黨論示諸同志)」[104]이며, 다른 하나는 전우의 「회필후변」이 나타난 직후인 1904~05년 즈음에 쓴 것으로 추정되는 「술외(述猥)」이다.[105]

1910년 경술국치를 통해 조선이 일본의 식민지배에 놓이게 되자 이직현은 전통적인 성리학자로서 단순히 강학에만 종사하는 것이 아닌 항일우국지사로서의 모습을 보여주기 시작했다. 그는 1910년 은사금을 통해 유학자들을 회유하려는 일제의 시도에 저항했던 자신의 행적을 글로 남겼다.[106] 일제의 묘적법(墓籍法)을 반대하는 글을 남겼으며,[107] 1914년에는 총독 데라우치 마사다케(寺內正毅)에게 두 차례의 글을 보내 성균관을 경학원으로 강등시키고, 조선부동산 등기령을 통해 성균관의 토지와 임야를 비롯한 재산을 몰수한 것을 비판했다.[108] 나아가 1918년에는 데라우치의 뒤를 이어 두 번째 조선총독에 부임한 하게가와 요시미치(長谷川好道)에게도 만동묘의 향사를 폐지하는 것에 항의하

102 김봉곤, 146쪽 참조. 인용문에서 굵은 글씨체로 '3년'이라고 한 것은 원문의 '2년'을 필자가 수정한 것이다.

103 『시암집』 권2, 「上宋淵齋先生」, 5전~7전면 참조.

104 『시암집』 권10, 「息黨論示諸同志」, 7전~8전면 참조.

105 『시암집』 권10, 「述猥」, 1전~6전면 참조.

106 『시암집』 권10, 「却金顚末」, 13후~19전면 참조.

107 같은 책, 「墓籍法從不從論」, 20후~21전면 참조.

108 위의 책, 「抵日使寺內正毅」, 19후~20전면 참조.

는 서신을 보냈다.[109] 특히 이 글들은 일종의 공개서한이었는데, 조선 총독을 "일본 왕이 조선에 파견한 사신"으로 여겨 '일사(日使)'라고 부르는 등 적대감을 숨기지 않았다.[110] 구본욱은 이러한 독립 운동가로서의 이직현의 행적을 이렇게 요약했다.

> 1905년(을사)에 늑약이 체결되자 오적을 척결할 것을 전국의 유림에게 선포하였으며, 1910년(경술) 7월 그의 나이 61세에 국치를 당하자 비분강개하여 통곡을 하였으며, 그해 11월에 일제가 그를 회유하기 위하여 내린 은사금을 물리쳤을 뿐만 아니라, 일중처사로 자처하며 79세로 서거할 때까지 일제에 철저히 항거를 한 독립우국지사였다."[111]

구체적으로 구본욱은 1919년 합천 초계 지역의 3.1 독립 운동과 대동단 만세 운동 및 의친왕 이하 33인의 선언서, 만동묘 종사 통문 등을 통해 보다 세부적인 항일 행적을 조망하고 있다. 즉 "합천 초계 출신의 거유로서 70세의 노구에도 불구하고 초계지역의 3.1 만세 운동을 실행할 수 있게 하였을 뿐만 아니라 지방의 차원을 넘어서 비밀리에 조직된 대동단에 가입하여 상행의 임시정부와 교통을 하려고 하였다 … 또한 서울에서 이루어진 제2의 독립선언을 통하여 조국대한의 독립을 위하야 일제에 항거한 불굴의 항일유학자라는 것을 알 수 있다."[112]라고 총평하고 있다.[113]

---

109 위의 책, 「抵日使長谷川好道」, 21전~22후면 참조.

110 이민홍, 『시암 이직현 평전』(시암선생추모사업회, 2019), 86쪽 참조.

111 구본욱, 「항일 유학자 시암 이직현의 독립운동에 대하여」, 『조선사연구』 15집, 93~94쪽.

112 같은 책, 같은 글. 103~104쪽.

113 세상을 떠나고 90여 년이 지난 2017년이 되어서야 이직현의 항일활동은 건국

그가 남긴 문집은 그가 세상을 떠난 뒤 문집 간행소(刊行所)가 마련된 일중정(日中亭) 유회소(儒會所)에서 1932～1933년에 걸쳐 간행한 21권 11책의 『시암선생문집(是菴先生文集: 이하 『시암집』)』이 있다.[114] 이 책은 목판본 21권 11책으로 목록(目錄) 1책과 본집(本集) 21권 10책을 합친 것이다. 『시암집』은 21권이나 되는 분량에도 불구하고 이직헌 본인의 전기자료가 실려 있지 않다. 동강(東江) 김녕한(金寗漢, 1878～1950)이 지은 「묘갈명」과 추연(秋淵) 권용현(權龍鉉, 1899～1987)이 지은 「묘표」가 각자의 문집에 실려 있을 뿐이다.[115]

2. 문집 구성과 내용

1932년부터 1933년까지 "시암(是庵) 이선생(李先生) 문집(文集) 간행소(刊行所)"인 "일중정(日中亭) 유회소(儒會所)"에서 유림의 성금으로 시암집(是庵集) 11책(冊)(목록 1책 포함) 21권(卷)을 간행했다. 목판본 21권 11책으로 목록(目錄) 1책, 본집(本集) 21권10책으로 이루어져 있다. 4주단변(四周單邊), 반곽(半郭) 20.1 × 16.6 cm, 10행20자, 주는 쌍행(雙行)이다. 내향(內向) 2엽화문어미(二葉花紋魚尾)로서 책의 크기는 30.3 ×20.7cm 이다.

권1～2에는 「태극음(太極吟)」을 비롯한 402편의 시(詩)가 실려 있다. 권3～8에는 「上蘆沙奇先生問目」을 비롯한 302편의 편지가 실려 있다. 권9～10은 「잡저(雜著)」라는 부제를 달고 있는데, 권9에는 「호행일기」를

포장의 수여라는 형식으로 공식적인 인정을 받게 되었다.

114 현재 『시암선생문집』 21권 11책은 국립중앙도서관에 소장되어 있으며 원문 전체가 pdf파일로 무료로 공개되어 있다. 이하에서 인용하는 『시암집』의 원문은 모두 이를 따른 것이다. 청구기호: 古3648-62-707.

115 金寗漢, 『及愚齋集』 권18, 「日中處士李公墓碣銘」, 30후～32전면·權龍鉉, 『秋淵先生文集』 권30, 「是菴先生李公墓表」, 18후～19후면 참조.

비롯한 27편, 권10에는 「술외(述猥)」를 비롯한 18편의 글이 실려 있다. 권11은 「서(序)」로서 「주자연보중간서(朱子年譜重刊序)」를 포함하는 44편의 서문[序]가 실려 있다. 권12～13은 「기(記)」로서 권12에는 「합천향교중수리기(陜川鄕校修理記)」를 비롯한 57편, 권13에는 「평천재중건기(平泉齋重建記)」를 비롯한 50편의 기문[記]이 실려 있다. 권14에는 「서성담송선생문인록후(書性潭宋先生門人錄後)」를 비한 발문[跋] 13편, 「갑천정명(甲川亭銘)」을 비롯한 명(銘) 7편, 「천직잠(天職箴)」을 비롯한 잠(箴) 3편, 「서화상자경(書畫像自警)」을 비롯한 찬(贊) 5편, 「송경선자사(宋敬善字辭)」를 비롯한 사(辭) 7편, 「평천재중수상량문(平泉齋重修上樑文)」을 비롯한 상량문 20편, 「선조강양군유허입비고문(先祖江陽君遺墟立碑告文)」을 비롯한 축문(祝文) 6편이 실려 있다. 권15는 「제문(祭文)」으로서 「제노사선생문(祭蘆沙先生文)」을 비롯한 33편이 실려 있다. 권16은 「선조강양군유허비명先祖江陽君遺墟碑銘」을 비롯한 비문[碑] 11편, 「첨추안공묘지(僉樞安公墓誌)」를 비롯한 묘지(墓誌) 20편이 실려 있는데, 여기에 실린 글들은 '묘지(墓誌)', '묘지명(墓誌銘)', '광지(壙誌)'라는 제목이 섞여 있다. 권17은 「묘표(墓表)」로서 「선공전서공묘표(先祖典書公墓表)」를 비롯한 46편의 묘표가 실려 있다. 권18～19는 「묘갈명(墓碣銘)」으로서 권18에는 「정와조공묘갈명(靜窩曹公墓碣銘)」을 비롯한 44편이, 권19에는 「지족헌우공묘갈명(知足軒禹公墓碣銘)」을 비롯한 44편이 실려 있다. 권20은 「행장」으로서 「수월당전공행장(水月堂田公行狀)」을 비롯한 17편이 실려 있다. 권21에는 「운암이공행장(雲菴李公行狀)」을 비롯한 7편의 글과 함께 「정암선생변공유사(靜菴先生卞公遺事)」를 비롯한 5편의 유사(遺事)와 「유인정씨전(孺人鄭氏傳)」을 비롯한 13편의 전(傳)이 실려 있다.

3. 문집 목차

卷一

詩: 太極吟 自警四絕 偶題 奉和鄭艾山荷珠詠足一絕申及書中意(二首) 感山谷畫菜之題賦一絕 思歸 挽李致萬 新羅吟 蘆沙先生挽章 四君子吟—林放 四君子吟—漆雕開 四君子吟—顏子 四君子吟—子貢 讀新羅忠烈公朴堤上梁山澄心軒詩辭氣激烈千載之下凜凜不死而畢齋月沙二先生有次韻亦皆悲壯慷慨真可以泣鬼神而淚英雄矣感而次之 爰居詞 黃瀑 題新齋幽居 以蒙名軒詩以志 題南應瑞謹小齋 辭場屋舊雨 晴夜 麥秋 戲題朴景臨畫山 和曹承旨 次朴主簿壽宴韻 春暮碧亭次板上韻 洛濱禊會行飲禮 聽柳笛 擬古 乙未二月十四夜旅宿舜址夢見兩程朱子及蘆翁一夜夢先生誠不偶然起賦一絕 題君子溪 宿武陵橋 紅流洞次孤雲韻 以性譚先生文集鋟枰之役赴文山書與多士用集中掃塵軸韻 流頭小話 自文山書社將移華陽滯雨未發 仲秋月夜飲酒華陽溪上 會巖棲二首 九日同宋鍾溪登孤雲臺 煥章寺秋夜二首 至日次潭翁至日涒灘韻 萬東廟 雲漢閣 華陽九曲-擎天壁 華陽九曲—雲影潭 華陽九曲—泣弓巖 華陽九曲—金沙潭 華陽九曲—瞻星臺 華陽九曲-凌雲臺 華陽九曲—卧龍巖 華陽九曲—鶴巢臺 華陽九曲—巴串 謁尤庵先生祠 上巳和宋鍾溪南雲二首 春夜聽鵑 月下造飲二首 初伏 巖棲齋次明道韻 華陽諸子雨中來作詩會和心字韻示意 酬錦石三首 雨餘覽物 和周居諸友七首 繡囊行 古見菴酬金石貞 和潭雲宋國明伽倻之作和雲山上 送朴竹菴梅史還京 覽海邦地圖 見庵端陽會石瀾至 伽南書屋贈薛夏李生 奉次南洲翁壽韻 次豐湖原韻 梅鶴亭次原韻 挽李希覺堂 搜勝臺次退溪先生韻 某里花葉樓次桐溪先生韻 蟾江舟中次一蠹生韻 韓錄事錨巖 岳陽亭次俞濡溪韻 花開別松沙 次松沙韻贈山隱朴君過孤雲影閣 雙磎石門觀雲筆述 青鶴樓 七佛洞口 佛日瀑 洗耳巖 七佛庵以杏樹壇邊漁父桃花源裏人家分韻得杏字 洞庭 姑蘇城 鳳凰臺 三神洞聯句 和別河晦仲 奉和趙子雲 次宋峻若竹灘韻 次朴丈戒懼堂

韻 到龍溪與廷弼應七夜話 次德友亭韻寄文性天 次枕湖亭韻 次金四樵壽宴韻 偶用杜工部韻 包山齋次韻 次樵李丈回巹韻 蘆沙集成 次石東精舍韻 赤壁舟中和呈勉菴翁 登南氏悠然亭 權氏竹村草堂勉菴翁詩輒和其韻 挽李克章 次鄭景晦壽母生朝詩韻 次盧芳旅二水亭韻 癸卯冬將徙宅于寒泉從孫茁生二歲日來遊戲極多戀結之情得一絕 聞老柏軒道兄寢郎之除敬呈一絕 愼承宣歸來亭次板上韻 新村塾次韻 次贈尹晦山善若 挽月皐趙丈 遊深寂菴歸路憩聽玉臺 和呈雪琴濟卿 次安文粲磊社扁韻 寒泉春思 芍藥詞寄上庠盧竹塢 瞻仰昊天 柏壽 宿山天齋謁四聖遺像 謁南冥先生祠 奉翫遺劒 贈晦南曹景止 紫玉書堂呈溪南丈人 攜諸友登闍崛上頂二首 鳳棲齋與老柏軒農山明湖諸兄夜話 用前韻贈老柏軒 又用前韻贈農山 又用前韻贈明湖 登鳳山畫卦洞 鴨谷精舍贈叮李鳴國族弟繼道 挽安學見 挽文學圃 乙巳十一月二十日西行朱君擎天甫自紫陽而來訪余於寒泉之廬叩其世乃晦菴也構一絕以示意 挽溪南崔丈 舟泊拱珠島 繡谷贈裵致明 登龍山九日齋 戲吟贈扇詩一絕矑別河周 贈崔生致道 古見庵話舊 和呈河晦谷 偶題 過甲乙洞次田見卿壽親詩 挽沈監役 方丈新盧的對玉賦得二十字 方丈樵歌十絕—桑麻川(二首) 方丈樵歌十絕—猿鳥巖 方丈樵歌十絕—分水洞 方丈歌十絕—臥瀑 方丈樵歌十絕—隱屏巖 方丈樵歌十絕—妙合洞 方丈樵歌十絕—靈源洞 方丈樵歌絕—皷樓巖 方丈樵歌十絕—無極洞 與結夏諸生會樓下大樹下 挽鄭文吉 次李舜可丹坡書室雜詠首—濯足 次李舜可丹坡書室雜詠五首—洗心 次李舜可丹坡書室雜詠五首—苟日新 次李舜可丹書室雜詠五首—日日新 次李舜可丹坡書室雜詠五首—又日新 題老柏書舍 挽安敬集 與金重吉遊居洞 挽金敬仰 上元日友人送酒用山中對酌韻謝充之 和二三子言志 悍安致厚 次香湖亭韻 次安著存齋韻 次宋氏南溪齋重建韻 遊雷鶴寺仍抵雲谷陳氏家二首 次月華堂韻寄盧和允 盧君士克示雪梅松竹二吟蓋欲以三第之孤苦節警我勉我也其屬意之厚不可以無謝—雪梅 盧君士克示以雪梅竹二吟蓋欲以三

第之孤苦節警我勉我也其屬意之厚不可以無謝—松竹 挽金藥山 次百花堂韻 挽福見 挽盧性五 歎安義士二首 次景湖齋韻 挽曹二友堂聖朝 哭李義士宿衛金奉學

卷二

詩: 病起 次老柏大兄示同社詩五絕 和呈鄭海山 如在齋秋日海山翁來訪 借蓮竹塢所 悼金景春 溪南齋和贈魯生 同成桂寫貫謙登鳳凰臺 次李白韻 萬芝山觀巖瀑 丹陽齋會話 室人盧氏回甲 近山墓者歲每致膰吟一絕以謝 和呈南旅李聲若五絕 庚戌二月十二日 農山老子六一壽席以其壽余詩韻之 葡萄熟戲以二絕詩律呈竹塢兄 江林齋和盧小訥 挽羅晦英 次韻上仲兄 惜孫權 夕食二椀粥有二首 挽鄭日新季方 權西潭箕允自月田過我山舍 挽姜道明 和洪性浩 挽海史車侍從 次止知軒洪孝友睦信四箴後追感韻寄洪性浩 龍牙齋酬諸益 次小山趙和一叢桂亭韻 鳳淵亭和文士憲 次權子得其先祖日新亭古刻志感韻 挽李鳴國 送鄭聖贊之間島 次石氏三玉齋韻 示同社諸君 有所思 答所思 南敬真次秋江先生彈魯齋詩見示依其韻和 過玉山書院 龜岡祠謁益齋先生真影 謁瓢巖 東京懷 月城 蘿井 崇德殿 昔王陵 崇信殿 鷄林 崇惠殿 西嶽祠 金鰲山 鳳臺洪鍾 柏栗寺 校村崔參午供萵苣萵苣是鄰居蔡老人所饋云而因誦晦菴麥蒽詩要次其韻 達城道中 率禮追報齋初夏與郭氏友敘話 次楊極変小溪扁韻 洪理五幽居同朴坦齋唱酬 河陽曹舜擧臨別贐長詩示意拈生字韻奉和 次洪士彦竹圃韻 偶愛亭用原韻 次悠然亭韻寄南明重 次韻題金鎮五幽居 次吃窩李上庠過川亭韻 次鄭氏鳳陽齋原韻 次李上舍慶五源泉亭韻 次金寧金氏父子孝閭重修韻 次龍門亭韻 次自警齋韻 贈別芮周輔 同西潭夜坐 挽權希仲 鳳淵亭次韻 次六友亭韻 挽盧竹塢二首 次趙景善望楸巖韻 和童言志 鄭晩松毅仲六一筵賀章 挽權君七 曹市南上舍自密州訪余于黌舍臨沆有贈厚眷可謝 次宋若生朝韻 族弟洛瑞兄子源夏族姪信元拒墓籍不屈冷囚累日(二首) 先挽 次

周德彦栗里堂韻 次烈鄭氏旌閭韻 和寄李聲若 贈鮮于永煥 挽洪性浩 夏姪襄親如禮為彼人所拘 安義士重根體魄滯在露其弟恭根營返葬于故土過余道其事書贈二十八字 次崔矢隱幽居韻 秋夜謾吟 獨坐 次洛瑞寒石亭 三夜 次文鳳亭原韻 次田舜道栗山亭韻 酬許素窩李雲翼 用諸生韻 次韻寄題南郭亭 硯成 遊匡廬瀑 次林氏湛樂齋韻 挽鄭農山 次遠慕齋韻 柳希輿釀菊花以詩伴至依韻和之 挽奇松沙 次學稼亭建韻 挽李大溪啟道二首 沈泰元姜仁瑞周致珍見訪 聞夏姪被拘不食情見于辭 暎碧亭次板上韻 南敬真詠六禽見志效嚬以寄—為誰趨利 南敬真詠六禽見志效嚬以寄—亦莫把空 南敬真詠六禽見志嚬以寄—悲悲 南敬真詠六禽見志效嚬以寄—提壺 南敬真詠六禽見志效嚬以寄—兼兼 南敬真詠禽見志效嚬以寄—力作 次吳敬五六十一歲壽韻 次李氏日新亭原韻 喚惺亭講後酬諸友 次具氏花亭韻 次禹氏德陽齋韻 次金氏楸谷齋韻 次三規堂韻 次卞氏誠久祠原韻 次修巖亭韻寄沈孟雷 道亭與限晦堂舜華次板上韻 用冠童韻自警 次贈李子信張仲三二生 戊午元朝二首 次盧兄義三晬辰 枕洛亭次韻 題周氏端川亭 道東祠謁益齋遺像 追和鄭尚若回甲韻 謝柳希輿委貌之贈 挽鄭致潤 權友致賢六一筵有志感詩既達盛速詩不容無和三首 次待僧巖韻寄崔君弼 權公溪先生入中國之日五言一句詩曰通言煩畫地觀樂喜朝天依其韻成一絕題其遺址修帖後 文廟重修次諸章甫韻 春夜用三子韻 戊午秋欲重廟事將艾發華陽行賦得一絕盖文文山衣帶贊之遺意也 皇廟享禮後 挽李連湖 挽周益初 次鄭晦夫壽母詩 次杜谷山堂韻 挽克坡安校理 次圃上韻贈梁允久登詠歸臺 登挹清亭 述松齋 宿姜允中五思齋 全景洽示回甲韻要和忘拙以呈 次韻寄題後潯亭 次二樂齋原韻 新安社和權君五 壁山亭和李致先二首 辛酉正朝 挽李上舍慶五 挽安廷玉 次朴氏烈行褒奬韻 姜士克示二韻求和甚勤病枕倉卒勉副匪報也而投之以木桃 柳生孔直壽其外祖母田氏有詩和韻志感 贈別金乃 次南敬真壽母詩 次成氏興孝堂韻 追挽李乃敬 次尚友齋原韻 寄題金參奉忍堂扁 和別閔君孔郁 次虎

巖韻寄宋善長 次光風臺韻二絕 呈盧和允晬席 次權子庸壽母詩三首 謝金壽亨見訪 士胤臨發詩信筆步和 呈朴安義晬席 河重喜數舍惠然以詩寄志輒拚和 挽鄭大卿 挽朴安義 次玉燈齋韻 金致五以徐臨齋筆真一帖惠我颯爽照人一字直千金慇懃厚意何以報償 次三善閣韻寄車性天 次薑川韻 次古今亭韻寄趙參奉 次金聖和樂樵幽居韻 挽吳致守二首 挽曹華若 次道谷齋韻寄權先卿 次氏雙節閣韻 挽周德潤 挽羅贊謙 次崔氏著存齋韻 次聾默堂韻寄田子尚 玉山齋贈洪性初 日中亭諸君有時相和輒用其韻 自題 奉和徐萬初大予臨別之贈 次禹氏悅樂堂原韻 次松湖扁韻贈李集吉 次鄭文仲壽親韻 酉陽齋次韻寄朴渼江 次曹景老壽宴韻 挽族弟洛瑞 敬真次東坡聚星堂雪詩見寄感領至意示容無謝

卷三

書: 上蘆沙奇先生問目 上蘆沙奇先生 上外舅盧古今堂 別紙 上宋淵齋先生(二篇) 與宋心石 答致範 答盧道應 與崔元則 答鄭厚允 別紙 答鄭厚允 與鄭厚允 答鄭厚允(三篇) 與奇會一(三篇) 答李啟道 答柳喜七 答鄭致潤 答趙季豪 答朴應弼 答金濟卿 答車應元 答羅贊謙 答卞汝溪 答周雲 答柳子三 與鄭周允 答鄭周允 答宋元一 答河般贊 答李慶五 答鄭致學 答李南吉 答張舜華 別紙 答田舜道(二篇) 與李平則 答曹瑞五 答盧益仲(二篇) 答尹章汝 答柳德中 答安玉兼 答全淑 答崔孝仲 答金義範別紙 答安英玉別紙 答權允章 答李汝翼

卷四

書: 答權舜卿 與鄭毅仲 答權箕允 答曹國見 答李應七 答崔敬直 答田利見 答文子輝 答盧震遠 答朴泰淑 答金允謙 答李聲若 與李聲若 答李永洪 答鄭洛中 答李舜九 答曹聖瑞別紙 答鄭士見 答李明君 答趙永五 答權致賢 答李德七 答金鎮五 答李□□別紙 答李聖謙 答盧致祥 與柳乃亨 答柳振玉李禹容 答愼汝賚 答鄭致洪 答李應奎 答洪

性浩 答李德汝 答柳希輿(四篇) 答姜舜益別 答文士憲 答李在祜 答愼文溙 答崔允則 答周致珍 答宋善元善裕善長 答李舜景 答柳善一 答鄭應 答南周瑞 答李煥五 答盧德九別紙 答柳允彦 答崔圭一 答崔純夫 答李敬恕 答權公立 答權周別紙 答鄭道見 答盧和允 答鄭致萬 答李敬直 答楊子根 答朴聖薰 答李漢若大學問目 答沈建七思錄問目 答沈建七 答田斗泳 答車順汝別紙 答金敬可 答金重吉 答羅文極 答南士珩 答具文汝 答河重喜 答李□□別紙 答李應奎 答李汝贊 答金參奉 答宋應三 答李德漸 答柳周應 答金士吉

卷五

書: 答南明重 答李學度警度 答魚壽範別紙 答崔直夫 答金壽亨 答具聖玉問目 答崔正若 與朴事 答李和汝別紙 答宋繼祖 答全文一 答朴景臨 答朴景臨問目 答朴景臨 答李晦夫 答成聲遠 答文甫 答崔敬宰 答卞中見 答卞中見問目 答鄭公直 答姜士克問目 答鄭道源 答沈公玉 答宋善長 答李子剛(二篇) 答成舜重 答李道維 答權敬孝 答周德彦 答梁致道(二篇) 答李舜謙 答芮周輔別 答李敬八 答安文益 答李子強 答閔孔郁(二篇) 答李琪淑 答韓順昌 答文會柄奎鐘爀廷燁 答鄭元答卞子有 答河順道 答河正明 答河正明別紙 答河正明 答金敬八 答權珷輿

卷六

書: 鄭景晦(二篇) 答李尚華 答吳景和 答白洛見小學問目 答李敬三答金聲玉 答金聲玉問目 答文善鳴 答鄭士彦 答翼夫 答金善觀 答林馨國 答許廷賢 答權子正 別紙 答權子正(二篇) 答金乃命 答鄭龜瑞答崔敬別紙 答崔敬恕(二篇) 答南季敬 答林泰翊 答石載明 答周子鳴答金仁可 答尹子文 答李敬直 答性天 答權子庸(二篇) 答鄭文仲 答金子尚 答全慶振 答安時中 答全洪居 答孫應天 答黃泰圭 與佑七敬真

答宋可用 答文而緝徐洪汝 答鄭士仲問目 答李德夫 答李達善論語問目 答李文郁 答李在 答李性哲問目 答鄭達仲 答鄭達仲貞現 答鄭達仲別紙 答周成三 答田子尚 答李文郁 答李文別紙 答權春瑞 答卞敬益 答李瓚鎬別紙 答金而習 答金忠克 答金景春問目

卷七

書: 南敬真(二篇) 答南敬真詩書問目 答南敬真 答南敬真論語問目 答南敬真大學問目 答南敬真 答南敬真問目 答敬真 答南敬真別紙(四篇) 答南敬真服制疑目 答南敬真(四篇) 答柳聖欽別紙 答全鳴重 答卞子獻 答劉乃見(二篇) 答全景弼 答田君敬 答表方圓 答吳和宣 答黃性蘭 答全明天 答全明天問目 答孟吾 答徐正天 答崔子謙 答河洛見 答李子信 答李孝宣問目 答鄭聲淑

卷八

書: 答權文見 答權文書傳問目 答權文見 答曹汝玉 答曹汝玉問目 答鄭周益 答田廷益別紙 答林和若 答李文見 答柳振 答柳雲卿 答鄭聲振 答秋道三 答周亨洛 答李泰重問目 答秋清汝 答崔弼瑗 答金乃文 答趙元 答白子和別紙 上仲兄 與族叔右石 答族姪洛應 與族弟洛瑞 寄從子源夏 寄兒源七 寄從子源厚 寄從子源琡 答族姪昌煥 答族孫道長 答從孫弘榮問目 答族姪子仁問目 答從仕榮 答望月齋譜所 答澹對軒諸公 答簷獻錄刊所 答玉山齋刊所 答卧龍亭僉鄭氏 與鄉中諸公 答在齋諸君孟子講目 答釁齋諸生講目

卷九

雜著: 湖行日記 俗離錄 華陽錄 偶識 或問 衍史說 好論 示兄子源夏 孳善說 寒泉說 是菴扁 黃雀歎 文說贈族弟文 深衣制度略解 雜識右石說 晩悟 貴說贈石生載明敬擧 金乃命字說 餘師說贈南敬真 示諸

生 書贈鄭景文 書贈李學度 金武約字說 贈金武貫 書贈金善觀 贈玉君琢如

卷十

雜著: 述猥 贈薛明極 息黨論示諸同志 心說問答 書贈四生 告士友文 告校中諸公 誓告同志 却金顚末 日人以戶籍戶稅事來詰書以責之 抵日使寺內正毅 抵寺內正毅 示日査加藤歡一郎 墓從不從辨 抵日使長谷川好道 華陽日記 告各省士林文 答或人

卷十一

序: 朱子年譜重刊序 陽秋契序 金海金氏三王實紀序 林軒實紀序 覺菴集序 黃江亭儒契序 驪與氏世乘序 光山金氏三綱錄序 彥陽金氏派譜序 文山書社契序 金寧金氏世譜序 道湖集序 續修晉誌序 磐皋文集序 贈鄭竹醒序 江陽李氏族譜序 鹿洞祠儒契序 金海金氏世譜序 瀧岡錄序 毋欺契 新安朱氏世譜序 雙忠錄序 知知錄序 畏齋集序 密陽朴氏世譜序 玉平集序 達泉田公疑義序 高靈氏族譜序 東山集序 竹宇羅翁回巹宴序 志齋集序 金寧金氏派譜序 夷南文集序 玉研集序 心悅契序 晉州姜氏族譜序 流就契序 鶴皋集序 永慕堂孝感錄序 同淵契序 杏亭契序 含英契序 四棣堂拔帖序 內旁集序

卷十二

記: 陜川鄕校修理記 四勿齋記 退愚堂記 晩悔齋記 謹小齋記 雲菴記 塘亭記 秋灘記 鹿洞書記 忍窩記 近山堂記 信巖小記 歸來亭記 愚堂記 竹灘記 方丈幽居記 學齋記 念修齋記 履露記 截江牟孝子旌閭重修記 友農齋記 栗里齋記 追遠亭記 耕石記 西潭記 老記 永慕齋重修記 農雲記 晩悟記 鳳會齋重修記 孝烈婦江陽李氏旌閭記 山泉亭記 友古記 相泉 心齋記 瓶菴 追感齋記 匪莪齋記 德源亭記 聚遠亭重建

記 蘇齋記 逸友齋記 友于堂記 香湖亭記 旅記 百花記 履露齋記 卞氏二孝子旌閭記 鳳山亭記 農齋記 樂有齋記 榜山齋記 龍山齋重修記 反哺亭記 臨淵齋記 隱樵記 覺軒記

卷十三

記: 平泉齋重建記 文鳳亭記 虎巖記 素履齋記 懶拙翁扁記 向陽乾坤記 知止齋記 奠香閣記 老記 晩荷記 睡翁亭記 朴氏二孝婦旌閭記 後潯亭記 小淵記 慕遠堂記 萬齋記 達源齋記 德源齋記 追養齋記 道峯亭記 仰彌堂記 愚泉亭記 三宜齋記 遠慕齋記 來德閣記 敬慕亭記 著存齋記 小溪記 西山亭記 直齋記 繪村小記 魯禮齋記 追慕齋記 永慕齋記 晩悟記 枕溪小記 紹巖記 五鳳齋記 拙齋記 三川記 錦里齋記 松澗扁記 寓溪記 南沙記 瞻慕齋記 稼隱記 聽泉記 北山亭記 西遊齋記 坪巖記

卷十四

跋: 書性潭宋先生門人錄後 書金南坡先生殉節碑事蹟後 慶州金氏派譜跋 武陵世稿跋 後知堂實跋 孤查實紀跋 書南氏二孝子行錄後 謹書先君太極吟後 中庸私覽後識 琴愚詩稿跋 書晩悟稾草後 書上古居士朴公行狀後 書朴孝子兄弟遺事後

銘: 甲川亭銘 忍齋銘 四宜亭銘 正齋銘 歸讀室銘 謹獨銘 主一無適軒銘

箴: 天職箴 變化氣質箴 書室箴

贊: 書畫像自警 卞氏三賢贊 朴安義畫像贊 曹孝婦吳氏贊 烈婦趙氏贊(李直鉉)

辭: 宋敬善字辭 南敬真字辭 三從弟大遠字辭 崔敬恕字辭 崔子謙字辭 李孟吾字辭 南君直字辭

上樑文: 平泉齋重修上樑文 敬止堂上樑文 誠久祠上樑文 忠孝閭上

樑文 大夫上樑文 卧龍亭移上樑文 崇節祠上樑文 南溪齋重建上樑文 龍巖齋重建上樑文 峴山齋上樑文 金寧金氏兩世孝閭重上樑文 文鳳亭上樑文 尊敬齋上樑文 寒翠亭上樑文 思令齋上樑文 遠慕齋上樑文 萬仞齋上樑文 望雲亭上樑文 鳳陽齋上樑文 聽琴亭上樑文

祝文: 先祖江陽君遺墟立碑告文 叔先祖參判壇享立碑告由文 黃江亭釋菜黃江李先生祝文 崇節祠昌溪徐公常享祝文 澹對軒蘆沙先生常享祝文 修井告文

卷十五

祭文: 祭蘆沙先生文 祭宋淵齋先生文 哭閔輔國文 祭曹菖窩文 祭族祖悔窩公文 祭姪女金氏婦 祭盧善之文 祭從叔通政公文 祭叔兄秋灘公文(二篇) 祭金大振文 祭安致厚文 祭再從叔文 祭金見文 祭伯兄春灘公文(二篇) 祭鄭厚允文 祭族兄司果文 祭盧進士文 祭仲兄退愚文(二篇) 祭石元文 祭卞持平文 祭鄭周允文 祭奇會一文 祭族叔小訥文 祭再從叔文 祭宋進士文 祭南周瑞文 祭族姪洛應文 祭金參奉文 祭曹瑞五文 祭李平則文 祭曹聖瑞文 祭鄭生士仲文 祭亾姪源夏文

卷十六

碑: 先祖江陽君遺墟碑銘 高麗鳳城君姜公墓碑銘 叔先祖參判公壇享碑 先祖觀察使府君墓道碑 贈資憲大夫禮曹判書李公墓碑銘 烈婦姜氏事蹟碑 愚軒李公表孝碑銘 孺人潭陽田氏孝烈碑銘 烈晉陽鄭氏彰節碑 孝婦玉氏事蹟碑 贈嘉善大夫中樞府事李公墓碑銘

墓誌: 僉樞安公墓誌 鰲山李公墓誌銘 戒窩李公墓誌銘 省齋李公墓誌銘 陽坡水公墓碣銘 里隱公墓誌銘 處士柳公墓誌銘 鶴西趙公墓誌銘 伯兄春灘公墓誌銘 晩悟朴公墓誌銘 廉山金公墓誌銘 仲兄退愚公墓誌銘 伯嫂孺人周氏墓誌 故室孺人盧氏墓誌 孺人全州李氏墓誌銘 農軒崔君墓誌銘 嘿窩南君墓誌銘 姪婦安氏壙誌 學生田公墓誌銘 主

簿李公墓誌

卷十七

墓表: 先祖典書公墓表 高麗進士李公墓表 牧使李公墓表 贈吏曹正郎姜公墓表 進士白公墓表 先祖葛坡公墓表 正言崔公墓表 柏菴崔公墓表 老溪宋公墓表 三知堂李公墓表 錦南陳公墓表 孝贈通政卞公墓表 香湖李公墓表 老圃河公墓表 參奉辛公墓表 敬菴李公墓表 晩翠金公墓表 玉孝墓表 贈通政表公墓表 遯齋洪公墓表 慕菴金公墓表 蒼蒲林公墓表 贈嘉善朴公墓表 崇政崔公墓 折衝鄭公墓表 孝婦白氏墓表 玉燈齋鄭公墓表 參奉李公墓表 敬勝齋柳公墓表 學生河公墓表 孺清州韓氏墓表 學生鄭君墓表 孝烈婦贈淑夫人金氏墓表 嘉善李公墓表 嘉善大夫漢城府尹金公墓 籠菴韓公墓表 學生柳公墓表 學生李公墓表 權氏墓表

卷十八

墓碣銘: 靜窩曹公墓碣銘 截江孝子左司諫牟公墓碣銘 奉直郎兜聖功臣典設司別座遯齋金公墓碣 通政田公墓碣銘 啟功郎宋公墓碣銘 秉節校尉行巡察使金公墓碣銘 舍人李公墓碣銘 吏曹正郎權墓碣銘 主簿金公墓碣銘 通訓大夫行彥陽縣監陳公墓碣銘 先祖都事府君墓碣銘 竹圃金公墓碣銘 竹圃黃公墓碣銘 贈右承旨李公墓碣銘 貞敬夫人成氏墓碣銘 主簿姜公墓碣銘 聽松河公墓碣銘 宣郎全公墓碣銘 靜養齋李公墓碣銘 兵曹參議徐公墓碣銘 晩隱河公墓碣銘 折衝李公墓碣銘 淑夫人氏墓碣銘 雲菴黃公墓碣銘 含嘿窩南公墓碣銘 竹菴宋公墓碣銘 無名齋權公墓碣銘 揚武原從功臣吏曹參判李公墓碣銘 嘉善柳公墓碣銘 學生田公墓碣銘 通政大夫中樞府事金公墓碣銘 東喜姜公碣銘 北谷處士水公墓碣銘 學生鄭公墓碣銘 贈副護軍徐公墓碣銘 冠谷孫公墓碣銘 敬愼堂韓公墓碣銘 悔伏菴南公墓碣銘 都正鄭公墓碣銘 慕堂李公墓碣

銘 石谷林公墓碣銘 處士朴公墓碣銘 柏隱金公墓碣銘 贈通政大夫兵曹參議金公墓碣銘

卷十九

墓碣銘: 知足軒禹公墓碣銘 樓橋愼公墓碣銘 九曲子李公墓碣銘 贈童蒙教官申公墓碣銘 嘉善卞墓碣銘 聾皋尹公墓碣銘 求我齋李公墓碣銘 忍齋鄭公墓碣銘 省菴李公墓碣銘 成均進士李公墓碣 嘉善曹公墓碣銘 處士李公墓碣銘 學生鄭公墓碣銘 遠泉田公墓碣銘 菊圃李公墓碣銘 都事姜公墓銘 伽南全公墓碣銘 守菴李公墓碣銘 敬齋李公墓碣銘 竹圃洪公墓碣銘 洛圃表公墓碣銘 園菴金墓碣銘 隱圃河公墓碣銘 泰陽韓公墓碣銘 隱齋崔公墓碣銘 聾菴李公墓碣銘 稼菴田公墓碣銘 學姜公墓碣銘 鳳梧齋李公墓碣銘 梧窩鄭公墓碣銘 參奉金公墓碣銘 處士吳公墓碣銘 參奉金公墓碣 篁菴宋公墓碣銘 隱愚李公墓碣銘 林皋陳公墓碣銘 贈承政院左承旨李君墓碣銘 晩窩羅公墓碣銘 參奉金公墓碣銘 都正孫君墓碣銘 石泉李公墓碣銘 生員鄭君謬銘 贈通政大夫承政院左承旨李公墓碣銘 通政金公墓碣銘

卷二十

行狀: 月堂田公行狀 贈資憲大夫吏曹判書李公行狀 愼默齋鄭公行狀 蒼泉公行狀 通德郎鄭公行 敬齋李公行狀 澗翠李公行狀 先妣贈貞夫人康津安氏行錄 磐皋處士南公行狀 慕菴全公行狀 東湖公行狀 悔窩李公行狀 忍窩李公行狀 竹寓李公行狀 柏谷李公行狀 柏軒李公行狀 海史車公行狀

卷二十一

行狀: 雲菴李公行狀 溪菴曹君行狀 小山石君行狀 晩山李公行狀 通政李公行狀 西巖孔公行狀 學生田君行狀

遺事: 靜菴先生卞公遺事 愛日軒車公遺事 卧龍堂李公遺事 輔仁堂李公遺事 一愚齋白公遺事

傳: 孺人鄭氏傳 烈婦崔氏傳 李漢碩事全氏傳 孝烈婦全氏傳 許氏世孝家傳 孝烈婦崔氏傳 孺人氏傳 尹孝子傳 孺人金氏傳 孺人孔氏傳 羅氏父子傳 尹孝子傳 鄭婢傳

『식재집(植齋集)』

1. 저자 소개

기재(奇宰, 1854~1921)의 자는 입부(立夫)이고 호는 식재(植齋)이며 본관은 행주(幸州)이다. 행주 기씨의 선조는 고려 시대에 평장사를 지낸 기순우(奇純祐)이고, 조선 시대 초기의 저명 인물은 기건(奇虔)이다. 그는 세종·문종 시기에 판중추에 올랐고, 시호는 정무(貞武)이다. 기건의 손자 기찬(奇禶)의 다섯 아들 가운데 둘째인 기원(奇遠)이 기묘사화로 인해 호남으로 은거하면서 장성(長城)에 세거하게 되었다.

기재의 고조부는 기태검(奇泰儉)으로서 그는 기종상(奇宗相)의 넷째 아들인데, 기정진의 조부가 바로 기종상의 맏아들인 기태량(奇泰良)이다. 증조부는 기재선(奇在善)이며, 조부는 기봉진(奇鳳鎭)으로 항렬로는 기정진과 같은 행주 기씨 24세에 해당한다. 아버지는 기진연(奇晋衍)이며 어머니는 광산김씨로 김재림(金在林)의 따님이다. 기재는 1854년 8월[116] 25일 장성 하남리(河南里)의 자택에서 4남 가운데 둘째로 태어나 1921년 12월 20일에 향년 68세로 세상을 떠났다. 기진연이 25세로서 기정진의 7촌 조카에 해당하기 때문에 기재는 26세로서 기정진의 8촌 손자 항렬에 해당한다.

어려서부터 총명해서 집안의 기대를 모았고, 기정진은 어린 기재를 두고 "우리 집안에 어린 천리마가 다시 태어났다"라고 했다고 전해지

---

116 『행주기씨대동보』 亨, 112쪽에는 '8월'을 '9월'로 표기하고 있다.

며, 이 때문에 할아버지인 기봉진은 기재를 더욱 아껴 가숙에 선생을 초빙해서 가르쳤다. 약관이 되어 기정진에게 학문을 익히려 나아갔을 때 기정진은 그에게 자(字)와 함께 글을 지어주면서 격려했다.[117] 기재는 이런 기대를 받으면서 『중용』 한 책을 들고 고창(高敞)의 문수사(文殊寺)에 들어가 몇 달 동안 독서에 전념하기도 하는 등 학문에 전념했다.

한편, 조진규(趙晉奎)에게 보내는 편지에 의하면 청소년기의 기재는 각종 시험에 참가하지 않은 적이 없었고, 벼슬을 얻기 위해 1,000리가 넘는 한양행을 매년에 한 두 번은 할 정도였다고 한다. 그러나 한양행에서 겪었던 한 가지 경험이 그의 삶에 큰 영향을 끼쳤다. 한양에 올라가서도 벼슬을 얻는 요령을 몰랐던 기재는 숙소에 일없이 머물고 있었는데, 그 때 같은 방에 있던 사람이 그와 함께 명망가의 집을 방문해서 그를 소개시켜 주겠다고 제안해서 그와 동행하게 되었다. 그 집에서 기재는 벼슬을 위해 안면을 익히려는 선비들의 행태가 인사를 주고받고 지리한 담론을 하면서 시비와 호오를 오직 주인의 뜻에 영합하려는 것이라는 점을 깨달았다. 뒤이어 다음과 같은 일을 겪었다.

> (주인이) "무엇하러 나를 찾아왔는가?"라고 하길래 저는 이렇게 대답했습니다. "관리들이 재주와 덕행으로 선비를 선발하지 않고, 오직 청탁을 일삼을 뿐이라고 합니다. 당신께서 천거와 발탁에 더욱 뛰어나다기에 개인적으로 일면식을 익혀 선용(先容)되는 방편으로 삼을까 해서입니다." 그러자 주인은 "촌스럽구나. 그대여! 나는 그런 사람이 아니니 가서 다른 사람에게서나 찾아보게나." 나는 부끄러움에 물러나면서 (같은 방에 있는) 사람이 나를 속인 것에 매우 화가 났다. 그런

117 奇正鎭, 『蘆沙集』 권25(표점영인 한국문집총간 vol.310), 「立夫字辭」, 546~547쪽 참조.

데 그 사람은 비틀대며 돌아오더니 오히려 내게 화를 내면서 이렇게 말했다. "헛되이 독서만 할 뿐 세무를 몰라서는 안 된다는 것이 맞는 말이로구나. 그대의 말이 도리에 맞지 않는 것은 아니지만 실제로는 너무 오만하고 지나치게 직설적이다. 어째서 '겨우 문자를 읽을 수 있기에 명문(名文)에 의탁하기를 원합니다'라고 하지 않았는가? 우리들이 벼슬자리 하나를 건지고 (시험에) 한 번 합격하는 데는 일종의 금결(金訣)이 있다네. 사람들의 병폐란 이를 알고 행하지 못하는 것이니, 그것은 청탁을 구별하지 않고, 귀하든 천하든 서로 편하게 지내면서, 길하고 이로운 것을 길이 따르는 것일 뿐이라네. 속담에 이르기를 '서울에 머무른 지 10년이면 개조차도 혐오한다'라고 했다네. 그대의 도(道)를 고대에 실천했더라면 (그 시대와) 합치할 지의 여부는 알 수 없지만, 오늘날에 시행하려고 한다면 빨리 용강(龍江)의 남쪽으로 돌아가 농사를 짓는 것이 더 나을 것이네." 저는 이 일을 겪은 뒤로 다시는 명문가의 집안을 드나들지 않았고, 분수에 따라 먹고 마시며, 제 뜻대로 독서하며 지내는 것을 평생의 계획으로 삼았습니다.[118]

결국 이런 일이 있은 뒤로 기재는 세상에 출세할 뜻을 포기하고, 각지를 여행하고 명산들을 유람하면서 시속을 번민하는 뜻을 기행문으로 남기는 등 은인자중하는 삶을 살았다.

1894년 갑오농민혁명이 일어났을 때, 동학군의 수뇌부들은 지역의 중요 인사로서 기재를 포섭하려고 했지만, 기재는 여기에 가담하지 않았고 가솔들을 이끌고 지리산 자락 진주의 무릉동(武陵洞)으로 거처를 옮겼다가 이듬해 집으로 다시 돌아왔다. 그러나 오래지 않아 1895년 8월 을미사변이 일어났고, 그는 사종형(四從兄)인 기우만과 함께 의병을 일으켜 왜적을 토벌하려고 했지만, 조정에서 선유사 신기선을 보내 의

118 기재, 『식재집』 권2(역대한국 문집총서 vol.1443), 「答趙小淵書」, 107~108쪽.

병을 해산하라는 명을 내리는 바람에 결국 포기하고 말았다. 이듬해인 1896년에는 학부(學部)에서 공문을 보내 중용하려는 뜻을 보였지만 사양했다.

이즈음 그는 술로 소일을 하는 날이 잦았는데, 이승학에게 보내는 편지에서는 "몸은 곤궁하고, 집안은 가난하며, 나라는 위태롭고, 세상은 또 어지럽습니다. 문을 걸어 잠근 채 숨은 끊어질 듯 하고, 숨쉬는 것은 끊어졌다 이어졌다 합니다. 이러한 때에 잇달아 세, 네 병의 술을 마십니다"[119]라고 했다. 그러나 그가 술을 마시는 것은 한갓 개인적인 일탈이었던 것은 아니었다. 그는 김영오(金永五)를 위해 지은 「성암기(醒菴記)」에서는 "사람들은 술이 사람을 취하게 할 줄만 알 뿐 술보다 더 사람을 취하게 하는 것이 있는 줄을 모른다. 그것은 무엇인가? 부귀와 복택은 천지 사이의 커다란 술이라고 할 수 있다. 그것이 사람을 취하게 하면 삼강과 오륜이 무너지며, 하늘과 땅이 자리를 바꾸고, 산과 강이 방위를 바꾼다"라고 했다.[120] 이것은 그가 나라의 위태로움이 점점 심해져 가는 현실을 술에 빗대어 개탄하는 것임을 짐작하게 한다. 이 이후로 그는 이리저리 떠돌면서 일정한 거처가 없었다. 옥과(玉果)의 제호산(霽湖山)의 조용한 곳을 좋아해서 가솔들을 이끌고 이주해서 그곳에서 삶을 마치려고 했지만 실행에 옮기지는 못했다.

1904년 2월에는 한일의정서(韓日議定書)가 체결되었다. 5월 기재는 경성에 일제의 침략을 규탄하고 이 사실을 국왕과 다른 외국에 알리기 위해 서울에 소청(疏廳)을 설치했다는 통문을 받고 「답경성소청통문(答京城疏廳通文)」을 써서 장성 지역 또한 경성의 소청과 마찬가지로 왜구와 함께 하지 않을 것이라는 내용의 답장을 보냈다.

---

119 기재, 『식재집』 권2, 「與李青皐書」, 163쪽 참조.

120 기재, 『식재집』 권4, 「醒菴記」, 461쪽.

을사늑약에서 경술국치에 이르는 시기를 지나면서 결국 조선은 일본의 식민지가 되었고, 기재는 장성군 황룡면 아곡리 행주 기씨들의 집성촌에서 20여 년의 노후를 보냈다. 말년에는 제자와 친구들이 선산의 묘소 아래에 몇 칸 집을 마련해 주었는데, 기재는 '산 사람의 널구덩이[生壙]'라고 하면서 사양하지 않고 거기에 머물렀다. 그러나 오래지 않아 질병으로 세상을 떠났다. 집안 사람들은 그의 명정(銘旌)에 '조선일민식재기선생(朝鮮逸民植齋奇先生)'이라고 썼다. 먼저 세상을 떠난 부인은 함안 조씨로서 조성휴(趙性休)의 따님으로 기재와 같은 해에 앞서 세상을 떠났다. 3남2녀를 두었는데, 맏아들은 기경(奇慶: 初名 奇山度)이고 둘째는 기렴(奇廉: 初名 奇川度)이다. 셋째는 기강(奇康: 初名 奇人度)인데, 그는 이승학의 따님과 혼인을 했다.

2. 문집 구성과 내용

그의 문집인 『식재집(植齋集)』은 1929년 둘째 아들인 기렴이 편집해서 6권 3책의 석인본으로 간행했는데, 서문과 발문은 따로 존재하지 않고, 『문집』의 마지막에 그의 친묵(親墨) 2편이 실려 있다. 4주쌍변(四周雙邊), 반곽(半郭) 21.1×14.5 cm, 10행22자, 주는 쌍행(雙行), 상하향(上下向) 2엽화문어미(二葉花紋魚尾)로서 책의 크기는 28.7×19.0 cm이다.

권1에는 시 107제(題)가 실려 있는데 생활 속에서의 느낌과 교유, 방문한 곳의 유래와 식민지로 접어드는 역사적 시기의 우국충정 등을 노래한 것이다. 배치라는 점에서 특징적인 것이 눈에 띄는데, 첫 편이 「노량을 지나며[過露梁]」로서 이순신 장군의 노량해전을 읊은 것이다. 그리고 마지막 두 편이 「안중근의 만사[輓安重根]」와 「난파 정장군을 위한 노래[蘭坡鄭將軍歌]」로서 그 내용은 이토 히로부미를 저격한 안중근 의사를 위한 만사 그리고 단발령과 명성황후 시해에 항거하다 죽음을 당했던 해남군수 정석진(鄭錫珍)를 노래한 것이다. 이런 배열을 통해기재의 항일의식을 강조하려는 편집자의 의도를 파악할 수 있다.

권2는 편지[書]로서 이상익(李相翼)에게 보내는 「이영암에게 보내는 편지[與李靈巖書]」를 비롯한 160편이 실려 있다. 이 가운데 최익현, 신기선, 기우만에게 보내는 편지에서 '올림[上]'이라고 표현하고 있다. 개인적으로 가장 많은 편지를 보낸 이는 이최선의 아들이자, 훗날 사돈 관계를 맺는 이승학으로, 그에게 22편의 편지를 보내고 있고, 그 다음 오준선에게 보내는 편지가 13편이다. 당시의 저명 인물로는 최익현, 이건창 신기선, 이승욱 등에게 보내는 편지가 있고, 주로 영·호남에 걸친 기정진의 직전 문인 집단, 즉 조성가, 정의림, 기동준, 이승학, 민치량, 오준선, 기근섭, 기우승, 조의곤, 조성주(趙性宙), 조종규 등과의 편지가 다수를 차지한다.

권3도 편지[書]로서 기근섭에게 보내는 편지인 「족제인 의경에게 답하는 편지[答族弟毅卿書]」를 비롯한 93편이 실려 있다. 주로 집안 사람들에게 보내는 편지들이 다수를 차지하는 데 보산 기우승에게 보내는 10편을 비롯해서, 처남인 허간(許幹)에게 보내는 7편 및 기근섭에게 보내는 6편 등이 대표적이다.

권4에는 먼저 서문[序]이 '옛 문장[古文辭]'의 의미를 물은 이건해(李建海)에게 삼대(三代)의 문장을 기준으로 삼으라는 내용으로 대답하면서 전송하는 글인 「동자(童子) 이건해가 욕천으로 돌아가는 것을 전송하는 서문[送童李建海歸浴川序]」을 비롯한 18편이 실려 있다. 이 가운데 「호상에서 문답한 내용으로 추성으로 돌아가는 이도오(李道吾)를 전송하는 서문[湖上問答送李道吾歸秋城序]」은 위정척사의 입장에서 개화(開化)를 논하는 글인데 기재는 '이교(異敎)의 가르침으로 백성들을 유혹하고, 군대를 일으켜 궁궐을 침범하며, 군주를 협박해서 거처를 옮기게 하고, 백성들의 삶을 영위할 수 없게 만든다'라는 네 가지 이유를 들어 당시의 개화 개념을 비판하고 있다. 기문[記]은 지리산 자락에 있는 월고 조성가의 함월헌(涵月軒)을 위해 지은 「함월헌 기문(涵月軒記)」을 비롯한 35편이 실려 있다. 그 가운데 「정수암 중수기(鄭李菴重修記)」 「명륜당 중수기(明倫堂重修記)」 「직장 유공 정려기(直長柳公旌閭記), 「『무성서원지』 개간기(武城書院院誌開刊記)」 「온휘루 기문(韞輝樓記)」 등 5편은 다른 사람을 대신해서 쓴 글이다. 발문[跋]은 「『갈씨세적』 후서[書葛氏世蹟後]」를 비롯한 11편인데, 그 가운데 「『삼현실기』 발문[三賢實記跋]」은 임진왜란기에 활약했던 윤황(尹趪)·윤길(尹趌) 형제의 글과 윤황의 증손자인 윤제민(尹濟民)의 글을 모은 『삼현실기』의 발문으로, 왜적을 무찔렀던 행적을 칭찬하는 글이다. 그 가운데 「『무성서원 원지』 발문(武城書院院誌跋)」은 남을 대신해서 쓴 글이다. 설(說)은 모두 3편으로 기정진의 직전 문인인 이정서(李鼎緖)의 호 자천(柘泉)의 의미를 논한 「자천설(柘泉說)」과 김학수(金學洙)의 자를 성원(聖源)으로 지어준 뜻을 논한 「성원자설(聖源字說)」, 그리고 출계해서 남의 후사가 되는 집안의 인물인 윤구(尹九)를 전송하는 글로 추정되는 「집안 사람인 윤구를 전송하는 소설(送允九宗人小說)」이다. 서(敍)는 2편인데 이택환(李宅煥)을 전송하면 쓴 「회산자를 전송하는 소서[送晦山子小叙]」와 이도복(李道復)을 전송하는 「수월자를 전송하는 소서(送水月子小叙)」이다. 사(辭)는 3편으로, 김수익(金壽翼)을 애도하는 「김붕거 애사(金鵬擧哀辭)」와 김학만(金學萬)을 위해 자선(子善)이란 자를 지어준 뜻을 서술한 「자선의 자사(子善字辭)」 및 윤공빈(尹公賓)에게 관중(觀重)이란 자를 지어준 의의를 논한 「윤관중의 자사[尹觀重字辭]이다. 전(傳)은 제주도 출신으로 기정진의 직전 문인이었던 안달삼(安達三)의 짧은 전기인 「안소백전(安小柏傳)」을 비롯한 5편이 있다. 상량문은 3편인데 「화수산 어휘각 상량문(花水山御諱閣上樑文)」은 다른 사람을 대신해서 쓴 글이고, 기정룡(奇挺龍, 1670~1738)의 낙암(樂菴)을 자리를 옮겨 세우면서 지은 「낙암을 옮겨 지으면서 쓴 상량문[樂菴移建上樑文]」과 장성 원당산(願堂山) 아래에 정려를 세우면서 쓴

「열효려의 상량문[烈孝閭上樑文]」이 있다.

권5에는 먼저 제문(祭文)이 실려 있는데, 기정진, 기동준, 이최선, 기우만 등의 제문 9편과 기우제를 지낼 때의 제문 5편을 합쳐 모두 14편이다. 비문(碑文)은 3편인데 「봉헌랑 광산 김씨 유허비(奉訓郎光山金公遺墟碑)」는 수산(首山) 김자진(金子進)의 막내 아들이 거주했던 여말선초에 장성의 삼계현(三溪縣) 낭월산(朗月山)의 옛터에 세운 비이다. 「신씨 표려비(申氏表閭碑)」는 고령 신씨를 표장하는 정려비이고, 「조선 효자 노공 정수의 고을[朝鮮孝子盧公鼎秀之里]」은 효자 노정수(盧鼎秀)의 증손인 노영모(盧榮模)의 부탁을 받고 쓴 비문이다. 묘표(墓表) 또한 3편인데, 기명혁(奇命赫)·기동현(奇東鉉)·기종오(奇宗五)를 위해 쓴 것이다. 행장(行狀)은 안효천(安孝天)을 위한 「증동몽교관 조봉대부 회와 안공 행장(贈童蒙教官朝奉大夫晦窩安公行狀)」을 비롯한 13편이 실려 있고 묘갈명(墓碣銘)은 김정탁(金正鐸)을 위해 지은 「참봉 추천 김공 묘갈명(叅奉後川金公墓碣銘)」을 비롯한 22편이 실려 있다.

권6은 잡저(雜著)로서 1888년 남해의 금산을 유람했을 때 지은 「남유록(南遊錄)」과 1891년 금강산과 관동 지방을 유람할 때 지은 「동유록(東遊錄)」이 있다. 또한 기정진의 묘비를 세우기 위해 3월 26일 주변인들에게 묘소에 모일 것을 청하는 「노사선생비역소 통문(蘆沙先生碑役所通文)」 그리고 경성에 소청을 설립했다는 소식에 답하는 「경성 소청에 답하는 통문[答京城疏廳通文]」이 있다.

마지막에 실린 부록은 그의 「행장」으로서 「조선 일민 식재 기공 행장(朝鮮逸民植齋奇公行狀)」이라는 제목으로 오준선이 쓴 것이고, 그 뒤에 기재의 친필 글씨 2편이 실려 있다.

3. 문집 목차

卷一

詩: 過露梁 甘露水 悲鵂鶹 玄駒詠雪 瞖瓦虛中簡陶君 楚山行 謝呈月樵 謝呈彦國 舂女 玉山八咏(八) 謹步勉菴先生韻送金君卿三 偶成 客中曉起 寄李承旨最善(二) 呈朴友士彦 趙君擇之歸自普山所歷路過余不可無一語相贐 贈金君聖源 輓族弟普山 輓東老軒金公 書贈湖隱李俊三 題趙君贊壁 保賢遠訪臨行不可無贐語 菴夜無寐 菴居雜咏 謹次盧蘊齋輓金屏山韻哭霞石金大臺憲 盆菊 過笠巖山城 音聲窟 送寶峰上人重修物外菴 走簡具叅奉重植 拜送皮輿臨江而歸贈宗姪廣度離鄉 宿菱巖 宿楚山大橋逢京人 過素沙 呈雲藍山人 送金友歸瀛洲山見繡甘在壁上 謹次三山嘉絶(十) 上三山齋 謹次趙文烈先生渡荊江韻送金友歸錦城 丙申歲偶吟(二) 拜先師墓 呈河龍濟般巨直所 謹次勉菴先生韻送鹿門朴友歸冠山 嘲梧泉不出入 贈趙秀才鏞九 謹次三山九回十絶 載道竹架 謹次松沙少先生韻送鄭君樂彦讀書高山書室 菴棲謾吟 看書 悼張秉會(三) 道中有感 發完山入方丈 入白雲山 滯雨渭城新塘 朝發渭城有感(二) 翌日雨止向會稽 小犢趣喂移牽 贈伯敏宗人 謹次難窩詞宗韻送鹿門定山之行 借松沙少先生韻追哭聖一賢宗(二) 二月十二日夜懷惠齋 德山齋(三) 輓宗人(二) 聞難窩却金寄呈 生朝 病裏偶成 次涵月軒韻 來蘊寺次鄭知常韻 月明菴得齊字 落照臺得來字 采石江得遊字 直沼瀑行寒字 實相寺得年字 萬金巖得歸字 鳥嶺得金字 栢石軒 農巢 丙申見學部辟帖偶吟 贈香山縣鄭晏卿 京城別友人 謹次道長齋韻 次晩悔韻 城南須青皐不至草草對吟 將入鶴巖滯雨鑑亭臨行有呈非敢曰韻語聊寫下懷 黃陶石來留江上阻雪(三) 菴朝觀霧海 哭春潭族叔 次金秋水壽席韻 菴居朴友而正見訪(三) 題聾世亭 菴居自嘲 餞春和諸生韻 次文氏二樂臺韻 試斷火寄李亨中 寄安蘊山 歷哭安蘊山 警幼亭韻 過石柱棧道 次蘭波亭韻 次悅雲亭韻 敬次陶山齋室壁上韻 題晩翠亭 輓安重根 蘭坡鄭將軍歌

卷二

書: 與李靈巖書 上趙月皐書(三篇) 答趙小淵晉奎書 上崔勉菴先生書(二篇) 答李寧齋書 與李寧齋書 上申判書書 與朴肯農書 答朴肯農書 與朴肯農書(三篇) 與李繡衣書(二篇) 與洪三泉書 答閔觀察書 與鄭日新書 上玉洞書 與尹古阜書 與安進士書 答安進士書 答族叔春潭書 與族叔春潭書 答族叔春潭書(二篇) 與族叔春潭書 答族叔春潭書(四篇) 與族叔春潭書 答族叔春潭書 與族叔春潭書(六篇) 答族叔春潭書(三篇) 與族叔春潭書(四篇) 答族叔春潭書(二) 答安明瑞安李玉書 答黃都事書 與李青皐書(二篇) 答青皐書(二篇) 與青皐書(二篇) 與青皐松石書 與青皐書 答青皐書(二篇) 與青皐松石 與青皐書 答青皐書(二篇) 與青皐書 答青皐書 與青皐書(三篇) 答李博士書(三篇) 答趙復齋書 上松沙少先生書(二篇) 與閔稽樵書 答安蘇山書 答安進士書 答安婿書 答金元淑書 與金元淑書(二篇) 留候招四皓書 答吳叅判書 與李監役書 答宋明會書 答李相沔書 答趙思仲書 與崔莊哲書 與李叅奉書 與柳後松書(三篇) 答李進士書 與李進士書 答李進士書 與丁石愚書 答鄭遇燦書 與戚叔李監役書 與辛道儒書 與李惠齋書 答李惠齋書 答李玟鎬書 與吳後石書 答吳後石書 與吳後石書 答吳後石書 與吳後石書(三篇) 答吳後石書 與吳後石書(二篇) 答吳後石書 與吳後石書(二篇) 答監役宗人書 與宗人(舜瑞)書 與宗人(德衍)書 答族叔書 答白隱族叔書 與白隱族叔書(二篇) 答白隱族叔書 與白隱族叔書 答白隱族叔書(二篇) 與盧東隱護喪所 與安進士大人護喪所 與槐陰護喪所 與金鍾皓大人護喪所 答族丈書 與金進士書(二篇) 與進士書 答金進士書(二篇) 與金進士書 答金進士書 與金主事書 與梁希菴書 與鄭藍書 與鄭雲藍書(二篇) 答許巖卿書(三篇) 與許巖卿書(二篇) 答李明魯書 與族姪書 與朴棲巖書 與朴君弼書 答安梧棲書 與安子精書

卷三

書: 答族弟毅卿書(二篇) 與族弟毅卿書 答族弟毅卿書(二篇) 與族叔美淑書 答族叔美淑書(二篇) 答族叔書 與族弟子術書(二篇) 答外兄金葦南書 答金校理書 與族弟瑞玉書 與內弟許直叟書 與許直叟書(六篇) 與內弟許博士書 答許博士書 與許博士書 與曺丈東塢書 答曺而敬書 與曺而敬書(三篇) 與曺伯據書 答金丈東老軒書 答金敬文書 答金彥卿書 答朴聖遇書 答鄭德卿書(二篇) 與朴魯源書 與朴魯源書 答朴魯源書 與宋性潭先生刋所 與族弟普山書(三篇) 答族弟普山書 與族弟普山書 答族弟普山書(二篇) 與族弟普山書 答族弟普山書 與族弟普山書 與金致淑書 與人書 答金景儒·李元一·安子用·李敬太·安仲達 與舍弟宇栢 答慶 答廉(二篇) 與廉(二篇) 與族侄文虎書 與金主政書 答李雙石書 與李雙石書 與閔承旨書(二篇) 答閔承旨書 與閔承旨書 與趙南洲書 答趙南洲書 與趙南洲書 與趙議官書(三篇) 別趙議官有題 與趙君贊書(二篇) 答金子善書 上舍伯(五篇) 答李監役書 與李竹塢書(二篇) 答黃梧隱書 與黃梧隱書 與黃子羽書 與吳子春書(四篇)

卷四

序: 送童李建海歸浴川序 送徐應三歸福興序 守愚序 送任致九歸鄕序 湖上問答送李道吾歸秋城序 山下錄序 觀善稧序 送曺仲鉉歸錦城序 鷄林世蹟序 靈舘稧案序 德山李氏孝烈錄序 南村遺稿序 桃山祠扶義稧序 南溪遺稿序 夢坡實記重刋序 漸巖堂稧案序 石門精舍講錄序 養丹說送姜君文七歸天冠序

記: 涵月軒記 農巢記 存齋記 農圃記 聾隱室記 鄕李菴重修記 明倫堂重修記 直長柳公旌閭記 武城書院院誌開刋記 韞輝樓記 過齋記 海史堂記 遯菴記 晩翠堂記 節孝徐先生碑閣重修記 月陽齋記 慕烈齋記 悠悠亭重修記 敬章閣重修記 撫月亭記 醒菴記 湧珎精舍記 永思齋記 醒窩記 守成齋記 秉彝齋記 麟蹄李氏肅敬公碑陰記 永慕齋記 烈孝女

朗州崔氏旌閭記 畏窩記 悅雲亭記 蘭坡亭記 百源齋記 霜露齋記 魯陽精舍記

跋: 書葛氏世蹟後 三賢實記跋 題松下家訓後 書慶州金氏五忠事實後 濂齋行錄跋 武城書院院誌跋 書鶴皐遺稿後 書蘭坡鄭將軍傳後 慶州金氏派譜跋 書康孺人行錄贈鄭德敬 題筆帖後

說: 柘泉說 聖源字說 送允九宗人小說

叙: 送晦山子小叙 送水月子小叙

辭: 金鵬擧哀辭 子善字辭 尹觀重字辭

傳: 安小柏傳 烈婦李氏傳 朴孝子傳 萬戶贈訓鍊院正奇公傳 節婦鄭氏小傳

上樑文: 花水山御諱閣上樑文 樂菴移建上樑文 烈孝閭上樑文

卷五

祭文: 祭先師文(二篇) 祭春坡處士文 祭趙承旨文 社稷壇祈雨祭文 城隍祈雨祭文 七寶山祈雨祭文 佛川祈雨祭文 靈隱壇祈雨祭文 祭石田李進士文 祭亡弟文 祭族叔春潭公文 祭松沙少先生文 祭東老軒金公文

碑文: 奉訓郎光山金公遺墟碑 申氏表閭碑 朝孝子盧公鼎秀之里

墓表: 鶴峰奇公墓表 松亭奇公墓表 孝友奇公墓表

行狀: 贈童蒙教官朝奉大夫晦窩安公行狀 普山處士行狀 後松處士柳公行狀 護軍新村柳公行狀 梅下奇公行狀 稼叟奇公行狀 白水軒奇公行狀 禁府都事尹公行狀 梧棲處士安公行狀 永慕堂盧公行狀 懶圃許公行狀 睡鶴居士許公行狀 晩隱處士鄭公行狀

墓碣銘: 叅奉後川金公墓碣銘 任眞堂沈公墓碣銘 百忍齋都事金公墓碣銘 雲湖奇公墓碣銘 養性齋金公墓碣銘 佐郎尹公墓碣銘 益齋吳公墓碣銘 默隱吳公墓碣銘 嘉善大夫同知中樞府事怡齋李公墓碣銘 昆溪處士奇公墓碣銘 處士野翁李公墓碣銘 孝竹堂徐公墓碣銘 憂憂堂梁

公墓碣銘 望北亭金公墓碣銘 松菴李公墓碣銘 學生鄭公墓碣銘 女孫壙銘 書族孫欽夫玄琴後 水谷散人許公墓銘 誠齋徐公墓碣銘 宋文節公墓碣銘 春史處士寧越辛公墓碣銘

卷六

雜著: 南遊錄 東遊錄 蘆沙先生碑役所通文 答京城疏廳通文

附錄: 朝鮮逸民植齋奇公行狀(吳駿善)

『신호집(莘湖集)』

1. 저자 소개

김록휴(金祿休, 1827~1899)의 자는 치경(穉敬)이요 호는 신호(莘湖)이며 본관은 울산(蔚山)이다. 1827년(순조 27) 지금의 전남 장성군 황룡면 월평리(月坪里)에서 김방묵(金邦默)의 아들로 태어났다. 어머니는 전의 이씨(全義李氏)로 이정권(李貞權)의 따님이다.

어려서부터 둘째 형 경휴(景休)에게 학문을 배우다가, 16세 때인 1842년에 중형(仲兄)의 권유로 응시하여 향시에 급제하였다. 20세 때 조선시대 성리학의 6대가 중 한 명으로 꼽히는 노사(蘆沙) 기정진(奇正鎭 1798~1879)의 문하에서 수학하였다. 스승이 계시는 가까운 곳에서 수학하고자 장성의 황룡강(黃龍江) 건너 신호리(莘湖里)로 이거하여, 경전을 정독하면서 '심성이기(心性理氣)' 연구에도 몰두하였다. 동문 소산(素山) 이응진(李應辰, 1817~1887)·중암 김평묵·월고 조성가·동오 조의곤·일신재 정의림 등과 교유하였다.

51세 때인 1877년(고종 14) 학행(學行)으로 선공가감역(繕工假監役)이 제수(除授)되었으나 나아가지 않았다. 1882년(임오, 고종 19) 전북 고창군 부안면 상암리 상포(象浦)에 상외정(象外亭)을 세웠고, 1892년(임진, 고종 29)에는 신호리에 문향정(聞香亭)을 짓고 강학하다가, 1899년 향년 73세의 일기로 세상을 떠났다. 기정진·조성가 등과 함께 스승이 배향된 고산사(高山祠)에 배향되었다. 저서로는 『신호집(莘湖集)』이 있다.

2. 문집 구성과 내용

『신호집(莘湖集)』은 3권 1책으로 석인본이다. 1981년 증손 김정중(金晶中)이 편집, 간행하였다. 권두에 김영한(金甯漢)의 서문과 권말에 안종선(安鍾宣)의 발문이 있다.

권1에 시 200여 수, 권2에 서(書) 58편, 서(序) 1편, 기(記) 6편, 발(跋) 4편, 상량문 1편, 제문 4편, 묘지명 1편, 행장 3편, 권3은 부록으로 제문·만사·가장·행장·묘갈명 등이 수록되어 있다.

시는 오언절구(五言絶句), 오언율시(五言律詩), 오언고시(五言古詩), 육언(六言), 칠언절구(七言絶句), 육사(六詞), 칠언율시(七言律詩), 칠언고시(七言古詩) 형식별 순으로 정리되어 있다. 주요시로는 연자시 「호상십영(湖上十詠)」·「석수암단오회(石水菴端午會)」 등과 서정시 「파초(芭蕉)」·「분매(盆梅)」·「주망(蛛網)」·「현조(玄鳥)」 등을 비롯하여 다수의 유람시에서 자연과 동화된 탈속의 경지를 엿볼 수 있다. 황병중(黃炳中)·김류(金瀏) 등을 대상으로 지은 증여시(贈與詩)가 있다. 그밖에 금강산(金剛山)·내장산(內藏山) 등을 여행하면서 지은 다수의 유람시가 실려 있다.

서(書)는 심기택(沈琦澤)·조성가·채상필(蔡相弼) 등과 주고받은 것으로, 그 가운데 「답이직지사(答李直指使)」는 1898년(광무 2) 직지사 이승욱(李承旭)에게 종사(宗事)에 관하여 협조를 요청한 편지이고, 조성가에게 보낸 「답조직교(答趙直教)」·「여조직교(與趙直教)」 등 10여 편의 편지는 2년 전에 일어난 동학란을 비롯하여 민비시해사건과 단발령 등에 항거하여 일어난 의병운동의 단편적 상황 설명과 이에 대한 자신의 견해를 피력하는 내용으로 되어 있다. 「답이강진(答李康津)」은 1885년 천관산에 갔다 돌아오는 길에 이상규의 집에서 묵고, 집으로 돌아온 후 보낸 것이다. 「답정계방(答鄭季方)」은 정의림에게 보낸 편지로, 자기가 잠 귀신을 이기지 못한다는 내용과 친구가 그리워 갑자기 영남으로 길을 나섰으나 중도에 돌아와 몸이 망가진 상태라는 내용이다. 그 외 다른 편지들은 계절에 따라 안부와 근황을 주고받거나 집안의 화복을 알리는 짧은 편지가 대부분이다. 그밖에 「남원진씨족보서(南原晉氏族譜序)」와 1885년 이상규(李庠珪)가 강진현감에 재임하면서 수인산성 남문의 비각(碑閣)을 수리한 사실을 기록한 「수인산성남문중수기(修仁山城南門重修記)」, 스승과 기양연을 대상으로 지은 제문 등이 실려 있다.

부록에 수록된 가장은 아들 김영환(金永煥)이 1828년에 지었고, 행장은 후손 김도중(金度中)이 1891년에 지은 것이다. 묘갈명은 박하주(朴廈柱), 발문은 안종선(安鍾宣, 1899~1992)이 지었다.

『신호집』은 국립중앙도서관, 전남대학교 도서관, 충남대학교 도서관, 원광대학교 도서관 등에 소장되었다. 『한국근대문집총간』(2, 한국학호남진흥원, 2019)에 『신호집(莘湖集)』으로 수록, 영인되었다.

3. 문집 목차

序: 莘湖集序(金甯漢)

卷一

詩: [五言絕句] 登襄陽義相臺觀日出 淸冷浦感古 七月七日 登毗盧峰(戊辰再入金剛山) 庚午七月十九日卽河西先祖晬辰也與族人聖佐感吟淸水芙蓉出之句 贈嶠南歸客 紫泉坮(崔孤雲流觴坮) 題呈李參判

[五言四律] 上元夜踏橋 登物外亭(潘南朴氏亭) 步唐人韻 和湖上諸益 贈別三州橘隱 追步百花亭原韻(并小敍) 次百花亭重修韻 守性堂追挽 次竹奉(并小敍) 贈龍岡精舍主人(黃炳中) 輓竹下翁

[五言古詩] 次趙直敎二十韻 別趙月皐(并小敍)

[六言] 贈金士亮(瀏) 象外亭柱聯 宛在亭柱聯

[七言絕句] 童取鑿蘿萬一半儲水倒懸有芽結花 春日登山 與古阜金雅讀書 金剛歸路(戊午) 伽倻山學士坮 新磬 望市 辛友士漢歸覲過期

不來 偶題 酬星山鄭老石(海龍)來訪 湖上十詠 贈崔斯文(時默) 贈別師文上人(并序) 戱贈鐵鷄(師文之號) 題烈行錄後 南坡碧蓮之會喜成一絕 奉和沙上酬唱贈蒼壁 哭徐蒼峯(悳老) 贈幻山師 次松石亭韻 別大方 奉和康津朴斯文 贈雪嶽幻峯師 謹次丈人山韻 雪中翫北漢山城題呈李叅判 南海錦山見老人星 南海露梁 追步薇窩韻 紫泉坮(崔孤雲流觴臺) 題柏石軒 換鵝亭(并小序) 覽妙香山後賦一絕 赤壁 芭蕉 癸巳春李元業來請其先三綱旌閭重修記余方病河魚固辭不獲遂書一絶詩以歸之 智島頭流山 登大通峙觀漁大

[六詞] 壬申暮春題德山齋

[七言四律] 孫吏在賢作詩要和 與洪在鼎遊東小門外藥(辛亥) 金剛歸路(戊午) 與諸益遊石水菴 東林山亭韻 秋遊白羊山自藥師轉上雲門次晩寓亭韻 李斯文(信叔)訪余山齋次中字韻爲惜別之贈 石水菴端午會 草堂前老松 聞院接多士船遊 自東林轉向山齋有卜築楸下之意故因感懷而述之(己巳) 構堂始居吟(庚午) 酬靑陽林友 夜坐 登山而歸和諸益 養鷺 失鷺 與趙直敎醉題 十月看菊 盆梅 南陽先生來留山齋同過三庚於其歸也作詩贈別(辛未) 辛未重陽之再翌作羊山之行宿妙蓮菴 翌日藥師 信宿雲門 梁氏光霽亭移建韻 仲氏晬辰韻(壬申) 高斯文(伯範)來叩山扉 走足月軒 重陽翌日行到藥師 宿雲門菴 步下白蓮菴龍岡夜話 次四從姪雙壺亭韻(并小序) 和呈蓮泉調座 德山齋詩會(戊寅三月) 次櫟亭韻 次田荷韻 内藏山 輓姜春坡(寅會) 象外亭韻 甲申仲秋會飯 逍遙菴 來蘇寺 采石江 藥師菴觀楓 次魏氏長川齋原韻 次雪竇萃藏山原韻 乙酉除夕 次岐山精舍韻 次丈席回甲韻(戊午) 丁亥甲日感吟 次奇校理晬筵韻 吾友子敏辭祿歸耕以農巢寓意謹次其韻 廣石坮韻 次車老 次老松齋 步八狂韻 和南陽先生 趙直敎來訪喜吟 贈別趙友歸月横 詩稧韻(并小序) 水月堂送啞溪老人 與趙直敎共有雲門之約而余先登十日後直敎踵而到之 次白羊山雙溪樓原韻 與諸益會吟龍江船遊 次朴大甫北山新居韻 三月三日爲雨所戱翌日詩會 謹次晩歸

亭韻(并小序) 與大方月夜吟 九月九日作羊山停車之行越三日會于德山齋 崔雅訪余山齋有韻因次基韻 相別三年逢趙友(直教)喜吟 與林斯文共吟 與蒼壁期以十月望日爲雨雪所戲十九日佩酒踏雪而來爲之戲吟 兒曹講一部古詩有客來嘲故戲題 贈蒼壁 贈菊畹 瑞石韻 題河東雙溪寺(庚申仲秋) 和扶風尹雅(五言) 羊山歸路宿德峙年少家呼韻 次三石亭韻(并小亭) 聞香亭 次涵月亭韻 聞香亭會 觀平壤 壺巖永慕亭韻(乙未) 槐西來有韻和之 和漢南 竹筧 櫻桃 蛛網 扇 恠石 金佛 長津觀漁 客來避暑 客來閒吟 錦城韻 與客酬唱 與客分韻得無字 客來 桐裡逢雪 趙少年哲奎邂逅於桐裏寺數日團欒新面如舊要和其親竹團翁甲宴韻忘拙副之 丙申春會 登高 追題 龍江泛舟 和崔景胄 金城郭氏追遠堂韻 和族人釆禎回甲韻 丁酉庚日 聞香亭會 觀海亭 仙津泛舟順流訪隱仙菴 和奇奉鉉晩悔韻 次兒曹韻 和邀月亭韻 玄鳥 狗

[七言古詩] 願堂齋室柱聯

卷二

書: 答沈參判(琦澤○甲申) 答趙直教(性家) 答趙直教 與趙直教(戊子) 答趙直教 答趙直教 與趙直教 與趙直教 答趙直教(丙申) 答趙直教(丁酉) 答趙直教 答趙季豪(性宙○乙酉) 答趙孟明 與李素山應辰 與李素山 與李素山 答李竹峯 答李竹峯 答李竹峯 答趙同福(性熹) 答本倅金五鉉(丙戌) 答曺士弘(毅坤) 答金子元(勳) 答金學官(維鉉) 答金學官 答李康津(庠珪○乙酉) 答張文一 答蔡監役(相弼) 答蔡監役 答李錫憲(戊子) 答鄭校理(國鉉○戊子) 答奇校理(陽衍○己丑) 答鄭義和 答李賢秀 答鄭李方(義林) 答吳山清(榮錫 答吳山清 答吳山清 答金重菴(平默○辛卯) 答朴益貞(契晩) 與李節度(仁植) 答或人(辛卯) 慰高世濟(喬○癸巳) 答鄭景日(雲五○丙申) 答尹滋鉉 答鄭(參鉉) 答魏瑞圭(瓘植) 答魏瑞圭 答魏致周(啓泮) 答安基燮 答金大受(命鉉) 與黃炳中 與奇進士(東準) 答李直指使(承旭○戊戌) 答李漢明(載亮)

答奇奉鉉 與奇仁伯(春度) 答族姪大賢(正煥)

序: 南原晋氏族譜序

記: 菊畹記 莘湖記 象外亭記 修仁山城南門重修記 光山金氏司正公墳菴重修記 默庵公碑陰記

跋: 跋元直文字後 題南坡集後 題華陽山水屛 題德松松屛

上樑文: 願堂齋上樑文

祭文: 祭族從希文文 祭蘆沙奇先生文 祭高監役元賓文 祭奇校理子敏文

墓誌銘: 仲氏都正公墓誌銘

行狀: 趙氏夫人行狀 李氏夫人行狀 烈女申氏事實

卷三

附錄: 祭文(林鍾月·李敦亨·鄭義林·金近度·金般休) 輓詞(一百韻)(趙成家·田芝秀·邊滿基·崔炳敎·徐相悅·金宜權·吳榮錫·吳在升·吳在淵·潘永卿·朴來根) 家狀(金永煥) 行狀(金度中) 墓碣銘(朴厦柱)

新湖集跋(安鍾宣)

『쌍석유고(雙石遺稿)』

1. 저자 소개

이희용(李熙容, 1853~1931)의 자는 국서(國瑞)이고 호는 쌍석(雙石)이며 본관은 전의(全義)이다. 전의 이씨의 시조는 이도(李棹)이다. 이언충(李彦冲, 1273~1338)을 거쳐 이구(李龜)의 시대에 이르러 조선에서 한성판윤을 지냈고, 이신의(李愼義, 1551~1627)는 임진왜란을 당해서 의병으로 활동했다. 그의 손자인 이호(李頀)는 어머니를 모시고 남하해서 그 뒤로 광주에 세거하게 되었는데, 이 사람이 이희용의 7세조이다. 고조는 이소(李熽), 증조는 이지의(李志嶷), 할아버지는 이달현(李達鉉), 아버지는 이종식(李淙植)이며, 어머지는 행주 기씨로서 기사연(奇師賢)의 따님이다.

이희용은 1853년 정월 27일 광주 흑석동(黑石洞)의 집에서 태어났다. 22세가 되던 1874년 그는 기정진의 문인이 되었는데 기정진은 그에게 "진실하게 공부하고 견고하게 발을 딛으라[實下手牢着跟]"이란 여섯 글자를 써주면서 격려했다. 이듬해 겨울 그는 동문인 김록휴(金祿休, 1827~1899)가 머물고 있는 덕월암(德月菴)에 가서 그를 따라서 수학했다. 1879년 최익현이 흑산도의 유배지에서 방면되어 고향으로 돌아가는 길에 장성의 기정진을 방문했을 때, 이희용은 최익현을 배종해서 천은역(天恩驛)까지 전송했다. 최익현은 그에게 "성문의 하학 공부는 다른 비결이 없으니, 백년 생을 헛되이 보내지 말게[聖門下學無他訣, 愼物虛度百年生.]"라는 시구를 주었다. 이 해 겨울에 기정진이 세상을 떠나가 이희용은 기정진을 섬기던 대로 세상을 떠날 때 까지 기우만을 섬겼다. 이런 점에서 이희용은 기정진의 직전 문인이자 동시에 기우만의 문인이라고 평가할 수 있다.

계미년에 할아버지인 이달현의 상을 당해서, 그는 승중(承重)했고, 갑신년에는 어머니의 상을 당했다. 1895년 동학농민혁명이 발생했을 때는, 장성 고진현의 기우만의 동리에 피신했다가 돌아왔다. 그 와중에 기우만이 동학도를 물리치기 위한 격문을 돌리고 병력을 모집하자, 시종을 기우만과 함께 했으나 선유사가 남하해서 중간에 그만두었다. 이 일을 겪은 뒤로 시국에 뜻을 버리고 늘 대나무 낚싯대 하나를 들고 아침에 집을 나섰다 저녁에 돌아오는 생활로 일관했다.

경술국치를 당한 뒤에는 조야에서 어떤 이는 음독자살하고 어떤 이는 절식순절하는 것을 보고는 분한 마음에 "도적을 꾸짖는 마음 얼마나 장한가? 군주를 위해 죽는 의리 더욱 밝구나, 우러르면 하늘 이미 기울었으니, 어느 곳에 모신 목숨 맡길까![罵賊心何壯, 死君義愈明, 仰天天已倒, 何處寄殘生.]"라고 했다. 근대화와 함께 두발과 복식이 모두 바뀌어가는 상황에서 이희영은 '선왕이 규정한 복식을 벗을 수 없고, 부모가 물려주신 모발을 훼손할 수 없다'고 하면서 한결같이 옛 제도를 따르면서, 당시인들이 조소하고 비난하는 것을 조금도 돌아보지 않았다. 10대조인 이신의의 유애사(遺愛祠) 터에 장각(藏閣)을 건립해서 선조가 하사한 병풍과, 이신의가 사용했던 금(琴) 및 문집의 판본을 보관했다. 또한 작은 정자를 집안 정원에 만들고서 쌍석(雙石)이라고 이름을 붙였고, 제영(題詠)을 지어 그 뜻을 표현했는데, 주변의 교유하던 이들이 차운(次韻)한 시 23편이 『쌍석유고』 권3 「부록」에 실려 있다. 쌍석정 앞에는 못을 파고 물고기와 연꽃을 비롯한 식물을 식재해서 주변을 산보하고 소요하면서 시흥을 표현하는 등 금서(琴書)와 자연을 벗 삼아서 노년을 보냈다.

그가 교유한 이들로는 주로 노사학파의 직전 문인군들이 많았는데, 고광선, 박로술, 오준선, 기재, 기우승(奇宇承) 등이 대표적 인물이었다. 1931년 6월 30일 향년 79세로 세상을 떠났다.

부인은 장흥 고씨로서 고재철(高在喆)의 따님이다. 부인과의 사이에 2남2녀를 두었다. 장남의 이름은 이교일(李敎一), 차남의 이름은 이교익(李敎翼)이다. 그의 전기 자료는 「행장」과 「묘갈명」이 있는데 각각 김진현(金珍鉉)과 윤정복(尹丁鍑)이 지은 것으로 『쌍석유고』 권3 「부록」에 실려 있다.

2. 문집 구성과 내용

그의 문집인 『쌍석유고』는 3권 1책의 석인본으로, 손자인 이용호(李龍鎬)에 의해 1984년 간행되었고, 영인본은 경인문화사에서 한국역대문집총서 vol.1739로 간행했다. 책의 제일 앞에는 윤정복이 지은 서문이 있고 마지막에는 위계도(魏啓道)와 이용호의 발문이 있다.

권1은 시(詩)와 서(書)로 이루어졌다. 시는 1879년 천은역에서 최익현과 헤어지면서 쓴 「천은역에서 면암선생과 헤어지다[天恩驛拜別勉菴先生]」를 비롯한 18편이 실려 있는데, 「천은역에서 면암선생과 헤어지다」 및 「하남강회(河南講會)」에는 각각 최익현이 쓴 시가 한 편씩 첨부되어 있어서 이를 모두 합쳐서 계산하면 20편이 된다. 이 가운데는 권3의 「부록」에서 주변 사람들이 차운(次韻)한 32편의 시의 원운(原韻)인 「쌍석정의 원운(雙石亭原韻)」, 그리고 김옥현(金玉鉉)·안용환(安龍煥)·이용헌(李龍憲)의 만시(挽詩) 세 편이 포함된다.

편지[書]는 기우만에게 보내는 6편과 최익현에게 보내는 3편을 비롯한 52편이 실려 있다. 이 가운데 '올림[上]'이라는 표현은 기우만, 최익현 및 큰 아버지에게 보내는 편지에서만 발견된다. 유락호(柳樂浩)·정의림·최영조·박해량·기재·이학승(李承鶴)·기우승·신휘상(辛徽常)·박로면(朴魯免)고광선·최기모(崔基模) 등의 이름이 앞부분에서 발견되는 것으로 미루어 그의 교유 관계를 짐작할 수 있게 한다.

권2는 잡저(雜著), 서(序), 기(記), 제문(祭文)이 실려 있다. 잡저는 모두 두 편인데 기정진과 함께 『대학』을 토론했던 내용을 서술한 『대학강설(大學講說)』과 기우만과 함께 『맹자』를 토론했던 내용을 기술한 『맹자강설(孟子講說)』이다. 서문은 이중권(李重權)이 자신의 거처를 세한정사(歲寒精舍)라고 명명한 의의를 서술한 「세한정사 서문(歲寒精舍序)」 한 편이 실려 있다. 기문은 박로술의 풍천대(風泉臺)를 위해 쓴 「풍천대 기문[風泉臺記]를 비롯한 6편이 실려 있다. 「고산견문록(高山見聞錄)」기정진과의 대화를 기록한 짧은 글이다. 「관해록(觀海錄)」은 1918년 기정진의 비석을 세우는 일로 인해 오준선의 용진정사, 무한 현경면의 오류정사(五柳精舍) 등을 거쳐 임자도(荏子島) 등을 다니면서 관련된 사람들을 만나 논의하고 돌아온 여정을 기록한 것인데, 3월 15일에 출발해서 5월 1일까지를 다루고 있다. 「고산묘사 기행(高山墓祀記行)」과 「고양묘사 및 경성보소 기행(高陽墓祀及京城譜所記行)」 각각 1919년과 1923년의 묘제사에 참석한 뒤 다시 돌아오는 과정을 기록한 것이다. 「사계전서간소 기행(沙溪全書刊所記行)」은 1922년 김장생의 문집인 『사계전서』의 간행소인 돈암서원(遯巖書院)을 방문하고 돌아온 여정을 기록한 것으로 3월 24일에 출발해서 4월 9일에 돌아왔다. 제문은 모두 다섯 편인데 각각 기정진, 기우만, 기양연, 기우승, 안규용(安圭容)을 위해 쓴 것이다.

권3은 「부록」으로 먼저 이희용의 「쌍석정 원운」에 차운한 오준선을 비롯한 23명이 쓴 「쌍성적 원운을 차운하다[次雙石亭原韻]가 23편, 최기모를 비롯한 9인이 쓴 「쌍석 회갑의 원운을 차운하다[次雙石回甲原韻]」가 9편, 최영조를 비록한 8인이 쓴 「삼산재의 단에서 제향을 올리고, 다음날 말을 달려 쌍산장에 도착해 머물면서 함께 지은 부[三山齋壇享翌日聯鞭抵雙石庄因留共賦]」 8편이 실려 있다. 그 다음 「장동왕복(長洞往復)」이란 제목으로 기우만이 보내내 17편의 편지와 「장덕왕부(長德往復)」이란 제목으로 최익현이 보낸 편지 6편이 따로 편집되어 있다.

마지막으로 고광선을 비롯한 10인이 쓴 「만사(挽詞)」 10편, 안병택(安秉宅)과 이교태(李敎台)가 쓴 「제문」이 2편, 그리고 김진현의 「행장」 및 윤정복의 「묘갈명」이 실려 있다.

3. 문집 목차

卷二

雜著: 大學講說 孟子講說

序: 歲寒精舍序

記: 風泉臺記 高山見聞錄 觀海錄 高陽墓祀記行 沙溪全書刊所記行 高陽墓祭及京城譜所再記行

祭文: 祭蘆沙先生文 祭松沙先生文 祭柏石奇先生文 祭奇普山文 祭安瑞軒文

卷三 附錄

次雙石亭原韻(吳駿善) 次雙石亭原韻(吳繼洙) 次雙石亭原韻(趙永萬) 次雙石亭原韻(奇宇承) 次雙石亭原韻(高光善) 次雙石亭原韻(鄭時林) 次雙石亭原韻(朴而淑) 次雙石亭原韻(朴魯述) 次雙石亭原韻(朴魯春) 次雙石亭原韻(朴魯厚) 次雙石亭原韻(朴魯冕) 次雙石亭原韻(崔基模) 次雙石亭原韻(奇慶衎) 次雙石亭原韻(李承鶴) 次雙石亭原韻(徐鐃) 次雙石亭原韻(李承文) 次雙石亭原韻(柳昌秀) 次雙石亭原韻(金晩植) 次雙石亭原韻(全道炳) 次雙石亭原韻(呂邦燮) 次雙石亭原韻(金珍鉉) 次雙石亭原韻(任泰柱) 次雙石亭原韻(梁會甲)

次雙石回甲原韻(崔基模) 次雙石回甲原韻(尹錫泓) 次雙石回甲原韻(朴魯述) 次雙石回甲原韻(朴魯春) 次雙石回甲原韻(金珍鉉) 次雙石回甲原韻(全道炳) 次雙石回甲原韻(柳昌秀) 次雙石回甲原韻(呂邦燮) 次雙石回甲原韻(諸葛夏帛)

三山齋壇享翌日聯鞭抵雙石庄因留共賦(崔永祚)

三山齋壇享翌日聯鞭抵雙石庄因留共賦(崔永卨)

三山齋壇享翌日聯鞭抵雙石庄因留共賦(吳繼洙)

三山齋壇享翌日聯鞭抵雙石庄因留共賦(吳駿善)

三山齋壇享翌日聯鞭抵雙石庄因留共賦(朴魯春)

三山齋壇享翌日聯鞭抵雙石庄因留共賦(朴魯冕)

三山齋壇享翌日聯鞭抵雙石庄因留共賦(安秉宅)
三山齋壇享翌日聯鞭抵雙石庄因留共賦(高季文)

長洞徃復(奇宇萬) 長德往復(六篇)(崔勉菴)
挽詞(高光善) 挽詞(李啓琮) 挽詞(李敎宇) 挽詞(李啓翼) 挽詞(丁炳鎬) 挽詞(金珍鉉) 挽詞(金昌洙) 挽詞(金永銓) 挽詞(金永滿) 挽詞(金在浩)
祭文(安秉宅) 祭文(李敎台)
行狀(金珍鉉)
墓碣銘(尹丁鍑)
跋(魏啓道) 跋(李龍鎬)

『연상집(蓮上集)』

1. 저자 소개

안중섭(安重燮, 1812~1883)의 자는 순화(舜華)이고 호는 연상(蓮上)이며 본관은 죽산이다. 고창 고수(古水) 연동(蓮洞)에서 만재(晩齋) 안주욱(安周郁)의 아들로 태어났다. 어머니는 선산(善山) 김광현(金光顯)의 따님이다. 타고난 기품이 순수하여 효도하고 우애하는 것이 성품 그대로였다. 특히 부모님 면전에서 거절하는 말이나 얼굴을 찡그리지 않았으며 부모님의 명을 어기지 않았다.

그의 선조가 고창과의 인연은 참판 안초(安迢, 1420~1483)의 여섯째 아들 안자전(安子詮, 1461~1489)이 모양 윤씨(牟陽尹氏) 지평(持平) 윤호(尹瑚)의 따님과 혼인하여 우거하면서부터이다. 안자전의 손자 안지(安祉)는 학포(學圃) 양팽손(梁彭孫, 1480~1545)과 우계(牛溪) 성혼(成渾, 1535~1598)의 문하에 출입하였다. 안지 이후 후손들은 과거에 급제하지 못하자, 안중섭은 4세 때 아버지로부터 『천자문』을 배우는데 모조리 외우는 것을 보고, 곧 『격몽요결(擊蒙要訣)』 등의 책으로써 가르쳤다. 10세 때 묵재(默齋) 이가백(李可白)에게 나아가 배우도록 하니, 스승이 말하길 "이 아이는 덕량(德量)이 크고 깊고 그 재주가 뛰어나니 후일 입신하여 우리 당을 저버리지 않을 것이다"라고 하였다. 성동(成童)이 되기 전 이미 감독하지 않아도 혼자서 책을 읽을 수 있는 거인(巨人)의 용모가 있었으며 총명하고 깨우침이 남보다 뛰어났다. 특히 스승으로부터 기재(奇才)의 칭송을 받았다.

그의 부친은 가문에 과거급제자가 없는 것을 안타깝게 여겨 아들을 호남의 거두 노사(蘆沙) 기정진(奇正鎭, 1798~1879)의 문하에 나아가 학문을 닦도록 하였다. 그는 경사자집(經史子集)을 손수 베끼어 읽었는데 특히 문장에 힘써서 스승과 참판 이윤수(李潤壽)로부터 문장에 뛰어나다는 평가를 받았다. 노사 선생은 덕행이 독실하고 문장이 간결하면서도 정밀하다고 칭하였다. 1880년(고종 17) 증광시(增廣試)에서 진사(進士) 3등으로 합격하여 당시에 학행으로 이름이 알려졌다. 장성의 동학 기양연(奇陽衍), 사상경수(沙上耕叟) 기양연(奇亮衍), 기우만, 고창의 동학 소두(小蠹) 정하원(鄭河源, 1827~1902)이나 조의곤 등과 교류하였다. 특히 기양연(奇陽衍)과 변함없는 두터운 정의는 당대 사우들에게 회자되었다. 더욱이 중앙의 여러 인물과도 교류하였으니, 박영보(朴永輔, 1808~?), 윤자덕(尹滋德, 1827~1890), 성대영(成大永, 1829~?), 서신보(徐臣輔, 1831~1904), 이조연(李祖淵, 1843~1884), 이호익(李鎬翼, 1844~?), 이건창(李建昌, 1852~1898), 성재삼(成載三), 성이호(成貳鎬), 조석(曺錫), 박승학(朴承學) 등이다.

첫 번째 부인 청도 김씨(淸道金氏)가 1836년(헌종 2) 세상을 떠나자, 다시 함평 이돈인(李敦仁)의 따님에게 장가들었다. 1837년과 1838년에 아버지와 어머니가 연이어 돌아가시자 극진하게 송종(送終)의 예로 상(喪)을 마쳤다. 매달 초하루와 보름에 사당에 나아가 배알하며 성묘를 지극히 하였다. 선대의 문헌이 전쟁으로 인하여 유실되자, 『동국여지승람(東國輿地勝覽)』과 여러 현인들의 문집을 널리 살펴 『문성공실기(文成公實記)』를 만들기도 하였다. 누이의 자식이 일찍이 고아가 되자, 가르치고 기르는 것을 자기 자식들과 다르지 않게 하였다. 특히 친족이나 마을에 사는 고아나 가난하여 상례(喪禮)와 혼례(婚禮)를 행하지 못할 경우가 있으면 반드시 도움을 주거나 가르쳤다. 이후 용강정사(龍岡精舍)를 증수(增修)하고 후생들에게 강학하였다. 그가 사는 곳은 누추하였지만 유유자적하게 지내니 많은 선비가 가르침을 청하였는데 재사(齋舍)에 수용하지 못할 정도로 모여들었다. 그 대표적 문인으로는 흥남(興南) 임노태(林魯泰, 1854~1932), 금서(錦西) 유준철(柳浚喆, 1857~1918), 남파(南坡) 강기태(康基泰, 1860~1926) 등이 있다.

1862년(철종 13)에는 삼정(三政)의 폐단을 올렸다. 「삼정책(三政策)」에서는 삼정의 문란을 바로잡기 위해 6가지 대 변동책을 제시하였다. 당시 향교가 오래되어 서책이 없음을 한탄하며 계(契)를 조직하여 책을 모으니 수천 권에 달하였다. 안중섭은 학생들에게 『소학』을 먼저 읽게 하면서 말하기를, "소학이란 책은 성인의 근본에 대해 지은 것이다. 모든 배우는 자들이 이 책을 버리고 위인(爲人)을 구하는 것은 행동과 목적이 서로 어긋나는 것이다"라고 하였다. 시문(時文)의 폐단을 말하면서 "문장을 지을 때는 자신의 의사를 타인에게 전달하는 데 있을 뿐이다"라고 하였다. 『논어』와 『맹자』, 『상서』 등을 읽기를 좋아하였는데, 단정히 앉아 글 읽는 소리가 낭랑하였다. 평소에 풍습(風濕)이 있었는데 1883년 여름에 점점 심해지더니 성휴명공(成休命恭) 4글자를 손수 써서 아들에게 보여주었다.

1883년 6월 1일에 연동리에서 향년 72세로 세상을 떠났으며 8월 25일 고창 수곡면(水谷面)에 안장하였다. 저서로는 『연상집(蓮上集)』이 있다.

2. 문집 구성과 내용

『연상집(蓮上集)』은 6권 2책의 목활자본으로 1905년에 간행되었다. 1905년 기우만이 작성한 「서문」과 유준철(柳浚喆)이 작성한 「발문」이 수록되어 있다. 권1은 부(賦)와 시(詩) 등 140여 수, 권2는 서(書) 55편, 권3은 잡저(雜著) 9편, 권4 서(序) 14편·기(記) 10편·발(跋) 4편, 권5는 상량문(上樑文) 9편·제문(祭文) 7편·축문(祝文) 6편·행장(行狀) 4편, 권5는 책(策), 권6은 삼정책(三政策)과 부록(附錄)으로 되어 있다.

「서문」은 기우만이 지었다. 서문에서 같은 노사의 문인으로서 삼정책을 주장한 안중섭을 노나라 애공(哀公)에게 철법(徹法)의 시행을 주장한 유약(有若)에 비유하여 경세의 재주와 문장을 갖추고 있는 인물로 묘사하였다.

권1은 시를 수록하였는데, 성균관의 공자를 배알하는 장면을 묘사한 「알성부(謁聖賦)」와 「납매(臘梅)」 등 시(詩) 140여 수가 수록되어 있으며, 대표적인 시로 석탄정(石灘亭)의 12경과 변산(邊山)의 6경을 노래한 것을 들 수 있다. 「만선(晩蟬)」, 「호창(糊窓)」 등 소재와 형태가 다양한 서정시가 많이 수록되어 있다.

권2는 서간문인데, 기정진에게 예(禮)와 학문에 대하여 질의한 「상노사기선생서(上蘆沙奇先生書)」 3편과, 중앙 정계나 생원, 진사 등과 왕래한 편지가 많다. 「여유가휘(與柳可輝)」는 촌락의 방위를 위하여 무기의 비치가 필요하다는 내용이다.

권3은 잡저(雜著)인데, 초당(草堂), 정자의 내력, 족보 수정, 서원 중수, 의병 모집, 대명(大明)의 문명이 우리나라에서 빛난다는 글 등이 수록되어 있다. 「오괴정중창사실(五槐亭重刱事實)」은 고수에 있는 오괴정을 중건한 사실을 기록한 것이고, 「유설산록(遊雪山錄)」은 설산(雪山)을 유람한 것을 기록한 것이며, 「반조신필(返照信筆)」은 대명의 문명이 다시 우리나라에서 빛이 날 것이라는 기울어가는 국운을 암시적으로 묘사한 것이다. 그리고 외세배격을 호소한 격문을 접하고 호응을 다짐한 「답전주모의소문(答全州募義所文)」, 고창지역의 향토사 연구에 참고자료가 되는 「서모양현향약안(敍牟陽縣鄕約案)」, 「모양현학기(牟陽縣學記)」, 「발향적(跋鄕籍)」 등이 있다.

권4는 서(序), 기(記), 발(跋)이다. 서문 중에 「공중누각서(空中樓閣序)」는 왕발(王勃)의 「등왕각서(滕王閣序)」를 모방해서 지은 작품이다. 기(記)

는 향교의 명륜당이나 사마재(司馬齋), 양사재(養士齋), 향사당(鄉射堂) 등에 관한 것이고, 발(跋)은 계나 족보, 책에 대한 글이다. 「기학사양연백석헌기(奇學士陽衍栢石軒記)」는 기양연이 송암(松巖) 기정익(奇挺翼)의 후손이며 백암(柏巖)의 방계 자손으로 송암과 백암 선생의 덕업과 문장을 서술하고 있다.

권5는 상량문, 제문, 축문, 행장 등으로 되어 있다. 상량문 9편은 고창향교나 사마재(司馬齋), 고창 주변의 유서 깊은 곳에 지어진 은사재(隱士齋), 취석정(醉石亭), 동강정(東岡亭), 망북정(望北亭), 용강서루(龍岡書樓) 등에 관한 것이다. 제문 7편은 스승인 기정진을 비롯하여, 친척과 친분이 있었던 고창의 인물을 추모한 글이다. 축문은 사직단과 방장산(方丈山)에서 기우제(祈雨祭)를 지낸 글, 고여흥(高汝興)을 배향한 축문, 질병을 쫓는 축문 등이 있다. 행장은 안중섭의 8대조인 안지(安祉)가 양팽손(梁彭孫)과 성혼(成渾)의 문인으로서 벼슬에 나가지 않고 왜란 전후에 수신에 힘썼던 일을 기록하였다.

권6은 「삼정책(三政策)」과 부록으로 되어 있다. 「삼정책(三政策)」은 1862년 삼남 전역에서 일어난 임술민란을 수습하기 위해 조야의 관료와 지식인에게 삼정 문제에 대한 견해와 해결책을 물었을 때 답한 것이다. 안중섭은 삼정의 문란을 바로잡기 위해 6가지 대 변동책을 제시하였다. 전정(田政)에서는 토지측량방법을 바꾸고 양전(量田)을 다시 시행해야 한다고 하였고, 군정에서는 속오(束伍)와 수성군(守城軍) 외에는 호적을 편성하지 않으며, 경영납(京營納) 외에는 잡색군(雜色軍) 명목을 일체 혁파하려는 견해를 밝혔다. 환정(還政)에 대해서는 환곡을 폐지하여 사창(社倉)을 세우고, 결환(結還)과 호환(戶還)도 전세(田稅)와 호포(戶布)의 형태로 전환하자고 주장하였다. 이러한 주장은 근대 전환기 노사학파 내에서도 개혁을 통해 사회적 변화를 도모하였음을 알 수 있다.

부록은 안중섭에 대한 고묘문(告廟文), 손자 안석렬(安錫烈)의 가장(家狀), 1893년에 지은 윤상갑(尹相甲)의 행장, 문인 정규삼(鄭奎三)과 유준철(柳準喆)의 후서(後序)와 발문(跋文)이 있다.

『연상집』은 국립중앙도서관, 전남대학교 도서관, 연세대학교 도서관, 이화여자대학교 도서관 등에 소장되었고, 『한국역대문집총서』(3116)에 『연상선생문집(蓮上先生文集)』으로 영인되었다.

3. 문집 목차

卷一

序: 蓮上集(奇宇萬)

賦: 謁聖賦

詩: 臘梅 次牟陽東閣鄭霞谷(雲龍)板上韻 次碧蓮社壁上韻 次奇參奉(亮衍)一鑑亭 早秋登高 次石灘亭十二景韻(十二首) 效河西先生丁未三月小學韻 千秋節喜雨 效先祖參判公客行詩體兼韻 辛卯冬約柳東岡(志能)讀書龍岡 次河南清音亭原韻 題完山寒碧堂 龍岡春帖 春日述懷 看書 續題鄭雪山(在燦)草堂 續題金破愁翁三愁帖 求藥 丙子立春日有感題龍岡東壁 丁丑春見打租 夜話 夕烟 石磵浮花 春帖 次斥邪疏廳韻 與柳侯(敦秀)遊白羊寺 糊窓 續申何醒 新鴈 晩蟬 遊蜓 遊內藏寺 龍岡精舍擬紫陽夫子白鹿洞佳句 隱士洞花樹軒原韻 泮宮鄕飮禮示諸君子 謹續參判公箕城舘題詠 辛未除夕 壬申回甲 鷲南草堂原韻 坐寂寄懷(二首) 次鄭侍郎(誠一)東岡亭原韻 養士齋落成 養士齋文會所(二首) 謝李放叟(遇德)夜過(二首) 新年與李放叟李老霞(遇仁)鄭草川(鍾台)柳春江(景普)安蘭坡(錫秘)作龍岡會 次郭五悔(孝根)詩集韻(二首) 敬次松島羅公(海崙)遺蹟原韻 步寒山寺壁上韻 次洪上舍(直瑞)晬宴韻 硯滴 遊蓬萊山 和洛下曺斯文(明承) 次李侯(圭常) 題月浪臺 詠禿柳 漢陽除夕 次李上舍(潤德)時庵原韻 次李參判(潤壽)

新齋韻 龍岡別章 除夕用杜少陵臘日韻 和清州朴明川(弘陽)見訪 與曺東塢(穀坤)姜鳳巖(馨秀)夜吟 次贈康松五世帖原韻 和水橋李(遇春)雪梅 次石灘亭板上韵 丙子至月柳侯以板上韻見寄聯以和之 聞柳孝子(民植)孫婦李氏下從竦惻用三綱錄詩 與柳桐庵(志驥)題寒山 次柳桐庵除夕 次儒洞鄭氏道峯祠原韻 蕉田趙公(然明)以西林亭板上韵見寄聯以和之 西行夜宿錦江 華城對雨 洛中次扶風李石湖(大榮)白青田(鶴來)東郊晩眺 戱續樵庵老人洗兒詩 寒山甲會戱拈同字 鄭草川來仍作蓮社小會 續題利川徐氏孝行錄 蓬山郊行 次扶風使君鄭(晉默)邊山六韵 和鄭方菴(仁聲)晬筵韻 禮智齋示諸益 赴南省畱齋洞贈朴兵使(長夏)安上舍(景喆○二首) 次李友(重九)澄心亭韵 題泉石洞琴書齋次經香韓學士(章錫)東陵行中 次騎省直中 贈別韓楊根(用翼) 和放叟未開花韵 春帖 敬次瀛洲裵氏孝肅忠肅二公延諡韵 次東塢亭原韻 謹次雙溪樓板上韻 次金上舍愚拙(慶奎)圜扉韻(三首) 樂山韻贈道谷金(明彦) 贈別姜悟叟(福)東歸商山 上元夜吟 贈別金友(基榮) 李水橋高仁峯(濟琳)遊寒山要余以書失會而追謝 瑞陽與蘭坡步黄岡 贈李水橋寓警 次韓(在敎)愚齋原韵 次柳月溪(潑)考槃亭原韵 謹次安陵搜勝臺原韻 畱別小蕉鄭(憲奎)金章溪(箕斗) 續李鴈浦(章煥)詩軸 病中書懷贈別金君(瑨中)歸鰲城 立春柳春江來強和之 過月波亭憶主人柳友(正奎)悵吟一韵 東樓對雪 濟州宗人達三與柳春江同來暢和 仁川拈韵 和詩社諸君 聯李進士(觀述)李進士(謙述)金進士(慶奎)白進士(鶴來)八扶風仍得雨後韻 壬午至日鄕貢抵完和青田白進士 敬次李巡相(敦相)晬辰韵見寄 誄星塢先生李上舍(可白○二首) 誄蘆沙奇先生(二首) 哭柳石庵(基發) 哭鄭丈(希奎) 挽庾丈(昇烈) 挽金上舍(養大) 挽金上舍(慶奎) 挽李上舍(鳳夔) 挽高斯文(濟萬) 挽李友(赫求) 挽李友(社榮) 挽旡憫翁金(在林) 挽金友(相弘) 挽庚上舍(聖烈) 挽丁參知(載龍) 挽鄭小蕉(憲奎○二絶) 挽奇上舍(益鎭) 挽李友(景儀) 挽吳梅士(鎭徽) 挽鄭茂南(冕奎) 挽鄭雪山(在璨) 挽金護軍(命休) 挽奇護軍(允鎭) 挽

李丈(赫) 挽朴友(宗洽) 挽柳上舍(星煥) 挽李參奉(鳳賢) 挽柳丈(志濂) 哭族兄(宇濟) 挽朴棗庵(載樞) 挽姜友(圭煥) 哭柳東岡(志能○二首) 挽徐晩悔(守瀚○二首) 哭柳沙川(大植) 哭鄭環溪(謹一) 哭族叔(極) 挽金丈(慶澤) 挽金竹林(國鳳○二首) 悼次孫痘化仍用醒字寫懷

卷二

書: 上蘆沙奇先生書(八) 與尹參奉(相甲)江陵匪中(與一答一) 上尹尙書(滋悳)書(與一答一) 與成茂長(大永○與一答一) 答鄭致三(鍾台○與一答一) 與奇校理(陽衍○與三答一) 上朴尙書(求輔)書 與成參判(載玉) 與成參判(彛鎬) 慰奇參奉(宇萬○與二) 與朴都事(承學) 與金夢汝(以洙○二) 答曺尙書(錫輿)書 答李直閣(鎬異) 與李募義使(祖淵○與一答一) 與徐參判(臣輔) 與奇沃溝(亮衍○與一答一) 與鄭兌一(鍾澤○與一答一) 與朴法聖(元陽) 與柳可輝(景善) 與鄭希淸(河源○與一答一) 與鄭扶安(晉默) 與曺士弘(毅坤○二) 答金致謙(壽○一) 與柳允之(志榮○與一答一) 與奇參奉(升奎) 答朴漢瑞(宗洽) 與鴻山族姪根 答姜蒔卿(福○與一答一) 答柳儀賢(恒植) 與族孫錫禹 答李英三(錫九○與一答一) 與李翼汝(肯洙) 與金元一(在俊) 與李參判(建昌) 答朴儀七(載樞○與一答一) 答康化允(基泰) 答柳德鄕(成植) 答柳悅鄕(志普○二)

卷三

雜著: 鷲南草堂事實 五槐亭重刱事實 望北亭事實 遊雪山錄 陳情表 答全州募義所文 龍巖書院重修通文 答寶城修譜所通文 書柳義士事蹟後 返照信筆

卷四

序: 空中樓閣序 退川小序 司馬齋設稧序 鄕飮禮小敘 牟陽縣校重

修青襟案總敍 續贈崔浪谷小序 敍金(箕斗)爲親稧帖 與柳君(東錫)往復錄小敍 松沙全處士孝行蹟敍 龍岡樵庵小敍 書朴顧庵(孝一)清溪齋 敍牟陽鄉約案 敍養士齋稧案 講會契重修敍

記: 高敞縣校明倫堂重修小記 十代祖考承訓郎府君墓碑陰記 龍岡精舍記(附十層圖) 牟陽縣學記 高敞縣鄉射堂重修廳壁記 奇學士(陽衍)栢石軒記 八曲亭記 晩閒堂記 東塢亭小記 竹庵記

跋: 觀善跋 跋鄉籍 遊龍門錄跋 題九本說後

卷五

上梁文: 牟陽縣文廟重修上梁文 鷲南草堂上上梁文 隱士齋上梁文 醉石亭上梁文 普龍山亭上梁文 東岡亭上梁文 望北亭上梁文 龍岡書樓上梁文 牟陽縣司馬齋上梁文

祭文: 祭從弟基燮文 祭蘆沙奇先生文 祭柳丈(基發)文 祭朴友(升鉉)文 祭柳友(志能)文 祭柳友(恒植)文 祭李侯(顯正)文

祝文: 社稷壇祈雨文 方丈山祈雨文 鷲嶺山祈雨文 九王峯祈雨文 興德玉題祠祝文 別慰祭祝文

行狀: 八世祖隱士公行狀 先考府若家狀 先妣孺人善山金氏家狀 通德郎柳公(志能)行狀

卷六

策: 三政策

蓮上集附錄: 告墓文(柳志普 外) 家狀(安錫烈) 行狀(尹相甲)

蓮上集後序(鄭奎三)

蓮上集跋(柳浚喆)

『오남문집(吾南文集)』

1. 저자 소개

김한섭(金漢燮, 1838~1894)의 자는 치용(致容)이고 호는 오남(吾南)이며 본관은 영광(靈光)이다. 기묘사화 때 사림을 구원하려 하였던 김광원(金光遠, 1478~1550)의 후손으로, 1838년 장흥군 흥룡동(현 부산면 내안리)에서 김노현(金魯鉉)의 아들로 태어났다. 어머니는 해남 윤씨(海南尹氏)로 윤상열(尹商說)의 따님이다. 그의 아버지는 심재(心齋) 송환기(宋煥箕, 1728~1897)의 문인이다.

김한섭은 말을 하게 되면서부터 하루에 수백 어를 익힐 타고난 기품이 뛰어났다. 11세 때 문장에 뛰어나 재능을 발휘하고 18세 때에는 『중용차의(中庸箚疑)』를 지어 여러 주석의 시시비비를 가름하였다. 일찍이 가학을 접한 김한섭은 이항로(李恒老, 1792~1868)에 나아가 수학하고, 이항로 사후 다시 임헌회와 기정진의 문인이 되었다. 당시 동문 김평묵, 유중교(柳重敎, 1821~1893), 최익현, 송병선, 전우, 기우만, 이희석 등과 학문적 교류를 가지며 유학을 진흥시키고자 노력하였다. 학문이 성취된 뒤엔 고향인 장흥과 강진에서 연찬하면서 강학하였는데, 1877년 40세 이후 강진 월각산(月角山) 아래 금릉(金陵)의 대명동(大明洞: 현 성전면 송월리 대월)에 한천정사(寒泉精舍)를 짓고 동학들과 교류하며 후진 양성에 진력하였다.

1882년에 그의 둘째 아들 김봉식(金鳳植)을 지도(智島)로 보내어 김평묵을 찾아가 공부하게 하였다. 또 1883년엔 그의 스승 임헌회의 문집인

『고산문집(鼓山文集)』 간행을 위하여 오랫동안 고창(高敞)에 있었다. 특히 유학을 부흥하고자 「벽사설(闢邪說)」·「통화변답(通貨辨答)」·「농정신서서조변(農政新書序條辨)」 등 정치적 견해를 담은 글도 있다. 성리학이깃든 저술도 많이 지었으니, 「형이상하도변설(形而上下圖辨說)」·「심통성정도변설(心統性情圖辨說)」·「인물성동이도변설(人物性同異圖辨說)」·「명덕도변설(明德圖辨說)」·「심자신지소주설(心者身之所主說)」 등이다. 여기서 명덕주기설(明德主氣說)·성즉리심즉기설(性卽理心卽氣說)·성위심재설(性爲心宰說) 등을 반대하고 명덕은 리(理)가 주(主)이며, 심(心)은 이와 기의 합이며, 심은 몸의 주재자라는 견해를 주장한 것이 그의 성리학적 특색이라 할 수 있다.

1887년부터는 보암면 수양리로 옮겨 강학을 전개하였고, 1892년 12월에 강진향교 장의(掌議)에 임명되었으며, 1893년 4월부터는 동학(東學) 무리의 형세를 방지하기 위하여 박기현(朴冀鉉), 김병휘(金柄輝) 등과 향약계를 조직하였다. 1894년 12월에는 강진 보암면 도총장(都摠將)이 되어 강진관아를 사수하다가 향년 57세의 나이로 전사하였다. 훗날 그를 기리기 위해 단비인 「용동단유허비(龍洞壇遺墟碑)」가 세워졌다. 저서로는 『오남문집(吾南文集)』이 있다.

2. 문집 구성과 내용

『오남문집』은 13권 7책으로 목활자본이다. 20세기 초에 간행된 것으로 추정된다.

권1에 부(賦) 5편, 금조(琴操) 1편, 시 184수, 권2에 상량문 3편, 명 6편, 잠(箴) 3편, 기 5편, 권3에 서(序) 5편, 발 5편, 행장 7편, 묘지명 1편, 권4에 전(傳) 3편, 찬(贊) 2편, 제문 15편, 권5~7에 서(書) 98편, 서증(書贈) 9편, 권8에서 권13까지는 잡저 37편이 수록되어 있다.

권1에 수록된 부 작품은 주희(朱熹, 1130~1200)의 감춘부(感春賦)와 이이(李珥, 1536~1584)의 「이일분부(理一分賦)」를 차운하여 지은 것이고, 시는 각각 고시, 오언고시, 오언절구, 칠언절구, 오언율시, 칠언율시 등으로 분류하였는 바, 주로 차운시를 비롯하여 영물시, 교훈시, 기행시, 증시(贈詩) 등이 주를 이룬다.

권2에서 권4까지의 글은 상량문(上梁文)과 명문(銘文) 등의 다양한 문체의 글을 수록하고 있는데 제문은 세 명의 스승에 대한 제문, 그리고 동문과 집안 가족의 제문이다.

98편 서간문은 학문적 교류 및 안부, 경학과 성리학에 대한 내용인데, 「답이복여(答李服汝)」에서는 이(理)와 기(氣)의 특성에 대해 "이는 기를 타는 것이요, 기는 이를 싣는 것이다."라고 설명하면서, 퇴계(退溪) 이황(李滉, 1501~1570)의 학설과 율곡(栗谷) 이이(李珥)의 학설을 대비하고, 이황의 학설은 분개설(分開說), 이이의 학설은 통체설(統體說)이라 규정하였다. 또한, 명덕주기설(明德主氣說)을 반대하고 명덕주리설(明德主理說)을 지지하였다. 「여전자명(與田子明)」에서는 성은 마음의 주재라는 전우(田愚)의 성위심재설(性爲心宰說)을 비판하고 그것은 잘못된 성즉리(性卽理), 심즉기설(心卽氣說)을 토대로 한 데서 생긴 잘못이라고 반박하였다.

잡저는 후진 교육에 관련된 내용과 태극설·성리설을 다룬 글이 대부분이다. 「형이상하도변설(形而上下圖辨說)」은 형이상(形而上)과 형이하(形而學)에 대한 그림을 그리고 자신의 견해를 기술한 것이고, 「심통성정도변설(心統性情圖辨說)」은 '심통성정'에 대한 자신의 견해를 그림으로 그리고, 글로 설명한 것이며, 「인물성동이도변설(人物性同異圖辨說)」은 인물성동이(人物性同異)에 대한 그림을 그리고 견해를 기술한 것이고, 「명덕도변설(明德圖辨說)」은 명덕(明德)에 대한 그림을 그리고 견해를 기술한 것이다. 『심설집해』 상과 하는 경전과 선유의 글에서 심설(心說)에 관한 경전 구절과 선유의 언설을 가려 뽑고, 자신의 견해를 기술한 것이다. 특히 권11의 「일감문답(一鑑問答)」은 선비의 처세관·가치관을 비롯하여 경학·성리학·예학·복제(服制)·학제(學制) 등 여러 분야에 대한 저자의 주관을 문답체의 형식을 빌려서 기술한 것이다. 선비의 처세와 은둔, 배움의 차례, 과거 공부의 부정적인 측면 등을 설명하면서 태극과 음양과의 관계, 하도와 낙서, 태극·음양·도(道)와 기(器), 형이상과 형이하의 상호 관계, 인물성동이설의 비판과 수용 문제, 심(心)과 성(性)의 관계 등을 논변하였다.

「벽사설(闢邪說)」과 「이단총변(異端總辨)」에서는 서학의 범람을 우려해 야소(耶蘇)는 노불(老佛)보다 민생에 끼치는 영향이 크다고 지적하고, 적극 배격해야 함을 강조하였다. 이 밖에도 심성에 대한 해설인 「심자신지소주설(心者身之所主說)」·「통화변답(通貨辨答)」·「농정신서서조변(農政新書序條辨)」·「경시적도문(警示賊徒文)」 등 시정(時政)에 관한 정책적 의견을 제시한 글들이 있다.

『오남문집』은 국립중앙도서관 등에 있고, 『한국역대문집총서』(541~542)에 『오남선생문집(五南先生文集)』으로 영인되었다.

3. 문집 목차

卷一

賦: 謹次朱子感春賦(己巳) 謹次栗谷先生理一分殊賦 述懷賦 蕭艾賦 菊花賦

琴操: 明洞琴操

古詩: 民之初生十四章 大田三章 南山四章(比也言人雖有資質之美而不可以不學日有孳孳切不可半途而廢也) 採薇七章 清湖三章(清湖在水原沈斯文宜允中鄉居之孤山先生甚推許其學力焉) 小兒歌習 經業要辭 余陵義辭

五言古詩: 續遠遊 甲申三月十九日 次紫極宮韻 新元吟贈小學諸童

子 偶吟示齋中諸生 李兄白受(錫采)挽 憶亾友文亮叔(基穎) 贈崔秀才(采佑)

七言古詩: 次李无悶(喜冕)大明洞行 大明紅 題義僧靈圭碑 題丁兄舜和(炫)鳳岡千仞堂 自警吟 落齒歎 錦城行

五言絶句: 山居(四首) 春日偶吟 遣懐 花樹亭次諸生韻 叢菊 雪中松 遊修仁山謹次族祖放湖公(喜祖)韻 除草(二首) 玉梅花 登月出山(二首) 省坡州先墓 明岡蒼碧亭謹次鼓山任先生韻(二首) 用韋蘇州韻詠夜 聞書院毁撤之報 詠園中雜卉 大明洞山泉精舍雜詠(十二首: 精舍 果育齋 正養齋 麗澤軒 一鑑亭 寒泉齋 竹澗 杏壇 百丈磴 潛心臺 蓮塘 石塢) 大明洞林卉雜咏(二十六首: 梅 拱北花 牧丹 芍藥 桃 葵花 四季花 柳 梧 杏 桑 芹 栗 柿 梨 棗 榴 木果 大明洞林卉雜咏 蘭 蓮 菊 楓 檜 竹 松) 明洞會事 贈新谷主人(金璣烈) 山中卽事(二首) 春雨 題張慶先(錫文)畫卷 謹次重菴金丈務安野橋韻 謹次重菴丈惠贈大明洞韻(二首) 白虞侯(基虎)挽 上天吟(五首) 寒泉齋與諸生和吟(三首) 過長水洞悼亾友宣敬集(翼欽) 偶吟 立春雨後偶吟(二首) 無題(甲午六月二十七日) 送金德文(永奎)兼寄韓守奉官敬熙(昌洙) 菊花(國花)

七言絶句: 錄先考三山府君家狀志感 石室道中作 過麻貴坪 仲秋月夜聞長兒麟植誦濂洛風雅 和族弟新齋(漢驥) 見童子雙髻喜感而吟 智海別重菴文丈 姜處士(禹永)挽(四首) 贈別黃丱鍾五 壁上揭日月二字 近聞洋賊據興陽三島因往來沿海以審形勢到泊于康津南浦其意所在曉然可知吾人不幸當此朝夕險禍不可無定見聖人所謂篤信好學守死善道此誠第一義諦因誦先師鼓山先生丙寅八月書示吾黨絶句說與書社諸生敬步其韻(二首) 書社諸生俱讀孟子喜成一絶(時般景乃範子見聖則交五同處) 草堂卽事 鳳陽精舍雜詠(五首: 鳳岡朝陽 龍嶽暮雲 山下寒泉 東湖明月 西山清風) 姑惡鳥(二首) 送大彦(魏琫植)乃晦(金永根)之雲潭 贈任丱吾東(二首) 次重菴遺躅韻贈羅聖教(有英〇三首) 題鳳問精舍 山家獨作(甲午七月見朝報志感) 和河己千(正秀)之字韻

五言律詩: 偶吟 書示諸生(丙戌臘月小望○是冬金武卿朴而亨安洪俊黃鍾五相守講討慰此寂寞之懷可感可感) 己丑立春感吟 壬辰立春翌日吟 贈心漁堂主人(金道淳) 贈魏大彦 贈丁文玉(璨壽) 贈金翼卿(世輔) 東寅陽月哉生明八處鳳陽精舍 中元憶重菴先生(甲午) 仲秋上弦大彦來言所懷(甲午) 剝月望朝書示吳禮中(庸在)丁瑩汝(蚊壽)金直卿(在植)李祥元(思皡○甲午)

七言律詩: 己卯暮春與省內諸賢會講於道岬寺到大明洞和吟 集古人詩句示諸生 癸未至月謹次朱子涺灘韻 謹次重翁贈別正三(金台漢)益進(韓學淵)韻 到笛坪謹次南坡李丈(僖錫)書示韻 奉和无悶李兄用其韻 步錦坡李兄(秉燮)寄示韻 遊舍人亭敬次原韻 花樹亭次諸丈韻 靜潭齋次主翁(高彦柱)韻 次崔氏(奎文)龍湖亭韻 寄題心漁堂 寄吳大集(成模) 登無等山(一名瑞石) 贈別姨弟羅賢守 聞倭洋醜類歷覽沿海諸邑 林德洪(炳鏞)來訪 致圖(馬鍾河)讀心經汝仁(金世鉉)讀近思錄文卝忠烈讀論語及諸隣兒讀小學作此志喜 新元逢朗西諸友 病中強吟(甲午) 與大彦登朱雀山(甲午) 知足翁嘉顯(尹榮浩)誦退溪呈尹安東詩因命和之謹忘拙構呈

卷二

上樑文: 大明洞祠堂上樑文 鳳陽精舍上樑文

銘: 約軒銘(幷序) 訒齋銘(幷序) 止一齋銘 持敬齋銘 毋忝室銘(幷小識) 復軒銘

箴: 主一齋箴(幷序) 紙尺箴(書贈讀書小兒) 讀書箴

記: 寒泉精舍實記 首陽精舍記 敬齋箴板重刊實記 弘毅齋記 景晦堂記

卷三

序: 尊攘新編序 送陳子平(禹錫)歸皇朝村序 江陵劉氏宗會案序 實

巖坊約序 白虞侯六十一宴行鄉飮禮序

跋: 敬題永曆大統曆後 敬題朱夫子五倫筆帖後 敬畏箴跋 書晩悔集後 題河君己千自叙賦後

行狀: 先考三山府君家狀 再從叔仁山公(德鉉)行狀 刑曹叅議金公(相勉)行狀 學生金公(鯨錫)行狀 次子鳳植狀錄 次子鳳植正終言行 十二代祖月峯府君謚狀本草

墓誌銘: 槐蔭文公(思九)墓誌銘

卷四

傳: 孝子安公(世龍)傳 烈婦孺人李氏傳 金耕讀齋(曰淳)傳

贊: 先師華西李先生畫像贊 四賢贊(爲李服汝作)

祭文: 祭華西先生文 再祭華西先生文 祭鼓山先生文 再祭鼓山先生文 祭蘆沙奇先生文 祭重菴先生文 祭族大父同知公(瑾)文 祭薇齋鄭公(在弼)文 祭茶嵒魏兄(榮馥)文 祭梧軒丁公(炫)文 祭族弟新齋文 祭剛軒丁君(炳序)文 祭亾次子鳳植文 祭亾長子婦丁氏文 祭族孫鍾煥文

卷五

書: 上華西先生 上鼓山先生 上鼓山先生 上鼓山先生 上蘆沙先生 上重菴 上重菴 上重菴 上重菴 上重菴 上重菴 上重菴 上重菴別紙 上重菴 上重菴 上重菴 上重菴 上重菴 上重菴別紙

卷六

書: 上李黃溪(墣) 上李朗海(烋) 上李朗海 與柳穉程(重敎) 與柳穉程 與柳穉程 與柳穉程 與崔叅判(益鉉) 與崔叅判 答崔叅判 與宋祭酒(秉璿) 與宋祭酒 答鄭國彦(在弼) 與魏芳瑞(榮馥) 答金子元(勳) 與洪汝章(大憲) 答洪汝章 答李服汝(喜勉) 答李服汝 答李服汝 答李服汝 答李服汝 答李敬述(孝植) 與田子明(愚) 與田子明 答田子明 與洪

思伯(在龜) 答洪思伯 答洪思伯 答柳聖存(基一) 與奇會一(宇萬) 與奇會一 與奇會一 與宋燦五(鍾雲) 答朴應瑞(在麟) 與李致道(秉龜) 答族弟民受(永澤) 答宋致承(鎭鳳) 與宋致承 答金景三(在珪) 與崔德汝(潤燦) 答李進夏(三遠) 答金亨善(泰瑀) 答丁采文(炳序) 答尹士奎(在璨) 答金贊炯(永煥) 答玄士明(在昇) 答玄士明 答朴子善(熙元)

卷七

書: 答族弟台漢 答魏衡良 答魏衡良 答魏衡良 答郭洪翊趙宗九 答魏琫植 答族弟漢文 答漢文 答漢文 答金永根 答金永根 別紙 答金永根 答吳成模 答崔根完 答崔根完 答金世輔 答白永昇 與白永昇 答金世鉉 答黃明奎 與天台山講會諸生 寄長兒麟植

卷八

書贈: 知止說書贈寒泉齋諸生 書贈郭乙善(昌欽兒名) 讀禮說書贈朴秉洙 書贈吳成模 學顏說書贈韓學淵 陽復說書贈黃鍾五(明奎兒名) 讀論語說書贈崔采佑 書贈羅有英 書贈文忠烈

雜著: 論天台講說 寒泉齋夜講略辨 寒泉齋約規 寒泉精舍學規 小學劄疑 處己常則 寶巖坊契約 山齋志喜

卷九

雜著: 經理管見

卷十

雜著: 三極圖說 形而上下圖辨說 朞圖解說 日月會朔圖說 土圭地中圖辨說 律呂相生圖辨說 卦變改正圖說 心統性情圖辨說 人物性同異圖辨說 費隱圖辨說 明德圖辨說 大學全圖後說 聖賢闢邪圖說 聖賢傳敬圖說

卷十一

雜著: 一鑑問答

卷十二

雜著: 山中燭話 心說集解上 心說集解下 心者身之所主說 儒釋心學不同辨 衣制辨答 衣制辨說

卷十三

雜著: 寅字說 闢邪說 通貨辨答 異端總辨 農政新書序條辨 警示賊徒文

『용산유고(龍山遺稿)』

1. 저자 소개

기홍연(奇弘衍, 1828~1898)의 자는 경도(景道)이고 호는 용산(龍山)이며 본관은 행주(幸州)이다. 기홍연은 1828년(순조28) 11월 5일에 용산의 자택에서 태어났다.

금강(錦江) 기효간(奇孝諫, 1530~1593)이 그의 10대조이고 기정익(奇挺翼, 1627~1690)은 6대조로, 우암(尤庵) 송시열(宋時烈, 1607~1689)의 문인이기에 가문은 서인과 노론계열이다. 증조는 기태일(泰一), 조부는 무곤(茂坤)이다. 아버지는 기중진(奇重鎭)이며, 어머니는 강항(姜沆, 1567~1618)의 후손인 진주 강씨이다.

일찍이 노사(蘆沙) 기정진(奇正鎭, 1798~1879)의 문하에서 수학하였다. 과거를 통해 입신양명하여 부모를 기쁘게 해드리려 했으나, 부모를 여의자 과거를 단념하고 학문연구에만 전념하였다. 그의 장중(莊重)하고 단호(端好)한 성품을 본 마을 어른들은 큰 그릇이 될 것으로 칭송하였다. 서예에도 뛰어난 실력이 있었다.

한편 「사도책(師道策)」을 지어 당시 교육제도의 폐단을 지적하고, 그러한 폐단을 없애는 방법으로 문벌과 지연의 통일(通門地), 당론의 제거(去黨論), 과거제도의 개혁(革科擧)을 촉구하였다. 말년에는 주서(朱書) 공부에 힘써 『주서표기(朱書標記)』 등을 만들어 실천하고, 좌우명으로 삼았다. 1898년 10월 25일 향년 71세의 일기로 삶을 마쳤다. 저서로 『용산유고(龍山遺稿)』가 있다.

2. 문집 구성과 내용

『용산유고』은 7권 3책으로 목활자본이다. 1905년 친척과 친지들에 의해 장성에서 간행되었다. 권두에 종질인 기우만의 「서문」와 권말에 사종질 기우승(奇宇承)의 「발문」이 있다.

권1·2에 시 267수, 권3·4에 서(書) 51편, 잡저 12편, 권5·6에 서(序) 4편, 기(記) 5편, 발(跋) 10편, 행장 1편, 제문 9편, 상량문 1편, 책(策) 1편, 권7은 부록으로 만사 5수, 제문 5편, 행장 1편 등이 수록되어 있다.

시는 신흥사(新興寺), 정릉(貞陵), 세검정(洗劍亭), 문수암(文殊庵), 전북 내소사(來蘇寺)와 격포(格浦) 채석강(採石江) 등을 소재로 한 시가 있고, 서울에서 공부할 때를 비롯하여 전국을 유람하며 쓴 시문이 상당수가 수록되어 있고, 정사년(1857, 철종8)부터 세상을 떠난 1898년까지 1년 중 마지막 달인 섣달 그믐날이나 음력 정월 초이렛날, 정월 대보름, 동지, 입춘 등 세시에 따라 소회를 읊은 시가 다수 수록되어 있다.

서는 스승 기정진과 조성가, 김평묵, 정의림, 운람(雲藍) 정봉현(鄭鳳鉉) 등과 주고받은 왕복서간문(往復書簡文)들이 수록되어 있다. 별지에는 경전의 훈고에 대한 논술이 많다.

잡저에 수록된 「사도책(師道策)」은 당시 교육제도의 폐단을 지적하고 이것을 수정하는 방법으로 당론(黨論)을 제거하고 과거제도의 개혁을 촉구하는 내용이 수록되어 있어, 당시 당파의 실상을 이해하는 데 참고가 된다. 잡저 중 「주서표기(朱書標記)·「표의(標疑)」·「주역표기(周易標記)」 등에는 경의(經義)를 이해하기 쉽도록 해석한 내용이 수록되어 있어 경학연구에 좋은 자료가 된다.

『용산유고』는 국립중앙도서관, 한국학중앙연구원·고려대학교·전주대학교·경상대학교·계명대학교·이화여자대학교 도서관 등에 소장되었고, 『한국역대문집총서』(2714)에 『용산선생문집(龍山先生文集)』(龍山遺稿)으로 영인되었다.

3. 문집 목차

龍山遺稿序(奇宇萬)

卷一

詩: 伏次蘆沙先生丁巳除夕韻 丁巳除日 金章汝祖母生朝韻 牧丹步河丈二十句排律 壬申守歲 癸酉元宵 出漢陽東小門 新興寺 貞陵東廟 青龍寺禮佛僧 洗劍亭 文殊庵 北漢重興寺 山映樓 渡漢江 渡錦江 步鳩林芼嵎老人六十壽韻 悼亡室 邱珎叙別 挽蘆沙先生 足一樣寒句 懷菊畹老人 聞田荷山人韻 櫟窩 別芼嵎老人 烟起寺 逍遙庵 象外亭 步象外亭韻 廣石臺草堂會 步柏石軒韻 步赤壁望美亭金三衍韻 來蘇寺 步鄭公韻 格浦 采石 夏浦 柳川 龜洞黃頤齋舊居 眠牛川 鳥嶺雲門菴 藥師菴 步圃隱先生水閣韻 金片洞拜妻母山 步聘 會德月庵送別月皐老人 步岐山精舍韻 秋飯會 步柘泉老人菊花詩 乙酉至夜 大雪步韓昌黎四十排律 乙酉除夜 炳蓮 渭柳 葡萄 碧梧 菊 槐 凰山拜先師墓 挽戚叔姜文會 雉炙 莘湖六十韻 丙戌除夜 和櫟翁除夕韻 立春雉炙 丁亥除夜六十韻 題戊子舊曆 題戊子新曆 題六戊全書 步校理族兄六十韻 丁亥秋飯會 戊子元宵後夜 和金士亮 聞諸名勝遊白羊 落齒步板泉老人菊花韻 回甲生朝 步柘泉荒年韻 荒政 仲冬梅 冬夜 雪月讀梅溪詩感胡澹菴事 戊子除夜 己丑元宵 碁戒 仲春夜初月滿庭用前韻 步柘翁韻 己丑大寒兼歲除 己丑除夜 步岐山老人回甲韻

卷二

詩: 瑞石紀行 冠巖亭送高公世 遊下清 步農巢翁農字疊韻 烟 聞柘老謁圃隱影堂 德峙訪金永五 步三石亭韻 石字疊韻 步鄭延豊尋眞堂韻 登鷲棲山亭 步仲翁回甲韻 鷲棲山對月軒 步東塢韻 六一亭 聞香亭 涵月亭 送月皐 次宋海士止齋韻 步鄭李菴重修韻 芭蕉 心園 心園五盟 心園更題 有感 夕 涉世 步金鳴國贈詩 老人鏡 漆杖 衣冠 立春

聖人 丙申人日 穀日 見撤削官文 懷櫟翁 丙申上元 見兒子和李大耀韻 男孫生 微痾 菊 子姪 朋友 丙申冬至 丙申小寒 見建陽歷 丙申守歲 德孫初度 九日用兒輩韻 丁酉生朝 丁酉冬至 丁酉除夕 又用除夕韻 子嘲 戊戌立春 上元 自寬 喜兒故乾淨 步金志學五柳精舍韻 步金志學觀海亭韻 步智山羅聖教頭流山韻 戊戌秋分 心無翁 烟 乾柿 歲拜 述兒往嶺上 步金性文三綱錄韻 櫟翁見過 步金錫呂石友韻 藥師菴重修韻 讀朱子十二辰詩 送芚嵎老人 步月皐老人詩字韻 冬至梅 自東塢歸鷲棲 步月皐菊花韻 步三石亭吾字韻 新春示諸少年 記雪霧 記冬不雨 德孫百日 步族叔晩悔韻 步月皐八十句排律 步櫟窩老人七十韻 再步莘湖六十韻 黃鶴翎 甘鶴相較 嘲鶴 鶴解嘲 摠論甘鶴 辨原韻 再詠黃鶴翎 鶴答 麥雨 讀重陽書有感

卷三

書: 上蘆沙先生問目 答趙月皐(性家) 與月皐 與月皐 與月皐 與月皐 與月皐 與月皐 與月皐 與月皐 答金重庵(平默) 上外舅靜齋鄭公書 上外舅書 上四從兄柏石(陽行)書 答四從弟耕叟(亮行) 與四從弟耕叟 答崔溪南(琡民) 答崔溪南 與閔正言(致亮) 答鄭日新(義林) 答鄭日新 與林炳容 與鄭雲藍(鳳鉉) 與李栢泉(鼎緖) 與曺汝元 答李櫟窩(敦亨) 答朴景立(準基) 答宋海士(漢宗) 答趙南洲(性宙) 答金鳴國 答或人問 與雲潭金哀 與任將作(喆常) 答任將作 答鄭瀛山(禹達) 答鄭瀛山 答鄭瀛山 答鄭瀛山 夾紙 與鄭瀛山 與李石灘(錫憲) 與李石灘 答戚從姜士彬 與安哀(榮煥) 與曺哀(錫休) 答家季(尙行) 與任甥(百英) 與任甥 與任甥兄弟 與任甥 與舍弟(學行) 答炳兒 與休孫

卷四

雜著: 朱書標記 標疑 周易標記 與崔元則相敬說 炳也字汝晦說 與櫟窩論洗耳亭說 論存羊 論溲溺儒冠 人性善惡辨 正名分立紀綱論 中

庸已發未發說 心无翁說

卷五

序: 鄉約序 送遠客序 鷲棲詩會序 五柳精舍詩序

記: 縣學重修記 淸虛閣記 心園記 龍山園記 武城鄉學明倫堂重修記

跋: 題月皐知覺理氣說後 題某君遺稿序 題金豊五山南古蹟後 題李允文先集後 題金學卿派譜序後 題瀛山記行後 題金性文先世三綱錄後 題方丈山人心軒記後 題案上書後 甲辰人同甲會案跋

行狀: 靜齋鄭公行狀

卷六

祭文: 祭先師蘆沙先生文 二 三 祭四從侄章一文 祭亡室鄭氏文 祭任君拱三文 祭月湖文 祭四從兄上舍文 女弟哀辭

上樑文: 金上庠外寢重修上樑文

附策文: 師道策

卷七

附錄: 挽詞(五)(趙性家) 祭文(趙性家) 祭文(奇亮衍) 祭文(鄭禹達) 祭文(金斗煥) 祭文(宋漢復) 行狀(奇宇萬)

跋(奇宇承)

『월고집(月皐集)』

1. 저자 소개

조성가(趙性家, 1824~1904)의 자는 직교(直敎)이고 호는 월고(月皐)이며 본관은 함안(咸安)이다. 경상남도 하동군 회산리(檜山里)에서 동몽교관(童蒙敎官)에 증직된 조광식(趙匡植)의 아들로 태어났다. 어머니는 김해 김씨(金海金氏) 김석신(金錫信)의 따님이다. 아버지는 근검으로 가산을 일으켜 자식 교육에 성력을 기울였다. 어려서 총명하여 스스로 책을 읽기를 좋아해서 스승의 독려가 필요하지 않았다.

20세 무렵 이미 경서와 사서를 두루 섭렵하였고, 문장을 짓는 데 있어서는 고문의 법도를 따랐다. 1851년 28세 때 3백리를 걸어 자기가 지은 문장을 폐백으로 삼아 노사(蘆沙) 기정진(奇正鎭, 1798~1879) 선생의 문하에 나아가 30여 년 동안 학문을 닦았다. 기정진 선생에게 나아간 것은 스승과 인연이 깊은 월촌(月村) 하달홍(河達弘, 1809~1877)의 권유가 있었기 때문이다. 조성가는 매년 두세 차례 스승에게 나아가 학문을 닦았는데, 자기의 인격 연마에 힘썼다. "도(道)라는 것은 내 자신이 마땅히 가야할 길이고, 내 마음에 갖추고 있는 이치다. 만약 몸소 행하여 마음으로 터득하지 않고서, 한갓 입으로만 말하여 자기의 지혜와 능력을 자랑하는 도구로 삼는다면 자기의 인격을 위하는 학문이 아니다"라고 한 점이 이를 반증한다.

교류하는 벗들에게 불편을 주지 않기 위해 궁벽한 산골 회신(檜新)에서 살다가 부친을 모시고 진주 월횡(月橫里)로 돌아와 살았다. 조성가는 스승을 만나기 전 여러 차례 향시에 합격하였으나 문과에는 급제하지 못하였다. 과거에 대한 미련을 버리지 못하다가 50세가 넘어서야 과거를 그만두고 학문에만 전념하였다. 성리학에 전념하였는데 특히 기정진의 이일분수설(理一分殊說)을 적극 지지하면서도 많은 연구를 거쳐 기정진에게 많은 질문을 하였다. 기정진은 81세 때 이에 대한 답설로 「외필(猥筆)」 1편을 지었는데 이 글은 뒷날 간재학파(艮齋學派)와 연재학파(淵齋學派)로부터 성리학의 논쟁이 되기도 하였다.

책을 좋아하여 장서가 5천 권에 이르렀고, 벗들과 교류하면서도 새로운 책을 구하는 데 늘 노력하였다. 학문과 덕행이 뛰어나서 영남의 대표적 학자로 알려졌다. 1883년(고종 20) 60세 때 조정으로부터 선공감(繕工監) 가감역(假監役)에 제수되었다. 1893년 진주목사가 관찰사의 지시를 받아 강약(講約)을 설치하고 조성가를 초빙하여 도약장(都約長)으로 삼고, 선비들의 요청으로 단성현(丹城縣)의 신안정사(新安精舍)와 삼가현(三嘉縣)의 관선당(觀善堂)에서 강의하기도 하고, 또한 문중의 소년 및 고을의 수재들과 봄가을 2회 모임을 갖고 강학하여 '분서강약(汾西講約)'이라 하였다. 특히 월횡의 시냇가에 취수정(取水亭)을 짓고 제자들을 거처하게 했는데 벽에 "강호성기(江湖性氣) 풍월정회(風月情懷)"라는 여덟 글자를 써서 걸고, 중국 송나라 회암(晦庵) 주희(朱熹, 1130~1200)의 교육 방법 같이 가장 긴요한 것을 사방 벽에 써서 제자들을 가르쳤다.

1895년 조성가는 을미사변이 일어나자 지리산으로 들어가 두문불출하고, 「정원십(貞元什)」 250수를 지었다. 한말의 급변하는 과정에서 유학의 본질을 지키기 위하여 「부정척사론(扶正斥邪論)」을 지어 외세의 압력에 저항하였다. 그는 후학 교육에 전념하면서 만성(晩醒) 박치복(朴致馥, 1824~1894)·면암 최익현·계남 최숙민·심석재(心石齋) 송병순·노백헌 정재규·송사 기우만 등과 교유하였다.

1902년에는 수직(壽職)으로 통정대부에 올랐다. 1904년 향년 81세로 삶을 마쳤다. 1928년 사론(士論)의 발의로 스승 기정진의 고산사(高山祠)에 배향되었다. 저서로는 『월고집(月皐文集)』 20권 10책이 있다.

2. 문집 구성과 내용

『월고집(月皐集)』은 20권 10책의 목활자본으로, 1929년 조성가의 조카 조찬규(趙纘奎)와 문인들이 편집·간행하였다. 4주쌍변(四周雙邊), 반곽(半郭) 21.2×16.5cm, 유계(有界), 10행20자, 주는 단행(單行), 상하향(上下向) 2엽화문어미(二葉花紋魚尾)에 크기는 29.7×20.5cm이다. 권말에는 조찬규의 「발문」과 조기주(趙基周)의 중간본 「발문」이 있다.

권1에서 권5까지는 시 1,024수, 권6에서 권11까지는 서간문 394편, 권12과 권13은 잡저 9편, 서문 29편, 기문 31편, 발문 8편, 명문(銘文) 5편, 혼서 1편, 권14에서 권16까지는 상량문 8편, 축문 2편, 제문 25편, 묘갈명 39편, 묘지명 6편, 묘표 1편, 권17과 권18은 행장 15편, 권19는 일기, 권20은 부록으로 가장·행장·봉안문 등이 수록되어 있다.

시는 고체(古體)·근체(近體)를 비롯하여 각양각체의 시가 구비되어 있다. 시는 자연과의 합일을 모색하는 것은 물론 자신의 주변의 초목·금수·산천·정루(亭樓)·사찰·고적 등을 그 소재로 읊은 영물시도 있다. 영물시 가운데 동식물의 특징과 인간과의 관계를 읊은 것을 보면, 「십과(十果)」는 포도, 앵두, 복숭아, 석류, 대추, 오이, 감, 배, 밤, 귤의 10종 과일, 「십금(十禽)」은 꾀꼬리, 제비, 학, 닭, 매, 백로, 기러기, 오리, 두견새, 까치의 10종 조류, 「십충(十蟲)」은 매미, 개미, 벌, 나비, 반딧불이, 모기, 파리, 누에, 귀뚜라미, 거미의 10종 곤충 등이다. 더욱이 연작시(聯作詩)·기행시(紀行詩)도 많고, 시를 통해서 그 자신의 치학방법(治學方法)을 제시하는 경향도 있다. 농촌의 정경을 담담한 필치로 묘사하였으니 「차월촌전가십이시운(次月村田家十二月詩韻)은 농촌에 살면서 느끼는 춘하추동 사계절의 변화와 정취, 농가에서 행하는 일을 정월에서 12

월까지 달마다 7언절구로 읊은 것이다. 전원시는 중국 진나라의 도연명(陶淵明: 365~427)의 시풍도 깃들어 있다. 이러한 그의 시상과 격조는 높고 화실(華實)이 조화되어 있다.

서(書)에는 주로 경전·성리설·예설에 대한 논술이 많다. 스승 기정진을 비롯하여 박치복·최익현·최숙민·송병순·정재규·기우만 등 당시 많은 석학들과 학문적으로 문답한 내용이다. 특히 스승과는 일상의 문안을 비롯한 독서 방법과 소감이나 선현의 인물평, 학문의 문난(問難) 등에 관한 것이 많다. 스승에게 익힌 참된 공부를 동학들에게 답하면서 자신의 부족함을 토로하며 권면하는 서간문이 적지 않았고, 사우들에게 『주자대전(朱子大全)』과 『주자어류(朱子語類)』를 숙독할 것을 권장하기도 하였다. 또한 시보다는 학문을 먼저 해야 하고 시는 나중에 해야 하고, 문장을 잘 지으려면 그 일에 전일(專一)해야 함을 역설하는 글도 있다.

잡저는 9편 있는데 그 가운데 「부정척사론(扶正斥邪論)」은 서학(西學)을 배척하기 위한 글이다. 그 내용에서 "근래 서양 문물이 나라에 통용되고 사악한 이론들이 서쪽으로부터 들어와 쏜살같이 퍼지고 있다. 대저 나라의 운명이 지금보다 위태로운 적이 있던가 싶다. 이들은 무슨 도인가? 공자 맹자를 배척하고 뒤에 생기는 피해는 거의 맹수와 홍수에 당한 피해보다 더욱 극심했다"라고 하면서 전통 유학을 체계적으로 진흥시켜야 한다고 강조하고 있다. 기문으로 「칠불암칠성각중수기(七佛庵七星閣重修記)」는 경상남도 하동군에 있는 칠불암의 불교사적을 탐구하는 데 참고자료가 된다.

명문 가운데 「금성연명(金星硯銘)」은 저자가 소장하고 있던 벼루에 부친 글이다. 경상남도 산청군 단성에 있었던 단속사(斷俗寺) 터의 신행선사비(神行禪師碑)는 813년(헌덕왕 5)에 세운 것으로, 당시의 명신 김헌정(金獻貞)이 글을 짓고, 승려 영업(靈業)이 글씨를 썼으며, 비석은 희귀

한 돌이었다. 서울을 비롯한 각지에서 많은 사람들이 비문을 탁본하러 오자 인근 사람이 그 조역(助役)에 피로를 못 이겨 밤에 비석을 부수어 버렸다. 그 비석 조각을 얻게 되어 벼루를 만들었는데, 그 돌에 별무늬와 비슷한 금점(金點)이 있어서 '금성연(金星硯)'이라 이름 짓고 가보로 삼았다고 한다.

「임헌참마검명(林軒斬馬劍銘)」은 정임헌(鄭林軒)의 자손이 보전해온 그의 칼을 보고 지은 찬명(贊銘)이다. 정임헌은 과거를 보러 서울에 와 있을 때 우연히 좋은 말을 길렀는데, 당시 한 고위관리가 그 말을 탐내어 좋은 벼슬과 교환하자고 유혹하였다. 그러자 정임헌은 뇌물을 주고 벼슬을 얻는 것은 자신의 본뜻이 아니라고 밝히고 그 말을 단칼에 베어 죽이고 하향했다고 한다.

행장 중 「노사선생행장(蘆沙先生行狀)」은 스승 기정진에 대한 행장이다. 17,500여 자에 달하는 장문으로, 그의 생애와 성리학적 사상을 피력한 역작이다. 「사상일기(沙上日記)」는 기정진의 문하에서 수업하는 동안 질의·응답한 내용으로, 1859년 8월 10일부터 시작하여 9월 23일 환가할 때까지 약 40여 일간 기정진을 곁에서 모시면서 날짜별로 기록한 일기체이다. 태극동정(太極動靜)의 오묘한 이치와 인물성동이론(人物性同異論)·성정체용(性靜體用)·치란득실(治亂得失)·세도인심(世道人心)·사정시비(邪正是非), 경의(經義)의 이동(異同), 예제(禮制)의 정변(正變), 천문지리에 이르기까지 광범위한 내용을 다루었다.

권20은 부록에는 1827년 손자 조용숙이 지은 「가장(家狀)」, 1928년에 권재규(權載奎)가 지은 「행장」, 기정진의 사당에 배향하는 「고산사배향봉안문(高山祠配享奉安文)」이 있다.

국립중앙도서관, 전남대학교 도서관, 경상대학교 도서관, 성균관대학교 도서관, 계명대학교 도서관, 연세대학교 도서관 등에 소장되었다. 1989년 현손 조범래(趙範來)에 의해 여강출판사에서 영인본으로 간행되었고, 『한국문집총간』(續 137)에 『월고집(月皐集)』으로, 『한국역대문집총서』(516~518)에 『월고선생문집(月皐先生文集)』으로 영인되었다.

3. 문집 목차

卷一

詩: 上蘆沙先生(癸丑) 石隅軒酬王大猷(師亨)二首 與抱甕廬時用(兟壽)讀書山房及其歲暮先歸拈韻相酬 憶時用 除夕 元朝(甲寅) 立春 人日 上元 次朱子十二辰詩韻 和芝窩鄭國喬(奎元)五心字韻 和雙洲鄭舜文(泰元)心字韻二首 明德巖梁丈(挺萬)自京回往拜焉不期而至者四五人仍賦詩相歡 呈月村河丈(達弘) 四月留八角亭一日與趙澹人(敏植)往哭鷺湖洪先生(直弼)仍訪花藏寺時趙肅齋(秉德)與韓運聖諸人校讎梅山遺集蓋盛會也 乙卯四月余訪金季老活溪幽居雨留一日金君出餞于藏在洞共宿村家又滯雨無聊閱崔簡易集有贈車五山詩弄字韻凡廿頁遂與步和戒無襲原韻非敢曰別出機杼亦一詩家之漫弄耳 再疊 三疊 又拈近體二首 次月村田家十二月詩韻 作鰲山行過宿順天仙巖寺 松廣寺 趙餘窩(○植)挽 藜村奇進士(麒鎭)家聯句 倒前聯 呈龍岡奇景道(弘衍) 和呈芝窩 寄呈抱甕三首 雙洲見訪拈金秋史韻相酬 拈楊誠齋韻 用簡易弄字韻 又拈簡易韻二首 用韓昌黎會合聯句三十四韻 河東寮義允(載文)過余書室拈韻志喜二首 夏遠近諸益會于月齋團圝恰數月以梧秋二日將散不可無一言抒情 崔子弦(彝東)挽三首(己未) 月山齋和雙洲 花開洞懷崔孤雲先生 昌平高伯範(濟洪)家會宿 和王大猷澹人千里瀆庄之行臨枉敝廬感荷可言臨行寵以一律和呈 族兄敦復齋(性天)挽(辛酉) 賦菊花二首 坡州途中二首(與澹人同遊) 至棠山二首 棠山早發 宿遊山墳菴三首 閣亭別趙汝晦(性憙) 白羊山讀書歌贈莘湖金穉敬(祿休○壬戌) 次白羊山淨土寺水閣原韻 雲門菴酬文一瓢(在實) 寄贈莘湖 謹次河丈(啓實)默窩韻(幷序) 和寄龍岡贈別韻 具丈(錫

胤)挽三首 呈河千之(麟壽○幷小序) 南坡李丈(僖錫)以其譜事李留於金山三嘉之間且半載六月末訪余月山書室留一月於其歸也可無贐別(癸亥) 與雙洲京回上黨途中同賦(甲子) 過國喬篁林夜話 追次安德菴(濟遠)甲讌韻 次趙德菴甲讌韻 磧野歌(乙丑) 呈南坡行幰(丙寅) 南坡說關東形勝事蹟甚悉因與賦聯句 奉和南坡 贈別金景叔(晦鉉○丙寅) 莘村小會(丁卯) 莊齋和李正言(有臣○戊辰) 莊齋共李善長(敦必)李周見(晦根)賦 訪友人 齋居卽事 漫吟 朴楚醒(來元)過余書齋淹留數旬拈韻相酬三首 卽事二首 玉連環體 回文體二首 山中樂 漫題 懷龍岡 梁延老(湜永)梁弼成(命洙)見訪 楚醒復過四首 雨夜 述懷 長霖歎 卽事二首 八月與月村河丈竹坡梁延老東寮河義允渭農河致伯(在九)溪南崔元則(琡民)遊大源菴三十一首 源菴詩韻起於東終於咸更用東字韻賦古風一篇以效古人貞而復元之義 源菴別渭農三首 十月十六日與鄭濫翁舜弼(煥敦)過介坪 宿馬坪 宿柏田 次友人韻 茶亭與弼成元則會話十首 次趙應元(鏞宅)壽親韻 次成丈(采奎)悔山韻 次月村韻四首(己巳) 古木

卷二

詩: 雙七紀行(己巳四月與鄭濫翁河東寮崔溪南同遊: 青巖途中 宿橫川齋 踰三華嶺 宿岳陽平沙亭 自取適臺至花開市 宿雙溪寺 出石門 洗耳巖 七佛庵 滯雨二首 出山 別濫翁) 李聖罕(魯默)挽 湖行歷宿梧枝吳應七(斗英)家與諸友相酬二首 石水菴與景道穉敬諸人共酬九首 奇寢郎(亮衍)歸覲諸友以詩相賀 上沙回路訪魏聖憲(成祚)儀範(鳳祚)兄弟皆同門友也信宿講村二首 花開琴川院謁崔孤雲影幀 宋南斗(亨鎭)挽 挽李景淳(道元) 月齋同梁竹坡過夏夜則哦詩遣興 偕延老往慕寒齋與河義允崔元則共賦四首 反月齋四首 入州學會芝窩 齋蟬 蓮桂齋酬芝窩五首 山城寺四首 儀鳳館二首 回自州學與延老復理前語 雨後別延老 奉賑族兄晩覺軒(性) 寒齋酬河義允崔舜皡(植民)崔元則二首(庚

午) 七果 十禽 十蟲 月村次山谷食筍十韻屬余和之 其二 其三 漫吟 立春會寒齋 順天成侯(彝鎬)設酒於喚仙亭(辛未) 曺仲昭(鎔)崔元則惠然見訪 謹次蘆沙先生所和河月村二十韻呈湖南同門諸友 月村次柳柳州八十韻余亦效嚬 千里命駕昔人所難今吾族弟汝愈(性愚)能之酒後不可無唱酬 喜鄭聖規(鑄)見訪 又次聖規梅窩韻二首 留贈朴晩醒(致馥○壬申) 閔斯文克中(誼行)湖左介士也從遊鼇門有年而封疆相左際接末由今蒙見訪於山齋喜可知也聲病非余所嫺而此席不可無一言 挽三從兄(性仁) 甲戌六月與鄭雙洲權醉蓮(秉泰)及舍季京回二十六首(出閭閻 渡漢江〈時潦水大漲〉 到華城奇景道李樂裕〈最善〉亦至 素沙途中 天安三街別湖南諸友 路逢鄭霞石〈允錫〉待醉蓮 霽景 滯雨并川三首 余與霞石訪磻谷李聖訥〈承敏〉信宿而出 行路難 渡玄江 過懷德 憩樓橋 松湖訪鄭周瑞〈冕教〉 過雪川 別霞石 素沙嶺 入安陰 光風樓 留安陰 渭上 山陰 至丹邱分路各歸 賡呈鄭桐坡(元鉉)回甲韻 喜雨 偶成戱贈李正言 呈李正言 寫懷酬醉蓮(乙亥) 寄寒齋諸友 自笑 山中卽事寒齋會成悔山河義允崔元則五首(丙子) 錦山紀行三十首(宿多率寺三首 憩松亭店 過辰橋 宿大峴齋 渡露梁 過梧谷齋 過笠峴 入龍門寺二首 上白蓮菴 出龍門洞口 上錦山二首 菩提菴 虹門 坐仙臺 甘露泉 音聲窖 望海 觀日出 龍窖 漁火 宿城峴齋 望花芳寺 過忠烈祠遺墟 稅船途中 亂曰 李周見挽三首(丁丑)

卷三

詩: 頭流錄八首(丁丑 葦峙 公田 宿中山山齋 滯雨 喜晴 上山 天王峯 下山) 九月與李寒洲(震相)朴晩醒河雙岡(洪運)趙竹下(鏞宅)許南黎(愈)作錦山遊二十首(九日途中 大峴望海 留大峴齋 次鄭景長〈元暉〉睡隱韻 渡露梁 宿花芳寺 次韻竹下南黎 南海途中 上錦山二首 望大海 菩提菴 音聲窟 龍窟 虹門 甘露泉 坐仙臺 烽臺 九鼎巖 下山宿龍門寺 贈別寒洲) 鄭聖贊(東休)挽 鄭國喬挽(戊午) 河月村挽十首 謹

次河氏世祠韻 河丈(致克)挽 鄭桐坡挽(辛巳) 鄭子約(守敎)挽 鄭舜文挽二首 具宣傳(○○)挽四首(壬午) 次風月軒河公墓立碣時韻 酬鄭楫汝(溊)四首 東寮家會飮三首 李文汝(廷柱)梁舜九見訪 權德詹(承夏)挽三首(癸未) 次學稼亭重建韻 趙公(○孝)挽 次銅湖齋十二詠(乙酉杏臺春絃 藿岀落照 松亭美酒 皐澤肥鱖 舟巖寒雪 轎湫飛瀑 龜峴夜雨 鷹峯暮月 石橋樵歌 水峀清風 劒嶂歸雲 玉野晴嵐) 李寒洲挽 次安息亭韻 又次十詠(士林靈泉 白巖蒼松 桃峴歸雲 梨亭清風 立巖飛瀑瓢峯晴嵐 牙山明月 元溪夜火 醫洞香茶 犬谷靈杞) 送別安行五(達三)李樂裕挽十首 奇進士(晉衍)挽七首 次權岐見(璋煥)回甲韻 次李達支(根培)回甲韻 邊山什十九首(逍遙菴 象外亭二首 次韻 來蘇寺 次韻格浦 采石江 夏浦 柳川 茁浦 過黃頤齋舊居 眠川途中 烏嶺 向雲門菴雲門菴 藥師菴 水閣) 次河禹錫(兼洛)甲宴韻 源菴守歲三首 源菴立春六首(丙戌) 酬退隱師五首 次魏聖憲回甲韻 又次聖憲槐廬韻 取水亭寒齋次東寮見寄韻(丁亥) 懷醉蓮 華山亭立春 次華山亭原韻二首 次華山亭二十詠(五一齋 叱石堂 三直菴 立似軒 先天室 西寮 東樓 通一門 玉井 藕船塘 雲臺 此山臺 百和塢 九仞臺 玄牝門 烏石源 憐雨瀑躋雲逕 綠筠園 晩松岡) 次白雲洞十二曲韻(尋眞臺 心淵 噴雪潭 振鷺瀑 流觴滙 霹靂川 龍湫 白練渡 盤陀石 龍門 百花溪 銀河灘) 又次盤松韻 韓承旨(致林)挽 李正言挽五首 梁進士(柱昊)挽 奇進士(鳳鎭)挽奉和海史族叔(明植)見寄取水亭初拈韻 涵月亭 涵月亭八詠(檻前魚樂簷後鳥語 士林白雲 月峯彤霞 渡西水碓 街南績燈 竹街牧笛 道坪農歌) 錦松齋次韻 劒岡齋次韻 水亭夜與金洛見(蘭根)會話 呈龍岡乞再惠梅花詩 寄次秋社飯會韻 己丑立春 塊坐呵寒洛見適至 朴仁據(琪和)見訪 李和用(建廷)挽 朴進士(熙典)挽 與梁茶山(柱鳳)夜話 酬梁茶山朴竹鋪三首 次敎官鄭公(煥祺)旌閭韻 白雲洞 南冥手種松 鄭匠郎(宅敎)挽 趙乃起(性鎭)挽六首 泛舟赤壁同遊者合數十人時九月既望也 寒齋守歲 落水菴立春(庚寅) 仲弟(性宅)挽六首 酬金子元(勳)

金匠郎稺敬奇學士子敏(陽衍)踰嶺遠訪信宿款晤余餞其行邐多率寺至雙溪遇雨拈韻 次子敏農巢韻 朴承旨(定鉉)挽 月峯齋次韻 梁都事(柱臣)挽 鄭監役(在憲)挽 贈李生子明(炳憲) 追次李潤實(廷植)六十一生朝韻 河聖浩(性泰)挽三首(辛卯) 白雲洞同遊韻

卷四

詩: 牛芳齋(辛卯) 壇杏 臺松 崔忠瑞(孝恂)挽三首 次梁石居(柱必)韻 次趙應元庚午西行韻 趙判官(膺奎)挽二首 孤山亭次韻 次鄭德五(煥文)坪隱韻 讀書 梁正言(奕洙)挽 冠山朴生子善(熙元)其先嶺人也省楸半千里歷訪嶺表名人魁士而回路入寂寞濱儱侗老物雖不足爲見訪者臨別不可無贐 因朴子善寄李生(善根) 梁舜九挽三首 成悔山挽四首 權岐見挽 聽鸎 呈龍湖李兄(道元) 詠菊詩不知何人所作而韻甚強夜長睡短試題五頁 客有爲老人破寂者誦猿鶴洞人詠牛詩韻窄甚於向日菊詩試次三頁 贈時用二首(壬辰) 權文安(章煥)挽六首 崔舜皡挽三首 水亭與趙鶴素(謙植)對酌 次鶴素居我亭韻 贈別鶴素 李輝彦(建杓)挽 奇沃溝(亮衍)鷲棲別業同諸友抒懷 對月軒次韻 自鷲棲向東塢 抵文殊寺 次曹士弘(穀坤)東塢亭原韻 酬士弘 還鷲棲九首 鷲棲聯句 又聯句 聞香亭卽事 次奇子敏柏石軒韻 又次農巢韻 聞香亭蓮花聯句 櫟窩李夏卿(敦厚)次朱子夏雲多奇峯分韻五頁寄示要和 松廣寺與諸賢共賦 又次板上韻 贈月坡鄭伯彦(時林) 水亭元朝與諸友同賦(癸巳) 雞伏堂舊址 古井 延德宮舊址 八稜井 映波臺 北巖 龍湖亭 趙道汝(鏞遠)挽 鄭周範(禹贇)挽 河巨濟(錫洛)挽五首 曹士弘挽二首 六月觀張谿谷集詩有各樣體忘拙效之亦撥悶之事也十三首(數時 閒居遣興五平體 五仄體 人名體 苦熱星名體 卦名體 八音體 建除體 藏頭體 郡望姓名字離合詩 藥名離合詩 十二辰詩 二十八宿歌) 水亭謾賦自一字至十字 孤山亭釣臺 次河乃三(聖運)甲讌韻 權參奉(秉喬)挽 李參奉(建奎)挽 河義允挽三首 河禹瑞挽三首 鄭幸元(煥珣)挽 次趙竹圃甲讌韻 次尋

眞亭重建韻 奇子敏挽九首 朴薰卿挽九首 貞元什(丁酉 七律 七絕 五絕 五律 七律〈改韻再回〉 七絕 五絕 五律 亂曰)

卷五

詩: 次德隱亭重建韻(丁酉) 和權君七(載斗)幽居八詠(壇杏 庭槐 軒梅 垣竹 門柳 園橘 盆葵 籬菊) 桐裏寺會莘湖諸友二首 河忠汝(相濟)挽九首 趙竹圃(○○)挽三首 九月九日與鄭雲弼(圭錫)金豐五(賢玉)登頭流峯二首 龍湫和崔元則李致維(道黙)二首 次趙台應(相奎)聽齋韻(戊戌) 樂樂亭次韻 次河千之除夕韻 又次述懷韻 次河乃三忍齋韻 和山房諸生送別趙生(秉道) 趙汝晦委訪方丈窮箐驚感之餘爲賦一首以酬 送宋生(秉鐸) 和東也李乃震(元泓)七首 和鳳巖韻(並小序) 河聖瑞(慶七)挽 戊戌除夜友人同賦二首 己亥元朝六首 酬鄭致學(誾敎)七首 李君禮伯(敎文)遠訪老朽於方丈石穴因登天王峯壯觀而還次其韻爲贐 許德見(㶲)挽 奉贐海州趙斯文(萛植)三首 奇景道挽五首 趙汝晦挽六首 漫次山亭諸友韻二首 苦旱三首 喜雨 霡霂 盧時用挽二十首 李國臣(英植)挽 金稺敬挽(庚子) 贈別趙鶴素 任實趙振浩(柄鏞)踰嶺遠訪追次其甲宴韻以贈之 次振浩竹林精舍韻 而之齋原韻 與李敬汝(仁玩)諸人夜坐 方丈書室原韻 艾山鄭厚允(載圭)見訪喜而拈韻 酬李生子故(瑾相) 趙永純(性胤)趙應章(昺奎)趙泰文(貞奎)以先集續刊事偕訪方壺石穴因留數日情話可悅拈冬字依韻各賦 翼夜又話 次韻趙生雲卿(熙濟) 次李子敬豊湖書室韻 次崇陽亭韻(辛丑) 次諸友遊碧溪寺韻 梁虞侯(柱漢)挽 疇李孔瞻(繪魯) 舍弟季豪(性宙)回甲日作 林參奉(基洛)以其王考蒙溪韻請次 次湖南諸友登天王峯韻 次行琴亭韻寄謝槐陰李士亨(奎永) 酬洪豐川(楗)七首 白士行(樂儉)挽 奉和崔溪南龍山雜詠四十三首(精舍 四好堂 有喜室 泉廚 姜窟 隱屛 燈石 石牀 庭松 壁松 懸逕 懸澗 藥圃 農堡 讀書臺 雙明石 祭雨壇 候望巖 老將巖 別壑朝雲 下界暮煙 梅山出日 雲峯生月 中峯樵笛 一勿亂麓 烏休洞 孝

廉峯 黃山 鏡湖 思川 南山 製錦堂 故人亭 龍湖亭 枕碧亭 望京臺 岡高山 春來臺 嚴川 方丈山 理明山 金鰲山 龍門山) 宋心石(秉珣)諸人見訪因登天王峯歸示其所賦詩遂次其韻 次金生(洛重)大人月隱韻 酬許生(炳○並小序) 次韻贈康生(熙鎭) 次石東精舍韻 崔勉菴(益鉉)新安刊所有感韻 次勉菴方壺諸作韻八首(入洞口 洗塵巖 芙蓉巖 休呵臺文昌臺 碧溪寺 開雲巖 天王峯) 次勉菴橫川祠韻 題柳生(寅奭)睡堂 贐鄭德隱(遇明) 沈德華(仁澤)挽 偶檢休紙得詠雪二首韻甚窄不知何人所作長夜無眠試次之 鄭厚允攜權君五(載奎)成文卿(周鎬)來訪與吾季弟及兒孫輩浹旬講討拈韻共賦(癸卯) 餞春日又同賦 李士亨挽四首子婦鄭氏甲日二首 次薑川齋韻 次權舜瑞(璞容)中溪韻 河江界挽四首(甲辰)

卷六

書: 上蘆沙先生(甲寅) 上蘆沙先生 上蘆沙先生(己未) 上蘆沙先生(庚申) 上蘆沙先生(辛酉) 上蘆沙先生(戊辰) 上蘆沙先生(己巳) 上蘆沙先生(庚午) 上蘆沙先生 上蘆沙先生(壬申) 上蘆沙先生 上蘆沙先生 上蘆沙先生(癸酉) 上蘆沙先生(甲戌) 上蘆沙先生 上蘆沙先生(丙子) 上蘆沙先生 上蘆沙先生(戊寅) 上蘆沙先生 與趙餘窩(植○壬子) 與趙澹人(敏植○己未) 與趙澹人(己巳) 與徐判書(承輔○己巳) 答徐判書(辛未) 與徐判書(癸酉) 與徐判書(丙子) 與宋祭酒(秉璿○庚寅) 與崔判書(益鉉○己亥) 與崔判書(壬寅) 答鄭參判(煥翼○辛丑) 與閔晦亭(在雨) 與河默窩(啓賢○壬戌) 與姜春坡(寅會○甲戌) 與吳止巢(相鳳○庚午) 答趙楓灘(晩植) 答李方伯(金憲永) 與成牧使(箕鎬) 與李方伯(容稙) 答李方伯(恒儀) 答趙牧使(弼永) 答趙(性愚) 答李樂裕(最善○庚午) 與李樂裕(甲戌) 與李樂裕(戊寅) 答李樂裕 與李樂裕(庚午) 與鄭舜七(煥斗○乙丑) 答鄭舜弼(煥敦○庚午) 答鄭舜弼(辛未) 與鄭舜弼 與金季老 與趙海史(明植○戊子)

卷七

書: 與鄭國喬(奎元○丙辰) 答鄭國喬 與鄭國喬(丁巳) 與鄭國喬(庚申) 答鄭國喬(甲子) 答鄭國喬 與鄭國喬(庚午) 與鄭國喬(甲戌) 與盧時用(兢壽○丁丑) 與盧時用(辛巳) 與盧時用(壬午) 與盧時用 答盧時用(癸未) 與盧時用(乙酉) 答盧時用(丁亥) 與盧時用(己丑) 答盧時用(庚寅) 與盧時用 與盧時用(甲午) 答盧時用(丙申) 與盧時用(戊戌) 答盧時用 與鄭舜文(泰元○庚戌) 答鄭舜文 與鄭舜文(辛亥) 答鄭舜文 與鄭舜文(壬子) 答鄭舜文 答鄭舜文 與鄭舜文 與鄭舜文 與鄭舜文 答鄭舜文(癸丑) 與鄭舜文 與鄭舜文 答鄭舜文(甲寅) 答鄭舜文(乙卯) 與鄭舜文(丙辰) 與鄭舜文 與鄭舜文(己未) 答鄭舜文(庚申) 與鄭舜文 與鄭舜文(辛酉) 與鄭舜文(乙丑) 答鄭舜文(丙寅) 與鄭舜文(庚午) 與鄭舜文 答鄭舜文(乙亥) 答鄭舜文(丁丑) 與朴薰卿(致馥○己丑) 答朴薰卿(壬辰) 答朴薰卿(癸巳) 與李善長(敦必○丁卯) 與李善長(癸未) 與李善長(乙酉) 答咸安門中(丙申) 答道谷譜所(丁酉)

卷八

書: 與奇魯喜(晩衍○甲寅) 與奇魯喜(庚申) 答趙台應(相奎○戊戌) 與李禮卿(有臣○壬申) 答李禮卿(甲申) 與金穉敬(祿休○己未) 答金穉敬(庚申) 與金穉敬(己巳) 與金穉敬(庚午) 與金穉敬 答金穉敬 與金穉敬(辛未) 與金穉敬 與金穉敬(壬申) 與金穉敬(戊寅) 答金穉敬(甲申) 與金穉敬(乙酉) 與金穉敬(丙戌) 答金穉敬(丙戌) 答金穉敬(戊戌) 與金穉敬(己亥) 與李士亨(奎永○庚午) 與李士亨(甲戌) 與李士亨(戊寅) 與李士亨(庚辰) 答李士亨(丙戌) 答李士亨(丁亥) 與李士亨(癸巳) 答李士亨(庚子) 答李士亨(辛丑) 與李士亨 與奇子敏(陽衍◑壬申) 與奇子敏(甲戌) 與奇子敏(庚辰) 答奇子敏(甲申) 與奇子敏(丙戌) 與奇子敏(丁亥) 答奇子敏(壬辰) 答奇子敏(癸巳) 與奇景道(弘衍○甲寅) 與奇景道(己未) 答奇景道(庚申) 與奇景道(癸亥) 答奇

景道(己巳) 答奇景道(庚午) 與奇景道 與奇景道(壬申) 答奇景道 與奇景道(乙亥) 與奇景道(戊寅) 與奇景道(乙酉) 與奇景道(丙戌) 答奇景道 與奇景道(丁亥) 答奇景道(戊戌) 與閔仲浩(璣容)

卷九

書: 答河禹錫(兼洛〇丁丑) 與河禹錫(辛卯) 答河禹錫(癸巳) 答河禹錫(乙未) 答河禹錫(庚子) 與尹監役(憲求〇辛巳) 與李台叔(鼎緖〇乙酉) 與魏聖憲(成祚〇丙戌) 與奇進士(麒鎭〇戊寅) 與鄭周應(在憲〇壬申) 答鄭舜吾(宅敎〇丙戌) 與鄭舜吾(丁亥) 與鄭舜吾 與鄭舜吾 答梁景浩(柱昊〇癸亥) 與梁景浩 答梁景浩 答李國卿(承赫) 與梁益瑞(圭煥〇壬申) 與梁益瑞(甲戌) 與梁益瑞(戊寅) 答鄭周範(禹贇〇庚午) 答趙士容(性昊〇己未) 答趙士容(己巳) 與河致伯(在九◆庚午) 答河致伯(戊子) 與河千之(麟壽〇壬辰) 與河千之(乙未) 答河千之(壬寅) 答河義允(載文〇壬戌) 答河義允 答河義允 與河義允 答河義允(戊辰) 與河義允(庚午) 與河義允(丙子) 與河義允(丁丑) 答河義允 與河義允 與河義允 與河義允 答河義允(癸未) 與河義允 答河義允(甲申) 與河義允(丁亥) 與河義允(庚寅) 與河義允 與河義允(辛卯) 與趙子賤(性宓〇庚申) 與趙子賤(辛酉) 答趙子賤(癸亥) 與權文晏(章煥〇己丑) 答權文晏 與趙汝晦(性熹〇辛未) 答趙汝晦(戊寅) 與趙汝晦(乙酉) 答趙汝晦(乙未) 與許退而(愈〇壬戌) 與許退而(癸亥) 與梁弼成(命洙〇丙子) 與梁弼成(丁丑) 與趙天庸(性謂〇己丑) 答姜學晏(柄周〇癸亥) 答姜學晏(乙丑) 答姜學晏(甲戌) 答姜學晏(丙子) 答姜學晏(壬午) 答姜學晏(庚寅) 答姜學晏(辛卯) 答姜學晏(壬辰) 答姜學晏(丁酉) 答姜學晏 與李禮伯(敎文〇丁酉)

卷十

書: 答權景由(秉太〇甲戌) 答權景由 答權景由 答權景由(乙亥) 與

權景由 與權景由(丙子) 答權景由 答權景由 答權景由 答權景由(丁丑) 與權景由(戊寅) 答權景由(辛巳) 答權景由 與權景由 與權景由(甲申) 與崔伯溫(孝淑○乙未) 答崔伯溫(丙申) 答崔伯溫 答崔伯溫(戊戌) 答崔伯溫(庚子) 與崔元則(琡民○丁卯) 答崔元則(戊辰) 與崔元則(壬申) 與崔元則(己卯) 與崔元則(癸未) 答崔元則(丁亥) 答崔元則(己丑) 答崔元則(庚寅) 答崔元則(辛卯) 與崔元則(乙未) 答崔元則(丁酉) 與崔元則 與崔元則(戊戌) 與崔元則(己亥) 答崔元則鄭厚允(載圭○辛丑) 答鄭厚允(丙子) 答鄭厚允 答鄭厚允 與鄭厚允(丁丑) 答鄭厚允(戊寅) 答鄭厚允(壬午) 答鄭厚允 答鄭厚允(丙戌) 答鄭厚允(庚子) 與鄭厚允(辛丑) 別紙 答鄭厚允別紙 與白星七(南斗○辛酉) 與白星七(丁卯) 與白星七(乙酉) 與白星七(辛卯) 與白星七(壬辰) 與白星七(丙申) 與白星七 答閔君賢(致完○己未) 與閔君賢(壬戌) 答閔周賢(致亮○辛卯) 與卞正言(應洙) 與蔡進士(東陽○甲寅) 答蔡進士(乙酉) 答趙聖集(性璹○乙酉) 與趙聖集(丙戌) 答權聖木(容煥○癸未) 答權聖木 答權聖木 答趙景九(錫奎○己亥) 答李敬汝(仁玩○丙申) 答李敬汝(戊戌) 答李敬汝(己亥) 答趙和一(泳萬○壬寅) 答趙和一(癸卯) 答趙應章(昺奎○丙子) 答趙應章(辛巳) 答趙應章(丙申)

卷十一

書: 答柳性存(基一○己亥) 答奇會一(宇萬○戊寅) 答奇會一(癸未) 與奇會一(乙酉) 答奇會一(丙戌) 與奇會一(辛卯) 與奇會一(壬辰) 答奇會一 答奇會一(癸巳) 與奇會一(甲午) 答奇會一(乙未) 與奇會一 與奇會一(丙申) 與奇會一 答奇會一(丁酉) 與奇會一(戊戌) 答奇會一 答奇會一(己亥) 答奇會一(庚子) 與奇會一 答奇會一(辛丑) 與奇會一(癸卯) 答鄭雲弼(圭錫○癸巳) 答鄭雲弼 答權君七(載斗○乙未) 答權君七(丙申) 答權君七君五(載奎)子德(載采○壬寅) 答權君七(癸卯) 與鄭東國(鳳鉉○丙戌) 答鄭東國 與鄭東國(丁亥) 答趙贊中(仁奎○

丙申) 答趙贊中 答趙鳳汝(性華○乙未) 答權舜卿(雲煥○丁丑) 與權舜卿 答權舜卿(辛巳) 答權舜卿(壬午) 與權舜卿(甲申) 與權舜卿 與權舜卿(乙酉) 答權舜卿 答權舜卿(戊戌) 答奇立夫(宰○丙戌) 答李子和(承學○甲申) 答李子和(丙戌) 與李子和(丁酉) 答李子和(丙子) 答河般巨(龍濟) 答李亨洛(宅煥◁丁酉) 與奇孝述(宇承○丙申) 答朴清遠(禎和○辛丑) 答鄭應善(鳳基○丙戌) 答鄭應善(戊子) 答鄭應善(庚寅) 答鄭應善(辛丑) 答李陽來(道復○癸卯) 答文國元(晉鎬○丁酉) 答文漢元(澈鎬○丁酉) 答文漢元(己亥) 答文漢元(庚子) 答文漢元 答趙景善(鏞應○戊戌) 答李子明(炳憲○癸巳) 答李美中(光秀○丙申) 答權君五(己亥) 答權君五(辛丑) 答權子德(己亥) 答趙仁汝(元奎) 答梁重範(洪黙) 答李子敬(瑾相○辛丑) 答柳希輿(遠重○癸巳) 答許亨淑(瓘○庚子) 答權應韶(鳳鉉○己丑) 答權應韶 答權應韶(辛卯) 答權應韶(甲午) 答權應韶(戊戌) 答權應韶(庚子) 答權應韶 寄宗奎兒(戊子) 示鏞肅孫

卷十二

雜著: 醉蓮說(戊寅) 雙岡說(丁亥) 金相教子說(戊子) 晚學說贈族孫鏞台(壬辰) 扶正斥邪論(癸巳) 未惺說(甲午) 李生字說(乙未) 書贈李敬汝(丙申) 書贈許士益(相喆○壬寅)

序: 錦山同遊詩序(丙子) 河氏先役賀什序(癸未) 贈趙善繼序(甲申) 秋溪實蹟序 送鄭汝明序(丙戌) 靈嶽寺唱醻詩序(戊子) 花陌篪音序 梅窩序 歸來堂序(己丑) 送安生國瑞序(戊寅) 琴石翁壽瑞詩序(辛卯) 南坡集後叙(辛卯) 月峯書堂記後叙(壬辰) 護軍梁公慶讌詩軸序(壬辰) 鄉飲酒禮唱酬詩序(乙未) 濂湖集序(丙申) 咸安趙氏派譜序(丁酉) 晚悟詩序(丁酉) 裴氏世乘序(己亥) 竹坡詩稿序(丙子) 立齋集序(庚子) 坡平尹氏派譜序(辛丑) 晚松實記序 明菴集序(辛丑) 柳塢文集序 茶亭唱醻詩序 大源菴詩會序 送李子明(炳憲)序

記: 石南記(癸未) 安息亭記(甲申) 琢广記(乙酉)

卷十三

記: 蓮桂齋重修記(乙酉) 華山亭記(丙戌) 東寮記(丁亥) 涵玉軒重修記(代地主作) 寒竹齋記(戊子) 錦松齋記 七佛菴七星閣重修記 灦川齋記(己丑) 沙餘齋記 丹山齋記(庚寅) 聞香亭記(壬辰) 居我亭記 青鶴白雲亭記 釣臺記(癸巳) 照寒齋記 尋眞亭重修記(乙未) 孝子李公旌閭記(乙未) 杓广小記(丙申) 新安齋重修記(丙申) 聽齋記(戊戌) 稷下齋記 山隱記(庚子) 薑川齋花樹軒記(癸卯) 寒泉齋記(庚子) 槐山齋重修記 岳淵亭記 祈山閣記 新亭記

跋: 題聾啞翁先蹟後(戊子) 松嵒集跋(辛卯) 書篁嵒集後(辛卯) 道谷實錄跋(丁酉) 覆瓿集跋(己亥) 漁溪先生集摭遺跋(庚子) 書休齋記後 題河千之詠蟲詩後

銘: 金星硯銘(幷序○丁亥) 林軒斬馬劒銘(並序○戊子) 金侯(甲秀)去思碑銘(癸巳) 監司李公(金憲永)去思碑銘 洪豊川(楗)松簪銘(辛丑)

昏書: 曾孫虎濟昏書(癸卯)

卷十四

上梁文: 明湖齋上梁文(丙子) 涵玉軒上梁文(代兵使作○戊子) 秩廳重建上梁文(辛卯) 鳳橋旌閭上梁文(乙未) 尋眞亭重建上梁文 日新齋上梁文(丙申) 岳陽亭重建上梁文(戊戌) 石東精舍上梁文(辛丑)

祝文: 新安影堂遺墟講會時告由文 佳士山民堡開基祝文

祭文: 祭趙容窩(敬植)文(辛酉) 祭鄭允中(匡鍾)文 祭李景淳(道元)文(乙丑) 祭鄭章一(匡蘷)文(戊辰) 祭鄭舜七(煥斗)文(庚午) 祭亡室李氏文(甲戌) 祭奇魯喜文(丙子) 祭徐判書文(己卯) 祭蘆沙先生文(庚辰) 又祭蘆沙先生文(辛巳) 祭姜春坡文 祭韓致叜(鎭敎)文(壬午) 祭三從兄(性義)文(乙酉) 祭奇德紹(晉衍)文 祭李樂裕文 祭從子應奎文(戊

子) 祭鄭舜五文 祭仲弟仁変文(辛卯)

卷十五

祭文: 祭蘆沙先生墓文(壬辰) 祭從子在奎文(癸巳) 祭權文変文(甲午) 祭奇子敏文(乙未) 祭奇景道文 祭趙汝晦文 祭盧時用文(己亥)

墓碣銘: 栗亭趙公墓碑 七代祖贈承旨府君墓碑銘(並序) 道峯趙公墓碣銘(並序) 惠陽李公墓碣銘(並序) 處士首陽鄭公墓碣銘(並序) 柳塢韓公墓碣銘(幷序) 敬菴朴公墓碣銘(並序) 茅菴朴公墓碣銘(並序) 處士權公墓碣銘 孝子監察柳公墓碣銘(並序) 安敬窩朴公墓碣銘(並序) 典菴許公墓碣銘(幷序) 小松李公墓碣銘(並序) 芹村趙公墓碣銘(並序) 樂谷趙公墓碣銘(幷序) 蘭谷崔公墓碣銘(並序) 鳳南洪公墓碣銘(幷序) 晩泉李公墓碣銘(並序) 木村李公墓碣銘(並序) 都事朴公墓碣銘(幷序) 擊壤亭趙公墓碣銘(並序) 處士文公墓碣銘(並序) 都正李公墓碣銘(並序) 學菴李公墓碣銘(並序)

卷十六

墓碣銘: 族叔縣監公墓碣銘(並序) 梧軒趙公墓碣銘(幷序) 春坡姜公墓碣銘(並序) 松皐權君墓碣銘(並序) 宗衡趙君墓碣銘(幷序) 雲齋梁君墓碣銘 琴石閔公墓碣銘(並序) 贈童蒙教官趙公墓碣銘(幷序) 抱甕盧君墓碣銘(並序) 東寮河君墓碣銘(並序) 敦復齋趙公墓碣銘(幷序) 宜人李氏墓碣銘(並序) 南溪李公墓碣銘(並序) 又鶴趙公墓碣銘(幷序)

墓誌銘: 柳塢韓公墓誌銘(並序) 松竹軒鄭公墓誌銘(並序) 受恆齋權君墓誌銘(幷序) 石田李君墓誌銘(並序) 西洲權君墓誌銘(幷序) 朴氏夫人墓誌銘(並序)

墓表: 處士李公墓表

卷十七

行狀: 蘆沙先生行狀

卷十八

行狀: 幽窩權公行狀 菊泉許公行狀(丙申) 濂湖許公行狀(丙申) 先考贈童蒙教官府君行狀 槐潭趙公行狀(丁酉) 處士文公行狀 竹坡文公行狀(丁酉) 寒齋許公行狀 雙洲鄭君行狀(庚子) 抱甕盧君行狀 宗衡趙君行狀(乙未) 二樂堂金君行狀 二弟橫溝處士行狀 將作小監鄭君行狀

卷十九

記: 沙上日記

卷二十

附錄: 家狀(趙鏞肅) 行狀(權載奎) 高山祠配享奉安文

跋(趙纘奎)

重刊跋(趙基周)

『월파집(月波集)』

1. 저자 소개

정시림(鄭時林, 1839~1912)의 자는 백언(伯彦)이고 호는 월파(月波)[121] 이며 본관은 광산(光山)이다. 그의 시조는 고려 말 충숙왕 때 봉은사(奉恩寺) 진전직(眞殿直)과 상호군(上護軍)을 지냈고, 삼중대광(三重大匡) 문하찬성사(門下贊成事)에 추봉되었던 정신호(鄭臣扈)이다. 7대조 정응종(鄭應鍾)은 한훤당(寒暄堂) 김굉필(金宏弼, 1454~1504)을 따라 성리학을 연구했으며, 연산군 정란(政亂) 때에 나주로 낙향하여 유유자적하면서 살았다. 3대조 정인진(鄭麟晋)은 조선조에서 처음으로 문과에 급제했으며, 사헌부감찰(司憲府監察)을 지냈다. 9대조 정인관(鄭仁寬)은 고봉(高峰) 기대승(奇大升, 1527~1572)과 도의(道義)로서 교유했는데, 기대승의 만장(挽章)을 짓고 제문(祭文)을 작성할 정도로 남다른 관계를 맺었다. 10대조 이후 선조들로부터 아버지에 이르기까지는 특별한 관직이나 행적이 없는데 아마도 모두 덕(德)을 숨기고 벼슬하지 않은 듯하다. 고조부는 정윤택(鄭潤澤)이고, 증고부는 정기(鄭琪)이며, 조부는 정우철(鄭宇喆)이다.

정시림은 보성군 옥암면 노산리 집에서 아버지 정한채(鄭漢彩)와 파

121 월파는 광주에 있는 월파대(月波臺)를 보고 "강물 위에 석대가 있어 걸음마다 시원하게 가슴을 열어주네. 간곡히 모래톱의 물새는 말을 걸어 나를 보고 주인이 왔다고 하는구나."라는 시를 지었는데 '월파(月波)'라는 호는 여기에서 연원한 것이다. 『月波集』 권1, 「詩」, 〈登月波臺(在光州)〉, 1a.

주 염씨(坡州廉氏) 사이에서 태어났다. 그는 총명하여 겨우 말할 수 있을 때부터 아버지가 사물을 가리키면 거기에 맞는 한자로 대답하였다. 10여 세(1848) 때에 집이 너무 어려워 고모가 살던 보성군 문덕면 법화마을로 가서 양육되었다. 정시림은 당시 옆 마을 내동리(內洞里)에서 강학하던 스승 매국당(梅菊堂) 염상용(廉相龍, 1794~1850)에게 수학하였다. 정의림과 매국당의 생몰연대로 미루어보면, 정의림이 매국당에게 글을 배운 기간은 1년 정도밖에 되지 않으며, 다른 사승 관계에 대한 기록이 없다. 그래서 매국당 사후에는 아버지가 마을 사람들과 계(契)를 맺어 샀던 경사(經史)와 제자서(諸子書)를 중심으로 20여 년 동안 독학하였다. 22세(1860) 때에 부친상을 당했는데 가난한 가운데에도 상례와 제례를 다 갖추었다. 27세(1865) 때에 나주 임씨(羅州林氏) 호군(護軍) 계수(啓洙)의 따님과 결혼하였다.

30세(1868) 때에 기정진 선생에게 집지(執贄)했는데 돌아올 때 선생께서 '무실(務實)'이라는 두 글자를 써주었다. 이것으로 말미암아 대방(大方)을 듣고 거경(居敬)하고 궁리(窮理)하며 실천(實踐)하는 요체로 삼았다. 그 결과 입지(立志)의 높음과 견해(見解)의 정밀함과 지신(持身)의 독실함과 처사(處事)의 합당함이 모두 실무(實務)로 행한 것이다. 그는 경사(經史)를 돌려가면서 읽되 『대학』과 『중용』을 항상 외었고, 『주자서』을 항상 보았다. 이후에 『중용차록(中庸箚錄)』 2편과 『만록(漫錄)』 1편을 서술하여 제자들에게 보여주고 강론하였다.

37세(1875) 때에 모친상을 당하였는데 어머니가 좋아하던 음식을 보면 생각이 나서 차마 먹지 못했다. 39세(1877) 때에 어사(御使) 심동신(沈東臣)이 전라좌도 암행어사로 임명되었을 때 편지를 보내 문안하면서 "궁핍함을 이겨내고 분수에 만족하며 경적(經籍)을 연구한다"라고 하고 아울러 고기와 쌀을 보냈는데 편지로 사절하고 받지 않았다.

41세(1879) 때에 『법화문답(法化問答)』을 기술하여 스승에게 질문하려고 했는데 건강이 좋지 않아 고쳐주심을 받지 못하고 스승의 상을 당하였으며, 다음 해에 영광(靈光) 봉산(鳳山)에 장사지낼 때 제문을 썼다. 스승에게 보여주지 못한 『법화문답』은 나중에 여러 동학(同學)들과 문답을 통하여 논의하였다. 특히 대곡 김석구(金錫龜)가 기록했던 「지구문답(知舊問答)」에 그 기록이 많이 남아있다. 45세(1883) 때에 도백(道伯) 김성근(金聲根)은 전라도 관찰사로 부임하여 효도(孝道)와 청렴(淸廉)으로 뽑아 천거했으나 선생이 사양하고 나가지 않았다.

50세(1888) 때에 『예홀합편(禮笏合編)』을 완성하였다. 번잡한 것을 깎고 긴요한 것을 취하여 도홀(圖笏)을 만들고 이름을 『예홀합편』이라고 하였는데, 송사 기우만이 서문을 짓고, 애산 정재규가 발문을 지었다. 이 글을 완성할 당시 주의에 자문할 사람이 없어서 면암 최익현에게 인편으로 보내어 교정을 받았다.[122]

53세(1891) 때에 최숙민·정재규·정의림 등과 영호남 여러 사우들과 함께 거리상 중간 지점인 구례(求禮) 화엄사(華嚴寺)에 모여서 스승이 주기(主氣)의 학문을 물리치고 인물성동이의 분쟁을 분별한 도를 강론하는 「종산강회(鍾山講會)」를 열었다. 이것은 요즘의 영·호남 학술대회라고 말할 수 있다. 54세(1892) 때 7월에 조성가·기우만과 함께 순천(順天) 송광사(松廣寺)에 가서 글을 강론하고 시를 주고받았으며, 8월에 염재업(廉在業)·안극(安極)과 함께 포천(抱川) 가채리(佳茝里)에 가서 최익현을 뵈었는데, 유중교가 와서 함께 자면서 『서경』의 기삼백(朞三百)의 집전(集傳)과 혼천의(渾天儀)의 제도를 논하였다. 55세(1893) 때에 학도들이 동소산(棟巢山) 아래에 강습재(講習齋)를 지었는데 영재(寧齋) 이건창(李建昌)이 상량문을 지었고, 7월에 주자의 영정(影幀)을 만들어 북쪽 감실(龕室)에다 모셔놓고 제자들을 거느리고 초하루와 보름에 참배하

122 『月波續集』 권1, 「書」, 「上崔參判」, 6b 참조.

고, 봄가을로 강연하였다.

63세(1901) 때에 단성(丹城) 신안정사(新安精舍)에 가서 노사 선생 문집의 간행을 확인하고 도장을 찍었다. 69세(1907) 때에 보성군 미륵면 춘정(春亭)으로 이사했다. 72세(1910) 10월에 일본이 은사금을 나누어 주는데 선생은 이것을 물리치고 고흥으로 피난 갔다. 그 뒤로 연달아 가져왔으나 아들 찬주(贊周)가 부친의 명에 따라 누차 돌려주고 받지 않아 무수한 곤욕을 당했다. 74세(1912) 봄에 돈이 또 오자 선생이 굳이 거절하여 받지 않고 글을 써서 보여주기를 '이 돈을 번거롭게 보냄을 그치고 이 목의 실오라기 같은 목숨을 끊어가라'고 하고 화를 못 이겨 병이 나서 결국 3월 29일에 본가에서 작고하였다.

2. 문집 구성과 내용

『월파집(月波集)』[123]은 총 18권 7책이다. 원집은 15권 5책 목활자본으로 4주단변(四周單邊), 반곽(半郭) 23.8×16.9cm, 유계(有界), 10행22자, 주는 쌍행(雙行), 3엽화문하흑어미(上三葉花紋下黑魚尾)에 크기는 30.0×19.8cm이다. 속집은 2권과 부록[문답편] 1권 2책 석판본으로 4주쌍변(四周雙邊), 반곽(半郭) 20.2×14.9cm, 유계(有界), 10행24자, 상하향(上下向) 흑어미(黑魚尾)에 크기는 24.8×18.2cm이다. 원집은 염재업(廉在業), 송기만(宋祺萬), 김인규(金仁圭) 등이 강습재(講習齋)에서 1913년에 간행하였으며, 기우만의 「서문」이 있다. 속집(續集)은 1940년에 간행되었다. 이 문집은 전남대학교, 고려대학교, 서울대학교, 국립중앙도서관, 경기대학교, 계명대학교, 국회도서관, 용인대학교, 전북대학교, 전주대학교, 한국중앙연구원에 소장되어 있다.

권1은 시(詩) 106수가 수록되어 있다. 노사학파의 동학인 조성가·기

123 鄭時林 著, 李佰淳 譯, 『(國譯) 月波集』, 寶城鄕校, 1998 번역 참조.

우만·정의림 등과 주고받았을 뿐만 아니라, 화서학파의 최익현·최영조(崔永祚) 등과 주고받았으며, 제자들에게 지어준 시가 많다. 「강습재원운(講習齋原韻)」[124]에서는 "사시(四時)의 가르침은 예(禮)·악(樂)·시(詩)·서(書)요, 오품(五品)의 윤기(倫紀)는 군(君)·신(臣)·부(父)·자(子)라"고 하고, 「교궁강제생(校宮講諸生)」에서는 "시(詩)·서(書)·예(禮)·악(樂)은 천년의 땅이요, 공(孔)·맹(孟)·정(程)·주(朱)는 백세의 스승이라"고 하였다. 여기에서 정시림의 학문 정신과 지향점을 확인할 수 있다.

권2~3은 서(書) 162편이 수록되어 있다. 스승 기정진을 비롯한 동학들[김석구, 최숙민, 정재규, 기우만, 정의림, 김옥현]에게 보내는 편지와 자신의 제자들에게 보내는 편지가 많다. 그리고 최익현, 유중교, 심동신, 이건창 등에게 보낸 편지를 보면 그의 학문적 교유관계를 확인할 수 있다. 「여정윤후(與鄭厚允)」에서 정시림은 당시 「납량사의(納凉私議)」와 「외필(猥筆)」을 보았던 제자들뿐만 아니라 주변의 학자들이 반론하던 상황[125]에서 정재규가 「납량사의기의변(納凉私議記疑辨)」과 「외필변변(猥筆辨辨)」을 저술하여 스승의 주장을 섬세하게 밝혔다는 점에서 학문적 역량을 높이 평가했다. 「답김교헌(答金敎獻)」에서 "세상에는 오직 두 가지 일이 있는데, 하나는 농사에 부지런한 일이요, 하나는 성현의 글을 읽어 나의 몸을 보전하고 나의 식견을 넓히는 것이다"라고 하였는데, 정시림은 편지를 쓸 때 자주 '근근이〔僅僅〕'라는 말을 쓰는 것을 보면 매우 가난했다는 것을 알 수 있다. 또한, 그는 가난한 농부의 삶 속

---

124 정재규가 「강습재기(講習齋記)」를 지었는데, 『주역(周易)』 태괘(兌卦)의 「상전(象傳)」을 바탕으로 쓴 것이다. 강습이라는 말은 강연하고 익힌다는 뜻으로 태괘의 위와 아래가 서로 기뻐하는 모습을 상징한다. 강습하는 것은 서로에게 좋은 것이지만 태괘의 괘사(卦辭)처럼 기뻐함은 반드시 바름이 전제되어야 이롭다는 것을 강조하였다.

125 權鳳熙의 『猥筆略辨』과 田愚 艮齋의 「納凉私議疑目」·「猥筆辨」 등이 있다.

에서 공부론을 말할 때, 자주 농사짓는 것에 비유하여 설명하였다. 제자들에게 보내는 편지의 내용은 대부분 경전의 내용과 개념을 질문한 것에 대해 대답하고 있다. 「저일헌병소(抵日憲兵所)」에서 “내가 주는 돈을 받으면 이름이 올바르다고 하겠는가? 말이 순조롭다고 하겠는가? 이 돈을 주려는 번거로움을 중지하고 하나의 실오라기 같은 목숨을 끊어가라”고 하면서 은사금을 결단코 거부하였다.

권4～6은 잡저(雜著) 34편이 수록되어 있다. 권4에는 「법화문답(法化問答)」과 「사문질의(師門質疑)」가 있다. 「법화문답」은 41세(1879)에 지은 것으로 화(化)가 묻고 법(法)이 대답하는 형식을 취하고 있다. 그 내용은 태극(太極), 음양(陰陽), 이기(理氣), 심성(心性), 사단(四端), 칠정(七情), 인물성동이(人物性同異), 오상(五常), 오성(五星) 주역(周易) 등 성리학적 이론과 개념을 스스로 정리한 것이다. 「사문질의」는 스승 노사에게 질문한 것으로 39번의 문답이 수록되어 있다. 또한 『노사집(蘆沙集)』의 「답문류편(答問類編)」에 79번의 문답이 실려 있다. 정시림은 노사 선생을 만난 그 해부터 많은 내용의 경학과 성리학에 관한 질문을 던졌다. 노사 선생과 편지를 주고받은 내용 또한 대부분 묻고 답하는 형식을 취하고 있는데, 「태극도(太極圖)」, 음양오행(陰陽五行), 형이상하(形而上下), 사덕(四德) 등 경전과 성리학에 대한 내용이다.

권5는 「대학차록(大學箚錄)」과 「중용차록(中庸箚錄)」이 실려 있다. 이것은 정시림이 「대학」과 「중용」에 대한 내용을 자신의 관점에서 기록한 것으로 제자들에게 강론하기 위해 저술한 것이다.

권6은 30편이 수록되어 있는데, 성리학적으로 「만록(漫錄)」, 「한설(閒說)」, 「주리주기설(主理主氣說)」을 주목할 만하다. 「만록」에서는 대체로 심(心)과 경(敬)의 관계를 강조하여 “경(敬)하면 마음이 생하고 불경(不敬)하면 마음이 죽는다. 경은 마음의 정맥이다”하여 자신의 수양론의 축을 경(敬)으로 보았다. 「한설(閒說)」에서는 리일분수(理一分殊)의 관점에서 본원의 리(理)는 하나이지만 유행하는 리는 만 가지로 다르다고 보았다. 리의 본원은 감각적으로 인식할 수 없지만 기(氣)가 유행할 때 리 또한 기를 타고 유행한다. 이것은 율곡의 '기발리승(氣發理乘)'의 설을 수용한 것으로 다양하게 유행하고 있는 현상세계를 탐구함으로써 그 내재하고 있는 본원의 리를 인식할 수 있다는 것이다.

권7은 「주리주기설(主理主氣說)」에서는 리는 사물이 존재하게 하는 묘(妙)를 가지고 있는데 기를 떠나서 형이상학적으로 홀로 존재할 수 있는 것이 아니라고 보았다. 정시림은 전통 성리학의 측면에 '리는 작용함이 없고 기는 작용함이 있다'는 것과 '리가 아니면 발현할 바가 없고 기가 아니면 발현할 수 없다'는 율곡의 이기론(理氣論)을 수용하였다. 더 나아가 정시림은 "사물이 그 도(道)를 얻어 리(理)에 합당한 것은 이 사물 가운데 나아가 기(氣)가 없는 것은 아니지만, 본연의 리에 합당하기 때문에 리를 주로 삼은 것이다. 사물이 그 도를 잃어 리에 어긋난 것은 그 사물 가운데 리가 없는 것은 아니지만 본연의 리에 어긋나기 때문에 기를 주로 삼은 것이다."라고 하여 주리와 주기를 리의 동정(動靜)의 관점에서 구분한 것이 아니라, 도의 득실(得失)에 따른 본연의 리에 합당한지의 여부로 구분하였다. 이것은 주리와 주리의 판단 기준을 사람이 선을 실천하고 악을 저지르는 가치론적 입장에서 말한 것이다. 즉 주리의 측면에서 보면 사람이 선을 실천하는 것은 기가 본연의 이치에 합당하게 행한 것이고, 주기의 측면에서 보면 악을 저지르는 것은 본연의 이치가 기에 가려져 부당하게 행하는 것이다. 그 외의 것은 대부분 자신의 제자들에게 호(號)와 자(字)를 지어주면서 쓴 글이다.

권7은 서(序) 22편이 수록되어 있다. 노사의 친필에 대해 쓴 「노옹수묵서(蘆翁手墨序)」가 있다. 권8은 기(記) 66편이 실려 있는데, 주로 정자와 서당에 대한 내용과 제자들의 호(號)를 설명하면서 기록한 것이 많다. 권9는 발(跋)이 33편 수록되어 있는데, 주로 실기(實記), 행장(行狀),

가장(家狀) 및 문집에 대한 것이다. 권10은 사(辭) 4편, 상량문(上樑文) 6편, 제문(祭文) 7편, 명(銘) 5편이 실려 있다. 권13~권14는 행장 30편이 수록되어 있고, 권15는 사실(事實) 9편과 전(傳) 3편이 실려 있다.

『월파속집(月波續集)』은 1940년에 간행한 것으로 원집에 빠진 것과 원집에서 발췌한 것을 수록한 것이다. 권1은 시(詩) 16편이 있는데 「화양벽정팔경(和漾碧亭八景)」이 주목할 만하다. 서(書) 36편, 서(序) 12편, 기(記) 27편, 행장(行狀) 1편, 묘갈명(墓碣銘) 1편, 유사(遺事) 1편, 발(跋) 6편, 설(說) 4편, 문(文) 1편이 있다. 「종산강회서(鍾山講會序)」는 정의림을 비롯한 제자들은 1891년 가을에 종산강회(鍾山講會)라는 학술대회를 열어 스승의 학문적 위상을 높이고 계승할 것을 다짐하였다. 정시림은 성리학의 주요 논쟁에서 노사의 학문적 역량을 주기(主氣)의 학문을 물리치고 인물성동의론(人物性同異論)의 분쟁을 분별했다는 점을 강조했다. 이러한 강연회는 스승의 학문에 대한 이해뿐만 아니라 영남과 호남의 학문적 교류의 기반이 되었으며, 마침내 경상남도 산청의 신안정사(新安精舍)에서 『노사집(蘆沙集)』을 간행하는 계기가 되었다고 볼 수 있다. 「외필상질설(猥筆相質說)」은 영남 노론에 속하는 권봉희와 최동민 등이 「외필」을 비난하는 시점에서 저술되었다. 정시림은 「외필상질설」을 지어 「외필」을 본지를 밝혔으며, 노사의 학문을 율곡 성리학의 연장선으로 보면서 공자 → 주자 → 율곡 → 노사로 연결되는 도통을 주리(主理)의 축으로 이해했다. 즉 정의림은 기호학파 내부에서 일어난 논쟁을 통해 율곡과 노사는 다르지 않으며, 노사가 율곡의 이론을 시대적 상황에 맞게 계승·발전시켰다고 보았다.

정의림이 스승 노사를 만난 것은 가뭄에 단비를 만난 것처럼 사유의 세계를 열어 놓았다. 그것은 노사를 만나기 전 독학하면서 생겼던 많은 의문점을 해결할 수 있는 계기를 마련했기 때문이다. 그래서 정의림은 노사 선생을 만난 그 해부터 많은 경학과 성리학에 관한 질문을 던지기 시작했다. 스승에게 직접 가서 질정하면 스승이 칭찬하고 기대하면서 '신고(辛苦)를 견디고 본분의 일을 잊지 않으니 남아의 사업이라고 할 수 있다'라고 하고, '널리 사우를 사귀고 향당에 본보기가 되어라'고 했다. 이러한 만남의 과정에서 더욱 중요한 것은 경학 중심의 학문에서 스승의 리(理) 중심의 성리학 체계를 이해할 수 있는 계기가 되었다는 점이다. 제자인 성산(星山) 이교천(李敎川, 1882~1931)은 "물러 나와 학문을 강론하고 예(禮)를 익혀 선비들의 기풍이 크게 변했고, 우리 고향[보성]의 학자들이 성리학에 대한 담론을 들을 수 있었던 것은 실제로 우리 공의 힘이다"라고 평가했다. 정의림은 노사의 만남을 통해 보성지역에 성리학을 전파하는 역할을 했을 뿐만 아니라, 당시에 노사를 비롯한 여러 사우와 교유하는 환경을 마련하였다.

3. 문집 목차

愚汀 忍齋回甲韻 登晩休亭 次金道峰 桐舍夜話 次申魯菴厚韻 鳴玉亭吟二首 勿溪書堂次艾山韻 贈宋在玉熙柱 送宋致允鳳浩 與宋善一登薑樹磴 贈李致善教字 清溪書堂和廉敬儒 贈金仁圭金玟主 和崔雲齋 和權聖審魯洙 到佛日庵 范潤圭晬宴韵 次文在基農軒 登八影山 輓沈上舍能五 輓任潭庵 廉上舍右鉉晬讌韵 次永慕齋 贈趙性薰 贈金致大濩鐘 次朴提學松齋原韵 輓廉護軍宗甲 次吳漢鳳老悔 輓廉叅判仁球 次寒後亭韻 贈朴太集準澤 輓宋叅判大浩 登完營城臺 登漢陽南山 題曺暻洙孝行事實 贈廉敬汝 梅亭精舍贈安景禹 贈別黃景涵瀓源 輓沈亨中 庚子夏登薑樹磴口號 題蘆村宣氏書室 贈別吳明俊在松 次李德汝止雲 詠歸亭 悼閔世仲祐植

卷二

書: 上蘆沙先生書(三) 上仁山蘇持平(輝冕)書 上勉庵崔尚書(益鉉)書(二) 與金景範(錫龜) 與鄭厚允(載圭)(二) 與族弟季方(義林) 與金豊五(顯玉) 謝沈繡衣(東臣)書 與李士良(駉會) 與宋聖賴(致萬) 上沙崖閔參判(冑顯)書 上重菴金監役(平黙)書 答崔元則(琡民) 與奇會一(宇萬)(二) 答李禮伯(教文) 與李承旨(建昌)書 與朴參判(濟彬)書 賀趙進士(章浩) 答尹兄三(滋鉉) 與族弟敬方(昌林) 與任洛瑞(勝鈺) 與金正穆 與崔錫胤(永祚) 與李仲賢(正會) 答曺鶴瑞(暻洙) 答李瀅仲(秉洛) 答鄭仁仲(啓鉉) 答梁汝正(在慶) 答李泰亨(龍鎬) 答柳侯遠奎與權聖審(魯洙) 與尹參奉友三(滋益) 答廉敬儒(在業) 與朴德乃(泰俊)(與一答一) 與宋進士(秉鶴) 答沈亨中(宜泰) 答吳仁華(演) 答廉敬甫(洙學) 答廉敬汝(在愼) 答梁處中(會洛) 答廉敬安(宅洙) 答安敬三(圭容) 答宋致允(鳳浩) 答朴興瑞(瑢鎭) 答梁德一(在鶴) 答金公實(稙) 答尹仁夫(相義) 答沈斗瑞(能杓) 答尹舜五(炳志) 答閔善(膺鎬) 答權舜卿(雲煥) 答趙進士(泰鳳) 與宋允實(宗浩)(與一答一) 與申彦慶(恪休) 與任潭庵(思文) 答許應華(棨) 答廉晉叔(永洙) 答廉達叔(極

洙) 答廉允彬(成鉉) 答尹邦彦(裸璵) 答文子惺(炯) 答文斗一(昌奎) 答文德之(溶鎬) 答宋允善(重浩) 答宋國彦(柱哲) 與金希雲(騏燁)

卷三

書: 與宋善一(琪萬)(與一答一) 答任景玉(珽鉉) 答金尹明(永淳) 答宋尚範(賢燮) 與申國範(錫休)(與二答一) 答宋敬甫(柱義) 答金文洪(仁圭) 答李仁伯(秉春) 答朴潤章(濟鉉) 答廉吉元(東仁) 答黃景涵(澈源) 答高明集(厦柱) 答朴洛瑞(泰龜) 答金斗洪(炳七) 答廉子善(鐘烈) 答金聖集(勳錫) 答鄭恩涉(在洙) 答廉相三(台求) 與趙亨善(秉禮)(與一答一) 答文成允(暻鎬) 答金永壽(玟圭) 與廉仁化(建烈) 答宋在玉(熙柱) 答朴敬良(梓鉉) 與安衡中(平淳) 答李英夫(教川) 與裵純文(奎悳) 答裵士遠(致黙) 答宋允華(榮善) 答廉化善(浩烈) 答河東一(海秀) 答孫南淑(炳斗) 答姜子謙(益燮) 答朴景玄(準基) 答范善中(瀅植) 抵日憲兵所

卷四

雜著: 法化問答 師門質疑

卷五

雜著: 大學劄錄 中庸劄錄

卷六

雜著: 漫錄 閒說 主理主氣說 與安三希說 杖說贈廉相三 贈曺子直說 贈尹季仁說 贈朴君洛瑞

朞三百集傳釋義 渾天儀說 贈鄭士興說 書贈河道汝 橄欖說送柳淵根 宋賢燮字商範說 贈宋泰允說 覺止說贈朴大奎 李先德字說 朴準澤字太集說 贈尹而極說 曺士一字說 養眞說贈吳仁華 曺亨俊字說 寄贈

李仁伯 宋文中字說 曺秉華字奉文說 梁汝陽字說 心性情說答柳陽彦 竹所宣公事蹟叙 慕軒朴公孝行事實敍 主簿孫公行錄叙

卷七

序: 光山鄭氏族譜序 竹樹旅邸送艾山序 蘆翁手墨序 清遊軒遺集序 忍齋回甲序 送安季玉往沃川序 送申國範序 送曺明有歸冠山序 金永淳大人睟韻序 贈尹仲斌序 贈洪士拯序 送廉敬安往三山序 寶城宣氏族譜序 山水遺響序 贈文子庸序 贈金聖集序 贈安慶伯序 昌寧曺氏家史序 崔氏五忠事蹟序 追遠契序 贈安善鳴小序 安尹氏回婚宴序

卷八

記: 勿溪書堂記 盤谷安上舍榮到記 雙清軒記 鳴玉亭記 石窩記 秋潭亭記 楊忠憲影堂重修記 石溪齋記 尹氏德嚴齋小記 薑樹磴記 萬壽臺石刻記 蓬湖書室記 九溪書室記 農山記 元峰齋記 梧泉記 晩樵亭記 晩悟亭記 玉南書屋記 竹軒記 醉睡堂記 野舟記

崔孝子旌閭記 忍齋記 龍巖記 永慕齋記 追遠齋記 戰兢軒記 湛樂亭記 烟波亭記 一松亭記 愼庵記 忍軒記 枕溪堂記 竹史軒記 柏軒記 哉軒記 月西史記 安敬三書室記 竹軒記 光山金氏永慕齋記 菊下記 鰲岡記 壁山亭記 桐稼記 蘇氏三綱門重修記 南隱記 棄隱堂記 宋氏孝烈旌閭記 農軒記 斗隱記 烈婦金氏旌閭記 心主堂記 石樵記 謹庵記 五常軒記 巖軒記 守好堂記 華川記 碧山藏書記 玉川趙公旌門記 筠軒記 行恕齋記 竹灘記

卷九

跋: 書三憂堂先生實記後 書鄭五峰文集後 太古亭集跋 書庸菴序後 書蘭谷尹公行狀後 書枕漱亭記後 書詠歸亭記後 書玉蓮亭記後 書生員曺公事蹟後 書申公孝行狀後 書老圃朴公家狀後 書慈谷梁公事實後

書竹村朴公遺集後 書府使尹公行狀後 書叅議曺公行狀後 書聾庵記後 書崔氏烈行狀後 題文公孝行狀後 題忍齋記後 當墨軒集後 題市隱事實後 題雲庵記後 題金君孝行狀軸後 書農窩記後 題伏溪范公行錄後 題廉哲鉉字辭後 書晴林朴公遺集後 書睡翁亭記後

書退隱廉公行錄後 愚齋集跋 題河禮洞回甲詩軸後 題泉軒記後

卷十

辭: 安周翰字辭 文貞鎬字元之祝辭 安德炯字敬夫辭 文光鎬字國之辭

上樑文: 賢德齋上樑文 永思齋上樑 一松亭上樑文 永慕齊上樑文 金氏二如齋上樑文 蘇公祠宇上樑文

祭文: 祭蘆沙先生文 祭沙崖閔叅判文 祭勉庵崔尚書文 祭尹亨三文 祭宣鴻擧文 祭鄭厚允文 奈族弟季方文

銘: 杖銘 梁會洛東溪書室銘 靜窩銘 樵下齋銘 與裴致默銘

卷十一

墓碣銘: 一松金公墓碣銘 秋山朴公墓碣銘 生員曺公墓碣銘 中軍朴公墓碣銘 學生金公墓碣銘 悔山黄公墓碣銘 縣監梁公墓碣銘 新亭申公墓碣銘

墓誌銘: 翠谷曺先生墓誌銘 縣監金公墓誌銘 思齋廉公碑陰銘 學生金公墓誌銘 鰲峰鄭公墓誌銘 春山白公墓誌銘 學生閔公墓誌銘

卷十二

墓表: 先府君阡表 思齊朴公墓表 生員宋公墓表 松齋朴公墓表 掌令曺公墓表 贈叅判梁公墓表 扈衛李公碑陰記 清庵廉公墓表 訓導楊公碑陰記 叅議李公碑陰記 孺人安氏碑陰記 退亭文公墓表

卷十三

行狀: 梅菊堂廉先生行狀 蒼軒宋公行狀 晩樂處士金公行狀 宗華堂申公行狀 貞夫人全氏行狀 稼隱金公行狀 同敦寧曺公行錄 孺人宋氏行狀

卷十四

行狀: 泉隱宋公行狀 生負廉公行狀 竹溪宋公行狀 宣傳李公行狀 進士金公行狀 守分堂曺公行狀 求仁齋白公行狀 拙軒鄭公行狀 竹圃宋公行狀 竹圃廉公行狀 清軒趙公行狀 孝思亭李公行錄 三省齋文公行狀 教官安公行狀 學生金公行狀 僻隱金公行狀 菊圃廉公行狀 石巖具公行狀 晩樵金公行狀 默溪金公行狀 愼菴孫公行狀 監察李公行狀

卷十五

事實: 金君孝行事實 全氏孝烈事實 止分齋尹公事實 德窩尹公事實 曺孝子事實 孺人任氏孝烈事實 恭人廉氏孝烈事實 孝子李公事實 晦隱鄭公事實

傳: 氷淵裵公傳 孺人朴氏傳 後松裵公傳

『月波集續篇』

月波集續刊序

卷一

詩: 次孤雲崔先生學士堂門樓板上韻 次雷龍亭南溟曹先生韻 過丹邱赤壁 雪景二首 燈火 觀射 次月山趙性宙睟宴韻 與艾山鄭厚允登白馬山城 過崔永好書室 和漾碧亭八景(母后歸雲) 和漾碧亭八景(高山落照) 和漾碧亭八景(龍門曉鍾) 和漾碧亭八景(廣清長橋) 和漾碧亭八景(黃雞牧笛) 和漾碧亭八景(清香暮煙) 和漾碧亭八景(竹林清風)

和漾碧亭八景(峨嵋半月) 次壁山亭韻 和板橋川上亭韻 次趙俊燮山亭韻 草枝別鄭艾山 與鄭周兒 與宋善一 贈李應長 別李晦夫李定夫

書: 上盧沙奇先生別紙 上盧沙先生書 上崔叅判二篇 上宋祭酒 上閔沙崖別紙 與金吾南別紙 與金華湖 與奇松沙 答鄭艾山 與族弟季方 答金侯 答任侯 與崔叅奉別紙 與尹訥窩 答梁汝正 答姜汝洪 答李觀察 答李泰亨 與宋善一 答梁清一 答裴正基 答崔敬化 與鄭公式 答尹侯 答趙性薰 答金汝仁 與任文華 與裴鍾豐 答金教獻 答閔觀察 答沈禮寬 答曹聖弼 答朴正午 答范善仲 答抱川忠穆壇儒俞鳳在李承膺李圭容

序: 鍾山講會錄序 月山安公回甲詩軸序 廣州李氏遺藁收錄序 萬人傘錄序 送溪南崔元則序 玄風郭氏孝烈錄序 羅州鄭氏派譜序 送孫南淑序 方丈山中贈金教獻 清隱集序 與鄭望汝序 贈金成淑小序

記: 山陽明倫堂重修記 禮石記 雲沙書室記 竹李齋記 栗圃記 謙窩記 止雲記 貞山記 農隱記 栗隱記 斗巖記 一陽齋記 龍淵精舍記 睡軒記 盤谷記 梅湖記 向陽齋記 滄菴記 耕讀齋記 白菴記 鶴軒記 晦谷記 牧齋記 鳳鳴齋小記 聾菴記 醉隱記 育英齋記

行狀: 忠孝壇處士徐公行狀 墓碣銘 贈吏曹判書行咸平縣監朴公墓碣銘

遺事: 叅奉朴公遺事

跋: 書心適集後 題石田自叙後 題永慕堂詩蘇藁後 題睡軒記後 題希庵師友簡牘後 黃閔君遺事後 書閔君遺事後

說: 猥筆相質說 孫在明字說 沈允德字說

文: 寶城明倫堂重修上樑文

卷二

書: 答鄭彥采 答文仁會 答姜汝洪論中和 答姜汝洪論人物之性同與不同 答姜汝洪論五行圈 與文成允 答文璟鎬論四端禮有節文 答文璟

鎬論五行上亦各有五行

說: 梧檟說贈申恪休 與鄭彦采說 揲著假令贈朴昌鉉 辭受取與說與鄭淳瑚 與金義裕說 與姜永燮說

記: 仁山齋記 夕醒堂記 野隱堂記 思誠菴記 遠齋記

跋: 書訥窩尹公遺藁後 盧氏事實 題悟潭師友書帖 安龍煥字汝見祝辭

『月波集問答編』

卷一

小學 大學 中庸

卷二

論語 孟子 詩傳 書傳 周易 禮記 心經 太極 西銘 論道體 論學 史論喪禮

『講習齋講錄篇』

小學 論語 孟子 中庸 周易 近思錄 西銘 論史

答問編跋(安極·李敎川·文暻鎬)

『율수재유고(聿修齋遺稿)』

1. 저자 소개

박해량(朴海量, 1850~1886)의 자는 도겸(道謙)이고 호는 율수재(聿修齋)이며 본관은 순천(順天)이다. 고려의 개국공신인 박영규(朴英規)가 그의 선조이다. 동지돈령부사를 지낸 박숙선(朴叔善)의 숙부는 중종반정을 주도했던 박원종(朴元宗)이었는데, 박숙선은 숙부가 반정으로 공신이 되어 부귀를 누리고 집안이 번성하는 것을 경계해서 나주(羅州)로 낙향했고, 창신교위(彰信校尉)를 지낸 박이공(朴而恭)이 광주로 옮기면서 그 후손들이 광주에 정착하게 되었다. 5세조는 독수재(篤守齋) 박광순(朴光純)이고, 고조는 박중원(朴重元)이며, 증조는 백당(栢堂) 박달진(朴達鎭)이고, 조부는 박성락(朴聖洛)이다. 아버지는 농와(農窩) 박정현(朴鼎鉉)이고 어머니는 기계 유씨(杞溪兪氏)다.

최익현의 「행장」에 의하면 그는 세속에는 관심이 없이 학문과 절행(節行)이 뛰어난 이가 있다는 말을 들으면 원근을 따지지 않고 배움을 청했다. 그래서 서쪽으로는 성전(星田)에 이르러 고산(鼓山) 임좨주(任祭酒: 任憲晦)를, 남쪽으로는 바다를 건너 지도(智島)에 있던 중암(重菴) 김선생(金先生)을 찾아뵈었고, 북으로는 한강을 건너 처사 유기일(柳基一)·유병극(柳秉棘)·이유선(李裕善) 등과 도의로 사귀었고, 제주도 및 흑산도에 유배를 온 최익현 자신을 찾아와 종유했다고 한다. 심지어 최익현은 유배에서 풀린 자신을 "청성(靑城)의 집으로까지 찾아와 거친 밥과 푸성귀 반찬을 함께 나누고, 거문고와 글로 서로 즐기면서 몇 달을 함께 지내고는 했다"고 기록하고 있다. 이런 과정을 거친 끝에 박해량은 기정진의 문인이 되었다. 그러나 얼마 되지 않은 병인년(1886) 5월 29일 37세의 나이로 세상을 떠났고, 고룡면(古龍面) 상촌(相村) 건좌(乾坐)의 언덕에 장례를 지냈다.

첫째 부인은 평택(平澤) 임기휴(林基休)의 따님인데, 딸 하나를 두어 기세홍(奇世弘)에게 시집을 보냈다. 두 번째 부인은 울산(蔚山) 김로휴(金瀘休)의 따님으로 박원동(朴源東)과 박현동(朴玄東)을 두었다. 박원동은 1909년 아버지의 문집인 『율수재유고』를 6권 3책의 목활자본으로 간행했고, 둘째인 박현동은 1906년 아버지의 스승이었던 최익현을 따라 의병에 가담해서 활동하던 중 1910년 3월 2일 내란죄로 유형 5년형을 언도받았던 독립운동가였다.

박해량의 호는 율수재(聿修齋)인데, 『율수재유고』 마지막 부분에 실린 「서술(敍述)」에 의하면 "중암 김선생이 율수재라는 호를 지어주고, 또한 기문[記]도 지어 주었다[重菴金先生賜號以聿修齋, 又爲之記]"라는 구절이 있고, 세주에 "잃어버려서 수록하지 못했다[逸不錄]"라고 말하고 있다. 이 구절은 자칫 김평묵이 박해량에게 율수재라는 호를 지어준 것이라고 착각하기 쉬운데, 실제 사정은 이와 조금 다르다. 「서술」에서 잃어버렸다고 말하는 「율수재기(聿修齋記)」는 김평묵이 지은 것인데, 이 글은 현재 『중암집(重菴集)』 권43에 실려 있다. 그리고 『율수재유고』 권6에는 최익현이 지은 「율수재기」가 실려 있다. 이들 기록에 따르면 율수재는 애초에 박해량의 호가 아니라, 그의 증조부인 박달진의 묘사(墓舍), 즉 일종의 재실이었다. 그리고 최익현에게 「율수재기」를 써달라고 부탁한 사람은 박해량의 아들인 박원동이었고 그는 "선군(先君)이 무탈했을 때 선조의 무덤 왼편에 몇 칸 건물을 짓고 율수재라고 이름을 붙여서 송석(松石) 송공(宋公: 宋綺老)의 글씨를 받았다"고 서술하고 있다. 이를 통해 율수재는 원래 박해량의 증조부의 재실이었고, 이를 박해량이 자신의 호로 차용했으며, 김평묵과 최익현은 각기 같은 건물을 소재로 하는 같은 제목의 글을 남겼음을 알 수 있다.

2. 문집 구성과 내용

『율수재유고』는 6권 3책의 목활자본으로 박해량의 아들인 박원동에 의해 1909년 간행되었다. 제일 먼저 박원동의 부탁을 받은 기정진의 손자 기우만이 지은 「율수재유고 서문(聿修齋遺稿序)」이 배치되어 있다. 그 다음 권1에는 학문적인 스승을 찾아 사방을 찾아 다녔던 것을 암시하듯이 「제주로 가는 배 안에서[濟州舟中]를 비롯한 58수가 실려 있다.

권2는 서(書) 60편이 실려 있는데, 기정진에게 13편, 최익현에게 16편, 최익현의 아버지인 최대(崔岱)에게 2편, 그리고 최익현의 큰형이었다가 출계해서 큰아버지인 최암(崔嵒)의 가계를 이었던 최승현(崔升鉉)에게 1편, 그리고 율수재라는 편액을 썼던 송기로에게 보내는 1편에서 '올림[上]'이라는 경어체를 발견할 수 있고, 나머지는 '답하다[答]'거나 '보내다[與]'는 평서체로 되어 있어서 교유 관계의 대략적인 양상을 짐작할 수 있다.

권3은 기(記) 1편, 발(跋) 2편, 설(說) 1편, 제문 4편, 행록(行錄) 1편이 실려 있다. 유일한 기문인 「지장암기(指掌巖記)」는 강화도 조약을 반대하는 상소를 올린 최익현이 흑산도에 유배되어 존화양이(尊華攘夷)의 정신을 담아 "洪武日月, 箕封江山" 여덟 글자를 새긴 바위인 지장암(指掌巖)의 의의를 서술한 글이다. 발문 네 편 가운데 세 편은 송시열, 최익현, 그리고 최익현을 변호했던 홍시형(洪時衡) 등의 상소문의 후서격으로 쓴 것이고, 나머지 한 편인 「서최유인행록후(書崔孺人行錄後)」는 김재광(金在光)의 부인인 경주 최씨(慶州崔氏)의 덕행을 서술한 「행록」에 붙여진 것이다. 「자경설(自警說)」 1875년 최익현이 박해량의 집에 들러 나눴던 대화 내용을 서술하면서 스스로를 다짐하는 글이다. 최익현은 대원군의 실각을 주장한 상소문 때문에 1873년 겨울 제주도에 위리안치되었다가 1875년 3월 27일 해배되었다. 그는 고향으로 돌아가는 여정에 장성에 들러 기정진을 방문하고, 태인의 무성서원에서 선조인 최치원을 참배하려고 했기 때문에, 그 도중에 박해량의 집에 들렀던 것이다. 제문은 네 편인데, 각각 임헌회의 제문 1편, 기정진의 제문 2편, 및 율수재의 완성을 고하는 고유문[聿修齋開基告由文]이고, 행록 한 편은 그의 증조부인 박달진의 것이다.

권4는 「일기」 1편, 즉 「해상일기(海上日記)」가 실려 있다. 이것은 최익현이 제주도와 흑산도에서 유배를 당한 1873~1876년 사이에 박해량이 방문해서 들은 내용을 기록이다. 최익현은 대원군의 실각을 주장한 상소 때문에 1873년 겨울부터 1875 3월까지 제주도에 위리안치 되었다가 해배되었고, 1876년에는 강화도 조약을 반대하는 상소문 때문에 다시 흑산도에 위리안치되었다. 박해량은 이 시기 제주도와 흑산도에 있는 최익현을 방문해서 주고받은 내용을 「해상일기」로 정리했는데, 1874년 2월 10일에서 시작해서 1876년 6월 23일까지의 내용을 기록하고 있다. 한편, 「일기의 발문[日記跋]」이 덧붙여져 있는데, 이 글은 같은 순천 박씨이자 기정진의 직전 제자이기도 했던 박로술이 쓴 것이다.

권5는 강설(講說) 2편이 실려 있다. 「중용강설(中庸講說)」은 기정진이 세상을 떠난 1879년에 기정진과 『중용』을 중심으로 주고받은 문답을 기록한 것이고, 『채산강설(茝山講說』은 1875년 가을에 주로 경학적인 주제들을 최익현과 주고받은 문답을 기록한 것이다. 그리고 1879년 기우만이 쓴 「강설의 발문[講說跋]」이 덧붙여져 있다.

권6은 「부록」으로서 「제문」 4편, 최익현의 「행장」 및 「율수재기(聿修齋記)」 각 1편·유병극의 「율수재후서(聿修齋後序)」 1편 및 「서술(敍述)」이 실려 있다.

3. 문집 목차

聿修齋遺稿序(奇宇萬)

卷一

詩: 濟州舟中 奉審尤庵先生謫廬 上勉庵先生匪所 王世子誕降 漢挐山 關青島登崔孤雲親掘井感吟 詠匪館庭草 依重庵韻上勉庵先生 詠夏雪 聞通信使迎賊而來發憤口呼 聞童謠 上蘆沙先生 次奇松沙韻 謹次蘆沙先生丈人山韻 蘆沙先生輓 謹次指掌巖韻 依韻呈老石鄭公 老石鄭公輓 謹次曹東塢五十除夕韻 咏大雪 賀芝軒先生推恩 家居晬筵韻 地震 瑞石山房遺懷 又吟 瑞石山房贈別同福諸雅 謹次河東鄭氏雙旌韻 瑞石山房贈綾州梁雅 與金知齋 記夢 己卯夏五月夢得一絕詩覺也記念者只釣得大同江上魚七字也繼以補吟 柳丈遊山來訪夜話 次奇應三云菴韻 次李聖憲默窩韻 記夢 菴玉屏講會分韻得松字 武陵洞槐陰下拈枝字口號五律 與雲齋夜話 雨後與諸益相話 咏懷 聞勉菴先生蒙宥即吟 與諸益登坦履壇習禮隨柳過漢川詠而歸 讀勉菴先生疏 柳健窩以葵花詩一絕贈余謹次以呈 上勉庵先生 與雲齋登德嶺撫松盤桓口呼 上全齋先生 贈別金上舍歸後好堂 贈權鍾寬 贈林爽榮 贈李直窩(二首) 謹呈龍溪柳斯文 詠橘 登石門靈泉咏而歸 晦日後與同社六七人訪花峯到書院遺墟叅拜因登最高踞巖偶吟

卷二

書: 上蘆沙先生書(十三篇) 上勉庵先生書(三篇) 荅上勉庵先生書(三篇) 上勉庵先生書 荅上勉庵生書 上勉庵先生書(二篇) 別紙 上勉庵先生書(五篇) 上鼓山先生書(二篇) 上芝軒崔公書(二篇) 上崔公書 上重菴金先生書 荅柳省齋書 與柳香下書 與柳龍溪書 荅柳龍溪書 與柳龍溪書 與奇松書(五篇) 荅羅德巖書 與崔雲齋書 荅崔雲齋書 與崔雲齋書 荅崔雲齋書 與金書 與田艮齋書 與 荅崔溪南書 上宋松石書 與李

一如書 與宋聖澤書 與宋聖濬書 與宋道谷書 荅鄭薇齋書 荅李國瑞書 荅朴士行書

卷三

記: 指掌巖記

跋: 書宋子疏劄後 勉菴先生疏劄跋 書洪時衡疏後 書崔孺人行錄後

說: 自警說

祭文: 祭鼓山先生文 祭蘆沙先生文 再祭蘆沙先生文 聿修齋開基告由文

行錄: 曾祖考栢堂公行錄

卷四

日記: 海上日記 (附)日記跋(朴魯述)

卷五

講說: 大學講說 茁山講說 (附)講說跋(奇宇萬)

卷六

附錄

祭文(鄭義林) 祭文(李兢儀) 祭文(崔性瀾) 祭文(全道炳) 行狀(崔益鉉) 聿修齋記(崔益鉉) 聿修齋記後敍(柳秉兢)

敍述

『일신재집(日新齋集)』

1. 저자 소개

정의림(鄭義林, 1845~1910)의 자는 계방(季方)이고, 호는 일신재(日新齋)이며 본관은 광산(光山)이다. 전라남도(全羅南道) 화순(和順) 능주(綾州) 사람이다. 시조는 고려 후기 문하찬성사(門下贊成事)를 지낸 정신호(鄭臣扈)이다. 조선조에 처음으로 문과에 급제한 조상은 사헌부감찰(司憲府監察)을 지낸 정인진(鄭麟晉)이다. 가계에서 이름난 조상은 응교(應教) 정웅(鄭熊, 1472~1533), 절도사(節度使) 정응규(鄭應奎, 1508~1565), 사직(司直) 정연(鄭演, 1541~1621) 삼대(三代)가 있다. 정연의 아들 정찬(鄭纘)은 벼슬에 나아갈 뜻이 없어 유학의 품행을 갖추고서 나주의 구장(舊庄)에 은둔했다. 정의림의 고조부 정이후(鄭履厚, 1706~1745)에 이르기까지 나주에 살다가 증조부 정채(鄭埰, 1734~1787)가 영암으로 이주했고, 다시 조부 정가석(鄭加錫, 1764~1844)이 능주로 옮겨왔다. 정의림의 조부 정가석과 아버지 정제현(鄭濟玄, 1803~1883)은 모두 81세에 수직(壽職)으로 통정(通政) 부호군(副護軍)이 되었다. 정제현은 부모를 충실히 봉양했고 자식을 가르침에 법도가 있었으며, 어머니 진원 박씨(珍原朴氏)는 박치성(朴致聖)의 딸로서 행동이 정숙하고 예법을 갖추었다.[126]

정의림은 1845년 11월 7일 능주 죽수(竹樹)의 대덕동 집에서 태어났다. 6세(1850) 때에는 『소학』 읽는 소리만 듣고서 "쇄소(灑掃)란 사람 된

126 奇宇萬, 『松沙集』 卷之48, 「行狀」, 「日新齋鄭公行狀」, 3b 참조.

자의 가장 기본적인 일이다"라고 했고, 7세(1851) 때에는 처음으로 『효경』을 읽었는데 반드시 몸소 행했다. 10세(1854) 때에는 명촌(明村) 황기현(黃紀顯)[127]에게 수학했으며, 이때 화이(華夷)를 설명할 정도로 총명했다. 13세(1857) 때에는 능주 출신 무사재(無邪齋) 박영주(朴永柱, 1803~1874)의 제자가 되어 『사서(四書)』를 읽었는데, 1년도 되지 않아 학문을 섭렵하고 이치를 관통했다. 유년기에 정의림은 김정묵 → 송치규 → 박영주로 이어지는 사승 관계에서 이이·김장생·송시열의 이론을 배웠다.

20세(1864) 때에는 과거시험의 뜻을 접고 내려오는 길에 족대부 석당(石幢) 정구석(鄭龜錫, 1790~1865)을 찾아뵈었는데 '일신(日新)'이라는 두 글자를 지어주면서 "나는 자네를 가르칠 수 있는 사람이 아니네. 또 호남 장성에 노사 선생이 있다고 들었는데, 그의 도학(道學)과 문장(文章)은 스승을 이은 것이 아니라 공자의 도와 정주학의 근원을 곧바로 거슬러 올라갔으니 선비가 이 세상에 태어나 귀의할 곳이 있네. 자네가 가서 스승으로 삼게나"라고 권유했다.[128] 이것이 바로 스승 기정진을 만나게 된 계기였다.

24세(1868) 때에는 마침내 아버지의 편지[129]를 가지고 기정진 선생을 찾아뵈었다. 기정진은 "타고난 자질이 즐겁고 편안하며, 식견이 이미 바르다."라고 칭찬하면서 "사서와 육경의 훈고와 주석은 주자가 온갖 힘을 다해 주석하여 모아놓은 곳에 모두 망라되어 있으니 돌아가서 구

---

127 鄭義林, 『日新齋集』 卷1, 「謹次黃處士先生明村(紀顯)韻」, 8b, 21쪽 참조.

128 鄭義林, 『日新齋淵源錄』 卷之1, 「年譜」, 3b.

129 鄭義林, 『日新齋淵源錄』 卷之1, 「年譜」, 4b. "삼가 원하는 것을 이루지 못하여 저의 자식을 도모케 하고자 하는데, 자식이 또한 재질이 소원하고 엷어서 볼만한 것이 하나도 없습니다. 삼가 성대한 덕과 커다란 법도를 주시어 물리치지 않으시고, 부디 받아주시어 가르침과 깨우침을 주신다면 부끄럽고 부끄럽지만 감사하고 축하하는 속마음을 감당하지 못할 것입니다."

해보면 매우 많은 스승이 있을 것이네. 어찌 늙은 나의 문하에서 힘을 허비하려고 하는가"라고 겸손하게 사양했다. 하지만 정의림은 "노사 선생은 바탕이 태어나면서 아는 자에 가깝고, 도는 『중용』에 근본 하여 대체를 세웠으며, 말하는 것마다 그릇된 것이 없어 근본으로부터 뚝뚝 떨어져 온다."라고 보면서 따랐다.[130]

26세(1870) 때에는 오경(五經)과 사서(四書)를 읽으면서 사문들과 토론했고, 29세(1873) 때에는 형질(形質)과 기질(氣質)에 대한 의문점을 스승에게 질문했다.[131] 31세(1875) 때에는 "김석구와 정재규와 선생은 자리에 앉아 온화하고 강직한 모습으로 (스승을) 옆에 모시고 서로 논변하여 은밀한 것까지 펼치지 않음이 없었고, 미세한 곳까지 통하지 않음이 없었다. 그래서 옆에 사람들은 그 역량의 크기를 헤아리지 못했다. 세상에서는 노사 삼문제자라고 하였다."라고 하여 그의 뛰어난 역량을 보였다.[132] 32세(1876) 때에는 서로 멀리 떨어져 있는데도 약속이나 한 듯이 정재규가 스승을 만나러 오게 되면 정의림을 만나는 것이 세상에 보기 드문 일이라고 보고서 「호상기우록(湖上奇遇錄)」을 짓게 했다.

33세(1877) 때에는 어머니 박씨가 돌아가시자 『주자가례』를 따라서 상례를 행했다. 34세(1878) 때에는 김석구와 함께 태극도설(太極圖說)을 논의했을 때 서로 막혔던 부분을 스승에게 물었다.[133] 35세(1879) 때에는 스승이 자신을 비롯한 김석구와 정재규에게 「납량사의」와 「외필」을 보여주면서 "이 기록에 대해 들어본 적이 있는가"라고 묻자, "이것을 듣기는 했지만 이제야 읽습니다"라고 대답했다. 다시 선생이 "너희들의

130 鄭義林, 『日新齋淵源錄』 卷之1, 「年譜」, 4b~5a 참조.

131 奇正鎭, 『蘆沙集』 卷之12, 「書」, 答鄭季方(辛未九月), 36b~37a, 276~277쪽 참조.

132 鄭義林, 『日新齋淵源錄』 卷之1, 「年譜」, 7b.

133 奇正鎭, 『蘆沙集』 卷之12, 「書」, 答鄭季方問目, 38b~39a, 278~279쪽 참조.

의사는 어떠냐"라고 묻자 함께 일어나 "진심으로 믿고자 합니다"라고 말했다.[134]

36세(1880) 때에 스승이 돌아가셨다. 37세(1881) 때에는 주자의 『자치통감강목』·『주자대전』·『주자어류』·『근사록』·『심경』 등의 책을 읽었다. 39세(1883) 때에는 아버지가 돌아가셨다. 정의림은 3년 간격으로 어머니와 스승과 아버지를 잃었던 상황에서 정의림은 심적인 마음으로 공부하기는 쉽지 않았다. 43세(1887) 때에 정의림은 유람하면서 자신의 삶을 되돌아보기 시작했으며, 당시 사우들과 서석산(瑞石山)에 올라갔다가 돌아와서 영귀계(詠歸契)를 만들었다. 44세(1888) 때에는 『일지록(日誌錄)』을 저술하여 주렴계의 태극도설, 음양의 대대[교역]와 유행[변역], 천리와 인욕, 심성과 효제자 등을 『주역』과 『중용』의 내용을 기반으로 자신의 성리설을 주장했다. 46세 때(1890)에는 스승과 제자들이 서로 묻고 답했던 『답문류편』을 분류하여 고쳤다. 48세 봄(1892)에 칠송리에 영귀정을 짓기 시작하여 다음 해(1893) 겨울 2월에 완성된 뒤 51세(1895) 때에 실질적인 강학 활동이 본격화되었다. 54세(1898) 때에는 월강회(月講會)를 만들어 서로 나이가 비슷한 사람들과 더불어 강연을 열었다.

56세(1900) 때에는 단성의 신안정사에 가서 정재규와 더불어 스승의 문집을 교감하는데 당시에 면암 최익현이 참여했다. 58세(1902) 때에는 「통고영남열읍장보문(通告嶺南列邑章甫文)」, 「통고호남열읍장보문(通告湖南列邑章甫文)」, 「절작변무문(節酌辨誣文)」, 「서시제동지(書示諸同志)」를 지어 영남과 호남의 사문들에게 이이와 기정진 학문의 일치성을 알렸다. 특히 전우가 기정진의 「납량사의(納凉私議)」와 「외필(猥筆)」을 보고서 1902년에 「납량사의의목(納凉私議疑目)」과 「외필변(猥筆辨)」을 작성하여 조목조목 비판하자, 정의림은 60세(1904) 때에 반비판하면서 「변

134 鄭義林, 『日新齋淵源錄』 卷之1, 「年譜」, 9b~10a.

전우소저노사선생납량사의기의(辨田愚所箸蘆沙先生納凉私議記疑)」와 「변전우소저노사선생외필변(辨田愚所著蘆沙先生猥筆辨)」을 작성하여 스승의 이일분수설(理一分殊說)과 주리설(主理說)을 변론했다. 66세(1910) 때에는 나라가 없어졌다는 소식을 듣고 눈물을 흘리며 탄식하다가 그해 10월 10일에 임종을 맞이했다.

2. 문집 구성과 내용

『일신재집(日新齋集)』[135]은 목록 1책과 본집 21권 11책 목활자본으로 4주쌍변(四周雙邊), 반곽(半郭) 22.4×14.6cm, 유계(有界), 10행22자, 주는 쌍행(雙行), 상하향(上下向) 3엽화문어미(三葉花紋魚尾)에 크기는 29.9×19.4cm이다. 문집은 1911년에 간행되었으며, 전남대학교, 국립중앙도서관, 계명대학교, 동아대학교, 성균관대학교, 연세대학교, 영남대학교, 원광대학교에 소장되어 있다. 1927년에 『일신재신종록(日新齋信從錄)』 1권이 간행되었고, 1967년에 『일신재선생연원록(日新齋先生淵源錄)』 3권이 완성되었다.

권1은 시(詩) 176수가 수록되어 있다. 영귀정에 관련한 시에는 「영귀정봉안구성현유진인억안우순견(詠歸亭奉安九聖賢遺眞因憶安友舜見)」, 「영귀정억안우순견이우덕재(詠歸亭憶安友舜見李友德哉)」, 「영귀정강파음(詠歸亭講罷吟)」 2수, 「영귀정증별제생(詠歸亭贈別諸生)」 5수, 「영귀정원운(詠歸亭原韻)」가 있는데, 영귀정이 강학공간임을 밝히면서 학문적 수양을 강조하고 있다.

권2~10은 서(書) 433편이 수록되어 있다. 권2는 기정진에게 올리는 편지 6편이 실려 있는데, 정의림이 물어보면 그 질문에 대해 스승이 조목조목 답장하는 방식으로 되어있다. 편지의 내용은 태극도설(太極圖說), 일

135 서정화 외 편, 『근대유림문집해제』 1(호남편), 도서출판선인, 2021, 참조.

리(一理), 음양동정(陰陽動靜), 선악(善惡), 칠정(七情), 형이상하(形而上下) 등으로 구성되었으며, 대부분 성리학에 대한 문답형식으로 되어있다. 또 이 편지에서 김석구·정시림·정재규가 거론되는 것을 보면 그들의 학문적 교류와 친분을 다시 한번 확인할 수 있는 대목이다. 특히 김석구와 더불어 태극(太極)에 대해 논의하면서 서로 다른 견해에 대해 과감히 스승에게 질문하고, 시(詩)·서(書)·예(禮) 가운데 무엇을 먼저 읽어야 하는지에 대해 김석구·정시림과 다름을 물었다. 그리고 권2는 김평묵, 임헌회, 유중교, 최익현, 민주현, 민삼현, 조성가 등의 선배들에게 올리는 편지가 많이 수록되어 있다. 권3은 42편이 수록되어 있는데, 정재규에게 답장한 편지 8편, 기우만에게 보내는 편지 6편, 박인지(朴麟鎭)에게 보내는 편지 4편 등이 있다. 권4는 정면규(鄭冕圭)와 문달환(文達煥)을 포함하여 59명에 보낸 68편이 있다. 권5는 28명에게 보낸 50편의 편지가 있는데, 이기백(李琪白)에 보내는 편지가 7편이다. 6권은 8명에게 56편의 편지가 있는데, 양회락(梁會洛)에게 보낸 편지 11편, 박준기(朴準基)에게 보낸 편지 12편, 오창호(吳昌鎬)에게 답장한 6편 등이 실려 있다. 권7은 45명에게 보낸 56편의 편지가 있고, 권8은 황철원(黃澈源)에게 답장한 18편, 정순진(鄭淳珍)에게 답장한 5편, 권춘식(權春植)에 답장한 3편이 수록되어 있다. 권9는 문형(文炯)에게 답장한 4편을 포함하여 44명에게 보낸 57편이 실려 있고, 권10은 임태규(任泰圭)에게 답장한 4편에 포함하여 33명에게 보낸 43편이 있다.

권11 잡저(雜著)에는 스승 노사의 성리설을 전우가 비판하자, 60세(1904) 때에 「변전우소저노사선생납량사의기의(辨田愚所箸蘆沙先生納凉私議記疑)」와 「변전우소저노사선생외필변(辨田愚所著蘆沙先生猥筆辨)」을 작성하였다. 이것은 기정진의 성리설을 옹호하면서 이이의 주장 또한 주리설(主理說)임을 변론한 것이다.

권12~13은 잡서 54편과 서(序) 34편이 수록되어 있다. 58세 때(1902)

에 작성한 「통고영남열읍장보문(通告嶺南列邑章甫文)」, 「통고호남열읍장보문(通告湖南列邑章甫文)」, 「절작변무문(節酌辨誣文)」, 「서시제동지(書示諸同志)」은 영남과 호남의 문인들에게 스승 이론의 정당성을 주장하고 이이와 기정진의 이론이 다르지 않다고 주장하면서 내부적인 동요를 막고자 한 것이다. 그 외에는 제자들에 지어준 자설(字說)이 대부분 차지한다.

권14는 기(記) 80편이 수록되어 있는데, 제자들의 호(號)와 자(字)에 대한 기문이 가장 많다. 그 외에 중수기(重修記), 정려기(旌閭記), 정자기(亭子記) 등이 있다. 정자기 가운데 영귀정기(詠歸亭記)에는 "여기에서 노니는 자는 『소학』으로써 기본을 세우고, 『대학』으로써 규범을 정하여 들어가서는 부모를 사랑하고 형을 공경하며, 나가서는 스승을 높이고 벗과 친하게 지내야 한다"고 하였다.

권15는 발(跋) 3편, 후(後) 11편, 명(銘) 14편, 사(辭) 2편, 찬(贊) 3편, 상량문(上樑文) 3편 축문(祝文) 4편이 수록되어 있다. 「노사선생답문류편발(蘆沙先生答問類編跋)」은 스승 기정진이 지인과 제자 문인들과 주고받은 편지 가운데 그 학문과 사상의 핵심을 뽑아서 정리한 「답문류편」에 발문을 쓴 것이다. 정의림은 "선생의 학문은 천지를 포괄하고, 모든 것을 분석하였으며, 철저하게 궁구하여 근원에 도달하였고, 끝없이 다 꿰뚫었다"고 하였다. 명(銘) 14편은 제자들에게 자(字)를 지어주면서 경계할 것을 써준 것이다.

권16은 제문(祭文) 40편, 비(碑) 1편, 묘갈명(墓碣銘) 11편이 수록되어 있다. 제문에는 스승인 기정진, 황기현(黃紀顯), 박영주(朴永柱, 1803~1874)를 비롯하여 김평묵, 최익현, 최숙민, 민주현(閔冑顯), 김석구 등을 추모하는 글이 있다.

권17은 묘지명(墓誌銘) 35편과 묘표 12편이 수록되어 있는데 대부분 정의림의 지인이나 제자들의 부탁에 의해 작성된 것이다. 권18~19는 행장(行狀) 40편과 전(傳) 12편이 수록되었으며, 권20~21은 유사 50편이 실려 있다.

『일신재신종록(日新齋信從錄)』은 1927년에 만든 목활자본으로 정의림의 문인록이다. 동계(東溪) 양회락(梁會洛)의 「일신재신종록서」, 송사(松沙) 기우만(奇宇萬)의 「행장」, 겸산(謙山) 박준기(朴準基)의 「일신재선생언행록」, 후석(後石) 오준선(吳駿善)의 「발」, 치암(恥庵) 홍승환(洪承煥)희 「신종록후소지」가 있다. 『일신재신종록』에는 「종유편(從遊編)」에 서로 교유한 사람이 166명이고, 「문인편(門人編)」에 직전재자 263명이다.

『일신재선생연원록(日新齋先生淵源錄)』은 권1에는 「연보(年譜)」, 「가장(家狀)」, 「행장(行狀)」이 있으며, 「종유편」에 서로 교유한 사람이 175명이고, 「문인편」에 직전재자 336명, 「사숙편」에 개인적으로 따르는 사람이 42명이다. 권2에는 정의림의 문인 59명이 배출한 재전제자 2874명이 수록되어 있고, 3권에 33명이 배출한 삼전제자 1245명이 수록되어 있다.

정의림은 기정진 사후에 있었던 「납량사의」와 「외필」을 변론하고 방어하는데 집중하면서 노사학파의 정당성을 확보하고자 했다. 정의림은 20세기 초 논쟁의 발단과 전개 과정에서 중추적인 가교 역할을 했을 뿐만 아니라, 호남이 성리학 논쟁의 중심지가 되는 계기를 마련했다. 이것은 정의림이 새로운 학문체계를 구성하기보다는 기정진과 이이를 융합하는 이론체계를 확립하여 기울어가는 국가를 다시 세우고자 한 것이다. 이 당시는 리의 국가체제가 무너지는 과정에서 성리학자가 리의 역할을 담당할 수밖에 없는 상황이었다. 그래서 정의림은 이이의 리무위(理無爲)와 기유위(氣有爲)의 원리를 담보로 성리학자의 역할을 중요하게 여겼다. 즉 정의림은 국가의 위기를 맞이하여 소이연(所以然)의 원리로써 무위(無爲)하는 리를 받아들이면서, 또 시키고 주재하는 사지연(使之然)의 리를 강조했다. 정의림의 위상은 망국의 위기 상황에서 리(理) 중심의 성리학 체계를 바탕으로 현실 세계에 대응하는 이론적 근거를 구상했다는 점이다. 이것은 유학자로서 조선왕조를 유지해 왔던 이기론 체계가 무너지는 국가적 위기 상황을 대처하는 유일한 방법이었다.

3. 문집 목차

日新齋集目錄

巳秋自詠亭還家塾 回甲日述懷 乙巳除夕 詠歸亭奉安九聖賢遺真因憶安友舜見 遊七松東山憶舜見 丙午除夕 和朴生樂卿 偕洪生士拯赴七松講會 安慶伯加冠日題贈 輓洪丈德汝 碧山講會 登東歸峯和吳永之韻 澗里書社病中書懷 遊天台山中路喜逢朴大圭 步和鄭敬之回甲韻 挽金友泰允 步和樂清軒韻 謹次松圃梁丈晬辰韻 步和樂清軒韻 謹次松圃梁丈晬辰韻 步和鄭臺隱韻 記夢 與從弟敬方過永平 到潘南 夢覺關 和寒守庵韻 病中偶成一絕寄李光現 新安社設蘆沙先生文集刊所與諸友唱酬 傷時偶題 次呈勉庵崔丈新安刊所有感詩 題趙友和一叢桂精舍 陪勉庵崔丈與崔溪南鄭艾山奇松沙諸友遊七佛寺 雙峰書社用梁處仲韻別諸友 詠歸亭憶安友舜見李友德哉 敬方弟回甲日有病未往追後賡韻 和李基休大人回甲韻 挽朴敬仲 次黃生景涵首尾韻 挽朴禹瑞 謹步竹林齋韻 挽金公聖名 奉和惺石金翁聖民 次朱子戒人詩贈姜子謙黃生景涵餞春日有贈可無謝 詠歸亭講罷吟 謹步趙澹窩回甲韻 華嚴寺講會 奉和悔軒主人壁上韻 和贈金汝擎 追次容閒堂創修韻 早發鴨綠岳陽亭懷古 詠歸亭贈別諸生 挽金明彥 多山齋別諸友有感 洛城臨發有感 贈別吳汝周 登廣寒樓次佔華齋金先生板上韻 過雲峯碑殿 偶吟楊子江唱酬 追和尹亨三回甲韻 挽梁公茂悅 勉諸生 次講會齋韻 詠歸亭原韻 和梁文五 贈梁子善 謹步鄭稱弘回甲韻 偕蔡洛斌韓元植遊天台山 挽金良叔 次魏士悅壽母詩 次竹溪韻 挽鄭在庸 和魏君亨信 贈別梁而敬 贈洪士瑩 挽曹元哉 挽華菴梁公 和贈鄭君益三 謹步持敬堂韻 謹次范潤圭牧齋韻 挽金公鶴軒 陪知州韓侯行鄉飮禮 夜起書感 題寒後亭 移家別悅樂齋 山齋有感 挽閔仲範 謹次申東溪亭韻 贈李生景祿 墨谷歸路和李生德受 挽愚軒洪公 夏日遊澗村 挽李公和珍 約諸友會花柳川上 憫旱

卷二

書: 上蘆沙先生(七篇) 上族大父石塘先生 上伯父 上無邪齋朴先生

答愛日堂金丈 上重菴金丈 上全齋任祭酒丈 上省齋柳丈 上勉菴崔丈(四篇) 上沙厓閔丈 上謙窩閔丈 上月皐趙丈 上閔招討使 上心學梁丈 上泉川梁丈 答鳳南洪公 答松庵吳公 答芝南李公 答小隱梁公 與朴公道仁 答宋聖賚 與閔子述 答魏允弘 答鄭相集 答吳漸瑞 與安汝涵 答同樞朴公 與朴致敬 答尹亨三 答閔士善

卷三

書: 與金景範 與崔元則(二篇) 與族兄伯彦 答鄭厚允 與鄭厚允(四篇) 答鄭厚允 別紙 與鄭厚允(二篇) 與奇會一(二篇) 答奇會一(二篇) 與奇會一(二篇) 與柳聖存 與隱谷裴公 與金乃善 與朴學中(四篇) 與趙和一 答金豐五 與安行五 答金錫文 答李道敏 答洪文玄 答安汝恩 答宋德裕 與文武一 與文善一 答梁大集 與吳儀瑞別紙 答梁致道 與鄭致弘 答黃允範 答朴仁汝(二篇) 答鄭敬之 與盧和仲 答黃國瑞 答文興瑞 答任士範 答徐元陽 答安樂賢 答尹致化 答孫雲叔 答白乃範 與朴達華 答梁允淑 與金贊炯 答奇鳳汝 答文元則 答鄭琦弘 答金稱圭

卷四

書: 與鄭周允 答鄭周允 答文德卿 答洪漢瑞(二篇) 答文翊中 答安舜見(二篇) 與安舜見 與金伯見 答五衛將白潤集 與梁文五 與李安仲 答金文見 與安益見 與朴正三 與權舜卿 答李鳳瑞(二篇) 答朴允三 答金致五 答文集中 答魏拜雲 答鄭華中 與洪章汝 與李華三 與鄭致鳳 答金明彦 答魏瑞圭 答金士行 答李道常 與奇道心 答高元汝 答刊應七 答姜士性 與梁海心 答趙平汝 答梁順集(三篇) 與崔錫允 與梁汝正(二篇) 與尹友三 與金誠中 答朴大圭(二篇) 答金士權 與盧禹言 答趙景文 答廉敬儒 與具德允 答魏致周 答孫司果 答宋永煥 與金漢淑 答孫子翼 與朴奇玉 答金舜佐 與姜正行 答梁子涵 與朴亮汝 答梁清一(二篇) 答閔世仲 答文洛瑞 答文仁仲 答洪貞和 與李乃權

卷五

書: 答文啓元(三篇) 答李光彬(二篇) 與李光彬(二篇) 答李光彬 與李光彬 答李光彬 答權子厚 與安公三 答李寬汝(二篇) 答李玉見(二篇) 答李德哉 與李德哉 答具瞻汝 答李光見(三篇) 與李光見 答裵正一 答吳永一(三篇) 答朴而顯 答金春卿 答梁伯厚 答洪允深(二篇) 答魏殷弼 答金允汝 答文敬五 答洪文寧(三篇) 答文子一 答洪榮汝 答鄭士亨 答安景允 答曹明叔 答朴伯順 與鄭雲躍 與文世元 答洪彜元 與李士溫(二篇) 答徐聖章 答曹大允 答魏致儉 答金聖彦 答范善仲 答魏雲汝(二篇) 答李建七 答魏士悅 答安信五 答魏致均 與曹明有 答朴子善 答朴元實 答朴贊吉 答魏岐文 答魏致明 與閔邦瑞 與李應章 答李鉉五 答柳子中 與趙士欽 答金允吉 答田說卿 與林士涵 答方錫斗 與趙應三 答金泰輶

卷六

書: 與梁處中 答梁處中(三篇) 與梁處中 答梁處中(六篇) 與朴景立 答朴景立(二篇) 與朴景立(九篇) 答閔子敬(二篇) 答吳汝周(六篇) 答尹季仁(三篇) 答金子惺(二篇) 與李善仲 答李善仲 答洪士拯(七篇)

卷七

書: 答權君五 與李明恩 答廉景甫 與宋子仁(二篇) 答曹仲直(三篇) 與曹仲直 答姜子明(二篇) 答權應韶 答洪得韶 答金毅伯(二篇) 答尹仁夫 答洪士瑩 與梁宗賢 答朴仁玉 答安斗三 答趙伯淵 與文仁涵 與朴世顯 答朴世顯 與李殷祥 答文斗一(二篇) 答金汝晦 答梁仲淑 答安慶伯(三篇) 答吳景純 答李景元 答梁而敬 答李仁甫 答安景禹 答閔子直 答范華一 答趙仲洛 答曹士賢 答朴德璋 答白子行(二篇) 答李致慶 答金箕洪 答朴寬甫 答朴文華 答鄭道允 答安敬三 答金美仲 答朴善長 答閔士元 答金應七 答白景行 答梁仲涵

卷八

書: 答黃景涵(四篇) 與黃景涵 答黃景涵(五篇) 與黃景涵(二篇) 答黃景涵 與黃景涵 答黃景涵(四篇) 答鄭士玉(六篇) 答權範母(三篇)

卷九

書: 答鄭景晦 答吳陽路 與吳陽路(二篇) 與朴直夫(三篇) 答裴士遠(二篇) 與朴樂卿 答朴景文 答安士仰 答李汝行 與李美中 答吳輔慶 答文士一(二篇) 答金士吉(二篇) 答文子惺(四篇) 答朴源方 答黃新汝 答朴允敬 答姜子謙(二篇) 答朴子彦 與安良立 答安良立(二篇) 答鄭士遵(二篇) 答曹亨善 答李泰卿 答魏心叔 答邗士綏 答邊致道 答魏洛範 答白學卿 答金光淑 答李士敬 答魏果卿 答金樂元 答黃正厚 與朴應舜 答金汝擎 答高經夫 答沈景晦 答朴亨叔 答丁德均 答張禹範 答魏定夫 答金允憙答李子謙 答金宗一 答鄭子成

卷十

書: 答任宇卿(四篇) 答魏亨信(二篇) 答宋士真 答鄭雲汝 答吳世卿 答梁于善 答金而修 答裴純文(二篇) 答尹子運 答朴公瑜 答金仲執 答具士文 答曹泰卿 答金叔見(二篇) 答鄭元實(二篇) 答李德受 答金大敬 答金元直 答閔子仰 與鄭元卿(二篇) 答鄭元卿 答朴明振 答文 答朴文一 答朴成五 答朴乃英 答文士中 答文泰彦 答鄭允明 答朴元長 答朴仲德 答朴士文 答朴士洪 答朴公楫 答朴允元 答孫元哲 答張宇卿 答全性天 答黃公直 與尹士元 答林敬行 答鄭孔瑞 答文明旭 答吳善長 答具允長 答李乃亨 答張沅祉 答尹性道 答梁士蘊 答朴景行 答七松旬講會 答輔仁會 與從弟敬方 答從弟敬方 與族丈致殷 與族叔景受 與族叔達鄉 答宗人德源 與宗人大智 答宗人道明 答宗人平一 寄家兒 示家兒 答從姪尚悳(二篇) 寄憲孫(四篇) 與洪甥寬植 與金甥潤燮 與宋外孫秉基

卷十一

雜著: 辨田愚所著廬沙先生納凉私議記疑　辨田愚所著蘆沙先生猥筆辨

卷十二

雜著: 書示諸同志　湖上奇遇錄　閱奇遇錄有感而記　日誌錄　通告嶺南列邑章甫文　通告湖南列邑章甫文　答通長城會所文　奉贈崔而仰　題贈閔君子直　吳永之字說　書示洪士拯　書示閔子敬　朴景立字說　書示黃景涵　書贈吳汝周　吳景拜字說　書示吳陽路　書贈安良立　書贈金叔見　朴伯順字說　曹仲直字說　書贈金子惺　宋子仁字說　朴子慎字說　朴德璋字說　書示尹仁夫　金毅伯字說　鄭元卿字說　裴純文字說　李仁父字說　書贈李信汝　魏果卿字說　朴元寶字說　文子一字說　書贈趙仲洛　詠歸亭別同研諸友　魏心叔字說　朴善長字說　魏雲汝字說　書贈具士文　金周卿字說　書贈安景禹　寄贈文世元　安子容字說　書贈曹泰卿　贈朴部將敬秀　贈金生亨仲　文敬五字說　立脚記示裴士遠　書贈申晟善　書贈高聲余　題贈李子警

卷十三

雜著: 節酌辨誣文　贈文秀才　吳允明字說　孫和聞字說　書贈金龜淳　書贈高經夫　書贈姜汝明柳季雷河魯益　書贈崔君淳若　朴寬甫字說　鄭士遵字說　李士溫字說　安慶伯字說　安士仰字說　士沃字說　金德潤字說　贈鄭君善敬　金禹言字說　書贈魏定夫　李生元敬字說　洪士拯字說　四七說示黃景涵　書贈文子惺　留新安社書贈金君式　朴仁叟字說　書贈魏亨信　宋士德字說　書贈魏士悅　孫兒憲圭親迎時醮辭　文岐瑞字說　洪希中字說　書贈李君晦夫　曹元圭字說

序: 咬菜窩遺稿序　鄭氏世稿序　無邪齋遺稿序　詠歸會案序　豊壤趙氏派譜序　兩蹇堂集序　芝南遺稿序　晚義集附錄序　山南金公振義錄序

松庵遺稿序 鄉約案序 竹林遺稿序 愚齋遺稿序 送金君聖惟歸關西序 五常會案序 佳勝洞洞案序 容閒遺稿序 愼庵遺稿序 送梁順集往漢北序 送鄭景晦金翼夫小序 贈權子仁應詔二君序 慶州金氏家乘亭 贈崔君子玉歸浴川序 寶城吳氏輔誼會案序 贈鄭君雲躍序 雲巖遺稿序 贈曹彝卿亭 興學會案序 禮洞老人壽筵詩輯序 風浴會案序 希庵師友簡牘序 曹氏慕先錄序 除夜詩集序 資學會案序

卷十四

記: 詠歸亭記 日休堂先生崔公旌閭重修記 兩蹇堂黃公旌閭重修記 密陽朴氏永慕齋重修記 愚忍堂記 愚軒記 松下記 松峯記 土庵記 晩隱齋記 樂淸軒記 丹溪記 觴山齋記 竹下記 愚軒記 德新齋記 澹窩記 竹灘記 悔軒記 晩悟堂記 澗松齋記 鶴軒記 五峯記 木美亭記 德窩記 德軒記 澗齋記 靜齋記 孝子松庵吳公旌閭記 晩翠軒記 愚齋記 謙窩記 藍溪記 臺隱記 耕讀齋記 東溪亭記 海隱記 望華臺記 贈教官梁孝子旌閭記 具氏永慕齋重修記 三坡記 瑞軒記 省軒記 蘭溪記 石梧記 竹塢記 瑞軒記 三川記 春灘記 愼默齋記 松灘記 玉蓮亭記 玉山記 霞山記 農軒記 默庵記 惺齋記 孝子崔公旌閭記 金孝子旌閭記 敬齋記 錦圃記 覽輝堂記 華隱記 遯庵記 愼庵記 修俟齋記 寒守齋記 松汀記 故孝子豐壞趙公旌閭記 耻庵記 止軒記 醒窩記

卷十五

跋: 蘆沙先生答問類編跋 遯齋集跋 書河東鄭氏雙孝旌閭記後 題靜窩鄭公家狀後 題曹孝子事實後 題鶴軒金公家狀後 書槐庵金公家狀後 書密陽朴氏辨正世系序後 鳳南遺稿跋 題悔窩朴公家狀後 書晩悔翁傳後 題安亭朴公實記後 書權範晦麗澤會帖後 題黃景涵巖間偶錄後

銘: 養性堂銘 吳景純字銘 朴公楫字銘 吳陽路字銘 李希遠字銘 朴直夫字銘 文仁涵字銘 任宇卿字銘 金叔見字銘 梁而敬字銘 洪永日字

銘 吳明路字銘 朴士欽字銘 存誠齋銘

辭: 家兒字辭 白君子行臨行求一言以替鞭策之贈不敢以固陋辭謹述數句辭以呈

贊: 老稼亭先生曹公贊 真像自贊 枕漱亭贊

上樑文: 密陽朴氏永慕齋上樑文 竹翠亭上樑文 歸厚齋上樑文

祝文: 詠歸亭開基祝文 詠歸亭開講時告先聖先師文 行鄕約告文廟祝文

卷十六

祭文: 祭盧沙先生文 祭族丈父石塘先生文 祭無邪齋朴先生文 祭重庵金丈文 祭勉庵崔丈文 祭溪南崔元則文 祭沙厓閔叅判文 祭愛日堂金公文 祭大谷金景範文 祭長興府使朴公文 祭鳳南洪公文 祭松庵吳公文 祭明村黃處士文 祭竹圃梁公文 祭萬愚軒梁公文 祭芝南李公文祭安公文 祭朴學中文 祭梁公文 祭安友舜見文 祭竹坡吳公文 祭文啓元文 祭鄭致弘文 祭吾南金公文 祭趙泰彬文 祭曹元弘文 祭宋德裕文祭朴正三文 祭文翊中文 祭洪文玄文 祭尹亨三文 祭文集仲文 祭李光彬文 祭盧禹言文 祭裵政一文 祭權子厚文 祭李應長文 祭金伯顯文祭梁海心文 祭族兄子定文

碑: 嘉善大夫禮曹叅判金公施義追慕不忘碑

墓碣銘: 忠義衛蓮汀李公墓碣銘 贈戶曹參判敬愼庵吳公墓碣銘 贈通訓大夫司僕寺正敬軒洪公墓碣銘 贈通政大夫承政院左承旨畏齋金公墓碣銘 嘉善大夫同知中樞府事孫公墓碣銘 石南孫公墓碣銘 贈通訓大夫軍資監正清溪趙公墓碣銘 學生金公墓碣銘 孺人李氏墓碣銘 通德郎遯窩朴公墓碣銘 嘉善大夫行全羅道左虞侯趙公墓碣銘

卷十七

墓誌銘: 左承旨尚德齋先生崔公墓誌銘 茅汀邢公墓誌銘 晩喜堂處

士洪公墓誌銘 道谷邢公墓誌銘 竹汀文公墓誌銘 松巖金公墓誌銘 錦舫安公墓誌銘 司憲府監察姜公墓誌銘 謙窩閔公墓誌銘 聾軒權公墓誌銘 榴軒處士金公墓誌銘 海南縣監朴公墓誌銘 野隱奇公墓誌銘 贈兵曹叅議泉隱趙公墓誌銘 藥圃李公墓誌銘 東學教授梨堂朴公墓誌銘 遯庵處士高公墓誌銘 湖隱黃公墓誌銘 孺人李氏墓誌銘 通訓大夫漢城府判官金公墓誌銘 戶曹叅判蘭溪崔公墓誌銘 敬齋高公墓誌銘 栗齋金公墓誌銘 莘齋鄭公墓誌銘 察訪梅谷崔公墓誌銘 通政大夫惺齋高公墓誌銘 雲谷崔公墓誌銘 濟用監僉正樂圃曹公墓誌銘 默窩鄭公墓誌銘 淑夫人姜氏墓誌銘 故學生清溪崔君墓誌銘 春灘處士具公墓誌銘 退亭處士文公墓誌銘 通訓大夫司憲府監察文山齋朴君墓誌銘 敬庵鄭公墓誌銘

墓表: 正憲大夫大護軍晩隱白公墓表 贈通政大夫承政院左承旨高公墓表 贈嘉善大夫戶曹叅判朴公墓表 贈童蒙教官朝奉大夫吳公墓表 贈嘉善大夫戶曹叅議崔公墓表 溪狂處士陳公墓表 令人洪氏墓表 孺人李氏墓表 淑庵安公墓表 孺人文氏墓表 孝子遯齋安公墓表 學生具公墓表

卷十八

行狀: 祖考通政大夫府君行狀 伯父副護軍府君行狀 先考副護軍府君行狀 先妣孺人朴氏行狀 白波金上舍行狀 思齋先生文公行狀 竹窩洪公行狀 農隱吳公行狀 訓鍊院奉事農隱閔公行狀 樂清軒處士魏公行狀 吏曹正郎竹林黃公行狀 鳳南軒洪公行狀 芝南處士李公行狀 竹溪洪公行狀 德林齋安公行狀 忍齋奇公行狀 淑夫人具氏行狀 松庵吳公行狀 贈嘉善大夫戶曹叅判默溪朴公行狀 竹窩處士文公行狀 贈嘉善大夫吏曹叅判晩悔堂尹公行狀 通政大夫行綾州郡守孫公行狀 醉湖處士李公行狀 華庵處士李公行狀 懷慎齋李公行狀

卷十九

行狀: 聾庵洪公行狀 梧溪文公行狀 愚忍堂朴公行狀 松下處士安公行狀 龍巖處士金公行狀 默養齋梁公行狀 澗齋處士李公行狀 孺人光山李氏行狀 竹溪曹公行狀 晩翠軒鄭公行狀 箕隱鄭公行狀 孺人咸陽朴氏行狀 學生文公行狀 敬軒李君行狀 通訓大夫漆原縣監退隱安公行狀

傳: 贈通政大夫兵曹參議兼經筵參贊官月軒曹公傳 河東鄭氏十忠傳 大谷處士金公景範傳 敬默齋文公傳 翠谷曹公傳 同敦寧瀛軒曹公傳 烈婦梁氏傳 孺人朴氏傳 好德齋文公傳 金孝子傳 烈婦薛氏傳 朴都正昌鉉傳

卷二十

遺事: 贈兵曹叅判行釜山僉使吳公遺事 贈嘉善大夫戶曹叅議梅竹軒朴公遺事 贈通政大夫左承旨梅谷鄭公遺事 溪隱吳公遺事 成均館大司成愼齋趙公遺事 贈兵曹叅判行軍資監主簿柏潭崔公遺事 湖隱處士魏公遺事 贈童蒙教官朝奉大夫雲窩處士鄭公遺事 溪庵朴公遺事 養閒堂尹公遺事 隱谷處士裵公遺事 同中樞高公遺事 楚隱孫公遺事 默齋李公遺事 嘉善大夫同知中樞府事容閒吳公遺事 希庵處士趙公遺事 溪庵曹公遺事 求心齋鄭公遺事 贈左承旨松柳亭閔公遺事 遯齋曹公遺事 碧嵐齋鄭公遺事 新泉處士鄭公遺事 華庵梁公遺事 成均生員鳳陽孫公遺事 松坡處士鄭公遺事 松窩孫公遺事 德窩朴公遺事 聾窩梁公遺事 學生曹公遺事

卷二十一

遺事: 梧月堂李公遺事 鶴皐朴公遺事 同中樞農隱朴公遺事 竹湖閔公遺事 樂春軒任公遺事 莘溪金公遺事 贈通政大夫德齋尹公遺事 月潭處士張公遺事 贈童蒙教官朴公遺事 鳳岡金君遺事 心溪裵君遺事

竹谷李君遺事 溪沙姜公遺事 松谷李君遺事 雲溪金公遺事 新川閔君遺事 烈孝婦鄭氏遺事 慕義齋尹公遺事 孺人林氏遺事 梅史閔公遺事 孝子趙公遺事

日新齋信從錄

日新齋信從錄序(梁會洛) 日新齋行狀(奇宇萬) 日新齋先生言行錄(朴準基) 日新齋信從錄(從遊編)

日新齋信從錄(門人編) 跋(吳駿善) 信從錄後小識(洪承煥)

日新齋先生淵源錄

卷之一

年譜 家狀(黃澈源) 行狀(奇宇萬) 從遊編 門人編 私淑編 日新齋先生言行錄(朴準基)

卷之二(再傳門人)

卷之三(再傳門人)

『지강문집(芝岡文集)』

1. 저자 소개

민치완(閔致完, 1838~1911)의 자는 군현(君賢)이고 호는 초사(樵史)·지강(芝岡)이며 본관은 여흥(驪興)이다. 경상남도 산청(山淸) 사람이다. 시조는 공자의 제자 중의 한 사람인 민손(閔損)의 후손으로 민칭도(閔稱道)인데 고려 중엽 사신으로 왔다가 귀화하여 여흥에 정착하게 되었다. 고려 중기 이후 선조들은 높은 벼슬을 올라 기세를 크게 떨쳤는데, 특히 고려 말 공민왕 때 예조판서(禮曹判書)에 올랐던 농은(農隱) 민안부(閔安富)는 이성계(李成桂)가 조선을 개국하자, 불사이군(不事二君)의 정신으로 벼슬을 버리고 은거한 두문동(杜門洞) 72현의 한 분이다. 증조부는 민일(閔鎰)이고, 조부는 민이주(閔以珠)이다.

민치완은 아버지 장사랑(將仕郞) 민재규(閔在圭)와 어머니 남원 양씨(南原梁氏) 양천민(梁天民)의 딸 사이에서 4남 1녀 중에 장남으로 9월 25일 대포리(大浦里)에서 태어났다.[136] 민치완은 어려서부터 타고난 성

---

136 민재규의 둘째 아들은 민치량(閔致亮)이다. 어려서부터 형 민치완과 함께 백부인 민재남(閔在南)에 수학했으며, 자라서는 기정진의 문하가 되어 의로움과 이로움의 구분과 왕도(王道)와 패도(覇道)의 설을 듣고 공부에 열중하였다. 그는 경오년(1870)에 식년시(式年試) 문과에서 장원급제하여 사간원사간(司諫院司諫)에 올랐으나 당시의 시대상황을 잘 대처해야 한다는 소(疏)를 올리고 낙향하여 스승 노사의 문인인 조성가와 정재규 등과 서로 교유하면서 경전과 성리학 탐구하고 열중하였다.

품이 온순하고 독실하였으며, 7세(1850) 때에 아버지의 사촌 형인 민재남에게 수학하였다. 약관이 되지 않았는데도 위기지학(爲己之學)에 뜻을 두었고, 성리학(性理學)에 관한 책을 읽으면서 밤낮으로 침식(寢食)을 잃고 묵묵히 이해했다. 14세(1857) 봄에 장성 하사(下沙)에서 기정진 선생을 배알했는데 선생이 매우 애지중지하고 기대하였다. 이때 민치량은 두 수의 절구를 내놓았는데, 매우 좋아 화답하지 않을 수 없어서 스승 노사가 답시(答詩)를 지어주었을 정도로 시문(詩文)에 뛰어났다.

당시 민재남은 기정진과 서로 왕래하면서 노사의 학문을 높이 평가하였으며, 자신의 제자인 김현옥·민치량(閔致亮, 1844~1932)과 함께 기정진에게 보내어 수학하게 했던 것이다. 『노사집』에는 기정진이 민재남에게 답장한 편지 11편이 있고 보내는 편지 1통이 있는데 그 내용에는 항상 민치완을 걱정하는 표현이 많이 들어 있다. 1861년에 노사는 "군현과 마주하니 매우 기쁘지만 도리어 마음에 편치 않은 점이 있습니다.……군현은 늙고 못난 이 사람을 위해 말린 꿩고기와 말린 생선을 손수 가지고 수 백 리를 왔습니다. 이것은 참으로 영남 사람들의 좋은 점이지만 또한 영남 사람들의 지나친 점이기도 하니, 매우 부끄럽고 황송합니다"라고 하여 지나친 행동을 걱정하였다. 1864년 노사는 민재남에게 "군현 지강이 오랫동안 객지생활을 하니 매우 염려됩니다. 공명을 오랜 객지 생활로 마련할 수 있다면 세상에는 집에 붙어 있을 사람이 없을 것입니다"라고 답장을 했으니 민치완이 서울로 올라간 시간이 조금 지난 듯하다. 26세(1863) 봄에 서울로 올라가 운현송정(雲峴松亭)에서 과거공부를 했는데 이때부터 홍선대원군에게 인정을 받았다. 27세(1864) 때에 성상(聖上)이 몸소 행차하여 선비를 시험하자, 민치완이 과거에 나아갔지만 합격하지 못했다. 28세(1865) 때에 학문과 덕행으로 효문전참봉(孝文殿參奉)으로 임명되었다.

29세(1866) 때에 병인양요가 일어나자 스승 노사에게 외세의 침략을 막을 수 있는 방비책을 제시한 「병인소」를 올리도록 권유했다. 41세(1868) 때에 의금부도사(義禁府都事)를 거쳐 의영고봉사(義盈庫奉事)를 지냈다. 34세(1871) 때에 서원철폐령에 항의하면서 친분 있는 유림들에게 편지를 보내 서원철폐를 막아야 한다고 주장하면서 '100년도 지나지 않아 공론이 일어나서 집정(執政)의 성덕(聖德)에 누가 될 것'이라고 논쟁하였다. 47세(1884) 때에 주사(主事)가 되었다.

고종이 24년(1887) 4월 13일에 "전 도사 민치완(閔致完)의 음흉한 성품과 비루한 습관은 하나하나가 너무도 가증스러우니, 죽을 때까지 절도정배(絶島定配)하고 물간사전(勿揀赦前)하라"고 전교를 내렸는데 이때 나이가 60세였다. 그런데 『매천야록(梅泉野錄)』에서는 기록이 다르다. 민치완은 기정진의 문하에서 수업하다가 과거를 보러 갔는데 우연히 대원군을 만나게 되었고, 그로 인하여 도사(都事)가 되었는데, 근신하고 영민하여 큰 부정이나 시비를 일으키지 않았다. 그래서 흥선대원군이 권력을 잃었을 때 그의 문객들이 모두 화를 당했는데, 오직 민치완만 면했다. 그러나 이후에도 대원군에 대한 분노를 풀지 못하던 민비에 의하여 결국 유배되었다고 적혀 있다.[137] 58세(1895) 때에 평안도(平安道) 의주부관찰사(義州府觀察使)에 부임되었다. 만년에는 지강정사(芝岡亭舍)를 짓고 후진양성에 힘썼다. 1911년 11월 28일 묘시에 침실에서 별세하였는데 향년 74세였다.

2. 문집 구성과 내용

『지강문집(芝岡文集)』은 5권 2책 목판으로 4주쌍변(四周雙邊), 반곽(半郭) 22.3×16.6cm, 유계(有界), 10행22자, 주는 쌍행(雙行), 상하향(上下向) 2엽화문어미(二葉花紋魚尾)에 크기는 32.2×21.2cm이다. 『지강문집』은

137 黃玹, 『梅泉野錄』 卷之一, 「閔致完免禍」 참조.

1934년 손자인 민영직(閔泳直) 등이 편집하고 간행하였다. 이 문집은 전남대학교, 국립중앙도서관, 동아대학교, 계명대학교에 소장되어 있다. 권두에 경학원대제학(經學院大提學) 정만조(鄭萬朝, 1853~1936)의 서문이 있는데, "선생이 스스로 자랑하고자 하지 않았기 때문에 저술한 것이 흩어져있지만 수집하지 않았으니, 지금 존재하는 것으로도 그 맛을 알 수 있다"고 하였다.

권1에 시(詩) 120수가 수록되어 있고, 권2에 서(書) 45편과 잡저(雜著) 2편이 있으며, 권3에 기행문(紀行文) 4편으로 구성되어 있다. 권4에 기(記) 3편과 발(跋) 2편과 제문(祭文) 1편과 행장(行狀) 1편이 있으며, 권5에 부록(附錄)으로 서(書) 24편과 가장(家狀) 1편과 묘갈명(墓碣銘) 1편 등이 수록되어 있다.

시(詩)는 기정진에게 올리는 시를 비롯하여 시절에 따라 달라지는 경치와 그 자연을 보고 느끼는 내용이 많다. 특히 「경산기행(京山紀行)」은 경기도 일대의 암자·사찰·정자·명산 등을 주제로 읊은 30수이 있는데, 그 중에서도 「평창도중(平倉途中)」·「중흥사(重興寺」·「문수암(文殊庵)」·「만월대(滿月臺)」·「박연폭포(朴淵瀑布)」·「화석정(花石亭)」·「송악산(松嶽山」 등의 시상이 우수하다. 「경산기행」 시는 당시의 경기도 지역의 모습을 전체적으로 유추할 수 중요한 자료이다.

서(書)에는 기정진·김병학(金炳學)·민태호(閔台鎬)·조성가 등에게 보낸 것이 있다. 특히 주목할 것은 스승 기정진에게 보였던 「중용문답(中庸問答)」과 의문을 제기한 「대학문목(大學問目)」과 「의례문목(疑禮問目)」 있다. 그 중에서 「대학문목」과 「의례문목」은 기정진이 문집에 답서로 실려 있다. 또한, 조성가와 편지가 8편이나 되는데 당시 서로 교유가 많았다는 것을 알 수 있다.

잡저(雜著)에는 1877년 노사가 살고있는 장성에 가서 답문한 내용을 기록한 「진원답문록(珍原答問錄)」과 자손에게 훈계하는 내용을 다음

「훈자질첩(訓子姪帖)」이 있으며, 나머지는 모두 기행문(紀行文)으로 「금산기행(錦山紀行)」·「경산기행(京山紀行)」·「동유기행(東遊紀行)」·「향금기행(香金紀行)」이 있는데, 금강산을 비롯한 전국의 다양한 유적지를 돌아다니면서 기록한 것이다. 특히 「향금기행(香金紀行)」은 어느 해 신축일부터 무신일까지 금강산을 유람하고 남긴 기행문으로, 민치완은 진주담에서 주자학의 대가인 우암(尤庵) 송시열(宋時烈, 1607~1689)의 필체로 폭포 곁의 벽에 새겨진 다음과 같은 시를 읊조렸다.

맑은 시내 흰 돌은 취향을 함께하고	淸溪白石聊同趣
광풍제월 (기상)은 따로 전하누나	霽月光風便別傳
세상 바깥 지금까지 거침없으니	物外至今成跌宕
인간 세상 어디인들 시끄럽지 않으리	人間何處不啾喧

이를 통해 민치완은 주자 → 율곡 → 우암 → 노사로 이어지는 기호학의 흐름을 사유하였다. '맑은 시내와 흰 돌이 취향을 함께하고, 광풍제월 (기상)은 따로 전하누나'라는 두 구절은 주자가 「백록강회차복장운(白鹿講會次卜丈韻)」에 있는 구절이었기 때문이다.

그 외에는 스승 노사에 추모하는 「제문(祭文)」이 있고, 돌아가신 아버지의 「행록(行錄)」이 수록되어 있다. 부록에서 영선군(永宣君) 석정(石庭) 이준용(李埈鎔, 1870~1917)이 쓴 「제문」이 있고, 민치완 자신이 찬(撰)한 「가장」이 있으며, 기우만이 쓴 「묘갈명」이 있다.

3. 문집 목차

芝岡文集序

至剛文集目錄

卷一

詩: 上蘆沙奇先生 (附)先生詩 又先生所贈 花林庵讀書二首 和通津宗人仲浩 初春書事 道詵庵與趙端溪共吟 陪石坡閤下與金重九金奎洛朴容珉同往始興山庄五首 雲下夜話十二首 壽母生朝 感 家國同慶 京山紀行(三溪洞) 京山紀行(平倉途中) 京山紀行(文殊庵) 京山紀行(重興寺) 京山紀行(山暎樓) 京山紀行(白雲臺) 京山紀行(高陽途中) 京山紀行(碧蹄驛) 京山紀行(渡臨津) 京山紀行(東坡滯雨) 京山紀行(臨湍途中) 京山紀行(吹笛橋) 京山紀行(沙峴) 京山紀行(崇陽書院) 京山紀行(善竹橋) 京山紀行(滿月臺) 京山紀行(琴釣臺) 京山紀行(松嶽山) 京山紀行(不朝峴) 京山紀行(南門樓) 京山紀行(逝斯亭) 京山紀行(天摩山) 京山紀行(大興寺) 京山紀行(玩月樓) 京山紀行(朴淵瀑布) 京山紀行(七星庵) 京山紀行(華藏寺) 京山紀行(花石亭二首) 京山紀行(惠蔭嶺聽鸎) 京山紀行(喜見三角山) 夜話 登木覓山 謹次伯父晦亭韻 宿鷺亭 謹次家親回甲壽宴詩 (附)石坡 下詩 挽鄭般山 挽鄭自若 禪房夜燭逢雞山菊史 石佛 夜坐 別鄭雙洲 潼南旅舍 一可亭觀射 夏夜即事 苦雨 喜李取堂重訪 許晩圃見訪 玉泉寺 嶺南樓次板上韻 登黃州月波樓 練光亭次鄭知常韻 清流壁泛舟 肅川途中 望京臺次板上韻 百祥樓 藥山東臺 東臺次趙得昌韻 上院庵次金三淵先生板上韻 內院庵次板上韻 釋王寺 四仙峯次稼亭韻 正陽寺歇惺樓 真珠潭盤石上有尤齋先生筆蹟刻以清溪白石聊同趣霽月光風更別傳物外至今成跌蕩人間何處不啾喧二句故謹次其韻 毗盧峯 楡岾寺山映樓 和濃隱上人 九龍瀑 四仙亭 到高城邑山人應溟飛錫而來以詩求和走呼贈別 清澗亭次板上韻 挽權康翎五首 挽鄭直閣三首 挽崔晦雲二首 百丈庵 次

同敦寧帽巖林公旌閭韻 初秋書懷 雨中過靈臺書屋 和錦坡上人 朴校理壽宴韻 次朴承旨友松韻 次朴友松永思閣韻三首 謹次五宜亭韻 和李亨元 題崔監察竹林齋 和金致範 農旗

卷二

書: 上蘆沙奇先生(二篇) 附中庸問答 上蘆沙奇先生 上蘆沙奇先生大學問目 上蘆沙奇先生疑禮問目 上雲峴宮(三篇) 上金相國 上申相國 答申相國 與閔尙書(二篇) 與李叅判 與趙月皐(二篇) 答趙月皐 與趙月皐(三篇) 答趙月皐 與趙月皐 答鄭雙洲 與崔伯元 與盧致極 答盧致極 答崔德應 與林大賢 答裵敬魯(二篇) 與崔汝晦 答金致範 與金致範 與林鳴國 答朴尙彦 答崔浩見 答雙松三從祖 答仲弟周賢 與仲弟周賢 答仲弟周賢 答叔弟國賢 答仲弟弼賢 答從姪武敬 答從姪武揚 與再從弟士元 與再從姪武伯 寄長兒翔鎬 寄次兒仁鎬 答兩姪貞鎬再鎬 答姪兒再鎬 寄孫兒泳元

雜著: 珍原答問錄 訓子姪帖

卷三

雜著: 錦山紀行 京山紀行 東遊紀行 香金紀行

卷四

記: 朴承宣遺惠碑閣記 孝子忠義衛張公旌閭重修記 深寂庵重修記

跋: 松谷柳公文集跋 題潮州石氏家乘後

祭文: 祭蘆沙奇先生文

行狀: 先府君行錄

卷五 附錄

書(蘆沙奇先生二) 書(雲峴宮六) 書(李相國最應) 書(金相國炳學)

書(金相國炳國) 書(洪相國淳穆) 書(朴相國珪壽) 書(申相國應朝) 書(柳相國厚祚) 書(閔輔國升鎬) 書(閔貳相台鎬三) 書(閔相國奎鎬)

祭文(永宣君李埈鎔) 祭文(判書李容泰) 祭文(李承旨秉綸) 祭文(韓承旨鎭行)

家狀(舍弟致亮撰)

墓碣銘(幸州奇宇萬)

『청고집(青皐集)』

1. 저자 소개

이승학(李承鶴, 1857~1928)의 자는 자화(子和)이고 호는 청고(青皐)이며 본관은 전주이다. 그는 아버지인 이최선과 함께 부자가 모두 기정진의 직전 문인에 속한다. 담양의 전주 이씨는 흔히 장전 이씨(長田李氏)라고 불리는데, 장전 이씨의 시조는 양녕대군 이제(李禔)이다. 그의 증손자인 이서(李緖)가 담양 대곡마을에 들어와 살게 되었고, 이승학의 증조부인 이세용(李世用, 1768~1843)이 담양부 장전마을로 옮겨 살면서부터 장전 이씨라고 불리게 되었다. 이승학의 고조부는 이정로(李定魯)이고 증조부는 이세용이며, 조부는 이규형(李圭亨, 1825~1883)이다.

기정진은 장전 이씨 집안과 친분이 매우 두터웠다. 그는 이정로의 「행장」을 지었고[139], 이세용의 묘제(墓題)를 "효효처사이공지묘(嚻嚻處士李公之墓)"라고 써주었으며 손자 기우만은 「묘갈명」을 썼다.[140] 또한 기정진은 친구인 이규형을 위해 「묘표」를 썼을 뿐만 아니라[141] 아들인 이최선을 문인으로 받아들였고, 기우만은 이최선의 「행장」을 썼다.[142] 혹

139 기정진, 『노사집』 권28(표점영인 한국문집총간 vol.310), 「長田李公行狀」, 602~603쪽 참조.

140 기우만, 『송사집』 권31(표점영인 한국문집총간 vol.346), 「嚻嚻處士李公墓碣銘」, 129~130쪽 참조.

141 기정진, 『노사집』 권27, 「李君穉固墓表」, 590쪽.

142 기우만, 『송사집』 권 47, 「石田居士李公行狀」, 517~530쪽.

날 기우만의 아들인 기낙도(奇洛度) 및 기재(奇宰, 1854~1921)의 아들인 기인도(奇人度)가 각각 이승학의 따님과 혼인함으로써 행주 기씨와 장전 이씨는 혼맥으로도 연결되었다.

이최선은 첫 부인인 성주 이씨(平澤林氏) 이기대(李箕大)의 따님과 2남2녀를 두었고, 두 번째 부인은 평택 임씨(平澤林氏) 임영립(林永立)의 따님과 1남 3녀를 두었는데, 이승학은 성주 이씨가 낳은 두 아들 가운데 맏이였다. 그는 1857년 3월 19일 담양 장전리에서 태어났다. 어려서부터 총명해서 문장을 손쉽게 외우는 바람에 아버지가 '너와 같은 재주라면 누가 학문이 어렵다고 하겠느냐?'라는 말을 들었을 정도라고 전해진다. 이최선은 자신이 관례를 마치고서 15세의 나이에 아버지의 손에 이끌려 기정진의 문인이 되었던 것과 똑같이 1874년 이승학의 관례를 마친 뒤에 그를 기정진의 문하로 인도했다. 기정진은 이승학에게 『주역』 중부괘(中孚卦)의 구이효(九二爻)의 효사(爻辭)인 "우는 학이 그늘에 있거늘, 그 새끼가 화답하도다. 나에게 좋은 벼슬이 있으니, 내 그대와 함께 하리라.[鳴鶴在陰, 其子和之, 我有好爵, 吾與爾靡之.]"라는 구절을 인용해서 '자화(子和)'라는 자를 지어주었고, 이승학의 청에 의해 「자설(字說)」[143]을 지어주기까지 했다.

1882년 26세의 이승학은 전라감사의 조강하(趙康夏)에 의해 현량과로 추천을 받아 임금을 알현하고 대책을 아뢰었고, 문과 초시에도 합격했다. 그러나 이듬해 이최선이 세상을 떠났고, 상복을 벗은 뒤에 응시한 회시(會試)에서 결국 그는 낙방했고, 이 뒤로 다시는 벼슬길에 뜻을 두지 않았다.

그 뒤 삼천(三泉) 홍승운(洪承運[144])·강암(剛庵) 이용식(李容植)·영재(寧

143 기정진, 『노사집』 권16, 「李子和字說」, 377쪽 참조.

144 運: 「가장」에서는 '憲'으로 썼다. 그러나 『청고집』의 목차와 권2에 실린 편지에서는 '運'으로 썼고, 이건창의 『명미당집』 또한 '運'으로 썼기에 여기에 근거해

齋) 이건창(李建昌)·이당(二堂) 이중하(李重夏)·보당(葆堂) 서병수(徐丙壽) 등과 교유했다. 1895년 동학농민혁명이 발생했을 때 전봉준의 권유를 받은 기재와 이승학은 이를 뿌리치고 두 사람이 함께 지리산으로 가솔을 이끌고 피신을 했다가 이듬해 4월에 돌아왔다. 지리산에 머물던 당시 그들은 같은 노사학파에 속하는 조성가의 도움을 받았다.

그 해 8월 명성황후가 시해를 당했고, 기우만은 장성에서 의병을 일으켰다. 이승학 또한 기우만을 도와 의병을 일으키려고 했지만, 선유사 신기선(申箕善)의 해산 권고를 받고 그만두었다. 또한 의병을 그만둔 뒤에 이승학과 기우만은 함께 입궐상소하려 했으나 이마저도 좌절되었고, 두 사람은 함께 담양 수강산(受降山)의 산정리(山亭里)로 들어갔다 몇 달 만에 돌아왔다. 이최선이 부친의 정침을 영서당(迎瑞堂)이라고 명명하고 사용하다, 1883년 화재로 인해 보관하던 건물과 함께 보관하던 서책들이 불타버렸는데, 1887년 이승학은 옛터에 건물을 중건하고 가산을 팔아 서적을 모아 옛 모습을 회복했다.

1907년 봄 이승학은 아들인 이광수(李光秀, 1873~1953)가 5적암살단에 가담했다가 붙잡혔다 사면되는 일을 겪기도 했다. 1910년 경술 국치 이후로는 망국을 개탄하면서 노년을 보내다, 향년 72세의 나이인 1928년 10월 29일 세상을 떠났다. 그는 부인인 반남 박씨(潘南朴氏) 사이에서 1남6녀를 두었는데, 아들은 이광수(李光秀)이다. 그의 전기 자료 가운데 「가장」은 아들인 이광수가, 「묘갈명」은 김녕한(金甯漢)이, 「묘표」는 김재홍(金在洪)이 지었는데 이들은 가각 『청고집』 권4의 「부록」에 실려 있다.

서 고쳤다.

2. 문집 구성과 내용

『청고집(靑皐集)』은 4권2책의 신연활자본(新鉛活字本)으로 1962년 간행되었다. 4주쌍변(四周雙邊), 반곽(半郭) 18.7×12.5cm, 유계(有界), 10행20자, 주는 단행(單行), 상하향(上下向) 2엽화문어미(二葉花紋魚尾)에 크기는 27.3×18.1cm이다. 처음에는 아들인 이광수에 의해 1930년에 간행이 시도되었으나, 일제 강점기라는 환경적 요소 때문에 결실을 보지 못했다. 그 뒤 1962년이 되어서야 손자인 이혁(李焃)에 의해 이승학의 『청고집』 그리고 이광수의 『옥산집』 7권2책이 간행되었고, 이듬해에는 『석전집』 4권2책이 간행되었다.

『청고집』의 첫 부분에는 기노장(奇老章)의 서문이 실려 있다.

권1은 시(詩)인데 26세의 나이로 추천되어 임금을 뵌 후 성균관에서 밤을 보내면서 지은 시인 「내 나이 이제 26에 추천들 받고 대궐에서 대책을 아뢴 후 물러나 성균관에서 유숙하면서 촛불을 앞에 두고 여러 선비들과 시를 짓다[余年今二十六忝被剡薦對策于殿庭退宿于泮宮與多士剪燭拈韻]」를 비롯한 143편이 실려 있다.

권2는 책(策)과 서(書), 잡저(雜著)로 이루어졌다. 책문[策]은 26세 때 추천을 받았을 때 제시된 질문에 대답하는 것인데, 당시의 질문은 변화[變]의 의미를 묻는 것으로 주된 내용은 “부족한 재정을 부유하게 변화시키고, 군사적인 대비가 약한 것을 강하게 변화시키며, 인재가 드문 것을 풍부하게 변화시키려면 그 방법은 어떠해야 하는가?”라는 것이었다. 그는 ‘천하의 이로움과 해로움이란 천지 만물의 이치가 궁하면 변하고, 변하면 통하는 법이므로, 도에서 벗어나지 않는다. 도가 귀한 이유는 때[時]에 달렸을 뿐이니, 때를 알지 못하고 일을 도모하려는 이는 갈등을 일으키고 낭패를 당하지 않는 경우가 드물다’고 하면서 64괘의 변통의 이치를 인용해서 질문에 대답했다.

편지[書]는 최익현에게 보내는 「면암 최선생에게 올림[上勉菴崔先生]」

을 비롯한 20편이 실려 있다. '올림[上]'이라고 쓴 편지는 최익현·조성희(趙性憙)·이극선(李克善) 등 세 사람에게 보내는 것이고, 나머지는 평어체이다. 주로 이건창·홍승운·기우만·최영조(崔永祚) 등 교유 인물들과 주고받은 것들이 대부분이고, 마지막에는 아들에게 보낸 세 통의 편지가 실려 있다.

잡저는 스스로를 경계하는 잠(箴)이 「사물(四勿)」을 비롯한 5편이 실려 있고, 명문[銘]은 자신이 한가할 때 머물면서 독서하고 쉬는 방인 「허자실의 명문[虛白室銘]」 한 편이 실려 있다. 변(辨)은 웃기를 좋아하는 사람을 경계하는 글인 「웃음의 변론[笑辨]」 1편이 실려 있고, 해(解)는 명교(名教)의 의미를 풀이한 「명교해(名教解)」와 눈이 밝다는 것은 나에게 달린 것이 아니라 밖에 달린 것이라는 「시해(視解)」 2편이 실려 있다. 논(論)에는 임기응변으로서의 권(權)을 논파하는 「파권론(破權論)」 한 편이 실려 있고, 설(說)에는 선비가 경사를 익혔다면 세상에 나아가야 한다는 손님의 의론을 물리치는 「반객설(反客說)」을 비롯한 3편이 실려 있다.

마지막으로 「통문(通文)」이란 제목의 글이 실려 있는데, 이 글은 논란의 소지가 있다. 1902년 신안정사에서 『노사집』을 목판본으로 중간하면서 외필논쟁이 본격화되었고, 그 과정에서 권봉희 등이 주도한 「영유통문(嶺儒通文)」이 나타났다. 「통문」은 이 「영유통문」을 반박하고 있는데, 문제는 똑같은 글이 이미 다른 사람의 저술이라고 기재된 문헌이 존재한다는 것이다. 김로수(金魯洙, 1878~1956)의 『부벽록(扶闢錄)』에는 「노사문도통문(蘆沙門徒通文)」이라는 제목의 글이 실려 있고, 그 글의 저자는 기우만으로 표기되어 있다. 「노사문도통문」과 「통문」을 비교하면 내용이 동일하고, 다만 글이 끝나는 마지막 부분의 몇 글자가 다를 뿐이다. 그런데 정작 『송사집』에는 이 글이 실려 있지 않다. 이 때문에 과연 이 글의 저자가 이승학인지, 아니면 기우만인지에 대한 논란의 여지가 아직 남아 있다. 좀 더 섬세한 문헌 비평을 근거로 확정되어야 할 필요가 있다.

권3은 서(序), 기(記), 제문(祭文), 지(誌), 발(跋)로 구성되었다. 서문[序]은 옥천으로 가는 두 친구 위경칙(魏景則)·위사언(魏士彦)에게 주는 「위씨 두 선비가 옥천으로 가는 것을 전송하는 서문[送魏二斯文赴玉川序]」을 비롯한 6편이 실려 있다. 기문[記]에는 불타버린 영서당을 중건한 다음에 지은 「영서당 기문(迎瑞堂記)」을 비롯한 11편이 실려 있는데, 그 가운데 세 편은 묘비의 「음기(陰記)」이다. 제문은 기정진과 기우만의 제문을 비롯한 16편이 실려 있다. 지는 할머니의 「묘지(墓誌)」와 이름을 알 수 없는 이의 「묘지명」 2편이 실려 있다. 발문[跋]에는 차계일(車啓馹)의 문집 발문인 「『염은유고』의 뒤에 쓰다[書染隱遺稿後]」 한 편이 실려 있다.

권4는 부록으로 여기에는 만(挽)과 제문, 가장, 묘갈명, 묘표, 발문이 실려 있다. 만사[挽]는 김재홍(金在洪)을 비롯한 26인이 쓴 것이 실려 있고, 제문은 이승구와 기락도가 쓴 두 편이 실려 있다. 「가장」은 아들인 이광수가 썼고, 「묘갈명」은 김녕한이, 「묘표」는 김재홍이 썼다. 마지막에는 여창현이 쓴 「발문」이 실려 있다.

3. 문집 목차

青皐集序(奇老章)

卷一

詩: 余年今二十六忝被剡薦對策于殿庭退宿于泮宮與多士剪燭拈韻 南廟 鼠相害 歲徐日述懷二首 傷丙子講和 詠漢祖 聞邊報 春夜(二首) 寄郭聖述(二首) 東塢曹丈毅坤以詩贈忘拙和呈 偶唫 感懷 難窩吳丈繼洙愛余甚篤告歸不能捨送至十里地感而遂成 金城吏 醉後漫筆上小山兩族兄 悼隣家子 雜詩(三首) 偶題 有所思 采桑(二首) 秋夜 所處

書室甚隘用竹木仍舊稍廣是夜明月滿床然賦詩 學靜子以咏梅一絶詩見贈謹步(五首) 奉和鄭雲藍鳳鉉見寄十一韻 憫菊圃族兄 長笑歎 聖德山觀音寺行 老賊行 奉別權雲卿大雅(三首) 夢中作 蘆沙先生挽章 憶蘆翁用明道哭撗渠韻 嗟我失依歸 夢遊崑崙山顚 閒中得七十韻 夸毗子 青青池上梧(三首) 幽居(二首) 辛巳春三月望 過凰山 過榮山浦(三首) 省先妣墓(二首) 是非者 留別嶺南權二斯文 擬韓昌黎射訓狐寗齋驢我以詩效嚬以呈 啄木鳥 二鳥詩 記夢 和卯君除夕韻 大明梅松 銀杏 楸樹 杏花 海棠 申將軍故墟 洛水津 省外祖妣墓 和篁林詩社韻五首 先妣周甲日有感(三首) 人間七夕問 天上七夕答 重陽日省先妣墓有感 遣愁 久矣余之廢唫也見陽和日暢遂感而賦詩(二首) 江華鼎足山城 傳燈寺 史庫 慰寗齋 庚寅開歲之五日嶠南丈人金山石同白水過余謂將遊頭流戒余聯袂余亦經營未遂遂欣然許之而作 拜月皐趙先生 丹城訪同門知舊 三嘉慰艾山鄭哀丈 思家(二首) 庚寅除夕與同志會山齋誠缺甲奇遇闌共拈一律 送別 自慰 酒後 漢館與植齋對話 同松月皐南洲昆季與山陽昇平諸益遊松廣寺留別 寗齋宥還同出貝州路中口號 留海史安進士登聞一亭 同安季玉奇松友二益登勿染亭(二首) 次望美亭韻 同寗齋遊松廣寺 與牛峯諸益宿松廣寺 遊仙巖寺 蝶峙道中(二首) 懷寗齋(五首) 效社諸將韻 挽栢石奇學士 挽東塢曹處士 感憤訪黃梅泉玹不遇今以書來以詩答 久雨餘見月 奉簡寗齋 謹步小雅趙丈寄示韻(五首) 小雅丈頗賜疑于吾家父子付手抄金管錄於迷息托以傳鉢之遠意安知以此從有媒孽於其間馴成是非世情之險巇賦自訟之不敏以三絶志意 同松沙昆季宿四也堂 移會夢漢閣(二首) 呈柳石愚 獨歎 松江亭 醉歌亭 望美亭 宿四也堂 題如存閣 題夢漢閣 題明發軒 謝事 挽柳石愚 石田齋珠聯 次鶴山韻 讀李白樂府愛其旨思遠竊其章成句(十一首) 出塞曲八首 擬古十二首 題晩翠亭 荒山行 咸陽學士樓 哭吳難窩先生 挽朴石陰 挽鄭雲藍 挽奇春潭 登天冠山 夢裡君王近 題諸葛澹寧獨釣臺 江景浦 謹次外舅興城舘閣韻 過完山 到大安三街以寒威

留宿 三五七言 上元小會 和朴贊鳳韻 完山歸路 凰山鄕飮酒禮後謹次蘆沙集中韻 別山陽昇平諸益 到完山留待植齋不至 訪徐秋帆 漢舘悄坐 維谷卧松堂與諸益成會 走與呂氏諸賢善今老白首數公己作九原嗟我之不能營葬許得一壙地菩西山之借屛山地真行禮經殯於我之意也不勝感激于中詩以謝之(二首) 上元日與諸賢留約三山齋望月前日遇雪未行贐此遣愁

卷二

策: 問天下事無窮而有善變者故易曰隋時變易以從道所貴乎變易者以其從道也禮之常變詩詩之正變者從道之義歟君子之三變何事也齊魯之一變何謂也揖遜變為征伐井田變為阡陌共於道有從違之可言歟不必遠引旁證只督時事占之財用曹豊而今啬為豊變弱為強變少為多則共道何從願聞之

書: 上勉菴崔先生 與李甯齋 與洪三泉 與奇松沙 答奇松沙 與奇松沙 與崔雲齋 與李耕齋 上趙小雅 與高梧泉 上直菴族叔 答李菊軒 答門中僉座 與安公瑞 與安明瑞 答奇進士 答李庚萬 寄家兒(三篇)

雜著

箴: 四勿 居遊 知名 好惡 行難

銘: 虛白室銘

辨: 笑辨

解: 名教解 視解

論: 破權論

說: 反客說 愧懼說示同學 名重陽說 通文

卷三

序: 送魏二斯文赴玉川序 無知窩遺稿序 五契案序 甯齋盧次惜別序

贈族弟敬順詩序 書後

記: 迎瑞堂記 石愚記 遊玉潭記 鶴泉齋記 忠義齋記 鳴鶴齋記 南喜亭重建記 淳各亭記 六代祖考墓碑陰記 先妣孺人李氏碑陰記 宜人朴氏孝烈碑陰記

祭文: 祭蘆沙先生文 祭沙上奇公文 祭三從叔掌令文 祭栢石奇學士文 祭外叔李小松公文 祭朴周玉文 祭高鹿川文 祭李寧齋文 祭族叔殷賚文 祭河瑞下文 祭從叔石井公文 先妣回甲日告墓文 祭阿叔几筵文(二篇) 祭亡室朴氏文 告第二男文

誌: 祖妣孺人金氏墓誌 不知何人墓誌銘

跋: 書染隱遺稿後

卷四

附錄: 挽(金在洪) 挽(曹悳承) 挽(宋泰會) 挽(權載奎) 挽(李教宇) 挽(曹承元) 挽(高漢柱) 挽(林相熙) 挽(趙寅錫) 挽(金琦煥) 挽(金殷培) 挽(李承元) 挽(金永銓) 挽(金珍鉉) 挽(李鐘宅) 挽(黃瑗) 挽(李精善) 挽(呂圭轍) 挽(呂達燮) 挽(李鎮炯) 挽(李丙魯) 挽(韓琪鉉) 挽(李熙釆) 挽(金性哲) 挽(李濟相) 挽(宋同燮)

祭文(李承龜) 祭文(奇洛度)

家狀(李光秀)

墓碣銘(金甯漢)

墓表(金在洪)

跋(呂昌鉉)

『춘담집(春潭集)』

1. 저자 소개

기동준(奇東準, 1860~1918)의 자는 평중(平仲)이고 호는 춘담(春潭)이며 본관은 행주(幸州)이다. 그는 행주 기씨 12세인 기찬(奇襸)의 넷째 아들인 기진(奇進)의 후손으로 25세에 해당하고 기정진은 기찬의 둘째인 기원(奇遠)의 후손으로 24세에 해당한다. 즉 두 사람은 촌수로는 25촌, 관계로는 삼촌과 조카 사이라고 할 수 있다. 그의 가계는 기찬 - 기진 - 기대승(奇大升) - 기효증(奇孝曾) - 기정헌(奇廷獻) - 기원(奇瑗) - 기진열(奇震說) - 기정범(奇挺範) - 기언복(奇彦復) - 기학심(奇學心) - 기상덕(奇象德) - 기문국(奇文國) - 기창현(奇昌鉉) - 기동준으로 이어진다.

기동준은 기창현과 해주 최씨 최윤환의 따님 사이에서 1860년 11월 17일 광주 너브실 마을[廣谷里]의 집에서 태어났다. 1877년 18세에 담대헌으로 기정진을 찾아가 문인이 되었다. 기정진은 집안의 조카에게 "고봉 선생은 도학과 문장으로 백세의 사표가 되었으니, 가문의 명성을 이어갈 이가 어찌 이 아이에게 있지 않겠느냐!"라고 하면서 그를 격려했고, 집으로 돌아온 뒤 더욱 학문에 매진했다. 그 해 고룡리(古龍里)의 천동(泉洞)으로 집을 옮기고 학숙을 열어 학생들을 가르치고, 예를 강론하기 시작했다. 1879년[145] 최익현이 흑산도 유배에서 풀려나 고향으

---

145 기동준의 「가장」에서는 이 해를 '경진(庚辰)', 즉 1880년이라고 기록하고 있는데 1879년의 착각으로 보인다. 1876년 흑산도에 위리안치되었던 최익현이 해

로 돌아가는 여정 중에 광주와 장성을 경유한다는 소식을 듣고 찾아가 그를 배알(拜謁)했다. 최익현은 그에게 "덕과 기국의 순수함과 조예의 정심함이 우리 유학의 표준이 될 만하다"고 칭찬했고 이를 계기로 편지를 주고받았다. 1888년 큰 흉년이 들어 동네의 학숙에 글읽는 소리가 드물어지자 기동준은 창고를 열어 비용을 만들어 한 달에 한 번씩 강회를 열었다. 1894년 35세의 기동준은 사마시 생원시에 합격했지만, 그것으로 이미 부모의 명예를 높이기에 충분하다고 여기고 더 이상 벼슬에 나아갈 뜻을 포기했다. 시국 또한 동학농민혁명과 명성황후 시해 사건을 잇달아 일어났고, 1896년 즈음에는 아버지의 상을 당했다. 1897년 세상을 떠난 아버지의 유명(遺命)을 따라 다시 너브실로 거처를 옮겼다. 전라도 관찰사로 부임한 조종필(趙鍾弼)이 기동준을 조정에 천거하려고 했지만, 뜻대로 되지 못했다. 1903년에는 어머니 상을 당했고, 이 해에 그는 오준선, 정원(鄭源), 기재, 김용순(金容洵) 등의 도움을 받아 기대승의 『고봉집』을 다시 간행했다, 1905년 을사늑약을 당하고 기우만은 이듬해 의병을 일으켰으며, 기동준은 오산(鰲山)으로 찾아가서 진방책(陳方策)을 건의했다. 1907년에는 『고봉집』의 『속집』 2권과 『별집』 그리고 『부록』 1권을 간행했다.

1910년 경술국치를 당하자 기동준은 "산에 들어가 도를 추구하며 내 뜻을 지키겠다"라고 하고서 『춘추』 한 권을 들고 우산(牛山) 분암(墳庵)으로 은거했는데, 따르는 문인들이 많았다. 제갈량의 「출사표」, 사마천의 「협객전(俠客傳)」, 두보의 「고백행(古栢行)」 등을 읽었다. 『대학』을 숙독하면서 "『대학』이란 책은 본체와 작용을 겸비하고 있다. 이 책을 읽

배되어 고향으로 돌아가던 길에 광주에 들러 지산재(芝山齋)에서 최치원의 영정에 참배하고, 박해량의 아버지인 박정현(朴鼎鉉)을 방문한 다음 장성의 담대헌에 들러 기정진을 만난 것은 1879년 3월의 일이었기 때문이다. 기동준, 『춘담집·부록』(한국역대문집총서 vol.2821), 「가장」, 515쪽 참조.

지 않고 다른 책을 읽으려는 것은 터를 다지지도 않고 건물을 올리려는 격이다"라고 말하곤 했다.

1913년 안동의 도산서원을 방문해서 『도산급문록(陶山及門錄)』을 편집하는 데 힘을 보탰으며 "우리나라의 유학자는 누군들 퇴도를 연원으로 하지 않겠는가?"라고 하고서 심원계(尋源契)를 조직해서 봄·가을로 강회를 개최했다. 그러나 입산한 지 9년 쯤 되던 1918년 9월 29일 59세에 질병으로 세상을 떠났다.

부인은 장흥 고씨(長興高氏) 고제두(高濟斗)의 따님이다. 부인과의 사이에서 기근섭(奇近燮)·기정섭(奇鼎燮) 2남을 두었다. 그의 전기 자료인 「가장」은 족제(族弟)인 기동석(奇東奭)이 쓴 것으로 『춘담집·부록』에 실려 있다.

2. 문집 구성과 내용

『춘담집(春潭集)』은 석인본 10권 5책으로 1966년 아들인 기근섭(奇近燮)이 간행했다. 4주쌍변(四周雙邊), 반곽(半郭) 19.5×14.6cm, 유계(有界), 10행20자, 주는 단행(單行), 상하향(上下向) 2엽화문어미(二葉花紋魚尾)에 크기는 29.1×19.5cm이다. 서문은 따로 없고, 마지막에 기근섭의 「발문」이 실려 있을 뿐인데, 이에 따르면 기근섭은 아버지의 유문을 "시(詩) 293수와 문(文) 553수 총 10권"으로 편집했다.

권1은 시(詩)로서 모두 234제(題) 293수가 실려 있다. 먼저 시(詩)라는 제목으로 「우연히 읊조리다[偶吟] 3수를 비롯한 7수가 실려 있다. 육언절운(六言絶韻) 또한 「우연히 읊조리다[[偶吟]」 8수가 실려 있다. 칠언절구는 「봄날 우연히 짓다[春日偶成]」를 비롯한 52수가 실려 있다. 오언사율(五言四律)은 「서생을 권면하다[勉書生]」를 비롯한 11수가 실려 있다. 칠언사율(七言四律)에는 「금곡 공씨네에서 새로 부자묘를 세우고 화상을 봉안했다는 소식을 듣고 높은 덕을 추모하는 마음을 이기지 못해 여러 벗들과 함께 가서 배알하면서 느낀 점이 있어서[聞琴谷孔氏家新建夫子廟奉安晝像不勝江漢之慕與諸友偕往瞻謁有感]」를 비롯한 181수가 실려 있다. 그 가운데 「청음정의 운을 차운하다[次淸陰亭韻]」는 차운한 시 한 수와 청음정 주변의 10경(景)을 읊은 10수를 함께 수록하고 있어서 실제로는 11수에 해당하고, 「읍상루의 운을 차운다하[次挹爽樓韻]」 또한 차운한 시 2수와 역시 주변의 10경을 읊은 10수를 합쳐서 실제로는 12수로 구성되었다. 오언고시(五言古詩)는 「뒤늦게 읊조리다[謾吟]」를 비롯한 10수가 실려 있다. 이 가운데는 만시(挽詩) 세 편이 포함되어 있다.

칠언고시는 「노중련을 읊다[詠魯仲連]」를 비롯해서 26수가 실려 있는데, 그 가운데 「한후정의 운을 차운하다[謹次寒後亭韻]」은 주변 8경(八景)의 소서(小序)에 해당하는 8수를 함께 수록하고 있어서 실제로는 9수에 해당한다.

권2은 서(書)로서 「최면암 선생에게 답하는 편지[答崔勉庵先生書]」를 비롯한 40편이 실려 있다. 편지는 권6까지 이어지고 있는데, 2권에 실린 것들은 그 가운데 제일 앞서는 것으로 그의 교유 관계에서 중요한 인물들이 누구였는지를 보여준다. 최익현, 조종필, 기우만, 고제두, 기재(奇宰), 송병순, 이근호(李根澔), 오영석(吳榮錫)의 순서로 실려 있다. 분량으로 보면 기재에게 16편, 장인인 고제두에게 10편, 기우만에게 6편을 보내고 있고 나머지는 1편 내지는 2편에 그친다.

권3은 이황(李滉)의 후손인 이만도(李晩燾, 1842~1910)에게 보내는 「이향산에게 보내다[與李響山]」를 비롯한 92편이 실려 있다. 「도산의 간소에 보내다[與陶山刊所]」 및 「도산서원에 답하다[答陶山書院]를 제외한 90편은 모두 개인에게 보내는 편지이다. 이 두 편은 이만도에게 보내는 다섯 편의 편지 뒤에 실려 있는데 1913년 『도산급문록』을 편집 간행할 무렵의 것으로 보인다. 처가에 해당하는 장흥 고씨의 같은 항렬로 보이는 세 사람에게 보내는 편지가 제일 많이 실려 있는데, 먼저 고직각(高

直閣)으로 불리는 고경명의 11대손인 고정주(高鼎柱, 1863~1933)에게 보내는 편지가 21편이고, 고랑여(高良汝)라고 불리는 고필주(高弼柱)에게 보내는 편지가 6편, 고진사(高進士)라고 불리는 고하주(高夏柱)에게 보내는 편지가 5편이다. 이 세 사람에게 보내는 편지가 모두 33편으로 전체의 1/3을 상회한다.

권4는 기정진의 직전 문인인 오준선에게 보내는 「오후석에게 답하다[答吳後石]」를 비롯한 63편이 실려 있다. 그에게 보내는 편지가 8편으로 제일 많고, 허응수(許應受)라고 불리고 임실 출신이며 기우만의 문인인 허업(許業, 1883~1922)에게 보내는 편지가 7편으로 그 뒤를 따르고 있다. 현진사(玄進士)라고 부르는 현기봉(玄基奉)에게 보내는 편지가 6편, 고량현(高良賢)으로 부르는 고경주(高景柱)에게 보내는 편지가 5편으로 그 뒤를 따르고 있다.

권5에는 민말채(閔沫采)에게 보내는 「민참판에게 보내다[與閔叅判]」를 비롯한 108편이 실려 있다. 민말채에게 보내는 것이 8편, 허소(許昭)·김지학(金志學)·강대직(姜大直)에게 보내는 것이 각 6편이며 나머지는 3편 이내의 편지가 실려 있다. 「강수은 문집 간소에 답하다[答姜睡隱文集刊所]를 제외한 107편은 모두 개인에게 보내는 편지이다.

권6은 서(書)와 잡저(雜著)로서 편지는 「고진사에게 보내다[與高進士]」를 비롯한 67편이 실려 있고, 잡저는 문창규(文昌圭)에게 보내는 「문율산의 차의에 답하다[答文栗山箚義]」를 포함해서 모두 7편이 실려 있다. 편지 가운데 세상을 떠난 김헌수(金憲洙)의 호상소(護喪所)에 보내는 편지, 강진 남강사(南康祠)의 유생(유생)들에게 보내는 편지, 양팽손의 문집 간행소에 답하는 「학포 양선생 문집 간소에 답하는 편지[答學圃梁先生文集刊所書]」, 세상을 떠난 기익현(奇益鉉)·강대직의 상주(喪主)를 위문하는 「족숙 성재(省齋)의 상차(喪次)에 보내다[與族叔省齋喪次]」 「강참봉의 상차에 보내다[姜叅奉喪次]」를 제외한 나머지는 모두 개인들과 주고받은 편지이다. 후반부의 29편은 집안의 사람들과 주고받은 편지인데 여기에는 조카인 신경식(申耕植)이나, 삼촌 항렬에 해당하는 기익현(奇益鉉), 조카에 해당하는 기우승(奇宇承)에게 보내는 편지 등이 포함된다.

잡저 가운데 「문율산의 차의에 답하다」는 성(性)과 인의예지(仁義禮智), 일본만수(一本萬殊)와 미발(未發) 등 성리학적 의문에 답하는 짧은 글이다. 「인회자사(寅晦字辭)」는 김재석(金載石)의 자인 인회(寅晦)의 의의를 논한 글이다. 「회간훈(懷簡訓)」은 자손들을 훈계하는 글로서 공자를 태극에 비유해서 공자의 가르침을 영원한 법도로 삼으라는 내용이다. 「꿈에 주부자를 만난 것을 풀이하다[解夢見朱夫子文]」는 제자인 김재석이 꿈에 주희(朱熹)를 만났다는 얘기를 듣고 그 의의를 풀이해 준 글이다. 「고봉선생 문집을 속간할 때의 통문[高峯先生文集續刊時通文]」 1903년 무렵 기대승의 문집을 다시 간행하려는 사실을 알리면서 도움을 청하는 통문이다. 「정영문(呈營文)」은 박원대(朴源大)와 오준성의 명의로 전라도 관찰사에게 올리는 글로 기대승의 학문적 업적을 칭송하는 내용이다. 「갑신년 변복령(甲申變服令) 때문에 서사의 여러 사람들에게 보이는 글[因甲申變服示書社諸子文]」은 1884년 변복령에 반대하는 뜻을 서사에 오가는 사람들에게 알리는 형식의 글이다.

권7은 서(序)로서 「육경계 서문(六庚禊序)」을 비롯해서 계와 모임, 타인의 유고(遺稿)와 족보, 생일 및 정자, 나아가 남에게 주는 서문 등 모두 39편이 실려 있다.

권8에는 「춘우정 기문[春雨亭記]」을 비롯한 모두 69편의 기문이 실려 있다. 춘우정은 담양군 대전면 성산리에 소재한 이종술(李鍾述, 1849~1924)의 별서이다. 기문은 주로 두 가지인데, 첫째 김신학(金信學)의 영사재(永思齋), 이돈식(李敦植)의 농은재(農隱齋), 김성수(金聖洙)의 소송재(小松齋) 등 건물의 기문이다. 둘째 이종회(李鍾繪)의 호인 백천(白川),

노치운(盧致雲)의 호인 농아(聾啞) 등의 의의를 쓴 기문이다. 예외적으로 기대승의 귀전암(歸田庵)의 옛 터에 대해 쓴 「귀전암 유허 기문[歸全庵遺墟記]」 및 정유재란 때에 순절한 동래 정씨(東萊鄭氏) 집안의 여덟 열부의 행적을 표장하는 「동래 정씨 여덟 열부의 기문[東萊鄭氏八烈記]」 등도 있다.

권9에는 발문·명문·상량문·축문·제문·비문으로 구성되었다. 발문은 「『도산급문록』 발문(陶山及門錄跋)」을 비롯해서 실기(實記)나 사실(事實) 같은 저술류, 전(傳)이나 행장(行狀) 같은 짧은 글, 필첩(筆帖)이나 파초도(芭蕉圖)와 같은 서화류에 이르기까지 다양한 발문 25편이 실려 있다. 명문은 화순 능주 율산재(栗山齋), 허남규(許南奎)의 거문고, 소나무 언덕[松皐], 무안군 해제면에 있는 강연회(姜淵會)가 중수한 월송재(月松齋)에 4편이 실려 있다. 상량문은 오준선이 강학했던 석남정사(石南精舍), 이용헌(李龍憲)의 오산정(梧山亭), 김용학가옥(金容鶴家屋)의 연파정(蓮坡亭) 상량문 3편이 실려 있다. 축문은 「봉황보 축문(鳳凰洑祝文)」을 비롯한 8편이 실려 있고, 제문은 기우만과 박로술의 제문을 비롯한 18편이 실려 있다. 비문은 김찬순(金贊珣)의 실적비(實蹟碑), 김지철(金志喆)의 부인인 진주 소씨의 비, 이항로·기정진·김평묵을 제향하는 삼선생단향비(三先生壇享碑)의 음기(陰記) 세 편이 실려 있다.

권10은 묘갈명·묘지명·묘표·행장·전으로 구성되었다. 이원개(李元愷), 공지문(孔志文), 김홍순(金烘珣) 송방걸(宋邦杰)을 비롯한 12인의 묘갈명, 최선수(崔善秀), 기순재(奇舜載)를 비롯한 10명의 묘지명이 실려 있다. 묘표는 김치순(金致珣)·홍확(洪確)·강채환(姜采煥) 3인의 것이고, 행장은 2편으로 기동관(奇東觀)·기윤섭(奇輪燮)의 것이다. 마지막으로 전수용(全垂鏞)의 전(傳)이 한 편 실려 있다.

부록으로는 기동석(奇東奭)이 쓴 「가장(家狀」과 기근섭(奇近燮) 쓴 발문[跋]이 실려 있다.

3. 문집 목차

卷一

詩: 偶吟(三首) 扶風瀛洲雨

鄕路中作 向桃花洞 宿扶安郡茁浦 咏扇 偶吟

六言絶韻: 偶吟(八首)

七言絶句: 春日偶成 咏夏 咏射 睡起(四首) 咏扇 依柳於于蠹魚韻 望美人 寸草心(二首) 踰松峙 登高敞郡 自古阜下鰲山向沙浦 宿柳川 向邊山 宿露積里 呈吳難窩 呈吳後石 挽族叔省齋 潭陽卧龍村拜崔文憲公影堂 訪古禮楊氏家 淳昌南山臺歸來亭 登南山臺用前韻 宿佳岑 權上舍家 渡赤城江復用皋字韻 過淳昌 訪後川盧君 登博山津尹氏無盡亭吟 贈許瑞一 贈崔梅巢 癸丑小春啟行于禮安陶山書院自茅峴踰蘆嶺途中(二首) 大邱旅中(二首) 軍威途中 安東途中(二首) 謹次李叅奉曉山文丈寄示(二首) 與李友舜佐正武更趁典教堂夜話 月夕鼎坐 謹次李癡軒寄韻 贈高春亭崔梅巢 姜君元直縉以五七二絶不可無報故強爾傚嚬 謹次三賢亭韻 謹拈退陶先生贈吾先子文憲公韻送別先生後孫上舍鳳棲齋 安生文哉顧我於寂寞之濱示以一絶其遣語惻怛頗有憂世之意令人若聽晨鍾不可無和故強爾傚嚬 贈梁元淑(二首) 金君景儒贈我以二絶語甚瀏亮以登程發軔之晩以寓其意盖自知其晩則可知共前路有無限好意思強爾傚以供一粲 偶吟

五言四律: 勉書生 幽居 客來 述懷(二首) 和梅巢白鷺韻 路中記見 次高掩耳齋韻 按能溪遺稿中傷時一律尤為氣豪意健扶植綱紀底意溢於言外擊節朗誦不覺興作仍步其韻 挽閔君斗南 野居閒話 偶吟

七言四律: 聞琴谷孔氏家新建夫子廟奉安畫像不勝江漢之慕與諸友偕往瞻謁有感 偶吟(三首) 諸葛武侯祠 長信浦端陽雅集(二首) 謹呈醒梧柳丈 孀婦 共崔梅巢盧豐南吟 次崔梅巢六十一壽原韻 塔立夜話 謹次月潭原韻 與梅巢往松汀停車場搭火車向木港車中口占 訪金晩惺 次清陰亭韻(附十景: 瑞石晴雲 金堂暮雨 紫巖松濤 清溪柳烟 廣郊農

歌 長洑牧篴 牛山樵夫 柳橋行人 西峰新月 東林返照) 過安東次映樓韻(二首) 到月川是齋講世好 七松亭雅集 曉發井邑驛車中作 謹次李晴簑四韻一絕(二首) 有感而作 和族弟舜在明仲兩從 拈杜律韻 晚發公安 官軍 江上值水 撥悶 愁 卽事 峽中覽物 暮歸 呈路十九曹長 咏懷古跡(五首) 蜀相 諸將(五首) 和賈至 宣政殿 紫宸殿 題省壁 宿府幕府 堂成 卜居 狂夫 野老 江村 與李起巖崔梅巢共吟(三首) 拈韻代話 上元團會(二首) 次李松石生朝韻(二首) 偶吟(四首) 挽難窩吳公(二首) 次玄上舍壽筵韻 連月雨水陵谷崩缺其為灾患過於辛丑大水竈溢不火如在水上適少輩韻從以述懷 自警 偶吟 連月之雨至于六月而于止強記撥悶 中秋與梅巢共吟 賀高致价六十一壽筵 次悅雲亭韻 次隱棲齋韻 曲會小吟(五首) 次綠泉亭韻 仲秋會吟(三首) 謹次金公重庵遊黃芩三巖韻 梅巢詩仙方晝而促膝夜而剪燭言必稱後石先生梅仙曰徒以言不若著之於詩并唱迭和不隱仰呈梅詩之評惟在龜鑑之如何賤詩特惠郢斤為雖不較甲乙見屈於梅仙者不啻百負暗呈關節或可如安皐隱之評詩以高者為下下者為高歟奉呵奉呵 喜雨 次省庵金翁六十一壽筵韻 歸厚齋雅集(四首) 金何山雅筵 宿白羊雙溪樓第一曲 雲門庵滯雪宿清流庵 自雲門庵向清流洞 到白羊寺(三首) 向雲門庵冒雪而行 次何人亭韻 詠庭前紅桃 次孔可隱原韻 次長城倅金演夏先稿時志感(二首) 冬至曉梅巢先有一詩卽席和吟 次高春岡波字韻 重陽日對花拈韻(六首) 與梅巢陶軒共話 與李上舍共吟 有一老人以峩冠廣袖夜訪我於清涼山下叩寒暄畢知丁居士慎庵也問其年將近八袠若是其高年而行不扶老翩翩若羽化為問服通神藥否曰否但以慎為符揭於扁而服於膺尚未見倣余謂此乃慎字之力發於外而康寧者也古人所謂我亦有丹者是矣世人之病於不戒慎而置身危地者以慎庵為醫師而藥之則庶幾乎却老有術而入仙鄉云爾 范居士牧齋之孝行已慣耳矣今其胤子善中亦能養其大人今於六十壽席飾喜稱慶此非不匱錫類者歟居士有原韻寔出蓼莪之餘意朋友之從而和者頗溢軸追次 范君善中搆一小亭於竹翠山中因山名名

其亭以亭名寓其意盖不欲隨凡草木萎黃於歲寒者也苟能益守此義使此山此亭更高一層則幾矣示我以原韻忘拙和之 和姜巨山韻(二首) 與梅巢會吟(二首) 夜月不寐金盤巖瑞玉 與梅巢共吟(二首) 謹次服齋先生次戲枋得韻而竊念先生志枋得之志死枋得之死其詩語之同可謂并唱迭和宮商偕調讀其詩不隕淚者其人賢不肖可知玆附曠感之慕 贈崔梅巢菊 偶吟 鬪鷄 憎蠅 八陣圖 吟葡萄 鍾 竹逕清風 聞松濤 謹次蘆沙先生文集開刊韻 詠陸績懷橘 與李上舍共吟 追次林錦愚回甲韻 次柳國賓回甲韻 謹次四從叔南步先生回甲壽序韻 與梅巢共吟(三首) 賀次宋後海壽宴韻 贈沈參奉 鄕校重修韻(二首) 閔輔國殉節吟 咏桃 與奎軒共吟 次挹爽樓韻(二首)(幷十景: 金川明月 仰巖落照 濟浦歸帆 龍洞夜雨 瑞石晴嵐 榮江漁火 牧野樵笛 月岳歸雲 歌山脩竹 澤村暮烟) 野居閒話 偶吟(二首) 共李菊史吟

五言古詩: 謾吟 大道行 咏孝子 咏公子麒麟 義庄 吟梅福 挽高丈尼石 挽高友石 題高正齋金剛詩軸後 贈崔梅巢 挽松沙先生

七言古詩: 詠魯仲連 詠揚雄 詠鍾儀 詠蘇武(二首) 詠趙普 墮淚碑 買猪肉而食之 詠高瓊 詠嚴子陵加足帝腹上 請纓 宿高敞郡陽谷 績驪駒送李同年稜山 和吳隱之試使夷齊飮終當不易心 過扶安 席洞聚星齋 謹次寒後亭韻(幷小序八景: 月山落霞 日峯返照 碧梧秋月 叢菊史露 二松偃蓋 十竹筧泉 石塘秋蓮 苔堦冬栢) 留廣陵吟

卷二

書: 答崔勉庵先生書 上趙判書 與族丈松沙 與松沙(五篇) 上外舅高進士 上外舅(九篇) 與族從植齋 與植齋 答植齋(三篇) 與植齋(四篇) 答植齋 與植齋 與族從植齋松友 與植齋(三篇) 答植齋 與宋心石(二篇) 與李觀察使 答吳条判 與吳条判(二篇)

卷三

書: 與李響山 與李叅奉(四篇) 與陶山刊所 答陶山書院 與李丈 答李痴軒(二篇) 與金承旨(二篇) 答金承旨 與金直閣(二篇) 與李上舍(二篇) 答李中瓠 與李承旨(三篇) 與高直閣(二篇) 答高直閣 與高直閣(三篇) 答高直閣(三篇) 與高直閣 答高直閣(二篇) 與高直閣 答高直閣(二篇) 與高直閣 答高直閣(四篇) 與高直閣 答李石泉 答高進士 與高進士 答高進士(二篇) 與高進士 與李起巖(三篇) 答李晴簑 與李晴簑(二篇) 與李景瞻 與李中協 答李穆鎬 與李菊史 答李菊史 答柳丈文才 與梁草史 答鄭日新 答趙叅奉 答宋止齋 答金主事 答李景賢 答金吉仲(四篇) 答鄭遇桀 答吳寢郎 與吳寢郎(二篇) 答韓議官 與金侍讀 答金侍讀 與金侍讀 答李觀察 答金成之 答金景晦 與高良汝 答高良汝 與高良汝(四篇) 與金叅奉 答金叅奉 與金叅奉(二篇) 與李敬會(二篇)

卷四

書: 答吳後石(二篇) 與吳後石 答吳後石(三篇) 與吳後石(二篇) 答石城倅 與權龍山 與權進士 與權禹聲 與權畏卿 與李起永 答許應受 與許應受(二篇) 答許應受 與許應受(二篇) 答許應受 答高春卿 與金聖全(二篇) 答金而琮 與金而琮 與高良賢(五篇) 與金提調 答安上舍 答閔季源 答盧楓嵐 答閔季源 答安公三 與鄭錦雲 與崔萬瑞 與玄進士(二篇) 答玄進士 與玄進士 答玄進士 答沈叅奉 與宋進士 答金海觀(四篇) 與宋沙湖 與鄭進士 答鄭進士 與李主政 答崔敬齋 答高致仲(二篇) 與高致仲 答林錦愚 與林錦愚(三篇) 答林錦愚

卷五

書: 與閔叅判(二篇) 答閔叅判(二篇) 與閔叅判(四篇) 與閔叅書 答閔叅書 與許南奎 答許南奎 與許南奎(二篇) 答許南奎(二篇) 答崔進于 與盧文伯(二篇) 與林溪石 與金巡察 與李東愚 與白樂圭 與柳醒梧

答柳醒梧 答吳杏隱(二篇) 與金丈 答金丈(二篇) 與金丈 與吳竹史 答崔梅巢(二篇) 與朴石陰 與本倅書 與本倅 與李愚石 答金箕錫 答閔南老 答權光州 與權光州 答姜粲奉(四篇) 答姜大直 答姜粲奉 答申松皐 與文栗山 與申粲奉 與高弘窩 答金頑石(六篇) 與金注書 答金秉九 答閔承旨 答姜睡隱文集刊所 與李汝章 與李康煥 與金粲奉 答吳周彦 與梁元淑 答任宇卿 與李克瑞 答安瑞興 與金粲奉 答姜巨山 答羅希文 答道統祠 答羅惺菴(二篇) 答文昌圭 答白子善 與朴純汝(二篇) 與朴純汝喪次 答崔珍于 答白聖岡 答金聖集 答金炳宣(三篇) 與朴允七 答尹相廉 與張鎮安(二篇) 與高碩汝 答金珍鉉 與柳致正 答金上舍 與金上舍 與宋明五 答高在鳳 與金治玉(三篇) 答梁在慶(二篇) 答梁會徹 與朴士文(二篇) 與李克瑞

卷六

書: 與高進士(二篇) 答高寢郎 與朴 與尹(二篇) 與盧 答李 與金石城護喪所 答南康祠儒生書 答學圃梁先生文集刊所書 與朴道景 答李基瑜 與金澤柱 答曹伯擧 與吳子春 答李鍾烈 答金寅晦 答安星玉 答南康祠 答宋仁甫 與姜粲奉喪次 答宋上舍 與金炳大 答金炳大(二篇) 答李子一(二篇) 答羅萬機 答安文哉(二篇) 與安紋材 答安紋材 答高恭三(四篇) 與金義度 答申甥俊明 與申甥俊明 答申甥俊明 與申甥俊明 與申甥 答申甥 與申甥 答柳甥 與柳甥 答柳甥 與柳甥基直基德 答族叔省齋 與族叔省齋喪次 與族侄普山(二篇) 與宗孫美中 答宗孫美中 與族叔慶集 答族弟國老 與族弟國老(三篇) 答族弟國老 答族弟允明(二篇) 與族弟允明 答族弟允明 與族孫元容 答族孫子房

雜著: 答文栗山劄義 寅晦字辭 懷簡訓 解夢見朱夫子文 高峯先生文集續刊時通文 呈營文 因甲申變服示書社諸子文

卷七

序: 六庚禊序 四丙會序 月洲遺稿序 咸平李氏派譜序 漢陽趙氏派

譜序 承幽錄序 李青皐六十一歲壽序 咸平李氏家乘譜序 鶴坡亭序 松坡詩集序 實窩詩集序 尋源禊序 朴允七六十一歲壽宴序 碧梧亭遺稿序 不貧亭遺稿序 寄軒詩集序 忠孝壇禊蹟改案序 小石遺稿序 潁波亭序 忠孝錄序 鄕約契序 孝友洞詩社禊序 孝友洞講禊序 送菊史還鄕序 醉亭序 贈鄭秀才烋序 贈白君聖岡序 贈安君文哉序 贈梁生明述序 贈李君子一序 贈羅君萬機序 贈李君元日序 贈范處仁序 贈范達三序 贈范仁居序 贈宗孫世休序 贈朴君季淵小序 贈金君執中小序 贈金君容班小序

卷八

記: 春雨亭記 永思齋記 農隱齋記 小松齋記 白川記 聾啞小記 牛山精舍記 蕉軒記 雙清軒記 世講亭記 克念齋記 凰棲齋記 聾啞齋記 李氏永慕齋記 三湖亭重建記 寒後亭記 觀瀾齋記 溪堂記 義庄記 砥齋記 六有齋記 止巢記 敬齋記 梅巢記 玉泉記 錦雲記 止山記 我泉亭記 晩悟亭記 玉洞記 樵隱記 樂齋記 石下記 掩耳齋記 農村記 畏窩記 曉峰記 耕讀齋記 綠泉亭記 時隱記 石松記 晩圃記 晴簑記 大瓠亭記 泉石亭記 何人記 海隱記 杏壇記 本立齋記 錦愚記 悅雲亭記 三巖記 歸厚齋記 杜齋記 循齋記 竹坡記 止齋記 市隱記 觀水齋記 東萊鄭氏八烈記 聽湖記 立窩記 光霽樓記 崆峒窩記 月潭書室記 歸全庵遺墟記 友石記 七松亭記 夢軒記

卷九

跋: 陶山及門錄跋 謹書高峰先生過庭記訓後 書吳孝子狀後 崔氏世孝錄跋 許氏五賢實記跋 題六書李公筆帖後 書松巖曹公事實後 題梧軒尹公行蹟後 書烈婦李孺人傳後 題洪孺人烈行事實後 蘭坡遺稿跋 題故孝子趙公子褒狀後 盤桓洪先生遺稿跋 題崔義士辨理文後 龍溪遺稿跋 題幽軒遺稿後 睡隱續集後 題司評姜公遺事後 題陸績懷橘圖後

題卿玉遊山錄後 月溪文公孝行記後敍 題芭蕉圖後 題梅鶴村弟均說後 題巫夫林元吉妻崔判徽節行狀後 題高春岡金剛行錄後

銘: 栗山齋銘 琴銘 松皐銘 月松齋銘

上樑文: 石南精舍上樑文 梧山亭上樑文 蓮坡亭上樑文

祝文: 鳳凰洑祝文 里社祝文 祈雨文 馬忠靖公影幀移安祝文 馬忠靖公影幀春秋移安祝文 馬叅判公春秋常享祝文 姜睡隱壇享祝文 益齋先生真像奉安祝文

祭文: 祭松沙先生文 祭石陰朴文 祭高素齋文 祭權校理文 祭從弟衡仲文 祭先祖高峯先生墓所文 祭李承旨文 祭難窩吳公文 祭柳氏姊文 祭族兄勿軒公文 祭荷塘趙判書 祭梁都事文 祭尹訥窩文 祭再從叔母孺人林氏文 祭三從兄文 祭張叅判文 祭鄭正言文 祭鵶山朴公文

碑: 故孝子五翠金公實蹟碑 故烈婦蘇氏碑 三先生壇享碑陰記

卷十

墓碣銘: 故副護軍李公墓碣銘 醉松亭孔公墓碣銘 聽天金公墓碣銘 通政大夫僉知礪山宋公墓碣銘 希齋趙公墓碣銘 松谷趙公墓碣銘 烈婦孺人金氏墓碣銘 長嘯金公墓碣銘 遯菴尹公墓碣銘 故司諫寄軒崔公墓碣銘 槐菴李公墓碣銘 徐草堂公墓碣銘

墓誌銘: 詩巢崔公墓誌銘 梧軒奇公墓誌銘 菊圃李公墓誌銘 朴老圃墓誌銘 雲庵趙公墓誌銘 同樞奇公墓誌銘 趙孝子墓誌銘 警齋尹公墓誌銘 嘉善大夫同知中樞府事兼龍驤衛護軍三樂齋文公墓誌銘 悔隱金公墓誌銘

墓表: 觀海金公墓表 叅奉洪公墓表 西灘姜公墓表

行狀: 雲陽處士奇公行狀 斗湖奇君行狀

傳: 全海山傳

附錄: 家狀(奇東奭) 跋(奇近燮)

『춘파유고(春坡遺稿)』

1. 저자 소개

강인회(姜寅會, 1807~1880)의 자는 태화(太和)이고 호는 춘파(春坡)이며 본관은 진주(晉州)이다. 1807년 12월 성송면 암치에서 강재형(姜在衡)의 아들로 태어났다. 사평(司評) 강학손(姜鶴孫)의 후손이다. 일찍이 모친을 여의고 계모에게 자랐는데 효성이 지극하였다. 7세 때 서숙에서 글을 배우기 시작하여 10세 전후에 학문이 숙성하니 송재(誦才)가 남달랐다. 어느 날 서당 선생과 함께 산에 올랐을 때 "빼어난 몸은 푸른 산이로다"라는 구절의 "수신청산(秀身青山)"을 말하니 스승이 놀랐다 한다. 15세 무렵 경전과 역사서를 두루 읽다가, 16세 때에는 절로 들어가 글읽기를 전념하였고, 18세 때 장성의 노사(蘆沙) 기정진(奇正鎭, 1798~1879)의 문하에 나아가 학문을 닦았다. 24세 때 부친상을 당해 송종(送終)의 예의로 모시고 삼년상을 마친 이후, 스승이 살고 있는 장성으로 옮겨 30여 년 동안 스승을 받들며 오로지 학문에 전념하였다. 1858년 스승의 회갑을 맞이하여 「차노사선생회갑운(次蘆沙先生回甲韻)」을 장수를 기원하였다. 당시 동문 남파 이희석, 장호(莊湖) 박만채(朴萬彩, 1804~?), 송남(松南) 유성렬(庾聖烈, 1812~?), 귤은(橘隱) 김류(金瀏, 1814~1884), 역와(櫟窩) 이돈형(李敦亨, 1817~?), 월고 조성가 등과 도의로 교유하며 학덕을 넓혔다.

1862년 삼남지방에 민란이 자주 일어났다. 철종이 좋은 의견을 구할 때 강인회는 「어제삼정책문(御製三政策問)」을 지어 올렸고, 1874년 집안의 가승(家乘)에 대한 서문을 짓기도 하였다. 1875년 69세 때 스승이 고진원(古珍原)의 창리(倉里)로 옮기자 그도 따라 이거하여 학문을 닦기도 하였다. 향리에 춘파정사(春坡精舍)를 짓고 후학을 양성하는 데 힘쓰고 명리나 벼슬을 구하지 않으니 산림처사라고 칭송하였다. 스승이 세상을 떠나자 장례식에 참석하여 「제노사기선생문(祭蘆沙奇先生文)」을 지어 애도하였다. 돌아간 다음해 3월 3일에 세상을 떠나니 향년 74세였다. 1889년 도내 유림의 천거로 조산대부동몽교관(朝散大夫童蒙教官)에 증직되었다. 저서로는 『춘파유고(春坡遺稿)』가 있다. 그의 5대손 강성창(姜聲昌)은 선조 강인회를 비롯한 선조들의 글을 모아 『춘파공파습유세적(春坡公派拾遺世蹟)』으로 간행하였다.

2. 문집 구성과 내용

『춘파유고』는 1권 1책으로 석인본이다. 1914년 후손 강복원(姜福遠) 등이 편집, 간행하였다. 4주쌍변(四周雙邊), 반곽(半郭) 22.0×15.0cm, 유계(有界), 11행28자, 주는 쌍행(雙行), 상하향(上下向) 2엽화문어미(二葉花紋魚尾)에 크기는 27.9×18.4cm이다. 권두에는 최윤환(崔允煥)의 「서문」이, 권말에는 강복원의 「발문」이 있다.

시(詩)에는 부(賦)가 포함되는 데, 시는 96수이고 부(賦) 6편이다. 서(書) 5편, 잡저 8편, 서(序) 6편, 기(記) 5편, 축문 2편, 제문 7편, 부록으로 시 4수, 서(書) 8편, 제문 5편, 만장(挽章) 15수, 행장 1편, 묘갈명 3편 등이 수록되어 있다.

시는 주로 동문들과 학문을 교류하며 주는 증시(贈詩) 또는 차운시가 많다. 부는 정재규를 비롯한 여러 벗들에 화답한 것이다. 서한은 기진사(奇進士)와 종인(宗人) 또는 족형이나 벗들에게 보내는 글인데 주로 일상적 안부를 묻고 답하는 내용이다.

잡저의 「어제삼정책문(御製三政策問)」은 1862년(철종 13) 삼남(三南)에 민변이 발생하자 삼정(三政), 즉 첫째 전부(田賦), 둘째 군적(軍籍), 셋째 환곡(還穀)에 대한 개선책으로 올린 글이다. 『춘파유고』 서문에서 이를 언급하기를 "하늘에 영원한 명령을 비는 근본이라면 또 오로지 삼정을 닦고 폐하는데 있을 따름입니다. 한번 조정의 기강이 떨치지 않고 상과 벌이 밝지 아니하여 선을 권장하고 악을 징계하는 일이 없으면 백성의 뜻이 흩어지고 풍속이 퇴폐할 것입니다. 인욕이 사사로우면 천리가 끊어지고 뇌물이 횡행하면 명분이 문란하고 권세 있는 자가 제멋대로 하면 약탈이 일어난다"라고 하였다. 특히 사습(士習)을 바르게 하고 인재를 등용하며 절의를 숭상하고 언로를 열어 예의와 염치를 장려해야 한다는 것을 조목조목 기술하였다. 이밖에 광주감시(光州監試)에서 이루어진 청묘법(青苗法)을 내용으로 한 「조적책문(糶糴策問)」과 장성감시(長城監試)에서 이루어진 전결(田結)·계묘법(計畝法)·한전(限田) 등을 내용으로 한 「전부책문(田賦策問)」, 창평감시(昌平監試)에서 이루어진 「군액책문(軍額策問)」 등은 당시의 경제·군사 상황을 살펴볼 수 있는 자료이다. 또한, 보성에서 일어난 위보사건을 소개한 「성토위보회문(聲討僞譜回文)」과, 간사한 소인들이 군자를 시기하여 무고를 일삼으니 이와 같은 풍습을 퇴치하여 나라의 기강을 세우고 향속을 돈독히 하여야 한다고 주장한 「변무통문(辨誣通文)」 등은 당시의 사회상을 연구하는 데 참고가 된다. 서문은 문집과 가승에 대한 서문이 주를 이루나 「박씨족보서(朴氏族譜序)」와 「돈의계서(敦誼稧序)」는 대신하여 지었다. 다섯 편의 기문 가운데 「필총기(筆塚記)」는 붓의 무덤이라는 기록으로, 중국 수나라의 지영(智永)이 붓을 오래 쓰다가 닳으면 항아리에 담았다는 내용을 거론하면서 저자 자신의 처세와 마음가짐을 기록하였다. 또한 장성의 영모각(永慕閣)과 고창 무장면 관청에 있는 빙옥대(冰玉臺)에 대한 글도 있다. 축문은 한포재서원(寒圃齋書院)을 짓기 위해 터를 닦을 때 지은 것이 있고, 또 장성 황룡강의 보(洑)를 쌓을 때 지은 것이 있다.

부록은 스승 기정진이 기고한 글 여러 편이 있고, 강인회에 대한 동학들의 제문이 있다. 그리고 기우만이 지은 행장, 조성가가 지은 묘갈명, 이창헌(李昌憲)이 지은 묘지명, 최윤환(崔允煥)이 지은 묘표 등이 있다. 덧붙여 그의 5대손 강성창이 편찬한 습유편에는 시 「차비원편장석제석회갑운(此非圓篇丈席除夕回甲韻)」을 비롯한 19수와 산문 「문운운(問云云)」 2편을 비롯한 4편이 있고, 부록으로 강인회의 행장과 묘갈명이 재차 수록되었다.

전남대학교와 전주대학교 도서관 등에 소장되었고, 『한국역대문집총서』(2664)에 『춘파선생문집(春坡先生文集)』(春坡遺稿)으로 영인되었다.

3. 문집 목차

序: 春坡遺稿序(崔允煥)

詩(五言絶句): 贈安達三(號小柏) 和陶詩寄趙直教(性家月皐十二首四言律) 贈金士亮(瀏橘隱五言律二首) 詠蓮 哭醉隱(朴萬樞) 哭友人(鄭冕奎) 哭竹下(金常圭) 偶題 次蘆沙先生丈人山韻(六首七言絶句) 和奇友(晩衍) 和李孝一(僖錫南坡) 仲秋十五夜奉和金士亮聯句(三首)/附原韻 贈濟洲安大雅(達三)別章(二首) 春日即事(二首) 和友人鄭厚允(載圭老柏)賦(四首) 下沙蓮塘四時八景(八首) 春日卽事 題卯山亭(長城○七言律) 題邀月亭(長城○四首) 次矗石樓韻(晉州) 次東林齋韻 同鄭小蕉和素灘詩社 同友人高台壽(山謙晦隱)賦 次蘆沙先生回甲韻 同友人金景輝(光綏茶隱)賦 石人(二首) 詠百日紅鹿窓(二首) 漫筆和友人朴鍾浩北山新居韻(七首) 同金雅敬題德月菴 下沙夜與直教(趙性家)諸益賀奇寢郎歸覲 用前韻別趙直教歸晉陽 李上舍袖示屏詩軸步韻贈車老人 與金寢郎(景休)飮龍江 次金叅奉(景休)回甲韻 次寶城李進士(志容)藏書齋韻 莘湖新堂(金祿休蔚山人) 贈南坡

李(信錫)別章 又贈南坡 次默齋韻 贈丁道有(大憲湖隱) 與友人奇稚受共賦(禧鎭魯齋) 次李敦亨櫟亭韻(櫟窩) 重陽後會德月庵(二首) 次田荷韻(二首) 贈金士亮(橘隱)/附次韻 賀人外祖天爵 藏頭體 莘湖堂成 同友人金稱章(祿休莘湖)賦(三首) 代人題其墓閣.

書: 與奇進士(柳川) 答宗人 上族兄巖巖叟 答友人(二首) 答友人.

雜著: 御製三政策問(壬戌夏) 糶糴策問(光州監試二上之下) 田賦策問(長城監試三下之上) 軍額策問(昌平監試二中之上) 四忠書院 稟目 例扶發文 聲討僞譜回文 辯誣通文.

序: 西沙遺稿序 朴氏族譜序(代) 晉州姜氏家乘序 良僖公派家乘序 敦誼稧序(代) 護喪稧序.

記: 筆塚記 荷石堂記(代) 金氏旌閭記 永慕閣記 冰玉臺記.

祝文: 寒圃齋書院開基祭祝文 黃龍江築洑祝文.

祭文: 祭蘆沙奇先生文 祭蘆沙奇先生文(葬時代) 祭奇斯文章一(字夔)文 祭金叅奉道煥文(代) 祭蘆沙奇先生文(代) 祭蘆沙奇先生文(代).

附錄: 蘆沙奇先生寄稿 代春坡答 簡石庄諸友(二首) 赫蹄附(壯山調案·姜兄謝上·奉謝·春坡巍覽·謝上·壯山調座·喪配時) 趙月皐(性家)來書(○甲戌) 祭文附(奇宇萬·奇亮衍·趙性家·姜益秀·姜晉秀) 挽章(金龍休·李敦曦·朴萬采·朴容泰·奇容衍·金景休·李敦亨·庚聖烈·奇弘衍·金基泰·李信錫) 行狀(奇宇萬) 墓碣銘(趙性家) 墓誌銘(李昌憲) 墓表(崔允煥)

跋(姜福遠)

『춘파유고(春坡遺稿)』

1. 저자 소개

위관식(魏瓘植, 1843~1910)의 자는 서규(瑞圭)이고 호는 춘파(春坡)이며 본관은 장흥(長興)이다. 시조는 중국 당나라 사람으로 신라 선덕여왕이 당태종에게 도예사(道藝士)를 청해서 보내준 한 사람으로 위경(魏鏡)이다. 위경은 신라에서 아찬(阿飡)과 상서시중(尙書侍中)을 역임하였고, 고려 때에 회주군(장흥)에 추봉되어 후손들이 관향을 장흥으로 하였다. 선조들은 고려부터 조선에 이르기까지 주요관직에 올랐으며, 특히 조선조 위씨 가문에서 가장 뛰어난 인물은 호남의 3대 실학자 중 한 사람인 존재(存齋) 위백규(魏伯珪, 1727~1798)로 천문·지리·율력·복서·산수 등에 능통하고 특히 주역에 정통했던 학자이다. 춘파의 고조부는 위백양(魏伯陽, 1718~1752), 증조부는 원취당(願醉堂) 위도순(魏道純, 1748~1816)이고, 조부는 소암(素庵) 위영우(魏榮禹, 1786~1857)이다.

위관식은 아버지 호산(壺山) 위하조(魏河祚, 1809~1881)와 어머니 담양 전씨(潭陽田氏)의 명직(命稷) 사이에서 2남(瓘植, 瑢植) 1녀(淸風 金益魯) 중 장남으로 1843년 8월 28일 태어났다. 그는 인천 이씨(仁川李氏) 중섬(重暹)의 따님과 결혼하여 2남(啓龍, 啓鶴) 3녀(慶州 金榮國, 南平 文方鉉, 仁川 李啓遠)를 낳았다. 춘파는 어려서부터 장천재(長川齋)[146]에서 독서

146 장천재(長川齋)는 부근에 장흥위씨 장천문중 선조들의 묘소가 있는 곳이며, 존재 위백규 선생 이래 일제 강점기에서 해방 이후까지도 한학(漢學)을 강학

를 하였으며, 매사에 근신하고 상(喪)을 당했을 때 예(禮)를 다했다. 장천재는 아버지가 후학 양성에 힘쓰면서 향촌 교화에도 많이 활동했던 곳이다.

위관식은 기정진의 제자로 리(理) 중심의 성리학 이론 체계를 수학하였는데 언제 어떻게 만나게 되었는지 알 수는 없다. 그는 기정진을 비롯한 당시 노사학파 사우들뿐만 아니라 송병선, 최익현(崔益鉉) 등과 교유하였으며, 고향 관산(冠山)에서 향리의 교화와 풍속을 순화하기 위해 무기계(無忮契)의 중흥과 향약을 실행하는데 이바지했다. 무기계명첩중수서(無忮契名帖重修序)에서 "사람의 악함은 남을 시기하고 해치려 하는 마음을 갖는 기심(忮心)보다 더 심한 것은 없다. 진실로 그러한 마음이 있다면 처자식도 보호할 수 없을 것인데, 하물며 족당(族黨)을 도울 수 있겠는가? 이에 부군[頤醉堂]께서는 종족(宗族)들을 모이게 하여 계를 조직하도록 하였고, 선생[存齋]께서 또 무기(無忮)라는 두 글자로써 제목을 붙여서 권권(眷眷)히 잊지 아니하도록 경계의 뜻을 남기셨으니 이는 거듭 당부하고 또다시 말로만 할 뿐이 아니라는 것을 알린 것이다"[147] 하였는데, 『시경』의 "남을 해치지 않고 남의 것을 탐내지 않으니 어찌 훌륭하지 않은가[不忮不求, 何用不臧?]"[148]라는 의미이다. 위관식은 동네 계를 진흥시키는 데 가장 중요한 것이 바로 기심(忮心)을 없애는 것이라고 보았다.

63세(1905) 때에 을사조약(乙巳條約) 이후 세상이 변하고 나라가 망하였음을 탄식하다가 은거하였다. 그는 호동정사(壺洞精舍)에서 머물며

하던 장소로 활용되며, 여러 위문(魏門)과 유림들이 와서 시문을 나누고 곳으로 문중의 상징인 부계당(俯溪堂)이 가운데 있다. 여기에서 위문(魏門)의 여러 선조들이 읊었던 시들을 기록한 『부계당수창록(俯溪堂酬唱錄)』이 있다.

147 魏璊植, 『春坡遺稿』 권3, 「序」, 「無忮契名帖重修序」.

148 『詩經』, 「邶風·雄雉」. 『論語』, 「子罕」.

학문 활동과 후진 양성에 힘썼다. 아들인 계룡(啓龍)에게 연재 송병선·면암 최익현·송사 기우만을 선생으로 받도록 명하고서 1910년 10월 23일 세상을 떠났다.

2. 문집 구성 및 내용

『춘파유고(春坡遺稿)』는 4권 2책 목활자본으로 4주쌍변(四周雙邊), 반곽(半郭) 22.4×16.9㎝, 유계(有界), 10행22자, 주는 쌍행(雙行), 내향(內向) 화문어미(花紋魚尾)에 크기는 32.2×21.7cm이다. 『춘파유고』는 아들 오헌(梧軒) 위계룡(魏啓龍)이 1934년에 발문하고 간행했으며, 전남대학교, 국립중앙도서관, 연세대학교, 성균관대학교, 계명대학교, 용인대학교에 소장되어 있다.

권1에 시(詩) 194수, 권2에 서(書) 40편, 3권에 서(書) 86편, 서(序)·기(記)·잡저(雜著)·명(銘)·축문(祝文) 각 2편, 제문(祭文) 4편, 묘갈명(墓碣銘) 1편, 행장(行狀) 3편, 권4에 부록(附錄)으로 서(書) 37편, 서(序) 8편, 기(記) 2편, 명(銘) 1편, 문(文) 1편, 수연시(壽筵詩) 12수, 만사(挽詞) 35수, 제문(祭文) 8편, 행장·묘갈명·묘지명 각 1편 등이 수록되어 있다.

시(詩)와 기(記)는 주로 장흥 장천재(長川齋)·양춘재(陽春齋)·옥림재(玉林齋)·삼괴장(三槐亭)·화수정(花樹亭)·부계당(俯溪堂)·추계당(秋溪堂)·동강재(東崗齋)·직직당(直直堂) 등에서 많은 글을 남겼다는 것이 특징이다. 서(書)는 면암 최익현(4편)·연재 송병편(4편)·일신재 정의림(5편)·송사 기우만(11편) 등과 주고받은 것인데, 대부분 당시에 일어난 시사(時事)에 대해 논의한 것이다. 여기서 알 수 있는 것은 당대 최고의 지식인들과 많은 교유를 했다는 것이다. 잡저(雜著)의 「회유향중흥학계원문(回諭鄕中興學契原文)」은 사람들이 세상의 가르침을 읽으면서도 염치와 예의가 무엇인지 알지 못하니 예(禮)를 홍기시키고 학문에 힘쓰도록 흥학계(興學契)를 만들자는 글이다.

그는 유서(遺書)에서 "내가 죽은 뒤 상(喪)을 치를 때는 위아래 속옷 외에는 비록 짧은 명주라도 쓰지 말라. 장례를 지낼 때에도 검약해야 하는데 요즘 세상은 부모의 장례를 지낼 때 밖으로 호화스럽고 관곽과 광중도 다스리지 아니하고 있다. 술과 고기를 지나치게 장만하여 마치 장례를 지낼 때 잔치 베푸는 것처럼 하는 것을 내가 평소에 목격하고 부끄러운 마음이었다. 정자가 이르기를 '사람을 악으로 빠지게 하지 말라'고 하였다. 이는 사람을 경계하는 대지가 될 것이다"라고 하여 검소함을 강조하면서 당시 장례의 풍속이 지나침을 경계하도록 했다. 즉 지나침이 사람을 악으로 빠지게 한다는 것이니 검소한 장례를 하도록 유서로 남겼다.

춘파는 『위씨세고(魏氏世稿)』을 주도하여 시문을 모으고 1920년 기운만이 서문을 쓰고, 1905년 정의림이 발문을 붙였다. 『위씨세고』는 시조 위경(魏鏡)의 21세손인 위덕후(魏德厚, 1556~1605) - 위정명(魏廷鳴, 1589~1640) - 위동현(魏東晛, 1628~1677) - 위세호(魏世瑚, 1656~1688) - 위명득(魏命得, 1685~1746) - 위백양(魏伯陽, 1718~1752) - 위도순(魏道純, 1748~1816) - 위영우(魏榮禹, 1786~1857) - 위하조(魏河祚, 1809~1881)에 이르는 9세의 시문집을 모아놓은 것으로 9권 3책으로 되어 있다. 당시에 바로 간행되지 못하고 춘파의 아들 위계룡(魏啓龍)[149]은 1933년에 선조의 묘를 세울 때 표문(表文)과 축문(告祝), 그리고 원취당중건(願醉堂重建) 기사 등을 모아 부록으로 더해 간행하였다. 『위씨세고』는 조선 중기부

149 위계룡(魏啓龍)은 어려서부터 가학(家學)을 이어갈 특출한 인물로 지목되면서 아버지의 명에 따라 노사학파를 중심으로 하는 당시의 최고의 지식인들과 교유하였으며, 선대의 유고를 정리하여 간행하는데 힘썼다. 그의 시문집 『오헌유고(梧軒遺稿)』 7권 2책이 있다. 또한, 그가 살았던 집을 중건한 오헌고택(중요민속문화재 제270호)이 현존하는데, 다양한 민속생활사 관련 유물과 자료가 소장되어 있으며, 지역 양반문화 및 향촌 생활사 연구 등과 관련 역사적·민속적 가치가 높다.

터 한말에 이르기까지 9대에 거쳐 이루어진 것으로 유래가 드문 사례이며 문중활동과 향촌운영은 물론 지역의 변천사를 알 수 있는데 유용한 자료이다. 그 뒤에도 위씨 가문은 대대로 문집을 간행하면서 많은 시문을 남겼다.

3. 문집 목차

春坡遺稿目錄

卷一

詩: 長川齋酬唱 潭陽宗人聖憲氏以譜事見枉同和 [附]槐廬韻 山齋小會 應口 次默軒原軒 溪堂詩會日夕吟 戊寅七月居接 葉詩 輓丁晦卿 輓虞侯白公 挽丁殷瑞 次陽春齋鄕飮禮韻 再次飮禮 淵谷講會韻 淵谷講席聯句(二首) 挽金都正 次玉林齋韻 挽宋贊瑞 三槐亭韻 輓人 己亥溪堂除夕 庚子三元吟 輓人 挽族兄敎官公 挽族叔 次族兄玉隱公壽席韻 漢陽詞伯李範進來壺谷一宿應口輒作余亦戲和 挽淸淵堂金公 輓白公 挽金雲集 挽安益賢 溪堂詩會以蟬聲高樹暗分韻得聲字 續吟 庚子除夕 辛丑正月四日 挽族叔 溪堂除辛丑歲夕 壬寅正月二日拈葉 壬寅正月二日拈葉三日又拈 壬寅正月二日拈葉夜詠(二首) 壬寅正月二日拈葉四日吟 壬寅正月二日拈葉葉吟(二首) 壬寅正月二日拈葉五日葉吟(三首) 輓族兄玉隱公 輓族兄 壬寅秋七月溪堂居接會吟 次李侯敬堂惜別詩 挽族叔敬信 壬寅除夜會吟 癸卯正月二日 癸卯正月二日三日朝題 癸卯正月二日朝後續題 癸卯正月二日又拈 癸卯正月二日四日朝詠 野人載酒來 省墓 新春夜雨 聯句 硯滴 山堂夜燭 山夜冷話 朝話 惜別 二月十五日冠山山祭時吟 旣望夜吟 越旣望滯雨 殺雞 漉酒 採茯苓 旣雨晴亦佳分韻得晴字 城隅一分手得分字 癸卯六月詩會 六十一生朝韻 老人歎 長川齋除癸卯歲夕 甲辰元日 甲辰元日三日題

(四首) 甲辰元日四日吟(五首) 甲辰元日夜詠(三首) 甲辰元日五日吟(二首) 甲辰元日惜分 與除夜諸友同宿壺谷 次李侯敬堂六十一壽筵韻 次族姪士悅壽母詩 七月溪堂居接吟 挽族叔直巖公 甲辰除歲 乙巳元日 挽族叔警齋公 乙巳七月溪堂居接(二首) 乙巳七月溪堂居接拈葉(二首) 挽姜公 乙巳守歲夕用李青蓮鳳凰臺韻 丙午元日用李東岳新春書感韻 丙午元日用李東岳新春書感韻二日吟(二首) 丙午元日用李東岳新春書感韻三日吟次權石洲讀杜詩韻 初月 溺缸 烹狗 咏木枕 挽宗人仁和 挽金得采 挽李應三 挽止雲金丈 挽李昌瑞 挽丁希洙 哭邊士賢 次丁氏花樹亭韻 挽族叔允和 丙午夏六月長川齋接會吟 丙午除夕 丁未元月三日夜題 哭崔勉庵先生 丁未七月十五日長川詩會 挽權重協 挽李應瑞 丁未守夕 戊申正月三日 立春 挽族兄小玉 挽族叔睡山 觴山齋除戊申歲夕 挽金柏庵大仁 挽白和潤 挽白士熙 挽內兄田公 俯溪堂謹次先考壺山府君板上韻 挽金鶴南景振 白兄清汝誄 次俯溪堂板上詩 次東崗齋韻

卷二

書: 上宋侯松石 答宋侯松石 上宋松石 上松石宋叅議 答閔侯 上華湖金監役 上金華湖 上勉庵崔尚書 別紙 上崔勉庵(二篇) 上淵齋宋祭酒 上宋淵齋(三篇) 與李侯敬堂(二篇) 答李侯敬堂 與李侯敬堂(二篇) 與金乃錫 與宋竹農 與宋道谷燦五 與宋道谷(二篇) 與李直閣(二篇) 答金鶴南景振 答金鶴南 與金鶴南 答金鶴南 與金鶴南 與宋約齋英仲 答族姪允洪 與族姪允洪 與宋記室(二篇) 與奇松沙會一 與奇松沙(二篇) 答奇松沙 與奇松沙(九篇) 與鄭日新季方 與鄭日新(四篇) 與崔雲齋錫胤 與白宣傳 與閔耕南 與白六有應玄 答族姪致善

卷三

書: 與李侯 與李太守 與校中釋菜所 與金太守 答淵谷院有司李應

三金致貞 答李泰燁 答丁贊和 與冠山雩祭所 答李太守 與李太守 答李太守 答金聖然 答任尙修 與任尙修 答任尙修 與任尙修 答任尙修 與任尙修 答金忠汝 與尹世玉 答李条書 與李允範 與淵谷壇享所 與咸興宗人 與咸興宗人 孫兒質良婚書 遺書

序: 鄕飮酒禮序 無忮契名帖重修序

記: 三槐亭記 直直堂記

雜著: 呈朴侯單子 回諭鄕中興學契員文

銘: 閔侯恤民碑銘 李侯淸德碑銘

祝文: 除蟲祭祝文 雨祭祝文

祭文: 祭族祖茶嵒處士公文 祭道谷居士宋公文 祭松石宋条議公文 祭大司成李公文

墓碣銘: 贈戶条朱君墓碣銘

行狀: 族祖玉窩處士公行狀 族兄玉隱居士公行狀 孝子朴英吉事實錄

卷四 附錄

書: 宋侯松石答書 宋松石答書 松石宋条議答書 閔府使與書 莘湖金監役答書 金監役答書 勉庵崔尙書答書 崔勉庵答書(二篇) 淵齋宋祭酒答書 宋淵齋答書(二篇) 道谷宋燦五答書 宋道谷答書 宋記室答書 宋記室答書 宋記室答書 松沙奇条奉答書 奇松沙答書(八篇) 日新鄭季方答書 鄭日新答書(二篇) 約齋宋英仲答書 別紙 李直閣答書(二篇) 雲齋崔条奉答書 李太守答書

春坡序(李庠權) 春坡小序(崔益鉉) 春坡小記(奇宇萬) 題春坡小序後(尹滋鉉) 春坡銘(安澤煥) 壺中別業小記(奇宇萬) 春坡經几(奇宇萬) 春坡几席侍人(鄭義林) 春坡居士回甲詩軸序(奇宇萬) 春坡翁回甲詩集序(鄭義林) 雲汝賢契侍右入納(鄭義林)

魏啓龍大人春坡公回甲壽筵詩(金[○+宇] 次魏斯文雲汝甫上壽其大

人春坡公回甲生辰韻 次春坡主翁六十一壽筵韻(李翼祚) 追次春坡翁回甲生朝韻(李啓泮) 春坡老兄六十一壽宴其胤子雲汝飾喜有韻(丁炳澤) 春坡老兄六十一壽宴其胤子雲汝飾喜有韻(丁炳和) 春坡老兄六十一壽宴其胤子雲汝飾喜有韻(李秉燮) 春坡老兄六十一壽宴其胤子雲汝飾喜有韻(李棒) 敬次梧軒仁兄上壽詩(安鍾鶴) 敬次梧軒仁兄上壽詩(安浣) 敬次梧軒仁兄上壽詩(李啓文) 敬次梧軒仁兄上壽詩(李啓學) 敬次梧軒仁兄上壽詩(丁魯壽) 敬次梧軒仁兄上壽詩(李大良) 家大人回甲生朝上壽文

挽詞(金之鉉) 挽詞(李啓弦) 挽詞(白永直) 挽詞(白厚寅)

悼春坡處士(奇宇萬) 悼春坡處士(金東炫) 悼春坡處士(李章錫) 悼春坡處士(李鼎根) 悼春坡處士(金台漢) 悼春坡處士(李啓哲) 悼春坡處士(白成欽) 悼春坡處士(金在浩) 悼春坡處士(金璣烈) 悼春坡處士(任道鎭) 悼春坡處士(金漢信) 悼春坡處士(李侯植) 悼春坡處士(李啓漢) 悼春坡處士(李澤基) 悼春坡處士(李啓玟) 悼春坡處士(李棒) 悼春坡處士(李啓昌) 悼春坡處士(金漢綺) 悼春坡處士(李啓文) 悼春坡處士(李洙校) 悼春坡處士(金仁植) 悼春坡處士(鄭欽萬) 悼春坡處士(丁炳獻) 悼春坡處士(李玟浩) 悼春坡處士(白亨一) 悼春坡處士(尹福夏 悼春坡處士(文桂泰) 悼春坡處士(金漢淳) 悼春坡處士(文鍾燮) 悼春坡處士(白亨璣) 悼春坡處士(丁斗熙) 悼春坡處士(廉錫珍) 悼春坡處士(李洪良) 悼春坡處士(李洙赫) 悼春坡處士(白景寅) 悼春坡處士(李正遠) 悼春坡處士(馬鍾河) 哭春坡居士小朞(金魯鉉) 大期前一日哭靈筵而歸

祭文(金魯鉉) 祭文(李啓泮) 祭文(李赫基) 祭文(李啓學) 祭文(安澤煥) 祭文(丁炳和) 祭文(李啓斗) 祭文(丁魯壽)

行狀(李啓泮) 墓碣銘(崔永祚) 墓誌銘(吳駿善) 跋文(魏啓龍)

『취은유고(翠隱遺稿)』

1. 저자 소개

박로후(朴魯厚, 1855~1913)의 자는 영서(英舒)이고 자호(自號)는 취은(翠隱)이며 본관은 평양(平陽: 순천)이다. 순천 박씨의 시조는 고려의 개국공신이었던 박영규(朴英規)이다. 저명 인물로는 조선 태종 때 익대좌명공신에 봉해진 박석명(朴錫命), 중종반정을 이끌었던 박원종(朴元宗) 등이 있다. 박원종이 반정공신으로서 권세와 부귀가 지나치자 그의 숙부인 박숙선(朴叔善)이 이를 경계하여 호남의 금성(錦城: 나주)으로 낙향했고, 그의 다섯 아들 가운데 셋째인 박이공(朴而恭)이 광주로 이사를 한 다음부터 광주에서 세거하게 되었다.

고조는 박성렬(朴聖洌)이고, 증조는 박윤현(朴允鉉)이며, 할아버지는 박제문(朴濟文)이다. 아버지는 박현동(朴晛東)이고 어머니는 여흥 민씨로서 민시혁(閔時赫)의 따님이다. 박로후는 1855년 12월 23일에 태어났다. 태어나면서부터 몸이 약했지만 정신은 총명해서 글을 배우기 시작하면서 외우고 풀이하는 데 어려움이 없었다고 하지만, 아버지는 몸이 약하고 병치레를 한다는 이유로 본격적으로 학문을 익히는 것을 허락하지 않았다. 열다섯인 1869년에 재종숙(再從叔)인 박양동에게서 글을 배웠는데, 박양동은 박로술의 아버지로서 부자가 모두 기정진의 직전제자였다. 그러나 이 시기 그는 개인적으로 불운이 겹쳤다. 먼저 형제 가운데 네 명이 차례로 세상을 떠났고, 거듭해서 아버지와 어머니가 세상을 떠났으며, 더욱이 흉년을 맞이해서 가산을 모두 탕진하고 말았다.

이 때문에 박로술은 그의 「제문」에서 "집도 방도 없는 몸이 되어 글방에다 몸을 의탁했다. 어린애들을 가르치는 여가에 서책들을 읽었다"라고 서술할 지경이었다. 나아가 박로열(朴魯烈)은 당시의 상황을 「가장보유」에서 이렇게 부연 설명했다.

> 선생이 분발하여 뜻을 가다듬고 한 친구의 집에 기숙하면서 경전 중에 전일에 공부를 다 끝마치지 못한 부분을 일일이 손으로 책장을 넘기면서 열람하였는데, 이로 인해 요·순·이래 성왕들이 서로 전수한 대법을 대략 통달하였다. 그리고 이어서 생각해보니, 서찰은 유학자의 일 중에 가장 밀접한 일인데, 평생에 한 권의 종이도 익혀보지 못한 데다 격식도 잘 알지 못하므로 자신이 배운 것이 소용이 없다고 여기었다. 이에 전지를 가져다 놓고 공력을 극도로 들인 끝에 달필이 되는 데 이르렀고, 비슷한 연배 사이에 오고간 많은 글들을 모두 자신이 직접 썼는데, 그 결과 한 책을 이루게 되었다.

이상의 기록은 박로후가 형제와 부모님을 잃은 이후 어떤 삶을 살았는지를 보여준다. 그는 친구의 집에 머물면서 어린 학생들을 가르치는 사이에 틈을 내어 경서와 여러 학문을 갈고 닦았다. 그 내용들은 고금의 역사적 사실과 경설, 및 기삼백(朞三百)·선기옥형(璇璣玉衡) 및 선천(先天)과 후천(後天)에 이르는 천문 역법에 이르기까지 광범위했다. 또한 그는 동년배들이 서신을 주고받는 즈음에 자신이 당사자를 대신해서 편지를 쓴 것이 매우 많았는데, 이 때문에 실제로 『취은유고』에는 그가 남을 대신해서 써 준 글이 42편이나 실려 있다. 이렇게 학생들과 후학을 가르치는 등으로 일관한 박로후는 1913년 2월 18일에 향년 59세로 세상을 떠났다. 그는 첫째 부인은 영천 이씨(永川李氏)로서 이양수(李良秀)의 따님인데 일남 김종규(金宗圭)[150]를 낳았고, 둘째 부인은 김해 김씨로서 김찬모(金贊模)의 딸인데 4남1녀를 두었다. 4남은 각각 김판규(金判圭)·김삼규(金三圭)·진규(金眞圭)·김맹규(金孟圭)인데 이 가운데 김삼규는 출계해서 삼종숙(三從叔)인 박노첨(朴魯瞻)의 후사가 되었다.

『노사선생연원록』에서는 박로후를 기정진의 직전 문인에 넣고 있고 동시에 12명에 이르는 제자의 목록을 싣고 있다. 그러나 엄밀한 의미에서 보자면 직전 문인이라기보다는 재전문인에 가깝다고 할 수 있다. 그의 전기 자료인 「가장」에도 기정진에게 수학했다는 기록이 없다. 「묘갈명」을 쓴 권재규(權載奎)는 정재규과 최숙민의 문인으로서 노사학파의 재전제자군에 속함에도 기정진과 박로후의 관계를 "노사선생에게는 비록 그 문하에 머물러 학문을 질문할 겨를이 없었다. 그러나 (노사) 여동생의 손자가 되었기 때문에 자주 찾아가 뵈옵고 마주하고 감화를 받은 것이 많았다"라고 서술했다. 여동생의 손자라는 점 외에도 아버지인 박현동을 비롯해서 재종숙(再從叔)에 해당하는 박양동과 그의 아들로서 삼종형(三從兄)에 해당하는 박로술이 기정진의 직전제자였기 때문에, 그는 권재규의 서술처럼 기정진에게 직접 수학했다는 기록이 없음에도 직전문인군으로 분류될 수 있었던 것으로 보인다.

2. 문집 구성과 내용

그의 문집인 『취은유고』 원문은 현재 두 가지 판본이 존재한다. 전남대학교 고한적실에는 1915년 3월이라는 날짜가 적힌 필사본이 소장되어 있고, 일반적으로 『취은유고』라고 불리는 것은 1924년 문인인 기세직(奇世稷)이 모은 원고를 모아 필사한 것을 최기모(崔基模)의 서문을 받아 편집한 것이다. 1915년 판본에는 시(詩) 부분이 실려 있지 않고, 편지 두세 편이 차이가 나고, 마지막 부분에 박로술과 박로춘이 쓴 제문

150 김종규(金宗圭)는 김홍규(金弘圭)라고도 한다.

이 추가로 실려 있다. 한편 최기모의 「발문」에 의하면 박로술이 직접 필사한 『취은유고』가 있었다는 기록도 있지만, 그 원고는 현재 전해지지 않아서 남아 있는 두 판본과의 비교 검토가 불가능하다. 두 판본은 모두 권의 구별이 없이 1책으로 이루어져 있다.

1933년 안종기(安鍾基)기가 쓴 「『취은유고』의 「발문」」에서 "틀림없이 경의를 강설하면서 마음으로 이해하고 깨달은 내용을 적은 글이 있을 터인데, 어느 것 하나 세상에 전해지지 못하는 것이 안타까운 일이다"라고 한 것으로 미루어 보면 성리학적 경설에 관한 내용은 이미 사라져버린 것을 알 수 있다. 또한 문인인 기세직이 최기모에게 『취은유고』의 발문을 부탁했을 때 이미 "천이나 백 가운데 열이나 하나 정도만이 남아 있다"라고 하고 있는 것을 보면 상당히 많은 글들이 중간에 사라져버렸다는 것도 짐작할 수 있다. 이 1924년 판본인 『취은유고』는 이백순(李栢淳)에 의해 번역되어 2008년 출판되었다가, 2018년 박로술과 박로춘의 제문을 추가로 번역한 내용을 덧붙여서 중간되었다.

『취은유고』의 첫 부분에는 최기모의 서문이 실려 있다. 그 다음 목차가 없이 시(詩), 서(書), 대인왕복서(代人往復書), 제문, 발문, 부록의 순서로 편집되어 있다. 시는 「재종숙 관어헌 선생이 회혼훈을 공경히 차운하다[敬次再從叔父觀魚先生回婚韻]」을 비롯한 24편이 실려 있다. 편지에는 「석천 감찰 이경화에게 주다[與石泉監察李敬化]」를 비롯한 76편이 실려 있다. 주로 집안 사람들 및 학생과 벗들에게 보내는 그 가운데 24편은 받는 사람이 명확하게 표기되어 있지만, 나머지 52편은 받는 사람의 이름이 알려지지 않은 채 '답하다[答]' 또는 '주다[與]'라고 표기되어 있을 뿐이다. 박로후가 편지를 통해 '올림[上]'이라고 표현한 이는 이재국(李在國)·이춘경(李春卿)·박로술 및 이름이 알려지지 않은 한 사람이 있을 뿐이다. 「남들이 주고받은 편지를 대신 써주다[代人往復書]」에는 「기희문을 대신해서 쓰다[代奇希文]」를 비롯한 42편이 실려 있는데, 그 가운데

6편은 발신인의 이름이 밝혀져 있고, 나머지 30편은 발신인이 누군지 알려져 있지 않다. 그 뒤에 네 가지 글이 실려 있는데, 먼저 「녹동서재의 생도들이 장성 군수에게 올리는 장[鹿洞書齋生徒上長城本倅狀]」과 녹동의 선비들이 각 고을에 통고하는 발문[鹿洞多士告各里發文]」이 실려 있다. 편집의 체제로 추정하면 이 또한 박로후가 대신해서 쓴 것임을 추정할 수 있다. 그리고 이 뒤에 「삼종질 문규의 제문[祭三從姪文圭]」이 실려 있는데, 이 글은 「제문」으로 별도로 분류되어야 할 글이 잘못 들어와 있는 것으로 보인다. 왜냐하면 이 글의 뒤에 「열부이씨 실기(烈婦李氏實記)」가 실려 있고, 김영한(金永翰)을 대신해서 썼다는 소주가 표기되어 있기 때문이다. 그리고 마지막으로 1933년 안종기의 「발문」이 실려 있다.

한편 그의 전기 자료는 박흥규(朴興圭)의 「취은 종숙 가장(翠隱從叔家狀)」, 박로열의 「취은 박공 가장(翠隱朴公家狀)」, 권재규의 「취은 박공 묘갈명(翠隱朴公墓碣銘)」 및 박난규(朴蘭圭)의 「취은 박공 묘갈명」, 박종도의 「취은 박공 묘표(翠隱朴公墓表)」, 박종환의 「박공 취은처사 실기(朴公翠隱處士實記)」 등이 모두 2018년의 국역본에 「부록」으로 실려 있다.

3. 문집 목차

翠隱遺稿 序

詩: 敬次再從叔父觀魚先生回婚韻 敬次松叟再從叔父晬辰韻 敬次梅谷族叔回甲韻(五七言 三首) 書樓有感 詩會復用前韻 晴景 次郭丈聾窩韻(二首) 宋海士在鄰齋以詩求和 謹次族叔憲東大人壽筵韻 聞李芳奎有孀婦詩簿次 士欲處義先須守心作詩以示同志 贈讀書諸生(三首) 又示諸生(二首) 鵝山書齋(二首) 齋居無事與諸生課日分韻得十六詠 雨後書懷(二首) 和李監察敬化(二首) 和李國瑞雙石亭原韻 謹次松隱原韻 松隱翁更號曰農隱以詩示之又不可無和 和李監察 和李監察回頭詩 桃浪書齋(二首) 謹次松隱李丈致伯回甲韻

書: 與石泉監察李敬化 與金始鳴 與雙石李國瑞(二篇) 與李芳奎 與監察李敬化 答李芳奎(三篇) 與朴天汝箕浩 與朴夏駿(二篇) 與李元峯 與朴東圭 答奇光國世觀 答朴天汝(二篇) 答○○○(二篇) 答三從兄石陰書 與李德明 答李奎宰(二篇) 答○○○(十篇) 與○○○(十篇) 上李進士春卿在國 上李進士春卿 與○○○(四篇) 答○○○ 上石陰書 與○○○(五篇) 答○○○(三篇) 與○○○(三篇) 答○○○(二篇) 與○○○(三篇) 答○○○ 與○○○ 答○○○ 上○○○ 與○○○(四篇) 答○○○

代人往復書: 代奇希文(二篇) 代○○○ 代朴聖彦 代○○○ 代高汝洪(二篇) 代○○○(七篇) 代天汝 代○○○(二十四篇) 鹿洞書齋生徒上長城本倅狀 鹿洞多士告各里發文 烈婦李氏實記 金永翰

祭文: 祭三從姪文圭

跋文: 翠隱先生朴公遺稿跋

翠隱遺稿附錄: 祭三從弟永瑞魯厚 祭文 翠隱從叔家狀 翠隱朴公家狀(補遺) 翠隱朴公墓碣銘(並序) 翠隱朴公墓碣銘 翠隱朴公墓表 朴公翠隱處士實記 翠隱朴先生門人錄

『현와유고(弦窩遺稿)』

1. 저자 소개

고광선(高光善, 1855~1934)의 자는 원여(元汝)이고 호는 현와(弦窩)이며 본관은 장흥(長興)이다. 장흥 고씨의 시조는 고려시대 군기감정(軍器監正)을 지낸 고복림(高福臨)이고, 임진왜란 때에 의병장으로 순절한 고경명(高敬命)이 저명한 선조이다. 고조는 고시풍(高時豊)이고, 증조는 고공진(高公鎭)이며, 할아버지는 고제열(高濟說)이고 아버지는 고박주(高璞柱)이며, 어머니는 행주 기씨(幸州奇氏)로서 기우진(奇禹鎭)의 따님이다.

1855년 12월 23일 광주 복촌(復村)의 집에서 태어났다. 1871년 10세의 나이로 어머니의 상을 당했고, 이윽고 나도규 문하에서 학업을 익혔다. 주자의 글을 익히고 당시의 학자들이 과거에 치중하는 것을 목격하고서 "어떻게 성현의 글을 읽고서 과거에 매몰되어 급제를 바라기만을 계획할 것인가? 사람들이야 과거에 얽매여 있다지만 주자가 어찌 나를 속였겠는가?"라고 탄식했다. 아버지가 이런 뜻을 알고서 기정진에게 나아가 학문을 익힐 것을 명해서 마침내 예를 갖춰 문인이 되기를 청했다. 기정진은 "이름난 집안에 이런 사람이 나왔으니 우연이 아닐 것이다. 잘 배양해서 우리의 당을 빛내기를 바란다"고 격려했고, 기정진의 가르침을 받은 뒤 집으로 돌아온 고광선은 "이제서야 내가 귀의할 곳을 찾았다"고 말했다.

1905년 을사늑약이 체결되자 세상사와 인연을 끊고 광산 서창(西倉)

봉산(鳳山)에 은거했다. 1906년 봉산에 엄이재(掩耳齋)를 짓고 후학들을 교육했다. 엄이(掩耳)는 "귀를 막고 듣지 않겠다"는 뜻으로 세상과의 단절을 의도한 것이었다. 1910년 경술국치를 당하자 백의백립(白衣白笠)으로 북향을 한 채 통곡한 후 엄이재에 두문불출하는 은둔의 삶을 살다가 향년 80세로 1934년 12월 26일 세상을 떠났다. 문인들이 엄이재 자리에 영당(影堂)을 세우고 제사를 지내오다가 1964년 지역 유림들의 논의를 거쳐 봉산사(鳳山祠)로 개칭하고 제사를 지내왔으나, 최근에 사라져 버린 것으로 확인 되었다.

2. 문집 구성과 내용

그의 문집인 『현와유고』에는 초간본과 중간본 두 가지 판본이 있다. 초간본은 8권(부록 포함 9권) 4책의 목활자본(木活字本)으로 1956년 발간되었고, 중간본은 석인본 16권 8책으로 1962년 간행되었다. 초간본은 4주단변(四周單邊), 반곽(半郭) 23.1×16.5cm, 유계(有界), 10행22자, 내향(內向) 1엽화문어미(一葉花紋魚尾), 30.9×20.9cm이고, 중간본은 4주쌍엽(四周雙邊), 반곽 21.1×15.9cm, 유계(有界), 12행28자, 상하향(上下向) 1엽화문어미(1葉花紋魚尾), 26.9×19.4cm이다.

두 판본은 분량면에서 차이가 난다. 예를 들어 초간본은 권2가 편지[書]로서 실질적으로 172편이 실려 있는 반면, 중간본은 권2와 권3이 편지에 해당하고 수록된 편지도 모두 442편에 달한다. 또한 고광선의 전기 자료 역시 초간본에는 고영문(高永文)이 쓴 「가장」이 실려 있을 뿐이지만, 중간본에는 기노장이 쓴 「행장」이 실려 있어 더욱 풍부한 내용을 담고 있다.

초간본에는 김도중(金度中)이 1956년에 쓴 서문과 아들인 고재정(高在廷)이 같은 해에 쓴 발문이 실려 있고, 중간본에는 송재직의 서문(宋在直)의 서문과 최윤환(崔允煥)의 발문이 실려 있다. 아래의 요약은 초간본에 해당하는 목활자본을 저본으로 한 것이다.

권1은 시(詩)로서 오언고시, 오언절구, 칠언절구, 오언사율, 칠언사율로 구성되었다. 오언고시는 「입산희제(入山戲題)」를 비롯한 8수가 실려 있다. 그 가운데 「덕암 나선생의 만시[挽德巖羅先生]」는 어린 시절의 스승이었던 덕암 나도규를 위한 만시이다. 오언절구는 「포충사 마당에 비를 세운다는 소식을 듣고 느낀 점이 있어서[聞褒忠祠廟庭竪碑有感]」를 비롯해서 22수가 실려 있다. 그 가운데는 10수로 엄이재(掩耳齋)를 노래한 「엄이재 십영(掩耳齋十咏)」이 포함되어 있다. 칠언절구는 「박기주의 회갑운을 따라서 화답하다[追和朴琪柱回甲韻]」를 비롯한 7수가 실려 있다. 오언사율은 「엄이재에서 천천히 읊조리다[掩耳齋謾吟]」를 비롯한 5수가 실려 있다. 그 가운데 「삼가 익재 이선생의 영정을 차운하다[謹次益齋李先生影幀韻]」는 익재 이재현의 영정을 소재로 삼아 그의 업적을 칭송하는 시이고, 연하정(烟霞亭)과 벽호정(碧壺亭)을 화운(和韻)한 시가 두 편 포함되어 있다.

칠언사율은 43수가 실려 있다. 「남고서원에 복향한 뒤에 마련한 강연 자리에서 느낀 점이 있어서[南皐書院復享後因設講筵有感]」를 비롯한 43수가 실려 있다. 남고서원은 1577년에 창건되어 일재 이항과 건재 김천일을 배향했던 서원이었는데, 1868년 서원철폐령으로 철거되었다, 1899년 다시 복설되었다. 이 시는 고광선이 이 해에 복설을 기념하는 강연에 참석한 소감을 노래한 것이다. 고광선은 누정이나 정사, 재실과 같은 건물 등을 소재로 많은 시를 남겼는데, 칠언사율에 실린 것만 예로 든다면 다음과 같다. 남고서은, 주천사(朱川祠), 봉산정사(鳳山精舍), 영목재(永睦齋), 오산정(梧山亭), 팔상정(八相亭), 야은당(野隱堂), 만취당(晩翠堂), 추모재(追慕齋), 삼산재(三山齋), 용진정사(聳珍精舍), 남극루(南極樓), 시산재(侍山齋), 만오정(晩悟亭), 승식재(承式齋), 만가정(晩稼亭), 백산재(栢山齋), 홍해정(弘海亭), 천석정(泉石亭), 금양재(錦陽齋), 월계정(月溪

亭), 요료재(蓼蓼齋), 열철재(悅喆齋), 대성재(大誠齋), 오사재(五思齋), 담관대(澹觀臺).

권2는 편지[書]로서 「노사선생에게 올림[上蘆沙奇先生]」을 비롯한 167편이 실려 있다. 그러나 실제로 「노사선생에게 올림」과 「덕암 나선생에게 올림[上德巖羅先生]」, 「매하 기정행 선생에게 올림[上奇梅下先生鼎行]」, 「기송사에게 올림[上奇松沙]」, 「난와 오계수에게 보냄[與吳難窩繼洙]」은 같은 제목 아래 각 두 편의 편지가 편집되어 있다. 이렇게 계산하면 권2에 실린 편지는 모두 172편이라고 해야 정확하다. 이 가운데 고광선이 '올림[上]'이라는 표현을 쓴 대상은 기정진, 나도규, 최익현, 기정행, 정해만(鄭海晚), 기우만, 윤상록(尹相籙) 등이고 정의림에게는 '보낸다[與]'라고 했지만, '장(杖)'이라는 글자를 덧붙여서 연장자에 대한 예우를 드러내고 있다.

권3은 「행장」으로 노희서(盧希瑞), 윤정훈(尹廷勳), 류휘벽(柳輝碧), 장신여(張信輿), 김세근(金世斤), 박량동(朴亮東), 오태검(吳泰儉), 고달진(高達鎭), 이규형(李圭瀅), 고시연(高時連), 나도규, 이담룡(李聃龍), 오석희(吳錫禧), 이계수(李啓琇), 최상우(崔相祐), 이규락(李圭洛), 배후근(裴厚根), 김이두(金異斗), 김재평(金在平), 임제묵(林濟默), 김현우(金顯佑), 장봉익(張鳳翼), 정우명(鄭遇明) 모두 23인의 「행장」이 실려 있다.

권4 또한 「행장」으로서 오준선, 고항주(高恒柱), 송갑기(宋甲基), 윤상원(尹相元), 김용희(金容希), 오계식(吳啓軾), 허병(許炳), 열부(烈婦) 광산이씨(光山李氏), 이계홍(李啓洪), 최일환(崔一煥), 송수(宋厓), 박원인(朴源仁), 유기연(劉琦淵), 김영근(金永根), 최상록(崔相祿), 오계엽(吳啓曄), 고제신(高濟紳) 모두 17인의 「행장」이 실려 있다.

권5는 「묘갈명」, 「묘지명」, 「묘표」로 구성되었다. 「묘갈명」은 노만(盧蔓)의 신도비명인 「고려 광주군 노공 신도비명(高麗光州君盧公神道碑銘)」을 비롯한 27편이 실려 있다. 「묘지명」은 4편인데, 「증호조참판 지천

김선생 묘지명(贈戶曹參判芷川金先生墓誌銘)」은 김공희(金公喜)를, 「사만 박군 묘지명(沙滿朴君墓誌銘)」 여덟 살 어린 벗이었던 박원우(朴源郵)를, 「화정거사 박군 묘지명(華亭居士朴君墓誌銘)」은 박종현(朴宗鉉)을 다루고 있고, 「충효사 유허비(忠孝祠遺墟碑)」는 설정(雪汀) 이흘(李忔, 1568~1630)을 제향했던 충효사의 옛터에 세운 비에 실은 비문이다. 「묘표」는 고원겸(高元謙)의 「일암 고공 묘표(逸菴高公墓表)」를 비롯한 7편이다.

권6은 기문[記]으로 「칠두정 중건기(七頭亭重建記)」를 비롯해서 모두 70편이 실려 있다. 칠두정은 이지완(李志完, 1575~1617)이 1630년대 즈음에 지은 정자로 나주시 다시면 운봉리 회두촌(回斗村)에 소재하고 있다. 현재 좌우 세 칸 정사각형에 가운데에는 작은 방이 놓인 구조의 건축물은 1925년에 중건하면서 만들어진 것인데, 고광선의 「중건기」 또한 이 해에 썼을 것으로 추정된다. 많은 부분이 권1의 칠언사율에서 언급되었던 일신당(日新堂), 부춘정(富春亭), 용진정사(聳珍精舍), 광환재(光還齋) 등 유학자들이 머물거나 강학하거나, 쉬는 공간 등에 대한 것인데, 여기에는 자신의 은거지를 다룬 「엄이재기」도 포함된다. 또한 「성암기(省菴記)」나 「인재기(忍齋記)」처럼 개인의 호기(號記)에 해당하는 것들도 상당수 포함되어 있다.

권7은 서문[序]으로 「『부경증언』 서문(赴京贈言序)」을 비롯한 22편이 실려 있다. 『부경증언』은 고경명의 여섯 째 아들 고용후(高用厚, 1577~1648)가 과거에 급제해서 한양으로 상경하려고 할 때 여러 사람들이 그를 전별하면서 지은 시문을 모은 것이다. 고과언은 고세준(高世準)의 부탁을 받고 이 서문을 지었다. 나머지는 주로 「『수촌집』 서문(水村集序)」이나 「『삼도선생실기』 서문(三島先生實記序)」처럼 문집류 글들의 서문이고, 「소수계의 서문(紹修契序)」처럼 계모임의 서문에 해당하는 것이 6편이 실려 있고, 「유병구를 주는 서문[贈劉君秉龜序]」처럼 헤어지면서 남에게 주는 글도 포함되어 있다. 마지막에는 「『광산 노씨 족보(光山盧氏

族譜序)」이 실려 있다.

권8은 제문이 5편으로 「노사 기전생의 제문[祭蘆沙奇先生文]」을 비롯한 5편이 실려 있다. 축문은 축문은 「선성묘 예성 축문(先聖廟禮成祝文)」을 비롯한 7편이다. 비문은 동문인 이용현(李龍憲)을 위한 「오산 이공 실적비(梧山李公實蹟碑)」를 비롯한 5편이다. 상량문은 「남강사 상량문(南康祠上梁文)」을 비롯한 6편이 실려 있는데, 남강사는 강진군 교촌리에 있는 사우로 1689년 제주도로 위리안치된 송시열이 백련사에 머물면서 강론했던 것을 계기로 1803년에 주희와 송시열을 봉향한 사우이다. 남강사는 1868년 서원철폐령으로 훼철되었다 1901년 복설되었는데, 상량문 또한 이 시기에 쓴 것으로 추정된다. 발문[跋]은 송제민(宋濟民, 1549~1602)의 문집인 「『해광집』 발문(海狂集跋)」을 비롯한 7편이 실려 있다. 명문[銘]은 만포처사(晩圃處士) 김재화(金在華)의 정자를 위해 지은 「청음정 명문[淸陰亭銘]」을 비롯한 3편이 실려 있다. 사(辭)는 조규복(曹圭復)을 위해 지은 「조공삼의 자사(曹公三字辭)」를 비롯한 3편이 실려 있다. 설(說)은 나종우(羅鍾宇)에게 구이(口耳)를 이한 말학을 좇지 말고 참된 학문을 익힐 것을 권유하는 「나성태 종우에게 써서 주다[書贈羅聲泰鍾宇]」를 비롯한 23편이 실려 있다. 전(傳)은 양상수(梁相壽)의 딸인 제주양씨(濟州梁氏)의 효열(孝烈) 행적을 기록한 「효열부 양씨전(孝烈婦梁氏傳)」을 비롯한 3편이 실려 있고, 실적(實蹟)은 양상익(梁相翼)의 딸인 제주 양씨(濟州梁氏)의의 효행을 기록한 「효부 양씨 실적(孝婦梁氏實蹟)」을 비롯한 5편이 실려 있다.

권9는 부록으로 고영문(高永文)이 쓴 「가장」, 윤영혁(尹瑛赫)이 편집한 「언행록」, 송광세의 발문에 해당하는 글이라고 할 수 있는 「『유집』의 뒤에 쓰다[書遺集後]」, 그리고 고재정(高在廷)의 「발어(跋語)」가 실려 있다.

3. 문집 목차

卷一

五言古詩: 入山戲題 挽德巖羅先生 戒兒曹 和梁默老庵八老韻 謝李子仁玉果席寄惠 惜別詩贈成東俊夏鳳 贈別洪起鍾 夏日述懷

五言絕句: 聞褒忠祠廟庭竪碑有感 省蘆沙先生墓有感 掩耳齋十咏(十首) 敬和望湖亭板上韻 庚午二月二十五日夜夢泥塲朴友自京城來傳孫兒允錫時年十八不作夜市招搖過去故戲吟 知禮李益均為我誦叔祖知禮公芳草亭詩感而續和 謝劉洛現見寄 寄金仕弘鍾律 辛未小春十日講筵金君仕弘五夜歸庭惜別有贈 和贈康熙鎮性緝 與韓貞履 贈崔基紹 和李漢珉晩醉亭韻

七言絕句: 追和朴琪柱回甲韻 追挽李雙石熙容 深谷書院杏樹韻 柳栽鎬生男詩中喜字最切故以四喜字戲題 謹次竹亭崔公韻 贈別成舜直耆悳 詠雪梅贈趙相紀

五言四律: 掩耳齋謾吟 謹次益齋李先生影幀韻 和金珍鉉烟霞亭韻 和碧壺亭板上韻 題光山金氏三孝實記後

七言四律: 南皐書院復享後因設講筵有感 和朱川祠原韻 賡和池豹谷遺像韻 鳳山精舍謾吟 題永睦齋板上韻 和劉啓興樂圃韻 丙申除夜 謹次梧山亭板上韻 謹和八相亭板上韻 謹次朴廷奎野隱堂韻 和成卿修晩翠堂韻 追慕齋有感 次李明叔啓琮三山齋韻 挽春岡族叔鼎柱 次林敦圭松塢壁上韻 賡和鶴菴翁金楧喜回甲韻 賡和聳珍精舍韻 次蓮溪原韻 和南極樓韻並小序 洪溪隱大植是同庚而今焉修文地下以若在後瓦礫強病題楣以表故誼 和朴海昌侍山齋韻 題尹丈夏儉晩悟亭 和宋夏燮龜菴韻 題張氏承式齋 和康熙鎮晩稼亭韻 挽張參奉相勗 題柳氏春軒 題清安李氏栢山齋 和金容燻野隱韻 次村璋柱弘海亭韻 次任泰禎泉石亭韻 次錦陽齋韻 和月溪亭韻 和平山申氏世行錄中韻 和李相皓蓼蓼齋韻 題金氏孝烈錄後 和崔氏悅喆齋韻 和金鍾大誠齋韻 挽李甥珍雨送羅素安覲行 和房采奎五思齋韻 和松隱崔正三禹鉉回甲韻 題澹觀臺

卷二

書: 上蘆沙奇先生 上德巖羅先生 上勉菴崔先生益鉉 上奇梅下先生鼎行 上鄭綠室海晩 上奇松沙 與鄭日新義(林)[151]杖 與吳難窩繼洙 與吳後石駿善 與朴石陰魯述 答奇晩悔奉鉉 答梁希菴在慶 答內從奇彦國宇弼 上尹懶齋相籙 與奇普山 與金蘭室晩植 與李雙石熙容 與奇進士春潭東準 與朴雲樵源升 與黃進士梅泉玹 與李三山啓琮 答內從奇處安宇仁 答蘆蘇海鍾龍 與柳聖輝永鳳 與尹近藍相元 與李晩愧廷相 答李德初遇尚 答金濯新漢穆 答安浮海秉宅 答李鶴巖祀鎬 答李性宰喜凡 答尹英奎相甫 與金元淑 答金重志重培 答盧錫澧 與朴參判源明 答楊參奉錫升 答安巡察鍾悳 與李參書遇日 答金承旨鍾琯 與李居士梧山公護喪所 答池參奉應鉉 答白教官基鶴 答吳議官啓軾 與澹對軒僉員 答禮安李氏門中 答鄭碧樓雲五 與崔雲齋永祚 與李祿汝在凡 與吳公述憲洙 與金東述暻植 答任漢卿承宰 答宋淑之淵紀 與鄭景春熺林 與奇仁伯春度 答梁重吾鎰默 與柳公七炳斗 與奇貞度學度 與奇元容洛度 與吳子春東洙 答丁欽洪秉夔 與尹訥窩滋鉉護喪所 答文明欽鍾 答文敬五載熙 與崔素軒益和泰遠 與尹泰元宗林 答金泰益容希 與李敬球重權 答李龍現琫淵 與吳子化胤根 答朴景立準基 與林仁宣炳郁 與宋有日定燮 與崔命煥大人護喪所 與安明彦東燮 與金京三商奎 答梁昌彦命柱 與金奉賢容熏 答吳敬煥東燮 答蔡俊述 答張致明壎 答金敬玉容環 答李允洪柄聖 答朴子彦後東 答金漢平熙斗 答李陽春振永 答朴源方炳海 答權炳國 答宋公男良鎮 與吳俊甫秉南 答羅聲泰鍾宇 與任子潤彦宰 與李宣景載春 與劉洛現秉龜 與尹性斗太赫 與吳泰和浩根 答梁行源孝默 與崔士行仁煥 與洪夏圭丙憙 答梁元淑會甲 答尹化玉璟赫 答朴章玉璋柱 與宋穉章光世 答梁永斗會石 答金景儒珍鉉 與李君實載瑀 答安仲述鍾基 答朴俊和魯烈 與朴化善俊錫 與柳愚

151 저본에는 '林'자가 없지만, 문맥을 고려해서 추가했다.

日秉魯 與宋炯奎鎔輝 答金仁宣容涉 答鄭塽直坊珪 答金昌述喜洙 與盧士中軫永 答崔近述仁宇 答金亨元勝坤 答洞致九東秀 與吳子仁祐根 答文允明允趙 答李章帛玩相 答吳贊一壽根 與劉箕鍾 答裴白述與奇公吉老善 答成東薰夏鼎 答金彦景俊植 與朴升如日圭 答李子仁會春 答李元兩 答朴春爗夏炯 與柳孝叔達根 與李星三教台 答金仕弘鍾律 答尹大成一炳 與李一如漢南 與林明仲鍾炫 答金奇寬容璇 答金明魯鍾戠 答安善奎哲魯 答徐敬述相宇 答韓文吾貞履 答宋仁玉宰秀答劉子敬貞熙 答吳永俊南根 答吳允玉炳鎰 答金漢奎 答鄭喆煥 與金士珍容鶴 與鄭尚龜 答李洪秀 答李東業 答文正基 答宋達尚 與洪宇義 答池楥煥鍾楥 答李銀鎬 答南國信澤權 與李光烈 上從叔瑠下般柱上承宣從叔鼎柱 與族姪允擧在鵬 與族姪聖觀在華 與族弟君玉光瓚答族大父季文禮鎮 答畏堂族叔邦瑠漢柱 與族孫允會永文

行狀: 晦齋盧公行狀 直長尹公行狀 成均進士晩洲柳公行狀 直長張公行狀 插峰金公行狀 梧蒼朴公行狀 臨履齋吳公行狀 麟隱高公行狀晦窩李公行狀 沈菴高公行狀 德巖羅先生行狀 晩青李公行狀 菊圃吳公行狀 梧峯李公行狀 海隱崔公行狀 月湖李公行狀 隱巖齋裴公行狀竹齋金公行狀 同知中樞府事金公行狀 愼慕堂林公行狀 野隱金公行狀敏齋張公行狀 德隱處士鄭公行狀

行狀: 後石吳公行狀 友石高公行狀 思軒宋公行狀 近藍齋尹公行狀晩翠金公行狀 守性堂吳君行狀 直齋許君行狀 烈婦李氏行狀 敬菴李公行狀 擇善齋崔公行狀 晩樵宋公行狀 荷齋朴公行狀 雲坡劉公行狀嘉善大夫竹圃金公行狀 遯菴崔公行狀 迎和堂吳公行狀 樵山處士高公行狀

墓碣銘: 高麗光州君盧公神道碑銘 高麗殿中判寺事巾川先生程公墓碣銘 南歸崔公墓碣銘 弘文館大提學吳公墓碣銘 南村尹公墓碣銘資憲大夫行禮曹判書冰軒鄭公墓碣銘 栗亭先生金公墓碣銘 森叟齋先生李公墓碣銘 訓鍊院主簿長興高公墓碣銘 嘉善大夫同知中樞府事霽

襟軒崔公墓碣銘 訓鍊副正丁公墓碣銘 敬窩處士申公墓碣銘 鳳軒梁公墓碣銘 錦叟金公墓碣銘 叔祖養真齋先生墓碣銘 泉谷處士安公墓碣銘 前寢郎尼峯高公墓碣銘 老圃李公墓碣銘 府使金公墓碣銘 慎窩鄭公墓碣銘 處士吳公墓碣銘 聾窩居士金公墓碣銘 通政大夫行龍驤尉副護軍吳公墓碣銘 贈領議政行兵曹判書丹城君禹公墓碣銘 繕工監假監役鄭公墓碣銘 參奉金君墓碣銘 孺人高氏墓碣銘

墓誌銘: 贈戶曹參判芷川金先生墓誌銘 沙滿朴君墓誌銘 華亭居士朴君墓誌銘 忠孝祠遺墟碑

墓表: 逸菴高公墓表 孝子贈戶判宋公墓表 贈嘉善大夫同知中樞府事金公墓表 贈貞夫人朴氏墓表 司諫院正言金公墓表 淑夫人閔氏墓表 淑夫人尹氏墓表

卷六

記: 七頭亭重建記 日新堂重修記 富春亭重修記 聳珍精舍記 蓮坡亭記 嶽降堂記 光還齋記 梧潭精舍記 烈婦淑夫人金氏旌閭記 如在堂記 三山記 聽天堂記 歲寒精舍記 晩翁亭記 玉粹齋記 韞藏菴記 野隱齋記 晩歸亭重建記 攀桂齋記 五竹軒記 寒江記 三忠壇記 見承軒記 孝楳記 木一樓記 碧樓記 何山記 蘭室記 梧峯記 竹泉齋記 挹香亭記 雲樵記 夢軒記 松塢記 篘軒記 掩耳齋記 醒石記 三謂堂記 敦義堂記 雲菴記 百花堂記 竹軒記 晩圃記 春暉亭記 鶴皐記 西谷翠軒記 省菴記 忍齋記 安素齋記 松巖記 克齋記 松庢記 誠心堂記 石樵記 愚石記 後皐記 鳴灘記 晩醉亭記 又新堂記 南谷記 押湖亭記 悅話齋記 臨流堂記 泉窩記 桂隱記 農隱記 觀湖亭記 澤流齋記 後海記 梧軒記

卷七

序: 赴京贈言序 水村集序 三島先生實記序 昌寧成氏狀碣錄序 樂

安吳氏講世彙編序 忠城君遺蹟序 無苟齋遺稿序 晦沙集序 金谷祠誌序 德巖漫錄序 聾巖遺稿序 送學溪翁歸嶠南序 紹修契序 詠歸契序 昭義契序 明燭契序 樂安吳氏宗契序 敬慕契序 寶城吳氏世稿序 盆城金氏三綱行蹟序 贈劉君秉龜序 光山盧氏族譜序

卷八

祭文: 祭蘆沙奇先生文 祭德巖羅先生文 祭松沙奇先生文 祭吳難窩繼洙文 祭吳後石駿善文

祝文: 先聖廟禮成祝文 長淵祠禮成祝文 長淵祠丁享祝文 大唐翰林學士盧公諱穗壇享祝文 南皐書院禮成祝文 鄭文節公影堂祝文 掩耳齋開基祝文

碑文: 梧山李公實蹟碑 養性齋朴公壇享碑 寶城吳氏三世孝行旌閭碑 昌寧曹氏義庄碑 仁同張君玉華感傷碑

上樑文: 南康祠上梁文 嶽降堂上梁文 參議公墓室重建上梁文 湖亭影堂上梁文 秉天祠上梁文 宗家正寢改進上梁文

跋: 海狂集跋 逸軒遺稿跋 題秀巖公實記後 書吳忠臣實蹟後 舟谷集跋 追題重庵金先生遊黃芩記後 教信契跋

銘: 清陰亭銘(並小序) 三乎齋銘(並小序) 遜菴銘

辭: 曹公三字辭 吳允玉字辭 吳天卿字辭

說: 書贈羅聲泰鍾宇[152] 書贈李宣卿 書贈安素齋劉洛現 書贈砥湖尹璟赫 書贈吳南洙 書贈金勝坤 書贈李會春 書贈金容涉 書贈林鍾炫明仲 書贈徐京述 書贈張太燮 書贈洪起晃 書贈金容璇 書贈金相基 書贈金漢奎 書贈梁昌彦命柱 書贈鄭喆煥 書贈宋基鳳 書贈李洪秀 書贈張興燦 書贈金棕坤 四義母說戒吳在一 書贈竹坡梁文煥硯山安定植

152 저본에는 '宇'를 '字'로 썼다. 『현와유고』 권2에 실린 「答羅聲泰鍾宇」를 근거로 고쳤다.

傳: 孝烈婦梁氏傳 江陵劉氏傳 孝子贈童蒙教官梁公傳

實蹟: 孝婦梁氏實蹟 孝烈婦全氏實蹟 孺人梁氏實蹟 孝婦閔氏實蹟 松石金公孝行實蹟

卷九

附錄: 家狀(高永文) 言行錄(尹璟赫) 書遺集後(宋光世) 跋語(高在廷)

『후석유고(後石遺稿)』

1. 저자 소개

오준선(吳駿善, 1851~1931)의 자는 덕행(德行)이고 호는 후석(後石)이며 본관은 나주(羅州)이다. 그는 1829년 음력 12월 6일 오하규(吳夏圭, 1829~1872)와 금성 나씨(錦城羅氏)의 3남 중 장남으로 나주군(羅州郡) 삼도면(三道面) 도덕리(道德里) 도림(道林)마을에서 태어나,[153] 1931년 6월 향년 81세로 도림리의 자택에서 세상을 떠났다.

나주 오씨는 왕건과의 사이에서 혜종(惠宗)을 낳았던 장화황후를 배출한 가문이었다. 시조는 원래 신라 지증왕 시대의 오첨(吳詹)으로 전해진다. 훗날 오첨의 24세손인 오현보(吳賢輔)의 다섯째 아들인 오숙계(吳淑珪)가 분적해서 나주 오씨의 중시조가 되었고, 오숙계의 후손인 오언(吳偃)과 오제(吳偍)를 각각 1세로 삼아 세계를 이어온 두 계통이 형성되었는데, 오준선의 집안은 오언의 계통에 속했다. 이때부터 오랜 동안 나주 지역의 세거 가문으로 유지되어 왔다.

오준선의 8대조는 병조좌랑을 지낸 오이익(吳以翼, 1618~1666)으로 그는 한림학사인 오희도(吳希道, 1583~1624)의 셋째 아들이었다. 오이익의 두 아들은 오붕석(吳朋錫, 1636~1684)과 오현석(吳玄錫, 1646~1708)이었는데, 첫째인 오붕석은 송시열의 문인으로서 오준선의 7대조였다. 오붕석의 세 아들 가운데 오대성(吳大成)이 6대조였다. 고조는 오양원(吳

153 현재는 광주광역시 광산구 도덕동 도림마을에 해당한다.

養源), 증조는 오상규(吳相奎), 할아버지는 오걸(吳杰)이었다. 전체적으로 그의 가계는 나주의 명문으로서 일찍부터 율곡학파의 학맥을 가학으로 전승해 왔음을 알 수 있다.

오준선은 오하규와 금성 나씨 사이에 태어났지만, 출계해서 오하규의 형인 오항규(吳恒圭)와 순천 박씨(順天朴氏)의 후사가 되었다. 그는 동생인 오영선(吳泳善, 1854~1872)과 오유선(吳裕善, 1857~1886)이 일찍 세상을 떠나자 오영선의 양아들 오동수(吳東洙, 1878~1945)와 오유선의 아들 오남수(吳南洙, 1884~1933)와 오태수(吳兌洙, 1887~1964)를 친자식처럼 기르고 가르쳤다.

부인은 상산 김씨(商山金氏)로써 의병장 김용구(金容球)의 집안이었는데, 김용구는 기정진의 손자인 기우만의 제자였다. 그의 아들은 북파 오헌수(北坡 吳憲洙)이며, 손자는 오근호(春崗 吳根浩)이다. 훗날 손자 오근호와 조카 오동수(吳東洙)는 함께 힘을 모아 『후석유고』를 간행했다.

오준선은 어려서 족숙인 오태규(吳泰圭, 1843~?)에게 학문을 배웠는데, 이 때 오태규의 손자인 오계수 또한 그와 함께 수학했다. 오계수는 항렬로는 오준선의 족질(族姪)에 해당하지만, 나이로는 오준선보다 8세 연상이었다. 이들은 함께 『사서(四書)』와 『심경(心經)』, 『근사록(近思錄)』 등을 배웠다. 조금 자라서 오준선은 영사재에서 오계수와 함께 10여 년 동안 수학했다.

1868년 7월 18세의 오준선은 오계수와 함께 장성으로 가서 당시 71세인 기정진의 문인이 되었다. 훗날 오준선은 「사상지알록(沙上贄謁錄)」을 통해 기정진과의 만남을 회고했는데, "세상에 무슨 일이든 학문을 통하지 않고는 진보가 없으니 학문에 노력하여 이 늙은이의 소망을 저버리지 말라"[154]는 스승의 첫 훈계를 기록해 두었다. 기정진 또한 오준선이

154 『後石先生文集』 2, 雜著, 90쪽.

‘(성현들이) 남긴 가르침을 떨쳐 일으키겠다[緖餘振發]’는 다짐을 전해 듣고 다음과 같이 격려했다.

> 상고(上古)에 성현들이 일생 동안 마음을 써서 만세의 후생을 위해 도모해 둔 것이 해와 별처럼 환하니, 사람이 찾지 않아서 병이지 찾으면 어찌 얻지 못할 도리가 있겠는가. 다만 허리를 단단히 세우고 발꿈치를 굳게 붙이는 데 있을 따름이네.[155]

기정진의 문하에서 오준선은 약 8년여 동안 기우만·기재·고광선 등과 함께 수학했다. 1879년 기정진은 세상을 떠났고, 스승의 사후 오준선은 교유의 폭을 넓혀갔다. 24세 때인 1874년 그는 홍직필(洪直弼, 1776~1852)을 계승하고 훗날 전우의 스승이 되었던 임헌회를 방문했고, 다시 송시열의 8대손이었던 송근수(宋近洙, 1818~1903)를 찾아가 배알했다. 이런 교유와 함께 1890년 무렵 40세의 오준선은 기우만과 함께 매월 초하루 윤강(輪講)을 행했다. 이때부터 그는 광주지역 호남 유림들의 지도자로서 위상을 발휘하기 시작했다.

50세인 1900년에는 최익현, 송근수 및 그의 조카로서 송시열의 9대손에 해당하는 송병선·송병순 형제를 배알했고, 이듬해에는 다시 최익현, 송근수, 송병선을 차례대로 배알했다. 그는 1900년과 1901년의 방문 기록을 각각 「서유록(西遊錄)」 및 「서행록(西行錄)」을 통해 남겼다. 이에 따르면 송병선과는 신득구를 둘러싼 사건, 호남지역의 천주교당(天主教堂) 출현, 나주의 풍토와 인물, 인물성동이론, 김창협(金昌協)의 성리학설, 고려 말 삼은(三隱)의 처신 문제와 동서 및 노소의 분당에 관한 문제 등등 폭넓은 대화를 나누었다. 한편 오준선은 기정진의 성리학설이

155 기정진, 『노사집』 4, 이덕현 외(경인문화사, 2018), 297쪽.

주장하는 대지(大旨)를 묻는 송병순에게 "리가 주재가 되고 기가 명을 받는다[理爲之主而氣聽命]"라고 대답하면서 「납량사의(納凉私議)」의 존재를 알려주었고, 최익현에게서 기정진의 「신도비명」이 집필되고 있는 상황을 전해 들었다. 최익현은 1900년 9월 21일의 시점에서 이미 「신도비명」의 초고가 완성되어 기우만과 정재규에게 보내 가다듬도록 했다는 경과를 알려 주었고, 오준선은 마침 같은 시기에 삼산(三山)에서 최익현을 방문한 동문인 김현옥과 함께 최익현의 요청에 따라 「신도비명」의 내용을 검토했다. 1901년 10월 다시 최익현을 방문했을 때는 이항로와 기정진의 성리학을 토론하면서 오준선은 "화옹(華翁)과 노옹(蘆翁)이 같은 시대를 살면서도 단 한 번도 만나 적이 없는 것은 한탄할 만한 일이지만, 그들이 이기를 논한 것은 모두 부합했으니, 예를 들어 '리는 주인이요 장수이며, 기는 손님이며 병졸이다'라고 한 것은 기약하지 않고도 일치한 부분이었다"[156]라고 평가했다.

1902년 『노사집』이 경남 산청의 신안정사에서 중간되었고 「외필」을 비롯한 기정진의 성리학설이 기호학계 안팎에서 논란의 대상이 되는 외필논쟁이 본격화되었다. 그는 이 과정에서 단독의 변론을 저술하지는 않았지만 "후현이 선현에게 일치하지 않는 것이 있다면 변론해서 밝히는 것이 당연하고, 이것은 선유들도 인정한 것이다"라고 하면서 기정진을 옹호했고, 또한 영남과 호남에 통문을 발송해서 적극적으로 대응했다.[157] 이론적인 측면에서 말하자면 그의 성리학적 입장은 대체적으로 기정진의 가르침에서 벗어나지 않았다고 할 수 있지만, 실천이라

---

156 "華翁之於蘆翁, 并世而生, 不得一面, 爲可恨. 然其論理氣, 鑿鑿相合. 如曰理之爲主爲帥, 氣之爲客爲役, 此是不謀而同處." 오준선, 『後石遺稿』 권7, 「西行錄」, 7전·후면.

157 "後賢之於前賢, 或有未契, 當辨而明之, 先儒之所許也.…乃發通于嶺湖, 辨析源委, 其所指陳, 明白痛快" 오준선, 『後石遺稿』 권25, 「行狀」, 4후~5전면.

는 면에서 오준선은 자신의 진리를 역사적 현실 속에서 구현하는데 주저하지 않았다.

1895년의 명성황후 시해 사건과 1905년 을사늑약의 체결을 겪으면서 오준선은 두 차례 모두 기우만과 함께 의병 활동을 계획했다. 그러나 결국 1910년 경술국치를 당했고, 이 해 겨울 일제는 그에게 은사금을 지급하려고 했다. 오준선은 세 가지 이유를 들어 은사금을 거절했다. '첫째 선비로서 의리와 도리에 맞지 않으면 남에게서 단 하나라도 받지 않는 법인데, 어떻게 원수의 나라[讐國]에서 주는 돈을 받겠는가? 둘째 선비는 몸뚱이가 골짜기에 버려지더라도 지켜야 할 지조가 있는데, 어떻게 원수를 잊어버리고 부끄럽게 돈을 받을 수 있겠는가? 셋째 망국의 유민으로서 목숨을 버리지 못했으니 단지 원통함을 참고 원한을 품어서 자정하는 의리를 지켜야하는데, 어떻게 돈을 받을 수 있겠는가?'[158] 이렇게 은사금을 거절했다는 이유로 1911년 5월 5일부터 삼거리 헌병분소와 장성헌병분대에 잡혀가 20여 일 동안 투옥되어 고난을 겪고 풀려났다. 그 직후 그는 산으로 들어가려는 뜻을 품고 석문산(石門山)으로 들어가 몇 년을 머물렀고, 동지들과 문인들이 협의해서 1917년 용진산(湧珍山)에 정사를 마련했는데, 이것이 용진정사(湧珍精舍)였고, 오준선이 머무르고 강학하는 이곳은 호남지역 의병들의 중심지로 기능하기 시작했다. 오준선 또한 이곳에 머무르면서 「의병장 기삼연전(義兵將奇參衍傳)」, 「의병장 고록천전(義兵將高鹿泉傳)」 「의사 김준·전수용 합전(義士金準全垂鏞合傳)」, 「심남일실기(沈南一實記」 등의 「의병전」을 저술해서 호남 의병들의 기치를 드높이고 국권회복의 의지를 표출하기도 했다.

1919년 고종이 세상을 떠나자 오준선은 용진정사 읍궁암(泣弓岩)에서

158 오준선, 『후석유고』 권7, 「抵本郡守」, 312후~32전면 참조.

문도들과 통곡했을 뿐만 아니라, 많은 문인들을 이끌고 한양으로 올라가 곡하기까지 했다. 그리고 1931년 81세의 나이로 오준선은 자신의 명정에 '조선유민(朝鮮遺民)'이라는 글자를 남기라는 유언을 남기고 세상을 떠났다. 이 때문에 현재까지도 그의 묘비에는 '조선유민 후석선생오공 묘갈명(朝鮮遺民後石先生吳公墓碣銘)'이라고 새겨져 있다.

『용진지(聳珍誌)』에 실린 오준선의 문인들은 모두 634명에 달하고, 그와 연관된 건축물로는 그의 수학 공간이었던 지어재(志於齋) 및 사우인 도림사(道林祠), 빙설당(氷雪堂), 영사재(永思齋), 용진정사(湧珍精舍) 등이 남아 있다.

2. 문집 구성과 내용

『후석유고』는 현재 교정 원본 두 가지와 목판본 하나, 이렇게 세 가지 유형이 존재한다. 교정 원본은 각각 20책 및 11책으로 이루어진 두 종류가 있는데, 전자는 『후석유집(後石遺集)』이라는 제목으로 11책과 15책이 빈 채로 18책이 남아 있고, 후자는 『후석집(後石集)』이라는 제목으로 제1책이 빈 채로 10책이 남아있다. 이 두 원본을 이용해서 교정한 목판본 『후석유고』는 조카 오동수(吳東洙)와 손자 오근호(吳根浩) 등의 편집을 거쳐 1934년 용진정사에서 발간되었고, 모두 25권 13책으로 이루어져 있다. 제1책은 문집 전체의 목록이고 제2책부터 13책까지가 본문의 내용으로 구성되었다. 현재 이 책들은 모두 전남대학교 중앙도서관 고한적실에 위탁되어 보관 관리되고 있다. 아래의 개괄은 목판본 『후석유고』를 저본으로 한 것이다.

권1~2는 부(賦) 1편과 시(詩) 345편으로 구성되었다. 유일한 부인 「원유부(遠遊賦)」는 기우만·기재·기우승에게 주는 것이다. 시는 「족조 상사공의 「고행가(古杏歌)」를 삼가 차운하다[謹次族祖上舍公古杏歌]」를 비롯한 345편이 실려 있는데, 이 시는 창평현(昌平縣) 후산리(後山里)에 있는 선조의 옛터에 있는 오래된 은행나무 곁에 족조(族祖)에 해당하는 오수(吳燧)가 행재(杏齋)를 짓고 그 사연을 노래한 고가시(古歌詩)를 차운해서 지은 것이다.

권3~권6은 서(書)에 해당한다. 권3에는 「노사선생에게 올림[上盧沙奇先生]」 2편을 비롯한 95편이 실려 있다. 이 가운데 오준선이 '올림[上]'이란 표현을 쓴 것은 기정진·최익현·송병선 세 사람에게 보내는 편지뿐이다. 권4에는 이재량(李載亮)에게 보내는 「이참판에게 답함[答李參判]」을 비롯한 102편이 실려 있고, 5권에는 송회헌(宋會憲)에게 보내는 「송원효에게 답함[答宋原孝]」를 비롯한 113편, 권6에는 기노선(奇老善)에게 보내는 「기공길에게 답함[答奇公吉]」을 비롯한 75편이 실려 있다. 편지는 모두 385편으로 오준선의 폭넓은 교유 관계와 활동을 짐작할 수 있다.

권7은 「잡저(雜著)」로써 「사상지알록(沙上贄謁錄)」을 비롯한 26편이 실려 있다. 그 가운데 「사상지알록」은 1868년 7월 오계수와 함께 장성으로 71세의 기정진을 처음 방문했을 때의 기록이다. 「서유록(西遊錄)」과 「서행록(西行錄)」은 각각 1900년과 1901년에 최익현, 송근수, 송병선·송병순 등을 방문한 기록이다. 「경의문해(經義問解)」는 사서(四書)의 구절들을 풀이한 내용이고, 몇 편의 「설(說)」과 나머지 남에게 주는 짤막한 글들이 다수 실려 있고, 특히 1910년에서 1911년 사이에 일제의 은사금을 거절했던 일을 둘러싸고 벌어진 일들에 대한 기록이 세 편 실려 있다. 「저본군수(抵本郡守)」 및 「저삼거리헌병소(抵三巨里憲兵所)」는 은사금을 받으라는 군수와 헌병소에 돈을 받을 수 없다는 뜻을 담아 보낸 글이고, 「각금전말(卻金顚末)」은 은사금을 둘러싸고 주변에서 벌어졌던 일들을 구체적으로 서술한 글이다.

권8~9는 「서(序)」로써 권8에는 김종서(金宗瑞, 1383~1453)의 행적을 담은 『절재실기(節齋實記)』의 서문인 「절재실기서(節齋實記序)」를 비롯한 36편이 실려 있고, 권9에는 학이재(學而齋) 정룡운(鄭龍雲, 1726~1790)의 『존주실록(尊周實錄)』의 서문인 「존주록서(尊周錄序)」를 비롯한 33편을 싣고 있다.

권10~12는 기(記)로써 권10은 김인후가 머물렀던 순창 점암촌의 산속에 있는 낙덕암(樂德巖)을 기리는 「낙덕암기(樂德巖記)」와 담양 소쇄원의 광풍각(光風閣)을 서술한 「광풍각기」를 비롯한 58편이 실려 있다. 권11에는 이름이 알려지지 않은 이웃 고을의 박씨 성을 가진 사람의 농지에 죽포(竹圃)라고 이름을 붙인 의의를 서술한 「죽포기(竹圃記)」를 비롯한 41편이 실려 있다. 권12에는 김동수(金東洙)가 9대조 할머니의 묘소 곁에 세운 재실인 만수재(晩遂齋)를 위해 쓴 기문인 「만수재기(晩遂齋記)」를 비롯한 57편이 실려 있다.

권13은 발(跋)로써 선조인 오희도(吳希道)의 문집에 붙인 발문인 「명곡집발(明谷集跋)」을 비롯한 42편이 실려 있다. 권14는 명(銘), 잠(箴), 찬(贊), 사(辭), 혼서(婚書), 상량문(上樑文)이 실려 있다. 명은 봉형중(奉亨中)의 거처인 후재(後齋)에 붙이는 「후재명(後齋銘)」을 비롯한 3편이 실려 있고, 잠은 정재규의 아들인 정원경(鄭元卿)의 재실에 붙이는 「눌재잠(訥齋箴)」을 비롯한 2편이 실려 있으며, 찬 또한 기우만의 화상(畫像)에 붙인 「송사기징사화상찬(松沙奇徵士畫像贊)」을 비롯한 2편이 실려 있다. 사는 송병선이 머물던 옥계(玉溪)를 지나는 감회를 쓴 「과옥계사(過玉溪辭)」를 비롯한 5편이 실려 있고, 혼서는 손자인 오근호(吳根浩)의 혼례 때 쓴 「손아근호혼서(孫兒根浩婚書)」 1편이 실려 있다. 상량문은 「계성사중상량문(啓聖祠重修上梁文)」을 비롯한 28편이다.

권15는 축문(祝文)과 제문(祭文)이다. 사랑산에서 기우제를 지내면서 썼던 「사랑산기우제축문(獅狼山祈雨祭祝文)을 비롯한 20편이 축문 혹은 고유문(告由文)이라는 제목으로 실려 있고, 「제노사선생문(祭蘆沙生文)」을 비롯한 제문 15편이 실려 있다.

권16은 비(碑)를 싣고 있는데 여기에는 차원부(車原頫)의 「신도비명」을 비롯해서 유허비(遺墟碑)·삼강비(三綱碑)·실적비(實蹟碑)·효열비(孝烈碑)·세장비(世葬碑)·순절비(殉節碑) 등 각종 비문 30편이 실려 있다.

권17~권19에는 묘갈명이 실려 있다. 17권에는 양산해(梁山海)의 묘갈명인 「둔암선생 양공 묘갈명(遯菴先生梁公墓碣銘)」을 비롯한 39편의 묘갈명이 실려 있고, 18권에는 이언렬(李彦烈)의 묘갈명인 「성균관 전적 애일암 이공 묘갈명[成均館籍愛日菴李公墓碣銘]」을 비롯한 40편이 실려 있으며, 권19에는 이규영의 묘갈명인 「의금부 도사 괴음선생 이공 묘갈명[義禁府都事槐陰先生李公墓碣銘]」을 비롯한 25편이 실려 있다.

권20은 묘표(墓表)이다. 김법생(金法生)의 묘표인 「사재령 김공 묘표[司宰令金公墓表]」를 비롯한 37편이 실려 있다. 권21은 묘표 및 묘지명(墓誌銘)인데, 기동관(奇東觀)의 묘표인 「운양 기공 묘표[雲陽奇公]」를 비롯한 19편과, 정인홍(鄭仁洪)의 묘지명인 「도암 정공 묘지명[道菴鄭公墓誌銘]을 비롯한 8편이 실려 있다.

권22~권23은 행장(行狀)이다. 권22에는 선거이(宣居怡)의 행장인 「병사 증병조판관 선공 행장[兵使贈兵曹判宣公行狀]」을 비롯한 23편이 실려 있고, 권23에는 오준선의 6대조인 오대성(吳大成)의 행록인 「6세조 수졸헌 부군 행록[六世祖守拙軒府君行錄]」을 비롯한 26편이 행록 혹은 행장이라는 제목으로 실려 있다.

권24는 행장·유사(有事)·전(傳)이 실려 있다. 양상형(梁相衡)의 행장인 「백하선생 양공 행장[柏下先生梁公行狀]」을 비롯한 20편이 실려 있고, 생부인 오하규의 행적을 기록한 「본생고 부군 유사[本生考府君遺事]」 1편이 있려 있고, 김채숙(金采淑)의 전기인 「김운강전(金雲江傳)을 비롯한 전 5편이 실려 있다. 이 가운데 세 편은 모두 의병 활동을 했던 이들의 전기로서 각각 기삼연·고광순·김준 및 김수용을 다룬 「의병장 기삼연 전[義兵將奇參衍傳]」·「의병장 고록천 전[義兵將高鹿泉傳]·「의사 김준·김수용 합전[義士金準全垂鏞合傳]」이다.

권25는 부록으로서 오준선의 생애사를 살펴볼 수 있는 자료들이 실려 있다. 각각 「가장(家狀)」은 오동수(吳東洙)가, 「행장(行狀)」은 고광선이, 「묘갈명(墓碣銘)」은 김영한(金甯漢)이, 「묘명(墓銘)」은 기노선(奇老善)이, 「묘표(墓表)」는 정기(鄭琦)가, 「유사(遺事)」는 양효묵(梁孝默)과 최윤로(崔潤魯)이, 그리고 「신미일기(辛未日記)」는 양상하(梁相賀)가 각각 지었다. 「신미일기」는 문인인 양상하가 쓴 것인데, 오준선이 세상을 떠나기 하루 전인 1931년 6월 20일부터 7월 16일까지 오준선이 세상을 떠나고, 장례 절차를 마무리 한 후 삼우제(三虞祭)를 치룰 때까지의 과정을 기록한 것이다.

3. 문집 목차

卷一

賦: 遠遊賦呈奇松沙兼寄奇植齋奇普山

詩: 謹次族祖上舍公古杏歌 毆鳥雀行 愛蓮歌 魚山高仰呈柏下梁丈過從容堂 遠別離詞憶奇南 奉別關西金進士楊斯文 到青川謁楠谷宋相公 拜尤菴宋先生墓 清州米原店夢拜先君 拜呈鼓山任生 謹次族叔傳春齋韻三首 謹次奇校理農巢韻 次族姪寓三難韻三首 病中無聊敬次河西先生古詩韻呈難窩 憶家弟允行 挽族兄止谷公 敬次朴承旨蘭石堂韻蘆沙奇先生挽 謹次羅德巖送惠韻 敬梁校理晬宴韻 壽家君生朝 挽李槐陰五首 次羅丈德巖韻 己卯九月與金景範入海島自多慶津乘舟時海次吳氏永慕齋韻 次朴道兼野隱韻 感懷呈奇沙三首 和難窩見寄韻三首辛巳十二月二十九日先師終祥而為雨水所阻未能躬趨聊吟一律以寓傷感之懷 挽李上舍五首 癸未除夜次李白紫極宮韻懷 除夕述志(十二首)挽同樞金公二首 潭州歸路與柏下難窩松沙登松江亭次板上韻 次眠字韻奉柏下追憶林西湖三首 記夢 述懷呈柏下丈二首 挽德巖羅公四首

金省菴宋石雲聯枝遠枉數日晤喜知也此席不可無詩 次雙溪樓板上韻 挽金允和 謹次先師湖上詞十二首寄梁柏下奇松沙 寫懷 奇松三山新築用武夷九曲韻命余足之(十首) 奉次三山樂府嘉卉十詠 次李聖述南坡亭韻 次柳氏蓮堂韻 次羅小柏錦陽齋韻 挽蘭石朴承旨二首 謹次晦翁卧龍菴韻寄題三山卧龍巖 謹步晦翁卜居韻題三山巖 盧致雲以其尊大人聾巖所扁願豐亭詩要余索和忘拙題寄 謹次尊氏海上望祭韻 和柳春伯睡軒韻 丁酉除夜述懷 與外兄崔聖器會話 冬至夜石門會話 次鄭氏湖山亭韻 次金氏醉歌亭韻 追次西城志喜韻 過卞先生壺巖草堂 寄宿雙壺亭 過冬柏亭 挽普亭 謹次族叔聽一齋韻 挽鄭貫一三首 挽族叔松窩 上崔勉菴 上宋淵齋 挽奇梧隱 謹次羅進士松軒韻 金斯文得奉於遠溪一面如舊相識回路併轡到完山臨別口吁三首 … 金溝途中 拈松川集中韻 敬次鳴玉軒雜詠十二絕—朝(二首) 敬次鳴玉軒雜詠十二絕—晝 敬次鳴玉軒雜詠十二絕—暮 敬次鳴玉軒雜詠十二絕—夜 敬次鳴玉軒雜詠十二—庭前竹菊 敬次鳴玉軒雜詠十二絕—屋後瓢峯 敬次鳴玉軒雜詠十二絕—方塘碧荷 敬次鳴玉軒詠十二絕—遠郊疎煙 敬次鳴玉軒雜詠十二絕—龍巒新霽 敬次鳴玉軒雜詠十二絕—小溪流月 敬鳴玉軒雜詠十二絕—松江明月 龜洞與崔雲齋共賦 次金上舍晚堂韻 挽羅士賓 挽奇雲陽 和族弟日菊花吟 壬寅九月觀察李公設鄉飮酒禮于光校屢以書邀余不敢終辭遂賦近體詩一律仰呈 敬次益李先生眞幀自讚詩 題鄭蘭坡碑閣二首 蜡月之初與柏下會不換亭拈韻未成而罷歸後柏下賦三首詩寄余依次仰呈 和林錦愚明字韻 記夢 挽鄭江沙 次金應一迎狂亭韻 聞山齋趙領府處義感吟二首 次金鳳于哀桂庭閔尚書韻二首 章山齋小會 與柳敬彬共吟 挽李監役 謹次柏下見贈(七首) 不換亭林致瑞 挽金君 次朴叅奉金剛韻 贈別族孫君則歸昇平三絕 冬至夜無寐以至陽生春又來分韻七絕呈金鳳于悟几兼簡竹坡(七首) 志於齋與梁女慶唱和 次尹公三秋塘韻 襄平公影幀移奉後感吟 次氏感古齋韻 病中和難窩見贈 次下泉齋韻 龜洞與金豐五族弟正述懷 上淵齋二首 自珍山到高山投村

店 次金春甫清陰亭韻 又次清陰亭大詠—瑞石晴雲 又次清陰亭大詠—金堂暮雨 又次清陰亭大—紫巖松濤 又次清陰亭大詠—清溪柳煙 又次清陰亭大詠—廣野農歌 又次清陰亭大詠—長洑牧 又次清陰亭大詠—牛山樵夫 又次清陰亭大詠—柳橋行人 又次清陰亭大詠—西峯新月 又次清陰大詠—東林返照 懷吳叅書 永思齋除夜與族姪竹史李石田共吟 不換亭重陽會 呈奇松沙六十一歲席 次鄭氏龍塢亭板上韻 謹次石泉金公贈職後志感韻 敬次志於齋韻 次宋景琳望華亭韻 次柳國賓甲韻 次韻寄題吳中一竹裏亭 金君徲叔崔生永文見顧共賦一絕 次羅君靜隱堂韻 次文居士日省齋 與林文玉唱和 次李啟皓坡韻 白鴻善設其主大人重牢宴一律替賀

卷二

詩: 敬次寒圃齋李先生羅老島謫居韻 金東岡遙寄傳心梅韻命余知之 次陶靖節閒居韻 次鄭敬國潭韻 奉呈松沙 悅雲亭與奇植齋姜仲民共賦 朴寬述羅季述以古意相尋呼韻共賦 山居雜詠十一首 與林錦愚相酬二首 雪中梅 寄柳道裕二首 和難窩歎世作 雪竹 永思齋雅會 和石田冬至吟 朴君寬經歲相對喜可知也悵然告別率爾書贈二絕 挽梁柏下二首 挽梁子仲 挽崔勉菴二首 挽宋淵齋二首 挽奇白水二首 挽族叔挽鄭昶裕 癸丑九月到石門謾賦八絕 次李記注心鮮韻 李松石林錦愚惠枉山 菊花 山中送別 續賦七絕四首贈諸友—贈朴勝徹 續賦七絕四首贈諸友—贈羅漢明 續賦七絕四首諸友—贈奇堯錫 續賦七絕四首贈諸友—贈金昤中 次沈仲振晚翠亭韻 石門與諸生共賦三首 次金文氏上祠壇享韻 次金仲志聽天堂韻 與植齋石田會大明洞竹史庄 贈別族孫義養贈魯悠南 贈別白叔二首 次沈君壽親韻 餞春日和諸生韻 志於齋與李亨仲小話 是碧華山人行憶 呈高弦窩 挽高尼 挽高友石二首 挽梁梧軒 次金得壽湖隱亭韻 送別宋海士三首 次林公弼挹爽樓韻 次金校理無如齋 次李雲五梧山亭韻 次金乎學士錦樵韻 謁崔勉菴遺像 次鄭叅奉大

父老圃堂韻 挽奇松沙 丙辰至月赴松沙定禮沈君偕行歸賦所懷以寄因和其韻 次崔正彦夙夜齋韻 次金氏暎荷亭韻 和贈成君 寄題君翔于亭 次金葦南送惠韻 哭柳道裕三首 次金泰一晩翠亭韻 山居無聊與諸友書懷 湧珍精舍原韻首 次金京華錦西韻 次韻賀閔主事壽席 和贈金景儒 挽難窩翁四首 挽朴道兼 次陟西亭韻寄鄭叅 次趙氏湛樂齋韻 千竿脩竹 達德祠感吟 和金汝堂 次松沙贈金君兄弟 贈別沈南擧 和鄭斯文祝聖三首 次梁汝幀禎寒後亭韻 高生讀中庸于德山幽菴作詩見志和韻以對 次曹公東塢亭韻 次鄭成齋中洞韻 次沈相冕大人回甲韻 奉贈梁元叔二首 挽朴石陰三首 次李叅判南岡亭韻 贈別宋虞鏞始鏞昆季 贈鄭生美伯二首 呈吳掌令 次李明叔三山齋韻 悼奇美中三首 挽奇春潭 贈金生 次安君 次氏述先齋韻 贈安善奎 悼宋虞鏞 贈池君 和贈金子善和贈魯璿杓璹杓二首 贈別鄭昌賢 次廉氏永齋韻 悼羅生萬均 贈別金熙鍊柳鳳煥二君 悼族孫直教 次朱氏遠慕齋韻 次鄭聖老成齋韻 次柳氏湖亭韻 贈別金陵金秀才三首 次景陽齋韻寄李光述二首 贈宣生 贈金生 次晦翁晩步韻贈金生 贈生明述 奇公吉示我姒二絶詩把玩可喜走次以贈 斷髮嶺望金剛 靈源寺 摩訶衍 到高城 自溫井向山 通川叢石亭 到平壤 松京懷古 善竹橋 今年夏余自金剛而還沈生守精舍不去其意可尙有詩慰我無知 次徐叅奉何人亭韻 次鄭君三近堂韻 贈別林生 次金氏世孝閣韻 次述事齋韻 和李伯心寄來 次愼君大明梅韻 次文正晦畱贈韻 贈別金鶴老 贈別安生永大 悼金文郁 次李晦而 送別鄭子文 次菴文集刊所韻 次鄭叅奉台湖亭韻 次贈李君 次贈金復三 挽崔雲齋二首 鄭生炳憲炳彦從昆季從余聳珍山中相守數月講論之樂甚相得也二君以久離親側不禁屺岵之思促裝告別悵然書贈 挽金省菴 贈申姜兩君 次崔氏羊巖亭韻 次曹京伯小山亭韻 敬之二履齋韻 挽李公 次碧壺亭韻寄金蓮史 敬集成祠韻 次李松石撫月亭韻 挽金梅數三首 挽吳掌令 贈朴永緖 挽吳君 喜權君五李致先遠訪 族喆洙以東岡先祖遺稿繕寫之役來畱數月將歸贈我以近體一律信筆以和 送李生 贈金童子 挽尹

潁陽 次金恆齋滄浪臺韻 贈李敬求 次黃景涵雲谷書舍韻 贈別卞生 次林監役春谷亭韻 贈廉平叔 次丁魯寒梅韻 雨中山齋與白遂堂敍話 次河東秀大人回甲韻 酬宋君 次高翊柱大人晬辰韻 次李氏樵隱韻 贈奇生 謹次萬谷祠壇享韻 次李氏永春亭韻 贈別朴二君 月下啼鵑 慶興宗入跋涉三千餘里展先墓之及於余數夕對討花樹之情殆未易喻也歸賦所懷以寄拚和仰呈 述懷三首 安生善奎設其大人席請余和韻 次崔正三回甲韻 次徐叅奉撫松亭韻 寄題金君翼不日臺 挽梁蕙坡 挽柳石松 次文氏愚堂韻 奉次愼敬儀戰兢齋韻 次五鳳精舍韻寄林君 贈金生李亨 次魯善之野隱韻 次梁天默大夫人甲韻 次金顯局大人箕隱韻 次車仁洙後溪韻 次愼君韻 次鄭君鶴亭韻

卷三

書: 上盧沙奇先生(二篇) 別紙 上崔勉菴(三篇) 上宋淵齋(二篇) 別紙 與尹晦山 與閔招討 答閔招討 與梁柏下 答梁柏下 答羅德巖(二篇) 答李判書 答安承旨 與吳重涵(二篇) 答吳掌令 別紙 答吳掌令 與奇松沙(三篇) 答松沙 與奇松沙 與鄭季方 與吳德初 與金允和 答外兄崔聖器 與崔贊瑞 答盧都正 答吳伯度 與吳度 答梁永五 與李聖述 答崔正彦 答盧進士 與盧進士 答奇德三 答鄭聖魯(二篇) 答金平集 與奇初與奇立夫 答奇立夫 與奇立夫 答高元汝 與高元汝 與高叅奉 與崔進士 答愼敬儀 與李國瑞 答朴仲和 與李福一 與柳啟翼 答柳啟翼 答李章伯 答李熙卿 與奇國 答曹而敬 答柳德吾 答鄭處仁 答吳景遠 答高養汝 答具德允 答閔叅奉 答李君和 答鄭叅奉 答吳敬 答金載華 與柳國賓 與金定元 答崔汝正 答宋進士 與奇松友 答閔德賢 與魯明孝 答姜仲民 與鄭致裕 答鄭君仲 答金叅奉 答李道觀 與羅伯仁 答廉敬汝與羅聖圭 答文載悳 答吳厚卿 答柳道裕 與柳道裕 答宋明五 答宋善一 答金文汝

卷四

書: 答李衾判 與李衾判 答白致三 與安德咸 答朴公彬 與林國珍 答林國珍 與崔錫胤(二篇) 與平仲 答奇平仲(二篇) 答梁汝禎 答李景賢 答金炳叔 與尹而見(二篇) 答閔侯 答金性淑 答金士成 答李校理 答趙成汝(二篇) 答盧致雲 答吳聖述(二篇) 別紙 答崔順明 答白國明 答金德文(二篇) 答吳潤德 與金鶴老 答金鶴老 答李聖道 答林仁善 答金良汝 與金明克 答趙贊明 答崔正三 與羅彬 答柳觀之 答康和允 答鄭仲賢 答林文玉 答李亨仲 答金章叔 答孔道卿 答鄭孝善 與高道一 答梁永斗 答林聖述 答李敬求 答鄭益三 答徐結城 答朴仲三 答卞晦叔 答安敬一 與奇國老 答金卿(三篇) 答奉衡中(二篇) 答羅致九 答金君翼(二篇) 答鄭聖河 答金汝堂 答李景淑 答吳載華 答敬安(二篇) 答李敬純 答奇美仲 答金侯 答吳衾書 答申議官 答朴京釆 答梁俊賢(二篇) 答朴孺玉 答金君明 答白子行(二篇) 答朴景立 答金京華 答鄭成五 答朴子彦 答羅希文 與金贊文 答朴德(二篇) 答金景淑 答金聲表 答宣燦明 答崔永文 答李慶仲(二篇) 答朴禹相 答梁元常 答曹士遠

卷五

書: 答宋原孝 答金伯應 答白浩卿(二篇) 答奇子術 答李直夫 答許恂明 答金景儒 答梁行源(二) 與金仲善 答梁士衡 答梁元淑(四篇) 答李仁彦 答柳精天 答文致仲 答鄭性之 答羅性行 答文正 與沈正五 答沈正五 答許晦彦 答金奉賢 答奇光國 答辛源汝 答曹德瑞 答李光述 答柳貫 答林奏彦 答李桓鎔 答安仲述 答吳秉南 答李宇現 答金學元 答郭德用 答南鵬 答愼準璿 答朴峻 答張處中 答金淸一 答閔子直 答李炳淑 答金泰亨(二篇) 答梁重涵 答閔泰亨 答宋榮浩文浩 答鍾煥 答卞鍾來 答金周彦 答鄭允甫 答崔近術(二篇) 答高光純 答李春哉 答任良才 答安文哉 答宋殷錫 答鄭天翼 答姜性太 答金行運 答吳海壽 答金仁善 答金執中 答朴鎔相 答金彦卿(二篇) 別紙 與吳雲汝 答曹東堤

答丁君瑞 答柳秉斗 答文元之 答羅性哉 答朴寬逑(二篇) 答奇欽夫 答化玉 答林爀圭 答李衡甫 答吳箕範(二篇) 答金而習 答吳慶龍 答朴升如 答李斗水 答李尚薰 別紙 答金吉中 答文汝章 答朱寬植 答馬英玉 別紙 答李聖尹 別紙 答鄭德卿 答安善奎(二篇) 答徐基 答崔林默 答丁萬烈 答金文三 答朴鉉從 答金勝坤 答金主事 答鄭休暢 別紙 答金洪舉 答柳鳳煥

卷六

書: 答奇公告(二篇) 答吳桂原 答奇允明 答朴會周 答白聖岡 答崔允實 別紙 答崔允實 別紙 答吳義養(二篇) 答朴聖君 答奇元燮 答安永大(二篇) 與沈南舉(三篇) 答梁伯慶(二篇) 與金字根 答劉子敬(二篇) 別紙 答劉子敬 答高恭三 答金文郁 答曹武秉 答李伯心(二篇) 別紙 答李伯心 答朴從賢(二篇) 答金季亨 答吳舜淑 別紙 答丁車車 答白鴻善(40) 答李善夫 答楊士德 答池泰巡 答楨奎 答柳泳喆 答金而仲(二篇) 答金子善(三篇) 答鄭美伯 答柳晦汝 答魯壽玉(二篇) 答鄭子文 答崔伯明 答李錫胤 與金雲會 答金子華 答金芝永佑永 答金章善 答愼珍淑 答李德瑞 答林明中 答道東院儒 答南康院儒 答長淵祠儒生 寄子憲洙 答東洙姪(三篇) 答南洙姪 寄兌洙姪 答根浩孫(二篇)

卷七

雜著: 沙上贊謁錄 西遊錄 西行錄 經義問解 狂山說 保晩說贈李載春 養晦說贈柳晦根 持志說崔永文 書贈高光寅 贈別鄭美伯 書贈沈南舉 書贈林龍基 李景晦字說 書贈金永鈺 書贈李善夫 書贈吳炳鎰 柳根重字敍 三近說贈金正會 贈郭基永 農隱說 書贈金堯元 書贈白鴻善 抵本郡守 抵三巨里憲兵所 卻金顚末 醉山說

卷八

序: 節齋實紀序 春秋契序 逸軒遺稿序 巾川集重刊序 送尹晦序 十老祠實蹟序 百花亭序 松溪適菴二公實蹟序 續修契序 贈鄭統將序 羅州吳氏派譜序 許氏五實紀序 光山李氏族譜序 挹淸軒遺集序 默窩遺稿序 錦陽遺稿序 崔氏世孝實錄序 完在亭詩軸序 河南程氏族譜序 贈高正齋序 梧軒遺稿序 呂氏家乘序 贈吳厚卿序 思漢帖序 贈鄭元卿序 善山柳族譜序 贈奇公呂序 心學源流序 竹菊軒遺稿序 贈梁君汝慶序 閔友壽序 河東鄭氏派譜序 溪史詩序 原從功臣曹公實紀序 扶陽帖序 希菴遺稿序

卷九

序: 尊周錄序 蘭石堂序 送閔招討使序 全州李派譜序 莪谷遺稿序 東谷遺稿序 送李希璟歸鬱陵島序 耽津崔氏世蹟序 日峯遺稿序 道尊契序 贈允明序 靑隱遺稿序 驪陽陳氏派譜序 簡禮纂要序 管山遺稿序 武陽院誌序 觀善帖序 贈梁致玉序 贈朴二君序 族弟彩善行事蹟序 白巖堂遺稿序 節婦金氏實錄序 杏園序 金柏剛字序 樵隱遺稿序 直齋遺稿序 杞溪俞氏家乘序 贈白君聖岡序 慶州金氏族譜序 贈徐生序 興學錄序 濟州梁氏族譜刊序 贈崔生序

卷十

記: 樂德巖記 光風閣記 邀月亭重修記 褒忠祠重修記 羅州鄕校興學記 石串亭建記 永思重建記 花巖重建記 萬谷祠壇享記 咸平鄕校重修記 閒亭重建記 曹氏永慕齋記 華山三生壇享記 樂安文廟重奉事實記 柏山齋記 追遠齋重修記 慕忠齋記 鄭氏忠孝閣記 鳳山齋記 朱氏慕齋記 襄平公影幀移安事實記 集成祠事實記 貞敬夫人金氏築壇事實記 二虛亭宋文節公封墓竪事實記 永追齋記 訓鍊院奉事高公事實記 翠薇亭重建記 孝子草堂鄭公旌閭凰修記 永式齋記 李永春亭記 節婦

金氏實蹟記 金孝子旌閭記 慕賢出義帖記 翠柏堂記 孝烈婦趙氏旌閭記 晩睡堂後 遊金剛山記 壬戌秋黃龍江船游記 大瓠亭後記 觀海堂記 醉隱亭後記 晩翠堂後記 孝節婦鄭氏實行記 景濂堂記 東湖亭記 觀稼亭記 石泉堂記 臨履堂記 農隱亭記 永昭齋記 靜隱堂記 寒淸堂記 湖隱記 潔豐齋記 魯齋記 勿老齋後記 遲松記 明菴小記

卷十一

記: 竹圃記 柏下記 錦樵記 西湖記 覽輝齋記 守愚記 錦陽齋記 錦愚記 松下記 三山記 農汕精記 金孝子旌閭記 晩愧堂記 梅湖記 溫泉精舍記 悠南齋記 後西記 晩翠堂記 竹軒記 平菴記 恆記 樵隱記 松塢亭記 復齋記 琴隱記 醒菴記 晦山記 北涯亭重建記 陟西亭記 永慕齋記 烈婦金旌閭記 紫荊亭記 後海記 野隱記 愼菴記 必守齋記 秋桂記 瑞隱齋記 屛隱記 月溪小記

卷十二

記: 晩遂齋記 光山金氏四世五旌移建記 感古齋記 金海金氏三綱實蹟記 永慕齋記 百忍亭記 松隱後記 秋塘記 述先齋記 慕齋記 歸厚齋記 柏菴記 蘭坡精舍記 醉石記 拙窩小記 澹圃記 靖山齋記 素安齋記 頑石小記 長春齋記 健菴記 南石記 樵隱記 石溪亭記 省菴記 說樂齋記 宜春軒記 白菴記 南齋記 誠齋記 篤志軒記 晦雲記 岐隱亭記 雙碧亭記 默菴記 孝子贈敎官黃公旌閭記 月小記 永言齋記 警齋記 竹坡記 六行門記 鶴皐記 聽流亭記 不日臺記 景陽齋記 杜齋記 筠山亭 漁樵菴記 敬愼齋記 箕隱記 雙翠亭重修記 蕉軒後記 台湖亭記 金在瀷孝行實蹟記 松皐記 孝亭 檀坡亭記

卷十三

跋: 明谷集跋 黔巖集跋 書尊好錄後 梅軒世稿跋 書陽山金先生實

錄後 題蓮江遺稿 碧梧亭遺稿跋 跋秋潭遺稿 石門集跋 書金石泉贈職時志感韻後 淵泉世稿跋 息蔭堂遺稿跋 書宋襄公遺事後 隋城崔氏族譜跋 書平澤林氏三綱遺墟碑後 書湖浴尺牘後 二禮輯要跋 題達德祠會講 性菴家藏跋 錦坡遺稿跋 題梁孝默大夫人河東鄭氏孝烈傳後 蓮泉遺稿跋 書崔基正孝行實蹟後 羅吳氏派譜跋 書節婦梁氏實蹟後 書洪承俊廬墓事實後 林氏家史跋 書曹司果事蹟後 書金君基三孝實蹟裴炳儀孝行事蹟後 書烈婦朴氏傳後 書孝子李公狀軸後 節孝婦光山鄭氏家狀後 竹軒集跋 書松石軒金公行蹟後 光山鄭氏世稿跋 書淑人張氏烈孝實蹟後 書姜樂軒孝行實記後 書孝烈婦淑張氏實蹟後 題梁公薦狀後 書淑夫人開城玉氏孝烈行實後 書朴孝子實蹟後

卷十四

銘: 後齋銘 梁成默聾啞齋銘 月松齋銘

箴: 訥齋箴 蒙齋箴

贊: 松沙奇徵士畫像贊 戰兢齋畫像贊

辭: 過玉溪辭 鄭公五字辭 寄欽夫祝辭 勉學辭贈朴正術 梁君聖則哀辭

婚書: 孫兒根浩婚書

上梁文: 啟聖祠重修上梁文 敬章閣上梁文 集成祠上梁文 高山祠上梁文 忠賢閣上梁文 晩睡堂梁文 三湖亭上梁文 敬慕齋上樑文 德陽書院上梁文 博山講堂上梁文 尹氏三賢堂上梁文 寶山精上梁文 晩翠亭上梁文 追遠齋上梁文 錦沙亭上梁文 野隱堂上梁文 道南齋上梁文 永言齋上梁文 景烈祠講堂上梁文 朴氏竹軒亭上梁文 海隱亭上梁文 七頭亭上梁文 向陽齋上梁文 孝烈碑閣上梁 歲寒齋上梁文 晩稼亭上梁文 李氏柏山齋上梁文 家姪新居上梁文

卷十五

祝文: 獅狼山祈雨祭祝文 襄平公影幀移安告由文 十二氏祖妣貞敬夫人金氏設壇祝文 月井院墟設壇告由文 德陽院寒圃齋李生奉安告由文 華山壇享祝文—華西先生 華山壇享祝文—盧沙先生 華山壇享祝文—重菴先生 松祠奉安剛齋先生文 忠賢壇西山柳先生壇告由文 忠賢壇丁享祝文 德陽書院配享都事吳公文 松村奉安餘力齋張公文 綾州三忠壇開基祝文 景烈祠奉安告由文 高山祠莘湖金公配享告由文 高山祠沙奇公配享告由文 萬谷祠設壇身告由文 斗峯祠遯齋鄭公奉安告由文 綾州三忠壇奉安祝文 三忠享祝文—錄事位 三忠壇享祝文—都事位 三忠壇享祝文—縣事位 聳珍精舍開基祝文 祭文祭蘆沙生文 祭崔勉菴先生文 祭宋淵齋先生文 祭梁柏下文 祭奇松沙文 祭外兄崔守愚文 祭奇立夫文 祭平仲文 祭崔錫胤文 祭金致玉文 祭族兄止谷公文 祭族叔聽一齋文 祭亾弟德涵文 祭亾弟允行文 祭從孫頤根文

卷十六

碑: 高麗寶文閣直提學諫議大夫贈崇祿大夫議政府左贊成門下侍中文節公雲巖先生神道碑銘 勉菴崔先生謫廬遺墟碑 退菴趙公遺墟碑 徵士漁隱金先生遺墟碑 贈通政大夫兵曹議行禦侮將軍訓鍊院正宋公殉節遺墟碑 斗洞書院遺墟碑 智島縣三綱碑 同福吳氏三忠實蹟碑 商金氏世葬碑 金海金氏三忠碑 全州李氏三綱碑 晉州鄭氏世孝碑 芝菴吳公實蹟碑 光山金公孝行碑 坡平尹氏南下世居碑 孝子思慕齋裴公事實碑 朴孝子實蹟碑 通政大夫丁公追慕碑 茂松海里坊頌碑 節婦孺人金氏實行碑 孝烈婦崔氏碑 孺人徐氏孝烈碑 金海金氏孝烈實蹟碑 小松居士金公實行 孺人姜氏烈行碑 咸平李氏世葬碑 金海金氏三綱實蹟碑銘 池孝子遺墟碑 孝子朱公孝婦金氏實蹟銘 烈婦贈淑夫人薛氏殉節碑

卷十七

墓碣銘: 遯菴先生梁公墓碣銘 退隱姜公墓碣銘 石壕先生羅公碣銘 成均生員示貧亭洪公墓碣銘 副司勇柳公墓碣銘 西山金公墓碣銘 高麗兵部尚書瑞隱全公墓銘 叅判丁公墓碣銘 司諫院正言李公墓碣銘 成均生員靖節齋丁公墓碣銘 判決事金公墓碣銘 縣監公墓碣銘 慕軒徐公墓碣銘 月隱朴公墓碣銘 主簿瑞菴李公墓碣銘 贈叅議柳公墓碣銘 僉正徐公墓銘 宣略將軍訓鍊院僉正宋公墓碣銘 遠慕姜公墓碣銘 樵隱處士朴公墓碣銘 白巖裴公墓碣銘 龍岡令金公墓碣銘 滄浪處士廉公墓碣銘 東山處士尹公墓碣銘 嘉善大夫兵曹叅判李公墓碣銘 訓鍊院事朴公墓碣銘 梅隱尹公墓碣銘 明菴盧公墓碣銘 同樞鄭公墓碣銘 芝谷鄭公墓碣銘 贈戶曹叅判李墓碣銘 贈持平孔公墓碣銘 崇禎逸士文公墓碣銘 主簿朴公墓碣銘 孝子贈教官趙公墓碣銘 歧湖處李公墓碣銘 長水縣監金公墓碣銘 麥圃朴公墓碣銘 贈吏曹叅判柳公墓碣銘

卷十八

墓碣銘: 成均舘籍愛日菴李公墓碣銘 司憲府掌令牟公墓碣銘 龍溪李公墓碣銘 岑鼎子尹公墓碣銘 通政大夫僉知樞府事裴公墓碣銘 自隱沈公墓碣銘 三達吳公墓碣銘 雲溪徐公墓碣銘 菊史朴公墓碣銘 敏齋張公碣銘 平菴處士卞公墓碣銘 學生吳公墓碣銘 海隱丁公墓碣銘 贈通玫大夫池公墓碣銘 醉隱李公墓銘 晩悔處士金公墓碣銘 志晦齋金公墓碣銘 贈左承旨金公墓碣銘 同樞金公墓碣銘 晩隱鄭公墓碣 贈通川大夫掌樂院正安公墓碣銘 松隱金公墓碣銘 學生丁公墓碣銘 懶圃許公墓碣銘 荷齋朴公墓銘 贈承旨李公墓碣銘 贈叅判池公墓碣銘 白巖孫公墓碣銘 守軒李公墓碣銘 贈監察朴公墓碣銘 贈嘉善大夫戶曹叅判金公墓碣銘 省孝子處士金公墓碣銘 蓮堂金公墓碣銘 瑞軒居士安君墓碣銘 令人金氏墓碣銘 茅菴白公墓碣銘 監察李公墓碣銘 溪隱處士白公墓碣銘 贈叅判梁公墓碣銘 醉石公墓碣銘

卷十九

墓碣銘: 義禁府都事槐陰先生李公墓碣銘 晩悔齋梁公墓碣銘 石心林公墓碣銘 白軒奇公墓碣銘 歧山居士李公墓碣銘 懶齋柳公墓碣銘 晩齋梁公墓碣銘 錦陽林公墓碣銘 春坡魏公碣銘 方壺居士卞公墓碣銘 司憲府監察鄭公墓碣銘 老圃朴公墓碣銘 嶺松堂朴公墓碣銘 贈監察朴墓碣銘 學生宋公墓碣銘 觀湖裴公墓碣銘 嘉善大夫金公墓碣銘 同知敦寧府事金公墓碣銘 竹溪朴墓碣銘 右部將宋公墓碣銘 晩求窩宋公墓碣銘 贈司僕寺正全公墓碣銘 令人沈氏墓碣銘 孺人咸陽氏墓碣銘 菊軒朴氏墓碣銘

卷二十

墓表: 司宰令金公墓表 英陵參奉崔公墓表 戶曹參議金公墓表 明參奉丁公墓表 英陵參奉柳公墓表 羞卞堂金公墓表 參奉徐公墓表 慮運處士金公墓表 進士墅松亭公墓表 監察鄭公墓表 永言堂姜公墓表 心圃柳公墓表 率性齋柳公墓表 同知中樞李公墓表 孝敬裴公墓表 龜龍齋宋公墓表 五宜齋洪公墓表 德隱朴公墓表 石溪姜公墓表 柏隱李公墓表 贈通政夫左承旨盧公墓表 農隱金公墓表 樵菴金公墓表 同知中樞事申公墓表 老谷丁公墓表 贈參判柳公表 贈通政大夫池公墓表 嘉善大夫三曹判徐公墓表 孺人竹山安氏墓表 贈兵曹判書廉公墓表 宣教金公碑陰記 贈左承旨朴公墓表 贈左通禮柳汀金公墓表 贈嘉善大夫禮曹參判柳公墓表 通德郎全墓表 贈淑人金氏墓表

卷二十一

墓表: 雲陽奇公墓表 贈參判崔公墓表 艎村居士宋公墓表 通政大夫驤衛副護軍吳公墓表 夙夜齋崔公墓表 月潭林公墓表 月圃亭徐公墓表 二弟墓表 孝子吳公墓表 孝子幽菴金公墓表 學生羅君墓表 愚石林君晦叟甫墓表 參奉金君墓表 思軒金公墓表 孺人柳氏墓 嘉善大夫鄭公

墓表 東德齋鄭公墓表 贈參議池公墓表 爐峯李公墓表

墓誌銘: 道菴鄭公墓誌銘 孝子政大夫僉知中樞府事羅公墓誌銘 懶齋鄭公墓誌銘 謙窩梁公墓誌銘 贈嘉善大夫防守軒金公墓誌銘 聾菴吳公墓誌銘 通政大夫延日縣監奇公墓誌銘 寢郎晩守金公墓誌銘

卷二十二

行狀: 兵使贈兵曹判宣公行狀 兵曹參判文村李公行狀 新峯先生李公行狀 順天府使默齋金公行狀 七迂李公行狀 晩悔公行狀 兵曹參議吳公行狀 碧梧亭李公行狀 海隱金公行狀 松齋吳公行狀 錦西柳公行狀 龍驤衛護軍吳公行狀 居居齋公吳公行狀 逍遙齋鄭公行狀 老癡李公行狀 學生吳公行狀 雲菴馬公行狀 晩圃李公行狀 戰兢齋愼公行狀 謙齋成公行狀 山亞文處士行狀 性菴文公行狀 梅沙愼君行狀

卷十三

行狀: 六世祖守拙軒府君行錄 龍湖處士羅公行狀 竹軒吳公行狀 司憲府掌令立齋先生文公行狀 海隱吳公行狀 臨履堂金公行狀 成均進士晩悔辛公行狀 拙齋盧公行狀 蘆隱處士朴公行狀 孝子吳行狀 拙窩金公行狀 虛菴李公行錄 默軒李公行狀 參奉徐公行錄 蘭岡處士羅公行狀 孝友徐公行 學生朴公行狀 先府君行錄 野菴辛公行狀 贈敦寧都正金公行狀 學生李公行狀 溪菴吳公行狀 愚安公行狀 節婦孺人梁氏行錄 沙湖朴公行狀 希菴梁公行狀

卷二十四

行狀: 柏下先生梁公行狀 難窩公行狀 守愚崔公行狀 朝鮮逸民植齋奇公行狀 石松處士柳公行狀 梅史李公行狀 蘭坡鄭公行狀 浪菴金公行狀 石初居士金君行狀 龜隱趙公行狀 山谷居士崔君行錄 東廬處士金君行狀 華亭朴君狀 孺人李氏行錄 贈教官趙公行狀 學生金公行狀

默隱鄭公行狀 碧窩金公行狀 贈吏暮參判李公狀 左副承旨晚成亭下公行狀

遺事: 本生考府君遺事

傳: 金雲江傳 貞夫人洪氏傳 義兵將奇参衍傳 義兵將高鹿泉傳 義士金準全垂鏞合傳

卷二十五

附錄: 家狀 行狀 墓碣銘 墓銘 墓表 遺事 辛未日記

『후해유고(後海遺稿)』

1. 저자 소개

송정묵(宋廷默, 1855~1927)의 초명은 황묵(晃默)으로, 자는 명오(鳴吾)이고 호는 후해(後海)이며 본관은 홍주(洪州)이다. 처음에는 극락강(極樂江) 주변에 두 칸 짜리 낙호정(樂湖亭)을 짓고 지내면서 학문을 익히고 찾아오는 이들을 가르쳤기에 호를 낙호(樂湖)라고 했고, 학자들은 낙호선생(樂湖先生)이라고 불렀다. 그러나 경술국치를 당한 뒤 "(나라를 잃고서) 죽지 않고 살아남은 백성이 어떻게 '낙호'라고 부르겠는가?"라고 탄식하고서 후해(後海)로 바꿨다. 『논어』에 「공야장」 6장에서 공자가 "도가 행해지지 않으니 내 뗏목을 타고 바다를 건너려고 한다[道不行, 乘桴浮于海.]"라고 한 구절과 임진왜란기에 의병 활동을 했던 선조 송제민의 호인 해광(海狂)에서 뜻을 따온 것이다. 『논어』로부터는 시대를 안타까워 한다는 뜻을 해광으로부터는 항일 의지를 따온 것으로 보인다.

홍주 송씨(洪州宋氏)의 시조는 송계(宋桂)이고, 그는 조선 건국에 반대하고 고려에 대한 의리를 지키려고 세상을 떠날 때까지 홍주에서 자정(自靖)의 삶을 유지했다. 몇 대를 거쳐 송평(宋枰)에 이르러서 음직으로 별제(別提) 및 세자별시위 겸 익위사익위를 지냈는데, 이 사람이 송정묵의 13세조이다. 송평이 전라북도 순창을 거쳐 전라남도 담양으로 옮기면서부터 홍주 송씨는 담양에 세거하게 되었다. 10세조는 기대승의 『주자문록(朱子文錄)』에 발문을 썼던 송정황(宋庭篁)이고, 9세조가 바로 송제민이다. 고조는 송익승(宋益升), 증조는 송수호(宋守浩), 조부는 송찬현(宋贊賢)이다. 그는 아들이 없었기 때문에 홍직필의 문인이자 기정진과 교유하는 사이였던 송일현(宋一賢)의 아들인 송래규(洪來奎)를 후사로 맞아들였다. 어머니는 진주 정씨(晉州鄭氏)로 정기찬(鄭杞燦)의 따님이다.

송정묵은 송래규와 진주 정씨 사이에는 1855년 4월 8일 태어났다. 8세에 『소학』을 익히기 시작했고, 17세에 경전을 공부한 뒤 18세인 1872년 향시를 치렀으나 합격하지 못하자, 이듬해인 1873년 봄 기정진을 스승으로 섬기기 시작했지만, 이 해에 친할아버지의 상을 당했고, 1875년에는 아버지의 상을 당했으며, 45세인 1899년에는 어머니의 상을 당했다. 경술국치 이후로 계속 자정의 삶을 살던 송정묵은 1918년 순종의 상을 당한 뒤에는 상복을 입은 채로 "나라의 원수를 갚지 못했는데, 이 옷을 어떻게 벗겠는가?"라고 하면서 끝내 상복을 벗지 않았는데, 이것은 『춘추』에서 "원수를 갚지 못하면 '장례지냈다[葬]'라고 쓰지 않는다"라는 정신을 따른 것이었다. 세상을 떠나기 전 그는 아들과 종형제들을 불러서 이렇게 말했다.

> 내 나이가 70을 넘겼으니 죽더라도 무엇이 안타깝겠느냐! 그러나 죽더라도 눈을 감을 수 없는 한이 세 가지가 있다. 첫째는 세도를 되돌려 나라를 회복하지 못한 것이요, 둘째는 집안의 (선대) 족보의 일[譜事]를 마무리 짓지 못해서 선대의 덕업을 빛내지 못한 것이요, 셋째는 너희들 네댓 명의 숙질(叔姪)을 가르쳐 가문의 성세를 계승하지 못한 것이다.

송정묵이 '족보의 일'이라고 말하고 있는 일은 물염정을 둘러싼 두 가지 논란을 가리킨다. 하나는 물염정을 건축한 이가 누구인가 하는 것이다. 여기에는 일찍부터 청심헌(淸心軒) 송구(宋駒, 1521~1584)가 건축했다는 주장과 그의 아들인 물염 송정순(宋廷筍, 1521~1584)이 건축했다는 두 가지 주장이 있었다. 다른 하나는 「물염정원운(勿染亭元韻)」의 저자가 누구인가 하는 것이었는데, 여기에는 송구 혹은 송정순이라는 견해와 송정순의 사위인 창주 나무송이라는 견해가 대립하고 있었다. 송정묵 자신은 「물염정론(勿染亭論)」을 통해서 송정순이 건축했다는 기록이 압도적으로 많고, 게다가 「물염정」을 "송구가 지은 것이었다면 송구의 호를 물염으로 했을 것이고, 그렇지 않으면 건물의 명칭을 청심정(淸心亭)이라고 붙였을 것"이라는 이유로 물염정의 건축주와 「물염정원운」의 저자를 송정순으로 추정하고 있다.

그리고 이런 유훈을 남긴지 이틀이 지난 5월 29일 향년 73세로 세상을 떠났다. 부인은 평양 박씨(平陽朴氏)로서 박해룡(朴海龍)의 따님이다. 2남 1녀를 두었는데 맏아들은 송재천(宋在天)이고 둘째는 송재학(宋在鶴)이다.

2. 문집 구성과 내용

그의 문집인 『후해유고(後海遺稿)』는 석판본으로 5권 2책으로 1967년에 간행되었다. 4주쌍변(四周雙邊), 반곽(半郭) 20.3×14.8cm, 유계(有界), 11행26자, 주는 쌍행(雙行), 상하향(上下向) 2엽화문어미(2葉花紋魚尾)에 26.7×18.8cm이다. 서문은 김녕한(金甯漢)이 1949년에 썼고, 발문은 고한주(高漢柱)가 1928년 쓴 것과 송형(宋鎣) 및 송남옥(宋男鈺)이 1967년에 쓴 것이 각각 실려 있다. 그의 전기 자료는 둘째 아들 송재학이 쓴 「가장(家狀)」, 송관환(宋炳瓘)이 쓴 「행장(行狀)」, 송재직(宋在直)의 「묘지명(墓誌銘)」, 김윤동(金潤東)의 「묘갈명(墓碣銘)」이 『후해유고(後海遺稿)』 권5에 실려 있다.

권1은 시(詩)로서 모두 83수가 실려 있는데, 각각 오언절구 48수, 오언율시 6수, 육언절구 5수, 칠언절구 24수이다. 오언절구는 네 계절과 소나무 대나무 등의 정물을 읊은 시에서 이기와 성정을 읊은 성리학적

시, 및 담대헌(澹對軒)과 삼산재(三山齋)의 연구(聯句), 영월정(迎月亭)과 송강정(松江亭)의 차운시, 그리고 기동준의 만사 등이 포함된다.

오언율시는 낙호정(樂乎亭)을 읊은 시와 세한재(歲寒齋)를 차운한 시, 박로술과 기경연의 만시, 정재순(鄭在舜)에게 주는 시와 서암(西巖)에 머물면서 지은 시 등 모두 6편이다. 다른 『문집』에서는 보기 힘든 육언절구는 시국을 한탄하는 시가 두 편, 공성필(孔聖弼)의 시를 차운한 것이 한 편, 친구에게 답하는 시가 한 편, 송강정에서 옛 선조의 행적을 회고하는 시가 한 편 실려 있다. 칠언절구는 봄을 보내는 소회를 읊은 「봄을 보내며[餞春]」를 비롯해서 시적 흥취나, 적벽이나 관우묘 등을 유람하면서 지은 시, 지인들과 주고 받은 시, 담대헌에서 집례(執禮)할 때를 읊은 시와 낙호정을 노래한 연구(聯句)와 기우만의 「삼산재구곡(三山齋九曲)」을 차운한 시 등이 실려 있다.

권2 또한 시(詩)로서 「낙호정 원운(樂乎亭原韻)」을 비롯한 칠언율시 98수가 실려 있다. 각종 차운시와 지인들과 주고 받은 시 및 건물이나 산천의 경계를 읊은 것이 대부분이다. 그 가운데 「후해자영(後海自詠)」은 1910년 경술국치를 목격하고서 자신의 호를 후해(後海)라고 바꿀 때의 심정을 노래한 것이다.

권3은 서(書)로서 주변 인물들과 주고받은 62편의 편지가 실려 있다. 기우만, 고한주(高漢柱), 박로면(朴魯冕), 박원승(朴源升), 이재국(李在國) 등의 순서로 실려 있는데, 기우만에게 보내는 편지가 11편으로 제일 많다. 고한주에게 보내는 것이 다섯 편, 기경연에게 보내는 것이 세 편이라는 것을 제외하면 김헌규(金憲奎)·기동준·고광선·이권순(李權淳)에게 보내는 것이 각 두 편씩 실려 있고, 나머지 사람들에게는 모두 한 편씩의 편지가 실려 있다.

권4는 잡저(雜著), 서(序), 기(記), 발(跋), 제문(祭文), 행장(行狀), 전(傳)이 실려 있다. 잡저는 제갈량이 「출사표」를 읽은 뒤의 소감을 쓴 「제출사표후(題出師表後)를 비롯한 9편이 실려 있다. 그 가운데 「후해설(後海說)」은 낙호(樂湖)라는 호를 후해(後海)로 바뀐 곡절을 서술한 것이고, 「물염정론」은 물염정의 조성자와 「물염정원운」의 저자를 둘러싼 시비를 다루고 있다. 「폐풍설(弊風說)」과 「탄세설(歎世說)」 풍속의 피폐함과 시국을 한탄하는 내용이며, 「계자서(戒子書), 「계자질(戒子姪)」과 「시질아(示姪兒)」는 제목에서 알 수 있는 것처럼 집안의 자제들과 조카들을 훈계하는 내용이다. 「걱정하는 사람에게 보이다[示憂愁人」는 『논어』 「술이」 36장에서 공자가 "군자는 평탄하고 여유가 있고, 소인은 늘 걱정에 잠겨 있다"는 구절을 인용해서 여유와 걱정이란 일을 대하는 사람의 마음에 달린 것이지 마주친 사태에 달려 있지 않다는 내용을 서술한 것이다.

서문[序]은 「취일회 서문(晬日會序)」을 비롯한 7편이 실려 있다. 불망계(不忘契)와 기로회(耆老會) 등의 모임 및 떠나는 이를 전송하는 「이귀순을 전송하는 서문(送李龜淳序)」 및 「김처사를 전송하는 서문[送金處士序]」과 족보의 서문 등이 실려 있다.

기문[記]은 기우만의 거처인 「삼산재 기문(三山齋記)」을 비롯한 10편이 실려 있다. 기경연과 송재(宋在) 및 이재성(李在城)의 호인 수헌(睡軒)과 석오(石梧) 및 죽파(竹坡)의 의의를 논한 「수헌기(睡軒記)」, 「석오기(石梧記)」, 「죽파기(竹坡記)」가 있고, 지금은 사라지고 없는 장성군 진원면에 있었던 김영원(金榮源)이 지은 정자를 위해 지은 「사회정기(四會亭記)」가 있으며, 열부 이씨의 행적을 서술한 「이씨열행기(李氏烈行記)」 등이 있다.

발문[跋]은 종고조(從高祖)인 송익중(宋益中)의 문집인 『양촌유고(陽村遺稿)』에 붙인 발문 한 편만이 실려 있다. 제문은 기우만, 고제욱(高濟郁), 윤석홍(尹錫泓), 박중거(朴仲擧), 정집중(鄭執中)의 제문 다섯 편이 실려 있다.

행장은 모두 다섯 편인데 각각 이규서(李奎緖)·송순묵(宋珣默)의 「행장」 친할아버지인 송일현과 아버지인 송래규(宋來奎)의 「가장」, 큰아버지인 송환규(宋桓奎)의 「실적(實蹟)」이다. 전(傳)은 「절부 김씨전(節婦金氏傳)」 한 편이 실려 있는데, 김덕령의 후손이자 송공묵(宋恭默)의 부인이었던 김씨 부인의 절개를 서술한 전기이다.

권5는 부록(附錄)이다. 여기에는 「낙호정의 원운을 차운하다[次樂乎亭韻]」라는 제목으로 이우상(李禹相)·유시한(柳是漢)·송경진(宋京鎭)·송인묵(宋仁默)·송순묵·기학현(奇學鉉)(2수)·정재순(鄭在舜)·박로면·고한주·이용식(李容式)·기경연(3수)·오준선이 지은 15수의 시가 실려 있다. 기동준의 「증후해회갑운(贈後海回甲韻)」이 한 편 이강민의 「추화조검환주(追和嘲劍換酒)」가 한 편이 각각 실려 있다.

또한 편지[書]라는 제목으로 다른 사람들이 송정묵에게 보낸 편지들이 실려 있는데, 여기에는 기우만이 보내는 10편, 고한주가 보내는 5편, 고광선이 보내는 3편, 기동겸(奇東謙)·오계수가 보내는 각 1편, 기동준이 보내는 2편, 기경연·고재붕(高在鵬)·오준선이 보내는 각 1편이 실려 있다.

또한 송인묵이 지은 「낙호정 서문(樂湖亭序)」을 비롯해서, 「후해기(後海記)」라는 제목으로 송병택·고광선·오준선이 지은 각 1편씩 실려 있고, 「후해설(後海說)」이라는 제목으로는 기경연과 이용식이 지은 글이 각 1편씩 실려 있다.

만사(輓詞)는 고광선을 비롯한 9인이 쓴 글이 실려 있고, 저자를 알 수 없는 제문이 한 편 실려 있다. 이어서 송재학(宋在鶴)의 「가장」, 송병관(宋炳瓘)의 「행장」, 송재식(宋在直)의 「묘지명」, 김윤동(金潤東)의 「묘갈명」이 실려 있다. 그 다음에 1928년 고한주(高漢柱) 및 1967년 송형(宋鎣) 및 송남옥(宋男鈺)이 쓴 「발문」이 실려 있고 마지막으로 1960년에 기노장(奇老章)이, 그리고 1965년에 이태로(李泰魯)가 쓴 「호상계안의 서문(湖上契案序)」이 실려 있고 그 다음 「호상계안(湖上契案)」이라는 제목으로 김진현(金珍鉉)을 비롯한 168명의 명단이 이름, 자와 호, 출생년도의 간지와 본관, 저명한 선대, 및 거주지의 순서로 수록되어 있다. 호상계는 1960년 후손들과 인근의 유림들이 낙호정의 옛터에서 모여서 조직한 계로, 매년 늦봄의 기생백(旣生魄)에 해당하는 날에 모여서 송정묵의 학행을 기리는 강회를 열기로 했다. 「호상계안」은 여기에 참여한 이들의 명단이다.

3. 문집 목차

卷一

詩

五言絶句: 春 夏 秋 冬 心 性情 理氣(二首) 松 竹 述懷(三首) 後悔偶吟(二首) 丈夫吟 卽事(二首) 新坪寓舍 憶松沙先生 松江亭次板上韻(二首) 壽蓮山寓舍(二首) 澹對軒聯句 登瑞石(二首) 自悼(二首) 下清山下 訪全處士(仲化) 下山 在京(二首) 大駕出宮東宮陪後 三山齋聯句 贈鄭錦波(大重) 歲末送諸生 法聖浦次迎月亭板上韻 贈戚從權明洙(石洲本孫) 讀金大谷自警說有感(二首) 歎效嚬 輓春潭奇進士(東準) 奉審夫子影貌(四首) 謹次宋子受命閣重修韻 追遠齋獨宿(三首)

五言律詩: 樂乎亭偶吟 贈鄭江山(在舜) 次奇松友歲寒齋韻 輓朴石陰(魯述) 輓奇睡軒(慶衍) 宿西巖

六言絶句: 歎世(二首) 次孔月松軒韻(聖弼) 答友人 松江亭忽憶吾先祖爲賓於座上歟(有感而云)

七言絶句: 餞春 偶吟(二首) 關王廟 和金承旨(憲奎) 山亭寓舍 壽蓮山中 澹對軒揖禮(二首) 過赤壁 西海長沸(二首) 浮海八環浦 登大通寺(法聖浦) 金堤不見所 和權明洙 七月旣望夜偶吟(乙卯) 咸鏡道穩城李哲來訪乞詩(三首) 次高兄壽宴韻(彦錫) 高松汀(濟堯)李伴松

(權淳)委訪求和 奇松沙三山齋九曲詩謹次 樂乎亭聯句

卷二

詩

七言律詩: 樂乎亭原韻 鄭李庵次板上韻 武侯祠次扶義堂板上韻 筆巖院 風詠亭次板上韻 勿染亭次板上韻 次孝友堂李先生東鶴寺追享詩 次風泉臺(朴石陰魯述) 昌平朴友誠一家承六世祖掌令詩有感(附掌令公輓朴進士詩) 看易加衣拜從曾祖注書公遺詩有感(附注書公詩) 訪全處士 次臨履亭韻 次農隱亭韻 次李竹坡(德敏)韻 次金愚谷韻 雲谷書舍次板上韻 追次追遠齋諸族韻 次李石南詩(鎭萬) 贈金吉中(鎔鏇) 示諸兒 扇 雲 鄭小江(雲箕字國弼)委訪贈詩蒼卒拚和 李仲淑觀海來訪次郭氏追遠齋韻 餞春詩送郭寒洲(義之) 三吉日鄭兄江山與諸益來訪(二首) 待友不至(二首) 春日書懷(三首) 觀燈(甲寅) 竹裏舘(巨津) 瑞石 清和與諸益訪白羊 抵月城書舍 宿清流洞 雲門菴 藥寺 雙溪樓 宿丹田書舍 抵龍興寺 中臺菴 龍岡雅會 後海自詠(庚戌) 次李進士石下(在國)韻 次鄭樗庵(龍景)回甲韻 和朴上古純汝(魯晃) 次沈菊圃壽宴韻 贈金賢文(晃奎) 贈全處士仲化 次崔農隱韻 次申卧松亭韻 呈寒江金丈(正奎) 山亭書舍和諸生韻(二首) 次鄭石圃(丙鉉)壽宴韻 追遠齋答族孫和汝(壬戌) 新坪書齋和李龜淳(三首) 自悼 妄想 甲寅除夜 歲末(丙辰) 嘲劍換酒 俛仰亭次板上韻 和金谷李伴松(權淳)歎世吟 巨津講會和諸益 翌日鄭二友(聖仲乃潤)來訪 次奇松友歲寒齋韻(栢度) 次房小澗韻(鎭斆) 輓高竹史汝文(濟郁) 輓吳難窩丈仲涵(繼洙) 金君益三冒雨來訪 李監察(康民)贈詩求和 次蓮堂韻(金龍九) 次槐陰亭韻 次樵隱亭韻(李相皓) 次續修禊韻(吳後石駿善) 和奇睡軒(慶衍) 和高畏堂(漢柱) 和節山朴友 次歲寒齋韻(李重權) 登撫松亭(徐絫奉) 登枕瀨亭(洪) 宿獐項(宋泰鍊) 翌日向赤壁 賡次板上韻 登環山亭 龍頭書齋和李石泉 釜山書齋逢智山處士 龍頭書齋川獵韻 日谷耆老會韻 呈

耆老會僉座 次然好齋板上韻 次李白隱回甲韻

卷三

書: 候松沙先生書(八) 答松沙先生書(三) 答高畏堂書(二) 與高畏堂書(二) 答朴上古書(魯冕) 與朴雲樵書(源升) 謝李進士石下丈書(在國) 與金承旨(憲奎)書 (二) 答奇進士春潭(東準)書(二) 與奇進士春潭書 與吳根厚書(厚卿) 答金鳳朝 與雲巖祠遺墟碑所僉座書 答朴而權(重漢) 答金明植 答高翼齋書(在鵬) 與高弦窩書(光善)(二) 答高弦窩書 謝李石南書(鎭萬) 與奇元用(洛度) 與鄭小江書(國弼) 與奇睡軒書(慶衍) 答奇睡軒書 答柳北汀書(極瑞) 與沈公瑞書 與李伴松書(權淳)(二) 答李伴松書 答李竹坡書(在珹) 與吳後石書(駿善) 與高松汀書(濟堯) 答李又顧道觀書(泰魯) 答奇愼終書(東謙) 與鄭江山書(在舜) 與柳北汀書 謝李監察書(康民) 候内兄高浩淵丈(濟寅)書 與追遠齋僉座書 與各宗書 答族姪在讚 答族姪希道(達煥) 答族孫宇鎭 答族孫公直(京鎭) 答族孫和汝(國鎭) 答宗氏冠五 慰族姪在讚 與族姪在讚 寄家兒在天

卷四

雜著: 題出師表後 後海說 弊風說 歎世說 戒子書 戒子姪 示姪兒 示憂愁人 勿染亭論

序: 晬日會序 出義案序 送李龜淳序 族譜序 送全處士序 不忘契序 耆老會小序

記: 三山齋記 睡軒記 四會亭記 晩悔記 石梧記 三湖亭記 石下小記 竹坡記 李氏烈行記 掩耳齋記

跋: 陽村遺稿跋

祭文: 祭松沙先生文 祭竹史高公文 祭尹公醉石文 祭月谷朴兄文 祭外兄鄭公文

行狀: 愚齋李公行狀 醒軒宋公行狀 生王考湖隱公家狀 先伯父養志堂公實蹟 先府君孝友堂公家狀

傳: 節婦金氏傳

卷五

附錄: 次樂乎亭韻 次後海自詠 贈後海回甲韻 追和嘲劍換酒 書 樂湖亭序 後海記 後海說 輓詞 祭文 家狀(宋在鶴) 行狀(宋炳瓘) 墓誌銘(并序)(宋在直) 墓碣銘(并序)(金潤東) 湖上契案序(奇老章·李泰魯) 湖上契案

저자별 문집 찾아보기